52
TRAUMREISEN UM DIE WELT

WHITE STAR VERLAG

52
TRAUMREISEN UM DIE WELT

TEXTE
Elena Luraghi
Cinzia Rando
Ettore Pettinaroli

REDAKTIONELLE KOORDINATION
Laura Accomazzo

LAYOUT
Maria Cucchi

KARTEN
Geo4Map S.r.l. Novara

INHALT

EINLEITUNG

Ein reizvoller Gedanke: 52 Reisen quer durch die Welt, eine für jede Woche des Jahres. Angesichts der sensationellen Schauspiele, die unser Planet zu bieten hat, wird man sofort von Reiselust gepackt. Meist reicht die Zeit allerdings nicht dazu, diesen Traum zu leben, und man muss sich auf eine Auswahl beschränken. Dieser Reiseführer begleitet den Reisenden nicht nur zu den 52 faszinierendsten Orten der Erde, sondern ist auch unverzichtbar für die Organisation und Planung. Die hier vorgestellten Reisen wurden sorgfältig recherchiert und so zusammengestellt, dass sowohl berühmte Sehenswürdigkeiten als auch „geheime" oder wenig frequentierte Gegenden erkundet werden. Der Reisende kann so Neues entdecken und gleichzeitig die wesentlichen Highlights besuchen: Orte und Monumente, die auch die längste und beschwerlichste Anreise rechtfertigen. Diese sind überall zu finden, sowohl in den Kapiteln, die sich Europa in seiner Mitte und an seinen Meeresufern widmen, als auch in jenen, die die fesselndsten Ziele des asiatischen, afrikanischen, amerikanischen und australischen Kontinents vorstellen. Auch die großen Metropolen, wie Rom, Paris, Bangkok oder New York, haben noch viel Neues zu bieten, und das Gleiche gilt natürlich für die berühmten Nationalparks in Kenia, Südafrika und Kanada sowie für die zauberhaften Inselarchipele von Französisch-Polynesien, der Seychellen und Kroatien oder die Ausgrabungsstätten in Ägypten, Jordanien und Kambodscha.
Dieser Reiseführer stellt die spannendsten Routen vor und berücksichtigt dabei die unterschiedlichsten Interessen. Das kann ein besonderes Museum, ein großartiges Naturschauspiel, eine berühmte Kultstätte oder eine alte Burg sein; für andere ist es das Ausspannen am Strand, die Zerstreuung beim Sport, das Entdecken fremdartiger Speisen in landestypischen Restaurants oder die Suche nach den neuesten Trends in den In-Lokalen.
Die richtige Kombination von Elementen aus allen Interessensgebieten ist wichtig für einen gelungenen Urlaub, der den Ansprüchen aller Beteiligten gerecht wird, egal ob Sie als Paar, als Familie oder mit Freunden reisen. Die einzelnen Mosaiksteinchen sind in diesem Buch mit Präzision angeordnet, von den Entfernungen und Reisezeiten von einem Ort zum nächsten bis hin zu nützlichen Hinweisen (Öffnungszeiten, Adressen und Internetseiten) zu jeder beschriebenen Sehenswürdigkeit. Die Reisen in den folgenden Kapiteln sind ein Traum, der sich 52-mal wiederholt und doch immer neu, immer einzigartig und, vor allem, unvergesslich bleibt.

DER AUFBAU DES BUCHES

– Jedes Kapitel beginnt mit einem Einleitungsteil, der die besonderen Merkmale des Reiseziels oder der vorgeschlagenen Route zusammenfasst, mit Angaben zu Quartieren, wichtigsten Sehenswürdigkeiten und lohnenden Zwischenstopps entlang der Reiseroute.
– Der Abschnitt über die **Fortbewegung** *enthält alle nützlichen Hinweise, um schnell und günstig zu reisen, ohne auf den Genuss von Landschaft und Umgebung des vorgeschlagenen Reiseziels zu verzichten.*
– Es folgen genauere Beschreibungen der Orte von touristischem Interesse – Kirchen, Museen, Straßen,

Landschaften – und Ausflugsziele, die man sich auf keinen Fall entgehen lassen sollte. Öffnungszeiten sind ebenfalls aufgeführt; diese können sich jedoch ändern. Um sicher zu gehen, sollten Sie zur Vorbereitung die angeführten Webseiten besuchen.

– Die ***Kästen*** *bieten nützliche Hinweise zu Einkäufen, Kunsthandwerk, Festveranstaltungen und Sport sowie Informationen über die spektakulärsten Exkursionen, Bademöglichkeiten und Wellness-Angebote.*

– Jedes Ziel ist mit entsprechenden ***Kartenausschnitten*** *versehen. Der Verlauf der Reiserouten ist jeweils farbig gekennzeichnet und die zu besuchenden Orte sind mit einem Symbol versehen.*

– Die ***Fotografien*** *veranschaulichen die Informationen im Text und zeigen die eindrucksvollsten Gegenden, die schönsten Panoramen, die berühmtesten Bauwerke und die Neuheiten der entsprechenden Stadt oder Region.*

– Zum Schluss erhalten Sie nützliche Informationen in den Abschnitten ***Übernachten***, ***Essen*** *und* ***Nachtleben***.

In jedem Kapitel sind drei oder mehr Unterkünfte und Restaurants aufgeführt, die entweder besonders charmant, romantisch, traditionell, von besonderem Design sind oder gerade im Trend liegen. Die Preisangaben beziehen sich jeweils auf die günstigste Saison und können sich besonders bei den Hotels im Laufe des Jahres ändern. Die jeweiligen Preiskategorien sind durch Eurosymbole wie folgt gekennzeichnet:

Restaurants

€ *unter 30 Euro*
€€ *unter 50 Euro*
€€€ *über 50 Euro*

Unterkünfte (Doppelzimmer)

€ *bis 50 Euro*
€€ *bis 100 Euro*
€€€ *bis 150 Euro*
€€€€ *bis 250 Euro*
€€€€€ *über 250 Euro*

Legende

Reiserouten

Im Text beschriebene Orte

Orte und Bauwerke von besonderem Interesse

Sonstige Orte

Flughäfen

Kirchen, Klöster

Burgen, Türme

Ruinen

Berggipfel

PRAKTISCHE HINWEISE

	Kunst und Kultur	*Landschaft*	*Ausflugs-möglichkeiten*	*Gastronomie*	*Nachtleben*	*Einkaufen*	*Preis-Leistungs-Verhältnis*
Oslo, Bergen und die Fjordregion	••	•••	•••	••	•	••	•••
Dublin und der Osten Irlands	••	•••	•••	••	••	••	••
London und die Schlösser Nordschottlands	•••	•••	••	••	••	•••	••
Amsterdam, Leiden und das Land der Blumen	•••	•••	•••	••	•••	••	••
Bretagne – Normandie	•••	•••	••	•••	•	•	••
Paris und die Loire-Schlösser	•••	•••	•••	•••	••	•••	••
Provence und Côte d'Azur	••	•••	•••	•••	••	••	••
Andalusien	•••	•••	•••	••	••	••	•••
Moskau – St. Petersburg	•••	••	••	••	•••	••	••
Krakau und die Hohe Tatra	••	••	•••	••	••	••	•••
Budapest, Wien und Prag	•••	••	••	••	•••	•••	••
München und Bayern	•••	•••	•••	••	•	••	•••
Mailand – Venedig	•••	••	•••	•••	•••	•••	•
Florenz, Siena und Provinz Siena	•••	•••	••	•••	••	•••	••
Rom, Amalfiküste und Capri	•••	•••	•••	•••	••	••	•
Trogir, Split und Dubrovnik	•••	•••	•••	••	••	•	•••
Athen und Kykladen	•••	•••	•••	••	••	••	••
Kreta	•••	•••	••	••	••	••	••
Istanbul, Westtürkei und Kappadokien	•••	••	••	••	••	•••	•••
Jerusalem und das Tote Meer	•••	•••	••	••	•	••	••
Petra und die Reise durch Jordanien	•••	•••	••	••	•	•	•••
Sinai, Katharinenkloster und Rotes Meer	•	•••	•••	••	•	•	•••
Kairo und das Niltal	•••	•••	•••	••	••	••	••
Sahara, Tozeur, Djerid	•••	•••	•••	•	•	••	•••
Die Königsstädte Marokkos	•••	•••	•	••	••	••	•••
Nationalparks in Kenia	•	•••	•••	••	•	•	••

	Kunst und Kultur	Landschaft	Ausflugs-möglichkeiten	Gastronomie	Nachtleben	Einkaufen	Preis-Leistungs-Verhältnis
Sansibar – Inseln und Naturpark-Safari	•	• • •	• • •	• •	•	•	• •
Kapstadt und der Krüger-Park	•	• • •	• • •	• •	•	• •	• •
Die großen Inseln der Seychellen	•	• • •	• • •	• •	•	•	• •
Die Seidenstraße in Usbekistan	• •	• •	• •	•	•	• •	• • •
Rajasthan	• • •	• •	• •	•	•	• • •	• • •
Die historischen Städte im Norden Indiens	• • •	• •	• •	• •	• •	• • •	• • •
Kathmandu und Lhasa	• •	• • •	• • •	•	•	• •	• • •
Peking, Xi'an und Guilin	• • •	• •	• •	• •	• •	• •	• •
Tempel und Natur in Laos und Kambodscha	• • •	• •	• •	•	•	•	• • •
Bangkok und die Inseln	• • •	• •	• •	• • •	• • •	• • •	• •
Von Java nach Bali	• • •	• • •	• •	• •	• •	• •	• •
Sydney und Queensland	• •	• • •	• • •	• •	•	• •	•
Französisch-Polynesien	•	• • •	• • •	• •	•	• •	•
Hawaii	•	• • •	• •	• •	• •	•	•
Die Rocky Mountains	•	• • •	• • •	•	•	• •	• •
Wyoming und Montana, die Nationalpark-Giganten	•	• • •	• • •	•	•	•	• •
Die Westküste	• •	• •	• • •	• •	• • •	• •	• •
Las Vegas, Grand Canyon und Monument Valley	•	• •	• •	• •	• • •	• •	•
New York, Boston, Washington D.C.	• • •	•	• •	• •	• • •	• • •	• • •
Miami und die Florida Keys	• •	• • •	• • •	• •	• • •	• • •	• •
Kuba und der Reiz Havannas	• •	• • •	• • •	• •	•	•	•
Jamaica	•	• • •	• • •	• •	•	• •	• •
Yucatán und die Riviera Maya	• • •	• • •	• • •	• •	•	•	• •
Von Lima bis Machu Picchu	• • •	• • •	• • •	• •	•	• •	• •
Rio de Janeiro, Salvador und Manaus	• •	• • •	• •	• • •	• • •	•	• •
Buenos Aires und die Iguazú-Wasserfälle	• •	• •	• • •	• •	• •	• •	• •

Oslo, Bergen und die Fjordregion

Norwegen

Das sensationelle Licht und die spektakulären Landschaften Norwegens, der Charakter der Bevölkerung und die Kargheit der Orte eröffnen sich dem Reisenden in der Fjordregion, wo man sich leicht vorstellen kann, dass statt der heutigen Kreuzfahrtschiffe vor langer Zeit die Schiffe der Wikinger in See stachen. Einige davon sind noch in Oslo ausgestellt, der modernen Hauptstadt, deren heutiges Wahrzeichen das neue Opernhaus ist – ein Quader aus Stahl und Glas.

Majestätisch, wild und geheimnisvoll ist Norwegen und zugleich ein Synonym für Freiheit, Bildung und direkten Kontakt mit der Natur. Das gilt auch für **Oslo**, das durch die Architektur seines **Opernhauses**, die wundervollen Gemäldesammlungen nordischer Maler in seinen Museen – vor allem die von **Munch** – und die schönen Stadtparks besticht. Man verlässt die Stadt mit dem Zug, um den Weg nach **Flåm** entlang der mythischen Bahnlinie zurückzulegen, die durch die 1222 m hoch gelegene Hardangervidda führt, die höchste Hochebene Europas, durch Nadelwälder und vorbei an schneebedeckten Seeufern. Auf dem Weg zur antiken Hauptstadt **Bergen** ist die Landschaft von Wasserzungen durchzogen und schenkt den Besuchern Szenarien von unglaublicher Schönheit. Ihr einzigartiges Licht spiegelt sich auf den bunten Häuserwänden von **Bryggen**, der antiken Mole. Die internationale Stadt hat sich die Atmosphäre eines kleinen Fischerdorfes erhalten und birgt viele Attraktionen: das **Hafenviertel**, den **Fischmarkt** und die **Seilbahn Fløibanen**, die auf den Gipfel des Fløyen führt, der eine spektakuläre Aussicht auf die Berge, die Fjorde und das Meer bietet. Im Süden der Stadt Bergen, an den Ufern des Nordås-Sees, liegt **Troldhaugen**, das Haus des berühmtesten norwegischen Komponisten **Edvard Grieg** (1843–1907), das heute ein Museum ist und noch genauso aussieht, wie es der Komponist bei seinem Ableben 1907 hinterlassen hat. Im Konzertsaal, der 1985 eröffnet wurde, gibt es oft Konzerte mit klassischer Musik und Kammermusik (*Troldhaugveien 65, www.kunstmuseene.no*). Wer möchte, kann von dort die Reise zum **Hardangerfjord** fortsetzen und die geheimnisvolle Schönheit des Südens erkunden.

Fortbewegung: *Der internationale Flughafen Oslo Gardermoen befindet sich ungefähr 50 km nördlich der Stadt. Man erreicht Oslo in ca. 20 Minuten mit dem Expresszug Flytoget, der im 10-Minuten-Takt fährt. In Oslo kann man vieles bequem zu Fuß erreichen; alternativ nutzt man die öffentlichen Verkehrsmittel (www.trafikanten.no): U-Bahn, Tram, Bus und Fähren. Mit der Fähre erreicht man nach einer 10-minütigen Fahrt das Folklore- und das Wikingerschiffmuseum (Abfahrt an der Ablegestelle Aker Brygge). Von der Hauptstadt fahren die Züge nach Bergen (www.nsb.no), mit denen man bis Myrdal fährt und dort in die Flåmsbahn (Flåmsbana) umsteigt, die auf der wunderbaren Panoramastrecke nach Flåm verkehrt (Oslo – Flåm ca. 6 Stunden Fahrzeit). Von dort aus nimmt man das Schiff nach Bergen, das am Sognefjord entlang fährt und für die Überfahrt 5 Stunden und 10 Minuten benötigt (www.fjord1.no/en). Am besten legt man die Reise in zwei Tagen zurück, mit einer Übernachtung in Flåm. In Bergen kann man sich ein Auto mieten (Avis, Lars Hillesgt 20, Tel: 05.5553955), um Stavanger (178 km auf der E39) und nach weiteren 23 km auf der Rv 13 den Aussichtspunkt Preikestolen*

(Kanzel) zu erreichen; für die Fahrt von Stavanger zum Preikestolen muss man eine Stunde Autofahrt einplanen. Die Durchschnittsgeschwindigkeit beträgt 60–70 km/h. Denken Sie daran, dass im norwegischen Straßenverkehr eine 0,00-Promillegrenze gilt. Wenn Sie mit dem Postschiff die Fjorde entlang fahren wollen, ist es ratsam, im Voraus zu buchen (www.hurtigruten.de). Es lohnt sich, den Oslo Pass und die Bergen Card zu kaufen; darin sind der Eintritt in die meisten Museen und die Fahrt mit den öffentlichen Verkehrsmitteln, Parkgebühren usw. enthalten. Mit dem Fjord Pass erhalten Sie Vergünstigungen im gesamten Fjordbereich, auch in Hotels (www.fjord-pass.com).

Währung: *Die offizielle norwegische Währung ist die Norwegische Krone (NOK).*

OSLO ***(2 Tage)***
Oslo, eine der grünsten Hauptstädte Europas (knapp 600.000 Einwohner), ist in einen tiefen Fjord eingebettet und von Hügeln und Wäldern umgeben. Das neue **Opernhaus**, liegt direkt am Meer (*Kirsten Flagstads plass, www.operaen.no, Kartenvorbestellung unter 02.1422121*), ein Bauwerk aus weißem Marmor, das vom Architekturbüro Snøhetta entworfen und 2008 fertiggestellt wurde. Die Oper erhebt sich an der Bucht von Bjørvika – nicht weit vom Hafen und ein paar Schritte von der Börse und vom Bahnhof entfernt, wo sich auch das backsteinerne **Rathaus** befindet, das 1950 eingeweiht wurde – und ist der neue Star der Stadt, nicht nur wegen des abwechslungsreichen Spielplans, sondern auch wegen der futuristischen Innenarchitektur, die in einer Führung (*zwischen 11 und 14 Uhr*) besichtigt werden kann, einschließlich Künstlergarderoben und Probensälen. Das eindrucksvolle Erscheinungsbild aus Glas, Stahl und Carraramarmor verändert sich tagsüber mit dem Licht und ist nachts beleuchtet. Oberhalb verläuft die Hauptstraße, **Karl Johans Gate**, das „Wohnzimmer" der Stadt, die sich von Osten nach Westen durch den historischen Stadtkern zieht und am Königspalast endet. Hier erhebt sich auch der **Dom** (*www.oslodomkirke.no, geöffnet Mo–Do u. Sa von 10–16 Uhr und Fr von 15.30–24 Uhr*), der 1697 geweiht wurde. Kanzel und Altar sind mit Akanthus-Schnitzereien aus dem 17. Jh. verziert, die wundervoll farbigen Glasfenster wurden zu Beginn des 20. Jh. von Emanuel Vigeland gestaltet. Oberhalb der Kirche zeigt die **Nationalgalerie** (*Universitetsgata 13, www.nasjonalmuseet.no, Öffnungszeiten Di, Mi, u. Fr 11–17 und Sa, So 12–16 Uhr, Mo geschlossen*) die größte Sammlung des Landes von nordischen Meisterwerken der Romantik und des Realismus, die durch ihr Spiel mit Landschaft und Licht begeistern. Ein Beispiel dafür ist die Arbeit des neoromantischen Malers Harald Sohlberg (1869–1935), *Winternacht in Rondane.* Wieder auf der Hauptstraße, kann eine Rast im klassischen **Grand Café** eingelegt werden, im Erdgeschoss des Grand Hotels (*Karl Johans Gate 31*), wo sich die Intellektuellen zwischen Ebenholz und Spiegeln treffen. Etwas moderner geht es im ehemaligen Hafenviertel **Aker Brygge** zu, das heute viele Restaurants und Clubs beherbergt und mit seinen vielen vor Anker liegenden Booten die richtige Urlaubsstimmung vermittelt. Morgens, wenn es ruhiger ist, besucht man am besten das **Edvard-Munch-Museum** (*Tøyengata 53, www.munch.museum.no*) und taucht in die Visionen des intensiven künstlerischen Lebens des Malers ein. Ein Einführungsfilm zeigt seine Leiden, die ihn schwer gezeichnet hatten und sich in seinen Werken widerspiegeln, farbgewaltig und obsessiv (es wird erzählt, dass er sogar seine Leinwände auf die Probe gestellt habe, indem er sie im Regen stehen ließ). Der Schöpfer des berühmten Gemäldes *Der Schrei* liegt neben anderen Berühmtheiten, unter ihnen **Hendrik Ibsen**, in einem Teil des Friedhofs Unser Heiland begraben, den man Friedhof der Ehre, **Æreslunden** (*Akersbakken 32*), nennt. Nicht weit entfernt davon steht das Haus **Ibsens**, in dem er mit seiner Frau Suzannah von 1895 bis 1906 wohnte. Aus Anlass seines hundertsten Todestags (2006) wurde das Haus vollständig restauriert, in dem er *John Gabriel Borkman* und *Wenn wir Toten erwachen* schrieb (*Henrik Ibsens Gate 26, www.ibsenmuseet*).

10-11 - Der Osloer Hafen (rechts das Rathaus).

Unbeschwerter hingegen ist ein Spaziergang im **Frognerpark** (*www.vigeland.museum.no, durchgehend geöffnet*), dem größten Park im Zentrum von Oslo, in dem **Gustav Vigeland** (1869–1943), der berühmteste norwegische Bildhauer des 20. Jh., mit 212 Bronze- und Steinfiguren u.a. den Zyklus des Lebens erzählt, bei Sonnenuntergang besonders schön anzusehen. Die Abenddämmerung taucht auch die mittelalterliche **Festung Akershus** oben auf dem Hügel in warmes Licht. Akershus wurde 1299 erbaut und unter der Herrschaft Christians IV. zu einem Renaissanceschloss umgebaut (*Öffnungszeiten Mai–Aug.: Mo–Sa 10–16 u. So 12.30–16 Uhr, Sept.–Dez.: Sa u. So 12–17 Uhr, Wachablösung täglich um 13.30 Uhr*). Mit der Fähre erreicht man das **Folkloremuseum**, ein Freiluftmuseum mit über 150 Holzbauten und einer interessanten Sammlung von Gewändern und Gebrauchsgegenständen (*Museumsveien 10, www.norsfolkemuseum.no, Öffnungszeiten 15. Mai–14. Sept.: Mo–So 10–18 Uhr; 15. Sept.–14. Mai: Mo–Fr 11–15 u. Sa–So 11–16 Uhr*), sowie das **Wikingerschiffmuseum**. Die ausgestellten Schiffe wurden in drei großen Häuptlingsgräbern im Oslofjord gefunden; sie sollten die Herrscher, die vor 1100 hier lebten, ins Reich der Toten geleiten (*Huk Aveny 35, www.khm.uio.no/vikingskipshuset, geöffnet Mai–Sept. tägl. 9–18 Uhr, Okt.–Apr. tägl. 10–16 Uhr*). Die moderne **Holmenkollen-Skisprungschanze** und der dazugehörige Sportpark sind bequem mit der U-Bahn zu erreichen, bei schönem Wetter lässt sich die Aussicht von der Schanze auf die Stadt, den Fjord und das Meer genießen. Es gibt auch ein Museum über die Geschichte des Skisprungs. Mit einem Simulator kann man den Nervenkitzel eines Skisprungs selbst nachempfinden (*Kongeveien 5, www.visitoslo.com*).

OSLO – BERGEN UND DER SOGNEFJORD *(2 Tage)*

Mit dem Flugzeug erreicht man Bergen in nur einer Stunde, aber hier ist der Weg das Ziel: die 14-stündige Panoramafahrt mit Zug und Fähre und einer Übernachtung in Flåm. Man lässt die Hauptstadt hinter sich und reist durch Hügellandschaften mit Nadelhölzern

und zahlreichen kleinen Seen, in denen sich die Wolken spiegeln. Vorbei an Fabriken, roten Backsteinhäusern und später kleinen Berghütten geht die Reise aufwärts, bis die Bahn **Finse** erreicht, mit 1222 m der höchte Bahnhof Nordeuropas. An der nächsten Station, **Myrdal**, steigt man in den Panoramazug nach Flåm um, die **Flåmsbana**, die zum Unesco-Weltkulturerbe erklärt wurde (*Flåmsbahn, www.flaamsbana.no, Tel. 05.7632100*). Dieser Teil der Reise beträgt nur 20 km, aber man legt 865 Höhenmeter durch eine atemberaubende Natur zurück: verschneite Gipfel, Schluchten und Wasserfälle wie **Kjosfossen** und **Rjoanefossen**. Die Flåmbahn, eine Höchstleistung der Ingenieurskunst, durchquert zwanzig Tunnels und überwindet unglaubliche Steigungen auf Normalspur.
Man erreicht Flåm in der Abenddämmerung, was die Zugreise noch attraktiver macht, weil dann weniger Touristen unterwegs sind. Man verbringt den Abend in diesem netten Städtchen und geht am nächsten Morgen, nachdem man ein paar Souvenirs im kleinen Hafen gekauft hat, an Bord in Richtung Sognefjord, dem längsten Fjord der Welt (204 km lang und 1308 m tief). Während der Schifffahrt scheinen die Berge zum Greifen nah; an ihren Hängen liegen typische Dörfer, dazwischen sieht man Wasserfälle und eine immer üppiger werdende Vegetation. Nähert man sich der Stadt, trifft man auf viele kleine Inseln mit vereinzelnen Hütten darauf *(die letzte Passage geht um 15.30 Uhr ab Flåm und erreicht Bergen um 20.40 Uhr; wer die gesamte Fahrt von Oslo nach Bergen – Zug und Schiff – an einem Tag machen möchte, muss früh morgens von Oslo aufbrechen).*

12 OBEN - DER KÖNIGSPALAST VON OSLO.

12 MITTE - DER FROGNERPARK IN OSLO.

12 UNTEN - DAS WIKINGERSCHIFFMUSEUM.

13 - DER PREIKESTOLEN ÜBER DEM LYSEFJORD.

Einkaufen

*In Norwegen kann man immer noch ganz besondere Kleidungsstücke und kunsthandwerkliche Gegenstände finden. Im **Glasmagasinet** in Oslo (Stortorvet 10, www.glasmagasinet.no), dem ältesten Einkaufszentrum der Hauptstadt, gibt es u.a. handgefertigte Glaswaren und kleine Objekte aus Holz. Die klassischen Norwegerpullis, weitere Accessoires sowie die typischen Keramiken mit Blumenmustern auf schwarzem Grund bekommt man im **Heimen Husflid** (Rosenkrantz Gate 8, www.heimen.net). Ein bekanntes Geschäft für typisch norwegische Bekleidung ist **Dale** (Karl Johans Gate 45, www.dale.no). Das Grünerløkka ist ein ehemaliges Arbeiterviertel und mittlerweile das trendigste der Hauptstadt mit zahlreichen Designerläden und ausgefallenen Boutiquen und Musikläden. In der Boutique **Velouria** dominiert die Mode aus den 1960er-Jahren (Tharvald Meyers Gate 34). In Bergen kauft man in der **Gallery Bryggen** (Svensgården Bryggen, Tel. 05.5960812) traditionellen Silberschmuck und kleine Holzobjekte. Im Hafen von **Flåm** gibt es zahlreiche Möglichkeiten, kleine Souvenirs zu kaufen. Man sollte nur nicht den Moment erwischen, in dem die Passagiere der Kreuzfahrtschiffe von Bord gehen.*

BERGEN ***(2 Tage)***
Bergen, von sieben Hügeln umgeben, war bis 1299 die Hauptstadt und ist heute ein lebendiges Fischereizentrum an der südlichen Atlantikküste Norwegens. Von 1360 an war die Stadt rund 400 Jahre lang ein Hansekontor. Die Händler der Hanse wohnten in einem eigenen Stadtviertel, wo sich die Männer ihrer Arbeit widmeten; ihre Frauen kamen im Frühling zu Besuch und reisten am Ende des Sommers wieder ab. Diese Gegend am alten Hafen mit den bunten Holzhäusern, die die alten Firmennamen der Hanse tragen, ist auch heute noch der charakteristischste Teil der Stadt: **Bryggen**, Weltkulturerbe der Unesco. Das besterhaltene Gebäude beherbergt das **Hanseatische Museum** (*www.museumvest.no*), das über die Aktivitäten der Hanse zu Beginn des 18. Jh. informiert.
Wenn Sie gern Fischsuppe essen – hier ist der richtige Ort dafür. Auf dem nahegelegenen Fischmarkt **Torget** kann man zwischen den Ständen umherschlendern und mindestens drei Sorten Lachs und zahlreiche Meeresfrüchte sowie weitere Spezialitäten der Region probieren, die alle frisch zubereitet werden; dazu genießt man ein ebenfalls frisches Bier. Über dem alten Naturhafen Vågen thront der **Königshof** mit der Håkonshalle, eines der schönsten Beispiele skandinavischer Gotik (*Öffnungszeiten 15. Mai–Aug. 10–16 Uhr, Sept.–14. Mai nur So 12–15 Uhr*). Weiter in Richtung Stadtzentrum erheben sich die romanisch-normannische **Marienkirche** und die **Kreuzkirche** (Korskirken), in der oft öffentliche Konzerte veranstaltet werden. Es lohnt sich auch, das **Kunstmuseum** am **Lille Lundegard See** (*Rasmus Meyers Allé, www.kunstmuseene.no, Öffnungszeiten tägl. außer Mo 11–17 Uhr*) zu besuchen, das eine Sammlung von 200 Gemälden von der Renaissance bis zur Moderne beherbergt. Für Musikliebhaber gibt es dort auch Ausstellungen über die Komponisten Edvard Grieg und Harald Saeverud sowie den Violinisten Ole Bull. Dann kann man einen Bummel an der **Konk Oscar Gate** mit ihren schönen Geschäften machen und eine Pause in den schicken Cafés der **Skostredet** einlegen und die Fenster des Antiquariats in der **Ovregaten** betrachten. Auf die Fahrt zum Gipfel des **Fløien** mit der Standseilbahn sollte man auf keinen Fall verzichten. Von dort hat man eine wunderbare Aussicht auf den **Golf von Vågen** und den **Byfjord**. Wer die Reise verlängern möchte, kann von Bergen aus die **Hurtigruten**, das Postschiff der Fjorde, nehmen, das in zwölf Tagen Kirkenes im äußersten Norden Norwegens erreicht. Es eröffnen sich atemberaubende Fjordlandschaften mit kleinen Fischerdörfern und Wasserarmen, die lange Zeit die Hauptverkehrswege des Landes waren. Man kann auch einen Kurztrip zum **Geirangerfjord** unternehmen (den man am besten vor Ort bucht), ein besonders spektakulärer Seitenarm des Sognefjords, des längsten Fjords Norwegens und des zweitlängsten der Erde. Hier bewundert man von steilen Felswänden herabstürzende Wasserfälle, vor allem die berühmten „Sieben Schwestern".

VON BERGEN ZUM PREIKESTOLEN ***(1 Tag)***
Eine der klassischen Fahrten, die man von Bergen aus mit dem Auto zurücklegt, ist die zum **Hardangerfjord**, wunderschön besonders zur Blütezeit der Obstbäume (es heißt, sie seien im 14. Jh. von Mönchen gepflanzt worden) Ende Mai, Anfang Juni. Die blühenden Bäume zaubern farbige Kontraste in die Landschaft aus Bergen und Meer. Fährt man weiter, ist die nächste Etappe die **Insel Karmøy**, auf der sich das Städtchen **Skudeneshavn** (zwischen Haugesund und Stavanger) erhebt, das früher ein großes Fischereizentrum war. Ende des 19. Jh. verfügte es über eine stattliche Anzahl von Segelschiffen und hatte eine erhebliche wirtschaftliche Bedeutung. Die Holzhäuser stammen noch aus dem Mittelalter. An der Mündung des wundervollen Lysefjords liegt das Städchen **Stavanger**, das nach dem Ölfund in der Nordsee 1969 zu Reichtum kam, wie das **Norsk Oljemuseum** dokumentiert (*Kjeringholmen, www.norskolje.museum.no, Öffnungszeiten Mo–Sa 10–16 u. So 10–18 Uhr, Jun.–Aug.*

10–19 Uhr). In einer interaktiven Ausstellung werden die geologischen Prozesse und die Techniken der Ölgewinnung gezeigt. Unten am Lysefjord liegt **Lysebotn.** Von dort führt eine steile Serpentinenstraße mit 27 Kurven zu einer Aussichtsplattform, die unvergessliche Eindrücke garantiert. 23 km weiter östlich liegt der **Preikestolen**, ein flacher Felsvorsprung, der in 604 m Höhe über dem Lysefjord thront. Er bietet das berühmteste Panorama des Landes. Im Sommer kann man nahe der Hauptstraße (Rv 13) südlich von Jørpeland übernachten, ein idealer Ausgangspunkt, um die ausgeschilderten Wanderwege zu erkunden.

Übernachten

€€€€ Carlton Oslo Hotel Guldsmeden (Oslo). Das neue Htel befindet es sich in einer sehr ruhigen Straße unweit von Hafen und Einkaufsmeile. Die Zimmer bestechen durch das nordische Design in Holz und Fell; zur Entspannung gibt es ein Hamam. *Info: Parkveien 78, Tel. 02.3274000, www.hotelguldsmeden.com/oslo*

€€€ Augustin Hotel (Bergen). Das Hotel ist seit 1919 in Familienbesitz und verfügt noch über einige Jugendstil-Elemente; Vinothek und Bistro laden auch zu einem schnellen Mittagessen ein. Es liegt im Zentrum gegenüber von Bryggen. *Info: C. Sundtsgt. 22, tel. 055.304000, www.augustin.no/en*

€€ Fretheim Hotel (Flåm). Das 1870 erbaute Gebäude vereint Klassik und Moderne, mit großen Glasfenstern, durch die man die Natur betrachten kann. Die Küche ist traditionell und verwendet Bioprodukte. *Info: In Bahnhofsnähe, Tel. 057.636300, www.fretheim-hotel.no*

Essen

€€€ Bryggeloftet & Stuene (Bergen). Das rustikale Lokal, im historischen Stadtkern mit Blick auf den Fjord Vågen und den Fischmarkt, wurde Anfang des 20. Jh. eröffnet und ist für seine Fischsuppe bekannt. *Info: Bryggen 11, Tel. 055.5302070, www.bryggeloftet.no*

€€€ Sult (Oslo). Sult bedeutet Hunger und Tørst bedeutet Durst, und genauso heißt die Bar des Restaurants. Die Speisen bestechen durch ihre Klarheit; verwendet werden Zutaten der Saison. Das Ambiente ist urban und informell, typisch für den Szenestadtteil Grünerløkka. *Info: Thv. Meyers Gate 26, Tel. 02.2870467, www.sult.no*

€€ Furukrod (Flåm). Die Küche basiet auf lokalen Rezepten und Produkten. Das Lamm aus dem Aurland und die Aurlandsfjord-Krebse sind Klassiker, ebenso sie die flåmer Waldbeeren, die zum Ziegenkäse aus Undredal gereicht werden. Man kann sein Mahl auch in Buffetform genießen, typisch für nordische Restaurants. 100 m vom Bahnhof entfernt. *Info: Flåmsbrygga, Tel. 057.632050, www.flamsbrygga.no*

Nachtleben

T. G. I. Friday's (Oslo). „Thank God It's Friday's" – der Name ist Programm: Man beschließt den letzten Arbeitstag der Woche mit Musik und feinen Speisen bis spät in die Nacht. In der Gegend von Aker Brygge, zwei weitere Lokale befinden sich im Zentrum. *Info: Stranden 39, Tel. 02.4133100, www.fridays.no/*

Sanguine Brasserie (Oslo). Mitten im Foyer der Oper; hier trifft man sich vor und nach den Vorstellungen auf einen Aperitiv oder einen Snack. Im Sommer sitzt man draußen mit Blick auf den Oslofjord. *Info: Kirsten Flagstads pl 1, Tel.02.1422142, www.sanguinebrasserie.no*

Rick's Café and Salonger (Bergen). Das Pub ist bis drei Uhr morgens geöffnet; hier trinkt man mit Freunden ein Bier oder man geht in die Diskothek im dritten Stock. *Info: Veiten 3, Tel. 055.553131, www.ricks.no*

Weitere Informationen: Das offizielle Reiseportal für Norwegen, www.visitnorway.com/de

14 - Der Stadtteil Bryggen in Bergen.

15 - Marienkirche (Mariakirken) in Bergen.

Dublin und der Osten Irlands

Von Dublin, der jungen kosmopolitischen Hauptstadt – eine Mischung aus Geschichte, Literatur, Kunst, antiker Architektur und Avantgarde, Pubs und historischen Brauereien –, bis zum Meer, dessen Wellen gewaltig an die steil abfallenden Felswände schlagen: das ist die unwiderstehliche Magie Irlands in geballter Form.

Dublin zu besuchen ist einfach: Die touristischen Hauptverkehrsmittel sind allesamt an den Ufern der **Liffey** zu finden, die das urbane Netz durch zwei teilt. Südlich des Flusses besichtigt man das **Trinity College**, die älteste Universität der Insel, das **Temple-Bar-Viertel**, das zum Image Dublins als „jüngste Hauptstadt Europas" beigetragen hat, **St. Stephen's Green**, die weitläufige grüne Insel mitten im Zentrum der Stadt, die wichtigsten Museen, die Kirchen, die **Burg** und die elegante Fußgänger- und Einkaufszone in der **Grafton Street**. Überquert man die **O'Connell-Brücke** aus dem 18. Jh. oder die **Ha'Penny-Fußgängerbrücke**, gelangt man in die nördlichen Stadtviertel, wo sich die **Gebäude der Four Courts und des Zolls (Custom House)** erheben – höchster Ausdruck des irischen Neoklassizismus des Architekten James Gordon –, aber auch Mietshäuser, Märkte und Straßen, die die Literatur des 20. Jh. inspirierten.

In der weitläufigen und verstopften **O'Connell Street** bewundert man die Statuen nationaler Berühmtheiten, von Daniel O'Connell, Führer der katholischen Nationalisten zu Anfang des 19. Jh., bis hin zu James Joyce, Ikone der Dubliner Literatur, der die Stadt die neue Brücke von Santiago Calatrava (**James Joyce Bridge**) gewidmet hat. Nachdem man das kleine Dublin **Writers Museum** (*Parnell Square 18, Öffnungszeiten 10–17 u. So 11–17 Uhr, www.writersmuseum.com*), das den großen Autoren der irischen Literatur wie Swift, Stoker, Wilde, Shaw, Joyce und Beckett gewidmet ist, und das **James Joyce Centre** (*North Great George's Street 35, Öffnungszeiten Di–Sa 10–17 u. So 12–17 Uhr, www.jamesjoyce.ie*) besucht hat, das neben Porträts und Fotografien des Autors Originalausgaben seiner Werke beherbergt, kann man einen Abstecher nach **Smithfield** machen, einem weitläufigen, rechteckigen Platz, an dem alte Traditionen und die Kreativität des neuen Jahrtausends nebeneinander bestehen. Erstere sind durch das **Ceol**, das Zentrum der irischen Volksmusik und des traditionellen irischen Tanzes, vertreten, und Letzteres durch den **Chimney Viewing Tower**, einen alten Schornstein, der mit einer modernen Konstruktion aus Glas und Stahl aufgestockt wurde, die man mit einem gläsernen Aufzug (*Mo–Sa 10–17.30 u. So 11–17.30 Uhr, www.thedublinpass.com*) erreichen kann.

16-17 - PARLIAMENT SQUARE, TRINITY COLLEGE, DUBLIN.
17 - DIE OLD LIBRARY DES TRINITY COLLEGE.

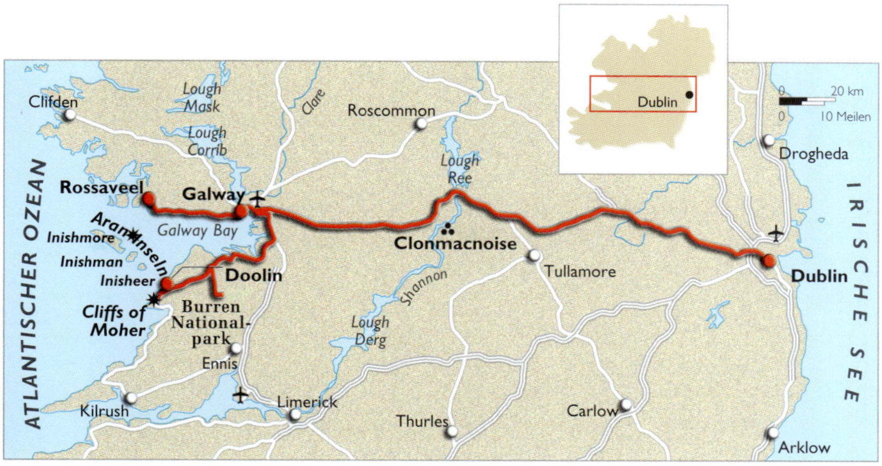

Die authentische Atmosphäre Irlands findet man auch im Städtchen **Galway**, Hauptstadt der gleichnamigen Grafschaft, direkt am Meer gelegen, mit Bootsanlegern, Pubs, Straßenmusik und vielen Lokalen, in denen man Austern und Meeresfrüchte genießen kann. Hier beginnen die organisierten Ausflüge zu den wilden und geheimnisvollen Landschaften der Westküste Irlands, z.B. zu den **Aran-Inseln**, einem Archipel aus drei Haupt- und fünf kleinen Inseln an der Bucht von Galway, wo Mönche bereits im 5. Jh. Kult- und Gebetsstätten errichtet haben, oder zum **Burren**, einer einzigartigen Karstlandschaft im Nordwesten der Grafschaft Clare, oder zu den **Cliffs of Moher**, den bekanntesten Steilklippen Irlands, an denen sich der Blick in einem Horizont aus Steinen, Meer und Himmel verliert.
Fortbewegung: *Das Zentrum von Dublin liegt nur 10 km vom Flughafen entfernt; man erreicht es mit dem Aerlink Express Bus, der alle 10 Min. abfährt. Einmal in der Stadt, bewegt man sich zu Fuß oder mit der Straßenbahn (grüne oder rote Linie). Die 208 km lange Strecke von Dublin nach Galway legt man mit dem Auto (www.rentalcars.com/Dublin) auf der N4, M4 und N6 zurück. Eine Abzweigung bei Athlone auf die N62 führt nach 28 km nach Clonmacnoise. Von Galway aus erreicht man nach 38 km den Hafen von Rossaveel. Von dort gelangt man mit der Fähre zu den Aran-Inseln, auf denen das Fahren in Privatautos nicht erlaubt ist (die Überfahrt dauert 20–40 Min., in der Sommersaison gibt es drei Fähren am Tag). Auf dem Archipel kann man sich nur mit dem Fahrrad (Vermietungen an der Anlegestelle bei Aran Cicle Hire, Tel. 099.61132) und zu Fuß fortbewegen, oder man macht eine romantische Fahrt in der Ponykutsche. Auf dem Weg von Galway zum Örtchen Doolin zweigt man ab und erreicht nach 74 km (N6 und R446) den Burren und nach weiteren 20 km die Cliffs of Moher. Alternativ kann man von der Insel Inisheer eine Fähre direkt nach Doolin nehmen, von wo aus man auf einem 35 km langen Wanderweg den Burren und die Cliffs of Moher erreicht (www.burren-way.com). Den Burren kann man auch mit dem Autobus durchqueren (www.buseireann.ie).*

DUBLIN ***(3 Tage)***
Im Gegensatz zu vielen Hauptstädten Europas ist das zentrale Gebäude nicht die Kathedrale, sondern das **Trinity College**, die älteste Universität des Landes; sie wurde 1592 von Elisabeth von England gegründet und war Katholiken erst ab 1873 zugänglich. Die Liste der illustren Studenten, die in den eleganten Gebäuden im georgianischen Stil seit dem 18. Jh. studiert haben, ist lang: Vom Philosophen George Berkeley über Oscar Wilde, den *Dracula*-Autor Bram Stoker und der ersten Präsidentin von Irland, Mary Robinson, bis hin zum Dramatiker Samuel Beckett, Nobelpreisträger für Literatur 1969. Heute sind ca. 10.000 Studenten eingeschrieben. Der Campus hält zahlreiche Sehenswürdigkeiten bereit (*Öffnungszeiten Mai–Sept. Mo–Sa. 9.30–17 Uhr, Okt.–Apr. 12–16.30 Uhr*): die **Kapelle** von 1798, das **Theater** von 1791, die **Dining Hall** (Mensa) von 1745, der hundert Jahre alte **Park** und allem voran die **Bibliothek (Old Library)**, die mit ihren Schätzen zu den wertvollsten Europas zählt. Das Aushängeschild ist das **Book of Kells**, ein Evangelium aus dem 9. Jh., das durch seine reiche Illustration begeistert. Eine weitere Ikone Irlands ist eine wertvolle **Harfe** aus dem 15. Jh., die zum Symbol des irischen Patriotismus wurde (sie ist auf Geldstücken und auf dem Guinness-Etikett zu sehen) und im weitläufigen **Long Room** (65 m lang, 15 m hoch) ausgestellt ist, der außerdem noch 200.000 antike Werke enthält.

Beim Erkunden dieser Gegend entdeckt man Plätze im georgianischen Stil mit den typischen Ziegelhäusern, die mit weißen Säuleneingängen versehen sind: der 6 ha große Park **St. Stephan's Green** mit seinen kleinen Seen, der kleine **Fitzwilliam Square** und der von Bäumen gesäumte **Merrion Square**, dessen Häuser mit den bunten Eingängen ehemals von bedeutenden Persönlichkeiten bewohnt wurden, darunter die Familie des Schriftstellers Oscar Wilde, die im zeitgenössischen Monument (1997) von Danny Osborne dargestellt ist. In dieser Gegend sind es besonders die Museen, die man unbedingt besuchen sollte, an erster Stelle das **National Museum of Ireland**, in dem die Geschichte des Landes äußerst eindrucksvoll dargestellt ist. Sehr schön ist der keltische Schmuck aus dem 14. Jh. (*www.museum.ie, Öffnungszeiten 10–17 Uhr, So 14–17 Uhr*). Prestigeträchtig ist auch die **National Gallery of Ireland** mit 11.000 Kunstwerken aus den großen Schulen Europas, u.a. Meisterwerke von Thomas Gainsborough (The Cottage Girl), Canova (Amorino), Paolo Uccello (Madonna mit Kind), Caravaggio (Gefangennahme Christi), Diego Velázquez (das Mahl in Emmaus), Goya (Doña Antonia Zárate) und aus der französischen Schule des 20. Jh. – Monet, Degas, Pissarro, Sisley und Signac (*Merrion Square West, www.nationalgallery.ie, Öffnungszeiten 9.30–17.30 Uhr, Do bis 20.30, So 12–17.30 Uhr*).
In der Nähe der beiden Museen, nur wenige Schritte die **Kildare Street** entlang, befindet sich die antike Residenz des Duke of Leinster (**Leinster House**). 1745 von Richard Cassels im palladianischen Stil erbaut, wurde sie 1922 Sitz des irischen Parlaments. Im Westen des Trinity College trifft man auf das legendäre **Temple Bar** (*www.visittemplebar.com*), ein junges, alternatives Viertel mit bunt getünchten Häusern, Balkonen in Zick-Zack-Form und von jungen Leuten und Straßenkünstlern belebten Plätzen. In den 1990er-Jahren wurde das Stadtviertel von den jungen Architekten der Gruppe 91 renoviert und glänzt nun durch zahlreiche Pubs, Lokale, Kunstaktionen und Märkte. Hier befindet sich auch der moderne Komplex des irischen Filminstituts, das **Olympia Theatre** (*www.mce.ie*), in dem Rock- und Popkonzerte stattfinden und das die **Gallery of Photography** (*www.irish-photography.com*) beherbergt, die der Fotografie des 20. Jh. gewidmet ist. Am Abend hört man gute Musik und trinkt Guinness in den historischen Pubs dieser Gegend, angefangen von der **Temple Bar** (*Temple Bar 47–48, www.thetemplebarpub.com*) aus dem Jahr 1840, das dem Viertel seinen Namen gab, bin hin zum **Oliver St. John Gogarty** (*Fleet Street 58–59, www.gogartys.ie*), das für sein vielseitiges Musikprogramm bekannt ist. Man setzt die Erkundung in der Dame Street fort und macht eine Reise in die Vergangenheit beim Überschreiten der Schwelle zum **Dublin Castle**, das 1220 als anglonormannische Burg entstand und 7 Jahrhunderte lang das Symbol Britanniens auf irischem Boden blieb. Heute ist der georgianische Stil vorherrschend; in der Krypta sind Ruinen aus der Zeit der Wikinger, der Normannen und des Mittelalters zu sehen sowie die **Gasträume** aus dem 18. Jh., die den illustren Gästen vorbehalten waren. In den Führungen (*Dame Street, www.dublincastle.ie, Öffnungszeiten 10–16.45, So 12–16.45 Uhr*) kann man bemalte Zimmerdecken, Einrichtungsgegenstände und Kunstwerke besichtigen, darunter das *Porträt der Komtesse di Granard* von Anthonis van Dyck, und den prächtigen **Thronsaal**. Es lohnt sich auch, die **Chester Beatty Library & Gallery of Oriental Art** zu besuchen, eine der Stadt geschenkte Privatsammlung des Kanadiers Sir Alfred Chester Beatty, die aus vielen antiken orientalischen Schriften und Gegenständen besteht (*www.cbl.ie*). Dublin ist auch für seine vielen katholischen Kirchen berühmt, fast 700, wenn man Kapellen und Gebetsräume mitzählt. Die antike **Christ Church** verfügt noch über Elemente aus der Gründung durch die Wikinger (1038) und wurde in römisch-gotischem Stil neu erbaut. Der 1493 gegründete Kirchenchor genießt hohes Ansehen (*www.cccdub.ie*). Die Nationalkirche Irlands ist die **St. Patrick's Cathedral**, eine anglikanische Kirche, Ende des 12. Jh. gegründet; ihre Geschichte ist eng mit der des Schriftstellers Jonathan Swift (*Gullivers Reisen*, 1726) verbunden, der von 1713 bis 1745 Dekan der Kirche war. Sein Grab und diverse Schriften

erinnern in der Swift-Ecke an ihn (*www.stpatrickscathedral.ie*).
Nur wenige Häuserblocks entfernt trifft man im Herzen der St. James Gate Brewery an den Ufern der Liffey auf das **Guinness Storehouse** aus dem Jahr 1904, in dem ursprünglich der Fermentierungsprozess durchgeführt wurde; heute hat es die Form eines gigantischen Guinness-Glases. Das Rezept für das schwarze Bier hat Arthur Guinness 1759 entwickelt. Auf sieben Stockwerken wird dem Besucher alles über das berühmteste Getränk Irlands gezeigt, von der Herstellung bis zu den Werbeplakaten von James Gilroy aus dem Jahr 1930. Im Eintrittspreis ist eine Bierprobe enthalten, die im 7. Stockwerk in der Gravity Bar neben einem 360-Grad-Panorama über Dublin ausgeschenkt wird (*www.guinnessstorehouse.com, Öffnungszeiten 9.30–17 Uhr, im Sommer bis 19 Uhr*).

18 OBEN - ST. STEPHEN GREEN IN DUBLIN.
18 UNTEN - DUBLIN CASTLE.

19 OBEN - CHRIST CHURCH IN DUBLIN.
19 UNTEN - GUINNESS STOREHOUSE IN DUBLIN.

Einkaufen

*Die **Grafton Street** in **Dublin**, benannt nach dem zweiten Herzog von Grafton, gibt es seit Anfang des 18. Jh. Sie ist heute Fußgängerzone und exzellente Shoppingmeile mit sehr vielen Geschäften für irische und internationale Mode und dem exklusivsten und auch etwas teuren Megastore der Stadt, **Brown Thomas** (Hausnummer 88–95). Neben Designermode hat er auch Einrichtungsgegenstände im Angebot(www.brownthomas.com). Nicht weit entfernt befindet sich das **Powerscourt Centre**, in dem man im **Design Centre** im obersten Stockwerk ausgefallende Mode von Designern wie Philip Treacy und Pauric Sweeney erwerben kann. Vom Einkaufen erholt man sich am besten im **Bewley's Oriental Café** (Hausnummer 78–79), ein historisches Literatencafé, das 1894 eröffnet wurde (http://bewleys.com/bewleys-grafton-street-cafe). Zeitgenössisches Kunsthandwerk (Glas, Skulpturen, Keramiken, Schmuck) gibt es im **Design Yard** (Nassau Street 48-49, www.designyardgallery.com), das nur handgefertigte Einzelstücke anbietet. Für die Kenner des irischen Whiskeys ist der **Celtic Whiskey Shop** (Dawson Street 27-28, www.celticwhiskeyshop.com) eine gute Adresse, der auch durch die große Auswahl an seltenen Abfüllungen begeistert.*
*In **Galway** ist der **Claddagh-Ring** berühmt; ein Fingerring, der aus dem irischen Fischerdorf Claddagh bei Galway stammt und zwei Hände zeigt, die ein Herz mit einer Krone halten – ein Symbol für Liebe, Freundschaft und Treue. Als Geschenk für einen geliebten Menschen kauft man ihn am besten im **Dillon's Claddagh Gold** (William Street 1, www.claddaghring.ie), ein alteingesessenes Schmuckgeschäft (seit 1750), das für seine Qualität garantiert. Und nicht zu vergessen sind die traditionellen, grobgestrickten Pullover aus Schurwolle (Aran Sweater), die überall auf den Aran-Inseln angeboten werden, wo sie ihren Ursprung haben. Am besten kauft man sie in einem kleinen Dorf abseits der Touristenströme. Achten Sie jedoch darauf, dass Sie ein handgestricktes Exemplar und kein maschinell gefertigtes erhalten.*

GALWAY, ARAN-INSELN UND ATLANTIKKÜSTE *(4 Tage)*
Die erste Etappe der Autofahrt von Dublin nach Galway führt zu den Klosterruinen von **Clonmacnoise** (140 km von der Hauptstadt entfernt), die in einer herrlichen Landschaft am Ufer des Shannon liegen. Das Kloster wurde 585 durch den Mönch San Ciarán im Herzen Irlands gegründet und war lange Zeit ein wichtiges europäisches Kunstzentrum. Die Könige von Connacht und Tara wurden hier begraben. Im Verlauf der Geschichte wurde es einige Male geplündert und 1552 von englischen Truppen komplett zerstört. Heute sind auf dem Klostergelände die Ruinen der Kirchen aus dem 12. Jh., ein Rundturm, Gräber und wunderschöne Steinkreuze zu sehen, wie das 4 m hohe **Kreuz der heiligen Schriften** (10. Jh.) mit Reliefs, die Szenen des Jüngsten Gerichts und der Kreuzigung darstellen. Außerhalb der Klosteranlage zeugen die Ruinen einer Burg aus dem 13. Jh. von einer antiken normannischen Ansiedlung (*www.heritageireland.ie/de/midlandseastcoast/Clonmacnoise*).
Das nächste Ziel ist die entzückende Universitätsstadt **Galway**, Hauptstadt der gleichnamigen Grafschaft und wichtiger Atlantikhafen. Wegen des quirligen Nachtlebens und der zahlreichen künstlerischen und musikalischen Aktivitäten ist Galway bei jungen Leuten besonders populär. Die Stadt wurde an den Ufern des Flusses Corrib erbaut, der für seinen Lachsreichtum berühmt ist. Sie hat einen schönen mittelalterlichen Stadtkern mit engen Gassen und Steinfassaden. Nach einem Bummel durch die Geschäfte und die kleinen Cafés der **Shop Street** und der **Quay Street**, dem sogenannten „Latin Quarter", kann man die **St. Nicolas Cathedral** aus dem 14. Jh. besuchen, die gemeißelte Särge und ein Taufbecken aus dem 16. Jh. enthält; auf dem Kirchplatz wird jeden Samstagmorgen ein Markt abgehalten, auf dem Produkte aus der Umgebung und kunsthandwerkliche Objekte feilgeboten werden. Auch das **Lynch's Castle** aus dem 15. Jh. und der **Spanish Arch** in der Hafengegend, ein Überbleibsel der Befestigung aus dem 16. Jh., zeugen von der langen Geschichte Galways. Joyce-Liebhabern wird ein Besuch in Bowling Green Nr. 8 empfohlen, denn dort befindet sich das **Nora Barnacle House Museum**, das Haus, in dem die Frau des Schriftstellers bis 1904 lebte (*Öffnungszeiten im Sommer von 10–17 Uhr, So geschlossen, www.galwaytourist.com/details/nora_barnacle_museum.shtml*).
Galway ist Ausgangspunkt für die Erkundung der wildesten und authentischsten Landschaften Irlands. Vom nahe gelegenen Hafen von Rossaveel schifft man sich zur ca. 40-minütigen Überfahrt auf die drei **Aran-Inseln** (Inishmore, Inishmaan und Inisheer) ein, lange, karge und flache Kalksteininseln von rauer Schönheit. Hier dominiert immer noch das Gälische, musikalische und kunsthandwerkliche Traditionen werden gepflegt. Die Anlegestelle ist am Hafen von **Kilronan**, dem winzigen Hauptort von **Inishmore**, mit 42 qkm die größte Insel des Archipels und geprägt von niedrigen Steinwällen, die die Bodenerosion durch Wind und Wetter verhindern. Nachdem man das **Ionad Arainn Aran Heritage Centre** besucht hat (*http://visitaranisland.com, Öffnungszeiten Juli-Aug. 10–19 Uhr, in der übrigen Zeit*

Events

***Dublin**: In der letzten Januarwoche findet das Temple **Bar Trad Festival** statt, bei dem in jedem Pub des Viertels irische Folkmusik erklingt. Am 17. März ist **Saint Patrick's Day**, das Fest des Schutzheiligen Irlands; vier Tage lang wird in den Pubs und bei Straßenfesten gefeiert. Am **Bloomsday**, dem 16. Juni, sucht man mit Gleichgesinnten in einer Tour durch die Stadt die Originalschauplätze aus Joyces Roman Ulysses auf. Mitte Juli findet das **Oxegen** statt, ein Pop- und Rockfestival auf dem Punchestown Racecourse (www.oxegen.ie). Anfang August wird die **Dublin Horse Show** zelebriert, fünf Tage lang Pferde-Ausstellungen und Reitwettbewerbe, darunter der berühmte Nations Cup. (www.dublinhorseshow.com). In den letzten beiden Septemberwochen findet das **Dublin Theatre Festival** statt, mittlerweile eine feste kulturelle Einrichtung der Stadt.*
***Galway:** Mitte Juli gibt es im Rahmen des **Galway Early Music Festivals** viele Theateraufführungen und Straßenfeste mit Musik und Tanz. Ende Juli finden in Ballybrit die **Galway Races** (Pferderennen) statt, bei denen kräftig gewettet wird. Ende September dann noch das **Galway Oyster Festival**, eine echte Hommage an Austern und Bier: die Lokalmatadore öffnen Austern um die Wette!*
***Kilronan (Aran-Inseln):** Anfang August findet die **Bootsweihe** statt. Geweiht werden vor allem die traditionellen Fischerboote, die sogenannten Currachs.*

kürzer), das die Geschichte und die Tradition der Gegend erklärt, erkundet man die Ruinen verlassener Kirchen, Dörfer und kleiner Festungen aus längst vergangenen Zeiten, wie **Dún Aengus**, das 1,5 km von **Kilmurvy** entfernt liegt und von vier kreisförmig angeordneten Mauern umgeben ist und am Eingang über ein kleines Museum (*Öffnungszeiten April–Okt. 10–18 Uhr, im Winter 10–16 Uhr*) verfügt, oder das nahe gelegene **Teampall Mhic Dhuach**, ein kleines Sakralgebäude aus der vorromanischen Epoche in der Nähe des wundervollen **Strandes** der Ortschaft Kilmurvy. An der Westspitze der Insel liegt **Synge's Chair**, ein sehr schöner Aussichtspunkt am Ende eines schroffen Felsens. Antike Reste christlicher und vorchristlicher Bauten finden sich auch auf den kleineren Inseln **Inishmaan** und **Inisheer** verteilt, die man in einer fünfstündigen Wanderung vollständig erkunden kann. Von hier aus kann man eine Fähre zum entzückenden Örtchen **Doolin** nehmen, das an der Küste des **Burren** liegt, ein Hochplateau aus Kalkstein, das durch die tiefen Furchen und Tropfsteinhöhlen geologisch unglaublich interessant ist. Auf einem 35 km langen Wanderweg, dem **Burren Way**, kann man die Karstlandschaft von Ballyvaughan im Norden der Graftschaft Clare bis Lisscannor im Südosten durchqueren, vorbei an sagenhaften Dolmen inmitten einer einzigartigen Flora aus arktischen, alpinen und mediterranen Spezies (man die Gegend auch mit Auto oder Fahrrad bereisen; Hinweise unter *www.burrenguidedwalks.com*, *www.burrenwalks.com*). Der Wanderweg beginnt im Süden von Doolin und führt 200 m die gigantischen **Cliffs of Moher** entlang, steil abfallende in den Ozean ragende Felswände, die für Möwen und zahlreiche weitere Vogelarten hervorragende Brutstätten bilden. Die Klippen an diesem Wanderweg sind die spektakulärsten von ganz Irland (Informationen zu den Wanderwegen gibt es im Besucherzentrum: *www.cliffsofmoher.ie*).

Übernachten

€€€€ Glenio Abbey Hotel (Galway). Das Fünfsternehotel bietet eine fürstliche Unterkunft in einer antiken Abtei im georgianischen Stil, elegant und romantisch mit Möglichkeiten zum Fischen und Golfen. Zimmer mit Blick auf den Lough Corrib. *Info: Bushypark, Tel. 091.526666, www.glenlo.com*

€€€ La Stampa (Dublin). Ein modernes Boutique-Hotel mit pompöser Einrichtung und orientalischer Atmosphäre mitten in der Stadt, nur fünf Minuten von der Grafton Street entfernt. Das Spa Mandala Eastern Retreat bietet eine Vielzahl von Anwendungen, z.B. Thai-Massage, ein duftendes Himalaya-Rosenbad oder Thai-Kräuterumschläge. Auch die Restaurants sind sehr zu empfehlen. *Info: Dawson Street 35, Tel. 01.6774444, www.lastampa.ie*

€€ B&B Kilmurvy House (Kilmurvy, Aran-Inseln). Ein faszinierendes Haus aus dem 18. Jh., 7 km vom Hafen von Kilronen entfernt, mit einem schönen Sandstrand in unmittelbarer Nähe. Die Zimmer sind gemütlich und die Küche bietet lokale Speisen (Fleisch, Fisch und Gemüse). Für einen Aufenthalt im Sommer empfiehlt es sich, frühzeitig zu buchen. *Info: Tel. 099.61218, www.kilmurveyhouse.com*

Essen

€€€ Patrick Guilbaud (Dublin). Zeitgemäße Eleganz, gemütliches Ambiente, tadelloser Service, Haute Cuisine mit zwei Michelin-Sternen ausgezeichnet. Ein Restaurant, das man nicht so leicht vergisst; es zählt zu den besten des Landes. *Info: Upper Merrion Street 21, Tel. 01.6764192, www.restaurantpatrickguilbaud.ie/*

€€ Abalone Restaurant (Galway). Ein kleines, aber sehr gutes Lokal, vom Küchenchef und Inhaber Alan Williams geführt. Auf der Karte finden sich in Serranoschinken eingewickelte Seeteufelfilets, Gemüserisotto mit Trüffel und vegetarische Gerichte. Die Weinkarte ist hervorragend. *Info: Lower Domink Street 53, Tel. 091.534895*

€ Pier House Guest House (Kilronan, Isole Aran). Hier lässt sich die traditionell irische Küche mit fangfrischem Fisch und biologisch angebautem Gemüse genießen. Im Sommer kann man im Freien sitzen mit Blick auf die Hafenmole. *Info: Tel. 099.61811, www.pierhousearan.com*

Nachtleben

POD (Dublin). Das gefragte Pub in der Nähe von St. Stephen's Green ist in einem alten Bahnhofsgebäude untergebracht. Einige der größten DJs der Welt haben hier bereits aufgelegt. *Info: Old Harcourt Station, Harcourt Street, Tel. 01.4763374, www.pod.ie/*

The Brazen Head (Dublin). Livemusik im ältesten Pub Dublins, das bereits seit 1198 existiert. Unter den originalen Holzdecken spielten bereits die Dubliners, Van Morrison und die Hothouse Flowers. *Info: 20 Bridge Street Lower, Tel. 01.6779549, www.brazenhead.com*

Séhán Ua Neáchtain (Galway). Seit mehr als hundert Jahren treffen sich die Leute von Galway in diesem Pub mit den blauen Wänden, um sich zu unterhalten und dabei literweise Bier zu trinken. Ideal für einen Abend, an dem man die Atmosphäre des alten Irlands genießen möchte. *Info: Upper Cross 17, Tel. 091.568820.*

Joe Watty's Bar (Kilronan, Aran-Inseln). Ein Pub, das besonders bei den Einheimischen beliebt ist, in dem man sein Guinness trinkt und irische Musik hört. *Info: Tel. 099.61151.*

Weitere Informationen:
Die offizielle Seite der grünen Insel:
http://www.discoverireland.com/de

20 - Die Ruinen von Clonmacnoise.

21 oben - Inisheer, Aran-Inseln.

21 unten - Die Cliffs of Moher.

London und die Schlösser Nordschottlands – Großbritannien

Die britische Hauptstadt gehört zweifellos zu den elektrisierendsten dieser Erde. Dennoch kann man die wichtigste europäische Insel nicht verlassen, ohne auch die schottischen Schlösser besucht zu haben. Der Kontrast zwischen den Wolkenkratzern der großen Stadt und den strengen, großartigen Festungen des alten schottischen Adels mitten in einer einzigartigen Landschaft ist die Reise wert.

Der Name London beinhaltet vieles: Die **City** mit ihren Wolkenkratzern und großen Banken, zwischen denen die von Norman Foster und Ken Shuttleworth entworfene „Essiggurke", der Swiss-Re-Tower (**30 St. Mary Axe**), aufragt, ist vom Erscheinungsbild her Lichtjahre von den Ziegelhäusern der „In"-Viertel wie **Islington** mit ihren vielen Geschäften und Märkten entfernt. Und das historische **Westminster**, Herz der Stadt mit dem **House of Parliament** an den Ufern der **Themse**, hat wenig gemein mit der viktorianischen Architektur und den alten Fabriken des **East End** oder mit der Skyline von **South Bank** weiter im Süden, wo sich das London Eye *(www.londoneye.com)*, das größte Riesenrad der Welt, und die berühmte Kunstgalerie **Tate Modern** befinden. Dann gibt es das London der Parks, allen voran der historische **Hyde Park**, der weitläufigste der königlichen „Gärten" (142 Hektar) mit der Speaker's Corner, an der sich seit 1872 jeder, der möchte, als Redner beweisen kann *(www.royalparks.gov.uk/Hyde-Park.aspx)*. Dann gibt es noch das London des Stadtteils Soho mit der Leuchtreklame der Peep Shows, des **Piccadilly Circus** und der Theater von **Covent Garden**. Und natürlich das London der Krone, das durch die Hochzeit von Prinz William 2011 wieder an Bedeutung gewonnen hat und auf einer fesselnden Tour durch die Besitztümer Ihrer Majestät erkundet werden kann: **Buckingham Palace**, **Clarence House**, offizielle Residenz von Charles und Camilla (St. James's Palace, *www.royalcollection.org.uk*, begrenzte Besucherzahlen, nur mit Voranmeldung), **Kensington Palace** *(Kensington Gardens, www.hrp.org.uk/kensingtonpalace, Öffnungszeiten 10–17 Uhr)* und **Westminster Abbey**, in der sich traditionell die königlichen Hoheiten trauen lassen. Adelsschlösser, antike Abteien und romantische Ruinen sind die Wegbegleiter auf der

22-23 - Das Zentrum Londons aus der Luft.

23 oben - Der Londoner Bahnhof Charing Cross.

23 unten - Piccadilly Circus in London.

Reise ins Zentrum Schottlands, auf der man historische, landschaftliche und literarische Eindrücke sammelt, die direkt ins Herz des Landes führen. Vom Verwaltungsbezirk (traditionelle Grafschaft) Fife mit dem Städtchen **St. Andrews** geht es über das angrenzende **Angus**, Land der antiken Pikten und der magischen Symbolsteine, zu den Tälern um **Aberdeen** mit seinen Gärten und Schlössern: **Dunnottar Castle**, eine gigantische Festung auf einem Felsen am Meer, **Crathes Castle** und **Balmoral Castle**, Sommerresidenz der Windsors seit Königin Victoria. Weiter nördlich am Fuß der Grampian Mountains liegen die fruchtbaren, windreichen Ebenen, auf denen seit Jahrhunderten die Gerste angebaut wird, aus der der unvergleichliche Speyside Single Malt Whisky hergestellt wird.

Fortbewegung: *In London bewegt man sich mit Bus und U-Bahn in einem Verkehrsnetz, das jedes Gebiet der Stadt abdeckt. Die Fahrkarten sind vergleichsweise teuer, aber man kann mit Tageskarten oder der Oyster Card (www.tfl.gov.uk) einiges sparen. Von London aus erreicht man Edinburgh mit einem Inlandsflug innerhalb einer Stunde. Dort angekommen, nimmt man einen Mietwagen und begibt sich auf eine 600 km lange Rundreise, die zuerst in die Grafschaft Fife bis nach St. Andrews führt (87 km auf der A92 und A91), dann geht es weiter Richtung Aberdeen und zu den Schlössern im Umkreis (129 km auf der A90 mit einigen Abzweigungen). Man kommt schließlich in die historische Stadt Elgin und zu den Destillerien von Speyside (105 km auf der A96), von dort geht es auf der A9 weiter in die Gegend von Inverness (65 km) in Richtung Aviemore (51 km), Pitlochry (90 km), Perth (40 km) und dann wieder zurück nach Edinburgh (75 km).*

Währung: *Die offizielle britische Währung ist das Pfund Sterling.*

LONDON ***(3 Tage)***

Die Erkundung der britischen Hauptstadt beginnt in **Westminster**, dem Herz dieser internationalen Metropole, in der die Gebräuche und Gewänder der multi-ethnischen Bevölkerung der Liebe zur englischen Tradition keinen Abbruch tun. In Westminster liegen das **House of Parliament** *(www.parliament.uk)*, Sitz der beiden Kammern des Parlaments, das im neugotischen Stil des 19. Jh. auf der Asche des Komplexes aus dem 11. Jh. wieder-

aufgebaut wurde (nur die **Westminster Hall** und der **Jewel Tower** sind original erhalten), die **Westminster Abbey** *(20 Dean's Yard, www.westminster-abbey.org)*, in deren gotischen Schiffen sich seit Jahrhunderten die wichtigsten Zeremonien des Königshauses abspielen (von Krönungen über Hochzeiten bis hin zu Beerdigungen; der berühmteste Sarg ist der Heinrichs VII.), **Downing Street**, Sitz der Regierungsbeamten und Residenz des Premierministers, der Öffentlichkeit nicht zugänglich, aber von der Straße aus gut einsehbar, **Whitehall**, die lange Straße, an der sich die Ministerien befinden, die Verbindung zwischen **Parliament Square** und **Trafalgar Square**, dem berühmtesten Platz der Stadt mit der Statue von **Admiral Lord Nelson**, der Kirche **St. Martin-in-the-Fields** aus dem 18. Jh. *(www.stmartin-in-the-fields.org)*, in der auch weltliche Konzerte stattfinden, und der **National Gallery** mit der **National Portrait Gallery** im Osten *(www.nationalgallery. org.uk, Öffnungszeiten 10–18 u. Fr bis 21 Uhr)*. Dieses Museum ist weltberühmt und enthält über 2300 Meisterwerke der europäischen Kunst vom 12. bis zum 19. Jh., darunter auch Rembrandts *Selbstbildnis*, die *Fünf Badenden* von Cézanne, die *Madonna mit den Nelken* von Raffael und Van Goghs berühmte *Sonnenblumen*. Interessierte sollten auf keinen Fall versäumen, das **Natural History Museum** zu besuchen, eines der größten naturhistorischen Museen der Welt mit über 65 Millionen Objekten in einem viktorianischen Gebäude, in dem sich auch das **Darwin Centre** befindet *(Cromwell Road, www.nhm.ac.uk, Öffnungszeiten 10–17.50 Uhr)*. Angrenzend liegt das **Science Museum** mit 7 Stockwerken und einem Imax-Kino *(Exhibition Road, www.sciencemuseum. org.uk, Öffnungszeiten 10–18)*. Dann geht es weiter ins **British Museum** *(Great Russell Street, www.britishmuseum.org, Öffnungszeiten 10-17.30 u. Fr bis 20.30 Uhr)*, dem „Museum der Museen" mit seinem imposanten Innenhof (Great Court), der von Norman Foster entworfen wurde und einen modernen Gegenpol zu den eindrucksvollen kunsthistorischen Sammlungen aus Europa, Asien und dem Orient darstellt. Interessant sind auch das **Victoria and Albert Museum** mit den berühmten Teppichkartons für die Sixtinische Kapelle *(Cromwell Road, www.vam.ac.uk, geöffnet 10–17.45 u. Fr bis 22 Uhr)*, und das **Tate Britain**, das neben

Einkaufen

Abgesehen von den Einkaufsstraßen und großen Kaufhäusern (von ***Harrods*** *bis* ***Selfridges****, von der* ***Oxford Street*** *zur* ***New Bond Street****) darf man es auf keinen Fall versäumen, die Märkte zu besuchen. Die klassischen sind* ***Portobello Road*** *(www.portobelloroad.co.uk),* ***Camden Lock*** *(www.camdenlock.net) und* ***Camden Passage*** *(www.camdenpassageislington.co.uk), aber man sollte auch einen Blick auf die Stände von* ***Brick Lane*** *(www.sundayupmarket.co.uk) und* ***Old Spitalfields*** *(www.spitalfields.co.uk) werfen, die Vintage-Klamotten, Modeschmuck und jede Menge Kleinkram anbieten. Für Antiquitäten und Objekte aus dem 20. Jh. geht man auch zum* ***Alfies Antique Market*** *in der Church Street (www.alfiesantiques.com), der in einer ehemaligen Lagerhalle auf 4 Stockwerken untergebracht ist, und ins* ***Decoratum****, ebenfalls in der Church Street (www.decoratum.com), mit eleganten Einrichtungsgegenständen aus den 1950er- und 1960er-Jahren. Ausgefallenere Sachen ergattert man Samstags auf dem Markt* ***Cabbages & Frocks*** *(www.cabbagesandfrocks.co.uk); die Liebhaber der Ethno-Küche und von Produkten aus aller Welt gehen am besten zum mittlerweile legendären* ***Borough Market*** *(www.boroughmarket.org.uk) in der Southwark Street, unter den Arkaden der Eisenbahn.*

der größten William-Turner-Sammlung der Welt seit 1897 den vollständigsten Querschnitt der britischen Kunst vom 16. bis zum 20. Jh. beherbergt *(Millbank, www.tate.org.uk/home/german.htm, geöffnet 10–17.50, am ersten Fr des Monats bis 21 Uhr)*, sowie das **Tate Modern** *(Bankside, www.tate.org.uk/home/german_modern.htm, geöffnet 10–18, Fr u. Sa. bis 22 Uhr)*, ein ehemaliges Kraftwerk, das von den Architekten Herzog & De Meuron umgebaut wurde und zeitgenössische Werke von Pollock, Modigliani, Klee, Picasso und Warhol enthält. Von dort aus geht es weiter entlang der Themse zur **Tower Bridge** *(www.towerbridge.org.uk)* und zum **Tower of London**, die Festung aus der Zeit Williams I., in der man heute die Kronjuwelen besichtigen kann *(www.hrp.org.uk/toweroflondon, geöffnet 9–16.30, So u. Mo 10–16.30 Uhr)*. Oder man geht über die **Millennium Bridge**, eine im Jahr 2000 erbaute Fußgängerbrücke über die Themse, die das Südufer mit der **City** verbindet, um zur **St. Paul's Cathedral** zu gelangen, der Kirche aus dem 18. Jh., die dem Schutzpatron der Stadt gewidmet ist und über die zweitgrößte Kuppel nach dem Petersdom verfügt *(239 Selby Avenue, www.cathedralsaintpaul.org, Öffnungszeiten 7–19, Sa bis 21 Uhr)*. Schließlich ist noch der **Buckingham-Palast** zu besichtigen: In der Londoner Residenz der Queen stehen von August bis September die 19 Zimmer der sogenannten **State Rooms** mit Gemälden von Rembrandt und Rubens sowie Skulpturen und Porzellan offen. Im Sommer kann man täglich um 11.30 Uhr, sofern es die Witterung erlaubt, der berühmtesten Wachablösung der Welt beiwohnen. Während der restlichen Monate findet sie nur an bestimmten Tagen statt *(Green Park, www.royalcollection.org.uk)*.

24 OBEN - DIE TOWER BRIDGE.

24 UNTEN - DER BUCKINGHAM PALAST.

25 OBEN - NATURAL HISTORY MUSEUM, LONDON.

25 MITTE - DER GREAT COURT IM BRITISH MUSEUM.

25 UNTEN - DIE NATIONAL PORTRAIT GALLERY.

SCHLÖSSER UND GUTER WHISKY IM HERZEN SCHOTTLANDS *(4 Tage)*

Schlösser, Gärten, Golfplätze, Whisky und antike Klöster: Auf der ca. 600 km langen Reise in das Herz Schottlands, von Edinburgh zur Nordsee, gibt es viel zu sehen. Historische Orte und spektakuläre Landschaften animieren zu einer Reise durch dieses Land. Erste Station ist **St. Andrews**, die Perle der Ostküste an der Spitze des East Neuk. Im Umkreis besucht man kleine, fotogene Dörfer, die heute noch vom Fischfang leben, wie **Crail**, und den wunderbaren Garten von **Kellie Castle** aus dem 16. Jh. *(Öffnungszeiten: Winter 13–17 Uhr, Sommer 9.30-Sonnenuntergang)*. Das elitäre, aristokratische St. Andrews besitzt den ältesten Golfplatz der Welt, den legendären **Old Course**, der fast bis an den langen Strand **West Sands** reicht, der durch die Eröffnungsszene des Films *Die Stunde des Siegers* bekannt wurde. Die Geschichte dieses Städtchens ist eng mit dem Golfsport verbunden, der seit dem 15. Jh. praktiziert wird, wie im ultramodernen **British Golf Museum** in der Nähe des **Royal & Ancient Golf Club** eindrucksvoll dargestellt wird *(www.britishgolfmuseum.com, geöffnet Nov.-März 10–16 Uhr, Apr.–Okt. 9.30-17 Uhr)*. Die Einwohner von St. Andrews verlustieren sich nicht nur beim Golf, sondern sind auch eng mit ihrer prestigeträchtigen, 1410 gegründeten Universität verbunden. Daneben finden sich hier die Ruinen mittelalterlicher Bauten: die **Kathedrale** *(www.standrews-cathedral.com)*, deren Baubeginn um 1160 datiert, damals die größte Kirche Schottlands, sowie die Burg mit zwei Türmen und den Tunneln, die während der protestantischen Besatzung im 16. Jh. heimlich gegraben wurden. Jenseits der Fußgängerbrücke über den Fluss Firth of Tay geht die Straße in Haarnadelkurven steil nach oben in Richtung Angus, die Gegend der mysteriösen Pikten-Symbolsteine, in Stein gehauene Geheimnisse der antiken Bewohner. Heute sind sie im Museum **Pictavia** in **Brechin** *(www.pictavia.org.uk)* oder in der schönen Gruppe der **Pikten-Symbolsteine** von **Aberlemno** (7.–9. Jh.) zu bewundern *(zugänglich Apr.-Okt.)*. Den nächsten Halt macht man an dem prächtigen **Glamis Castle** aus dem 14. Jh., einem gewaltigen Bauwerk aus rosa Sandstein mit vielen Türmen und Runddächern, in dem die Königinmutter (1900–2002) ihre Kindheit verbrachte und Shakespeare *Macbeth* spielen ließ *(www.glamis-castle.co.uk)*. Weiter

nördlich, 20 km von Aberdeen entfernt, kann man in **Stonehaven** ein Bad im Freiluftpool des im Art-Déco-Stil gehaltenen Schwimmbads nehmen *(geöffnet 10–19.30 Uhr)* oder einen kurzen Spaziergang die Küste entlang zur Ruine des **Dunnottar Castle** machen *(Öffnungszeiten Mo–Sa 9–18 Uhr, im Sommer auch Sonntag 9 Uhr bis Sonnenuntergang)*, einer der eindrucksvollsten Burgruinen Schottlands – ein enormes Bauwerk aus dem 9. Jh., so malerisch auf einem Felsen am Meer gelegen, dass es als Hintergrund für Zeffirellis *Hamlet*-Verfilmung ausgewählt wurde. In der Hafenstadt **Aberdeen** ist der **Duthie Park Winter Garden** (Polmuir Road) erwähnenswert, in dem es Pflanzen aus der ganzen Welt zu sehen gibt. Außerdem besucht man in der grauen Stadt mit ihren Häusern aus Granit die **St. Machar Cathedral** aus dem 15. Jh. mit ihren beiden Türmen, das **Maritime Museum** *(www.aagm.co.uk)* und die **Aberdeen Art Gallery** *(Öffnungszeiten Mo–Sa 10–17 Uhr, So 14–17 Uhr)*, die den schottischen Malern des 19. und 20. Jh. gewidmet ist. Dann geht die Reise weiter Richtung Norden zu den

Grampian Mountains, die in 1000 Höhenmetern ein sagenhaftes Panorama bieten. Die A96 führt zu den wundervollen Ruinen des **Huntly Castle** und in die Geschichte des Städtchens **Elgin** im Herzen der Whisky-Region **Speyside**, durch die der Fluss Spy mit seinen kleinen Zuflüssen führt und wo auf den Feldern die goldene Gerste angebaut wird. Im Ortszentrum erheben sich die Ruinen der 1224 gegründeten Kathedrale, die im Volksmund „Leuchte des Nordens" genannt wurde und die größte Kathedrale Schottlands war, bis sie 1390 in Brand gesteckt und während der protestantischen Reformation endgültig zerstört wurde *(Öffnungszeiten Apr.–Sept. 9.30–18.30 Uhr, Okt.–März bis 16.30 Uhr)*. Weitere Etappen auf dem Weg nach Inverness sind: **Fort George** in der Gegend von **Nairn**, eines der spektakulärsten militärischen Bauwerke Europas mit einer großen Waffensammlung *(Öffnungszeiten Sommer 9.30-18.30 Uhr, Winter 9.30-16.30 Uhr)*, **Cawdor Castle** *(Mai–Okt. 10–17.30 Uhr)* aus dem 15. Jh., in dem ein Teil der Tragödie *Macbeth* von William Shakespeare spielt, und die **Megalithanlagen** von **Clava Cairns**, die aus drei Hügeln mit bronzezeitlichen Steinkreisen besteht. Wieder auf dem Weg nach Edinburgh auf der A9, begleitet vom Granit und Heidekraut der **Cairngorms Mountains**, die mit fünf der höchsten Gipfel Großbritanniens aufwarten (von Aviemore aus kann man kurze Wanderungen in den Naturpark unternehmen), hält man am **Blair Castle** an, die sehr alte Resistenz der Dukes of Atholl, der einzigen Familie, die auch heute noch eine private Leibgarde besitzt, deren Paraden im Mai zu bestaunen sind *(Öffnungszeiten von Ostern bis Okt. 9.30–17.30 Uhr)*, und landet schließlich im bezaubernden Örtchen **Dunkeld**. Es schmiegt sich in die Wälder von Perthshire und ist einer der schönsten Orte, die Schottland zu bieten hat, mit einer gotischen **Kathedrale**, Häusern aus dem 17. Jh. und einer alten Brücke über den Fluss Tay, über die man den Pfad erreicht, der ins Dörfchen **Birnam** und zur **Birnam Oak** führt, der letzten Eiche des von Shakespeare in *Macbeth* beschriebenen Waldes. Wer auf der A957 ins Landesinnere abzweigen möchte, kann im kleinen Dorf **Braemar** Station machen, in dem am ersten Samstag im September die berühmten **Highland-Games** stattfinden, bei denen sich die Clans in sportlichen Wettkämpfen messen. Diejenigen, die sich mehr für das Königshaus als für die schottische Geschichte interessieren, können einen Abstecher zum neugotischen **Balmoral Castle** unternehmen, das 1852 von Königin Viktoria erworben wurde und seitdem der Sommersitz des englischen Königshaus ist *(öffentlich zugänglich sind nur die Gärten und der Tanzsaal, www.balmoralcastle.com, Öffnungszeiten Apr.–Juni 10–17 Uhr)*. Zum Abschluss ist ein Besuch in **Crathes Castle** lohnenswert. Die imposante Burg aus dem 16. Jh. ist berühmt für ihre bemalten Holzdecken und die zauberhaften Gärten *(www.schottlandberater.de/artikel/crathes-castle.html, geöffnet Apr.–Sept. 10–17.30, Okt. bis 16.30 Uhr)*.

26 oben - Der Golfclub von St. Andrews.

26 mitte - Das schottische Dorf Crail.

26 unten - Glamis Castle.

27 oben - Dunnottar Castle, Stonehaven.

27 mitte - Cawdor Castle.

27 unten - Blair Castle.

Der Speyside Whisky Trail

Speyside, eine kleine Region der Highlands im Süden von Elgin, gilt zu recht als das Zentrum von Schottlands Destillerien schlechthin: Hier werden Whiskys produziert, die durch ihre besonders feine Charakteristik von Kennern besonders geschätzt werden. Die Destillate reifen oft in Portweinfässern und sind als Auftakt eines Abendessens oder als krönender Abschluss eines Abends mit Freunden besonders geeignet: Vom runden, feinen Glenlivet über den leichten, wenig getorften Tomatin und den vollen Glen Moray bis hin zu den stärker duftenden Glenmorangie und Glenfiddich. Der berühmte ***Speyside Whisky Trail*** *führt den Besucher zu 46 Destillerien und exzellenten Geschäften und Produktionsstätten der Gegend. Beispiele sind* ***Gordon & McPhail*** *in* ***Elgin*** (www.gordon andmacphail.com), *ein Abfüllbetrieb mit über hundertjähriger Geschichte und einem Angebot von mehr als 450 verschiedenen schottischen Whiskys, die* ***Glen Moray Distillery*** *direkt vor der Stadt, berühmt für ihren goldfarbenen Whisky mit einem frischen Getreidearoma* (Bruceland Road, Elgin, www.glenmoray.com), *die* ***Glenfiddich Distillery*** *im nördlichen Teil des Städtchens* ***Dufftown****, bei deren Besuch man verschiedene Whiskys probieren kann (www.glenfiddich.com), sowie die nahe gelegene* ***Speyside Cooperage****, wo man hochqualifizierte Böttcher bei der Ausübung ihres traditionellen Berufs beobachten kann* (Craigellachie, Tel. 1340.871108). *Hat man den Fluss überquert, gelangt man, vorbei an immensen Gerstenfeldern der Sorte Golden Promise, zur* ***Macallan Distillery*** (Craigellachie, www.themacallan.com). *Absolut zu empfehlen ist ein Besuch der* ***Strathisla Distillery*** *von* ***Keith****, eine der ältesten des Landes, 1786 vom Vater des Chivas Regal gegründet. Das steinerne Gebäude mit den beiden Pagodendächern und dem Wasserrad hat nichts von seiner ursprünglichen Anziehungskraft eingebüßt* (www.chivas.com). *In allen Destillerien werden Führungen angeboten; die Verkostung ist im Eintrittspreis enthalten.*

28 - Strathisla Distillery, Keith.

29 - Royal Opera House, Covent Garden, London.

Übernachten

€€€€€ Savoy (London). Nach dreijähriger Restaurierung macht das legendäre Hotel der Hauptstadt wieder von sich reden. Nicht nur wegen der Ausstattung der Zimmer, der Cocktails in der American Bar, die schon Hemingway und Scott Fitzgerald liebten, oder des sonntäglichen *Afternoon Tea* mit Schalen voller Gebäck, sondern auch wegen des neuen ökologischen Prinzips: Alles ist auf Recycling und Energieeinsparung ausgerichtet.
Info: Strand, Tel. 20.78364343, www.fairmont.com/savoy

€€€ B+B Belgravia (London). Ob Bed & Breakfast oder ein Apartment (Studios@82) mit Küchenzeile, in jedem Fall erwartet Sie in drei eleganten georgianischen Häusern minimalistisches Dekor. Das Belgravia liegt zehn Gehminuten von Victoria Station entfernt. *Info: Ebury Street, Tel. 20.72598570, www.bb-belgravia.com*

€€€€ Knockendarroch Hotel (Pitlochry). Die Faszination eines viktorianischen Gebäudes mit dem Komfort und Design des 21. Jh. Die Zimmer bieten eine wundervolle Aussicht auf das Tummel Valley. Auch das Restaurant ist superb!
Info: Higher Oakfield, Tel. 1796.473473, www.knockendarroch.co.uk

€€€ Castle Hotel (Huntly). Buchstäblich ein Landschloss in der Umgebung von Aberdeen, mit Baldachinen über den Betten und einer ausgezeichneten Küche, einer endlosen Whiskykarte, einem Garten, einem Wald und nicht zuletzt einem Bach – die ideale Ausgangsposition für den Lachs- und Forellenfang.
Info: Huntly, Aberdeenshire AB54 4SH, Scotland, Tel. 1466.792696, www.castlehotel.uk.com/index_en.html

Essen

€€€ Tom Aikens (London). Das elegante Restaurant des jungen Küchenchefs, der mit einem Michelin-Stern ausgezeichnet ist, kann sich damit brüsten, dass das junge Prinzenpaar William und Kate mehr als einmal hier feierten. Die englisch-französische Küche bietet Köstlichkeiten wie Carpaccio mit Schafskäse und Honig, Wolfsbarsch mit Paprika und Polenta oder Mousse von der Passionsfrucht und Pistazien-Blätterteig. *Info: 43 Elystan Street, Tel. 20.75842003, www.tomaikens.co.uk*
€€ Kensington Wine Rooms (London). Dieses Lokal bietet zu jedem Gericht (englisch-europäische Fusion-Küche) den passenden Wein. Es hat nur 36 Plätze. Für „Snack"-Liebhaber gibt es auch ein Tapas-Menü mit Gänseleberpastete, spanischem Schinken und Meeresfrüchten. *Info: 127-129 Kensington Church Street, Tel. 20.77278142, www.greatwinesbytheglass.com*
€€ Peat Inn (10 km von St. Andrews). Auf dem Lande in Fife gibt es ein Gasthaus aus dem 18. Jh., das mit Leidenschaft und kulinarischer Kunst von Küchenchef Geoffrey Smeddle und seiner Frau Caterina geführt wird. Von den Zimmern blickt man auf einen romantischen Garten.
Info: Fife, KY15 5LH, Tel. 1334.840206, http://www.thepeatinn.co.uk
€€ Silver Darling (Aberdeen). Leckere Fischgerichte mit französischem Touch werden in einem ehemaligen Zollgebäude am Hafen serviert. Der Panoramablick auf die Nordseeküste ist fantastisch.
Info: Pocra Quay, North Pier, AB11 5DQ, Tel. 1224.576229, www.thesilverdarling.co.uk

Nachtleben

Public (London). 2010 in einem ehemaligen Möbellager eröffnet, wurde es schnell zu einer der trendigsten Locations der Stadt. Die Atmosphäre erinnert an einen New-Yorker-Club; Musik: Mainstream. Der VIP-Bereich hat den einladenden Namen „Sweet Room"; es gibt sogar eine Terrasse. *Info: 533 Kings Road, www.public.uk.com*
The Lexington (London). Ein Salon im wahrsten Sinne des Wortes im trendigen Viertel Islington. Man trinkt Whisky auf von Kristalllüstern beleuchteten Plüschsofas, dann geht man zum Tanzen in den zweiten Stock. Gespielt wird Rockmusik, aufgelegt von angesagten DJs.
Info: 96-98 Pentonville Road, www.thelexington.co.uk

Theater in London

Nur wenige Städte verfügen über so viele Theater auf so engem Raum. In London genügt es schon, ins **West End** oder nach **Covent Garden** zu fahren, um die Leuchtschriften der großen englischen Bühnen zu sehen: vom **Theatre Royal Drury Lane** in der Catherine Street, 1812 eröffnet *(www.londontheatreland.co.uk)*, über das **London Palladium** in der Argyll Street *(www.londontheatre.co.uk/londontheatre/westendvenues/palladium.htm)* bis hin zum **Royal Opera House** in Covent Garden *(www.roh.org.uk)* und dem **National Theatre** in South Bank *(www.nationaltheatre.org.uk)*.

Informationen: www.visitbritain.com, www.visitlondon.com und www.visitscotland.de

Amsterdam, Leiden und das Land der Blumen *– Niederlande*

Die Niederlande sind aufgrund ihrer Handelsgeschichte Land offen für multikulturelle Einflüsse auf ethnischer, politischer und religiöser Ebene. Der beste Grund für einen Besuch ist es, die offene und unkonventionelle Art der Einwohner und ihre berühmte „Gezelligheid" zu erleben. Amsterdam zählt neben Boston und Paris zu den biokompatibelsten grünen Großstädten der Welt. Es hat ca. 755.000 Einwohner mit über 170 Nationalitäten und ca. 500.000 Fahrräder. Kaum hat man die Stadt verlassen, findet man die charakteristischen Landschaften Hollands nur einen Steinwurf entfernt.

Amsterdam ist jung und voller Leben. Um es kennenzulernen, muss man durch seine Viertel streifen; jedes hat eine andere Atmosphäre. Der mittelalterliche Kern wird durch die Damrak in zwei Hälften geteilt: Im Osten liegt die **Oude Zijde** (alte Seite) mit dem Rotlichtviertel De Wallen, das sich mittlerweile etwas wandelt. Im Westen liegt die **Nieuwe Zijde**, das neue Viertel, mit buddhistischen Tempeln, feinen Boutiquen und In-Lokalen, Symbol der urbanen Veränderung. Einkaufen kann man auch auf dem **Waterlooplein**, dem großen Platz im Zentrum des alten jüdischen Viertels, während sich das Nachtleben auf den **Leidseplein** konzentriert, eine mit Cafés, Kneipen, Kinos, Theater und Straßenkünstlern belebte Gegend. Um einen sonnigen Tag im Grünen zu verbringen, ist der **Voldel Park** das ideale Ziel; eine antike Oase des Friedens, heute mit Skulpturen zeitgenössischer Kunst ausgestattet. Das **Museumsviertel (Museumplein)** liegt in unmittelbarer Nähe. Außerhalb der Stadt befindet sich die **Bollenstreek**, das wichtigste Tulpenanbaugebiet der Niederlande, ein einzigartiger duftender Landstrich auf 50 Kilometern zwischen Haarlem und Leiden. Anfang März verwandeln sich die Felder in einen Regenbogen aus blühenden Tulpen – ein Fest der Natur.

***Fortbewegung:** Das Zentrum Amsterdams ist durch zwei Kanäle geteilt und dank seiner Dichte leicht und angenehm zu Fuß oder mit dem Fahrrad zu erkunden. Die entfernteren Bereiche erreicht man bequem mit den öffentlichen Verkehrsmitteln. Um die Stadt vom Wasser aus zu betrachten, ist es empfehlenswert, den Canal Bus zu benutzen oder eine Fahrt mit einem Ausflugsboot mit Livemusik zu machen. In der warmen Jahreszeit kann man auch ein Tretboot mieten, bequem und leicht zu bedienen. Von Amsterdam aus kann man die 80 km lange Strecke durch die Tulpenfelder nach Haarlem und Leiden mit Fahrrad und Fähre oder im Auto zurücklegen.*

AMSTERDAM ***(3 Tage)***

Amsterdam verändert an jeder Ecke der Stadt sein Gesicht, wie das Wasser in den Hunderten von Grachten (1600 Haupt- und Nebenkanäle), die die Stadt durchziehen, in dem sich die Fassaden der antiken Häuser spiegeln. Einen Stadtbesuch beginnt man am besten am Dam, dem mittelalterlichen Stadtkern und Hauptplatz der Stadt, der seinen Namen dem Damm verdankt, den die ersten Einwohner in der Amstel bauten. Hier erheben sich der **Königliche Palast** (Koninklijk Paleis) im neoklassischen Stil, die Stadtresidenz der Königin und die Neue Kirche (Nieuwe Kerk) aus dem 17. Jh., heute Kulturzentrum und Konzertsaal. Seit 1841 finden hier auch Krönungen und Hochzeiten des holländischen Königshauses statt. Touristen aus allen Kulturen treffen sich zu Füßen des weißen, 22 m hohen Steinobelisken, der sich im Zentrum des Platzes erhebt und den Opfern des Zweiten Weltkriegs gewidmet ist, um den Darbietungen der zahlreichen Straßenkünstler zuzusehen. Rechts vom Königlichen Palast beginnt die Kalverstraat, eine belebte Einkaufsstraße, auf der sich in Nummer 212–220 das Einkaufszentrum **Kalvertoren** *(www.kalvertoren.nl)* erhebt, mit Geschäften, Bar und einem Restaurant mit einer schönen Aussicht auf die Stadt. Ein weiterer Platz und typischer Treffpunkt der Stadt ist **Spui**, auf dem jeden Freitag der **Büchermarkt** und sonntags der Kunstmarkt stattfindet. **Hoppe** *(www.cafehoppe.com)* in Nummer 18–20 ist eines der bekanntesten **Bruine Cafés** („braune Cafés", benannt nach der Patina, die die Wände im Laufe der Zeit angenommen haben) der Stadt, wo sich die Amsterdamer gerne auf einen Ratsch und ein gutes holländisches Bier unter Freunden treffen. Geht man durch das kleine Tor im Norden des Spui, gelangt man zum **Begijnhof** (Beginenhof) und macht einen überraschenden Zeitsprung in

eine Art geheimen Garten, der von gleich aussehenden Häusern aus dem 17. Jh. umrahmt ist. Hier wohnten damals die Beginen, christliche Frauen, die sich dem Gebet und der Krankenpflege widmeten. In der Mitte befindet sich eine katholische Kirche aus dem Mittelalter und in Nr. 34 das älteste Haus Amsterdams, ein 1475 erbautes Holzhaus. Die große Straße, die den Dam teilt und in nördlicher Richtung zum Hauptbahnhof führt, heißt Damrak und ist von Bars, Geschäften und Restaurants gesäumt: In Nr. 277 befindet sich der Eingang zur **Börse**, die 1898 von Hendrik Petrus Berlage, einem Vertreter der modernen holländischen Architektur, entworfen wurde und heute als Konzert- und Ausstellungsgebäude dient.

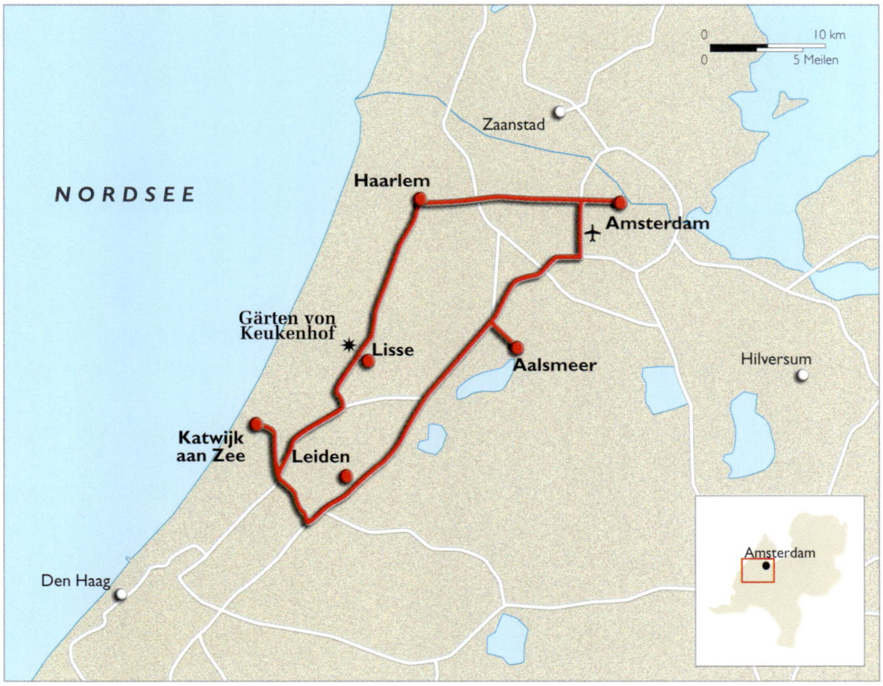

30-31 - Die Amstel in Amsterdam.

Die Museen

Rembrandt oder Van Gogh? Alte Meister oder zeitgenössische Kunst? Wissenschaft oder Fotografie? Über die Stadt verteilt gibt es über 50 Museen, die Wahl fällt schwer. Das bekannteste ist sicherlich das ***Van Gogh Museum****, 1973 von Gerrit Rietveld entworfen und 1999 durch einen Ergänzungsbau des Japaners Kisho Kurokawa erweitert. In den Sälen des Museums sind 200 Gemälde und zahlreiche Zeichnungen und Briefe ausgestellt, die einen Überblick über sein künstlerisches Schaffen bis zu seinem Selbstmord im Alter von 37 Jahren geben. Vor Werken wie* Der Sähmann, Sonnenblumen *(eine Version),* Schlafzimmer im gelben Haus, Die Kartoffelesser *und seiner letzten bekannten Arbeit,* Kornfeld mit Krähen, *kurz vor seinem Tod gemalt, kann man nur staunend verharren (Paulus Potterstraat 7,* www.vangoghmuseum.nl, *Öffnungszeiten Sa–Do 10–18, Fr 10–22 Uhr, abends Ausstellungen mit Livemusik). Ebenso berühmt sind das* ***Rikjsmuseum*** *mit der schönsten Sammlung holländischer Malerei des „Goldenen Zeitalters" (in Restaurierung bis 2013, Jan Luijkenstraat 1,* www.rijksmuseum.nl, *Öffungszeiten 9–18 Uhr), darunter Arbeiten von Rembrandt* (Die Nachtwache), *Frans Hals* (Der lustige Trinker, Maritjie Voogt) *und Jan Vermeer* (Der Liebesbrief, Die kleine Straße, Dienstmagd mit Milchkrug), *und das* ***Stedelijk Museum*** *mit einer wunderbaren Sammlung moderner und zeitgenössischer Kunst, dessen umfangreiche Restaurierung bald beendet sein wird* (Paulus Potterstraat 13, www.stedelijk.nl). *Die Hermitage Amsterdam (die kleine Ausgabe des „Stars" in Petersburg) öffnete 2009 ihre Pforten in einem alten Hospiz am Singel, das zu einem Kulturzentrum umgebaut wurde* (Amstel 51, www.hermitage.nl). *In Erinnerung an die Tragödie des Holocausts ist die Besichtigung des* ***Anne Frank Hauses*** *ein bewegender Moment; in diesem typischen Haus am Kanal von Amsterdam lebten während des Zweiten Weltkriegs von 1942 an drei jüdische Familien über zwei Jahre lang versteckt* (Prinsengracht 263, www.anne frank.org). *Wer sich lieber mit der Zukunft befasst, Wissenschaft und virtuelle Spiele liebt, für den ist das futuristische* ***Science Center Nemo*** *der richtige Ort, dem Renzo Piano die Form eines Schiffes gegeben hat, das aus dem Meer auftaucht* (Oosterdok 2, www.e-nemo.nl, Öffnungszeiten: Di-Do 10–17, Juli u. Aug. auch Montags). *Liebhaber der Fotografie können wählen zwischen dem Foam, das Fotografiemuseum von Amsterdam, in dem man künstlerische Fotografien aus allen Bereichen findet* (Keizersgracht 609, www.foam.org, variierende Öffnungszeiten), *und dem* ***Huis Marseille Amsterdam's Museum for Photography****, das sich in einer aus dem 17. Jh. stammenden Grachtenvilla eines reichen französischen Händlers befindet und in dreimonatigem Turnus wechselnde Ausstellungen zeigt* (Keizersgracht 401, www.huismarseille.nl).

In südlicher Richtung über den Platz wird die Damrak zur **Rokin**, früher Hafenbecken, heute lebendige Fußgängerzone. In Nr. 1–5 befindet sich das **Amsterdam Diamond Center** *(www.amsterdamdiamond center.nl)*. Dort hat man die Möglichkeit, in einer Führung die Bearbeitung von Rohdiamanten zu sehen und auch Diamanten zu kaufen. Parallel zur Damrak befindet sich das altbekannte Rotlichtviertel **De Wallen**, wo die Prostitution 1815 legalisiert und 1996 von der niederländischen Regierung besteuert wurde. Hier, im ältesten Teil der Stadt, zwischen Sexshops, Mädchen in Fenstern und neuen Trendlokalen, die die traditionellen Sexbars langsam verdrängen, erhebt sich auch die **Alte Kirche** *(Oude Kerk, Oudekerkplein 23, www.oudekerk.nl, geöffnet Mo–Sa 11–17 Uhr, So 13–17)*, deren Ursprung im 14. Jh. liegt und die sich heute im romanischen Stil mit spätgotischen Elementen präsentiert. Das Innere der Kirche wird durch wunderschöne Renaissance-Fenster erleuchtet und beherbergt den Sarg der ersten Frau Rembrandts, der die Inschrift „Saskia Juni 1642" trägt. Die Orgel stammt aus dem 17. Jh. und ist heute noch in Gebrauch. Nur wenige Schritte entfernt befindet sich in einem Haus aus dem 16. Jh. das **Amstelkring Museum**, das eine der zahlreichen katholischen Kirchen birgt, die nach der Reformation illegal entstanden *(Oudezijds Voorburgwal 40, www.opsolder.nl, Öffnungszeiten Mo–Sa 10–17 Uhr, So 13–17 Uhr)*. Südöstlich vom Dam liegt der **Waterlooplein**, ein Platz im ehemaligen Judenviertel, in dem sich vom Anfang des 16. Jh. bis zum Zweiten Weltkrieg Juden aus Portugal, Deutschland und Polen einfanden. Der Platz aus dem 19. Jh. ist fast völlig ausgefüllt von den Gebäuden des **Rathauses** und des **Musiktheaters** (1986), hinter denen jeden Tag ein großer **Flohmarkt** stattfindet *(Mo–Sa 9–17 Uhr)*, ein Muss für jeden, der Retro-Klamotten, kunsthandwerkliche Gegenstände, Modeschmuck oder sonstigen Krimskrams aus den 1920er-Jahren kaufen möchte. Das religiöse Herz des ehemaligen jüdischen Viertels ist ein Komplex aus **Synagogen** (zwischen Muiderstraat und Weesperstraat), die zwischen dem 17. und 18. Jh. erbaut wurden: die **portugiesische** im barocken Stil, die mit einer wertvollen Bibliothek und enormen Pfeilern, vom Tempel Salomons inspiriert, ausgestattet ist; sie ist die einzige, in der noch

Shopping

In der Stadt, die sich vornimmt, bist 2020 die am nachhaltigsten ökologisch orientierte Hauptstadt der Welt zu werden, muss auch das Warenangebot schritthalten. In der Boutique ***Nukuhiva*** (Haarlemmerstraat 36, www.nukuhiva.nl) *findet man die besten Marken ökologischer Mode, die ausschließlich aus strikt natürlichen Materialien hergestellt werden. Eine gute Adresse für handgearbeitete Stoffe aus Naturfasern ist auch das* ***Emporio Capiscum Natuurstoffen****, das mit einem breiten Sortiment aus Baumwoll- und Seidenstoffen aufwartet* (Oude Hoogstraat 1, www.capiscumtextiles.com). *Holland ist auch das Land der Käse:* ***De Kaasmaker*** (Runstraat 7, www.kaasmaker.nl) *bietet ausschließlich Bio-Produkte an, man kann zwischen 400 verschiedenen Käsesorten wählen, und es gibt auch eine „Slow-Food"-Ecke. Heringe und Räucherlachs kauft man am besten in* ***Frank's Smoke House****, von dem auch viele Restaurants der Stadt ihre Waren beziehen* (Wittenburgergracht 303, www.smokehouse.nl). *Originelle Einrichtungsgegenstände findet man im* ***Droog*** (Staalstraat 7b, Tel. 020.5235059), *in dem es auch Stücke mit limitierter Auflage gibt. Auf keinen Fall sollte man die Märkte versäumen. Der größte ist der* ***Cuypmarkt*** *im Zentrum des multikulturellen Viertels De Pip, wo von Bekleidung bis hin zu Lebensmitteln alles zu haben ist* (Mo–Sa 9–17 Uhr). *Entlang des Single findet der* ***Bloemenmarkt (Blumenmarkt)*** *mit seinen bunten Ständen statt, die teilweise sogar aus schwimmenden Kähnen bestehen, eine der romantischsten Ecken der Stadt* (Mo–Sa 9–17.30, So 11–17 Uhr). *Trotz der großen Auswahl an frischen Pflanzen und Blumenzwiebeln sind die meistgekauften Blumen immer noch die Tulpen.*

Gottesdienste stattfinden. Die anderen vier beherbergen seit 1987 die Räume des **Jüdischen Geschichtsmuseums von Amsterdam** *(Jonas Daniel Meijerplein 2–4, www.jhm.nl, Öffnungszeiten 11–17 Uhr, So 9–14 Uhr)*, das über das Leben in der jüdischen Gemeinde in Holland berichtet. Wenige Schritte entfernt, in der Jodenbreestraat 4, erhebt sich das **Rembrandthuis**, das der Maler 1639 erwarb und dessen Einrichtung originalgetreu nachgebildet wurde. Interessant ist vor allem die Sammlung der Grafiken Rembrandts und seiner Schüler. Eine schöne Abwechslung bietet ein Besuch des **Botanischen Gartens** im nahen Viertel **Plantage**, eine grüne Oase, die 1638 gegründet wurde und in der es neben 6000 Pflanzenarten auch eine Zucht seltender bunter Schmetterlinge zu sehen gibt *(Plantage Midddenlaan 2, www.dehortus.nl, Öffnungszeiten Mo–Fr 9–17, Sa–So 10–17 Uhr)*. Dann gibt es noch die berühmten **Grachten** aus dem 17. und 18. Jh., seit 2010 Weltkulturerbe, die man zu Fuß oder mit dem Elektroboot erkundet, um die romantische Atmosphäre des „Venedig des Nordens" mit den hohen und schmalen alten Häusern aufzusaugen, Zeugnisse der glorreichen holländischen Handelsgeschichte. Die **Singel** aus dem 15. Jh. umschließt als ehemaliger Verteidigungsgraben den mittelalterlichen Stadtkern. Dann folgen konzentrisch nach außen die drei großen Kanäle, die den Grachtengürtel bilden: die **Herengracht** mit den im Stil der Zeit Ludwigs XIV. gehaltenen Stadtpalästen der reichsten Handelsfamilien, die **Keizersgracht**, an der viele bekannte Bauwerke liegen, und schließlich die **Prinsengracht**. Der Grachtengürtel aus dem goldenen Zeitalter der Stadt diente als Transportweg zu den Lagerhäusern der Händler. Die Geschichte der Kanäle wird im neuen **Grachtenhuis** eindrucksvoll dargestellt; ein multimediales Museum, das 2011 in einem von Philip Vingboons (damals einer der gefragtesten Architekten) erbauten Herrenhaus aus dem 17. Jh. eröffnet wurde *(Herengracht 386, www.hetgrachtenhuis.nl, Öffnungszeiten Di–So 10–17 Uhr)*.

32 - Ehemaliges Hauptpostamt von Amsterdam.

33 oben - St. Nicolas Kerk in Amsterdam.

33 unten - Der Dam in Amsterdam.

FAHRRÄDER UND TULPEN ***(4 Tage)***
Auto und Fahrrad, Fahrrad und Fähre, nur Fahrrad: Es gibt viele Möglichkeiten, von Amsterdam in den Süden nach Haarlem und Leiden zu reisen, vorbei an Windmühlen, historischen Städten und Fischerdörfern, die im Frühling von den leuchtenden Farben der duftenden Blumenfelder umgeben sind (Ende März beginnen die Krokusse zu blühen, dann folgen Narzissen und Anfang April die ersten Tulpen. Ab Mitte April blühen die Hyazinthen, und die Tulpen stehen bis zur ersten Maiwoche in voller Blüte). Nur 13 km von Amsterdam entfernt, ist **Haarlem** die erste Etappe der Reise, nicht nur, weil es sich im wichtigsten Blumenanbaugebiet Hollands befindet, sondern auch wegen seiner Tradition als Maler- und Druckerstadt und der Eleganz seiner antiken Bauwerke rund um den **Grote Markt**, dem Hauptplatz der Stadt, der sich beim **Bloementapijt**, dem großen Blumenfest im August, in einen einzigen Teppich aus Blüten verwandelt. Hier erhebt sich die **Grote Kerk**, die Kirche aus dem 14. Jh. im spätgotischen Stil, deren Orgel aus der ersten Hälfte des 18. Jh. stammt und bei Konzerten von Händel, Mozart und Schubert im Frühjahr und Sommer immer noch gespielt wird. Gegenüber befindet sich die **Vleeshal** aus dem 17. Jh., ein Gebäude aus Ziegel und weißem Stein, in dem sich früher der Fleischmarkt befand; heute ist es ein Kunstzentrum mit Ausstellungen zeitgenössischer Fotografie *(www.dehallenhaarlem.nl)*. Den Malern der Haarlemer Schule, die mit Frans Hals zur ersten nationalen Schule holländischer Malerei wurde, ist das **Frans Hals Museum** gewidmet, das in einem ehemaligen Altmännerhaus aus dem 17. Jh. untergebracht ist, in dem der berühmte Maler die letzten Jahre seines Lebens verbrachte *(Groot Heiligland 62, www.franshalsmuseum.nl, Öffnungszeiten Di–Sa 11–17 Uhr, So 12–17 Uhr)*. 1913 in ein Museum umgewandelt, enthält es eine phantastische Sammlung seiner Portraits (*Festmahl der Offiziere der St.-Hadrians-Schützengilde von Haarlem* von 1616, *Portrait von J. Zaffius* von 1611 und *Gruppenportrait der Regentinnen des Altfrauenhospizes* von 1664). Wenige Schritte vom Hauptplatz entfernt kann man auch das älteste Museum Hollands besuchen: das **Teylers Museum**, den Wissenschaften und der Kunst gewidmet. In seinem eleganten Ambiente bewundert man alte wissenschaftliche Instrumente, Fossilien, Mineralien und vor allem 4000 Zeichnungen und Drucke großer Meister jeder Epoche und Schule, darunter auch von Rembrandt, Michelangelo und Raffael.

Die größten Attraktionen im Küstengebiet zwischen Haarlem und Leiden sind die **Keukenhof-Gärten**, die größte Blumenausstellung der Welt im ehemaligen Jagdrevier von Schloss Teylingen, von dem heute nur noch Ruinen erhalten sind. Auf einer Fläche von 32 Hektar blühen jedes Jahr sieben Millionen von Hand gepflanzter Blumenzwiebeln, natürlich hauptsächlich Tulpen, die den Rahmen für Seeufer, Brunnen und Skulpturen der Anlage bilden, aber auch Hyazinthen, Narzissen und edle Orchideen. Schön sind die jährlich wechselnden Themenrouten *(www.keukenhof.nl, Öffnungszeiten März bis Mai 8–19.30 Uhr)*. Nicht weit entfernt erhebt sich zwischen den farbigen Landstrichen der Tulpenfelder, die aus der Luft wie eine Installation eines zeitgenössischen Künstlers anmuten, das Städtchen **Lisse** (Ausgangspunkt für Fahrradausflüge in das Tulpenanbaugebiet) mit seinem **Museum der schwarzen Tulpe** *(Museum de Zwarte Tulp, www.museumdezwartetulp.nl, Öffnungszeiten Di–So 13–17 Uhr)*, das sich mit der Geschichte und Technik des Tulpenanbaus befasst. Radelt man von dort aus zwischen den Blumenfeldern entlang, gelangt man zum traditionellen Seebad **Katwijk aan Zee** an der Nordsee.

Das nächste Ziel der Reise ist **Leiden**, Geburtsort Rembrandts und Sitz der ältesten Universität Hollands (1575). Die Geheimnisse dieser Museumsstadt erkun-

det man am besten bei einem Spaziergang entlang der Grachten, bei dem man immer wieder einen Blick in die Schaufenster der Antiquariate und Antiquitätenläden wirft, die im historischen Stadtkern zu finden sind. Dort liegt auch der **Vismarkt**, der Platz, an dem früher der Fischmarkt abgehalten wurde und an dem sich die wichtigsten Gebäude der Stadt befinden: das **Rathaus** aus dem späten 16. Jh., die **Waage** und der **Buttermarkt** von 1659 im klassischen Stil sowie die 1642 erbaute **Getreidebörse**. Von den Kirchen ist die schönste die **Pieterskerk** aus dem 15. Jh., die entweiht und zu einer ausgefallenen Location für kulturelle Events wurde *(www.pieterskerk.com, Öffnungszeiten 13.30–16 Uhr)*.
Gegenüber befindet sich der Eingang zum **Botanischen Garten**, der dem ersten Professor der Botanik von Leiden gewidmet ist, der seinerzeit die Kultivierung von Tulpen in Holland einführte *(www.hortus.leidenuniv.nl)*. Das Zentrum des Universitätslebens ist der antike **Rapenburg-Kanal**, der gesäumt ist von schönen Häusern aus dem 17. Jh., darunter Bibliotheken und Museen. Das namhafteste ist das **Rijksmuseum van Oudhen** in Hausnummer 28, das 1818 von König Wilhelm I. gegründete Museum der Antike, wegen seiner Meisterwerke der ägyptischen, griechischen, etruskischen und römischen Kunst eines der Hauptmuseen der Archäologie Europas *(www.rmo.nl, Öffnungszeiten Di–So 10–17 Uhr)*. Ein historisches Monument der Stadt ist auch die Windmühle **De Valk** aus dem 18. Jh. in der Nähe des Bahnhofs, die man in sieben Stockwerken besichtigen kann.
Auf der Rückreise nach Amsterdam kann man 19 km südlich der Hauptstadt eine Rast in **Aalsmeer** machen und dabei der größten Blumenauktion der Welt beiwohnen, bei der die Preise für den internationalen Blumenmarkt bestimmt werden *(Mo–Fr 7.30–11 Uhr)*.

Übernachten

€/€€€€ The Exchange Hotel (Amsterdam). Das Hotel wurde zusammen mit dem Amsterdam Fashion Institute entwickelt. Jedes Zimmer wurde unterschiedlich „eingekleidet". Der Standard der 63 Zimmer dieses außergewöhnlichen Designer-Hotels reicht von einem Stern bis zu fünf Sternen.
Info: Damrak 50, Tel. 020.5613608

€€€ The Toren (Amsterdam). Das historische Gebäude des Hotels wurde 1618 erbaut und liegt am Ufer der Keizersgracht. In diesem Haus bilden Design, Tradition und Atmosphäre eine gelungene Einheit. Auf Wunsch kann man mit dem Boot ins Stadtzentrum gefahren werden. *Info: Keizersgracht 164, Tel. 020.6226033, www.thetoren.nl*

€€ Stemples (Haarlem). Hier erlebt man die Faszination einer in aktuellem Design gestalteten alten Druckerei. Das ausgezeichnete, stilvolle Restaurant bietet Menüs mit Fisch- und Fleischgerichten an. *Info: Klokhuisplein 9, Tel. 023.5123910, www.stempelsinhaarlem.nl*

Essen

€€€ De Kas (Amsterdam). Das Restaurant befindet sich im Gewächshaus der ehemaligen städtischen Baumschule von 1920. Durch die Glasfassaden blickt man auf den Frankendael-Park; aus Bio-Produkten werden leckere Gerichte mit frischem Fisch und Gemüse aus dem Restaurant-eigenen Garten gezaubert. *Info: Kamerlingh Onneslaan 3, Tel. 020.4624562, www.restaurantdekas.nl*

€€ Restaurant Beulings (Amsterdam). Ein kleines Restaurant im Herzen von Amsterdam mit raffinierten französischen Gerichten, die an die koloniale Vergangenheit der Stadt erinnern. *Info: Beulingstraat 9, Tel. 020.3206100, www.beulings.nl*

€ Lambermon's (Haarlem). Ein modernes Lokal im Ziegelbau einer ehemaligen Brauerei. Das außergewöhnliche Konzept des Restaurants setzt auf Fisch und Meeresfrüchte, aus denen man sich selbst leckere Menüs zusammenstellen kann. *Info: Spaarne 96, Tel. 023.5427804, www.lambermons.nl*

Nachtleben

Club 74 (Amstedam). Hinter einer bescheidenen Fassade verbirgt sich die coolste Bar der Stadt. Ein denkwürdiges Lokal mit der schicken Atmosphäre des alten New York und einem exquisiten Publikum. Reservierung erforderlich. *Info: Reguliersdwarsstraat 72, www.door-74.com*

Air (Amsterdam). Ein brandneuer Club, der wegen seiner Techno- und House-Musik und der zahlreichen Livemusik-Events besonders bei jungen Leuten sehr beliebt ist. *Info: Amstelstraat 16, www.air.nl*

Café Concerto (Haarlem). Ein originelles Lokal, das durch seine Dekoration mit alten Gegenständen der Fluggesellschaft KLM besonderen Charme hat. Jeden Donnerstag- und Sonntagabend hört man guten Live-Jazz. *Info: Riviervischmarkt 13, Tel. 023.5325399*

Weitere Informationen: www.holland.com/de/tourist.htm

34 OBEN - TULPENFELDER IN DER GEGEND VON LISSE.

34 UNTEN - DIE GROTE KERK VON HAARLEM.

35 - EINE GRACHT IN LEIDEN.

Bretagne – Normandie – *Frankreich*

In der Bretagne findet man neben Steilküsten, versteckten Buchten, Sandstränden und Heideland auch Fischerdörfer und Ortschaften mit antiken Granit- und Schieferbauten und eindrucksvollen Kathedralen. Orte, die über Jahrhunderte von Pilgern besucht wurden – vor allem Mont Saint-Michel, Vorposten der Normandie – und auch heute noch Bildungsreisende anziehen, die auf den Spuren von Wilhelm dem Eroberer und Jeanne d'Arc die Gegend erkunden und auf der Suche nach den Orten und Farben sind, die bereits die großen französischen Impressionisten faszinierten.

Die von Wind und Wellen geformte Küste von **Cap Fréhel**, die sanften Hügel des Hinterlands von **Dinan** und die Côte d'Emeraude (**Smaragdküste**) lässt man hinter sich, und nach einem Aufenthalt in **Saint-Malo** – dem berühmten Badeort in der Gegend, in der im 19. Jh. die Thalassotherapie erfunden wurde (**Thermes Marins**, *Grande Plage du Sillon, www.thalassotherapie.com*), die sich das Klima und das Meerwasser zunutze macht – folgt man der kurvigen Straße längs der zerklüfteten Küste bis zu den weiten Stränden von **Cancale** – Ziel der Liebhaber frischer Austern, die direkt aus dem Meer von den Fischern angeboten werden und vor Ort mit einem kühlen Glas *Cidre demi-sec*, dem beliebten Apfelwein, genossen werden. Dann beginnt die Normandie mit der magischen Silhouette von **Mont Saint-Michel** und den Stränden, die an den „D-Day" erinnern, die Landung der Alliierten 1944, aber auch an Maler und Schriftsteller. Die reiche Pariser Bourgeoisie des ausgehenden 19. Jh. bevorzugte die Gegend von **Caen** an der **Côte Fleurie** mit **Deauville**, **Trouville-sur-Mer** und **Dives-sur-Mer**, und wegen der atemberaubenden Natur und des mondänen Ambientes waren **Étretat** und **Fécamp** beliebte Rückzugsorte für Künstler und Maler, nicht weit entfernt vom eleganten **Rouen**, das sich an die Ufer der Seine schmiegt, bevor der große Fluss bei **Le Havre** ins Meer mündet, dem heute zweitgrößten Hafen Frankreichs.

36-37 - Blick auf Saint-Malo.

36 unten - Der Leuchtturm von Cap Fréhel.

Fortbewegung: *Die ca. 564 km lange Autoreise beginnt in Cap Fréhel in der Bretagne und endet in Fécamp in der Normandie. Die Hauptetappen sind: Cap Fréhel – Dinan (D786, 49 km), Dinan – Dinard (D766, 21 km), Dinard – Saint-Malo (D168, 10 km), Saint Malo – Cancale (D355, 16 km), Cancale – Mont Saint-Michel (D155 und D797, 58 km), Mont Saint-Michel – Bayeux (E401, 145 km), Bayeux – Caen (E46, 30 km), Caen – Deauville (E46, 61 km), Deauville – Le Havre (E44, 44 km), Le Havre – Rouen (E5, 90 km), Rouen – Étretat (D940, 28 km), Étretat – Fécamp (D940, 16 km).*

DIE SMARAGDKÜSTE (Côte d'Emeraude), Bretagne *(3 Tage)*

Von **Cap Fréhel**, einer felsigen Landzunge der Côte d'Amour, kann man auf der einen Seite bis zur **Insel Bréath**, auf der anderen bis nach Saint-Malo blicken, an klaren Tagen sogar bis zu den Kanalinseln. Auf dem Felsen, der auch ein wichtiges Vogelreservat ist, erheben sich die beiden **Leuchttürme** wie schweigende Wachtposten. Der ältere wurde 1650 aus Granit erbaut, der neuere entstand genau 300 Jahre später und ist 103 m hoch. Eine Landschaft aus Heidekraut und Ginster mit kleinen Fischerhäfen, langen Naturstränden, historischen Zentren und Burgen mit Zugbrücken – eine davon ist **Fort la Latte**, eine Burg aus dem 14. Jh., die von einer Mauer aus rosafarbenem Sandstein umgeben ist und durch ihre malerische Lage auf einem Felsvorsprung am Meer fasziniert. Betritt man den Innenhof, beginnt man eine Reise in die Vergangenheit. Man besucht die Gemächer, die dem Schlossherrn vorbehalten waren, die Kapelle, die Zisterne, den Hungerturm, die im 17. Jh. restauriert wurden. Beim Rundgang auf der Wehranlage hat man einen wunderbaren Blick auf die Küste mit ihren rosa und grauen Felsen *(www.castlelalatte.com, Öffungszeiten Apr.–Sept. 10.30–18 Uhr, im Juli u. Aug. bis 19 Uhr; in der Nebensaison nur Samstag- und Sonntagnachmittag)*. Dann lässt man die schillernden Farben der Küste hinter sich und wendet sich dem Landesinneren zu, wo die in sich ruhende Landschaft alle Zeiten schadlos zu überstehen scheint: die Fachwerkhäuser, die Heuschober und die Schafe auf den Weiden an der Rance, an deren Ufern sich auch der Ort **Dinan** erhebt, einer der schönsten „Villes et Pays d'art et d'histoire". Dinan war im 15. Jh. der Hauptumschlagplatz für Waren aus Flandern und England. Auch heute wird noch jeden Donnerstagvormittag **Markt** gehalten *(Place Duguesclin und Place du Champ Clos, Sommer 8–14 Uhr, Winter 8.30–13 Uhr)*. Es ist nicht schwer, sich während eines Spaziergangs innerhalb der antiken Stadtmauern die reiche mittelalterliche Vergangenheit Dinans vorzustellen, besonders im **Museumsschloss**, das der Geschichte der Stadt, der Region und ihrer kunsthandwerklichen Tradition gewidmet ist, die durch die große Sammlung von Spitzenhauben repräsentiert ist, die in der bretonischen Tracht unverzichtbar sind *(Öffnungszeiten Juli–Sept 10–18.30 Uhr, Okt.–Mai 13.30–17.30 Uhr)*. Die Tradition wird auch in den Läden der **Altstadt** und der **Rue du Jerzual** aufrechterhalten, in der man Fachwerkhäuser mit grau-blauen Dächern sieht, in denen früher reiche Händler und Kunsthandwerker residierten, und den **Tour de l'Horloge**, den Glockenturm, bewundert, in dem sich eine Uhr aus dem Jahr 1498 befindet, deren Glockenschlag alle 15 Minuten zu hören ist. Dann wendet man sich wieder der Küste zu, die in der Gegend von Dinard flacher wird und in breiten Sandstränden ausläuft. **Dinard** ist ein ehemaliges Fischerdorf und wurde zu einem der schönsten Badeorte der Belle Époque, mit Giebelhäusern entlang der Küste und der romantischen **Promenade du Clair de Lune**, die im Sommer ein Schaupiel aus Licht und Farben bietet.

Nur 11 km entfernt erhebt sich das berühmtere **Saint-Malo**, in der Vergangenheit eine berüchtigte Korsarenstadt, heute ein bekannter Badeort. Besonders schön ist der historische Stadtkern, der vollständig von der Stadtmauer aus dem 13. Jh. (die im 18. Jh. erweitert wurde) umgeben ist. Es lohnt sich, den Wehrgang entlang zu gehen und den sagenhaften Blick auf Stadt und Meer zu genießen. Durchquert man die **Porte**

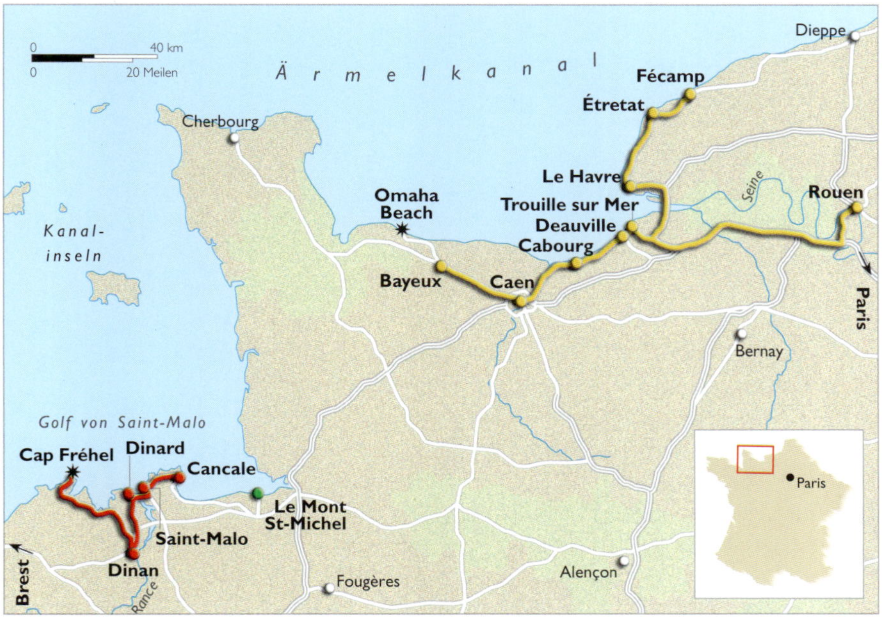

St.-Vincent – nur wenige Schritte von der gleichnamigen **Kathedrale** entfernt, die im 18. Jh. fertiggestellt wurde und über wunderschöne, moderne Glasfenster verfügt –, gelangt man zur **Place Chateaubriand**, dem Vater der französischen Romantik gewidmet, der hier geboren wurde und auf dem Felsen der **Île du Grand-Bé** begraben ist, eine vorgelagerte Insel, nicht weit von der Stadt entfernt, die bei Ebbe zu Fuß zu erreichen ist.

Die **Burg von Saint-Malo**, die ihren Ursprung im 15. Jh. hat, ist Teil der im 17. Jh. von Sébastien Vauban erweiterten berühmten Befestigungsanlage und beherbergt das **Geschichtsmuseum der Stadt** *(Öffnungszeiten Apr.–Ende Sept. 10–12.30 u. 14–18 Uhr, in der Nebensaison montags geschlossen)*, das der traditionellen Seefahrt und der Kabeljau-Fischerei gewidmet ist. Diese Traditionen finden sich auch in anderen Küstenorten, vor allem in **Cancale**, das mit seinem charakteristischen, von antiken Häusern gesäumten Hafen besonders bei Austernliebhabern ein begehrtes Reiseziel ist: Hier werden nämlich die Austern in Austernbänken gezüchtet und in allen möglichen Größen und Preisklassen angeboten.

Typisch für den Norden Frankreichs sind die Gallettes Bretonnes (salzige Crèpes aus Buchweizen), zu denen man ein gekühltes Glas Cidre trinkt. Aus Apfel und Buchweizen sind auch Ker y Pom gemacht, eine Art Apfeltaschen, die typische Süßigkeit der Region.

MONT SAINT-MICHEL Normandie
(1 Tag)

Die Grenze zur Normandie wird durch die spitze Silhouette der befestigten Abtei **Mont Saint-Michel** angezeigt. Der Legende nach erschien der Erzengel Michael dem Bischof Aubert von Avranches (7. Jh.) mit dem Auftrag zum Bau einer Kirche auf der Felseninsel. Die Klosteranlage ist eine mittelalterliche Konstruktion, umgeben von den sanften Dünen des Watts. Während der Ebbe kann man die Klosterinsel zu Fuß erreichen (immer in einer Führung; die Wattwanderung im Treibsand kann gefährlich sein), was während des Sonnenuntergangs besonders reizvoll ist *(von April bis Oktober gibt es von Genêt und Vain aus tägliche Führungen zu Fuß oder mit dem Pferdewagen*

(Maringotte); eine Exkursion dauert zwischen 2,5 und 5 Stunden mit einem einstündigen Aufenthalt in Mont Saint-Michel und Rückfahrt im Minibus. Es empfiehlt sich, eine Regenhaut mitzunehmen. Info: Découverte de la Baie, Maison di Guide di Genêts, Tel. 03.3708349, www.decouvertebaie.com*).* Der bewegendste Moment ist, wenn die Flut mit der „Geschwindigkeit eines galoppierenden Pferdes" heranrollt. Man betritt die Insel an der **Porte de l'Avancée**, von wo aus man über das Pflaster der engen Gassen zur Treppe **Grand Degré** läuft, die zwischen den Mauern nach oben führt. Auf dem Gipfel angekommen, gelangt man zu den Unterkünften der Mönche, dann besichtigt man die **Abteikirche** aus dem 11. Jh. Die beste Aussicht auf die Bucht hat man von der Westterrasse aus; von dort aus kann man auch die neoklassische Fassade der Kirche bewundern. Über allem thront der neugotische Glockenturm mit der Statue des Erzengels Michael von Emanuel Frémiet. Im Allgemeinen beginnt die Besichtigung der Abtei in der obersten Ebene mit dem Refektorium mit seinen seitlichen Fensterarkaden, dann folgt der Kreuzgang mit seinen versetzt gestellten Doppelsäulen. Über eine Treppe betritt man den Gästesaal, der genau unter dem Refektorium liegt, sowie den Rittersaal, in dem 1469 der Ritterorden St. Michel gegründet wurde. Die Besichtigung geht ein Stockwerk tiefer in der Krypta der dicken Pfeiler weiter, die Mitte des 15. Jh. errichtet wurde, um den gotischen Chor der Abteikirche abzustützen. Dann folgen der Almosensaal und weitere Krypten. Es empfiehlt sich auch, den Rundgang entlang der Mauern zu machen, der an den acht Türmen vorbeiführt und einen Blick über die ganze Insel ermöglicht. Noch ist Mont Saint-Michel durch einen Damm mit dem Festland verbunden. Weil die Bucht jedoch immer mehr versandet, geht der Inselcharakter verloren. Demnächst soll der Damm durch eine Stelzenbrücke ersetzt werden, um einen besseren Zufluss des Meeres zu ermöglichen. Die Arbeiten werden voraussichtlich 2015 beendet sein; die Insel bleibt dabei erreichbar.

38-39 - Sonnenuntergang am Mont Saint-Michel.

39 oben - La Grande Rue.

39 unten - Schön, aber nicht ungefährlich: die Gezeiten.

VON BAYEUX NACH FÉCAMP Normandie *(3 Tage)*

Von Mont Saint-Michel geht die Reise nach **Bayeux**, dem Städtchen, das für seinen „Teppich" berühmt ist. Beim **Teppich von Bayeux** handelt es dich um ein 70 m langes, ca. 50 cm hohes, in 58 Bilder eingeteiltes besticktes Tuch aus dem 11. Jh., das die Geschichte der Eroberung Englands durch den Normannenherzog Wilhelm erzählt. Wegen seiner Fülle an detaillierten Einzeldarstellungen gilt der Teppich von Bayeux als eines der bemerkenswertesten Bilddenkmäler des frühen Mittelalters. Die Details geben Aufschluss über viele Aspekte mittelalterlichen Lebens in der Normandie und in England *(Centre Guillaume le Conquerant, www.chateau-guillaume-leconquerant. fr, Öffnungszeiten Feb.–Dez. 10–18 Uhr, Juli–Aug. bis 19 Uhr)*. In der historischen Altstadt spaziert man zwischen Häusern aus dem 15. und 16. Jh. und besucht die **Kathedrale** von 1077, die während der Besatzung durch Heinrich I. von England schwer beschädigt und zwischen dem 12. und 14. Jh. wiederaufgebaut wurde. Caen hingegen wurde durch den Zweiten Weltkrieg fast völlig zerstört. Die Hauptstadt der Basse-Normandie verdankte ihren Reichtum dem Normannenherzog und stellt heute stolz ihre restaurierten antiken Monumente und Häuser mit den schönen Steinfassaden der **Rue Froide** zur Schau. Im Innern der Burganlage erheben sich Gebäude aus verschiedenen Epochen: der Herzogspalast mit dem **Salle de l'Echiquier (Schachbrettsaal)**, ein einzigartiges Beispiel ziviler romanischer Architektur, und die **St.-Georgs-Kirche**, in der gotische und romanische Elemente vereint sind. Des Weiteren sind der **Regierungspalast**, in dem das **Museum der Normandie** untergebracht ist *(Öffnungszeiten 10–12.30 u. 14–18 Uhr, Dienstag geschlossen)* und das moderne Gebäude des **Museums der Schönen Künste** *(Öffnungszeiten 10–18 Uhr Dienstag geschlossen)* zu sehen, das in den 1970er-Jahren den alten, zerstörten Bau ersetzte. Im Innern sind Sammlungen französischer Drucke des 16. bis 18. Jh. und Arbeiten berühmter Künstler zu sehen, darunter *Die Hochzeit der Jungfrau* von Perugino (1504) und Meisterwerke von Veronese, Tintoretto, Tiepolo, Guercino und Rubens. Es lohnt sich auch, einen Blick auf das eindrucksvolle Renaissance-Gebäude des **Hôtel d'Escoville** zu werfen, das 1550 im Besitz eines reichen Kaufmanns aus

Caen war, und dann die romanische **Abteikirche** St. Étienne zu betreten, die 1063 von Wilhelm dem Eroberer gegründet wurde und in der er auch begraben liegt. Das **Mémorial – Un Musée pour la Paix** *(www.memorial-caen.fr, Öffnungszeiten Sommer 9–20 Uhr, Winter 9.30–18 Uhr)* erzählt die Geschichte der deutschen Besatzung und des Krieges anhand von Installationen, Filmmaterial, Licht- und Toneffekten.

36 km südlich von Caen liegt **Falaise**, ein weiterer Schauplatz schwerer Auseinandersetzungen zwischen alliierten und deutschen Truppen während des Zweiten Weltkriegs und berühmt für seine gleichnamige **Burg**, die ihren Ursprung im 11. Jh. hat und während der folgenden Jahrhunderte ausgebaut wurde. Herzog Robert I. traf dort die junge Herleva, die später Wilhelm den Eroberer zur Welt brachte *(www.chateau-Guillaume-leconquerant.fr Öffnungszeiten 10–18 Uhr, Juli u. Aug. bis 19 Uhr)*. Wenige Kilometer weiter beginnt die **Côte Fleurie (Blumenküste)**, ein Küstenabschnitt am Ärmelkanal mit eleganten Badeorten und Prunkvillen, wie sie auch in **Cabourg** zu sehen sind. Gotische, maurische und klassizistische Elemente sind in diesem „Balbec“ aus dem Roman *Auf der Suche nach der verlorenen Zeit* von Marcel Proust zu finden, der hier in den Sommern von 1907 bis 1914 residierte. **Deauville**, das mit seinen goldenen Sandstränden, den alten Korbstühlen und Sonnensegeln an die Atmosphäre der Belle Époque erinnert, ist ein mondäner Badeort mit eleganten Boutiquen an der **Promenade** und einem **Casino**. Auf der gegenüberliegenden Seite des Flusses Torques liegt **Trouville-sur-Mer**, seit Ende des 19. Jh. renommierte Sommerfrische mit hölzernen Chalets und Grandhotels, in denen schon Alexandre Dumas, Gustave Flaubert und zahlreiche Maler residierten. Nach der Besichtigung von **Le Havre** mit einem Besuch im **Museum der schönen Künste**, der sich wegen der Sammlung Eugène Boudins und wegen der impressionistischen Meisterwerke lohnt *(Öffnungszeiten 11–18 Uhr, Sa u. So bis 19 Uhr, Dienstag geschlossen)*, fährt man Richtung **Rouen**, nach der Definition Victor Hugos die „Stadt der hundert Glockentürme” mit gotischen Kirchen mit großen bunten Fenstern und edlen Steinbauten. Am rechten Seine-Ufer liegt das mittelalterliche Herz der Stadt, die **Cathédrale de Notre-Dame**, deren romanische Fassade mit den fantastischen gotischen Elementen allein schon ein Handbuch der Kunstgeschichte füllen könnte. Claude Monet hat sie zu jeder Tageszeit gemalt, um das Spiel des Lichts einzufangen. Nicht weit entfernt, in der historischen **Rue St.-Romain**, sind die Fachwerkhäuser aus dem 15. bis 17. Jh. neben der gotischen Kirche **St.-Maclou** aus dem Jahr 1436 mit ihren wunderschönen Portalen im Renaissancestil zu bewundern. Die **Gros-Horloge**, die Uhr, die über dem Renaissancebogen im historischen Zentrum der Stadt thront, ist zum Sinnbild des antiken Rouen geworden. Am Rive Gauche erstreckt sich die die moderne Stadt. Dort befindet sich auch das **Museum der schönen Künste** *(Öffnungszeiten 10–18 Uhr, Dienstag geschlossen)*, das unter anderem die sagenhafte Geißelung Christi von **Caravaggio** beherbergt. Wenige Schritte entfernt erhebt sich der **Tour Jeanne d'Arc**, der erhaltene Turm der 1204 erbauten Burg, in dem Jeanne d'Arc von Dezember 1430 bis Mai 1431 gefangen gehalten wurde *(Rue du Dunjon)*.

40 OBEN - DER TEPPICH VON BAYEUX.

40 MITTE - DAS RATHAUS VON CAEN.

40 UNTEN - DIE BURG VON CAEN.

41 OBEN - EIN STRAND VON DEAUVILLE.

41 UNTEN - DIE KATHEDRALE VON ROUEN.

Weiter geht es auf der Küstenstraße in Richtung des kleinen Seebads **Étretat** mit seiner faszinierenden Natur: Im Süden des Orts befinden sich die weißen **Klippen von Arval**, die ein fantastisches Panorama über den Küstenlandstrich bieten und den **Port d'Arval** formen, ein natürliches Felsentor zum offenen Meer hin. Die **Klippen von Amont** bilden die nördliche Begrenzung der Felsenbucht, wo ein Denkmal an die beiden Flieger erinnert, die 1927 an dieser Stelle zum letzten Mal vor ihrem Versuch, den Atlantik zu überqueren, gesehen wurden. Die höchsten Klippen gibt es in **Fécamp**, wo, wie man sich erzählt, im 6. Jh. auf wunderbare Weise einige Tropfen des Blutes Christi landeten, was die Benediktiner dazu motivierte, an dieser Stelle eine Abtei zu errichten. Heute besucht man die **Brennerei** des von den Benediktinermönchen überlieferten Kräuterlikörs *(Öffnungszeiten Sommer 9.30–18 Uhr, Frühjahr und Herbst 10–12 u. 14–17.30, Winter 10–11 u. 14–17 Uhr)*, die 1863 von einem örtlichen Geschäftsmann übernommen wurde und eine reiche Sammlung von Destillierkolben, Kräutervasen und alten Reklameschildern, aber auch Kunsterke aus dem 13. bis 15. Jh. ausstellt. Der berühmte Likör ist ein besonderes Souvenir.

Übernachten

€€€€€ Hotel Normandy Barrière (Deauville).
Ein Hotel der Luxusklasse aus der Lucien-Barrière-Gruppe, gegenüber der Strandpromenade. Lage und Interieur sind fantastisch, es gibt einen eigenen Eingang zum Casino. *Info: Rue Jean Mermoz 38 , Tel. 02.31143959, www.lucienbarriere.com*

€€€€ L'Auberge Saint Pierre (Mont Saint-Michel).
Hier gibt es nur 20 Zimmer. Die Gäste können in den alten Mauern auf der Insel verweilen, nachdem alle anderen Touristen längst gegangen sind. *Info: Intra Muros, Tel. 02.33601403, www.auberge-saint-pierre.fr.*

€€ Hotel de Diane (Sables d'Or-les-Pins).
Ein altes Domizil in der Nähe von Cap Fréhel, das seit vier Generationen von derselben Familie geführt wird; zeitgemäße Einrichtung, ein Gourmet-Restaurant und ein Naturstrand in 100 m Entfernung. *Info: Allée des Acacias, Tel. 02.96414207, www.hoteldiane.fr*

€€ Le Lion d'Or (Bayeux).
In einem ehemaligen Postamt aus dem 18. Jh. in der Altstadt von Bayeux. Das Restaurant serviert die kreative französische Küche des Küchenchefs Patrick Mouilleau. *Info: Rue Saint Jean 71, Tel. 02.31920690, www.liondor-bayeux.fr*

Essen

€€ Le Baligan (Cabourg).
Ein normannisches Haus an der Küste mit geselligem Ambiente, Gourmet-Boutique und Fischspezialitäten des Küchenchefs François Teissonnière. *Info: Avenue Alfred Piat 8, Tel. 02.31241092, www.lebaligan.fr*
€€ Le Bougnat (Dives-sur-Mer).
Lokale Gerichte mit Zutaten der Saison in einem Gebäude aus dem 15. Jh., das unter Denkmalschutz steht. Im Sommer isst man im Freien. *Info: Rue Gaston Manneville 27, Tel. 02.31910613, www.chezlebougnat.fr*
€€ Chez La Mère Pourcel (Dinan).
Lokale Gerichte mit Zutaten der Saison in einem Gebäude aus dem 15. Jh., das unter Denkmalschutz steht. Im Sommer isst man im Freien.
Info: Places des Merciers, Tel. 02.96390380, www.chezlamerepourcel.com
€ Brasserie Paul (Rouen).
1911 eröffnet, hat es sich die Atmosphäre der ältesten Brasserie der Stadt erhalten, obwohl es vor einigen Jahren renoviert wurde. Gegenüber der Kathedrale wird landestypische Küche serviert und ein preiswerter Mittagstisch angeboten.
Info: Place de la Cathédrale 1, Tel. 02.35718607, www.brasserie-paul.com

Events

Dinan: Im Juli gibt es bei der *Fête des Remparts* Turniere und Paraden in mittelalterlichen Kostümen.
Granville: Der *Karneval von Granville* im Februar ist seit Ende des 19. Jh. beliebt.
Caen und D-Day-Strände: Am 6. Juni Gedenkfeier zur Landung der Alliierten.

Weitere Informationen: www.atout-france.fr, www.franceguide.com

42 OBEN - DIE KLIPPEN VON ARVAL.

42 MITTE - DIE BRENNEREI DER BENEDIKTINER IN FÉCAMP.

42 UNTEN - DER HAFEN VON FÉCAMP.

43 OBEN - LANDUNGSSTRAND.

43 UNTEN - EINE SKULPTUR AM OMAHA BEACH.

D-Day-Strände

Operation Overlord – so lautete der Codename für die Landung der Alliierten am 6. Juni 1944 zwischen 6 und 6.30 Uhr an den Stränden der Normandie im Zweiten Weltkrieg unter der Leitung von General Eisenhower. Die Landungsstrände ***Sword Beach, Gold Beach, Juno Beach, Omaha Beach*** *und* ***Utah Beach*** *sind heute ein Freiluftmuseum mit verfallenen Bunkern, verrosteten Landungsbooten und Amphibienfahrzeugen und Lothringer Kreuzen, Symbole des befreiten Frankreichs. Auch die am Kriegsgeschehen beteiligten Orte entwickelten sich mit der Zeit zu Gedenkstätten: In* ***Courseulles-sur-Mer*** *fungiert ein deutscher Panzer als Kriegsdenkmal, während sich die Reste der deutschen Verteidigungsanlagen in* ***Longues-sur-Mer*** *und in Port-en-Bessin befinden, wo auf den Klippen oberhalb des Strandes auch der amerikanische Soldatenfriedhof liegt, die letzte Ruhestätte für rund 10.000 Soldaten. Am Utah Beach beginnt der Küstenabschnitt, der Straße der Alliierten genannt wird; die Route, die diesen dramatischen Ereignissen der neuzeitlichen Weltgeschichte gewidmet ist, führt zum Landungsmuseum von Arromanches-les-Bains, einem der interessantesten, aber nicht das einzige Museum dieser Art in der Normandie* (www.musee-arromanches.fr), *das Fotografien, militärische Objekte, Waffen und maßstabgetreue Modelle der Häfen für die Landung der Folgetruppen zeigt. In Sainte-Mère-Église, dem Ort, an dem 1962 der Film Der längste Tag gedreht wurde und an dem am 6. Juni 1944 die amerikanischen Fallschirmjäger landeten, wurde das Fallschirmspringer-Museum in Form eines Fallschirms errichtet* (www.airborne-museum.org; variierende Öffnungszeiten).

Paris und die Loire-Schlösser – *Frankreich*

Die 20 Arrondissements (Stadtviertel) der Ville Lumière und die Schlösser der berühmtesten Gegend Frankreichs – eine Reise voller Gegensätze: Von der lebendigen Mischung aus Modetrends, Kulturen, Amüsement und klassischer Hauptstadtbesichtigung führt die Route zur erhabenen Schönheit der Renaissanceschlösser in der immer noch ursprünglichen Landschaft der Loire, an deren Ufern sich die Perlen des ältesten französischen Adels erheben.

Es gibt viele Wege, Paris zu entdecken: Wer es noch nie gesehen hat, der wird sein Augenmerk auf die großen Klassiker legen – vom **Louvre** über den **Eiffelturm** und die **Champs-Elysées** mit dem **Arc de Triomphe** bis zur Kathedrale **Notre-Dame**. Wer die berühmtesten Museen und Bauwerke Frankreichs bereits kennt, der kann sich der Erkundung der einzelnen Stadtviertel widmen. Das eleganteste ist immer noch **Marais**, wo im 17. Jh. der Königshof residierte, mit dem wunderschönen **Place des Vosges** (der schönste Platz der Stadt), der von steinernen Palästen umgeben ist und einen Garten in der Mitte hat. **Montmartre** lebt immer noch von seinem Ruf als häufig gemaltes (Modigliani, Picasso, die Impressionisten ...) Viertel der Bohème, vom **Moulin Rouge** und von **Sacré Coeur** *(www.sacre-coeur-montmartre.com)* mit seinem weißen Marmor. **Pigalle** ist das In-Viertel, besonders der südliche Teil abseits der Rotlichtlokale, mit kleinen Highlights wie dem **Museumshaus von Gustave Moreau** mit originalen Gemälden und Möbeln des Lehrmeisters von Matisse *(14 Rue de la Rochefoucauld, www.musee-moreau.fr, Öffnungszeiten Mo, Mi, Do 10–12.45 u. 14–17.15 Uhr, Fr, Sa, So 10–17.15 Uhr)*. Weitere interessante Viertel sind **Saint-Germain-des-Prés**, Treffpunkt von Künstlern, Intellektuellen und Anhängern von **Eugène Delacroix**, dem ein **Museum** in Nr. 6 der Rue Furstemberg gewidmet ist *(www.musee-delacroix.fr, Öffnungszeiten 9.30–17 Uhr, Dienstag geschlossen)*, und das **Quartier Latin**: Hier befinden sich die Universität **Sorbonne** und das architektonische Juwel von Jean Nouvel, das den Namen **Institut du Monde Arabe** trägt, mit seiner Glasfassade mit Tausenden von Irisblenden, die sich je nach Lichteinfall computergesteuert öffnen und schließen *(1 Rue des Fossés Saint-Bernard, www.imarabe.org, Öffnungszeiten Di–So 10–18 Uhr)*. Ungefähr zweieinhalb Stunden von der Hauptstadt entfernt liegt Angers, das Tor zum Tal der Loire, eine Gegend, reich an Geschichte und Schlössern, die den Besucher in das Frankreich der Renaissance entführt, an den Hof von Franz I. und Heinrich II. und zu interessanten Persönlichkeiten wie Katharina di Medici und ihrer Rivalin Diana de Poitiers. Eine unaufhörliche Folge von Zinnen, Pfaden, bizarren Treppen, Burggräben und Zugbrücken sieht man entlang der Loire und ihrer Zuflüsse auf der 250 km langen Strecke zwischen Angers und Chambord. Majestätisch sind die Festungen **Angers**, **Amboise**, **Blois** und **Chambord** mit ihrem riesigen Park, der eine Fläche von 5540 ha einnimmt und von Wanderwegen durchzogen ist, die zu Fuß, zu Pferd oder mit dem Mountainbike erkundet werden können. Wie einem Märchen entsprungen scheinen hingegen die Schlösser **Saumur**, **Ussé**, **Langeais** und **Azay-le-Rideau**, das Letztere von Balzac als „geschliffener Diamant" beschrieben. Mit einem nächtlichen Spektakel aus Licht und Renaissancemusik ist es eines der schönsten Loire-Schlösser. Ein absolutes Muss, allein schon wegen ihrer Gärten, sind die Schlösser **Chenonceau**, **Chaumont-sur-Loire** und **Villandry**; von oben betrachtet hat man einen schönen Blick auf die Gartenanlagen.

Fortbewegung: *Paris erkundet man am besten mit öffentlichen Verkehrsmitteln, vor allem mit den Zügen der RER, die das Zentrum mit den Vierteln der Peripherie verbinden, und mit der U-Bahn, die aus 16 Linien besteht* (www.ratp.fr). *Die 300 km lange Strecke von Paris nach Angers legt man mit dem Auto (über die A 11 in 2,5 Std.) oder mit dem Zug (mit dem TGV in 1,5 Std.) zurück. Die 250 km lange Reise von Angers nach Chambord mit Anfahrt der Schlösser Saumur, Ussé, Azay-le-Rideau, Langeais, Amboise, Chenonceau, Chaumont-sur-Loire, Villandry und Blois (150 km von Paris entfernt) macht man mit dem Auto. Eine schöne Alternative sind die Radwanderungen zu den Schlössern, die verschiedentlich angeboten werden* (www.loireavelo.fr). *In der warmen Jahreszeit kann man die Schlösser und ihre Umgebung auch von oben mit dem Heißluftballon erkunden* (www.franceballoons.com).

PARIS ***(3 Tage)***

Ob zum ersten oder zum hundertsten Mal in Paris – man wirft immer einen Blick auf den **Eiffelturm**, das Symbol der

Stadt. Für die Weltausstellung 1889 erbaut, ist er nicht nur ein über 300 m hoher Aussichtsturm (damals das höchste Bauwerk der Welt) mit einem sagenhaften Rundblick über die ganze Stadt, sondern beherbergt in 125 m Höhe auch das **Jules Verne** *(www.lejulesverne-paris.com)*, das preisgekrönte Restaurant *(5 Avenue Anatole France, Champ de Mars, www.tour-eiffel.fr)*.
Natürlich kommt man auch am **Arc de Triomphe** nicht vorbei, den Napoleon zum Gedenken an den Sieg in der Schlacht von Austerlitz erbauen ließ *(Place Charles-de-Gaulle, www.arc-detriomphe.monuments-nationaux.fr, Öffnungszeiten Apr.-Sept. 10–23 Uhr, Okt.–März 10–22.30 Uhr)*. Dann muss man sich entscheiden: Entweder die berühmte Einkaufsmeile **Champs-Elysées**, der 2 km lange Boulevard, den Ludwig XIV. im 17. Jh. anlegen ließ, oder in entgegengesetzter Richtung die Avenue de la Grande Armée in Richtung **La Défense**, das Viertel aus den 1950er-Jahren mit seinen Wolkenkratzern, Handelszentren und Kunstdenkmälern von Künstlern wie Miró, Calder und Mitoraj. Unerlässlich ist ein Besuch von **Notre-Dame**, der gotischen Kathedrale mit den beiden Türmen, die zwischen dem 12. und 14. Jh. auf der **Île de la Cité** erbaut wurde und als eine der schönsten Kirchen der Welt gilt *(www.notredamede-paris.fr, Öffnungszeiten 8–18.45 Uhr, Sa, So bis 17.45 Uhr)*.

44-45 - Eiffelturm und Sacre-Coeur in Paris.

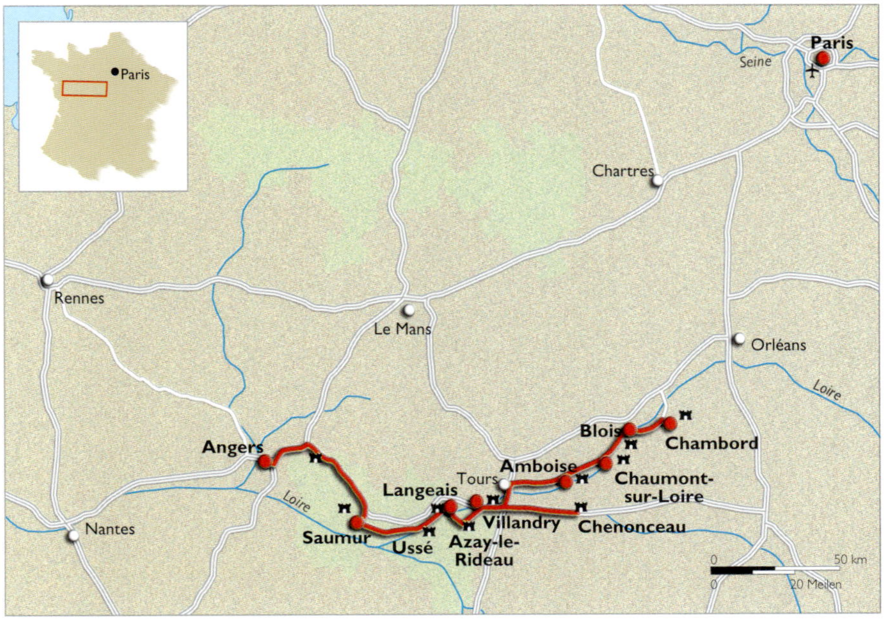

Dann geht es weiter zu den Museen. Der **Louvre**, ist eines der berühmtesten Museen der Welt mit einem Bestand von 35.000 Kunstwerken, darunter Arbeiten aus dem antiken Persien, Ägypten und Rom, islamische Kunst und europäische Meisterwerke des 19. Jh. Alles anzusehen ist unmöglich; man konzentriert sich besser auf die berühmtesten Werke: die *Venus von Milo*, Canovas *Amor und Psyche*, die *Mona Lisa* von Leonardo da Vinci, der *heilige Sebastian* von Andrea Mantegna, die *Hochzeit von Kana* von Paolo Veronese, das *Türkische Bad* von Ingres oder die *Spitzenklöpplerin* von Jan Vermeer. Am besten nimmt man den Eingang mit der Glaspyramide von Ieoh Ming Pei, weitere Eingänge sind Porte des Lions, Rue de Rivoli und Galerie du Carrousel, an denen die Schlange oft kürzer ist *(www.louvre.fr, Öffnungszeiten 9–18, Mi u. Fr bis 21.45 Uhr, Dienstag geschlossen)*. Der Louvre überwältigt mit seinen großen Meistern, und das **Musée d'Orsay** *(Rue de la Légion d Honneur, www.musee-orsay.fr, Öffnungszeiten Di–So 9.30–18, Do bis 21.45 Uhr, Montag geschlossen)*, von Gae Aulenti im ehemaligen Bahnhof Gare d'Orsay gestaltet, bezaubert mit seinen impressionistischen und postimpressionistischen Gemälden von Künstlern wie Degas *(Die Tanzklasse)*, Monet *(Frauen im Garten)*, Renoir *(Bal du moulin de la Galette)*, Gauguin (die polynesischen Werke) und Cézanne *(Stillleben mit Äpfeln und Orangen)*. Das **Quai Branly**, das Museum für außereuropäische Kunst, 2006 nach den Plänen von Jean Nouvel eröffnet, betört durch seine asiatischen und afrikanischen Stoffe, Masken aus Ozeanien und südamerikanischen Fundstücke. Insgesamt sind 3500 Objekte ausgestellt *(37 Quai Branly, www.quaibranly.fr, Öffnungszeiten Di, Mi, So 11–19, Do, Fr, Sa bis 21 Uhr, Montag geschlossen)*. Auch das **Centre Pompidou**, ein staatliches Kunst- und Kulturzentrum, das in den 1960er-Jahren auf Betreiben des damaligen Präsidenten Pompidou von den Architekten Piano und Rogers entworfen wurde, ist eine Besichtigung wert. Der Bau aus Glas, Stahl und bunten Röhren beherbergt über 60.000 Meisterwerke im **Musée National d'art moderne** (von Picasso über Modigliani, Duchamp und Brancusi bis hin zu Matisse und Kandinsky) und das Restaurant **Georges** mit Panoramablick *(Place Georges Pompidou, www.centrepompidou.fr)*. Wenn noch etwas Zeit bleibt, kann man sich in den Gärten erholen, etwa in den **Tuilerien**, die mit ihren

Kunstwerken von Rodin, Giacometti und Henry Moore wie ein Freiluftmuseum anmuten, oder im **Jardin du Luxembourg**, im 17. Jh. auf Betreiben von Maria di Medici angelegt und von vielen als schönste grüne Oase von Paris betrachtet *(http://de.parisinfo.com)*. Die beiden schönsten Ziele in unmittelbarer Umgebung von Paris sind **Versailles**, Residenz des Sonnenkönigs mit dem berühmten Spiegelsaal, und das **Grand Trianon**, Lustschloss und Residenz von Marie Antoinette mit einem 800 ha großen Park mit Wäldern und Gärten *(Anfahrt mit dem Auto über die A13, mit dem Zug mit der RER oder der SNCF, www.chateauversailles.fr)*. Hat man Kinder dabei, fährt man besser zum Eurodisneyland: Der Vergnügungspark ist in den **Disneyland Park**, wo man Zeichentrickfiguren wie Mickymaus oder Puh der Bär trifft, und den **Walt Disney Studios Park** unterteilt, interessant für Liebhaber von Kinofilmen und Spezialeffekten. Die ca. 30 km Entfernung legt man mit dem Auto über die A4 oder mit dem Zug RER A zurück *(www.disneylandparis.com)*.

46 OBEN - DER LOUVRE IN PARIS.
46 MITTE - DIE KATHEDRALE NOTRE-DAME.
46 UNTEN - DAS MUSÉE D'ORSAY IN PARIS.
47 OBEN - DIE CHAMPS-ELYSÉES.
47 MITTE - DAS CENTRE POMPIDOU.
47 UNTEN - DER PALAST VON VERSAILLES.

Einkaufen

Die großen Shopping-Klassiker von Paris sind die ***Champs-Elysées*** *mit den Designerboutiquen und die legendären* ***Galeries Lafayette*** *auf dem Boulevard Haussmann und in Montparnasse* (www. galerieslafayette. com). *Aber es gibt auch trendigere und weniger bekanntere Adressen, die zu entdecken sich lohnt: das neue* ***Merci*** *für Liebhaber von Kuriositäten und Vintage-Sachen* (111 Boulevard Beaumarchais, www.merci-merci. com), *die neueste Boutique* ***Hermès Rive Gauche*** *im ehemaligen Schwimmbad des Hotels Lutétia* (17 Rue de Sèvres, www.hermes. com) *oder das* ***Dammann Frères****, ein Mekka für Teeliebhaber am eleganten Place des Vosges* (www.dammann.fr): *Hier gibt es Teeblätter aus allen Ecken der Erde.*

DIE SCHLÖSSER DER LOIRE *(4 Tage)*
Hätte man die Zeit, würde es sich lohnen, alle zu besuchen. Jedes Königsschloss, jede Renaissance-Residenz und jeder Landsitz, alle zusammen 300, die sich in den Tälern der Loire und ihre Nebenarme erheben, ist ein Kunstwerk für sich; nicht umsonst gehören sie zum Weltkulturerbe der UNESCO. Aber man braucht nur die wichtigsten gesehen zu haben, um die Geschichte Frankreichs und die Lebensart des französischen Adels zwischen dem 15. und 18. Jh. zu begreifen. Man beginnt mit dem **Schloss Angers**, Residenz der Grafen von Anjou, das die gleichnamige Stadt von einem felsigen Hochplateau aus dominiert. Als eine der spektakulärsten Festungen des feudalen Mittelalters besitzt es eine über 1 km lange Befestigungsmauer mit gut 17 Türmen aus schwarzem Schiefer, die eine Höhe von 40 bis 50 m haben. Eifersüchtig bewachen sie den wertvollsten Schatz des Schlosses, die Wandteppiche mit der Darstellung der *Apokalypse*, hergestellt zwischen 1373 und 1383 nach Vorlagen von Hennequin de Bruges, Maler am Hof Karls V. Die Teppiche sind zusammen über 100 m lang und bestehen aus 70 (ursprünglich waren es 90) Einzelbildern mit Motiven aus der Offenbarung des Johannes *(www.angers.monuments-nationaux.fr, Öffnungszeiten Mai–Aug. 9.30–18.30, Sept.-Apr. 10–17.30 Uhr)*. Ebenfalls für die Grafen von Anjou wurde 1246 mit dem Bau von **Schloss Saumur** begonnen. Die vier spitzen Ecktürme und die reich verzierte Dachlandschaft verleihen dem Schloss etwas Märchenhaftes. Seinen internationalen Ruf erwarb das Schloss durch die Miniatur des Bauwerks im Stundenbuch des Herzogs von Berry und in der **Staatlichen Reitschule**, die aus dem berühmten, 1599 gegründeten Cadre Noir hervorgegangen ist und zu den besten der Welt gehört; in Veranstaltungen wird ihr Können eindrucksvoll unter Beweis gestellt *(www.cadrenoir.fr)*. Im Schloss befinden sich auch das **Musée des Arts décoratifs** mit wunderbaren mittelalterlichen Skulpturen und einer Porzellansammlung aus dem 17. Jh. sowie das **Musée du Cheval**, das eine bedeutende Sammlung von Gegenständen der Reitkunst aus verschiedenen Epochen beherbergt *(www.ville-saumur.fr, Öffnungszeiten Frühjahr und Herbst Di–So 10–13 u. 14–17.30 Uhr, Sommer 10–18 Uhr)*. In der

Umgebung von Saumur befindet sich das **Troglodytental**. Die durch den Abbau von Tuffstein entstandenen Höhlen werden heute als Lager der großen Sekt- und Weinproduzenten und zur Zucht von Champignons verwendet. Eine Pause in einem der Lokale der Gegend lohnt sich allemal.
Nicht ganz so grandios, aber ebenso märchenhaft ist **Schloss Ussé**. Das von Wäldern umgebene Bauwerk mit spitzen Dächern, Türmchen und Kaminen soll den Schriftsteller Charles Perrault zur Erzählung *Die schlafende Schöne im Wald* inspiriert haben, die später als *Dornröschen* weltbekannt wurde. Ein Besuch lohnt sich, es gibt neben dem Park viele Räume mit prächtiger Originalausstattung zu bewundern *(www.chateaudusse.fr, Öffnungszeiten Mitte Feb.–Mitte Nov. 10–18 Uhr, Apr.–Aug. bis 19 Uhr)*. Auf einer Insel mitten in der Indre erhebt sich **Schloss Azay-le-Rideau**, das 1518 unter der Herrschaft Franz I. von dessen Schatzmeister, Gilles Berthelot, auf alten Burgruinen wieder erbaut wurde. Die Säle sind mit kostbaren Wandteppichen aus dem 16. und 17. Jh. dekoriert: Man kann in Audenarde und Antwerpen gewebte Szenen des Alten Testaments, aus der Teppichweberei von Beauvais stammende Jagdszenen und auf der Grundlage von Kartons von Simon Vouet in der Teppichweberei des Faubourg Saint-Marcel in Paris ausgeführte Episoden der Geschichte von Renaud und Armide bewundern *(www.azay-le-rideau.com)*. Das nahe gelegene spätmittelalterliche **Schloss Langeais**, das noch über Ruinen des Bergfrieds von 944 verfügt, hat mit seinen

mächtigen Rundtürmen und der Zugbrücke den strengen Charakter einer Burg. Im Innern ist es jedoch reich ausgestattet, wohl weil Karl VIII. in diesen Mauern am 6. Dezember 1491 seine Vermählung mit Anne de Bretagne feierte *(www.chateau-delangeais.com)*. Eines der gewaltigsten und kulturhistorisch wichtigsten Schlösser der Loire und ganz Frankreichs war **Schloss Amboise**, das seine Blütezeit unter der Herrschaft Karls VIII. Ende des 15. und Anfang des 16. Jh. erlebte. Er ließ das Schloss mit Hilfe italienischer Künstler entscheidend erweitern; dies war der Beginn der französischen Renaissance. Leider ist nur noch ein Bruchteil der ehemaligen Anlage erhalten. Neben dem Ständesaal gibt es u.a. die Hubertuskapelle mit ihren Verzierungen im Flamboyantstil zu besichtigen, in der Leonardo da Vinci begraben ist, der 1516 auf Einladung Franz I. nach Amboise kam und dort nach drei Jahren im Alter von 67 Jahren starb. Erinnerungen und Modelle seiner zahlreichen Erfindungen sind in der Residenz **Clos Lucé** ausgestellt, die 1477 erbaut wurde und von einem wunderschönen Park umgeben ist *(www.chateau-amboise.com, Öffnungszeiten März–Mitte Nov. 9 Uhr–Sonnenuntergang, Winter 9–16.45 Uhr, Juli–Aug. 9–19 Uhr)*. Im Schloss kann man auch eine Auswahl bester regionaler Weine des innovativen Produzenten **Caveau des Vignerons d'Amboise** *(Place Michel Debré 42)* probieren *(Öffnungszeiten März–Nov. 10–19 Uhr)*. Südlich von Amboise am Fluss Cher enthüllt **Schloss Chenonceau** die ganze Pracht der Renaissance. Das Wasserschloss war ein Geschenk Heinrichs II. an seine Geliebte, Diana de Poitiers, die es dann aber Katharina di Medici überlassen musste. Auch die dritte Schlossherrin, Louise de Lorraine-Vaudémont, die untröstliche Witwe Heinrichs III., hinterließ ihren weiblichen Einfluss auf dem Schloss (deshalb wird es auch „Schloss der Damen" genannt). Chenonceau verfügt über französische Gärten und im Innern über die prächtigen Gardesäle Franz I. und Ludwigs XIV. mit wertvollen Gemälden von Künstlern wie Andrea del Sarto *(Die Heilige Familie)*, Correggio *(Santa Martire)*, Rubens *(Christusknabe mit dem hl. Johannes)* und Primaticcio *(Portrait von Diana de Poitiers)*, die eines Museums würdig wären *(www.chenonceau.com)*. Um sich der Atmosphäre des höfischen Lebens in der Renaissance hinzugeben, ist ein Besuch im **Schloss Blois**, Residenz von sieben Königen und zehn Königinnen Frankreichs, unerlässlich. Die vier Flügel des Gebäudes um den Innenhof herum zeigen eine Überlagerung verschiedener Stile, von mittelalterlicher Gotik bis zum Flamboyantstil, von der Renaissance bis zum Klassizismus. Innen bestaunt man den Ständesaal aus dem 13. Jh., die Zimmer Ludwigs XII. (Mitte des 15. Jh.) mit dem **Musée des Beaux-Arts**, reich an Arbeiten der italienischen, flämischen und französischen Schule aus dem 16. bis 19. Jh., die von Domenico da Cortona ausgestalteten Wohnräume Franz I. und die Zimmer von Katharina di Medici mit einem Studio, in dem die reiche Holzvertäfelung der Wände Geheimfächer birgt, in denen sie Gift und Staatsgeheimnisse aufbewahrte *(www.chateau-deblois.fr, Öffnungszeiten Frühjahr und Herbst 9–18.30 Uhr, Juli u. Aug. 9–19 Uhr, im Winter 12.30–13.30 geschlossen)*.

48 OBEN - DER WANDTEPPICH IN SCHLOSS ANGERS.

48 UNTEN - SCHLOSS AMBOISE.

49 OBEN - SCHLOSS CHENONCEAU.

49 UNTEN - SCHLOSS BLOIS.

Die letzte Etappe ist **Schloss Chambord,** das größte und berühmteste Loireschloss, entstanden aus dem Traum eines jungen Königs, der Nachwelt ein Vermächtnis über die Herrlichkeit der französischen Krone zu hinterlassen. Franz I. baute es als Jagdschloss im Herzen eines Waldes, der so groß war wie Paris und von Hirschen und Wildschweinen bevölkert. Die Ausmaße des Schlosses sind beeindruckend: Die Fassade ist 128 m lang, die Befestigungsmauer 32 km. Es gibt 440 Zimmer, über 80 Treppen und 365 Kamine. Die Formgebung des 1519 begonnenen Bauwerks erinnert an eine Ritterburg, aber die perfekten Proportionen und die fantastische Gestaltung der Schieferdächer, die die weißen Tuffsteinfassaden krönen, zeigt die Harmonie italienischer Renaissance. Im Innern bleibt man bewundernd vor der Doppeltreppe stehen, die vermutlich auf einen Entwurf Leonardos zurückgeht. Ferner sind der Saal der Sonnen, der Jagdsaal und das Delfinzimmer zu sehen. Besonders schön ist es am Abend, wenn die Ton- und Lichtshow dem Schloss eine ganz besondere Atmosphäre verleiht. *(www.chambord.org, Abendveranstaltungen im Juli und August)*

Übernachten

€€€€€ Mandarin Oriental (Paris). Für jemanden, der gerne Neues ausprobiert, ist das dieses neue Pariser Hotel der Mandarin-Kette das Richtige. Hinter der Art-Déco-Fassade verbergen sich 138 Zimmer und Suiten, ein 900 qm großer, von Sybille de Margerie gestalteter Spa-Bereich, ein Garten und zwei Restaurants, eines mit Live-Küche, und ein Sternelokal. *Info: 251 Rue Saint-Honoré, Tel. 1.70987888, www.mandarin-oriental.com/paris*

€€€€ 7 Eiffel (Paris). Ein zauberhaftes Boutique-Hotel im 7. Arrondissement am linken Seineufer: 32 Zimmer, ausgestattet mit Designerstücken vom Chesterfield-Sofa bis zur Mies-van-der-Rohe-Couch. *Info: 17 bis Rue Amélie, Tel. 1.45551001, www.hotel-7eiffel-paris.com*

€€€€ Château De La Bourdaisière (Montlouis-sur-Loire). In einem Schlösschen aus dem 15. Jh. mit wunderbarem Garten ist die Liebe zur Geschichte mit modernster Ökotechnologie verbunden. Mit Tennisplatz und Schwimmbad. *Info: 25 Rue de la Bourdaisière, Tel. 2.47451631, www.labourdaisiere.com*

€€€ Le Château de Chantoloire (in der Gegend von Blois). Eine charmante Unterkunft in einem kürzlich restaurierten Landschloss aus dem 18. Jh., umgeben von einem 3 ha großen Park. Von dort gelangt man schnell zu den Schlössern Bloir, Amboise und Chambord. *Info: Route du Chanlon, Chouzy-sur-Cisse, Tel. 2.54334321, www.chateau-de-chanteloire.com*

Essen

€€€ Le Reminet (Paris). Im Luxus-Bistro von Küchenchef Eric Ponche gibt es romantische Atmosphäre und eine

große Küche. Medaillons mit Parmaschinken, Blinis mit Ei, Fleisch mit Püree, Pilze und Käse, Schokoladendessert, alles vom Feinsten. Und nicht zu vergessen: große französische Weine. *Info: 3 Rue del Grands Degrés, Tel. 1.44070424, www.lereminet.com*

€€ Kitchen Galerie Bis (Paris). Nach dem Erfolg der Ze Kitchen Galerie eröffnete der mit einem Michelin-Stern ausgezeichnete Küchenchef einen kleinen Ableger mit etwas erschwinglicheren Preisen. Die Idee dahinter ist dieselbe: kreative Fusion-Küche, schön anzusehende Kompositionen mit ausgezeichnetem Geschmack. *Info: 25 Rue des Grands-Augustins, Tel. 1.46330085, www.zekitchengalerie.fr*

€€ Restaurant Villa Mon Rêve (Basse Goulaine). Trends kommen und gehen, aber der Reiz dieses edlen Landgasthofs bleibt. Auf den Tellern von Gérard Ryngel spielen Süßwasserfische, Salat, Entenleberpastete und Kalbfleisch aus Anjou die Hauptrolle. *Info: Route des Bords de Loire (D751), Tel. 2.4003555, www.villa-mon-reve.com*

€ Restaurant "Les Pieds Bleus" (Préban). In der Umgebung von Saumur befindet sich das ursprüngliche Lokal in den Tuffsteinhöhlen. Gekocht wird mit den Zutaten, die vor Ort angebaut bzw. gezüchtet werden, wie Champignons und Schnecken. Die Spezialität des Hauses sind die *Fouées*, im Holzofen gebackene Brotfladen. *Info: Chênehutte-Trèves-Cunault, Tel. 2.41679564, www.cave-aux-moines.com*

Nachtleben

Ritz Bar (Paris). Die Bar des berühmten Hotels ist auch heute immer noch ein Trendsetter: Auf den bequemen viktorianischen Sofas sitzt, was Rang und Namen hat, und am Wochenende legen DJs Loungemusik bis zwei Uhr morgens auf. *Info: 38 Rue Cambon, www.ritzparis.com*

Le Baron (Paris). Das ehemalige Bordell ist heute eines der exklusivsten Lokale der Stadt. Plüschsofas und VIP-Lounge für den Jetset, der hier ein und aus geht. *Info: 6 Avenue Marceau, www.clublebaron.com*

Moulin Rouge (Paris). Seit 1889 neben Crazy Horse und Lido eines der legendärsten Cabarets überhaupt. Die Shows der leicht bekleideten Mädchen sind spektakulär, das Restaurant ist ausgezeichnet. Zu den Stars, die das Moulin Rouge berühmt machten, gehören Edith Piaf und Jean Gabin. *Info: 82 Boulevard de Clichy, www.moulinrouge.fr*

Weitere Informationen: www.atout-france.fr, www.franceguide.com, www.chateaux-de-la-loire.fr/schloesser_der_loire.htm

50-51 - Schloss Chambord.

51 - Die Gärten von Schloss Villandry.

Der Garten Frankreichs

Das Tal der Loire wird auch als „Garten Frankreichs" bezeichnet. Die Landschaft wird nicht nur von Türmen und Zinnen, sondern auch von Weinbergen, Obstplantagen und Gärten beherrscht. Orte der Entspannung für Körper und Geist, Raum für Zerstreuung und Sammlung. Jeder hat seinen eigenen Charakter, sein besonderes Geheimnis. Man fährt zum ***Schloss Villandry*** *in der Gegend von Tours, um den letzten Renaissance-Garten Frankreichs zu entdecken, der sich über drei Ebenen ausdehnt. Jede ist einem besonderen Thema gewidmet. In der obersten Ebene befindet sich der Wassergarten. Sein großes Wasserbecken in Form eines Spiegels speist die Gartengräben. Auf der Ebene darunter befinden sich Ziergärten mit Ornamentbeeten aus Buchsbaum und Blumen, und über die unterste Ebene erstreckt sich der bunte Gemüsegarten mit seinen schachbrettartig angeordneten Abteilungen aus Obstbäumen und Gemüsepflanzen. Dann gibt es noch die vier Felder des Gartens der Liebe: Buchsbaumornamente symbolisieren die zarte, leidenschaftliche, flatterhafte und tragische Liebe* (www.chateauvillandry.com). *Die Gärten des aus dem 15. Jh. stammenden* ***Schloss Chaumont-sur-Loire*** *repräsentieren dagegen den Inbegriff der Kunst des Landschaftsbaus: Hier findet im Frühling das* ***Internationale Gartenfestival*** *statt, das jedes Jahr unter einem anderen Thema innovative Ideen und Kreationen der Gartenbaukunst präsentiert* (www.monum.fr, Öffnungszeiten 9–Sonnenuntergang, im Sommer auch 22–24 Uhr). *Eine majestätische Platanenallee führt zu den Gärten, die das aus dem 16. Jh. stammende* ***Schloss Chenonceau*** *umgeben und von der Geliebten Heinrichs II., der verführerischen Diana de Poitiers, gestaltet wurden. Sie war es, die sie mit Veilchen und wilden Erdbeeren anfüllte und sich mit ihren Gesellschafterinnen im Eibenlabyrinth zerstreute, das fünf Eingänge hat, aber nur zwei Wege, die zum Mittelpunkt führen* (www.chenonceau.com).

Provence und Côte d'Azur – *Frankreich*

In der berühmtesten Region Frankreichs, von Künstlern wie Van Gogh und Cézanne in ihren Werken gefeiert, durch die Grimaldis, Brigitte Bardot, Luxushotels und VIP-Strände zum Mythos geworden, gibt es auch grüne Ecken und kleine Dörfer, die die meisten Touristen nicht kennen. Bei den Städten liegt das Hauptaugenmerk auf Marseille, wo ein städtebauliches Projekt den alten Hafen in neuem Glanz erstrahlen lassen soll.

Die Flamingos der Rhône-Mündung oder der Duft der Felder von Grasse? Die von Lavendel bedeckten Hügel, das Meer, die Berge, eine von Impressionisten gemalte Landschaft, die diese Region im Süden Frankreichs im 19. Jh. ihre zweite Heimat nannten, oder die faszinierenden, geschichtsträchtigen Städte?
Um die Schönheit der Provence zu entdecken, schlagen wir vier Routen mit unterschiedlichen Themenschwerpunkten vor: zwei umfangreiche und zwei kleinere, die an der Grenze zu Italien ihren Anfang nehmen. Die erste umfasst das Touristengebiet der Côte d'Azur: **Menton**, **Monte Carlo**, **Nizza**, **Cannes**, **Saint-Tropez** und die Inseln von **Hyères**. Dann folgen **Marseille** und die historischen Städte **Aix-en-Provence**, **Salon-de-Provence**, **Arles** und **Avignon**. Von dort kann die Reise in die **Camargue** weitergehen oder ins Landesinnere führen, wo die bunten Steinhäuser der biblischen Dörfer **Roussillon** und **Sault** zwischen den Lilatönen der Veilchen- und Lavendelfelder des **Naturparks Luberon** leuchten, die nicht einmal Cézanne auf die Leinwand zu bannen vermochte.

***Fortbewegung**: Nach der Grenze bei Ventimiglia beginnt die A8, die durch die gesamte Côte d'Azur bis nach Grasse und Aix-en-Provence führt. Um nach Marseille zu kommen, nimmt man die Abzweigung bei Aix-en-Provence, nach Avignon und Arles fährt man auf der A7, die von Marseille kommt und an der westlichen Grenze des Bergmassivs von Luberon entlangführt.*

ROUTE 1
DIE CÔTE D'AZUR: VON MENTON ZU DEN INSELN VON HYÈRES ***(3/4 Tage)***
182 km Autobahn trennen den Anfang der Côte d'Azur vom Städtchen **Hyères**, wo die Fähren zu den zum Naturpark erklärten Inseln **Porquerolles**, **Port-Cros** und **Levant** ablegen *(Fähren unter: www.tlv-tvm.com)*. Wenn die Zeit reicht, sollte man die Autobahn vermeiden und die Küstenstraße nehmen: Sie ist sehr verkehrsreich, aber dafür kommt man durch all die Orte, die diesen Küstenabschnitt zu einem der berühmtesten der Erde machten. Der erste ist **Menton** *(www.tourisme-menton.fr/-Menton-Franzosische-Riviera-)*, gleich nach der Grenze zu Italien: Ein Ort mit pastellfarbenen Fassaden, Geschäften entlang der **Rue St.-Michel**, den Gebäuden der Belle Époque am **Place aux Herbes**, die barocke Basilika von **St.-Michel-Archange** und die beiden Museen, in die es sich lohnt hineinzugehen: das der Schönen Künste mit Sammlungen antiker und zeitgenössischer Kunst von griechischen Ikonen bis Dalì im **Palais Carnolès** *(Avenue de la Madone 3, Tel. 4.93354971, Öffnungszeiten 10–12 und 14–18 Uhr, Dienstag geschlossen)*, und das neue, 2011 eröffnete futuristische **Museum von Jean Cocteau** in 2, Quai de Monléon *(Tel. 4.89815250, Öffnungszeiten 10–18 Uhr, Dienstag geschlossen)*. Ein andere Atmosphäre herrscht zwischen den Wolkenkratzern und antiken Palästen von **Monte Carlo**, dem elitären Teil des Königreichs **Monaco**, nur wenige Autominuten von Menton entfernt, der dem Mythos der Côte d'Azur mit dem „Fünf-Sterne-Luxus" seiner Hotels **Hermitage** *(www.hotelhermitage-montecarlo.com)*, **De Paris** *(www.hotelde-parismontecarlo.com)* oder **Métropole** *(www.metropole.com)* alle Ehre macht. Sie liegen im Umkreis des berühmten **Casinos**, das Mitte des 19. Jh. von Tony Garnier entworfen wurde. Auf jeden Fall sollte man das **Museum für Ozeanografie** besuchen, das über ein Aquarium mit über 6000 Fischen verfügt *(Avenue Saint-Martin, www.oceano.org)*, das **Forum Grimaldi**, in dem Ausstellungen und Konzerte veranstaltet werden *(10 Avenue Princesse Grace, www.grimaldiforum.com)*, und den **Exotischen Garten** mit Pflanzen aus Afrika, Australien und Mexiko, wenn man sich für Botanik interessiert *(62 Boulevard du Jardin Exotique, www.jardin-exotique.mc, Öffnungszeiten 9–18 Uhr)*.

52-53 - Der Hafen Hercule von Monte Carlo.

Sault
Roussillon
Avignon
Les Baux-de-Provence
Nîmes
Gard
Rhône
Montagne du Luberon
Lourmarin
Arles
Aix-en-Provence
Natur-park der Camargue
Saintes-Maries-de-la-Mer
Marseille
Golfe du Lion
Verdon
Paris
Var
ITALIEN
Menton
Monte Carlo
Nizza
Grasse
Antibes
Cannes
Fréjus
St. Tropez
Hyères
Toulon
I. du Port-Cros
I. du Levant
I. de Porquellores
Inseln von Hyères
MITTELMEER
0 20 km
0 10 Meilen

Nizza, die nächste Station, ist weniger glamourös als Monte Carlo, wird dafür aber die „kleine Kunsthauptstadt" der Küste genannt. Wer nicht sofort den Freuden eines Spaziergangs auf der **Promenade des Anglais** frönt, der Strandpromenade aus dem 19. Jh., als englische Touristen die Stadt förmlich überfielen, der kann kleine Juwelen besuchen wie das **Mamac**, das Museum zeitgenössischer Kunst mit Arbeiten von Niki de Saint Phalle und Yves Klein *(Promenade des Arts, www.mamacnice.org, Öffnungszeiten 10–18 Uhr, Montag geschlossen)*, das **Nationalmuseum Marc Chagall** mit vom Künstler auf 17 Leinwänden illustrierten Bibelszenen *(Avenue Dr. Ménard, www.musee-chagall.fr, Öffnungszeiten 10–18, im Winter bis 17 Uhr, Dienstag geschlossen)*, das **Matisse-Museum** mit einer Sammlung von Arbeiten, die der Künstler während seines Aufenthalts in der Stadt, von 1917 bis zu seinem Tod 1954, anfertigte *(164 Avenue des Arénes de Cimiez, www.musee-matissenice.org, Öffnungszeiten 10–18 Uhr, Dienstag geschlossen)*, oder das **Museum Masséna** *(65 Rue de France, Tel. 4.93911910, Öffnungszeiten 10–18 Uhr, Dienstag geschlossen)*, das erst kürzlich restauriert wurde, mit Mobiliar aus dem 17. und 18. Jh. und historischen Gärten. Schön sind auch das **Museum für Asiatische Kunst** *(405 Promenade des Anglais, www.arts-asiatiques.com, Öffnungszeiten 10–18, im Winter bis 17 Uhr, Dienstag geschlossen)* in einem Gebäude des Stararchitekten Kenzo Tange und das **Museum der Schönen Künste** mit Gemälden aus dem 16. bis 20. Jh. und Arbeiten von Fragonard, Bonnard und Rodin *(33 Avenue des Baumettes, www.musee-beaux-artsnice.org, Öffnungszeiten 10–18 Uhr, Montag geschlossen)*.
Bevor man die Stadt in Richtung Antibes – mit dem **Picasso-Museum** im Schloss der Grimaldis *(www.antibes-juanlespins.com/fr/culture/musees/picasso)* – verlässt, sollte man unbedingt die

54 OBEN - DIE BUCHT VON ANGES BEI NIZZA.

54 UNTEN - DIE PROMENADE DES ANGLAIS IN NIZZA.

Einkaufen

In der Provence kann man überall gut einkaufen. Witzige Dinge bekommt man auf dem Flohmarkt in ***Avignon*** *mit über 130 Ständen (jeden Sonntag auf der Place des Carmes) oder an den Ständen des sonntäglichen Marktes in* ***Isle-sur-la-Sorgue*** *zwischen Avignon und Roussillon, wo jedes Jahr im Frühling auch die* ***Antiquitätenmesse*** *stattfindet* (www.oti-delasorgue.fr).
Wenn man nach ***Grasse*** *fährt, sollte man auf keinen Fall auf einen Besuch (und den Einkauf) in den historischen Parfumfabriken verzichten: Es gibt ungefähr 40 davon; die Bekanntesten tragen Namen wie* ***Fragonard*** (www.fragonard.com), ***Molinard*** (www.molinard.com) *oder* ***Galimard*** (www.galimard.com).
Im Naturpark Luberon kauft man den Lavendel in Form einer süßen Spezialität bei ***André Boyer Maître Nougatier*** *in Sault* (www.nougat-boyer.fr) *oder in Form von Essenzen und Seifen (****im Maison des Producteurs****, ebenfalls in Sault, in der Rue de la République).*
Wer nicht auf die Kosten zu achten braucht, kann sich in den schicken Boutiquen von Saint-Tropez umsehen, z.B. im ***Atelier Rondini*** (www.rondini.fr), *dem Tempel der zeitlosen Sandalen* Les Tropéziennes.

Von den römischen Thermen zum Spa

Die ersten, die die Mode der Thermalbäder einführten, waren die Römer, die neben den großen Monumenten, wie der Arena von Arles, sowohl Bäder als auch Bewässerungsanlagen bauten. Auch die modernen Spa-Hotels dürfen heute in Arles nicht fehlen: Im ***Aux Bains du Calendal*** *gibt es Bäder und Massagen mit Aromaölen* (5 Rue Porte de Laure, www.spa-arles.com). *Aber die großen modernen Wellness-Zentren findet man in Aix-en-Provence, wo die* ***Thermes Sextius*** *eröffnet wurden, mit Spa, Thalassotherapie, Massagen und Hamam* (55 Avenue Thermes, www.thermes-sextius.com), *in Marseille* (das **Spa 5 Mondes**, 45 Quai de Rive Neuve, www.cinqmondes-marseille.com), *und vor allem in Monte Carlo und Cannes. Im Monegassischen Königreich geht man in* ***Les Thermes Marins de Montecarlo*** (2 Avenue de Montecarlo, www.thermesmarinsmontecarlo.com), *eine 6600 qm Anlage mit einem geheizten Meerwasserbecken, Türkischem Bad, 37 Massagekabinen, die meisten mit Meerblick. In Cannes lautet die Topadresse* ***Les Thermes Marins de Cannes****: ein Wellnesstempel mit Salzwasser, 10 m vom Meer entfernt, mit Aromaölen und Thalassotherapie* (47 Rue Georges Clémenceau, www.lesthermesmarins-cannes.com).

Gassen der **Altstadt von Nizza** erkunden mit dem **Cours Saleya**, dem lebendigen Blumen-, Gemüse- und Flohmarkt, dem **Garibaldi-Platz** im Norden mit der Statue des Helden, der 1807 in dieser Stadt geboren wurde, und dem Platz am Meer, der **Masséna** gewidmet ist, mit seinen künstlerischen Installationen zwischen den eleganten Fassaden aus dem 19. Jh.

Cannes ist ein weiteres Ziel an der Côte d'Azur, mit einer schönen Altstadt über der **Croisette**, der Flaniermeile der Diven, besonders während der berühmten Filmfestspiele, die jährlich im **Palais des Festivals et des Congrès** stattfinden *(www.festivalcannes.com)*. Von hier aus kann man eine Abzweigung nehmen, die in das 20 km entfernte, im Landesinneren gelegene **Grasse** führt, die Hauptstadt der Düfte, mit den Fabriken und Geschäften der berühmtesten Parfumeure.

Dann geht die Entdeckung der Provence in Richtung **Saint-Tropez** weiter, um erneut in den Mythos eines der glamourösesten Orte Europas einzutauchen. Es war die junge Brigitte Bardot, die dieses Fischerdorf in den 1950er-Jahren mit dem Film *Und ewig lockt das Weib* weltbekannt machte. Nach einem Spaziergang am Hafen besucht man das 1937 in einer ehemaligen Kapelle eröffnete **Musée de l'Annonciade** mit Aquarellen von Paul Signac, Braque und Matisse *(www.saint-tropez.tv/html/annonciade.html)*. Die richtige Bräune holt man sich an den Stränden von **Ramatuelle**, und seine Einkäufe erledigt man in den Boutiquen der Altstadt oder auf dem Wochenmarkt, der Dienstags und Sonntags jeweils am Vormittag auf der **Place des Lices** stattfindet.

55 OBEN - DER HAFEN VON SAINT-TROPEZ.

55 UNTEN - PORT-CROS, ILES D'HYÈRES.

ROUTE 2
VON MARSEILLE NACH AVIGNON
(3/4 Tage)
Früher war sie nur ein Hafen: eine Stadt, faszinierend und multikulturell, die nur durch die Fischkutter, Fähr-, Handels- und Kreuzfahrtschiffe zu leben schien. Heute ist das **Hafenviertel von Marseille** das größte Europas und wie die Stadt insgesamt, Gegenstand des derzeit größten städtebaulichen Projekts Europas. Dank der Ernennung zur Kulturhauptstadt 2013 *(www.marseille-provence2013.fr)* hat Marseille knapp ein Dutzend neue Gebäude nach dem Entwurf von internationalen Star-Architekten erhalten, wie das **MuCEM** (Museum der Zivilisationen Europas und des Mittelmeers) von Rudy Riciotti, den Silo von Eric Castaldi und

Roland Carta, das **Fonds Régional d'Art Contemporain**, von Kengo Kuma entworfen, und das neue, dem Mittelmeer gewidmete Kulturzentrum von Stefano Boeri. Diese neuen Projekte sind auf fruchtbaren Boden gefallen, denn noch vor der Ernennung zur Kulturhauptstadt wurde bereits das große Projekt **Euroméditerranée** *(www.euromediterranee.fr)* gestartet, das den **Vieux Port (alten Hafen)** durch ein Mosaik aus Hotel, Kulturzentren und Geschäften Stück für Stück erneuern soll; maßgeblich in der Planung sind die Pritzker-Preisträger für Architektur (das Äquivalent zum Nobelpreis) Zaha Hadid und Jean Nouvel.
Bei all diesen Neuerungen darf man die historischen Bauwerke jedoch nicht vergessen: die Gassen des Viertels **Le Panier**, wo noch das alte Marseille zu Hause ist, die **Cathédrale de la Major** *(Place de la Major, marseille.catholique.fr, Öffnungszeiten 10–18 Uhr, im Sommer bis 19 Uhr, Montag geschlossen)*, und die **Cité Radieuse** von Le Corbusier, die in den 1940er- und 1950er-Jahren, als es erbaut wurde, die Idee des Wohnens revolutionierte *(280 Boulevard Michelet, www.marseille-citeradieuse.org, Führungen unter Tel. 4.91138900)*.
Nicht weit von Marseille (ca. 30 km) liegt das vielbereiste **Aix-en-Provence**. Das Städtchen erhebt sich um den **Cours Mirabeau**, die berühmte Platanenallee mit dem **Café Des Deux Garçon**, das einst Zola und Cézanne (der in Aix geboren wurde) frequentierten.
Um den weltberühmten Impressionisten Cézanne dreht es sich auch bei den Besichtigungen: Das Museumshaus **Jas de Bouffan**, in dem er bis 1899 lebte *(Route De Galice, www.cezanne-enprovence.com)*, der **Steinbruch von Bibémus** *(3090 Chemin de Bibémus)* und sein **Atelier di Lauves** *(9 Avenue Paul Cézanne, www.ateliercezanne.com, Öffnungszeiten 10–12 u. 14–17 Uhr, im Sommer bis 18 Uhr), in dem viele seiner Bilder entstanden.*
Auch **Arles** kam, wie Marseille, in den Genuss städtebaulicher Projekte (das wichtigste ist **Les Ateliers SNCF** von Frank Gehry, der Fotografie gewidmet) und kann, wie Aix, mit einem außergewöhnlichen Maler aufwarten, der zwar in Holland geboren wurde, aber von 1888 bis zu seinem Selbstmord 1890 in dieser Stadt lebte. Es handelt sich um keinen Geringeren als Van Gogh, zu dessen

Gedenken in einer permanenten Ausstellung 200 Arbeiten der **Fondation Van Gogh** zu bewundern sind, die von zeitgenössischen Künstlern stammen *(www.fondationvangogharles-blog.com)*. In der Stadt kann man das römische Amphitheater **Les Arènes**, *(1 Rond-Point Arénes, www.arenesarles.com/arles_info/index.htm)*, das **Museum des antiken Arles** *(Avenue de la 1ére Division Française Libre, www.arles-antique.cg13.fr, Öffnungszeiten 10–18, Dienstag geschlossen)* und weitere Reste des römischen Erbes, wie das **Antike Theater** *(Rue de la Calade, Tel. 4.90493625)*, die **Therme** *(Rue Dominique Maisto, Tel. 4.90493132-90493540)* und die Nekropole **Les Alyscamps** *(Avenue des*

Alyscamps, Tel. 4.90493674) besichtigen, die Van Gogh in seinen Gemälden unsterblich machte.
Auch **Avignon**, die Stadt der Päpste, hat einiges zu bieten. Im 14. Jh. wurde der Papstsitz auf Wunsch von Clemens V. nach Avignon verlegt; damit begann der Bau eines der katholischen Kirche würdigen Kolossalmonuments: der **Papstpalast**. Er war das Werk zweier Päpste, Benedikts XII. und seines Nachfolgers Clemens VI. Das Mosaik aus Sälen und Höfen bedeckt eine Fläche von 15.000 qm (ungefähr so viel wie die zweier Kathedralen) und ist in den **Alten Palast** und den **Neuen Palast** unterteilt, die in verschiedenen Epochen entstanden sind. Zum Palast gehören die Privatgemächer des Papstes, der Audienzsaal, Türme und Kapellen. Die berühmte mittelalterliche **Brücke Saint Bénezet**, die in dem weltbekannten Lied *Sur le pont d'Avignon* besungen wird, einstmals 900 m lang und auf 22 Arkaden gebaut, befindet sich in unmittelbarer Nähe *(6 rue Pente Rapide Charles Ansidei, www.palais-des-papes.com)*. Wenn noch etwas Zeit bleibt, sollte man nicht versäumen, auch ein Auge auf die **Stadtbefestigung** zu werfen, ein Mauergürtel mit über 4 km Länge aus dem 14. Jh., und auf die Kathedrale **Notre Dame des Doms**, die ihren Ursprung im 12. Jahrhundert hat, aber später mehrere Male aus- und wiederaufgebaut wurde *(Place du Palais, www.cathedrale-avignon.fr)*. Interessant ist auch ein Besuch in den Markthallen **Les Halles** *(Place Pie, www.avignon-leshalles.com, täglich außer Montag von 6–13.30, am Wochenende bis 14 Uhr)*, auch wegen des besonderen Fassadenschmucks, der sofort ins Auge fällt: der vertikale Garten von Patrick Blanc.

56 OBEN - DER ALTE HAFEN VON MARSEILLE.

56 MITTE - AIX-EN-PROVENCE.

56 UNTEN - DAS AMPHITHEATER IN ARLES.

56-57 - AVIGNON AN DER RHÔNE.

ROUTE 3
NATURPARK CAMARGUE ***(1 Tag)***

Flüsse und Teiche, Sümpfe und Schilf – der **Naturpark Camargue** *(www.parc-camargue.fr)* wurde 1970 gegründet und ist das größte Feuchtgebiet Frankreichs. Man kann ihn mit dem Auto, mit dem Fahrrad, mit dem Hausboot oder zu Pferd erkunden. Auf einer Fläche von rund 100.000 Hektar, von den beiden Armen der Rhône begrenzt, findet man Äcker, Salinen (im Westen und Osten) und Lagunen (im südlichen Teil). Der Park umfasst auch geschützte Areale, Informationspunkte, grüne Ecken für Ausflüge in die Natur und ist die Heimat der berühmten weißen Pferde sowie ganzer Kolonien rosafarbener Flamingos, aber auch von „Cowboys", Stieren und Zigeunern (hauptsächlich spanische Roma), die sich jedes Jahr am 24. und 25. Juni in **Saintes-Maries-de-la Mer** treffen, um ihre farbige Schutzheilige Sara (Sara, die Dienerin) mit Prozessionen, Musik- und Tanzfestivals zu feiern. Aber auch außerhalb dieses folkloristischen Ereignisses gibt es eine Vielzahl von Anlässen für einen Besuch dieses Ortes. Um die wunderbare Natur des Parks zu erkunden, ist es am besten, sich direkt an das Informationszentrum des Parks, **La Capelière**, zu wenden *(www.reserve-camargue.org)*. Dort erhält man Informationen über das Ökosystem des Parks, über die Pfade zum Birdwatching oder die Routen zu den Salinen. Zu den interessantesten Ausflügen gehört der zum **Digue à la Mer**, dem Deich aus dem 19. Jh., der das Land vor der Gewalt des Ozeans schützt und auch der Ausgangspunkt vieler Wander- und Radtouren ist: Richtung **Étang du Fangassier**, wo man die berühmten Flamingos, die Symbole der Region, bewundern kann, oder zum Vogelpark **Pont de Gau** *(www.parcornithologique.com);* dort kann man Reiher, Raubvögel und Flamingos aus der Nähe betrachten.

ROUTE 4
DIE KLEINEN DÖRFER DES LUBERON ***(1 Tag)***

Das berühmteste ist Roussillon, aber auch die anderen mittelalterlichen Dörfer dieser Ecke Frankreichs, Lourmarin, Sault und Les-Baux-de-Provence, lohnen einen Besuch. Um die kleinen Orte in der nach Lavendel duftenden Provence zu erreichen, verlässt man die A7 zwischen Marseille und Avignon und fährt durch eine Landschaft aus Hügeln, Tälern, Flüssen, Klöstern, Weinbergen und Blumenfeldern. Der erste Ort ist **Les-Baux-de-Provence**: eine Festung, 30 km südlich von Avignon. Die bunten Häuser von **Roussillon** sind von natürlichen Amphitheatern aus roten, zuweilen auch orangefarbenen und gelben Ockerfelsen umgeben, die sie in einen Regenbogen aus warmen Farbtönen tauchen. Man kann dem **Ockerlehrpfad** zu den Ockersteinbrüchen folgen, ein Spaziergang, der ungefähr eine Stunde dauert, oder man besucht das **Konservatorium der angewandten Ocker und Pigmente** *(www.okhra.com)*, um sich eine Vorstellung von der Geschichte der Farben und ihrer Verwendung zu machen. Weitere sehenswerte Orte sind **Sault**, das man auf einer Straße durch Lavendelfelder erreicht (der Ort ist voll von Lavendelläden), und **Lourmarin**, als eines der 200 schönsten Dörfer Frankreichs eingestuft, das sich am Eingang einer Kalksteinschlucht erhebt

und über ein Schloss mit einer langen Geschichte verfügt: das **Château de Lourmarin** soll das älteste Renaissanceschloss Frankreichs sein *(die aktuellen Öffnungszeiten erfahren Sie in der Touristeninformation, Place H. Barthelemy, Tel. 4.90681077, www.lourmarin.com)*.

Übernachten

€€€€ Sofitel Vieux-Port (Marseille). Im luxuriösesten Hotel der Stadt gibt es Designerzimmer, Spa, Panaromafenster mit Blick auf Yachten, Fischkutter und die neuen Bauten für Marseille 2013. *Info: 36 Boulevard Charles Livon, Tel. 4.91155900, www.sofitel-marseille-vieuxport.com*

€€€ Hotel Splendid (Cannes). Atemberaubende Lage (an der Croisette), romantische Zimmer und erfreulicherweise günstiger als erwartet. *Info: 4-6 Rue Félix Faure, Tel. 4.97062222, www.splendid-hotel-cannes.fr*

€€€ La Banasterie (Avignon). Drei Zimmer und zwei Suiten zwischen geschichtsträchtigen Mauern: ein Gebäude aus dem 16. Jh. mitten in der Stadt, mit Salons, Balkonen und einem atmosphärischen Innenhof mit Springbrunnen. Die Eigentümer stammen aus Paris und haben der Hauptstadt den Rücken gekehrt. *Info: 11 Rue de la Banasterie, Tel. 6.87729636, www.labanasterie.com*

€€ Domaine de Piedmoure (Sault). Eine Unterkunft in einem Steingebäude in den Wäldern mit vier romantischen, im Chic der Provence eingerichteten Zimmern. Antike Möbel und moderner Komfort, zum Beispiel Fußbodenheizung. *Info: Route de Saint Christol, Tel. 4.90640922, www.piedmoure.com*

Essen

€€€ Le Mas du Langoustier (Porquerolles). Joël Guillet (Küchenchef) und Christophe Rouquette (Konditormeister) locken mit ihren mit einem Michelin-Stern ausgezeichneten Rezepten: Von der Fischsuppe über die Entenleberpastete bis hin zum Tomatenpüree mit Mozzarella-Soufflé ist alles ausgezeichnet. Und – es gibt 50 Gästezimmer. *Info: Isola di Porquerolles, Tel. 4.94583009, www.langoustier.com*

€€€ Le Miramar (Marseille). Die Preise sind sicherlich überdurchschnittlich, und es ist ratsam, zu reservieren, aber alles Weitere ist reine Poesie für den Gaumen. Auf jeden Fall sollte man die Boullabaisse Miramar probieren; so eine „Fischsuppe" bekommt man nicht so schnell wieder... *Info: 12 Quai du Port, Tel. 4.91911040, www.bouillabaisse.com*

€€ Lou Santen (Saintes-Maries-de-la-Mer). Hier speist man am Strand, mit den Füßen im Wasser, und bewundert das Meer; es gibt natürlich Fisch. *Info: Plage Ouest, Tel. 6.30173249, www.lousanten.com*

€€ La Petite Maison (Nizza). Meeresfrüchte und mediterrane Küche (dazu Artischocken, Zwiebelkuchen, Zucchiniblüten, Weichkäse oder Olivenpaste) gibt es in diesem Lokal in der Nähe der Promenade des Anglais. *Info: 11 Rue Saint François de Paule, Tel. 4.93925959, www.lapetitemaison-nice.com*

Festivals und Nachtleben

Kasino Monte-Carlo. Ein Muss, auch wenn man nicht spielen möchte. Es wurde Mitte des 19. Jh. von Garnier entworfen und ist Schauplatz vieler (Konzert-) Veranstaltungen, darunter das renommierte *Jazz Festival* im Herbst. *Info: Place du Casino, www.casinomontecarlo.com*

Festival von Avignon. 1947 fand dieses Theaterfestival zum ersten Mal statt und ist seitdem eines der wichtigsten Frankreichs. Aufführungen gibt es jeden Sommer fast einen Monat lang im Audienzsaal des Papstpalasts. *Info: Cloître St-Louis, 20 Rue du portail Boquier, www.festival-avignon.com/en*

Nikki Club (Saint Tropez). Die schickste Beach-Club-Kette dieses Planeten: Hier lassen sich die Schönen und Reichen von der Sonne bräunen und trinken Cocktails zu angesagter Hintergrundmusik. *Info: Route de l'Epi, Ramatuelle-Saint-Tropez, www.nikkibeach.com*

Weitere Informationen: www.atoutfrance.fr, www.franceguide.com

58-59 - Lavendelfälder in der Nähe von Sault.

59 oben - Saintes-Maries-de-la-Mer.

59 mitte - Der Ockerlehrpfad, Roussillon.

59 unten - Château de Lourmarin.

Andalusien – *Spanien*

Geschichtsträchtige Städte, von Weinbergen bedeckte Hügel, leuchtend weiße Bergdörfer, blaues Meer – eine Reise (in vier Etappen) durch die berühmteste Gegend Spaniens. Ein Mosaik aus maurischen Palästen, Renaissancebauten, Stränden und Stierkampfarenen, zugleich Geburtsstätte des Flamencos, Pablo Picassos und des Mythos um Carmen.

Im letzten Gebiet Spaniens, das die Mauren im 15. Jh. verließen, befinden sich die meisten Überreste arabischer Kultur. Städte wie **Sevilla**, **Córdoba** und **Granada** zeigen die Quintessenz der Raffinesse islamischer Baukunst auf iberischem Boden: Auf vier höchst interessanten Routen werden unvergleichliche Monumente der Geschichte erkundet, darunter die **Giralda**, die **Mezquita** und die **Alhambra**, um die berühmtesten zu nennen, neben den Bühnen des Flamencos, der zu Andalusien wie der Tango Argentino zu Buenos Aires gehört, entstanden aus den Liedern der Zigeuner, die im 15. Jh. bis Sevilla, Jerez de la Frontera und **Cádiz** vordrangen. Andalusien ist aber auch das Land des **Jerez**, des Sherrys, der aus den Hügeln um **Jerez de la Frontera** im Südwesten des Landes stammt, der **Pueblos Blancos**, der weißen Dörfer, die wie Adlernester in Regionen gebaut sind, in denen man es nicht für möglich hält, und der traumhaften Küsten, die leider manchmal den Bausünden der Spekulanten zum Opfer fielen und von **Málaga**, dem Geburtsort Picassos, bis zur britischen Enklave **Gibraltar** reichen, das an der berühmten Meerenge zwischen Mittelmeer und Atlantik liegt.

***Fortbewegung**: Andalusien hat ein gutes Autobahnnetz. Von Sevilla bis Córdoba fährt man auf der A4, nach Granada nimmt man die A92, und Cádiz erreicht man über die AP4. Málaga und Gibraltar sind durch die A7 verbunden und von Arcos de la Frontera nach Ronda gibt es die A384, die auch zu den meisten Pueblos Blancos führt.*

ROUTE 1
SEVILLA, CÓRDOBA, GRANADA
(4 Tage)

Sevilla, die Hauptstadt Andalusiens, ist auch die Hauptstadt des Flamencos, der seine Heimat im alten Seefahrerviertel **Triana** gefunden hat, wo dieser sinnliche Tanz im 19. Jh. zum ersten Mal offiziell in den *Escenas Andaluzas* von Serafin Estebanéz Calderón beschrieben wurde. Heute ist Triana ein Touristenviertel, das **Rive Gauche** Sevillas, mit Bars, In-Lokalen und Plätzen wie der **Plaza de Altozano** mit dem **Flamenco-Denkmal** und den vielen Balkonen. Die Altstadt befindet sich auf der anderen Seite des Flusses Guadalquivir, der durch die Stadt fließt. Nach dem Besuch von Triana landet man unausweichlich dort, um die Gegend zwischen der **Plaza de España** mit dem berühmten halbkreisförmigen Neorenaissance-Gebäude, das 1929 für die Iberoamerikanische Ausstellung erbaut wurde, und dem **Parco di Maria Luisa** mit dem **San-Telmo-Palast** (1734) zu erkunden, in dem die erste Seeahrerschule der Welt ansässig war. Schön ist der Besuch der **Casa de Pilatos**, ein wunderbares Beispiel des Mudéjarstils des 15./16. Jh. mit Kassettendecken und gefliester Freitreppe *(Plaza de Pilatos 1, www.fundacionmedinaceli.org/monumentos/pilatos, geöffnet 9–18 Uhr, im Sommer bis 19 Uhr)*, und im **Museo de Bellas Artes**, das im 19. Jh. in einem Kloster aus dem 17. Jh. eingerichtet wurde und eine der wichtigsten Sammlungen spanischer und sevillanischer Maler, wie Murillo, enthält *(Plaza Museo 9, www.museosdeandalucia.es, Öffungszeiten Di–Sa 9–20.30 Uhr, So bis 14.30 Uhr)*. Dann wirft man einen Blick

auf den **Torre del Oro**, der im 13. Jh. im alten Hafen erbaut wurde und das Schifffahrtsmuseum der Stadt *(Paseo Cristóbal Colón, Tel. 954.222419, Öffnungszeiten Di–Fr 10–14 Uhr, Sa u. So 11–14 Uhr, Montag geschlossen)*. Dann besucht man zwei Symbole der Stadt. Das erste ist der **Real Alcázar**, die zum Weltkulturerbe der UNESCO gehörende Palastfestung, von den Mauren erbaut und im 15. und 16. Jh. von den katholischen Herrschern erweitert. Die Anlage besteht aus mehreren Gebäuden, vom **Palacio del Rey Don Pedro** im Mudéjarstil über den **Palacio de Carlos V** (im gotischen Stil) mit den berühmten Wandteppichen bis hin zu den **Gärten** *(Patio de Banderas, www.patronato-alcazarsevilla.es, geöffnet 9.30–17 Uhr, im Sommer bis 19 Uhr)*. Das zweite, direkt daneben gelegene – ebenfalls Weltkulturerbe der UNESCO –, ist die **Kathedrale** mit dem **Giralda-Turm**: 1198 als Minarett fertiggestellt, dann von einem Erdbeben zerstört und im 16. Jh. als Glockenturm wiederaufgebaut, ist er ein exzellentes Beispiel religiöser Architektur. Die Kathedrale selbst zählt zu den größten der Welt und ist die größte Spaniens. Im Innern ist sie unglaublich reich ausgestattet: ein Hochaltar aus indischem Gold, gotische Chorstühle und ein Schatz mit Gemälden von Murillo (der am 1. Januar 1618 in Sevilla geboren wurde) und Goya. Bevor man die Stadt verlässt, sollte man sich noch das neue Wahrzeichen der Stadt ansehen: das **Metropol Parasol**, ein architektonisches Meisterwerk mit pilzartiger Struktur auf der Plaza de la Encarnacion, das Raum für zahlreiche Veranstaltungen, Einkaufsmöglichkeiten sowie Bars und Restaurants bietet.

60-61 - Plaza de España, Sevilla.

61- Die Kathedrale von Sevilla.

Dann fährt man auf die A4 in Richtung **Córdoba**. Die Stadt wurde zwar 169 v. Chr. von den Römern gegründet, doch seine Bekanntheit erlangte sie durch ein maurisches Bauwerk, das im 16./17. Jh. in eine katholische Kathedrale umgewandelt wurde, aber heute noch den Namen seines islamischen Ursprungs trägt: **Mezquita** („Moschee"). Eine Kirche mit einer Fläche von 24.000 qm und zahlreichen Säulen, die sie unendlich erscheinen lassen, der **Kibla**, der gen Mekka gerichteten Mauer, und dem **Schatz**, der eine über 120 kg schwere Monstranz beinhaltet *(www.mezquitadecordoba.org)*. Jenseits des Gassenlabyrinths um die Mezquita kommt man zur **Römischen Brücke**, die über den Guadalquivir führt, zum **Alcázar de los Reyes Cristianos** und zum **Palacio de Viana** *(Plaza de Don Gómes 2, www.patiosdecordoba.net)* mit reich ausgestatteten Sälen, Gärten und Höfen. Der letzte Besuch gilt dem **Archäologiemuseum** *(Plaza Jerónimo Páez 7, www.juntadeandalucia.es/cultura/museos)*, einer Sammlung römischer Skulpturen und arabischer Relikte in einem Renaissancebau. **Granada**, die letzte Station dieser Route, ist die Stadt mit dem stärksten orientalischen Flair Andalusiens. Das ist auch der **Alhambra** *(www.alhambra.org)* zu verdanken, einem Meisterwerk aus Licht und Stein, das sich mit seinen verzierten Türmen und Mauern, seinen Innenhöfen und Brunnen auf einem Hügel am Horizont abzeichnet. In der weitläufigen Anlage besucht man die **Alcazaba**, die älteste Befestigung des Komplexes, den Renaissancebau **Palacio de Carlos V**, im 16. Jh. von Pedro Machuca erbaut, den **Palacio Nazaríes** aus dem 14. Jh. mit einem wunderbaren Zusammenspiel aus verzierten Wänden, Mosaiken, Gärten, Brunnen, Gebäuden und Innenhöfen, und den **Generalife**, die Sommerresidenz mit Gärten und Brunnen. Weitere Erinnerungen an die islamische Kunst entdeckt man im **Albaicín**, dem Viertel, in dem sich die Mauren nach der Eroberung der Stadt niederließen, mit einem Gewirr aus Gassen zwischen weiß gekalkten Häusern. Das wichtigste christliche Bauwerk ist die Renaissance-Kathedrale (im 17. Jh. vollendet) mit der **Cappella Reale**, im gotisch-isabellinischen Stil auf Wunsch der katholischen Könige erbaut, deren Grabmäler sich dort befinden. Zurück ins 21. Jh. findet man im **Parque de las Ciencias** *(Avda. de la Ciencia, www.parqueciencias.com, geöffnet 10–19, So bis 15 Uhr, Montag geschlossen)*: eine Ausstellung wissenschaftlicher Entdeckungen auf einer Fläche von 70.000 qm mit dem Planetarium und dem **Sala della Biosfera**, in dem den Besuchern die Geheimnisse der DNA nahegebracht werden.

Feste und Tanz

*Die Aprilmesse (**Feria de Abril**) ist ein Höhepunkt im Leben jeder spanischen Stadt, und die von Sevilla mit ihren Pferdeparaden zählt zu den größten. Es begann im 19. Jh. als Tiermarkt. Über tausend Stände werden aufgebaut, es wird getrunken und getanzt, eine kollektive Euphorie beginnt am Montagabend mit dem Steigenlassen von bunten Leuchtballons und endet sechs Tage später um Mitternacht mit einem gigantischen Feuerwerk (das genaue Datum variiert jährlich).* Info: Fiera di Siviglia, Avenida de Tablada e Calle Espartero, www.sevilla.org. *Die **Flamenco-Biennale** (Sevilla) findet alle zwei Jahre im September statt. Ist man während dieser Zeit in der Stadt, sollte man sich dieses Spektakel nicht entgehen lassen: über 50 Shows und Dutzende Aufführungen von Stars der spanischen und internationalen Flamenco-Szene, dargeboten auf den besten Bühnen der Stadt.* Info: Departamento de Comunicación, Instituto de la Cultura y de las Artes de Sevilla, www.bienalflamenco.org. *Das **Festival dei Cortili** (Córdoba) im April (Datum variabel), das 1918 zum ersten Mal stattfand, verwandelt Córdoba in einen Blumengarten, geschmückte private Innenhöfe werden für Besucher geöffnet. Bei dieser Gelegenheit sollte man einen Besuch im Palacio de Viana nicht versäumen, der das Museo del Patio mit den schönsten historischen Gärten der Stadt beherbergt.* Info: Palazzo di Viana, Plaza de Don Gómes 2, Tel. 957.496741, www.patiosdecordoba.net.

62 OBEN - DER ALCÁZAR VON CÓRDOBA.

62 UNTEN - DIE BÖGEN DER MEZQUITA.

63 OBEN - DIE ALCAZABA VON GRANADA.

63 MITTE - DIE STRANDPROMENADE VON CÁDIZ.

63 UNTEN - JEREZ DE LA FRONTERA UND DER JEREZ.

ROUTE 2
VON SEVILLLA NACH CÁDIZ *(1/2 Tage)*
Von Sevilla bis Cádiz benötigt man mit dem Auto weniger als zwei Stunden (den Aufenthalt in Jerez de la Frontera nicht mitgerechnet), es lohnt sich jedoch, vorher den **Parque Nacional de Doñana** zu besuchen, Weltkulturerbe der UNESCO, der auf einer Fläche von über 500 qkm aus Weiden und Stranddünen 360 Vogelarten, darunter den Königsadler, und zahlreiche vom Aussterben bedrohte Säugetierarten, wie den iberischen Lux, beherbergt *(http://reddeparquesnacionales.mma.es/parques/donana/index.htm)*. Weiter südlich kommt man in das Land des **Jerez** – ein legendärer Dessertwein, der ab dem 18. Jh. dank der Engländer, die ihn bekannt machten, in die ganze Welt exportiert wird. Die Hauptstadt der Trauben und Weinberge ist **Jerez de la Frontera**: Stadt des Flamenco *(jeden März das Internationale Flamenco-Festival, www.deflamenco.com/especiales/jerez06/index.jsp)*, der Pferde (hier befindet sich die **Real Escuela de Arte Equestre, die Königliche Reitschule**), der Kampfstiere und der Bodegas: Kellereien wie die legendäre **Gonzáles Byass**, zu der auch die bekannte Marke Tio Pepe gehört und die Fässer besitzt, die schon Kenner wie Winston Churchill und Orson Welles feierten *(Calle Manuel María Gonzáles 12, www.bodegastiopepe.com e http://gonzalez-byass.com)*. Interessant ist auch ein Besuch des **Alcázar** aus dem 11. Jh. *(Calle Alameda Vieja, Tel. 956.149955)*, der **Kathedrale** aus dem 17. Jh. *(Plaza de la Encarnación, Tel. 956.169059)* und des **Stier-Museums** *(Pozo del Olivar 6, Tel. 956.319000)*. Ein absolutes Muss ist eine Besichtigung des **Museums der Reitkunst** in der bereits erwähnten Königlichen Reitschule *(Avda. Duque de Abrantes, www.realescuela.org)*: Es handelt sich um ein interaktives multimediales Museum, das die Geschichte der andalusischen Reitkunst lebendig erläutert. Weiter im Süden ist das nächste Ziel **Cádiz**: ein Städtchen auf einer Halbinsel mit einem historischen Stadtkern, der von Mauern und Meer geschützt ist. Dort besucht man das Museum von Cádiz, reich ausgestattet mit archäologischen Funden, wie phönizische Sarkophage, etruskische Terrakottabüsten, römische Statuen sowie Gemälde von Murillo, Miró, Luca Giordano und Rubens *(Plaza de Mina, www.juntadeandalucia.es/cultura/museos/MCA)*.

Sehenswert ist das Stadtviertel **La Viña**, das zusammen mit dem Viertel Pópulo zum charakteristischsten der Stadt gehört und wo im Februar der spanische **Karneval** mit am schönsten gefeiert wird. Hier atmet man die Luft der Südwestküste der Iberischen Halbinsel, gewärmt vom warmen Sonnenlicht des letzten Zipfels von Europa an den Ufern des Atlantik.

ROUTE 3
DIE PUEBLOS BLANCOS *(2 Tage)*

Weitab von den Städten und Stränden der Küste liegt das Andalusien der Pueblos Blancos, der weißen Dörfer: eine Reise zwischen Bergen, die in 1660 m Höhe Dörfer mit milchfarbigen Häusern aufweisen, deren Besuch sich ohne Frage lohnt. Das bekannteste und vermutlich auch schönste ist das von Jerez aus erreichbare **Arcos de la Frontera** auf einem steilen Felsen oberhalb des Flusses Guadalete in einer Landschaft aus Kapernsträuchern und Kaktusfeigen: ein Dorf jenseits der Zeit, mit interessanten Gebäuden wie dem **Palacio de los Condes de Aguila** mit seiner Fassade im isabellinischen Mudéjarstil, die **Basilika Santa Maria** mit Kreuzrippengewölben und Fresken aus dem 14. Jh. und die traditionelle maurische **Festung** *(Info: Touristeninformation, Cuesta de Belén 5, Tel. 956.702264)*. Weiter in Richtung Osten trifft man auf die Dörfer **Bornos** (mit der gotischen **Kirche Santo Domingo**), **Villamartín** (berühmt für die Sattlerei), **Algodonales**, **Zahara de la Sierra** (mit seinen terrassenförmig angeordneten Häusern), **Olvera** und **Setenil** mit seinen Höhlenwohnungen. Dann folgen **Ronda**, neben Arcos die schönste Gegend der Reise, **Ubrique**, auch heute noch ein wichtiges Zentrum der Lederverarbeitung, und **Prado del Rey**, im 18. Jh. von Karl III. gegründet. Ronda, durch die Schlucht des Flusses Guadalevín geteilt, wartet mit einer **Stierkampfarena** auf, die 1785 eingeweiht wurde und zu den ältesten Spaniens gehört (im Innern befindet sich das **Stierkampfmuseum** mit Erinnerungsstücken von großen Kämpfen und Zeichnungen von Goya, *www.rmcr.org*), mit Bauwerken wie dem **Palacio di Mondragón** sowie der **Kirche Santa Maria**, die auf den Überresten einer Moschee errichtet wurde *(Info: Touristeninformation, Paseo de Blas Infante, Tel. 952.187119)*. Mehr als alles andere zählt in diesem auf zwei Felsen errichteten Ort die Atmosphäre, die Reisende und Schriftsteller wie Ernest Hemingway und Rainer Maria Rilke gleichermaßen verzauberte. Letzterer schrieb: „Ich suchte überall nach der Stadt der Träume. In Ronda fand ich sie.“

64 OBEN - DAS WEISSE DORF OLVERA.

64 MITTE - MÁLAGA, IN RICHTUNG ALCAZABA.

64 UNTEN - DER FELSEN VON GIBRALTAR.

Likörwein und Sherry

Süß, voll und fruchtig ist der Weißwein der Hügel um Málaga. Ein Likörwein, den man jahrzehntelang lagern kann und der aus der ersten Pressung ausschließlich weißer Trauben gewonnen wird. Mehr erfährt man im **Museum des Málaga-Weins** (Plaza de los Viñeros 1, Malaga, www.museodelvinomalaga.com), *und man kauft ihn bei* ***Calidad*** (C. Hilera 4, www.vinocalidad.com), *ebenfalls in Málaga. Noch berühmter ist der* ***Jerez*** *aus* ***Jerez de la Frontera***, *den man in der historischen Kellerei* ***Gonzáles Byass*** (Calle Manuel María Gonzáles 12, www.bodegastiopepe.com *und* http://gonzalezbyass.com/en/index.htm) *verkosten und erwerben kann. Es lohnt sich auch, bei* ***Alvaro Domecq*** (C. Alamo 23, www.alvarodomecq.com) *und bei* ***Sánchez Romate*** (C. Lealas 26–30, www.romate.com) *vorbeizuschauen; mehrfach ausgezeichnete Marken der Stadt.*

ROUTE 4

MÁLAGA UND COSTA DEL SOL *(2 Tage)*

Der Küstenabschnitt zwischen Málaga und Gibraltar ist der letzte des Mittelmeers und schenkt uns bei klarem Wetter die Sicht auf die Küste des afrikanischen Kontinents. Eine nicht ganz 140 km lange Reise durch historische Städtchen, vorbei an Hotelburgen, hoch wie Wolkenkratzer, Golfplätzen, Stränden und Buchten. Dieser Küstenabschnitt ist der Inbegriff eines Strandurlaubs mit Sonne, Meer und jeder Menge Rummel. In Málaga bekommt man einen ersten Eindruck von der spanischen Kunst, bis in die Morgenstunden zu feiern. In puncto Kunst hat die Geburtsstadt Pablo Picassos jedoch auch Höheres vorzuweisen. Neben dem **Picasso-Museum** mit über 230 seiner Gemälde, Zeichnungen, Vasen und Skulpturen *(Palacio Buenavista, Calle San Agustín 8, www.museopicassomalaga.org, Montag geschlossen)*, findet man einen weiteren Ort der Kunst, das **Museo Thyssen-Bornemisza** im antiken **Palacio Villalón.** Eine Vielzahl von Arbeiten spanischer Künstler aus der Sammlung der Baronin Carmen Thyssen werden hier ausgestellt, darunter die aus Málaga stammenden Künstler Gómez Gil und Moreno Carbonero sowie die bekannteren Romero de Torres und Zurbarán *(Calle Compaña 10, www.carmenthyssenmalaga.org/info.html, Öffnungszeiten 10–20, Montag geschlossen)*. Dann gibt es die historischen Bauwerke: die aus dem 19. Jh. stammende **Arena de la Malagueta, die Stierkampfarena**, in der sich Picasso schon als Kind die Stierkämpfe ansah und Bilder davon malte *(Paseo Reding 8, www.la-malagueta.es)*, die Ruine des **Castillo de Gibralfaro** aus dem 14. Jh. mit der schönsten Aussicht über die Stadt, die **Alcazaba**, die Palastfestung der arabischen Herrscher, die spätgotische **Kathedrale** mit den beiden Türmen, von denen einer nie fertiggestellt wurde, was ihr den Spitznamen Manquita („die Einarmige") einbrachte. Die Reise in Sachen Kultur beginnt und endet hier, denn die nächsten 100 km des Küstenabschnitts von Málaga in Richtung Gibraltar sind dem Vergnügen gewidmet, in modernen Städten mit aus dem Boden gestampften Hotelburgen (wie **Torremolinos**, 15 km südwestlich von Málaga). **Mijas**, die Stadt islamischen Ursprungs im Hinterland, bildet die einzige Ausnahme mit ihren weißen Häusern, in denen viele Künstler und Intellektuelle leben. **Marbella** hingegen, das Mekka der Badeorte, 50 km westlich von Torremolinos, mit einer schönen Altstadt um die **Plaza de los Naranjos** herum, ist eine faszinierende Ansammlung von Hotels, Ferienhäusern, Nachtlokalen und Fischrestaurants. Schön ist ein Spaziergang auf der Strandpromenade, und schön sind auch die Strände: **Playa de la Fontanilla, Playa de Venus, Playa de Casa Blanca**. Ein wenig weiter trifft man auf **Puerto Banús**, das Monte Carlo der Costa del Sol: In-Lokale, Designerläden und die Yachten der Milliardäre. **Estepona**, noch weiter westlich, relativiert die Zurschaustellung des Reichtums wieder und wartet mit einem mit Bäumen bepflanzten Platz, Häusern im andalusischen Stil und schönen Stränden sowie dem **Selwo Costa del Sol** auf: Ein Safaripark mit exotischen Tieren aus allen Ecken der Erde und einem Delfinarium *(www.selwo.es)*. Und schließlich **Gibraltar**: die bekannteste Meerenge Europas mit dem berühmten, über 400 m hohen Kalkfelsen, dem Leuchtturm, der **maurischen Festung**, von der der Union Jack weht und in der sich die Stützpunkte der Royal Navy und der Royal Airforce befinden. Eine Enklave des Vereinigten Königreichs in Spanien, einen Steinwurf von der afrikanischen Küste und dem Atlantischen Ozean entfernt.

Übernachten

€€€€ Parador Hotel Malaga Gibralfaro (Malaga). 1928, bei der Eröffnung des ersten Hotels der Kette Paradores de Turismo, war sogar König Alfons XIII. von Spanien anwesend. Aus diesem ersten Experiment in der Sierra de Gredos entstanden in Windeseile weitere Häuser über ganz Spanien verteilt. Zu den schönsten gehört dieses im Herzen von Málaga, mit Blick auf die Alcazaba und die Bucht. *Info: Castillo de Gibralfaro, Tel. 952.221902, www.parador.es*

€€€ Hospes Las Casas del Rey de Baeza (Sevilla). Ein andalusisches Gebäude mit viel Charme: Balkone, Patio, Designerzimmer, Terrasse mit Bar und Pool, Spa und Restaurant mit regionaltypischer andalusischer Küche. *Info: Santiago, 2 Plaza Jesus De La Redención, Tel. 954.561496, www.hospes.com*

€€ La Cazalla (Ronda). Hier schläft man in einer antiken *Finca* inmitten einer spektakulären Landschaft aus Obst- und Olivenbäumen und Weinbergen. *Info: Tajo del Abanico, Apartado de Correos 160, Tel. 952.114175, www.lacazalladeronda.com*

Golfplätze

Das Paradies der gebräunten Haut ist gleichzeitig das Paradies des grünen Rasens. An der ***Costa del Sol*** *wurden dank des Rekordklimas mit durchschnittlich 300 Sonnentagen pro Jahr 73 Greens von höchster Qualität eröffnet, und mittlerweile wird sie unter Golfern sogar „Golfküste" genannt. Von Málaga bis Cádiz spielt man auf Plätzen, die von den größten Golfern und Planern entworfen wurden (wie dem Amerikaner Rober Trent Jones in Valderrama, Las Brisas, Mijas und Sotogrande). In* ***Sotogrande****, gar nicht weit von Gibraltar entfernt, wurde in den 1960er-Jahren der Grundstein für die Verwirklichung des ersten Golfzentrums in Europa gelegt. Es umfasst verschiedene Plätze, zu denen auch der* ***Real Club de Golf de Sotogrande*** *von 1964 gehört* (www.golfsotogrande.com). *Noch älter ist der* ***Real Club de Campo Málaga****, der 1925 in Anwesenheit der königlichen Familie eröffnet wurde* (in Guadalmar; www.rccm-golf.com).

Essen

€€ El Churrasco (Córdoba). Seit 1970 führen Rafael und Mari dieses elegante Restaurant mit Mudéjarsalons, Patio und einem arabischen Zimmer im jüdischen Viertel von Córdoba. Die Spezialität ist Fleisch vom Grill, aber es gibt auch Fisch, Gemüsevorspeisen und Gazpacho. *Info: C/ Romero 16, Tel. 957.290819, www.elchurrasco.com*

€€ Chikito (Granada). Das ehemalige Café Alameda (auch García Lorca kehrte hier ein) ist heute ein Restaurant mit andalusischer Küche, Terrasse, Laube und Spezialitäten wie iberischer Schinken, Tortilla, Meeresfrüchte und hausgemachte Desserts. *Info: Plaza Campillo 9, Tel. 958.223364, www.restaurantechikito.com*

€ Robles (Sevilla). In diesem Lokal im Hotel Barrio di Santa Cruz werden Tapas – in dieser Stadt wurden sie erfunden – zu Bier und Wein serviert (auch im Freien). *Info: Calle Conteros 12, Tel. 954.213150, www.casa-robles.com*

Weitere Informationen: www.spain.info/de_DE und www.andalucia.org

Moskau – St. Petersburg – *Russland*

In der Heimat von Tschechow, Dostojewski, Tolstoi, Kandinsky und vielen anderen großen Botschaftern der russischen Kultur sind Moskau und St. Petersburg die beiden Ziele, die man unbedingt besuchen sollte: Moskau ist eine Metropole im ewigen Aufbruch, wobei die Attraktivität der „Klassiker" wie Kreml und Roter Platz ungebrochen sind; St. Petersburg ist eine Stadt in rein imperialistischem Stil, von Peter dem Großen wie ein beeindruckendes Museum geplant. Einzigartig und manchmal fast surreal entfaltet die Stadt ihren Zauber, ob an kurzen eisigen Wintertagen oder zwischen Mai und Juli, wenn das Licht die Stadt in ihre „weißen Nächten" taucht.

Moskau – 11 Millionen Einwohner und Lebenshaltungskosten, die es zu den teuersten Metropolen dieses Planeten machen – ist mit Umsicht zu entdecken. Einerseits gibt es die historischen Stadtviertel mit Bauwerken, deren Besichtigung man auf keinen Fall versäumen sollte, wie die Zwiebeltürme der **Basilius-Kathedrale** auf dem **Roten Platz** (wo man auch den angrenzenden **Kreml**, das **Kaufhaus GUM** und das **Lenin-Mausoleum** besucht), andererseits verläuft man sich leicht auf dem Zickzackkurs zwischen Wolkenkratzern der Stalin-Ära und Postmoderne, In-Lokalen, kürzlich eröffneten Museen wie das **Mamm** und Zentren, die zeitgenössischer Kunst und aktuellem Design gewidmet sind – vom **Strelka** *(www.strelkainstitute.com)* bis zum **Winzavod**, ehemals Bierfabrik und heute Ideenfabrik *(www.winzavod.com)*. Ganz anders die Atmosphäre in St. Petersburg, der eleganten kosmopolitischen Hauptstadt vom 18. bis ins 20. Jh., heute mit 4,5 Millionen Einwohnern die zweitgrößte Stadt des Landes. Hier ist die eilige Betriebsamkeit der großen Metropole ferne Realität, und jeder Stein strahlt zeugt von Geschichte, Kunst und Kreativität. Mit der Besichtigung beginnt man am besten auf dem Senatsplatz an der **Statue Peters des Großen** (1782, vom Franzosen Ètienne Falconnet), die Puschkin zu seinem Gedicht *Der eherne Reiter* inspirierte. Diesem Zaren verdankt St. Petersburg seine Gründung 1703 und den Bau der großen vom Barock beeinflussten Paläste, wie die **Peter-und-Paul-Festung**, die **Admiralität**, das **Sommerpalais** und die **Inselfestung Kronstadt**. Wenige Jahre darauf wurde der berühmte **Newski-Prospekt** abgesteckt, die Hauptstraße und laut Gogol die „Schönheitskönigin" St. Petersburgs. Der Zauber der Stadt scheint in der Zeit eingefroren zu sein, eingefangen in den zahllosen Kunstschätzen der **Eremitage**, in den goldenen Kuppeln der **Isaaks-Kathedrale** und in den Salons und Gärten der **Zarenresidenzen** vor den Toren der Stadt.

Fortbewegung: *Für die Reise von Moskau nach St. Petersburg benötigt man rund 4 Stunden mit dem seit 2009 verkehrenden Hochgeschwindigkeitszug Sapsan der russischen Eisenbahn, oder etwas mehr als eine*

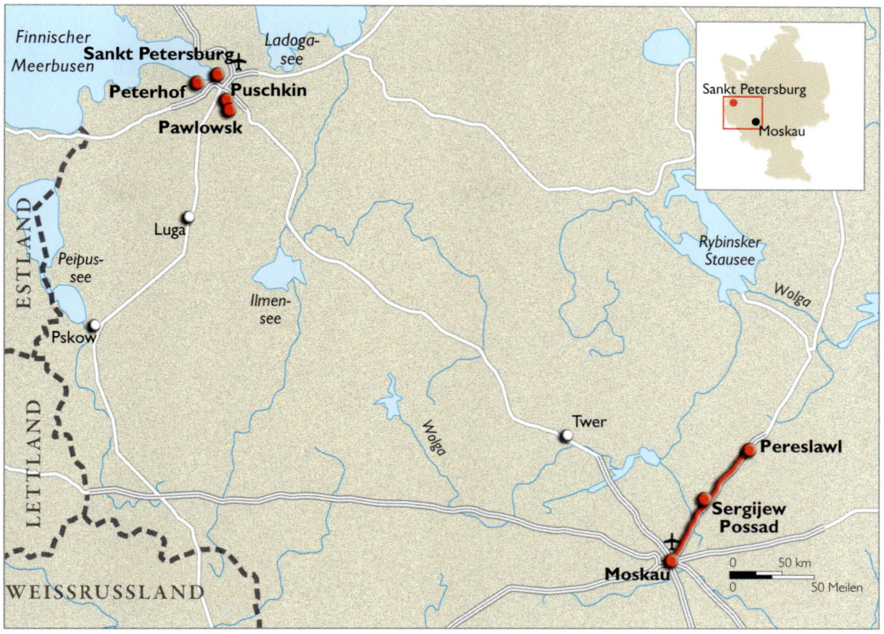

66-67 - Der Kreml, von der Moskwa aus gesehen.

67 - Der Rote Platz in Moskau.

Stunde mit dem Flugzeug. In der russischen Hauptstadt bewegt man sich bequem mit der U-Bahn (http://engl.mosmetro.ru) *oder mit dem Taxi (was in der Regel vergleichsweise billig ist). Die Ausflüge nach Sergijew Possad und nach Pereslawl-Salesski, zwei Städte des Goldenen Rings, die Moskau am nächsten liegen, macht man am besten mit dem Auto oder im Taxi. Im Zentrum von St. Petersburg bewegt man sich meist zu Fuß; alternativ empfiehlt sich die U-Bahn.*

Währung: *Die offizielle Währung Russlands ist der Rubel.*

MOSKAU ***(3 Tage)***

Ein Mosaik außergewöhnlicher Architektur ist um den Roten Platz versammelt, der dominiert wird vom **Kreml**, der offiziellen Residenz des russischen Präsidenten: eine befestigte Zitadelle aus dem 15. Jh. (die ersten Ansiedlungen stammen aus dem 12. Jh.), von einer 2 km langen Mauer geschützt, die ihr heutiges Aussehen den drei italienischen Baumeistern Fioravanti, Ruffo und Solari verdankt. Innerhalb des Kreml befinden sich Bauwerke wie die **Rüstkammer** (größtes Museum im Kreml; u.a. sind einige Fabergé-Eier und die ständige Ausstellung des Diamantenfonds zu sehen), der **Kathedralenplatz** mit den Kathedralen **Mariä Verkündigung** (16. Jh.), **Erzengel Michael** (16. Jh.) und **Mariä Entschlafens** (15. Jh.), der **Glockenturm Iwan der Große** aus dem 16. Jh. mit einer 64 Tonnen schweren Glocke sowie die **Zarenkanone**, die größte Kanone der Welt *(www.kreml.ru)*. Auf dem **Roten Platz**, eine 695 m lange und 130 m breite Fläche, auf dem sich neuere Gebäude mit den alten vereinen, befinden sich auch das **Lenin-Mausoleum**, ein roter Granitquader von 1930 *(www.lenin.ru, Öffnungszeiten 10–13 Uhr, Mo u. Fr geschlossen)*, das **Kaufhaus GUM** aus dem 19. Jh., einst staatliches Kaufhaus, heute Symbol des Konsums, und das Wahrzeichen Moskaus, die **Basilius-Kathedrale** aus dem 16. Jh., deren Kuppeln aus Marzipan zu bestehen scheinen *(www.saintbasil.ru, Museum geöffnet 11–17 Uhr im Winter, 10–19 Uhr im Sommer, Dienstag geschlossen)*. Ebenso berühmt wie Roter Platz und Kreml sind in der Stadt das **Puschkin-Museum für bildende Künste**, sechs Gebäude angefüllt mit Exponaten des Altertums und Meisterwerken der größten Impressionisten und Postimpressionisten wie Degas, Cézanne, Van Gogh, Picasso und Kandinsky *(Volkhonk, 12 u. 14, www.arts-museum.ru, Öffnungszeiten 10–19 Uhr,*

Dienstag geschlossen), das **Bolschoi-Theater**, eine der berühmtesten Bühnen der Welt, auf der 1877 Tschaikowskys Schwanensee uraufgeführt wurde (das Theater wurde Ende 2011 nach umfangreichen Restaurierungsarbeiten wiedereröffnet; Teatralnaya, *www.bolshoi.ru/en, www.moscowbolshoi.com)*, und das **Neujungfrauenkloster**, in das Peter der Große seine Schwester Sofia auf Lebenszeit verbannte *(Novodevichy Proezd 1, Tel. 499.2468526)*. Auf dem Klostergelände besucht man auch die **Smolensker Kathedrale** aus dem 16. Jh. mit einer sehenswerten Ikonostase und dem angrenzenden **Smolensker Friedhof**, auf dem, ähnlich wie auf dem Pariser Friedhof Père Lachaise, illustre Persönlichkeiten begraben sind wie Tschechow, Gogol und Bulgakow.
Ein Muss ist auch die **Moskauer U-Bahn** mit ihren monumentalen Haltestellen aus der ersten Hälfte des 20. Jh., die wie Museumssäle anmuten *(http://engl.mosmetro.ru)*, und in der **Tretjakow-Galerie** kann, wer möchte, die weltweit größte Sammlung der Werke russischer Künstler bewundern *(Lavrushinsky Lane 10, www.tretyakovgallery.ru, Öffnungszeiten 10.30–19.30 Uhr, Montag geschlossen)*. Die letzte Attraktion, die vor dem Verlassen der Stadt zu besichtigen ist, ist das **Mamm (Multimedia Art Museum Moscow)**, das Ende 2010 eröffnet wurde und bereits jetzt in den Top Ten jedes Stadtführers zu finden ist. Es beherbergt eine der wichtigsten fotografischen Sammlungen der Welt mit über 80.000 Exponaten – Fotos, Installationen und Videos *(Ostozhenka 16, www.mdf.ru)*.

AUSFLÜGE IM UMKREIS VON MOSKAU: DER GOLDENE RING *(1 Tag)*

Ein Ring, der keiner ist, aber die Städte, die ihn bilden, kann man zu recht „golden“ nennen: Um alle goldenen Kuppeln und Turmspitzen der Orte des Rings zu besuchen, wären mehrere Tage notwendig. Aber dennoch lohnt sich eine Tagestour zu den zwei der Hauptstadt am nächsten liegenden Sehenswürdigkeiten: das **Dreifaltigkeitskloster** in **Sergijew Possad**, Teil des Weltkulturerbes der UNESCO, liegt 70 km von Moskau entfernt und umschließt mit seiner Mauer aus dem 16. Jh. Juwelen wie das barocke **Refektorium**, die **Heiliggeistkirche** aus dem 15. Jh., die **Maria-Himmelfahrts-Kathedrale**, die Ivan der Schreckliche 1559 bauen ließ, der 88 m hohe **Glockenturm** aus dem 18. Jh. und die **Dreifaltigkeitskathedrale** mit einer Ikonostase aus dem 15. Jh. *(mit dem Auto über die M8 zu erreichen oder mit dem Zug vom Bahnhof Jaroslavskij aus, www.russiantrains.com)*. Ungefähr 60 km weiter liegt die Stadt **Pereslawl-Salesski**. Nicht nur, dass Fürst Alexander Newski hier geboren wurde – die Stadt verfügt auch über eines der schönsten Klöster Russlands, das **Gorizki-Kloster** mit der **Allerheiligenkirche**, der **Maria-Himmelfahrts-Kathedrale** und einer barocken 16 m breiten und 19 m hohen Ikonostase *(mit dem Auto über die M8 zu erreichen)*.

68 - Basilius-Kathedrale in Moskau.

69 oben- Bolschoi-Theater in Moskau.

69 mitte - Dreifaltigkeitskloster in Sergijew Possad.

69 unten - Heiliggeistkirche in Sergijew Possad.

ST. PETERSBURG ***(2 Tage)***
Es scheint, als hätte Peter der Große an Amsterdam gedacht, als er seine neue Hauptstadt plante: eine Stadt, die von 86 Flüssen und Kanälen durchzogen ist, die 40 zusammenhängende Inseln hat, die durch Hunderte von Brücken verbunden sind, 21 davon sind Zugbrücken. Kurz bevor die Newa sich in den Finnischen Meerbusen ergießt, teilt sie sich in drei Arme: Bolschaja Newa, kleine und große Newa. An den Ufern der Letzteren entfalten die pastellfarbenen Prachtbauten aus dem 18. Jh. ihre Schönheit – allen voran der **Winterpalast**, kaiserliche Residenz bis 1917, ein spätbarocker Bau, 1754 nach den Plänen von Bartolomeo Rastrelli erbaut mit prachtvoll ausgestatteten Sälen, u.a. dem Saal Peters des Großen mit dem Zarenthron aus Holz und Silber.
Der Palast gehört zu den fünf Gebäuden, in denen sich das **Museum der Eremitage** befindet (die anderen sind die Kleine, die Alte und die Neue Eremitage sowie das Eremitage-Theater), das zu den bedeutendsten Kunstmuseen der Welt gehört und von prähistorischen Sammlungen bis hin zur zeitgenössischen Kunst unglaublich viele Meisterwerke aus jeder Epoche und allen Teilen der Welt beherbergt, wie die *Madonna Litta* von Leonardo da Vinci, den *kauernden Knaben* von Michelangelo und Gemälde u.a. von Rembrandt, Van Dyck, Rubens, Tiziano, Poussin, Cézanne, Matisse und Picasso. Für einen kurzen Besuch sucht man sich am Eingang am besten ein Thema für die Besichtigung aus *(Dvortsovaya Ploshchad 2, www.hermitagemuseum.org, Öffnungszeiten Di–Sa 10.30–18 Uhr, Sonn- u. Feiertage 10.30–17 Uhr)*.
Das offizielle Gepräge St. Petersburgs setzt sich an der Newa entlang fort, mit dem nüchternen **Marmorpalast** (1768), ein Geschenk Katharinas der Großen an ihren Liebhaber Grigori Orlow, wofür 32 verschiedene Marmorarten verwendet wurden *(Milionnaja Ulica 5)*. Dann folgt der einfache **Sommerpalast**, der von einem zauberhaften **Garten** aus dem 17. Jh. umgeben ist, in dem selbst die Einheimischen gerne spazieren gehen *(Öffnungszeiten Sommer Mo–So 10–22 Uhr, Winter 10–20 Uhr)*.
An der gegenüberliegenden Seite des Flusses, auf der Wassiljewski-Insel, erhebt sich das **Menschikow-Palais**, Residenz des besten Freundes Peters

Literarischer Spaziergang in St. Petersburg

Eine andere Art, St. Petersburg kennenzulernen, ist, den Spuren der berühmtesten Schriftsteller und Dichter Russlands durch die Straßen und Kanäle dieser Stadt zu folgen, die selbst einem Märchen entsprungen scheint. Die Tour beginnt in ***Puschkins Museumshaus****, in dem er die letzten Jahre seines Lebens verbrachte, bevor er an den Folgen einer Verletzung, die er sich im Duell zugezogen hatte, starb. Hier begann Puschkin sein Meisterwerk* Eugen Onegin*, die Geschichte eines nichtsnutzigen Dandys, der vom Leben enttäuscht ist* (Naberezhnaya Reki Moika 12, www.museumpushkin.ru, geöffnet Mi–Mo 10.30–17.30 Uhr). *Dann geht es weiter zum* ***Museumshaus von Dostojewski****, das die Bücher und das Arbeitszimmer beherbergt, in denen er* Die Brüder Karamasow *verfasste* (Kuznechny pereulok 5/12, www.md.spb.ru, Öffnungszeiten Di–So 11–18 Uhr), *und dann gibt es das* ***Denkmal für Anna Achmatowa*** *(1888–1966), das 2006 enthüllt wurde. Es liegt gegenüber dem Haus der Brunnen, in dem die Dichterin 30 Jahre lang im Schatten der St. Petersburger Geschichte lebte und das heute ein* ***Museum*** *ist. Das letzte Ziel ist die schöne Museumsresidenz des Dichters* ***Vladimir Nabokov*** *(1899–1977), der in seinem Haus aus dem 19. Jh. mit den Eichenholz-Intarsien seine Werke schrieb, in denen er von einem verlorenen Paradies erzählt* (Bolshaya Morskaya Ulica 47, www.nabokov-museum.org, Öffnungszeiten Di–Fr 11–18 Uhr, Sa u. So 12–17 Uhr).

des Großen und eines der mächtigsten Männer des Zarenreichs. Das Innere des barocken Palais ist kostbar ausgestattet und spiegelt den Geschmack der russischen Aristokratie im 18. Jh. wider *(Universiteskaya Naberezhnaja 15, www.hermitagemuseum.com/html, Öffnungszeiten Di–So 10.30–16.30 Uhr, Sonntag Orgelkonzerte)*. Unverzichtbar ist der Besuch des **Michailowski-Palais** aus dem 19. Jh., Sitz des **Russischen Museums** mit Arbeiten russischer Künstler vom 10. Jh. bis heute: Ikonen, Malereien, Grafiken, Skulpturen, dekorative, folkloristische und avantgardistische Kunst *(Inzhenernaya Ulica 4, www.rusmuseum.ru, Öffnungszeiten Mi–So 10–17 Uhr, Mo 10–16 Uhr)*.
Das älteste Bauwerk der Stadt ist die **Peter-und-Paul-Festung**, die der Zar 1703 auf einer Insel im Newa-Delta zum Schutz vor schwedischen Angriffen erbauen ließ und die später als Staatsgefängnis diente (in dem auch Trotzki und Dostojewski saßen). Innerhalb der Festung befindet sich die **Peter-und-Paul-Kathedrale**, 1712–1732 vom Schweizer Baumeister Domenico Trezzini im nordisch-spätbarocken Stil erbaut, in der sich die Särge Peters des Großen und fast aller russischer Zaren befinden *(Öffnungszeiten Do–Mo 11–18 Uhr, Di 11–17 Uhr, Innenhöfe täglich bis 22 Uhr. Eintrittskarten kauft man innerhalb des Festung, rechts vom Johannestor)*.
Im historischen Zentrum erheben sich die goldenen Kuppeln der berühmtesten Kirchen St. Petersburgs. Dies sind die **Isaaks-Kathedrale** *(Isaakievskaya Ploshad, http://eng.cathedral.ru)* aus dem beginnenden 11. Jh. von gigantischem Ausmaß (111,2 m lang und 97,6 m breit), innen mit Mosaiken, Malachitsäulen und 14 verschiedenen Sorten Marmor reich geschmückt, die **Kasaner-Kathedrale** mit ihrer wundervollen neoklassizistischen Kolonnade, Anfang des 19. Jh. von Andrej Worochin als Kopie des Petersdoms erbaut *(Kazanskaya Ploshad)*, und die wunderbare **Auferstehungskirche** mit einem 7000 qm großen Mosaik, die Ende des 19. Jh. an der Stelle erbaut wurde, an der Alexander II. 1881 einem Attentat zum Opfer fiel *(Konyushennaya Ploshad, www.cathedral.ru)*. Die berühmteste Straße Russlands ist der **Newski-Prospekt**, der die Altstadt durchquert und mit seinen eleganten Geschäften, In-Lokalen, kleinen Gärten und Straßencafés das geschäftige Herz der Stadt bildet. Mit seinen 4,5 km Länge verbindet er die **Admiralität** im Westen mit dem **Alexander-Newski-Kloster** aus dem 17. Jh. im Osten, auf dessen **Friedhof** große Persönlichkeiten der Kultur, wie Tschaikowski, Rimski-Korsakow und Dostojewski begraben sind, um nur einige zu nennen *(Öffnungszeiten Fr–Mi 11–18 Uhr)*.

70 - Der Palastplatz in St. Petersburg.

71 oben - Die Peter-und-Paul-Kathedrale in St. Petersburg.

71 mitte - Die Jordantreppe der Eremitage.

71 unten - Das Russische Museum in St. Petersburg.

AUSFLUG ZU DEN ZARENRESIDENZEN *(1 Tag)*

Die Schönheit St. Petersburgs zeigt sich nicht nur im Zentrum, sondern auch in den Wäldern und an den Seeufern vor der Stadt, wo die Zaren wahre Königspaläste errichten ließen, sehr zur Freude der heutigen Besucher, die sich von dieser Pracht verzaubern lassen. Das russische Versailles, **Schloss Peterhof**, befindet sich 29 km östlich von St. Petersburg: Peter der Große ließ hier als Ausdruck seines Triumphes über Schweden eine prächtige Schlossanlage mit Gärten, Wasserfällen, monumentalen Brunnen, Grotten und Wasserspielen errichten. Der bevorzugte Aufenthalt des Zaren war der **Montplaisir-Palast** mit Blick auf den Finnischen Meerbusen *(http://peterhofmuseum.ru. Man erreicht Peterhof in 30 Minuten mit dem Schnellboot Meteor – von Mai bis September Abfahrt alle 30 Minuten an der Anlegestelle gegenüber der Eremitage – oder in 50 Minuten mit dem Minibus Nr. 404, Abfahrt am U-Bahnhof Baltiiskij Vokzal)*. Der **Katharinenpalast** befindet sich in Puschkin, 25 km südlich von St. Petersburg, wurde im 18. Jh. von Baumeister Rastrelli erschaffen und war die Sommerresidenz von Katharina der Großen. Ein barockes Juwel mit reich verzierten Zimmerfluchten, französischen Gärten und einer Rekonstruktion des legendären Bernsteinzimmers *(http://eng.tzar.ru/. Den Katharinenpalast kann man in 40 Minuten mit dem Minibus K 287 erreichen, der ein- bis zweimal pro Stunde von der U-Bahnstation Moskowskaja abfährt)*. Nur 2 km von Puschkin entfernt erhebt sich der **Pawlowsk-Palast**, der von 1781 bis 1786 nach den Plänen von Charles Cameron im neoklassizistischen Stil für Paul I. erbaut wurde, nachdem er von seiner Mutter Katharina der Großen das Grundstück am Ufer des Flüsschens Slawianka geschenkt bekommen hatte. Zur Anlage gehört ein 600 Hektar großer Park mit Seen, Wasserläufen, Alleen, Skulpturen und Tempeln *(www.pavlovskart.spb.ru)*.

Übernachten

€€€€ Hotel Baltschug Kempinski Moscow (Moskau). Elegante Zimmer, Restaurant mit russisch angehauchter Speisekarte, die Bar Baltschug für Zigarrenliebhaber. Der Health Club mit Pool, Fitnesscenter und Massagen ist nicht zu verachten.
Info: Ul. Balchug 1, Tel. 495.2872000, www.kempinski.com/en/moscow

€€€ Golden Apple (Moskau). Ein Boutique-Hotel in einem Gebäude aus dem 19. Jh. 7 Stockwerke, 92 Zimmer, einige Kuriositäten wie das bunte Dekor von Bar und Restaurant. Interessant sind die Spezialangebote auf der Website.
Info: Malaya Dmitrovka 11, Tel. 495.9807000, www.goldenapple.ru

€€€€€ Hotel Astoria (St. Petersburg). Ein Hotel aus Tausendundeiner Nacht, dem Prunk der Zarenpaläste nachempfunden. Die Zimmer nach vorne haben Blick auf die Isaak-Kathedrale. Das Hotel ist mit Spa, Wellnesscenter und Türkischem Bad ausgestattet. Auch das Restaurant genießt einen ausgezeichneten Ruf. *Info: Bolshaya Morskaya 39, Tel. 812.494 5757, www.thehotelastoria.com*

€€€ Antique Hotel Rachmaninov (St. Petersburg). Ein kleines, entzückendes Hotel, das den Stil des 19. Jh. mit zeitgenössischer Kunst verbindet. Bei rechtzeitiger Reservierung hat man sogar die Chance, in dem Zimmer zu übernachten, in dem der Musiker 1884/85 gelebt und komponiert hat. *Info: Kazanskaja ul. 5, Tel. 812.5717618, www.hotelrachmaninov.com.*

Essen

€€€ Varvary (Moskau). Eines der wenigen russischen Restaurants mit einem Michelinstern. Anatoly Komm, Chef und Anhänger der Molekularküche, greift auf Traditionelles zurück, um Kreationen zu schaffen wie Borschtsch mit Foie gras und russischem Salat mit Zutaten direkt aus der Umgebung.
Info: Strastnoi Bvd. 8a, Tel. 495.2292800, www.anatolykomm.ru

€ Bublik (Moskau). Der Sandwichkönig John Grossi ist aus New York gekommen, um sein kulinarisches Talent in diesem Café in der Tverskoy unter Beweis zu stellen. Neben Brötchen und Bubliks

(Bagels) gibt es eine große Auswahl an Torten, Gebäck und Süßspeisen; alles handgemacht. *Info: Tverskoy bvd 24, Tel. 495.6291342.*

€€ Stroganoff Steak House (St. Petersburg). Wenige Schritte von der Isaaks-Kathedrale entfernt trifft man auf den richtigen Ort, um die traditionelle russische Küche kennenzulernen, einschließlich des legendären Boef Stroganoff. *Info: Konnogvardeysky Bvd. 4, Tel. 812.3145514, www.stroganoffsteakhouse.ru*

€€ Staraya Tamozhnaya (St. Petersburg). Eines der renommiertesten Restaurants der Stadt. Die russischen und europäischen Gerichte werden von Live-Jazz begleitet. *Info: Vasilevsky Tamozhenny per 1, Tel. 812.3278980.*

Nachtleben und Wellness

Sanduny (Moskau). Ein Wellness-Club in einem Gebäude aus dem 19. Jh. mit Saunen und Becken mit eiskaltem Wasser. Die Preise variieren je nach „Banya", dem Typ Sauna, der gewählt wird.
Info: Neglinnaya 14, www.sanduny.ru

Garage (Moskau). Einer der ältesten Moskauer Clubs, absolut VIP, frequentiert von Models und DJs. Im Sommer beäugt man sich auf der Terrasse, sonst muss man sich mit Bar und Tanzfläche zufrieden geben. Die Musik: House, Hip-Hop, Soul, Lounge.
Info: Brodnikov Per. 8, www.garageclub.ru

The Other Side (St. Petersburg). Dieses Pub liegt in der Gegend um Puschkins Haus. Ideal für ein Bier mit Freunden, bevor man in die Disco geht. Livemusik ab 22 Uhr. *Info: Bolshaya Konjushennaya Ulica 1, www.theotherside.ru*

Metro Club (St. Petersburg). Die größte und bekannteste Diskothek der Stadt, in drei Stockwerken hört man entweder russischen Pop, Techno oder europäischen Mainstream. Sehr gefragt, auch wenn sie etwas außerhalb liegt (mit der U-Bahn zu erreichen). *Info: Ligovskiy Prospekt 174, www.metroclub.ru*

Weitere Informationen: www.russlandinfo.de

Einkaufen

In **Moskau** *sollte man unbedingt das* **Gum** *besuchen, das berühmteste Kaufhaus der Stadt und ganz Russlands* (www.gum.ru)*: ein dreistöckiger Prachtbau, der fast eine ganze Seite des Roten Platzes in Beschlag nimmt. Zu kaufen gibt es internationale Designermode, Feinkost aus der ganzen Welt und sagenhaftes Porzellan der St. Petersburger Porzellanmanufaktur* **Imperial Porcelain***. Matroschkas kauft man am besten im Shop des* **Matryoshka Museums** (Leontevsky per. 7, Tel. 495.6917556) *und Wodka im* **Wodkamuseum** *in der Izmailovskoye Shosse* (www.vodkamuseum.ru/english/home). *In St. Petersburg werden Souvenirs im* **Nasledie** *verkauft, ein Laden in unmittelbarer Nähe zur Eremitage, der auf Kunsthandwerk und seltene Stücke von Qualität spezialisiert ist* (Nabereznaja Mojki 37, Tel. 812.3127712). *Für Damenmode gibt es eine ganz besondere Adresse: den Laden der Stylistin* **Lilia Kisselenko** *(*Malaya Sadovaya ul 4, www.kisselenko.ru), *die geradlinige, elegante Mode kreiert. Trendigere Mode gibt es bei* **Tatjana Parfenova***, die mittlerweile Weltruhm erlangt hat* (Nevskij Prospekt 51, www.parfionova.ru). *Von den Kaufhäusern ist das* **Bol'shoi Gostinyi Dvor** (Nevskii Prospekt 35, www.bgd.ru) *das älteste der Stadt und befindet sich im antiken Handelshof, der zwischen 1761 und 1785 erbaut wurde; dagegen wurde das Einkaufszentrum* **Galeria***, (Ligovskij Prospekt 44) erst kürzlich eröffnet und wartet mit gut 290 Geschäften auf 4 Stockwerken auf. Sehr schönes Porzellan gibt es am günstigsten in der Verkaufsstelle der antiken Porzellanfabrik* **Lomonosov** (Obuchovskoj Oborony Prospekt 151, Linie 3 der U-Bahn, www.lomonosov.ru, Öffnungszeiten 10–18)*, deren Tafelservices wahre Kunstwerke sind.*

72 oben - Schloss Peterhof.

72 unten - Der Palast Zarskoje Selo.

73 - Der grosse Pawlowsk-Palast.

Krakau und die Hohe Tatra – *Polen*

Eine stolze, romantische Stadt, in der jeder Stein eine Geschichte erzählt. Die Erinnerung an den Holocaust, die alpine Landschaft der Tatra, über Jahrhunderte intakt geblieben: eine Reise ins Herz Polens, zwischen Kunst und Natur, mit Szenen wie auf Postkarten aus einer anderen Zeit.

Stare Miasto, das historische Zentrum Krakaus, polnische Hauptstadt bis zum Ende des 16. Jh. und alte Königsresidenz, präsentiert sich seinen Besuchern im eleganten Gewand einer alten Dame, die den Zweiten Weltkrieg und die sowjetische Ära wie durch ein Wunder unbeschadet überstanden hat. Die antiken Stadtmauern wurden Anfang des 19. Jh. niedergerissen und machten Platz für den grünen Gürtel **Planty**, der nach dem Modell des Wiener Grüngürtels angelegt wurde. Im Zentrum öffnet sich der wunderbare **Rynek Glówny**, der große Marktplatz mit seinen antiken Bauten und dem Denkmal für den Dichter Adam Mickiewicz, Mitglied der polnischen Befreiungsbewegung, wo jedes Jahr im Dezember die Ausstellung der **Weihnachtskrippen** aus Pappmaschee stattfindet. Auf dem **Wawelhügel** erheben sich das **Königsschloss** und die **Kathedrale St. Stanislaus und Wenzel**, in der sich die Sarkophage polnischer Könige und weiterer Angehöriger des polnischen Adels befinden. Das alte jüdische Viertel **Kazimierz**, in dem es zwei Friedhöfe und sechs Synagogen gibt, ist neben dem Wiener Getto das besterhaltene Europas. Im nahegelegenen Arbeiterviertel **Podgórze** steht zum Gedenken an die Deportation der Juden nach **Auschwitz** und **Birkenau** auf dem **Platz der Helden des Gettos** ein Stück der Mauer, von der Roman Polanski als Zehnjähriger in die Freiheit sprang. Schließlich ist da die im Osten gelegene, mittlerweile zu Krakau gehörende Arbeiter-Planstadt **Nowa Huta**, die während des sozialistischen Regimes am Eisenhüttenkombinat errichtet wurde. Das **Salzbergwerk Wieliczka** vor den Toren der Stadt mit seinem unterirdischen Labyrinth aus Grotten und Gängen bildet die erste Station auf dem Weg nach Süden zu den wunderschönen Landschaften der **Tatra**, die man von **Zakopane** aus erkundet, das schickste und größte Wintersportzentrum Polens und bevorzugtes Ziel der polnischen und russischen High-Society.

Fortbewegung: *In Krakau geht man am besten zu Fuß, auch weil in der Altstadt viele Straßen für den Verkehr gesperrt sind. Alternativ kann man die polnischen Busse und Straßenbahnen ausprobieren. Das 60 km von Krakau entfernt gelegene Staatliche Museum Auschwitz-Birkenau erreicht man mit dem Auto oder dem Bus, der vom zentralen Busbahnhof (in der Nähe des Hauptbahnhofs) abfährt, in ca. 1 Std. und 40 Min., mit dem Zug in ca. 90 Min. Vom Bahnhof Oswiecim fährt ein Bus zum Lager. Für einen Besuch im Salzbergwerk Wieliczka, 10 km südöstlich von Krakau,*

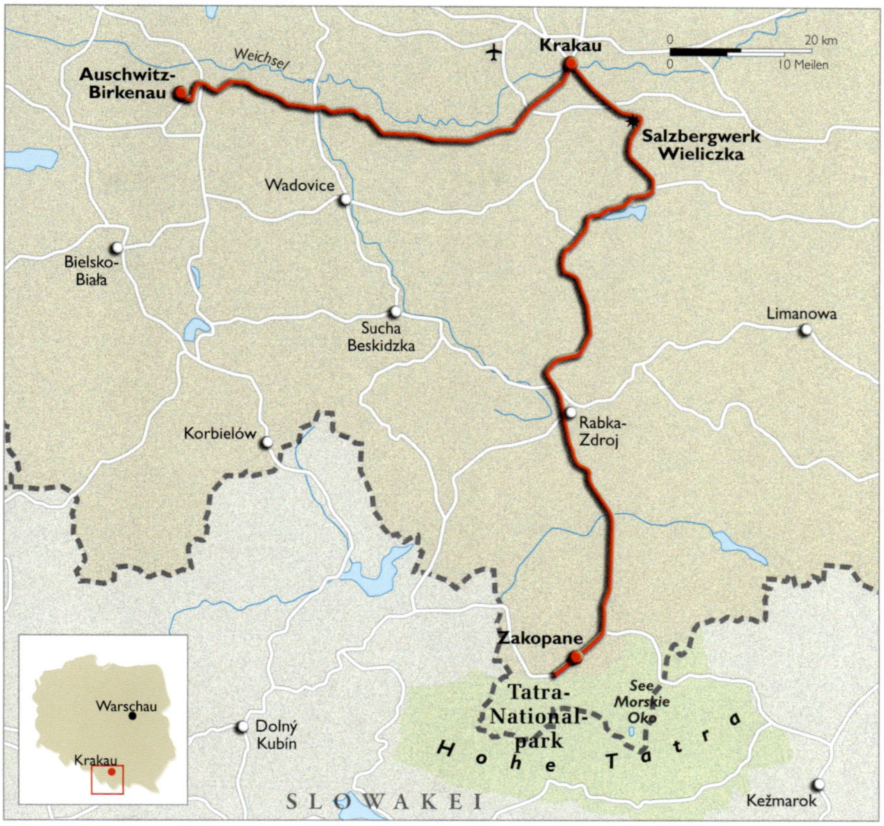

74-75 - Der Rynek Glówny in Krakau.

75 oben - Die Marienkirche in Krakau.

75 unten - Der Altar der Marienkirche.

nimmt man am besten ein Taxi oder den städtischen Autobus, der alle 15 Min. vom Hauptbahnhof in der Pawia-Ul. Danilowicza 10 abfährt. Die Fahrtdauer beträgt 20 Min. Der Wintersportort Zakopane liegt 105 km südlich von Krakau; man erreicht ihn mit dem Auto in knapp 2 Std. über die E 77/95 oder mit dem Bus (ca. 2 Std.).

***Währung**: Die offizielle polnische Währung ist (Stand 2012) der Zloty (ZL).*

KRAKAU *(3 Tage)*
Gotik, Renaissance und eine Spur Barock – Krakau entdeckt man am besten vom **Rynek Glówny** aus, dem Hauptplatz der Altstadt, der mit 200 x 200 m zu den größten Marktplätzen des mittelalterlichen Europas gehörte und heute von Studenten, Gauklern und auf Touristen wartenden Pferdekutschen rund um die Uhr bevölkert ist. In der Mitte des Platzes thronen die Tuchhallen, in deren Läden früher Stoffe gehandelt wurden und heute kunsthandwerkliche Produkte der Region verkauft werden. Die alten Tanzsäle im ersten Stock beherbergen die **Galerie der polnischen Malerei des 19. Jahrhunderts** *(geöffnet Di, Fr, Sa 10–19 Uhr, Mi, Do 10–16 u. So 10–15 Uhr)*, in der u.a. Gemälde von Jan Matejko zu sehen sind, und einige historische Cafés, darunter das **Noworolsky**, von dem man sagt, es sei ein bevorzugter Aufenthaltsort Lenins gewesen. Weitere Bauwerke des Ryneks sind der **Glockenturm** des mittelalterlichen Rathauses *(geöffnet Mai–Okt. 10.30–14 u. 14.30–18 Uhr)* und auf der gegenüberliegenden Seite die Marienkirche *(Eingang zum Chor vom Mariackiplatz aus, Öffnungszeiten Mo–Sa 11.30–18, So 14–18 Uhr)*. Nach der Zerstörung durch die Tartaren wurde sie im gotischen Stil wiederaufgebaut. Der Hauptaltar (1477–1489) ist eine wundervolle Arbeit von Veit Stoss, in Lindenholz geschnitzt und vom goldenen Licht beschienen, das durch die Scheiben aus dem 14. Jh. dringt. Im höheren der beiden Kirchtürme befindet sich die Bläserstube, von der aus zu jeder vollen Stunde das Krakauer Trompetensignal „Hejnał" ertönt. Es bricht mitten im Spiel ab und soll damit an den Tartarenangriff von 1241 erinnern, bei dem der Legende nach der Trompeter mitten im Blasen des Alarmsignals von einem Pfeil tödlich getroffen wurde.

Vom Platz aus führen fünf Hauptstraßen zu den mittelalterlichen Stadttoren: es lohnt sich, wenigstens die von Geschäften und Cafés belebte **Florianska** hinunterzulaufen. In Nr. 45 befindet sich das **Jama Michalika**, zwischen den beiden Weltkriegen Sitz des Kabaretts *Grüner Ballon,* damals der Intellektuellentreff. Das Museumshaus des polnischen Malers **Jan Matejko** (1838–1893) befindet sich in Nr. 41 *(Öffnungszeiten Di, Mi, Sa 10–18.30, Do, Fr 10–15.30 u. So 10–14.30 Uhr)*, während man im westlich der Florianska gelegenen **Czartoryski-Museum** staunend vor Gemälden verharrt wie *Die Dame mit dem Hermelin* von Leonardo da Vinci und *Der barmherzige Samariter* von Rembrandt *(Ul. Sw. Jana 19, www.muzeum.krakow.pl)*. Von der gegenüberliegenden Seite des Rynek Glówny führt die Ul. Grodzka zur **Schlossanlage auf dem Wawel**, einem Hügel über der Weichsel. Für die Polen ist die Wawel nicht nur ein Geschichtshandbuch, sondern auch ein Ort des Herzens. Der Legende nach ist das **Königsschloss** im 11. Jh. auf der Höhle eines erlegten Drachens gegründet worden und wurde zum Symbol für die Stadt und die gesamte Nation. Heute wirkt das Schloss wie ein italienischer Renaissancepalast mit einem eleganten Schlosshof mit Doppelportalen nach den Entwürfen des Florentiner Baumeisters Bartolomeo Berrecci. Die **königlichen Gemächer** *(www.wawel.krakow.pl, Öffnungszeiten Di–Sa 9.30–16 Uhr, Montag geschlossen)*, in denen die Dynastie der Jagiellonen bis 1595 lebte, enthalten die Schätze der polnischen Geschichte: Der von Hans Dürer gestaltete **Thronsaal**, weitere reich mit Wandteppichen und Gemälden verzierte Säle sowie die Kronschatzkammer. Die **Kathedrale St. Stanislaus und Wenzel (Wawelkathedrale)** von 1364 *(Öffnungszeiten Mo–Sa 9–15 u. So 15.15–16 Uhr)* ist das meistverehrte religiöse Bauwerk des Landes, eng verbunden mit Karol Wojtyla, der, bevor er zum Papst gewählt wurde, Erzbischof an dieser wundervollen Kirche war. Sie wurde über die Jahrhunderte um Kapellen, Mausoleen und eine kleine Befestigungsmauer bereichert. Sehr schön ist die **Sigismundkapelle** mit dem quadratischem Grundriss und der elliptischen Kuppel. Hier sind die letzten drei Jagiellonen beerdigt.

Im Osten des Marktplatzes befindet sich – im 14. und 15. Jh. im gotischen Stil erbaut – das **Collegium Maius**, das älteste und prächtigste Gebäude der **Jagiellonen-Universität**, *(Ul. Jagiellonska 15, www.uj.edu.pl/muzeum)*, zu deren berühmtesten Absolventen Nikolaus Kopernikus und Papst Johannes Paul II. sowie der zeitgenössische Schriftsteller Czeslaw Milosz gehören.
Südwestlich der Altstadt, hinter dem Wawelhügel, liegt das jüdische Viertel **Kazimierz**, das während der kommunistischen Ära dem Verfall preisgegeben war und erst nach dem Fall der Mauer und Spielbergs Film *Schindlers Liste,* der dort gedreht wurde, zum In-Viertel avancierte *(die Buchhandlung Jarden, in der Ul. Szeroka 2, organisiert Führungen zu den Drehorten)*. Synagogen, Friedhöfe und Inschriften dokumentieren die starke jüdische Präsenz bis zum Zweiten Weltkrieg, als die ca. 70.000 Einwohner in das Getto Podgórze verbracht und anschließend in den Lagern Auschwitz und Birkenau getötet wurden. Um die Atmosphäre des Viertels einzufangen, geht man am besten in die **Ul. Szeroka**, die Straße der Lokale und koscheren Restaurants, in der sich das kostbarste jüdische Heiligtum aus dem 15. Jh., die **Alte Synagoge** *(Ul. Szeroka 24, Öffnungszeiten Mo 10–14, Di–So 10–17 Uhr)*, die älteste Polens, erhebt. Nicht weit entfernt befindet sich die **Synagoge Remu'h** *(Ul. Szeroka 40, Öffnungszeiten Mo–Fr 9–16 Uhr)* und der angeschlossene Friedhof mit dem Grab des 1572 verstorbenen Rabbiners, Philosophen und Talmudgelehrten Mosé Isserles, das noch heute das Ziel vieler jüdischer Pilger aus der ganzen Welt ist. Im **Galicia Jewish Museum** *(Ul. Dajw r 18, Öffnungszeiten Apr.–Okt. 9–20 Uhr, Nov.–März 10–20 Uhr)* zeugt die permanente Fotoausstellung *Spuren der*

Erinnerung von einer jüdischen Zivilisation, die sich im ehemaligen Galizien über fast 10 Jahrhunderte entwickelte. Die Spuren der Erinnerung führen uns auch nach **Podgórze**, ein Krakauer Arbeiterviertel am gegenüberliegenden Ufer der Weichsel, das von den Nazis zum Getto gemacht wurde. Auf dem **Platz der Gettohelden**, auf dem die Juden sich vor der Deportation versammeln mussten, befindet sich das zeitgenössische Mahnmal von Piotr Lewicki und Kazimierz Latak mit den **70 leeren Stühlen**, das an die Qual der Deportation erinnern soll. Auf der südlichen Seite des Platzes steht die ehemalige **Getto-Apotheke**, heute eine Gedenkstätte *(Plac Bohaterów. Getta 18, Öffnungszeiten Di–Sa 9.30–17, Mo 10–14 Uhr)*. Während der Besatzungszeit wurde sie von Tadeusz Pankiewicz geführt, dem einzigen nicht jüdischen Polen, dem es erlaubt war, im Getto zu wohnen und der später von der israelischen Regierung für seinen Einsatz mit der Medaille „Gerechter unter den Völkern" ausgezeichnet wurde.
Diese Auszeichnung erhielt auch der deutsche Fabrikant **Oskar Schindler**, der Protagonist in Spielbergs Film, dessen **Emaillefabrik** in 400 m Entfernung steht. 1100 Juden arbeiteten hier, was sie vor der Ermordung gerettet hat *(Ul. Lipowa 4, Öffnungszeiten Di–So 10–18, Mo 10–14 Uhr)*. Die 2010 eröffnete permanente Ausstellung dokumentiert mit offiziellen Dokumenten, Fotografien, Videos, Rekonstruktionen und Installationen das Leben in der Fabrik und die ständige Angst, die in der ganzen Stadt herrschte. Im gleichen Gebäude wurde 2010 auch das neue **Museum für zeitgenössische Kunst (Mocak)** eröffnet, das Arbeiten polnischer und internationaler Künstler ausstellt *(www.mocak.com.pl, Öffnungszeiten Di–Sa 12–18 Uhr)*.

Einkaufen

In Krakau kann man bei Antiquitäten, Kunstgegenständen, insbesondere Grafiken und Bernsteinschmuck, so manches Schnäppchen machen. Am besten geht man in die ***Tuchhallen (Sukiennice)*** *am wunderschönen Rynek Glówny. Man verliert sich hier in einem Meer von kunsthandwerklichen Produkten aus Holz, Wolle und Leder, Bernsteinschmuck, Spitze, kleinen Krippen aus Pappmaschee und Weihnachtsschmuck. Wenn Sie einen Blick auf Reiseführer, Karten, Bücher und CDs werfen möchten, dann machen Sie einen Abstecher in den* ***Empik Megastore*** (Rynek Glówny 5, www.empik.com), *ein Buchladen, der zu jeder Tageszeit ultravoll ist. Damen- und Herrenmode, aber auch Parfums und Kosmetik bekommt man in der* ***Galeria Centrum*** in Åw Anny 2. *Etwas mehr als simple Souvenirs bekommt man in den Läden zwischen der Ul. Florianski und Ul. Grodzka, aber auch die etwas weiter entfernten Stradomska, Karmelicka, Szewska und Dluga sind gesäumt von Boutiquen, Schmuckgeschäften, Kunstgalerien und bunten Keramikläden. Das beste Geschäft für Bernstein ist* ***Mikolajczyki Amber*** (Ul. Florianska 16), *stadtbekannt für seinen wunderschönen Schmuck. Kunstinteressierte finden Gemälde, Skulpturen und Zeichnungen bekannter polnischer Künstler in der* ***Space Gallery*** (Florianska 13, www.spacegallery.com.pl), *die spezialisiert auf Arbeiten aus dem 19. und 20. Jh. ist. Die Gassen von Kazimierz sind ein Muss für die, deren Herz für Vintage- Klamotten, Modeschmuck, alte Abendkleider und gebrauchte Bücher schlägt, die man auch Sonntagmorgens auf dem Flohmarkt von* ***Plac Nowy*** (Plac Nowy) *bekommt.*

76 OBEN - DIE ALTSTADT VON KRAKAU.

76 UNTEN - DIE CORPUS-CHRISTI-KIRCHE.

77 - *DIE DAME MIT DEM HERMELIN* VON LEONARDO DA VINCI.

EINE GEDENKREISE NACH AUSCHWITZ UND BIRKENAU
(1 Tag)

Das größte Konzentrations- und Vernichtungslager der Nazis und der größte Friedhof der Geschichte der Menschlichkeit – für diese schrecklichen „Rekorde" steht **Auschwitz**, der deutsche Name, den das Naziregime dem 60 km westlich von Krakau gelegenen polnischen Dorf Oswiecim gab. Die ehemalige polnische Kaserne wurde 1940 zum Konzentrationslager für Verbrecher und Kriegsgefangene und 1942 zum Ort, an den „der Abschaum der menschlichen Rasse" deportiert wurde: Juden, Zigeuner, Homosexuelle, Prostituierte, politische Gegner, Priester und Zeugen Jehovas. 75% der Deportierten, vornehmlich Frauen, Kinder und alte Menschen, wurden sofort in den Gaskammern getötet, viele andere kamen durch Erschöpfung, Krankheit, Mangelernährung, Schläge, Folterungen oder medizinische Experimente ums Leben. In der Zeit seiner größten Ausdehnung wurde Auschwitz in drei Einheiten unterteilt, Auschwitz I, Auschwitz II-Birkenau und Auschwitz III-Monowitz, dem noch weitere 40 kleinere Lager in den angrenzenden Territorien angefügt wurden. Heute bilden die ersten beiden, fast genauso, wie sie die Deutschen 1945 verließen, die Gedenkstätte. Ausschwitz I betritt man, am besten mit einem Tourguide *(Buchung unter Tel. 844.8100)*, durch das großen Eisentor, über dem der höhnische Schriftzug *Arbeit macht frei* prangt. Im Innern befinden sich, von Wachtürmen und kilometerweise Stacheldraht umgeben, die 28 identischen Blocks aus rotem Stein, in denen die Gefangenen lebten. In Block 1 wurden die **Frauen** untergebracht, und in Block 6 sind bergeweise Brillen, Krücken und persönliche Gegenstände aufgetürmt, die den Gefangenen weggenommen wurden. Das Leid steigert sich mit der Besichtigung der Museumsblöcke des Stammlagers, die unterschiedlichen Themen gewidmet sind: der **Shoah** (4), dem **täglichen Leben der Gefangenen** (6), dem **Zustand der Unterbringung und der sanitären Anlagen** (7) und dem **Tod** (11). Zu sehen ist auch das Lagergefängnis, in dem die Ungehorsamen gepeinigt und anschließend zusammen mit vielen weiteren unschuldigen Opfern an der **Todesmauer** umgebracht wurden. Der Besuch des Holocausts setzt sich im Lager **Auschwitz II** (3 km entfernt und durch einen Pendelbus erreichbar) fort, das im Oktober 1941 im nahen Ort **Birkenau** errichtet wurde. Hier sind die Bahngleise noch intakt, auf denen die Züge mit den Deportierten ins Lager auf den Bahnsteig einfuhren, an dem die „Kapos" die arbeitsfähigen Gefangenen aussortierten. Am oberen Ende einer Treppe befindet sich das **Denkmal zur Erinnerung an die Opfer**, das 1967 eingerichtet wurde und folgende, in 21 Sprachen übersetzte Inschrift trägt: „Dieser Ort sei allezeit ein Aufschrei der Verzweiflung und Mahnung an die Menschheit. Hier ermordeten die Nazis über anderthalb Millionen Männer, Frauen und Kinder. Die meisten waren Juden aus verschiedenen Ländern Europas." *(www.auschwitz.org.pl)*

78 - Gelände des Konzentrationslagers Auschwitz II.

AUSFLÜGE ZUM SALZBERGWERK WIELICZKA UND NACH ZAKOPANE *(3 Tage)*

Salz war ein sehr wichtiger Bestandteil des Reichtums der polnischen Könige und des ganzen Landes. Das erklärt das enorme Ausmaß der Stollen (300 km) des **Salzbergwerks Wieliczka**, 10 km südöstlich von Krakau, wo im 13. Jh. mit dem Salzabbau begonnen wurde, der heute, nach 700 Jahren, immer noch betrieben wird. Mit seinem Stollenlabyrinth, das bis 327 m weit in die Erde reicht, ist es eine der touristischen Hauptattraktionen Polens. Auf den 3,5 km, die der Öffentlichkeit zugänglich sind, befinden sich Kapellen mit Salzskulpturen, unterirdische Seen und die Spuren des antiken Salzabbaus, die ein komplettes Bild der Funktionsweise dieser Mine über die Jahrhunderte hinweg liefern. Hier finden Konzerte und Ausstellungen von Salzskulpturen statt, es gibt sogar eine unterirdische Rehabilitationseinrichtung. Heilaufenthalte sind besonders bei chronischen Erkrankungen des Atemtrakts und bei Allergien zu empfehlen *(www.kopalnia.pl, Öffnungszeiten Apr.–Okt. 7.30–19.30, Nov.–März 8–17 Uhr)*. Hauptziel des alpinen Tourismus in Polen ist jedoch **Zakopane**, ein Skiort in 838 m Höhe zu Füßen der hohen Tatra, 105 km südlich von Krakau in der Region Podhale. Für die Polen ist es ein Ort mit Tradition: Diese Gegend wurde schon vor über 150 Jahren vor allem von Medizinern, Botanikern und Wissenschaftlern besucht, die die therapeutischen Eigenschaften der Tatra entdeckten. Ab Ende des 19. Jh. wurden hier, u.a. von vielen Künstlern, Häuser im „Zakopane-Stil" gebaut, der nach den Ideen des Künstlers, Architekten (und Vater des berühmten polnischen Schriftstellers S. Ignacy Witkiewicz) Stanislaw Witkiewicz die Tradition ansässiger Architektur mit

79 - Das Skigebiet von Zakopane.

Elementen des modernen Jugendstils vereinte. Es ist dieser Architekturstil, der einen Großteil der Anziehungskraft von Zakopane ausmacht. Das pulsierende Herz der Stadt ist ohne Zweifel die Ul. Krupówki, belebt von Geschäften, Lokalen, Restaurants und Straßenkünstlern. In Nr. 10 befindet sich das **Tatra-Museum**, das die Entwicklung Zakopanes vom beschaulichen Bergdorf zum renommierten Skiort sowie die geologischen Aspekte der Tatra und die örtliche Flora und Fauna zeigt und erklärt *(Öffnungszeiten Di–So 9–17 Uhr)*. Das Museum verwaltet auch die **Galerie Wladislaw Hasior**, die diesem vielseitigen polnischen Künstler (1928–1999) gewidmet ist, der lange Zeit in Zakopane lebte *(Ul. Jagiellońska 18 b)*. Am Ende der Straße, in der Nähe der Seilbahn, die auf den Berg **Gubalowka** führt (auch in 50 Min. zu Fuß zu erreichen), gibt es einen großen **Kunsthandwerkermarkt**, auf dem Wollpullover, Schnitzereien und ausgezeichneter Schafskäse, „Oscypek", angeboten werden. Sehenswert ist auch die alte Holzkapelle aus dem 19. Jh. in der Ul. Koscieliska, neben einem kleinen Friedhof mit reich verzierten Gräbern. Etwas weiter vorne, in Nr. 18, befindet sich die 1893 erbaute Villa Koliba, heute Sitz des **Stanislaw-Witkiewicz-Museums**, das dem Zakopane-Stil und seinem Erfinder gewidmet ist *(Öffnungszeiten Mi–Sa 9–17 u. So 9–15 Uhr)*. 21.164 ha Wald, Täler und Berggipfel laden im **Nationalpark der Hohen Tatra** um Zakopane herum zu Ausflügen ein; die beliebtesten führen zum See **Morskie Oko**, auf den Berg **Giewont** oder mit dem Floß **den Dunajec hinunter**, der die natürliche Grenze zwischen Polen und der Slowakei bildet.

Übernachten

€€€ Hotel Francuski (Krakau). Sehr zentral und mit großer Tradition; nach seiner Eröffnung Anfang des 20. Jh. war es eines der berühmtesten Hotels Europas. Auch heute erstrahlt es noch in der Eleganz der Belle Époque. Mit Schwimmbad und Restaurant mit internationaler Küche. *Info: Ul. Pijarska 13, Tel. 012.4225122, www.orbis.pl*

€€€ Hotel Belvedere Resort & Spa (Zakopane). Wären da nicht Zakopane und die wunderschönen Wanderwege der Tatra, gäbe es keinen Grund, dieses Hotel zu verlassen - es gibt einen Wellnessbereich mit Pool und Sauna, einen Gymnastikraum und Sportplätze. Architektur und Einrichtung erinnern an die Aristokratie der 1820er-Jahre. *Info: Ul. Droga do Bialego 3, Tel. 018.2020211, www.belvederehotel.pl*

€€ Klezmer-Hois (Krakau). Im Herzen des Viertels Kazimierz bietet das Klezmer-Haus eine Unterkunft der besonderen Art: Es befindet sich im alten jüdischen Bad Mikveh. Das Interieur ist im Stil des alten jüdischen Kazimierz, mit schönen großen Zimmern, einem Restaurant mit koscherer Küche und allabendlichen Konzerten der traditionellen Klezmer-Musik. *Info: Ul. Szeroka 6, Tel. 012.4111245, www.klezmer.pl*

Essen

€€ Cyrano de Bergerac (Krakau). Feine französische Küche in einem Gebäude mit 500-jähriger Geschichte. Tadelloser Service von klassisch in Schwarzweiß gekleideten Obern. *Info: Ul. Stawkowska 26, Tel. 012.4117288*

€ Ester (Krakau). Das beste Restaurant der Ul. Szerocka, mit polnisch-jüdischer Küche und Live-Klezmer am Wochenende. Sehr zu empfehlen sind die pilzgefüllten Piroggen und die mit Äpfeln marinierte Ente. *Info: Ul. Szerocka 20, Tel. 012.4337450, www.restauracjaester.pl*

€ Staro Izba Restaurant (Zakopane). Das Ambiente ist im Stil der Holzhäuser des Podhale gehalten, mit Fässern und traditioneller Musik. Zu den Spezialitäten gehören Fleischgerichte der Region. *Info: Ul. Krupówki 28, Tel. 018.2013391, www.staroizba.pl*

Nachtleben

Cieri Klub (Krakau). Kellergewölbe, Popmusik, Rock und Techno – eines der lebhaftesten Lokale der Stadt, das hauptsächlich die Krakauer Jugend frequentiert. *Info: Ul. Sw. Jana 15, Tel. 012.4222177*

U Lousia (Krakau). Jazzclub und Internetcafé mit Fotoausstellungen, Konzerten und Diskussionen. Krakau, wie es leibt und lebt. *Info: Rynek Glòuny 13, Tel. 012.6170222, www.ulouisa.com*

Amstrong-Jazzclub (Zakopane). PIdeal für das Bier mit Freunden oder für abendlichen Live-Jazz. *Info: Jagiellonska 18, Tel. 018.2012904*

Weitere Informationen: www.polen.travel, www.krakow.pl, www.zakopane.pl

Budapest, Wien und Prag

Ungarn, Österreich und Tschechien

Nach Budapest wegen der ungarischen Atmosphäre und der Jugendstilbäder, nach Wien wegen der Sachertorte und der neuen Kulturviertel und nach Prag wegen der Karlsbrücke und des Kafka-Museums. Eine Reise zu den drei attraktivsten Hauptstädten Osteuropas und den Palästen der Habsburger, den Donaustränden und den literarischen Mythen großer Schriftsteller.

Die Reise zu diesen drei Städten ist die einmalige Gelegenheit, in die Atmosphäre eines kaiserlichen Europas einzutauchen, das von Konfrontationen zwischen Orient und Okzident geprägt ist. **Budapest**, zuerst im Kaiserreich, dann unter sowjetischer Herrschaft (1949–1989), an die das **Haus des Terrors** erinnert, ehemaliger Sitz des Geheimdienstes, zuerst unter den Nazis, dann bei den Kommunisten *(Andrássy út 60, www.terrorhaza.hu, Öffnungszeiten Di–So 10–18 Uhr)*, ist heute vor allem wegen seiner **Therme** bekannt. Von der Römerzeit bis zum Einfall der Türken ab dem 16. Jh. sind in der ungarischen Haupthaupt zahlreiche Monumentalbäder entstanden, und die wohltuende Wirkung der Thermalquellen wurde Bestandteil des Lebens ihrer Einwohner, die heute zwischen 15 großen Thermalbädern und mehreren kleineren Bädern wählen können. Einige davon stammen sogar noch von den Ottomanen *(www.heilbaderbudapest.com)*. Die Ikone Prags ist die **Karlsbrücke**, eine über 500 m lange Fußgängerbrücke, die auf 16 steinernen Bögen über die Moldau führt und die **Altstadt (Staré Mesto)** mit ihren prächtigen Plätzen und historischen Cafés mit der barocken **Kleinseite (Malá Strana)** verbindet. Die **Prager Burg** auf der Westseite des Flusses zeugt von der kaiserlichen Vergangenheit einer Stadt, die Hauptstadt des Heiligen Römischen Reiches und Residenzstadt des Königreichs Böhmen war. **Wien**, die Stadt der Habsburger, wartet mit 27 Schlössern auf. Die **Hofburg**, Schloss **Schönbrunn**, das durchschnittlich 5 Millionen Besucher jährlich verzeichnet, und Schloss **Belvedere** sind die wichtigsten. Ein weiteres Highlight ist das Museumsviertel, in dem sich auf einer Fläche von 60.000 qm eine Vielzahl Museen und kultureller Einrichtungen befinden und das als das größte Kulturareal der Welt gilt.

Fortbewegung: *Die schnellste Methode, von einer Stadt zur anderen zu gelangen, ist das Flugzeug: Budapest – Wien und Wien – Budapest jeweils knapp eine Stunde Flug. Mit dem Auto benötigt man ca. 2,5 Stunden von Budapest bis Wien (243 km, E60 und A4), und ca. 3,5 Stunden von Wien bis Prag (334 km, E50). Mit dem Zug: Im TGV Europe (www.tgv–europe.de) fährt man von Budapest in ca. 2,5 Stunden nach Wien und von dort aus nach Prag in etwas weniger als 5 Stunden.*

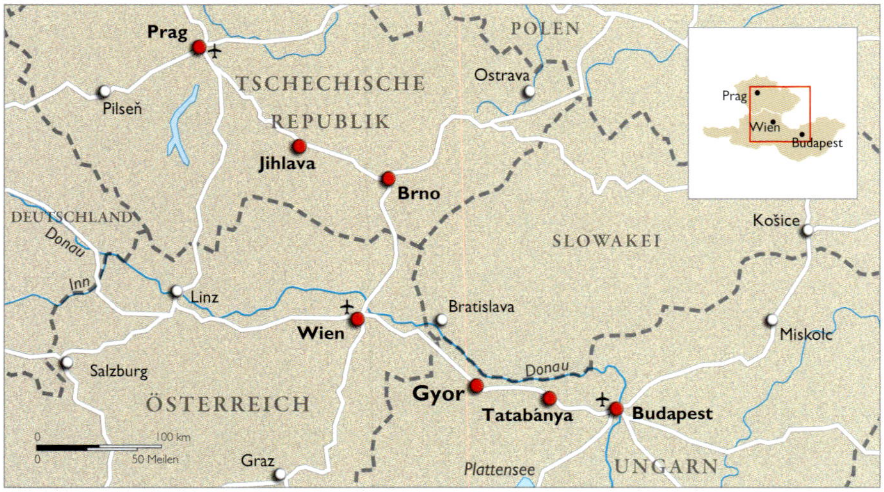

Währung: *Die offizielle Währung Ungarns ist der Forint, der Tschechischen Republik die Krone, während Österreich zur Eurozone gehört.*

BUDAPEST *(2 Tage)*
Für Thomas Mann, einen der berühmtesten Bewunderer Budapests, gehörte es zu den elegantesten Metropolen Europas. Wie viele Städte, durch die ein Fluss führt, ist auch Budapest, die „Perle der Donau", geteilt: **Buda** am Westufer ist der ältere Teil mit eleganten Wohnvierteln auf dem Hügel und Wäldern, die fast bis in die Stadt reichen, **Pest** wuchs im 18. und 19. Jh. sehr schnell und ist heute von Gastronomie und Geschäften geprägt. Dann gibt es noch die Donauinseln; die Margareteninsel hat den schönsten Park der Stadt. Bei der Erkundung Budapests kommt man um die neun **Brücken**, die die beiden Teile verbinden, nicht herum. Die schönsten sind die **Kettenbrücke**, die Mitte des 19. Jh. erbaut wurde und mit Löwenstatuen geschmückt ist, die **Elisabethbrücke**, die nach ihrer Zerstörung 1945 erst 1964 vollständig neu errichtet wurde, und die **Margaretenbrücke** aus dem 19. Jh., die Buda und Pest an der gleichnamigen Insel verbindet. In Pest befin-

den sich die meisten Sehenswürdigkeiten. Hier besucht man das **Parlament (Országház)**, mit seiner neugotischen Fassade ein Wahrzeichen der Stadt. Die Säle im Innern sind reich mit Gemälden, Fresken und Wandteppichen geschmückt, und im Kuppelsaal wird die **Stephanskrone** mit den Reichsinsignien des ersten christlichen Königs des Landes aufbewahrt *(Kossuth tér 1–3, www.parlament.hu. Öffnungszeiten Mo–Fr 8–18, Sa 8–16, So 8–14 Uhr)*. Diesem Monarchen ist auch die **St.-Stephans-Basilika (Szent István)** gewidmet, erbaut 1851–1905 mit dem Grundriss eines griechischen Kreuzes erbaut. Diese prachtvolle Kirche verfügt im südlichen Turm über einen Aussichtspunkt, den man mit dem Aufzug erreicht *(Szent István tér 1, http://bazilika.biz)*. Zu empfehlen sind der eindrucksvolle **Heldenplatz (Hõsök tere)** mit Kolonnaden, Monumenten und dem **Milleniumsdenkmal**, das 1896 anlässlich der 1000-Jahr-Feier Ungarns errichtet wurde, und das **Museum der Schönen Künste (Szépmûvészeti Múzeum)**. Es enthält eine Abteilung über das antike Ägypten und wichtige europäische Sammlungen von der griechisch-römischen Epoche bis zum 20. Jh. mit Werken bedeutender Maler, wie Raffaello, Tizian und Tintoretto *(Dózsa György út 41, www.szepmuveszeti.hu, Öffnungszeiten 10–17 Uhr, Montag geschlossen)*. Sehenswert sind auch der **Andrássy Üt**, der 2,5 km lange Boulevard, der zum Weltkulturerbe der UNESCO gehört, den Heldenplatz und das Stadtwäldchen **Városliget** durchquert und – vorbei an der **Staatsoper** *(www.operavisit.hu)*, am **Künstlercafé Mûvész** aus dem 19. Jh. und an der **Konditorei Lukacs** (berühmt für ihre Torten und Klavierkonzerte) – fast bis zur Donau führt. Das auf einem Hügel gelegene Buda glänzt durch die **Matthiaskirche** mit dem ungarischen Namen **Mátyás Templom** *(Szentháromság tér 2, www.matyastemplom.hu)* – die wichtigste Kirche Budapests, die in verschiedenen Epochen und Stilrichtungen erbaut wurde und auf viele geschichtsträchtige Ereignisse wie die Krönung Karls I. Robert von Anjou zurückblickt – und durch die **Fischerbastei (Halászbástya)**, ein neoromantisches Monument aus dem beginnenden 20. Jh., das die schönste Aussicht über die Stadt bietet; beide liegen im **Schlossviertel**. Man erreicht es mit der Seilbahn von der Kettenbrücke aus; oben finden sich Museen, Paläste, Häuser und Klöster, das **Staatsarchiv** und die **Konditorei Ruszwurm** aus der ersten Hälfte des 19. Jh. *(www.ruszwurm.hu)*. Sehenswert sind der **Königspalast**, auch Sitz der **Ungarischen Nationalgalerie** *(Magyar Nemzeti Galéria, www.mng.hu, Öffnungszeiten Di–So 10–18 Uhr, Montag geschlossen)* und das Höhlensystem unter dem Schloss, das **Budapester Labyrinth**.

80-81 - Die Kettenbrücke in Budapest

Therme und Spa

Schon die Römer kannten die Thermalquellen, die in Budapest aus der Erde sprudeln. Die Quellen der Margareteninsel speisen die Becken der drei Hotels Danubius Health Spa Resort Margitsziget (www.danubiushotels.com/en/our_hotels/hungary/budapest/danubius_health_spa_resort_margitsziget), *Ramada Plaza Budapest* (www.ramadaplazabudapest.com) *und Danubius Health Spa Resort Helia* (www.danubiushotels.com/en/our_hotels/hungary/budapest/danubius_health_spa_resort_helia). *Aber auch in der Stadt gibt es diverse historische Bäder, die Sie aufsuchen sollten, wenigstens zur Besichtigung; die wichtigsten sind das 1918 eröffnete Gellértbad im eleganten Libertystil mit Thermal- und Schwimmbecken unter einer spektakulären Glaskuppel* (www.gellertbath.com). *Älter noch sind das Király-Bad* (www.budapest-service.de/kiraly-bad.shtml), *im 16. Jh. von den Türken erbaut, und das Rudas-Bad* (www.rudasbaths.com). *Das Széchenyi-Thermalbad* (www.heilbaderbudapest.com/tartalom.php) *öffnete seine Pforten Ende des 19. Jh. und besticht auch heute noch durch seine reiche neobarocke Ausstattung mit Statuen und Mosaiken.*

82 OBEN UND MITTE - DIE BIBLIOTHEK DER WIENER HOFBURG: FASSADE UND INNENBEREICH.

82 UNTEN - DER STEPHANSDOM.

82-83 - SCHLOSS SCHÖNBRUNN.

WIEN *(3 Tage)*

In der jährlichen Mercer-Studie findet man Wien oft auf dem ersten Platz der Städte mit der höchsten Lebensqualität: Auf einem Areal von 415 qkm, in 23 Bezirke unterteilt, erheben sich historische und zeitgenössische Bauten neben außergewöhnlichen Museen und einer ausgeprägten Gastronomie mit eleganten Restaurants, die klassische Habsburgerküche in neuem Gewand servieren. Zudem ist der zentral gelegene **Donaukanal**, der früher nur von kleinen Kreuzfahrtschiffen genutzt wurde, heute zu einem Zentrum für junge Leute geworden, mit Strandbädern, Loungebar- und Restaurantschiffen. In Wien wird sogar – das ist einzigartig – innerhalb der Stadtgrenzen auf einer Fläche von 700 Hektar Wein angebaut, und die Stadt wartet mit Großereignissen wie dem **Wiener Neujahrskonzert** und dem **Wiener** Opernball auf.

Auch die Kunst wird mit über 100 Museen großgeschrieben, und genau dort kann man mit der Reise durch die Stadt der Habsburger beginnen: Die Hofburg ist die ehemalige kaiserliche Residenz, in der sich heute neben der österreichischen Regierung auch das **Sissi-Museum** und die **Silberkammer** befinden *(Michaelerkuppel, www.hofburg-wien.at, Öffnungszeiten 9–17.30, im Sommer bis 18 Uhr)*. Auch die Schlösser **Schönbrunn** und Belvedere sind heute Museen. Das erste, die Sommerresidenz der Habsburger, gehört zum Weltkulturerbe der UNESCO und verfügt neben den schönen Räumen auch über eine wundervoll gestaltete Gartenanlage und eine Wagenburg, in der die 4000 kg schwere Kutsche, die vermutlich anlässlich der Krönung Kaiser Josephs II. 1764 gebaut wurde, der absolute Star ist *(Schönbrunner Schlossstraße 47, www.schoenbrunn.at)*. Das zweite Wiener Schloss, das **Belvedere**, zählt zu den schönsten Barockbauten der Welt. Das Obere und das Untere Belvedere bilden mit der verbindenden Gartenanlage ein Ensemble, in dem sich u.a. die größte Klimt-Sammlung (einschließlich des berühmten Gemäldes *Der Kuss*) und Werke weiterer bekannter Künstler des 19. und 20. Jh., wie Kokoschka, Monet, Renoir und Schiele, befinden *(Prinz Eugen-Straße 27, www.belvedere.at, Öffnungszeiten 10–18; das Untere Belvedere am Mi auch bis 21 Uhr)*. Ein weiteres Meisterwerk Klimts, das Beethovenfries, wird in der **Wiener Secession** *(Friedrichstrasse 12, www.secession.at, Öffnungszeiten Di–So 10–18 Uhr)* gezeigt, die Ende des 19. Jh. als Ausstellungsgebäude für zeitgenössische Kunst erbaut wurde. Für die weltgrößte Egon-Schiele-Sammlung begibt man sich ins **Museumsquartier**, 2001 in den kaiserlichen Stallungen als Kunst- und Kulturareal mit verschiedenen Gebäuden eröffnet: das **Leopold-Museum** mit eben dieser Schiele-Sammlung und Werken von Klimt, das **Mumok**, wichtigstes Museum für Moderne Kunst in Mitteleuropa, die **Kunsthalle Wien** und das **Zoom Kindermuseum** *(www.mqw.at)*.

Wer noch weitere Museen besichtigen

will, geht in die **Albertina**, in der vor allem Grafiken ausgestellt werden *(Albertinaplatz 1, www.albertina.at, Öffnungszeiten 10–18, Mi bis 21 Uhr)*, ins **Kunsthistorische Museum** oder ins **Museum der Schönen Künste**, um Werke von Egizi bis Tiziono und die weltgrößte Bruegel-Sammlung zu bewundern *(Maria-Theresien-Platz, www.khm.at, Öffnungszeiten 10–18, Do bis 21 Uhr)*.
Sehenswert sind auch der **Stephansdom**, ein Musterbeispiel österreichischer Gotik und Wahrzeichen der Stadt *(Stephansplatz 3, www.stephanskirche.at, Öffnungszeiten Mo–Sa 6–22, So 7–22 Uhr)*, der **Prater**, der berühmte Vergnügungspark mit dem Riesenrad, von dem man den Blick über die ganze Stadt hat *(www.prater.at)*, und natürlich die zahlreichen Kaffehäuser, darunter das frisch restaurierte **Café Museum** in der Operngasse 7, das einst von Klimt, Schiele, Otto Wagner und Adolf Loos frequentiert wurde *(www.cafe-museum.at)*, und die beiden Kaffehauslegenden: das **Demel**, die ehemalige Hofkonditorei *(Kohlmarkt 14, www.demel.at)*, und das **Sacher** in der Nähe der **Wiener Staatsoper** *(Philharmonikerstraße 4, www.sacher.com)*, das mit seiner Sachertorte bleibenden Weltruhm erlangt hat.

Einkaufen

Man kann den ***Graben*** *entlang schlendern, die Fußgängerzone mit den Designerläden, und dann in die Spiegelgasse einbiegen und in Nr. 3 den Flagshipstore der Wiener Porzellanmanufaktur* ***Augarten*** *(www.augarten.at) besuchen, eine der ältesten Europas . Wer gern über Märkte bummelt, geht zum* ***Naschmarkt*** *im gleichnamigen Viertel. Außer den eleganten Obst–und Gemüseständen gibt dort Samstags einen Flohmarkt (www.wienernaschmarkt.eu). In der Schleifmühlgasse finden sich jede Menge ausgefallener Geschäfte und Vintage-Läden wie das* ***Babette's*** *(www.babettes.at), eine Buchhandlung für passionierte Köche, wo man auch Kochkurse in englischer Sprache belegen kann, und das Geschäft für antike Mode* ***Ingrid Raab*** *mit Kleidungsstücken aus dem 19. Jh. bis hin zu den 1960er-Jahren (www.einkaufsstrassen.at/ihausviertel/vintageflo).*

84 - Der Altstädter Ring in Prag.

PRAG ***(2/3 Tage)***
Wie Budapest ist auch Prag in zwei Hälften geteilt: Am rechten Ufer der **Moldau** erheben sich die Altstadt (Staré Mìsto) und die Neustadt (Nové Mìsto), und am linken Ufer die Kleinseite (Malá Strana) und die Prager Burg. In der Mitte führt eine der schönsten Steinbrücken über die Moldau, die im 14. Jh. erbaute **Karlsbrücke**, die ihren Namen zu Ehren Karls IV. trägt. Von dort aus kann man durch die **Kleinseite (Malá Strana)** zwischen schönen Plätzen und Gassen zu den Habsburger Residenzen am **Kleinseiter Platz (Malostranské nàmìstí)** spazieren, an dem sich die barocke **St.-Nikolaus-Kirche (Sv. Mikulás)** erhebt *(www.psalterium.cz)*, oder das **Kafka-Museum** aufsuchen *(Cihelná 2b, www.kafkamuseum.cz, Öffnungszeiten 10–18 Uhr)*, das Haus, in dem der berühmteste Einwohner Prags 1883 geboren wurde. Interessant ist auch das **Kampa Museum**, das der zeitgenössischen Kunst Tschechiens gewidmet ist *(U Sovovych mlynù 2, www.museum-kampa.cz, Öffnungszeiten 10–18 Uhr)*. Auf dem Petøín-Hügel erheben sich das Stefánik-Observatorium *(Petøín 205, www.observatory.cz)* und der Aussichtspunkt mit dem Turm, der an den Pariser Eiffelturm erinnert *(Petøín Gardens, www.prazskeveze.cz, Öffunungszeiten 10–22, im Winter bis 18, Okt. u. März bis 20 Uhr)*. Dann begibt man sich auf den **Burgberg (Hradschin)**, um das **Sternberg-Palais**, Sitz der **Nationalgalerie** – nach dem Pariser Louvre das älteste Museum dieser Art *(Hradèanské nàmìstí 15, www.ngprague.cz, Öffnungszeiten 10–18 Uhr, Montag geschlossen)* –, und die **Prager Burg** *(www.hrad.cz)* zu besuchen, eine Anlage mit einer 1200-jährigen Geschichte, wo man den Schatz mit der Wenzelskrone, die Königlichen Gärten, den gotischen **St.-Veits-Dom** *(www.katedralasvatehovita.cz/en)*, die **Pinakothek** mit den Sammlungen Kaiser Rudolfs II. (über 100 Gemälde von Tizian bis Rubens) und die 920 gegründete romanische **St.-Georgs-Basilika** besichtigen kann. In der Residenz der böhmischen Könige, heute offizieller Sitz des Präsidenten der Republik, gibt es auch den **Pulverturm**, in dem Alchimisten einst versuchten, Blei in Gold zu verwandeln, und die **Goldene Gasse** mit den malerischen Goldschmiede- und Kunsthandwerkläden. Dann ist es Zeit, die hügelige Kleinseite zu verlassen und die Moldau in Richtung **Altstadt** zu überqueren, wo man Bauwerke wie das **Clementinum** *(Køizovnická 190, www.klementinum.com)* mit der Tschechischen Nationalbibliothek und der Spiegelkapelle des 68 m hohen Astronomischen Turms bewundern kann, sowie außergewöhnliche **Plätze** wie den am Altstädter Ring **(Staromìstské nàmìstí)** mit dem Rathaus im gotischen und Renaissancestil, das mit der **Astronomischen Uhr** aus dem 15. Jh. und einem **Mosaiksaal** von 1937 aufwartet *(www.prazskeveze.cz, www.orloj600let.cz)*. Dort befinden sich auch die dreischiffige gotische Teynkirche mit den beiden 80 m hohen Türmen, von denen der erste 1469 und der zweite 1511 fertiggestellt wurde *(www.tyn.cz)*, und das zur Nationalgalerie gehörende **Palais Goltz-Kinsky**, 1755–1765 im Rokokostil erbaut *(www.ngprague.cz, Öffnungszeiten 10–18 Uhr, Montag geschlossen)*. Sehenswert ist auch der **Wenzelsplatz** in der Prager **Neustadt** mit seinen Häusern im Liberty-Stil, der **Reiterstatue** an der **Wenzelskirche** und der Neorenaissance-Fassade des **Nationalmuseums** *(Národní Muzeum, www.nm.cz, ab Juli 2011 wegen Restaurierung geschlossen)*. Dann besichtigt man das Jüdische Viertel (**Josefov**), lange Zeit das größte jüdische Getto Europas und heute ein In-Viertel mit Synagogen und altem Friedhof.
Alternativ kann man auch eine Einkaufstour im **Material** in der Altstadt

85 - Die Karlsbrücke in Prag.

machen *(Tyn 1, www.i-material.com)*, wo es sehr schöne Objekte aus böhmischem Glas zu kaufen gibt.

Übernachten

€€€€ Steigenberger Hotel Herrenhof (Wien). Modernes Design und, vor allem, mitten im Zentrumgelegen: Von dort erreicht man alles zu Fuß, und das Frühstücksbuffet ist kaiserlich. *Info: Herrengasse 10, Tel. 1.534040, www.steigenberger.com/en/Wien*

€€€ Domus Balthasar (Prag). Unweit der Karlsbrücke eine der Adressen mit dem besten Preis-Leistungs-Verhältnis: mittelalterliche Fundamente, barocke Mauern und Designerzimmer (die romantischsten sind mit Blick auf die Dächer der Kleinseite).
Info: Mostecká 5, Tel. 257.199499, www.domus-balthasar.cz

€€ Lánchíd 19 (Budapest). Ein Hauch der Moderne in einem vom 19. Jh. dominierten Viertel: Zwischen den antiken Bauten glänzt die beleuchtete Fassade dieses Designer-Hotels wie ein Edelstein.
Info: Lánchíd u. 19, Tel. 1.4191900, www.lanchid19hotel.hu, www.designhotels.com

Essen

€€€ Kulinarium 7 (Wien). Im siebten Bezirk gelegen, eines der besten Restaurants der Stadt: Den Aperitiv nimmt man im Kellergewölbe aus dem 17. Jh., dann geht man zum Essen wieder nach oben. Auf der Karte: Kalbstartar mit Gurken-Algensalat, gebackener Kabeljau mit Lachskaviar, Artischockenrisotto.
Info: Sigmundgasse 1, Tel. 1.5223377, www.kulinarium7.at

€€ Dió (Budapest). Wer glaubt, dass die ungarische Küche nur aus Gulasch und Paprika besteht, liegt falsch. Die Palette reicht von Kalbsmedaillons mit gegrillter Entenleber und Nudeln bis hin zur geräucherten Forelle - alles in modernem Ambiente.
Info: Sas str. 4, Tel. 1.3280360, www.diorestaurant.com

€€ U Malíru Anno 1543 (Prag). Wie der Name sagt, ein Gebäude aus dem 16. Jh. (die Fresken sind allerdings von 1936), das eines der besten Restaurants der Hauptstadt beherbergt. Traditionelle Küche in modernem Gewand, von Spargelsuppe bis Tartar und Ente mit Gänseleber und Knödel.
Info: Maltézské náměstí 11, Malá Strana, Tel. 257.530318, www.umaliru.cz

Nachtleben und Strände

Budapest Jazz Club (Budapest). Aufstrebende Talente und Stars der internationalen Szene gibt es in diesem Lokal, in dem Jazz eine Lebenseinstellung ist. Während des Budapester Jazzfestivals (meist im September) die perfekte Location. *Info: Múzeum Utca 7, www.bjc.hu*

Donaukanal (Wien). Wer im Sommer nach Wien kommt, genießt die Strände des Donaukanals: Sand und Liegestühle im **Summerstage** *(www.summerstage.at)*, in der **Strandbar Herrmann** *(www.strandbar-herrmann.at)*, im **Adria Wien** *(www.adria-wien.at)*. Im Winter (oder abends) geht man ins **Flex**, die In-Disco am Donaukanal *(www.flex.at)*.

SaSaZu (Prag). Früher ein altes Fabrikgelände in der Peripherie, heute ein Ort der Bewegung mit Asia-Restaurant, Bar und Disco.
Info: Bubenské nábřeží 306/13, Holešovice, www.sasazu.com

Weitere Informationen: www.austria.info, www.austriatourism.com, www.ungarn-tourismus.de, www.czechtourism.com

München und Bayern *– Deutschland*

Die Hauptstadt des Bieres und die Heimat König Ludwigs II., die 366 km lange Straße von Füssen nach Würzburg, die sich Romanische Straße nennt, die verschneiten Gipfel der Deutschen Alpenstraße: eine Reise durch das weltweit bekannteste Bundesland Deutschlands, durch Geschichte und Moderne, durch kleine mittelalterliche Orte zu barocken Gärten und Schlössern und in die beliebten Skigebiete.

Das populärste der 16 deutschen Bundesländer, in dem Persönlichkeiten wie König Ludwig II., Papst Joseph Ratzinger und Richard Strauss das Licht der Welt erblickten, hat besonders viel Sehenswertes vorzuweisen: die meistbesuchte Stadt Deutschlands (München) neben Berlin, den (ältesten deutschen) **Naturpark Bayerischer Wald** *(www.naturpark-bayer-wald.de)*, bedeutende touristische Reisepfade, wie die 250 km lange **Glasstraße** *(www.die-glasstrasse.de)* von Waldsassen bis Passau, die 1997 vom damaligen Bundeskanzler Kohl eröffnet wurde, um eines der größten Glaszentren Europas zu würdigen. Berühmter noch sind die **Romantische Straße** und die **Deutsche Alpenstraße**, zwei wunderschöne Reisewege, die es zu entdecken lohnt, entweder vor oder nach dem Besuch der Landeshauptstadt München und der Städte Nürnberg und Regensburg.

Fortbewegung: *München verfügt über ein ausgezeichnetes Netz öffentlicher Verkehrsmittel mit U–und S-Bahnen, die Zentrum und Peripherie verbinden* (www.mvv-muenchen.de). *Von München bis Regensburg fährt man 125 km* (A9 und A93) *und bis Nürnberg 166 km* (A9). *Die Romantische und die Deutsche Alpenstraße sind nur mit dem Auto zu erkunden; Teilabschnitte der Ersteren kann man auch mit Fahrrad oder Europabus in Tagesausflügen bereisen* (www.romantischestrasse.de).

MÜNCHEN *(2 Tage)*

Eine Modell-Metropole im Gleichgewicht von Alter Zeit und Moderne, Entwicklung und Beständigkeit: Die Stadt mit der drittgrößten Einwohnerzahl nach Berlin und Hamburg ist der Inbegriff großstädtischer Lebensqualität. Ihr Flughafen gehört zu den besten Europas, das öffentliche Transportsystem ist ausgezeichnet (auch dank der U-Bahn, die anlässlich der Olympischen Spiele 1972 eröffnet wurde). Die Stadt wartet mit einer Vielzahl öffentlicher Grünflächen, Hotels, Restaurants und Lokalen auf (berühmt sind besonders die Brauereigaststätten).
In München gibt es eine Vielzahl touristischer Attraktionen für jeden Geschmack.

86-87 - Die Frauenkirche in München.

87 - Das Antiquarium im Residenzmuseum.

Wer sich hauptsächlich amüsieren will (selbstverständlich im Namen der Tradition), wird zum **Oktoberfest**, dem größten Volksfest Europas, anreisen. Geschichtsbegeisterte bestaunen die Altstadt um den **Marienplatz** herum, den Platz mit dem berühmten **Glockenspiel**: 43 Glocken und 32 Figuren, die sich dreimal täglich im neugotischen Turm des **Neuen Rathauses** aus dem 19. Jh. eindrucksvoll bewegen. Nicht weit entfernt erhebt sich die Münchner **Frauenkirche**, der Dom aus dem 15. Jh. mit seinen Bleiglasfenstern und den beiden Zwiebeltürmen, in dem während der Gottesdienste bis zu 20.000 Gläubige Platz finden *(www.muenchen-dom.de)*. Dann stärkt man sich im **Hofbräuhaus**, der ältesten Brauerei der Stadt, wo seit dem 16. Jh. täglich Bier gezapft wird *(Platzl 9, www.hofbraeuhaus.de)*, bevor man zwei weitere Meisterwerke antiker Baukunst erkundet: die **Asamkirche** aus dem 18. Jh., eine beeindruckende Rokokokirche, reich mit mehrfarbigem Stuck ausgestaltet *(Sendlinger Straße, Tel. 89.23687989)*, und den großen Prunkbau der **Residenz**, Stadtschloss der bayerischen Herzöge, Kurfürsten und Könige, dessen Baubeginn auf das 16. Jh. zurückgeht. Die Residenz beherbergt die **Schatzkammer** mit dem Hofschatz und das **Residenzmuseum**: ein Mosaik aus Innenhöfen, reich dekorierten Sälen, wie der **Thronsaal** und das **Antiquarium** (der älteste Saal, erbaut 1568–1571), sowie zahlreiche Sammlungen, darunter die **Porzellansammlung** aus dem 19. Jh. und die **Ostasiensammlung**. Die **Allerheiligen-Hofkirche** ist heute Konzert- und Veranstaltungsraum *(Residenzstraße 1, www.residenz-muenchen. de)*. Zu empfehlen ist auch ein Besuch im **Schloss Nymphenburg**, der königlichen Sommerresidenz mit einem schönen Park aus dem 17. Jh. Besichtigt werden vor allem das **Schlafzimmer**, in dem König Ludwig II. das Licht der Welt erblickte, der **Steinerne Saal** im Rokokostil, das **Chinesische Lackkabinett**, das mit rotem Damast bespannte **Vorzimmer**, die **Schönheitengalerie** mit Portraits von Damen aller Gesellschaftschichten sowie das **Marstallmuseum** mit der **Kutschenausstellung** *(Nymphenburg, www.schloss-nymphenburg.de, Öffnungszeiten 10–16 Uhr im Winter, 9–18 im Sommer)*. Darüber hinaus gibt es viele interessante Orte, die von der königlichen Vergangenheit Münchens zeugen.

Zum Mythos der Modell-Metropole gehören auch neue Bauwerke wie die **Allianz-Arena**, das futuristische Fußballstadion nach Plänen von Herzog & de Meuron

(www.allianz-arena.de), sowie die **BMW-Welt** im Olympiapark, die sich neben dem Museum der bayerischen Automarke befindet *(www.bmw-museum.com, Öffnungszeiten 10–18 Uhr, Montag geschlossen)* und auch ein Auditorium für Konzertveranstaltungen, Geschäfte und Restaurants zu bieten hat. Nicht zu vergessen der farbenfrohe Bau des **Museums Brandhorst** *(Theresienstraße 35, www.museum-brandhorst.de, Öffnungszeiten 10–18, Di bis 20 Uhr, Montag geschlossen)*, das klassische und zeitgenössische Arbeiten von Mario Merz bis Andy Warhol zeigt und das neueste Haus des Kunstareals ist, zu dem die **Glyptothek** *(Königsplatz 3, www.antike-am-koenigsplatz.mwn.de, geöffnet 10–17, Di bis 20 Uhr, Montag geschlossen)* mit der Sammlung

Events

Oktoberfest. *Jedes Jahr von Mitte September bis Anfang Oktober strömen ca. 6 Millionen Besucher aus aller Welt auf die Theresienwiese. Am ersten Festsamstag ziehen die Wirte mit ihren prächtig geschmückten Pferdewagen von den Brauereien zum Festgelände, am Tag darauf folgt der Trachtenumzug, bei dem die Trachtenvereine in aufwendigem Feststaat durch die Stadt ziehen* (Info: www.oktoberfest.de). *Während der Adventszeit gibt es in ganz Bayern zahlreiche* ***Weihnachtsmärkte.*** *Der größte und bekannteste ist der „Nürnberger Christkindlesmarkt", der seit dem 16. Jh. auf dem* **Hauptmarkt** *stattfindet. Neben einer Krippenausstellung gibt es Glühwein, Nürnberger Bratwürste, Weihnachtsschmuck und Kunsthandwerkliches. Schön ist auch der Lichterzug der Kinder, die mit selbstgebastelten Laternen bis zur Burg hinauf ziehen* (www.christkindlesmarkt.de). *Und dann der Münchner Christkindlmarkt am Marienplatz sowie die Weihnachtsmärkte in* ***Rothenburg*** *(**Marktplatz**),* ***Augsburg*** *(**Rathausplatz**) und Regensburg (**Neupfarrplatz**).* Info: www.ganz-muenchen.de/freizeitfitness/weihnachten/maerkte_umland.html.

griechischer und römischer Skulpturen ebenso gehört wie die Pinakotheken: die **Alte Pinakothek** *(Barerstraße 27, www.pinakothek.de/alte-pinakothek, Öffnungszeiten 10–18, Di bis 20 Uhr, Montag geschlossen)* mit großen Werken der europäischen Malerei aus dem 14. bis 17. Jh., von Dürers *Selbstbildnis* bis zur *Heiligen Familie* von Raffael, die **Neue Pinakothek**, ebenfalls in der Barerstraße *(www.pinakothek.de/neue-pinakothek, Öffnungszeiten 10–18, Mi bis 20 Uhr, Dienstag geschlossen)*, in der berühmte Gemälde aus dem 18. und 19. Jh. von Monet bis Van Gogh und den Stillleben von Cézanne zu sehen sind, und schließlich die **Pinakothek der Moderne** *(Barerstraße 40, www.pinakothek.de/pinakothek-der-moderne, Öffnungszeiten 10–18, Do bis 20 Uhr, Montag geschlossen)* mit Kunstsammlungen aus Grafik, Architektur und Design des 20. und 21. Jh. Nicht zu vergessen ist das wichtigste Museum Münchens: Das **Deutsche Museum** gehört mit über 100.000 Exponaten zu den bedeutendsten naturwissenschaftlich-technischen Museen der Welt *(Museumsinsel 1, www.deutsches-museum.de)*.

88 oben - Das Münchner Oktoberfest.

88 mitte - Ein Bierzelt auf dem Oktoberfest.

88 unten - Weihnachtsmarkt am Chinesischen Turm in München.

89 oben - Das BMW-Museum in München.

89 mitte - Die Glyptothek in München.

89 unten - Die Allianz-Arena in München.

Einkaufen

Möchte man in München Designer-Mode kaufen, sieht man sich in den exklusiven Geschäften der ***Maximilianstraße*** *und auf den über 17.000 qm der* ***Fünf Höfe*** *in der eleganten Theatinerstraße um* (www.fuenfhoefe.de). *Ist man auf Suche nach etwas Authentischerem, geht man zum* ***Viktualienmarkt****, der bereits seit dem 19. Jh. an zahlreichen Ständen seine Waren feilbietet* (www.viktualienmarkt.de)*, zur* ***Porzellanmanufaktur Nymphenburg*** (Nördliches Schlossrondell 8, www.nymphenburg.com) *oder bummelt durch die Geschäfte der Innenstadt oder der Schwabinger* ***Leopoldstraße*** *und ihrer Nebenstraßen.*

90 OBEN - DIE FRAUENKIRCHE AUF DEM HAUPTMARKT IN NÜRNBERG.

90 MITTE - IM INNERN DER LORENZKIRCHE IN NÜRNBERG.

90 UNTEN - DAS SCHLOSS NEUSCHWANSTEIN.

91 OBEN - DAS SCHLOSS HOHENSCHWANGAU.

91 UNTEN - DAS STADTZENTRUM VON WÜRZBURG.

NÜRNBERG UND REGENSBURG *(2 Tage)*
Von München aus kann man einen schönen Ausflug nach **Nürnberg** machen. Die Frankenmetropole, berühmt durch die **Nürnberger Prozesse** gegen die Hauptkriegsverbrecher der Nazis, wurde 1050 erstmals erwähnt und blickt auf eine fast tausendjährige Geschichte zurück. Nürnberg ist die Geburtsstadt **Albrecht Dürers**, des berühmtesten bayerischen Malers, dessen Selbstbildnis in der Alten Pinakothek in München zu bestaunen ist und dessen **Geburtshaus** in der Albrecht-Dürer-Straße 39 in Nürnberg besichtigt werden kann *(www.museen.nuernberg.de/duererhaus/links.html)*. Die Faszination Nürnbergs wird bei einem Spaziergang durch das Gassengewirr um den mittelalterlichen **Hauptmarkt** innerhalb der 5 km langen Stadtmauer offenbar, an dem auch alljährlich der berühmte Christkindlesmarkt stattfindet. In der Mitte des Platzes ist der **Schöne Brunnen** einen Blick wert. Interessant ist auch die Burg, das Wahrzeichen der Stadt, deren Errichtung als Wehranlage und Kaiserresidenz bereits auf das Jahr 1039 zurückgeht. 1999 wurde dort das **Kaiserburgmuseum** eröffnet, das die Geschichte der Burg und die damalige Waffentechnik dokumentiert *(www.nuernberg.de/internet/portal/kultur/ctz_2302.html und www.schloesserbayern.de/deutsch/schloss/objekte/nbg_burg.htm; Öffnungszeiten im Winter 10–16, im Sommer 9–18 Uhr)*. Sehenswert sind auch die **Sebalduskirche** mit Fenstern aus dem 14. und 16. Jh. und dem Sebaldusgrab von Peter Vischer d. Ä., die **Frauenkirche** mit dem Glockenspiel aus dem 16. Jh., das täglich um Punkt 12 Uhr das „Männleinlaufen" zeigt, und die **Lorenzkirche** *(St. Lorenz, ww.lorenzkirche.citykirche-magazin.de, geöffnet 9–17, So 13–16 Uhr)*, ein spätgotisches Meisterwerk mit einem Doppelportal mit Statuen und Relief, Fenstern aus dem 15. Jh. und dem vom Holzschnitzer Veit Stoss zwischen 1517 und 1519 gefertigten **Engelsgruß**. Der letzte Besuch gilt dem **Germanischen Nationalmuseum** mit über einer Million Exponaten: archäologische Funde, mittelalterliche Sakralobjekte, Meisterwerke deutscher Schule, darunter Gemälde von Dürer, und die außergewöhnliche Sammlung von Musikinstrumenten aus dem 16. bis 18. Jh., eine der größten Europas *(Kartäusergasse 1, www.gnm.de, Di–So 10–18, Fr bis 21 Uhr)*. Auf der A3 fährt man von Nürnberg nach **Regensburg** knapp eine Stunde. Die Fahrt

lohnt sich, denn in Regensburg scheint die Zeit in der Renaissance stehengeblieben zu sein. Die berühmtesten Bauwerke sind der **Regensburger Dom**, dessen Bau 1270 begann und der über ein reich verziertes Portal, Fenster aus dem 14. Jh. und nach französischem Vorbild über drei Schiffe verfügt, und das ehemalige Benediktinerkloster **St. Emmeram**, zu Ehren des Bischofs Emmeram errichtet *(www.regensburg.de/tourismus/de/32783)*. Es ist aber auch schön, einfach durch den antiken Stadtkern zu spazieren, der 2006 zum Weltkulturerbe der UNESCO erklärt wurde. Sehenswert sind das zum Teil noch aus dem 14. Jh. stammende **Rathaus** und die **Keplerstraße**, in der sich in Nr. 5 das ehemalige **Wohnhaus Johannes Keplers** befindet *(www.museen-regensburg.de)*.

ROMANTISCHE STRASSE ***(4 Tage)***
Die Romantische Straße, die sich auf 366 km zwischen Füssen im Allgäu (132 km südwestlich von München) und Würzburg erstreckt, trägt ihren Namen wahrlich zu Recht. Um dieses ununterbrochene Mosaik aus Städten, Dörfern, Landschaften, Schlössern und Kirchen in seinem ganzen Ausmaß zu genießen, braucht man Zeit. Aber die wichtigsten Orte schafft man in wenigen Tagen. Der erste Besuch gilt **Füssen** *(www.tourismus-fuessen.de)* mit seinem mittelalterlichen Stadtkern und einer Landschaft aus Hügel und Seen, dem spätgotischen **Hohen Schloss** und dem **Benediktinerkloster St. Mang**, das die bildliche Darstellung des Füssener Totentanzes von Jakob Hiebeler beherbergt.
In **Schwangau**, wenige Kilometer von Füssen entfernt, erheben sich die beiden Schlösser des Märchenkönigs Ludwig II. von Bayern: das mittelalterliche **Hohenschwangau**, in dem der König seine Kindheit verbrachte, und das visionäre **Neuschwanstein** *(die Eintrittskarten für beide bekommt man nur in Hohenschwangau, www.neuschwanstein.de)*, das Ludwig II. auf einem Fels erbauen ließ. Er selbst sagte seinem Freund Richard Wagner: „Eines der schönsten, das zu finden ist, heilig und unantastbar." Wagner war ein Quell der Inspiration für Ludwig; das Schloss ist mit Malereien verziert, die an die großen Opern des Musikers erinnern. Mit 1,3 Millionen Besuchern jährlich ist das Schloss das meist besuchte Monument Bayerns.
Von Schwangau aus erreicht man nach 100 km **Augsburg**: eine Stadt aus Renaissance- und Barockgebäuden, an der **Maximilianstraße** aufgereiht, so auch das **Schaezlerpalais** aus dem 18. Jh. in Nr. 46 mit der Deutschen Barockgalerie und die **Staatsgalerie** im Glaspalast mit Meisterwerken von Tiepolo bis Dürers *Portrait von Jakob Fugger dem Reichen (www.kunstsammlungenmuseen.augsburg.de)*. In der **Frauentorstraße** 30 befindet sich das **Geburtshaus von Ludwig Mozart**, Vater von Wolfgang Amadeus *(www.mozartstadt.de und www.augsburgtourismus.de)*. Berühmt sind auch der **Augsburger Dom**, der auf das 8. Jh. zurückgeht und die ältesten bleiverglasten Fenster Deutschlands besitzt (1130), die **Fuggerei**, die älteste Sozialbausiedlung der Welt, und schließlich die weithin populäre **Augsburger Puppenkiste**. Das Marionettentheater verfügt auch über ein Museum und ein Bistro *(Spitalgasse 15, www.augsburgerpuppenkiste.de)*.
180 km weiter nördlich trifft man auf **Rothenburg ob der Tauber**, ein entzückendes mittelalterliches Städtchen mit Fachwerkhäusern, und schließlich **Würzburg**, das letzte Ziel der Reise auf der Romantischen Straße. Der historische Stadtkern wurde nach den Bombenangriffen von 1945 wieder aufgebaut. Sehenswert sind das **Stift Haug** in der Haugerpfarrgasse mit einem Werk von Tintoretto und der **St. Kiliansdom.** Schön ist auch der Blick auf die **Festung Marienberg** *(www.schloesser.bayern.de)*, Bischofssitz bis zur Einweihung der **Residenz**, unbestreitbar das prächtigste Bauwerk Würzburgs, das auch zum Weltkulturerbe der UNESCO gehört. Es ist ein Komplex aus dem 18. Jh. mit reichen Schätzen, vom **Ehrenhof** mit einem **Treppenhaus**, dessen mit Fresken von Tiepolo geschmücktes Gewölbe mit 600 qm eine bautechnische Meisterleistung darstellt, bis hin zur **Staatsgalerie** mit Werken venezianischer Barockmalerei *(Residenzplatz 2, www.residenz-wuerzburg.de)*.

DEUTSCHE ALPENSTRASSE ***(2/3 Tage)***
Oberammergau, von den Bayerischen Alpen umrahmt, erreicht man von München aus nach einer einstündigen Fahrt (90 km) auf der E533. Dort trifft man auf die Deutsche Alpenstraße, die 450 km lange Verbindung zwischen **Bodensee** und dem **Nationalpark Königssee**, eine ideale Möglichkeit, die Deutschen Alpen kennenzulernen. Um die Reise ein wenig abzukürzen, wählen wir als Startpunkt **Oberammergau**: Ein von Wäldern umrahmter Ort, der auf eine 500-jährige Holzschnitzertradition zurückblickt, wie die Ausstattung und die Figuren der Krippen im 1905 eröffneten **Oberammergau-Museum** *(www.oberammergau.de)* und die Schnitzschule im **Pilatushaus** bezeugen, eines der wichtigsten Häuser der „Lüftlmalerei" – eine weitere alte Tradition des Ortes, in der die Häuserfassaden mit bunten Fresken meist religiöser Motive verziert werden. Oberammergau besucht man aber noch aus einem zweiten Grund: als Ausgangspunkt für die Besichtigung eines weiteren Schlosses König Ludwigs II., **Schloss Linderhof** *(in 13 km Entfernung, www.linderhof.de, Öffnungszeiten im Winter 10–16, im Sommer 9–18 Uhr)*, das seinen Namen einer großen Linde verdankt, die vor Jahrhunderten an dem Ort stand, an dem das Schloss erbaut wurde. Anders als Neuschwanstein ist Linderhof eher bescheiden: Ein königliches Refugium, 1879 fertiggestellt und vom Petit Trianon von Versailles inspiriert, mit prächtig gestalteten Räumen und der **Venusgrotte** im Park, die nach dem Vorbild des Hörselbergs aus Wagners *Tannhäuser* gestaltet ist. Der Park ist sehr reizvoll mit seinen Statuen und den orientalischen Pavillons **Maurischer Kiosk** (mit dem Pfauenthron) und **Marokkanisches Haus**. Bleibt keine Zeit mehr, weitere 200 km nach **Berchtesgaden**, der letzten Etappe der Deutschen Alpenstraße, zurückzulegen – ein entzückendes Städtchen mit Häuserfresken im Salzburger Stil, das man nur zu Fuß erkunden kann (das Zentrum ist autofrei) –, kann man alternativ in das nur 11 km entfernte **Garmisch-Partenkirchen** fahren. Auch dort sind die Häuser mit Fresken geschmückt; außerdem war es Austragungsort der Olympischen Winterspiele von 1936 sowie der Skiweltmeisterschaften 2011.
Wer sich nicht dafür interessiert, fährt mit der Zugspitzbahn, eine der vier Zahnradbahnen Deutschlands, die noch in Betrieb sind, auf den Gipfel der **Zugspitze**, des höchsten Bergs der Bayerischen Alpen (2964 m). Außerdem gibt es noch das Richard-Strauss-Festival, das jedes Jahr im Frühsommer stattfindet *(www.richard-strauss-festival.de)*.

92 - Die Zugspitze mit Alpenpanorama.

93 - Das Schloss Linderhof.

Übernachten

€€€€€ Bayerischer Hof (München). Für den, der Luxus liebt, ist dies die richtige Adresse: edles Ambiente, Spa mit Panoramablick auf dem Dach, Restaurant mit einem Michelin-Stern. Seit 1841 die bevorzugte Adresse von gekrönten Häuptern, Film- und Popstars.
Info: Promenadeplatz 2–6, Tel. 89.2120-0, www.bayerischerhof.de

€€€ Drei Raben (Nürnberg). Historische Fassade mit Designer-Interieur: Einige Suiten haben die Badewanne im Zimmer und eine Holzverkleidung an der Decke, oder man taucht in die Spielzeugwelt ein; wieder andere sind von der Mythologie inspiriert.
Info: Königstraße 63, Tel. 911.274380, www.hoteldreiraben.de

€€€ Das Kranzbach (Garmisch-Partenkirchen). Ein Landhaus im englischen Stil in den berühmtesten Bergen Deutschlands. Das Spa ist fantastisch: 2500 qm mit Schwimmbad zwischen Tannen, Yoga- und Pilateskursen, Massageräume mit Aussicht auf den Wald. *Info: Kranzbach/Garmisch-Partenkirchen, Tel. 8823.928000, www.daskranzbach.de*

Essen

€€€ Broeding (München). Klein, aber fein. Hier genießt man in exklusivem Ambiente das täglich wechselnde Sechsgängemenü, das mit ausgezeichneten Weinen serviert wird. Reservierung empfohlen. *Info: Schulstraße 9, Tel. 89.164238, www.broeding.de*

€€ Rosenpalais (Regensburg). Bier aus eigener Brauerei, Würste und Fleisch aus der eigenen Metzgerei, und das alles in einem urigen Brauhaus aus dem Jahr 1620. Dienstags kann man dem Braumeister beim Bierbrauen zusehen.
Info: Schwarze-Bären-Straße 6, Tel. 941.5997703, www.regensburger-weissbrauhaus.de

€ Ratskeller (Würzburg). Fränkische und internationale Küche, Schwerpunkt Fleischgerichte, vom Châteaubriand bis hin zu Schweinemedaillons mit Kräuterbutter und Wiener Schnitzel. Nett sind auch die Kinderteller: Jedes Gericht ist nach einer Märchenfigur benannt.
Info: Langgasse 1, Tel. 931.13021, www.ratskeller-wuerzburg.de

Weitere Informationen:
www.tourismusauskunft-bayern.de, www.fremdenverkehrsamt.com/bayern.html

Mailand – Venedig

Italien

Die Hauptstadt der Lombardei ist nicht nur eine Stadt für Geschäftsreisende: Im Schatten der Madunina entstehen Boutique-Hotels, Museen, neue Stadtviertel. Gleiches gilt für Venedig: Neben Gondeln und reich verzierten Palästen gibt es auch neue Ausstellungsräume und interessante Neubauten. Ein Muss sind die Ausflüge nach Verona und an den Comer See.

Zwischen Mailand und Venedig gibt es vieles zu sehen, aber das Bezauberndste ist sicherlich Verona. Seine wunderschönen Plätze geben bereits einen Vorgeschmack auf die Lagunenstadt, in der sich Künstler und Schriftsteller in der Atmosphäre einer vergangenen Welt verloren haben, von der jedes Denkmal, jeder Palast und jedes Museum erzählt. **Mailand** gilt als Symbol des produktiven und modernen Italiens, steht aber auch für außergewöhnliche Bauwerke wie den **Mailänder Dom**, die Dominikanerkirche **Santa Maria delle Grazie** mit dem *Abendmahl* von Leonardo da Vinci, die Wasserstraßen (**Navigli**), an deren Planung Leonardo ebenfalls mitwirkte) und die **Museen Ambrosiana** *(Piazza Pio XI, www.ambrosiana.eu, Öffnungszeiten Di–So 10–18 Uhr)*, **Wissenschaft und Technik** *(Via S. Vittore 21, www.museoscienza.org, Öffnungszeiten Di–Fr 9.30–17, Sa u. So bis 18.30 Uhr)* und die **Pinakothek von Brera. Venedig** wiederum ist die Quintessenz der Kunst in Form einer Stadt. Jeder besucht den **Markusplatz** und den **Canal Grande**, aber die ehemalige Republik und Handelsmacht birgt viele weitere Ecken, die zu erkunden sich lohnt. Schön ist auch ein Ausflug zum nur eine Autostunde von Mailand entfernten **Comer See**. Mit seinem Gebirgspanorama und den märchenhaften Villen, die einst von der Mailänder Aristokratie erbaut wurden, um im Sommer der stickigen Hitze in der Stadt zu entkommen, gehört er zu den romantischsten Seen Italiens.

Fortbewegung: *Von Mailand fährt man die 280 km Autobahn (A4) nach Venedig in etwas mehr als drei Stunden, die 170 km auf derselben Autobahn nach Verona in knapp zwei Stunden. Mit dem Hochgeschwindigkeitszug Eurostar Frecciabianca* (www.trenitalia.it) *legt man die Strecke Mailand – Venedig in 2,5 Stunden zurück; viele Züge halten auch in Verona (1 Stunde u. 22 Minuten von Mailand bzw. 1 Stunde u. 10 Minuten von Venedig aus). Von Mailand nach Como fährt man entweder über die A9 (ca. 40 km), mit den Zügen der Ferrovie dello Stato (in 60 bis 90 Minuten,* www.trenitalia.it*) oder der Ferrovie Nord, die nach einer Fahrzeit von ca. 60 Minuten direkt am See halten* (www.trenord.it).

MAILAND (3 *Tage)*

Jeder Mailänder kennt das Volkslied, in dem seit 1935 die Schönheit der „Madunina", der vergoldeten Madonna, besungen wird, die sich über den vielen Zinnen auf der Turmspitze des gotischen **Mailänder Doms** erhebt. Dieses fast 4,5 m hohe, 300 kg schwere Symbol der Stadt stammt aus der zweiten Hälfte des 18. Jh. und kann von den Domterrassen aus, die man mit dem Aufzug oder über 200 Stufen erreicht, bewundert werden. Dort finden auch Konzerte statt, und bei klarem Wetter hat man von dort oben eine sagenhafte Aussicht: die ganze Stadt vor dem Panorama der Monte-Rosa-Alpen und dem Monte Viso im Hintergrund.

Von den Domterrassen steigt man hinab, um die Marmorfassade der Kirche, den **Schatz** mit wertvollen Goldschmiedearbeiten (darunter die Silberkapsel, die der hl. Ambrosius im 4. Jh. vom Papst erhielt), die fünf von antiken Glasfenstern beleuchteten gotischen Schiffe und den mehrfarbigen, in mehreren Epochen geschaffenen Marmorboden zu betrachten *(www.vivilduomo.it)*. Auf dem Domplatz befindet sich auch der **Königspalast (Palazzo Reale)**, ein prachtvolles Bauwerk in klassizistischem Stil, und das neueste Museum der Stadt, das **Museum des 20. Jahrhunderts**, für das die restaurierten Sälen des **Arengarios** (ein faschistischer Bau aus den 1930er-Jahren) genutzt werden. Es ist durch einen gläsernen Gang mit dem Königspalast verbunden und beherbergt die wichtigsten Arbeiten Mailänder und anderer italienischer Künstler von Boccioni über Chirico bis hin zu Lucio Fontana *(www.museodelnovecento.org, Öffnungszeiten 9.30–19.30, Do u. Sa bis 22.30, Mo 14.30–19.30 Uhr)*. Auf der anderen Seite des Platzes beginnt neben dem zweckmäßigen Gebäude von **Rinascente**, der großen Kaufhauskette Italiens, der **Corso Vittorio Emanuele II**, die Einkaufsmeile – und auch die gleichnamige **Galleria**, Shopping-Arkaden aus Glas und Metall aus dem Jahr 1864, die nach den Bombenangriffen des Zweiten Weltkriegs wieder aufgebaut wurden.

Die Galleria endet an der **Piazza della Scala**, die umrahmt wird vom **Palazzo Marino**, nach Plänen von Luca Beltrami errichtet und Sitz der Gemeindeverwaltung, sowie von der berühmten **Mailänder Scala**, eines der bedeutendsten Opernhäuser der Welt, nach den Plänen Piermarinis erbaut und 1778 eröffnet.

94 - Das Arengario, Sitz des Museums des 20. Jahrhunderts.

94-95 - Der Domplatz in Mailand.

95 - Die Galleria Vittorio Emanuele II in Mailand.

Die Scala wurde 2004 unter der Leitung des Schweizer Architekten Mario Botta umfangreich renoviert, sie erhielt modernste Bühnentechnik und den 38 m hohen Bühnenturm *(www.teatroallascala.org)*. Dann hat man die Wahl: entweder **Via Manzoni** und dann **Via Montenapoleone** mit ganz viel Mode in den Schaufenstern oder die engen Straßen, die nach **Brera** führen, eines der Symbolviertel der Stadt, in dem sich die **Akademie der Schönen Künste** mit der **Pinakothek** befindet, die unter der Herrschaft Napoleons entstand, um die wichtigsten Kunstsammlungen der Halbinsel auszustellen, von der *Hochzeit der Jungfrau* von Raffael bis zum *Toten Christus* von Andrea Mantegna *(Via Brera 28, www.brera.beniculturali.it, Öffnungszeiten Di–So 8.30–19.15 Uhr)*. Von der Piazza della Scala kann man auch zum Piazzale Cordusio gehen und von dort aus weiter zum **Castello Sforzesco**. Die ursprüngliche Burg der Familie Visconti, von Francesco Sforza im 15. Jh. wieder aufgebaut und im 19. Jh. von Luca Beltrami restauriert, beherbergt verschiedene Museen und die **Pinakothek** mit 230 Arbeiten, darunter einiger Werke Mantegnas *(Piazza Castello, www.milanocastello.it, Öffnungszeiten 7–18, im Sommer bis 19 Uhr; Museen 9–17.30 Uhr, Montag geschlossen)*. Sehenswert sind auch die **Basilika Sant'Ambrogio** – ein exzellentes Beispiel der lombardischen Romanik *(Piazza Sant'Ambrogio, www.basilicasantambrogio.it, Öffnungszeiten Mo–Sa 10–12 u. 14.30–18, So 15–17 Uhr)* – und die Kirche **Santa Maria delle Grazie** aus dem 15. Jh., die das berühmteste Gemälde aller Zeiten beherbergt: *Das Letzte Abendmahl* von Leonardo da Vinci *(Piazza Santa Maria delle Grazie, www.cenacolovinciano.net, Besichtigungen müssen vorab gebucht werden)*. Wenn Sie sich hingegen für das modernere Gesicht der lombardischen Hauptstadt interessieren, sollten Sie die **Triennale** besuchen, die in den 1990er-Jahren von Gae Aulenti restauriert wurde und in der regelmäßig wechselnde Kunstausstellungen stattfinden. Dort gibt es auch ein Design-Café mit Blick auf den **Parco Sempione** sowie das **Design-Museum**, ebenfalls mit wechselnden Ausstellungen *(Viale Alemagna 6, www.triennale.org u. www.triennaledesignmuseum.it, Öffnungszeiten Di–So 10.30–20.30, Do u. Fr bis 23 Uhr, Montag geschlossen)*. Oder vielleicht das moderne **Theater Arcimboldi** nach den Plänen Renzo Pianos *(Viale dell'Innovazione 20, www.teatroarcimboldi.it)* und, wenige Schritte vom **Hangar Bicocca** entfernt, ein ehemaliges Industriegebäude, das zum Kunstareal im neuen Viertel Bicocca wurde *(Via Privata Chiese 2, www.kultura-extra.de/kunst/spezial/kurzportrait_hangar_bicocca.php, Öffnungszeiten 11–19, Do 14.30–22 Uhr, Montag geschlossen)*.

96 - Das Schloss Sforzesco in Mailand.

97 - Piazza della Scala in Mailand.

Nachtleben in Mailand

*Auch das Nachtleben ist in Mailand der Mode unterworfen, aber in einigen Vierteln wird ungeachtet etwaiger Trends unverdrossen gefeiert. So auch im Hauptquartier der „Movida meneghia", der Mailänder Bewegung, entlang den **Navigli**, den Kanälen der Stadt, die Mailand mit Pavia verbinden und im Sommer zur Fußgänger- und Partyzone mit zahlreichen Lokalen werden. Trendiger feiert man in der **Via Tortona**, der Ecke der Kreativen: In den Boutiquen und Restaurants ist immer etwas los, beliebt sind die historischen Restaurants **Osteria del Binari*** (Tel. 02.89406753) *und das **Boccino*** (www.ristoranteboccino.it). *Die unsterbliche Happy Hour mit Pauschalpreisen findet man im **Hollywood Living** in der Via Vittor Pisani* (Tel. 02.36554445) *und in der **Atm Bar** an den Bastionen der Porta Nuova* (www.atmbarmilano.com). *Ein weiteres Viertel mit vielen Bars und Restaurants ist **Isola-Garibaldi-Repubblica**, das dank eines Projekts der Stadtplanung mit seinen futuristischen Wolkenkratzern zum In-Viertel avanciert.*

Einkaufen

*Die neueste Mode kauft man in **Mailand** in den Läden der großen Designer der **Via della Spiga** und der **Via Montenapoleone**, während der **Comer See** für seine Seidengeschäfte berühmt ist, wie **La Tessitura Mantero** in der Viale Roosevelt 2/a, in der es auch eine Ausstellung zur Geschichte der Seidenmode gibt* (www.conceptstore.latessitura.com). *In **Verona** sieht man sich eher nach Antiquitäten um, z.B. im **Antichità Negrini*** (Corso Santa Anastasia 18, Tel. 045.8030398) *oder in der **Galleria Antiquaria Valbusa**, die Steingut von der Renaissance bis zum 19. Jh. führt* (Corso Sant'Anastasia 21, Tel. 045.8006030). *In **Venedig** kauft man das berühmte **Muranoglas**, das man hier in den Läden oder direkt vom Hersteller auf der gleichnamigen Insel bekommt. Modernere Stücke gibt es bei **Venini**: Vasen und Teller der größten Designer des 20. Jh.* (Fondamenta Vetrai 47 in Murano, Piazzetta Leoncini in San Marco, www.venini.com).

COMO *(2 Tage)*
Nach nur einer Stunde Autofahrt ändert sich die Szenerie völlig. **Como** ist eine Stadt mit aristokratischem Charme am südlichen Teil des Comer Sees, der durch seine Schönheit Weltruf genießt. Nach Como kommt man wegen der Seidenindustrie, wegen der eleganten **Piazza del Duomo** mit der **Kathedrale** im gotischen und Renaissancestil und dem **Broletto** aus dem Jahr 1215, wegen **Sant'Abbondio**, einer der schönsten romanischen Kirchen der Lombardei überhaupt, und wegen der Seilbahn, die vom Viale Geno bis in den Ort **Brunate** *(www.funicolarecomo.it)* hinauffährt, von wo man eine atemberaubende Aussicht über den See genießt. Der See lässt sich aber auch „von unten" erkunden, indem man die beiden Straßen zu beiden Seiten des Ufers entlangfährt und durch Orte kommt, in denen sich des Leben der Fischer mit dem der Mailänder Aristokratie vermischte, die sich hier seit dem 18. Jh. Prachtvillen bauen ließ. Am linken Ufer des Sees trifft man nach dem Ort **Cernobbio** und der **Villa d'Este** *(www.villadeste.com)*, heute ein Luxushotel, auf die Ortschaft **Argegno**, der die kleine Isola **Comacina** (die einzige Insel des Sees) vorgelagert ist, auf **Lenno**, wo die **Villa del Balbianello** mit ihrem wunderschönen Park steht, der mit seinen Terrassen bis zum See reicht, und etwas weiter auf **Tremezzo**. Der hauptsächliche Grund, hier zu halten, ist die **Villa Carlotta** *(www.villacarlotta.it)*, die über einen der schönsten Parks Italiens verfügt, in dem im Frühling über 150 verschiedene Arten von Rhododendron und Azaleen blühen. Aber auch am rechten Ufer gibt es antike Dörfer, allem voran **Bellagio**: ein Juwel am Scheitelpunkt des rechten und linken Seearms, das von der **Villa Melzi** *(www.giardinidivillamelzi.it) mit ihren* englischen Gärten und vom **Grand Hotel Villa Serbelloni** *(www.villa-serbelloni.com)* dominiert wird, durch dessen Paradies aus exotischen Pflanzen nicht nur Churchill, Roosevelt und Kennedy spazierten.

98 OBEN - EINE ORTSCHAFT AM COMER SEE.

98 MITTE - COMO, VOM SEE AUS BETRACHTET.

98 UNTEN - VILLA DEL BALBIANELLO, LENNO.

VERONA *(1 Tag)*

In Verona (auf der A4 170 km von Mailand und 125 km von Venedig), der Stadt, die unverbrüchlich mit Shakespeares *Romeo und Julia* verbunden ist, der größten Liebesgeschichte seit Menschengedenken, gibt es eine spezielle Führung, die den Besucher zu den berühmtesten Handlungsorten dieser Geschichte geleitet: vom **Haus der Julia**, einem mittelalterlichen Gebäude in der Via Cappello 23, bis hin zum **Grabmal** in der Via del Pontiere *(http://portale.comune.verona.it)*. Verona ist aber noch viel mehr: die traumhaften Gassen und Plätze der Altstadt, die von der UNESCO zum Weltkulturerbe erklärt wurden, die **Arena**, das römische Amphitheater auf der **Piazza Bra'**, Ort der berühmten Opernfestspiele *(www.arena.it)*, die **Piazza delle Erbe**, einst Forum Romanum, heute Platz des täglichen Marktes, die **Piazza dei Signori**, elegant und würdevoll mit dem **Palazzo del Capitano** aus dem 14. Jh., dem **Palazzo del Governo**, der **Loggia del Consiglio** und dem **Dante-Denkmal** in der Mitte. Weitere Juwelen sind der **Giardino Giusti**, der zu den wichtigsten Beispielen der Baukunst der italienischen Renaissance gehört und schon von Goethe bewundert wurde *(Via Giardino Giusti 2, www.verona.net, Öffnungszeiten 9 Uhr bis Sonnenuntergang)*, die auf die alten Römer zurückgehende Steinbrücke **Ponte Pietra**, die über die Etsch führt, und die Kirchen. Sehenswert sind der **Dom**, über mehrere Jahrhunderte im romanischen Stil erbaut, die Kirche **Santa Anastasia**, berühmt für ihr gotisches Portal in mehrfarbigem Marmor, die Kirche **S. Fermo Maggiore**, die von zwei Gebäuden gebildet wird: dem unteren aus dem 11.– 12. Jh. und dem gotischen oberen. Das wahre Meisterwerk aber ist **S. Zeno Maggiore**: eine romanische Basilika mit einer Fassade aus rosafarbenem Marmor, mit Kreuzgang und Krypta aus dem 13. Jh., dem Triptychon von Andrea Mantegna sowie den Bronzetafeln über dem Portal mit Szenen aus dem Alten und Neuen Testament *(www.comune.verona.it/turismo/Passeggiando/ItinerarioC/sanzeno.htm, geöffnet 10–18, an Feiertagen 13–18 Uhr)*.

99 OBEN - DIE ARENA VON VERONA.

99 MITTE - DIE STEINERNE BRÜCKE IN VERONA.

99 UNTEN - DIE PONTE SCALIGERO IN VERONA.

VENEDIG (3/4 Tage)
Der Markusplatz, die Rialtobrücke, der Palazzo Grassi – sie zählen zu den bekanntesten touristischen Zielen der Lagunenstadt. Die Stadt birgt jedoch auch viele Ecken, die nicht in jedem Reiseführer stehen und die es in Ruhe zu entdecken gilt, angefangen in ihrem kunsthistorischen Herzen und bis hin zu den äußeren Vierteln, die man nach zahlreichen Brücken- und Kanalüberquerungen erreicht. Und genau diese Viertel zeigen ein Venedig, das zwar typisch, aber doch ganz anders ist: Cannaregio ist nicht San Marco, Dorsoduro mit seinen neuen Museen für zeitgenössische Kunst hat eine andere Atmosphäre als der Lido, dessen Protagonisten die Strände, die Pavillons der Kunstbiennale und der Prunk der Filmbiennale sind *(www.labiennale.org)*. Kommt man mit dem Zug am Bahnhof Santa Lucia an (oder auf den Autoparkplätzen), besucht man zuerst **Cannaregio**, ein Viertel nördlich des Canal Grande, kaum von Touristen besucht und deshalb sehr venezianisch. Zu sehen gibt es das alte jüdische Getto, die Kirche **Madonna dell'Orto** mit Meisterwerken wie dem Altarbild von Cima da Conegliano und verschiedenen Arbeiten Tintorettos, einschließlich des berühmten *Jüngsten Gerichts (Campo de la Madonna dell'Orto, www.madonnadellorto.org, Öffnungszeiten 10–17, Feiertage 13–17 Uhr)*, und die **Galleria Franchetti** im Inneren des **Ca' d'Oro** *(Cannaregio 3932, www.cadoro.org, Öffnungszeiten Di–So 8.15–19.15, Mo bis 14 Uhr)*, in der der hl. Sebastian von Mantega der Superstar ist und das Gebäude die gotische Bühne, deren mehrfarbiger Marmor sich im **Canal Grande** spiegelt. Fast gegenüber liegt die **Ca' Pesaro**, die **Galerie der Modernen Kunst** im Viertel **Santa Croce**, ein Muss für Fans von Klimt, Klee, Kandinsky und Matisse *(Santa Croce 2076, www.museicivicveneziani.it, Öffnungszeiten 10–17, im Sommer bis 18 Uhr, Montag geschlossen)*. Und im Viertel **San Polo** befinden sich die **Scuola Grande di S. Rocco** mit dem grandiosen Zyklus von Tintoretto, dessen Werke Wände und Decken der Säle zieren *(San Polo 3052, www.scuolagrandesanrocco.it, geöffnet 9.30–17.30 Uhr)*, und die **Kirche Santa Maria Gloriosa dei Frari**, die reich an Gemälden von Bellini, Palma dem Jungen und Tiziano ist *(S. Polo 3072, www.basilicadeifrari.it)*. Von San Polo nach **San Marco** gelangt man über die **Rialtobrücke**, die berühmteste der vier steinernen Brücken, die über den Canal Grande führen; sie wurde Ende des 16. Jh. als Ersatz für die vorherige Holzbrücke erbaut. Eine würdige Pforte zum zentralsten und monumentalsten aller Viertel, das einzigartige Schätze und Bauwerke birgt: von der

Seufzerbrücke, aus Kalkstein in barockem Stil erbaut, über das **Museum Correr** mit Skulpturen von Canova, venezianischen Bronzen, gotischen und flämischen Arbeiten wie *Die Anbetung der Heiligen Drei Könige* von Brueghel d. J. *(San Marco 52, www.museicivicivenezianì.it, geöffnet 10–17, im Sommer bis 19 Uhr)* und das **Teatro la Fenice** *(Campo San Fantin, www.teatrolafenice.it)*, Ende des 18. Jh. erbaut, bis zum **Palazzo Grassi**. 2006 erwarb der Kunstmäzen François Pinault den Palazzo und schuf zusammen mit der **Punta della Dogana** im Viertel Dorsoduro eines der weltweit bedeutendsten Zentren zeitgenössischer Kunst *(www.palazzograssi.it)*.

100-101 - Luftansicht von Venedig.

101 oben - Palazzo Franchetti am Canal Grande.

101 mitte - Die Rialtobrücke.

101 unten - Der Palazzo Grassi in Venedig.

Die Punta della Dogana liegt am Ende des Canal Grande und hat die Form eines Schiffsbugs, die man auch vom Markusplatz aus erahnen kann. Der Markusplatz gehört zu den berühmtesten Plätzen der Welt, nicht zuletzt wegen seiner eindrucksvollen Bauwerke: dem **Markusdom** im romanisch-byzantinischen Stil, der mit seinen fünf Kuppeln an den Orient erinnert *(www.basilicasanmarco.it)*, dem Uhrenturm mit seiner astronomischen Uhr und den beiden Bronzestatuen, die auf einer riesigen Glocke die Stunden schlagen *(www.museicivicivenezìani.it, Besichtigung nur unter vorheriger Buchung)*, dem berühmten **Campanile** (Glockenturm) aus dem 16. Jh. und natürlich dem **Dogenpalast** mit seiner gotischen Fassade, der Residenz der Dogen mit ihren **Privatgemächern** und Werken von Tiepolo, Veronese und Tintoretto *(www.museicivici-veneziani.it, Öffnungszeiten 8.30–17.30, im Sommer bis 19 Uhr)*. Geht man in San Marco über die **Ponte dell'Accademia**, gelangt man nach **Dorsoduro**, dessen Ausläufer die bereits erwähnte Punta delle Dogana ist und das über weitere interessante Museen verfügt, wie die **Gallerie dell'Accademia** mit einer wunderbaren Sammlung venezianischer Gemälde vom 14. bis zum 18. Jh. *(Campo della Carità, www.gallerieaccademia.org, Öffnungszeiten 8.15–19.15, Mo 8.15–14 Uhr)*, die **Peggy-Guggenheim-Sammlung** der berühmten amerikanischen Kunstmäzenin in einem Gebäude aus dem 18. Jh. mit Werken von Picasso, Mondrian, Boccioni, Calder... *(Palazzo Venier dei Leoni, Dorsoduro 701, www.guggenheim-venice.it, Öffnungszeiten 10–18 Uhr, Dienstag geschlossen)* und die **Magazzini del Sale**, von Renzo Piano restauriert, um die Sammlung des Malers Emilio Vedova auszustellen *(Dorsoduro 266, www.fondazionevedova.org)*. Geht man in San Marco in die entgegengesetzte Richtung, durchquert man das Viertel **Castello** und gelangt zum antik eingerichteten Gebäude der **Fondazione Querini Stampalia** *(Castello 5252, www.querini-stampalia.it, geöffnet Di–So 10–19 Uhr)* mit der Pietro-Longhi-Sammlung, Arbeiten von Bellini, Giordano und Tiepolo und Konzerten mit alter Musik, und schließlich zum **Lido**. Im Sommer ist ein Tag am Strand sehr verführerisch, aber wenn noch etwas Zeit bleibt, sollte man sich unbedingt die Insel **Giudecca** ansehen, die

Dorsoduro vorgelagert ist. Seit einiger Zeit werden die alten Lagerhallen und Industriegelände zu Luxushotels wie dem **Molino Stucky**, eine ehemalige Nudelfabrik *(www.molinostuckyhilton.com)*, oder Kulturzentren wie dem **CZ95** umgebaut. Der **Spazio Giudecca 795** ist eine Kunstgalerie in den Räumen des Palazzo Foscari *(www.giudecca795.com)* aus dem 16. Jh.

Übernachten

€€€€€ Hotel Gabbia d'Oro (Verona). Etwas teuer, aber lohnenswert: ein historisches Gebäude im Stadtzentrum, klein, aber von altem italienischem Charme. Das Anti-Design-Hotel schlechthin. *Info: Corso Porta Borsari 4/a, Tel. 045.8003060, www.hotelgabbiadoro.it*

€€€€ Una Maison Milano (Mailand). Das Gebäude historisch, das Dekor zeitgenössisch: 27 Zimmer und Suiten und ein Dachgeschoss mit Blick auf die Dächer der Via Mazzini, einen Steinwurf vom Dom entfernt. *Info: Via Mazzini 4, Tel. 02.85605, www.unahotels.it*

€€€€ Ca' Nigra Lagoon Resort (Venedig). Fresken, Lampen aus Muranoglas und Möbel aus dem 18. Jh. gibt es in diesem Design & Boutique-Hotel im Herzen der Serenissima. Von den 22 Suiten ist die Nr. 206 die schönste: ein Juwel mit großen Fenstern und Blick auf den Canal Grande. *Info: Santa Croce 927, Tel. 041.2750047, www.hotelcanigra.com*

€€ Hotel Borgovico (Como). Ein kleines, frisch restauriertes Hotel im In-Viertel Borgovico. Die Zimmer sind einfach, aber charmant, einige pastellfarben mit Steinwänden, andere mit hölzernem Dachgebälk. *Info: Via Borgovico 91, Tel. 031.570107, www.hotelborgovico.it*

Essen

€€€ I Tigli al Lago (Como). Elegant und schnörkellos neben der Seilbahn nach Brunate. Innovative Küche, täglich wechselndes Menü mit Betonung auf Fischgerichten: Krabben, Scampi, Tintenfisch, Wolfsbarsch – nur ein paar Schritte vom See entfernt. *Info: Via Coloniola 44, Tel. 031.301334, www.itiglialago.it*

€€ Osteria Il Milion (Venedig). Kneipe (u.a. für die Schauspieler des nahe gelegenen Teatro Malibran) und Restaurant. Venezianische Gerichte (nicht nur), von Tagliolini mit Meerspinne bis zu Tintenfisch in eigener Tinte mit Polenta und gedünsteten Kalbsnieren. *Info: San Giovanni Grisostomo 5841, Tel. 041.5229302, www.ilmilion.com*

€€ Trattoria Al Bersagliere (Verona). Ein historisches Lokal mit traditioneller Küche, von der Bauernsalami über Polenta mit Speck, Nudeln mit Bohnen und Risotto bis hin zu den hausgemachten Desserts. *Info: via Dietro Pallone 1, Tel. 045.8004824, www.trattoriaalbersagliere.it*

€€ Antica Trattoria della Pesa (Mailand). Um die wahre Mailänder Küche kennenzulernen, ist hier der richtige Ort: Kotelett mit Knochen, Risotto und die typische Cassoeula, ein Eintopf mit Schweinefleisch, Kraut und Salami, dazu Polenta. Nur wenige Schritte vom Corso Como. *Info: Viale Pasubio 10, Tel. 02.6555741*

Weitere Informationen:
www.turismo.milano.it,
www.turismo.como.it und www.lakecomo.it,
www.tourism.verona.it,
www.turismo.venezia.it

102 oben - Der Markusplatz bei Hochwasser.

102 unten - Der Dogenpalast.

103 - Der Markusdom von innen.

Florenz, Siena und Provinz Siena – *Italien*

Florenz und Siena, die Künste und Künstler zu vereinen scheinen: Giotto, Donatello, Simone Martini, Brunelleschi, Masaccio, Botticelli, Leonardo da Vinci und Michelangelo arbeiteten dort. Städte mit tief verwurzelten Traditionen, vom Calcio Storico und Palio bis hin zu den farbenfrohen Stadtfesten, die es schon seit Jahrhunderten gibt. Die hügelige Landschaft um die beiden Städte offenbart ihre Schönheit in kleinen mittelalterlichen Orten, in den weltbekannten Thermalzentren, in Mode und Kunsthandwerk und schließlich in der typischen Küche mit ihren einfachen und geschmackvollen Gerichten.

Ein guter Ausgangspunkt für den Besuch von Florenz ist der **Piazzale Michelangelo**, ein Aussichtsplatz auf dem Hügel im Stadtgebiet (man erreicht ihn mit den Linien 12 u. 13 vom Bahnhof S. Maria Novella aus). Ungeachtet der merklichen Touristenkonzentration hat man von dort oben ein Postkartenpanorama der Altstadt. Weiter oben erhebt sich die **Basilica di S. Miniato al Monte**, ein Beispiel feinster romanischer Architektur der Toskana (erbaut 1018–1207) mit einer Fassade aus weißem und grünem Marmor und dem Mosaik auf goldenem Grund, dessen Lichtreflexe bei Sonnenuntergang von jedem Winkel der Stadt aus zu sehen sind *(Via Monte alle Croci 34, Öffnungszeiten Sommer Mo–So 8–19.30, Winter 8–12 u. 15–18 Uhr)*. Die einstigen Lehen der Medici liegen in der Gegend von **S. Lorenzo** und der **Piazza della Signoria**, nicht weit entfernt vom Stadtgebiet **S. Croce**, wo sich die große gotische **Basilika** erhebt, die als Pantheon der berühmtesten Florentiner fungiert (dort sind u.a. Michelangelo, Ghiberti und Galileo begraben) und Donatellos Verkündigung sowie wunderbare Fresken von Giotto beherbergt *(Öffnungszeiten Mo–Sa 9.30–17.30, So 13–17.30 Uhr)*. Die historische Rivalin von Florenz ist **Siena**, die schönste gotische Stadt der Toskana und ganz Italiens, mit einer Fußgängerzone, die im Verhältnis zu ihrer Einwohnerzahl die größte Europas ist. Die Stadt Siena erlebte ihre Blütezeit im 13. und 14. Jh., das goldene Zeitalter, in dem die meisten Kirchen, Paläste und Monumente entstanden sowie die Befestigungsmauern, über die auch die kleinen Orte der hügeligen Provinz von Siena verfügen, wo es Weinanbau und Thermalbäder gibt.

Fortbewegung: *Egal, wie man angereist ist – am besten erkundet man Florenz und Siena zu Fuß. In Florenz kann man auf Fahrräder zurückgreifen, die man an zahlreichen Punkten der Stadt ausleihen und wieder abgeben kann* (Info: Milleeunabici, Tel. 055.6505295, www.cooperativaulisse.org). *Die 80 km lange Autofahrt von Florenz nach Siena kann man größtenteils auf der Schnellstraße (RA 3) zurücklegen. Mit dem Zug benötigt man 90 Minuten. Den Ausflug in die Provinz Siena macht man mit dem Auto (ca. 120 km).*

FLIORENZ ***(3 Tage)***

In Florenz läuft man angesichts der Fülle von Museen, Gassen, Plätzen und Palästen, die auf einer Fläche von einem Quadratkilometer geballt auf alle Sinne einwirken, Gefahr, ins Stendhal-Syndrom zu verfallen. Selten wird man so sehr von der glorreichen Vergangenheit einer Stadt in Beschlag genommen. Nur wenige Schritte vom Bahnhof – ein zweckmäßiger Bau von Giovanni Michelucci – lebt das goldene Zeitalter der Florentiner Renaissance wieder auf in der eleganten Fassade der Basilika **S. Maria Novella**, in weißem und grünem Marmor, nach Plänen von Battista Alberti aus dem Jahr 1458. Im Innern wird das gotische Hauptschiff durch bunte Fenster beleuchtet und glänzt durch Meisterwerke aus dem 14. und 15. Jh.: *Die Heilige Dreifaltigkeit* von Masaccio, die Kreuze von Giotto und Brunelleschi, die Fresken von Filippino Lippi in der Cappella Strozzi und die von Ghirlandaio in der Cappella Tornabuoni *(Piazza S. Maria Novella, Öffnungszeiten Mo–Do u. Sa 9–17, Fr u. So 13–17 Uhr)*. Nach dem Verlassen der Kirche ist ein Besuch der **Officina Profumo-Farmaceutica di S. Maria Novella** *(Via della Scala 16)* ein absolutes Muss. Die älteste Apotheke der Welt ist ein magischer Ort aus vergangener Zeit mit Destillierkolben und Keramikgefäßen, gefüllt mit geheimnisvollen Essenzen nach jahrhundertealten Rezepten der Mönche *(Öffnungszeiten Mo–Sa 9.30–19.30, So 10.30–18.30 Uhr)*. Das Mäzenatentum der Familie Medici zeigt sich in seiner ganzen Pracht im Viertel **San Lorenzo**, dem Marktviertel aus dem 19. Jh., dessen Stände noch heute von Einheimischen wie von Touristen frequentiert werden. Dort

erhebt sich die **Basilika S. Lorenzo** *(Piazza S. Lorenzo)*, die aus der Zusammenarbeit von Donatello und Michelangelo entstand und zu der die **Medici-Kapellen** mit den von Michelangelo prächtig gestalteten Gräbern der Großfürsten gehören *(Piazza Madonna degli Aldobrandini 6, www.polomuseale.firenze.it/cappellemedicee)*. Wenige Schritte entfernt trifft man auf den strengen **Palazzo Medici Riccardi**, im Auftrag von Cosimo Medici dem Alten nach den Plänen von Michelozzo erbaut, mit einem schönen Renaissance-Innenhof mit Säulen und einem großen Fresko der Familie Medici, von Benozzo Gozzoli als *Dreikönigszug* dargestellt *(Via Cavour 3, Öffnungszeiten 9–19, Mittwoch geschlossen, www.palazzo-medici.it)*. Die Kunst des Florentiner Mosaiks enthüllt ihre Geheimnisse in der **Opificio delle Pietre Dure**, der alten Hofmanufaktur der Medici *(Via degli Alfani 78, Öffnungszeiten Mo–Sa 8.15–14, Do bis 19 Uhr)*, während im antiken **Dominikanerkloster S. Marco** aus dem 13. Jh., 1437 von Michelozzo restauriert, wundervolle Fresken von Beato Angelico zum Beten und Meditieren einladen *(Piazza S. Marco 3, www.polomuseale.firenze.it/musei/sanmarco)*.

104 - DIE KIRCHE S. MARIA NOVELLA IN FLORENZ.

104-105 - DER ARNO IN FLORENZ.

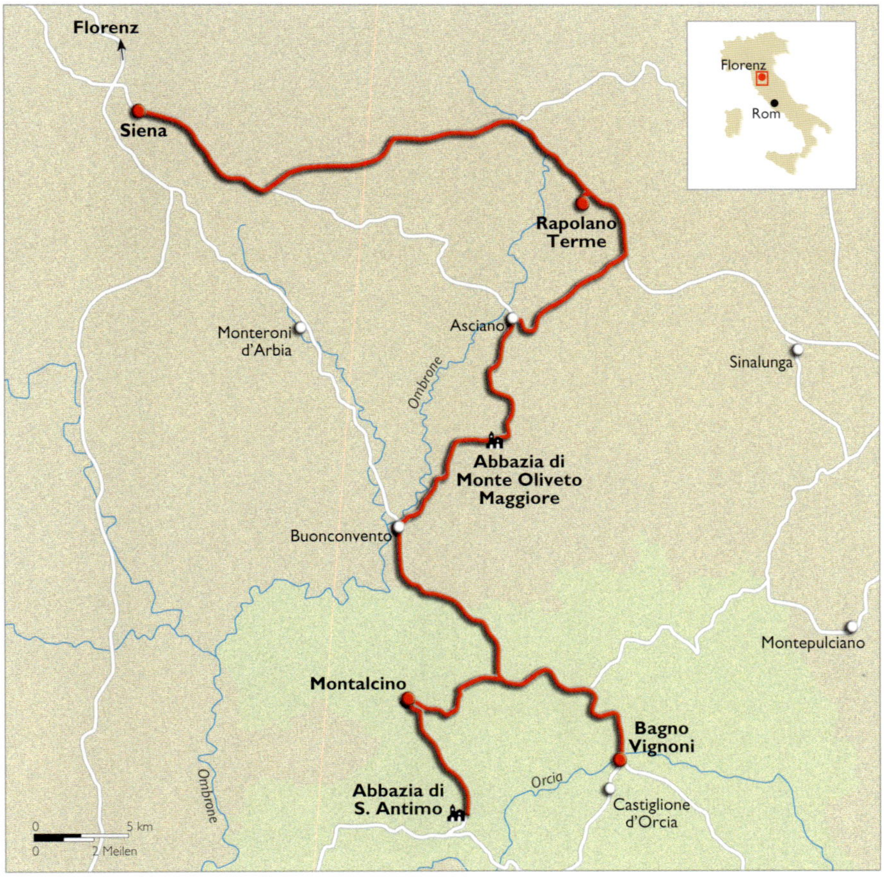

Das Leuchtfeuer der Florentiner Renaissance ist die nach den Plänen von Brunelleschi erschaffene Domkuppel der Kathedrale **S. Maria del Fiore**, die drittgrößte nach dem Petersdom in Rom und der St.-Pauls-Cathedral in London. Der Bau wurde 1296 von Arnolfo di Cambio begonnen und später von Giotto, Francesco Talenti und weiteren Künstlern vollendet. Zu ihren Schätzen gehören das Fenster von Lorenzo Ghiberti aus dem 15. Jh. und das Fresko eines Reiterstandbilds für Giovanni d'Acuto, 1436 von Paolo Uccello gemalt *(Piazza del Duomo, www.operaduomo.firenze.it, geöffnet Mo–Mi u. Fr 10–17, Do 10–15.30, Sa u. Feiertage 13.30–16.45 Uhr)*. Für die Mühe, die 414 Stufen des **Campanile** nebenan zu erklimmen, der 1334 von Giotto begonnen und nach seinem Tod von Andrea Pisano fertiggestellt wurde, wird man mit einer fantastischen Aussicht über die Stadt belohnt. Er ist ebenso schön wie der Anblick der wunderbaren Mosaiken des Baptisteriums aus dem 11. Jh., in dem einst berühmte Söhne und Töchter der Stadt getauft wurden, darunter auch Dante *(Piazza di S. Giovanni, www.operaduomo.firenze.it, Öffnungszeiten Mo–Sa 12.15–19, So u. Feiertage 8.30–14 Uhr)*. Die drei wertvollen Bronzeportale sind Meisterwerke von Lorenzo Ghiberti und Andrea Pisano (die Originale befinden sich im Museum des Doms). Vom Domviertel geht man weiter zum **Viertel S. Trinità** und betrachtet den Luxus in den Schaufenstern der Juweliere und Designer-Boutiquen. An der Piazza della Trinità befindet sich im Erdgeschoss des Palazzo Spiri Feroni das **Salvatore-Ferragamo-Museum**, das die Erfolgsgeschichte des legänderen Schuhdesigners dokumentiert, der von 1927 bis 1960 die Schuhe der bekanntesten Hollywood-Stars kreierte *(www.ferragamo.com, geöffnet Mi–Mo 10–18 Uhr)*. Eine weitere Abwechslung zur Kunst der Renaissance ist das **Marino-Marini-Museum** an der Piazza S. Pancrazio, das sich in der gleichnamigen ehemaligen Kirche befindet und Skulpturen, Gemälde, Zeichnungen und Schnitzereien des bekannten zeitgenössischen Künstlers (1901–1980) zeigt *(geöffnet Mo–Mi u. Sa 10–17 Uhr)*. Wenn man sich etwas stärken möchte, kann man bei der Gelegenheit eine Pause im **Cafè Giacosa** in der Via della Spada 10/r machen, dem ältesten von Florenz, das kürzlich von Roberte Cavalli neu gestylt wurde. Auch das Anfang des 20. Jh. eröffnete **Literatencafé Giubbe Rosse** an der Piazza della Repubblica 13–14 ist einen Besuch wert. Dort tragen die Ober rote Schürzen, ganz nach Wiener Tradition. Frisch gestärkt geht es weiter zur spektakulären **Piazza della Signoria**, eine Galerie unter freiem Himmel in den Arkaden der **Loggia della Signoria**, mit Skulpturen wie dem *Perseus* von Benvenuto Cellini (1554) oder dem *Raub der Sabinerinnen* von Giambologna (1585), und zum **Palazzo**

Vecchio mit traumhaften Fresken aus dem 16. Jh., die dem Ruhm Cosimos I. und seinem Traum von Größe alle Ehre machen. In einer Führung durch das **Museo dei Ragazzi** erhält man viele Informationen zum Leben bei Hofe unter der Herrschaft der Medici *(Piazza della Signoria 1, www.palazzovecchio-museoragazzi.it, Öffnungszeiten Fr-Mi 9–19 Uhr, Donnerstag geschlossen)*. Fehlt noch die unendliche Serie von Meisterwerken der **Uffizien**, dem ältesten Museum des modernen Europas, das Ende des 16. Jh. gegründet wurde; an den neueren Umbauten und Erweiterungen war der japanische Stararchitekt Arata Isozaki beteiligt. Im Innern befinden sich unzählige Werke der italienischen und florentinischen Malerei vom 12. bis zum 18. Jh., wie die *Ognisanti-Madonna* von Giotto, *Primavera* und *Die Geburt der Venus* von Botticelli, das *Tondo Doni* von Michelangelo, *Die Anbetung der Heiligen Drei Könige* von Leonardo da Vinci *(Piazzale degli Uffizi, www.polomuseale.firenze.it/musei/uffizi, geöffnet Di–So 8.15–18.50 Uhr. Um die Schlange am Eingang zu vermeiden, empfiehlt es sich, die Eintrittskarten vorab zu reservieren, Tel. 055.294883, oder unter www.firenzemusei.it online zu bestellen)*. Nach der Besichtigung geht man über den antiken Versarikorridor, der entlang des Arno zur **Ponte Vecchio** führt, der ältesten Brücke über den Arno, deren Goldschmieden aus dem 16. Jh. stets von einer internationalen Touristenschar bevölkert sind. Auf der anderen Seite des Arno befinden sich **Palazzo Pitti** und der **Bòboli-Garten**, die letzten Ziele des Florenzaufenthalts. Ersterer wurde 1458 von Luca Facinelli nach Plänen Brunelleschis für den Bankier Luca Pitti erbaut und war Residenz der Medici, der Lothringer (die die Seitenflügel bauen ließen) und schließlich der Savoyer, als Florenz die Hauptstadt Italiens war. Im Innern befinden sich die **Galleria Palatina** mit Fresken von Pietro da Cortona und Arbeiten u.a. von Tizian, Raffael, Caravaggio, Botticelli und Veronese, die **Galerie der modernen Kunst** und das **Silbermuseum** mit wunderbaren Objekten aus dem Vermächtnis der Medici. Der zum Palast gehörige **Bòboli-Garten** wurde nach Plänen von Nicolò Tribolo ab 1550 als ideale Umgebung für Festivitäten des Hofes verwirklicht und im darauffolgenden Jahrhundert durch Bernardo Buontalenti zum Prototyp italienischer Gärten mit Terrassen, Zierbeeten, Brunnen, kleinen Inseln, Grotten und Statuen weiterentwickelt *(Piazza Pitti 1, www.polomuseale.firenze.it/musei, Öffnungszeiten Di–So 8.15–19.30 Uhr, am ersten und letzten Montag des Monats geschlossen)*.

106 OBEN - DER DOMPLATZ IN FLORENZ.

106 UNTEN - TEIL DER INNENSTADT VON FLORENZ.

107 OBEN - DIE PONTE VECCHIO IN FLORENZ.

107 MITTE UND UNTEN - DIE GALERIE DER UFFIZIEN, IN DER DIE BOTTICELLI-*VENUS* AUSGESTELLT IST.

SIENA *(2 Tage)*
Das pulsierende Herz der Stadt ist die **Piazza del Campo** in der Form einer großen rosafarbenen Muschel, die in neun Felder eingeteilt ist, die das „Konzil der Neun" symbolisiert, das den Platz von 1327 bis 1349 als Versammlungs- und Festplatz bauen ließ. Hier wird seit dem Mittelalter zweimal im Jahr (am 2. Juli und am 16. August) der **Palio** ausgetragen, eines der härtesten Pferderennen der Welt. Mit den Vorbereitungen sind die Seneser jedoch das ganze Jahr über beschäftigt.

Symbole der Stadt sind der schlanke, 102 m hohe **Torre del Mangia** aus dem Jahr 1348 und der mit Zinnen gekrönte und mit lichtdurchflutetem Triforium versehene **Palazzo Pubblico**, der gemäß der Überlieferung nach den Plänen eines Kaligrafen und Miniaturzeichners namens Giovanni Ende des 13. Jh. erbaut wurde. In den mit Fresken geschmückten Sälen befinden sich zum Teil die Büros der Stadtverwaltung, aber auch das wunderbare **Museo Civico**, das der Geschichte der Stadt gewidmet ist, eindrucksvoll gestaltet von senesischen Künstlern wie Simone Martini, der den Saal der Landkarten mit den berühmten Fresken, der Maestà und dem Guidoriccio da Fogliano versah. Eines der berühmtesten Werke im Palast ist die Darstellung der guten und der schlechten Regierung im Saal der Neun, von 1338 bis 1340 von Ambrogio Lorenzetti gemalt *(www.comune.siena.it/main.asp?id=1440&l=de, geöffnet 10–19 Uhr)*. Vor dem Palazzo steht die kleine Kapelle, die als Dank für die überstandene Pest erbaut wurde. Im oberen Teil des Platzes befindet sich der von Jacopo della Quercia um 1419 fertiggestellte **Fonte Gaia**. Mit diesem Brunnen wollte er der 25 km langen Leitung, mit der es 1342 zum ersten Mal gelungen war, Wasser in die Stadt fließen zu lassen, ein Denkmal setzen.
Nur wenige Schritte von der Piazza entfernt erhebt sich in der Via Banchi di

Sotto Nr. 52 der **Palazzo Piccolomini** (1469), das schönste Privathaus von Siena und Sitz des **Museo delle Biccherne**, das Holztäfelchen zeigt, die dem Einwohnermeldeamt als Buchdeckel dienten. Die wichtigste Kirche der Stadt ist der Dom, die in schwarzem und weißem Marmor erbaute **Kathedrale Santa Maria Assunta**, die über ein gotisches Mittelschiff im sonst romanischen unteren Teil von Giovianni Pisano verfügt, während der obere Teil im gotischen Flamboyantstil Giovanni di Cecco zugeschrieben wird. Der einzigartige Marmorboden der Kathedrale besteht aus 56 Paneelen und entstand in mehr als 400 Jahren nach Zeichnungen berühmter Seneser (1369 bis ins 19. Jh.). Im Querschiff brilliert die von Nicola Pisano aus weißem Marmor mit Hilfe seines Sohnes geschaffene Kanzel (1266–1268). Am Ende des Querschiffs befindet sich der Eingang zur **Piccolomini-Bibliothek**, die Pinturicchio mit wundervollen Fresken schmückte *(www.operaduomo.siena.it, Öffnungszeiten Mo–Sa 10.30–19, So u. Feiertage 13.30–17 Uhr)*. Gegenüber dem Dom steht das ehemalige Pilgerhospiz **S. Maria della Scala** *(Piazza del Duomo 2, Öffnungszeiten 10.30–18.30 Uhr)*, heute Sitz des **Kindermuseums** (entstanden aus der Idee, Kindern die Sprache der Kunst näherzubringen) und des **Zentrums für Zeitgenössische Kunst**.
Der Besuch Sienas endet mit den atemberaubenden Werken von Duccio da Buoninsegna, Simone Martini, Pietro und Ambrogio Lorenzetti, Pinturicchio und Jacopo della Quercia in den Sälen der **Pinacoteca Nazionale**, die sich im Palazzo Buonsignori aus dem 15. Jh. befinden *(Via S. Pietro 29, www.spsaesi.beniculturali.it, Öffnungszeiten Di–Sa 10–18, Mo, So u. Feiertage 9–13 Uhr)*.

108 OBEN - LUFTANSICHT DER PIAZZA DEL CAMPO.
108 UNTEN - DIE MAESTÀ VON SIMONE MARTINI.
109 - CHIGI-KAPELLE IM DOM VON SIENA.

Einkaufen

Wer eine Leidenschaft für ***Düfte*** *besitzt, ist in* ***Florenz*** *an der richtigen Stelle. Dort gibt es in der Via de' Bardi 14 im obersten Stock den Parfümeur* ***Lorenzo Villoresi****, der in seinem Atelier „Düfte nach Maß“, inspiriert von den Wünschen der Kunden, herstellt* (Besuch nach Voranmeldung, Tel. 055.2341187, www.lorenzovilloresi.it). *Stoffe namhafter Designer bekommt man in der* ***Casa dei Tessuti (Via de' Pecori 20–24/r, Tel. 055.215961)*** *oder in der* ***Antico Setificio Fiorentino****. Das Seidengeschäft gibt es seit 1786; es hat die Paläste der reichsten Florentiner Familien mit Brokat und Seide verkleidet* (Via Bartolini 4, www.anticosetificiofiorentino.com). *Briefmarken und außergewöhnliche Postkarten bekommt man im traditionsreichen Geschäft* ***Pinaider*** *gegenüber dem Palazzo Vecchio, in dem Überlieferungen zufolge sogar Stendhal, Byron und Leopardi eingekauft haben* (Piazza della Signoria 13, Tel. 055.284655). *Antiken Schmuck sollte man bei* ***Carlo Piccini*** *kaufen, einem der bekanntesten Läden auf der Ponte Vecchio. In* ***Siena*** *ist das hausgemachte Pan Forte, eine Art Früchtebrot, die große Spezialität der* ***Antica Drogheria Manganelli*** (Via di Città 71), *die auch für ihre Ricciarelli (eigentlich ein Weihnachtsgebäck) und toskanischen Weine bekannt ist. Künstlerische Keramiken im antiken Stil gibt es im* ***Atelier Ceramiche San Bernardino*** (Via Ficareto 2, Tel. 0577.594559).

DIE LANDSCHAFTEN DER PROVINZ SIENA ***(2 Tage)***
Die sanfte Hügellandschaft aus Olivenbäumen, Landhäusern und mittelalterlichen Abteien, die viele toskanische Maler im 14. und 15. Jh. auf ihre Leinwände übertrugen, bildet den Hintergrund einer ca. 120 km langen Fahrt in den Süden Sienas in das karge Gebiet der Crete Senesi und zu einigen Orten des Val d'Orcia, wo die Zypressen auf den Hügeln im diffusen Licht der Morgendämmerung wie gemalte Punkte am Horizont aussehen. Südlich von Siena in Richtung Asciano (31 km, größtenteils auf der Stadale 438), sollte unbedingt der Fotoapparat bereit gehalten werden; im Morgenlicht ist diese unvergessliche Landschaft der **Crete Senesi** mit ihren von Furchen durchzogenen, verwitterten Hängen besonders spektakulär. Dann nimmt man eine Abzweigung nach links in Richtung **Rapolano Terme** (9 km), Sitz des im Mittelalter befestigten Landsitzes **Grancia di Serra**, der heute ein Museum beherbergt *(Tel. 0577.705055)*. Im historischen Stadtkern lohnt die Besichtigung der Kirche **S. Lorenzo**, vor allem aber ein Aufenthalt in den beiden Thermen; eine davon, die **Terme dell'Antica Querciolaia**, stammt aus dem 19. Jh. *(Via Trieste 22, Tel. 0577.724091)*. 8 km südlich von Asciano steht auf einem Hügel, von steilen Abhängen umgeben, die Benediktinerabtei **Monte Oliveto Maggiore**. Ihre wertvollsten Schätze sind die Fresken, von 1497/98 von Luca Signorelli gemalt, die das Leben des hl. Benedikts darstellen, und der geschnitzte Chor der Kirche, ein Meisterstück von Fra' Giovanni da Verona *(Öffnungszeiten Mo–So 9.15–12 u. 15.15–17 Uhr, im Sommer bis 18 Uhr)*. **Montalcino**, 29 km weiter südlich gelegen, ist die Hauptstadt des weltbekannten Brunello-Weins und lohnt einen Aufenthalt nicht nur wegen der **Führung durch die Weinkeller** *(www.consorziobrunellodimontalcino.it)*, sondern auch wegen seines intakten mittelalterlichen Erscheinungsbilds und der **Festung**, die im 16. Jh. das letzte Bollwerk der Seneser gegen die Machtansprüche der Medici war. Das ehemalige Kloster **S. Agostino** aus dem 15. Jh. ist heute Sitz des **Museo Civico e Diocesano d'Arte sacra**, das zahlreiche Arbeiten der wichtigsten toskanischen Maler des 13. bis 15. Jh. zeigt *(Via Ricasoli 31, Öffnungszeiten Di–So 10–13 u. 14–17 Uhr)*. Wie verwunschen liegt zwischen Olivenbäumen und Mohnfeldern die einsame Abtei **S. Antimo** (10 km südlich), die nach der Überlieferung auf Karl den Großen zurückgeht und 781 gegründet wurde. Auch heute noch sind die Gregorianischen Gesänge der Augustinermönche während der Gottesdienste zu hören *(www.antimo.it)*. Die Reise endet im kleinen Thermalbad **Bagno Vignoni** (20 km von Montalcino entfernt), dessen Zentrum die schwefelhaltige Thermalquelle bildet, auf deren heilende Wirkung bereits Papst Pius II. und Lorenzo di Medici vertrauten. Ein magischer Ort, der besonders im Winter, wenn die Nebelschwaden des heißen Wassers die Landschaft einhüllen, jene surreale Stimmung erzeugt, die Tarkovsky für seinen Film „Nostalghia" wählte (für ein Bad im Wasser der Thermalquelle geht man ins Bad Val di Sole, in der Nähe des gleichnamigen Hotels; *www.piscinavaldisole.it)*.

Übernachten

€€€€€ Certosa di Maggiano (Siena). Dieses Luxushotel der Kette Relais & Chateaux, untergebracht in einem Kloster aus dem 14. Jh., begeistert durch große Marmorkamine, Bogendecken und Fresken an den Wänden. Die Küche ist ebenfalls vom Feinsten.
Info: Strada di Certosa 82, Tel. 0577.288180, www.certosadimaggiano.com

€€€€ Porta Rossa (Florenz). Wer sich für Literatur aus vergangenen Zeiten interessiert, ist in diesem Renaissance-Gebäude, wenige Schritte von der Piazza Strozzi entfernt, am richtigen Ort. In den großzügigen, im Retro-Stil eingerichteten Zimmern nächtigten einst schon Byron, Stendhal und sogar Balzac.
Info: Via Porta Rossa 19, Tel. 055.287551, www.hotelportarossa.it

€€€ Relais il Cestello (Florenz). Ein romantisches B&B in einer ehemaligen Poststation am südlichen Ufer des Arno bietet die Aussicht auf die Piazza di Cestello. *Info: Piazza Castello 9, Tel. 055.280632, www.relaisilcastello.it*

Essen

€€ Trattoria 4 Leoni (Florenz). Nur die wahren Florentiner kennen diese kleine Ecke des alten Florenz, auf die die große Terrasse der Trattoria 4 Leoni blickt, die bereits im 16. Jh. gegründet wurde. Das Lokal, ein ehemaliger Heuschober, bietet rustikale Eleganz und traditionelle Küche in modernem Gewand. Das Schlachtschiff ist die große Platte mit Frittiertem, bestehend aus Huhn, Kaninchen und gebackenem Gemüse. Freitags wird das Fleisch durch Backfisch ersetzt. *Info: Via dei Vellutini 1/r, Tel. 055.218562, http://4leoni.com*

€€ Antica Trattoria Papei (Siena). Das berühmteste Restaurant Sienas genau hinter dem Torre del Mangia auf dem Marktplatz bietet eine toskanische Küche (Crostini, Pappardelle mit Wildschweinsoße, Braten mit Rucola), die für angenehme Überraschungen sorgt.
Info: Via del Mercato 6, Tel. 0577.280894

€ Da Sergio (Florenz). Eine typische Florentiner Osteria, versteckt hinter den Marktständen von San Lorenzo. Die Speisekarte ist handgeschrieben und bietet täglich wechselnde Gerichte. Die Ribollita (Gemüse-Eintopf) ist ein wahres Kunstwerk ... *Info: Piazza San Lorenzo 8/r, Tel. 055.281941*

Nachtleben

Dolce Vita (Florenz). Eine Szene-Disco, sehen und gesehen werden in coolem Ambiente. Man nimmt einen Aperitif oder schaut nach dem Abendessen vorbei. Das Lokal hat sich über die Jahre immer wieder neu erfunden und bietet Livekonzerte und Kunstausstellungen.
Info: Piazza del Carmine 6/r, Tel. 055.284595, www.dolcevitaflorence.com

Tenax (Florenz). Das Publikum kommt aus der Glamour- und Mode-Szene. Einer der bekanntesten House-Clubs Italiens, seit Jahren In-Lokal. Hier legten schon die besten internationalen DJs auf.
Info: Via Pratese 46, www.tenax.org

Enoteca Italiana (Siena). In einer bezaubernden Ecke der Medici-Festung, die für Cosimo di Medici gebaut wurde, kann man in den Gasträumen oder auf der Terrasse aus 1500 Weinen wählen. Bis ein Uhr nachts geöffnet, und jeden Dienstagabend gibt es eine Happy-Hour.
Info: Via Camollia 72, Tel. 0577.228811, www.enoteca-italiana.it

Weitere Informationen:
www.firenzeturismo.it
www.terresiena.it

110 - DIE ABTEI S. ANTIMO.

Rom, Amalfiküste und Capri

Italien

Von der ewigen Stadt an die romantischste Küste der Welt: eine Woche zwischen archäologisch interessanten Orten, Denkmälern, Kirchen, von Stararchitekten entworfenen Museen, wilden Küsten und in Felsen gebetteten, farbenfrohen Dörfern – und dazu noch das Meer und der intensive Duft nach Zitrusfrüchten.

Jede große Hauptstadt besteht aus einer Zusammenfügung verschiedener Orte und Epochen, aber keine andere Stadt bezeugt mit so vielen Relikten ihre geschichtliche und künstlerische Vergangenheit wie Rom. Den Atem ihrer tausendjährigen Geschichte spürt man in den Steinen großartiger Monumente vom **Kolosseum** bis zum **Petersdom**, von der **Spanischen Treppe** bis zur **Piazza Navona**; flankiert werden die Eindrücke von Museen der größten zeitgenössischen Architekten, wie dem **MAXXI** von Zaha Hadid, oder von Experimenten wie dem **EUR**, die Planstadt der rationalistischen Architekten Italiens der 1930er-Jahre. Die Kunst zu leben und zu essen ist in **Trastevere** in den Trattorien ebenso zu Hause wie in den Sterne-Restaurants, die in den letzten Jahren in den großen Hotels eröffnet haben (wie das **La Pergola** im **Hotel Rome Cavalieri**, in dem der Küchenmeister Heinz Beck regiert, *www.romecavalieri.it/lapergola.php*). Aber auch die Parks sind eine Institution – von den 80 ha der **Villa Borghese** mitten im Zentrum, die neben dem Grün auch noch ein Museum zu bieten hat, in dem Arbeiten von Scipione Borghese, Antonello da Messina, Raffael, Tizian, Correggio, Caravaggio, Bernini und Canova zu sehen sind *(Piazzale del Museo Borghese 5, www.galleriaborghese.it, geöffnet Mo–So 8.30–19.30 Uhr)*, bis hin zu den englischen und italienischen Gärten der **Villa Pamphilj**, einer über 180 ha großen Oase der Stadt, die Fürst Camillo Pamphilj im 17. Jh. anlegen ließ. Derselben Dynastie ist auch die Entstehung des **Palazzo Doria Pamphilj** im Herzen Roms zu verdanken: ein Muss für Liebhaber der flämischen Meister und von Caravaggio, Tizian, Raffael – und von klassischer Musik: Jeden Samstag findet dort ein Konzert mit Barockmusik statt *(Via del Corso 305, www.dopart.it/roma, geöffnet 10–17 Uhr)*. Rom kann man jedoch auch auf den Spuren des Films erkunden, in den Studios der **Cinecittà**, dem Herz der italienischen Filmindustrie *(Via Tuscolana 1055, www.cinecittastudios.it, Besuche nach vorheriger Buchung)*, und an den Drehorten großer Filme: der **Fontana di Trevi** (von Nicola Salvi im 18. Jh. entworfen), wo einst Anita Ekberg in Fellinis *La Dolce Vita* badete, dem Kolosseum des *Gladiators*, der **Piazza di Spagna**, wo Audrey Hepburn in *Ein Herz und eine Krone* Gregory Peck begegnet, der **Engelsburg** *(Lungotevere Castello 50, www.castelsantangelo.com, Öffnungszeiten Di–So 9–19.30 Uhr)* und dem **Pantheon** aus dem Film *Illuminati* – ein Tempel, den Hadrian im 2. Jh. n. Chr. mit einer riesigen Kuppel in der Mitte bauen ließ und der zum größten Mausoleum der Antike wurde *(Piazza della Rotonda, Tel. 06.68300230,*

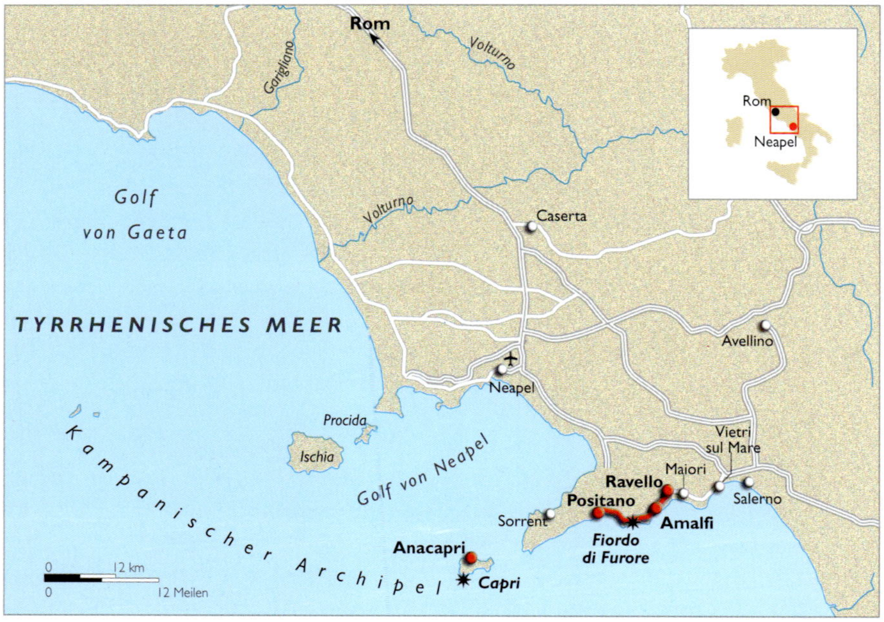

geöffnet 8.30–19.30, So 9–18 Uhr). Wahre Fans sollten auf keinen Fall das **Filmfestival** verpassen, das jeden Oktober im **Auditorium Parco della Musica** des Architekten Renzo Piano *(www.romacinemafest.it, www.auditorium.com)* stattfindet.
Nur wenige Reisestunden von der Ewigen Stadt entfernt kann man die romantische Schönheit der Amalfiküste genießen, die bereits im 18. Jh. ein obligatorisches Ziel für die bildungsreisenden jungen Adligen der „Grand Tour" war. Zwei Tage reichen gerade, um sich ihre architektonischen Juwelen anzusehen: **Ravello** mit seinen antiken Villen und Gärten, in die Hänge über dem Meer geschmiegt, **Amalfi** mit seinen Bauten im arabischen Stil, und **Positano**, das mit seinen bunten Häusern die modernste Stadt der Küste ist. Die atemberaubenden Felsen setzen sich unter Wasser fort und bilden Fjorde und Fels spalten im türkisfarbenen Wasser des Tyrrhenischen Meeres: die **Smaragdgrotte**, eine Höhle mit Stalagmiten und Stalagtiten in bizzaren Formen *(von der Anlegestelle Pennello in Amalfi fahren zwischen 9.30 und 16 Uhr die Boote zur Grotte ab. Auf dem Landweg erreicht man sie über Aufzug oder Treppe bei km 26,4 auf der SS 163 der „Amalfidana", www.amalfitouristoffice.it)*, und den **Furore-Fjord**, der von der Hochebene von Agerola nach unten führt. Und schließlich die **Insel Capri**: eine perfekte Kombination aus Land, Wasser, Natur, Kunst und Mondänität, die jahrhundertelang Maler, Regisseure, Dichter und römische Kaiser faszinierte.

112-113 - Das Forum Romanum in Rom.

113 - Die Kuppel des Pantheons in Rom.

Fortbewegung: *Das U-Bahn-Netz in Rom ist nicht sehr ausgebaut (nur 2 Linien), aber es ist dennoch zu empfehlen, um den Straßenverkehr zu umgehen. Die Taxis sind erschwinglich, man kann aber auch die Linienbusse, Touristenbusse und im Zentrum den Archeobus benutzen* (www.atac.roma.it). *Von Rom nach Salerno kommt man in ca. 2 Stunden mit dem Hochgeschwindigkeitszug, mit dem Auto legt man die 260 km auf der A1 und A 30 in der doppelten Zeit zurück. Vor Salerno gelangt man über die Staatsstraße 163 (man biegt in Vietri Richtung Meer ab) nach ca. 37 km zu allen Orten der Amalfiküste. Von Positano sind es 17 km bis Sorrent, von wo aus die Fähren nach Capri ablegen (von Neapel aus kommt man von den Ablegestellen Beverello und Mergellina nach Capri;* www.snav.it). *Von Salerno aus sind die Orte der Amalfiküste auch bequem mit dem Bus* (Linee Sita, www.sitabus.it/wps/portal/City), *und Amalfi und Positano mit Fähren und Schnellbooten* (www.turismoinsalerno.it/oraritraghetti.htm) *zu erreichen. Die Schnellbootlinie Metrò del Mare bietet regelmäßige Verbindungen zwischen Neapel, Salerno, Amalfi und Positano an* (www.metrodelmare.net).

ROM *(3 Tage)*

In Rom muss man viel laufen, um alles in wenigen Tagen zu sehen. Um Zeit- und Energieaufwand zu optimieren, beginnt man am besten im historischen Stadtkern, in dem sich alle antiken Monumente befinden. Das berühmteste ist das **Kolosseum**: Als es eingeweiht wurde, hieß es Amphitheatrum Flavium und war mit einer Kapazität von über 70.000 Zuschauern das größte der Welt *(www.archeoroma.beniculturali.it)*. Von dort aus besucht man nach dem **Konstantinbogen** die wichtigsten archäologischen Bereiche der Hauptstadt: das **Forum Romanum** und den **Palatin**, wo u.a. noch die Ruinen der **Basiliken Aemilia** und **Julia**, die **Domus Flavia**, der **Doppel-Tempel** der **Venus** und der **Roma**, die **Via Sacra** und der eindrucksvolle **Titusbogen** zu sehen sind *(www.archeoroma.beniculturali.it)*. Über allem trohnt das **Kapitol**, Sitz des Bürgermeisters auf dem von Michelangelo entworfenen Kapitolsplatz, auf dem sich auch die Kapitolinischen Museen befinden (mit Kunstwerken wie der Kapitolinischen Venus aus dem 2. Jh. v. Chr. und Berninis Büste der Medusa; *www.museicapitolini.org, Öffnungszeiten Di–So 9–20 Uhr*), und etwas weiter oben die Kirche **S. Maria in Aracoeli**, berühmt für die Fresken von Pinturicchio,

die die Lebensgeschichte des hl. Bernhard darstellen, und für die Arbeiten Donatellos *(www.sanmarcoevangelista.it)*. Neben der Kirche erheben sich das **Viktorianum** – das Denkmal Vittorio Emanuels II., das die **Piazza Venezia** dominiert – und das **Museo del Risorgimento** *(www.risorgimento.it, geöffnet 9.40–18.30 Uhr)*. Von dort geht es weiter zum **Quirinal**, seit 1946 Sitz des Präsidenten der Republik und teilweise zu besichtigen *(Piazza del Quirinale, www.quirinale.it, Öffnungszeiten Di–So. 8.30–12 Uhr)*, dann Richtung **Palazzo Barberini**, zur **Nationalgalerie antiker Kunst**, die Werke von Caravaggio, El Greco, Tizian, Filippo Lippi und Raffael beherbergt *(Via delle Quattro Fontane 13, www.galleriaborghese.it, Öffnungszeiten Di–So 8.30–19.30 Uhr)*, und weiter zur **Fontana di Trevi**, zur **Spanischen Treppe** und zum architektonisch interessanten, berühmten **Spanischen Platz**. Geht man von der Piazza Venezia aus die **Via del Corso** hinunter, trifft man zuerst auf die **Ara Pacis**, den berühmten Augustusaltar aus dem Jahr 9 v. Chr., der durch eine Glaskonstruktion von Richard Meier vor Umwelteinflüssen geschützt ist *(Lungotevere in Augusta, www.arapacis.it, Öffnungszeiten Di–So 9–19 Uhr)*, dann auf die **Piazza del Popolo** mit den drei der hl. Maria gewidmeten Kirchen **S. Maria del Popolo**, die an dem Platz errichtet wurde, an dem Nero starb, **S. Maria in Montesanto** und **S. Maria dei Miracoli**. Geht man stattdessen von der Piazza Venezia aus den **Corso Vittorio Emanuele** entlang, kommt man zur **Piazza Navona**, einen der berühmtesten Plätze der Welt und eine wahre Hymne an den Barock, mit den Kirchen **S. Agnese in Agone**, von Borromini im 17. Jh. fertiggestellt, und **Nostra Signora del Sacro Cuore**. In der Mitte des Platzes befindet sich die **Fontana dei Fiumi** von Gian Lorenzo Bernini mit den vier Statuen, die den Nil, den Ganges, die Donau und den Rio de la Plata symbolisieren. Von der Piazza Navona aus gelangt man zum **Tiber**, und auf der anderen Seite des Flusses überschreitet man die Grenzen zum Vatikanstaat, um das Symbol der Christenheit zu bewundern.

114 OBEN - DER AUFSTIEG ZUM KAPITOL.

114 MITTE - EIN SAAL DER MUSEI CAPITOLINI.

114 UNTEN - VIKTORIANUM DER PIAZZA VENEZIA.

115 OBEN - DIE SPANISCHE TREPPE.

115 MITTE - DIE ARA PACIS AUGUSTAE.

115 UNTEN - DIE FONTANA DI TREVI.

Der Besuch des Vatikans kann mit langen Wartezeiten verbunden sein, aber durch den Anblick des **Petersdoms** wird man dafür entschädigt: die größte Kuppel der Welt, die von Michelangelo entworfen und von Giacomo Della Porta und Domenica Fontana vervollständigt wurde, der bronzene **Baldachin** von Bernini und natürlich die Pietà, ebenfalls von Michelangelo. Die **Vatikanischen Grotten** beherbergen die Gräber der Päpste, darunter das Grab Johannes Pauls II., während sich vor der Basilika der aus zwei Halbkreisen bestehende **Säulengang** von Bernini öffnet, ein architektonisches Meisterwerk, ein Spiel mit Perspektive und Symmetrie. Weiter oben befinden sich die Vatikanischen Museen – eine Stadt in der Stadt, wo die berühmtesten Kunstwerke zu sehen sind, von der Sixtinischen Kapelle mit dem Jüngsten Gericht von Michelangelo über die Stanzen Raffaels, die **historischen Kartenwerke** und die **Wandteppiche** bis zur **Pinakothek** mit Meisterwerken von Giotto, Raffael und da Vinci *(www.vatican.va, www.museivaticani.va; um Warteschlangen zu vermeiden, ist es ratsam, die Eintrittskarten direkt über die Webseite zu erwerben)*. In einer Stadt, die derart von Meisterwerken angefüllt ist, hat auch die zeitgenössische Kunst ihren Platz. Dafür sind außergewöhnliche Bauwerke entstanden, die allein schon eine Reise wert sind: das **MAXXI**, das **Nationalmuseum der Kunst des 21. Jh.** im Stadtteil **Flaminio**, von der Anglo-Iranerin Zaha Hadid entworfen, mit wechselnden Ausstellungen und einer permanenten Sammlung von Kunstwerken und Fotografien *(Via Guido Reni 4 A, www.fondazionemaxxi.it, geöffnet Di–So 11–19, Do u. Sa 11–22 Uhr, Montag geschlossen)*, das **Macro, Museum für zeitgenössische Kunst**, in den ehemaligen Brauereigebäuden von Peroni, das von der Architektin Odile Decq neu gestaltet wurde und mit einer sich ständig erweiternden Sammlung glänzt *(zwei Sitze: Via Nizza 138, www.macro.roma.museum, geöffnet Di–So 11–22 Uhr, und Piazza Orazio Giustiniani 4, geöffnet Di–So 16–24 Uhr)*, oder das **Centrale Montemartini**, ein neuer Stützpunkt der Kapitolinischen Museen in einem ehemaligen Elektrizitätswerk. Hier sind antike Statuen neben antiken Maschinen ausgestellt *(Via Ostiense 106, www.centralemontemartini.org, Öffnungszeiten Di–So 9–19 Uhr)*.

116 - Innenansicht des Petersdoms.

117 oben - Der Tiber mit Blick auf den Vatikan.

117 mitte - Das MAXXI von Zaha Hadid.

117 unten - Die Galleria Alberto Sordi.

Einkaufen

Wer in ***Rom*** *nach Neuheiten sucht, wird im Palazzo dei Espositioni in der Via Milano 15–17 bestimmt fündig, z.B. im* ***Bookàbar****, einem Buchladen, in dem es neben Büchern auch CDs und Vinyl-Platten zu kaufen gibt. Eine Pause gönnt man sich in der Bar des Buchladens. Kochbücher und Reiseführer kauft man im* ***Arion*** *in der Via Veneto 42* (www.libreriearion.it)*, die Shops der großen Designer findet man zwischen der* ***Via del Corso****,* ***Via Condotti*** *und* ***Via del Babuino.*** *Wer sich für Priesterroben oder Devotionalien interessiert, schaut sich im* ***De Ritis*** *um* (Via dei Cestari 48, Tel. 06.6865843)*. Antiquitäten gibt es seit jeher in der Via dei Coronari:* ***Annamaria Hannau****, die Topadresse für Möbel aus den 1940er-Jahren und Biedermeier* (www.hannauroma.com)*. Aktuelleres bekommt man in der* ***White Gallery*** *im EUR: ein eleganter Lifestyle-Laden mit Mode, Parfümerie und Schmuck* (Piazza Guglielmo Marconi 18/19, www.whitegallery.it).

In ***Amalfi*** *findet man handgefertigte Gruß- und Einladungskarten sowie edle Schreibutensilien in der* ***Scuderia del duca*** (Largo Cesareo Console 8, www.carta-amalfi.it)*, und wer italienische Backwaren liebt, sollte eine Pause in der* ***Pasticceria Pansa*** *einlegen* (Piazza Duomo 40, www.pasticceriapansa.it)*, weil dort die typischen Süßigkeiten der Region besonders lecker hergestellt werden. Schicke Strandkleidung, Damen-, Herren- und Kindermode in frischen Farben gibt es in* ***Positano*** *im Modeatelier* ***Sartoria Lampo*** *in der Via Pasitea 12–16* (www.marialampo.it)*. Auf* ***Capri*** *kauft man die typischen Sandalen der Insel in Luxusausführung, handgefertigt und nach Maß, seit 1946 bei* ***Canfora*** (Via Camerelle, www.canfora.com)*, während man die berühmten Parfüms aus den Essenzen der Insel bei* ***Carthusia Profumi*** (Viale Parco Augusto, www.carthusia.com) *bekommt, ausschließlich aus Naturprodukten und nach alter Tradition hergestellt.*

118 LINKS OBEN - DER ORT RAVELLO.

118 LINKS MITTE - DAS MALERISCHE POSITANO.

118 LINKS UNTEN - DER DOM VON AMALFI.

119 UNTEN - UMGEBUNG DER PIAZZETTA IN CAPRI.

118-119 - DIE INSEL CAPRI, ISCHIA IM HINTERGRUND.

DIE AMALFIKÜSTE *(2 Tage)*

Zu den schönsten Zielen dieser traumhaften Küste gehört mit Sicherheit **Ravello** mit seiner reichen künstlerischen und musikalischen Vergangenheit. Viele große Männer aus Kunst und Kultur haben im Lauf der Jahrhunderte dort ihre Inspiration gefunden, von Richard Wagner über Arturo Toscanini bis zu André Gide und David Lawrence, von Miró bis Turner, deren auf Leinwand gebannte Eindrücke von dieser Küste in der Tate Gallery in London zu sehen sind. Vor Ort bewundert man indessen den wunderbaren Garten der **Villa Rufolo** mit Linden- und Zypressenalleen, in dem sich die mediterrane Flora neben exotischen Pflanzen entfaltet, und einer Aussicht auf das unendliche Meer (hier fand Wagner die Inspiration zum Klingsor-Garten aus Parsifal). Sehr schön und selten ist auch die arabisch-byzantinische Architektur aus dem 13. Jh., die im wunderbar gearbeiteten Säulengang ihren Ausdruck findet *(Piazza Duomo, www.villarufolo.it, Öffnungszeiten Sommer 9–20, Winter 9–16 Uhr)*. Im Garten der Villa findet jährlich im Sommer das **Ravello-Festival** statt, ein Highlight für Fans von Klassik, Ballet, Jazz, Ethnoklängen und zeitgenössischer Musik, die im Winter auch im neuen, von Oscar Niemayer entworfenen **Auditorium** zu hören sind. Nur wenige Schritte von der Villa entfernt erhebt sich die Kathedrale **S. Pantaleon** aus dem 11. Jh. mit ihrem herrlichen Bronzeportal und den byzantinischen, reich mit Mosaiken verzierten Kanzeln (*Öffnungszeiten 9–12 und 16.30–19 Uhr)*. Anfang des 20. Jh. wurde die eklektische **Villa Cimbrone** erbaut, eine bizarre Mischung verschiedener Stile und Epochen, heute ein bezauberndes Hotel *(Via S. Chiara 2, www.villacimbrone.com, Öffnungszeiten 9 Uhr bis Sonnenuntergang)*. Nicht weit von Ravello schmiegt sich **Amalfi** mit seinen engen Gassen und Treppen in die Felswand der Monti Lattari über dem Meer und blickt als eigener Staat und führende Handelsmacht Italiens im Mittelalter auf die älteste Geschichte der Küste zurück. Der imposante **St.-Andreas-Dom** aus dem 9. Jh. zeugt mit seiner prächtig mit Mosaiken geschmückten Fassade und seiner breiten Treppe, die bis zum Hauptplatz mit dem Volksbrunnen aus dem 18. Jh. hinunter reicht, von der einstigen Größe Amalfis. Sehenswert ist der wunderschöne **Kreuzgang Chiostro del Paradiso**, der von 1266 bis 1268 erbaut

wurde. Durch das schön gearbeitete Bronzeportal aus Konstantinopel gelangt man in das barocke Innere des Doms, das einer umfangreichen Restaurierung im 18. Jh. zu verdanken ist *(Öffnungszeiten März–Dez. 9–19 Uhr)*. Die Strandpromenade mit dem kleinen Hafen wird vom **Rathaus** dominiert, in dem sich das Gemeindemuseum **Museo Civico** befindet; Höhepunkt der Sammlung sind die Tavole Amalfitane, der erste Navigationskodex, der im gesamten Mittelmeerraum Gültigkeit hatte *(Öffnungszeiten Mo–Fr 8.30–13 Uhr, www.comune.amalfi.sa.it)*. Folgt man der mittelalterlichen, zum Teil überdachten **Via dei Mercanti** und dann weiter der Via Capuana, gelangt man ins **Valle dei Mulini**, durch das der Canneto fließt, dessen Wasserkraft einst die Mühlen der Papierhersteller antrieb. Das dortige **Papiermuseum** gibt durch verschiedene Vorführungen Aufschluss über die örtliche Geschichte der Papierherstellung *(Öffnungszeiten 1. März–31. Okt. 10–18.30 Uhr, 1. Nov.–28. Feb. 10–15.30 Uhr, Montag geschlossen)*.

Der letzte Reiseabschnitt am Golf von Salerno führt uns in den Ort **Positano**, der so beschaulich und pittoresk in den Fels gebaut ist, dass es an eine Krippenszene erinnert. Die pastellfarbenen Häuser, die engen Gassen, die sich durch den Ort ziehen, sind von Boutiquen gesäumt, in denen man die neuesten Modelle der typischen „Positano-Mode" erstehen kann. Auf dem Hauptplatz glänzt die farbige Kuppel der Pfarrkirche **S. Maria Assunta** aus dem

12. Jh. *(Öffnungszeiten 8–12 u. 15.30–19 Uhr)*. Die bezaubernden Strände sind in wenigen Minuten zu Fuß zu erreichen: **Marina Grande**, **Fiumicello**, **Arienzo** und **Fornillo**, wo sich in der Römerzeit die Öfen zum Brotbacken befanden.

CAPRI ***(2 Tage)***
Die Besichtigung der Insel, egal, ob zu Wasser oder zu Lande, beginnt immer in **Marina Grande**, Anlegestelle der Schnellboote und Fähren und Haltestelle der Standseilbahn nach **Capri**, das man auch zu Fuß über die **Via Colombo** durch ein bezauberndes Szenario aus Villen und Gärten erreicht. Das Herz des Ortes ist die berühmte **Piazetta**, Spitzname der winzigen Piazza Umberto I, ein Wohnzimmer im Freien, gespickt mit Bars und Treffpunkt von bekannten Persönlichkeiten, Intellektuellen und Touristen aus aller Welt. Blickfang ist die barocke Kirche **S. Stefano** mit ihren arabischen Kuppeln und einem bemerkenswerten romanischen Marmorboden, der aus der Villa Jovis des Tiberius stammt *(Öffnungszeiten Winter 7–13 u. 16–18 Uhr, Sommer 7–13 u. 16–21 Uhr)*. Zu den sehenswerten Sakralbauten der Insel zählt das **Kartäuserkloster S. Giacomo**, im 14. Jh. erbaut und von Kartäusern im 16. und 17. Jh. erweitert *(Öffnungszeiten Werktage 9–14, Feitertage 9–13 Uhr, Montag geschlossen)*. Das Refektorium beherbergt das **Diefenbach-Museum** mit der Sammlung des deutschen Malers Karl Wilhelm Diefenbach, Vertreter des Sympbolismus, der Anfang des 20. Jh. auf der Insel lebte *(Öffnungszeiten Di–So 9–14 Uhr)*. Nach einer kurzen Wegstrecke erreicht man die **Augustus-Gärten**, eine grüne Oase mit vielen Wegen und Pfaden und einem spektakulären Aussichtspunkt. Unter den Gärten beginnt die berühmte **Via Krupp**, die A. F. Krupp, Sohn des Begründers der gleichnamigen deutschen Stahlwerke, bauen ließ: eine steil abfallende Serpentinenstraße, die zur wunderschönen Bucht **Marina Piccola** führt, der die Einheimischen den poetischen Namen „Lied des Meeres" verliehen haben. Die magischen Orte der Insel kann man auch entlang der langen Wanderwege erkunden, die von der Piazzetta zu den Aussichtspunkten und den berühmten Naturphänomenen führen: die Aussichtsplattform **Belvedere Cannone** im Osten der Insel, der gewaltige **Steinbogen**, den Meer und Wind einst formten; von dort gelangt man nach einer kurzen Strecke zur **Grotta di Matermania**, die möglicherweise in der Römerzeit ein Kultort war. Auf dem unwegsamen Felsvorsprung Punta Masullo erhebt sich die **Villa Malaparte**, die Adalberto Liberia in den 1930ern für den Schriftsteller Curzio Malaparte baute und die durch ihre architektonische Einzigartigkeit heute immer noch hochmodern ist. Schließlich gelangt man über die Via Pizzolunge zum Aussichtspunkt **Tragara**, von wo aus man die berühmten **Faraglioni**, der Insel vorgelagerte Felsen, bewundern kann.

Die Blaue Grotte und die Strände von Capri

„Stellt euch eine vollkommen blaue Höhle vor, als hätte sich Gott damit vergnügt, ein Zelt aus einem Stück des Firmaments zu bauen." Das waren die Worte, mit denen Alexandre Dumas 1835 die Blaue Grotte beschrieb, die verzauberte Höhle der Insel Capri, die bereits die Römer gekannt hatten und die von einem Fischer 1822 wiederentdeckt wurde. Man erreicht sie mit dem Boot von Marina Grande (www.capriboats.com, www.capriseaservice.com) *oder auf dem Landweg von Anacapri aus. In beiden Fällen steigt man in der Nähe der Grotte in kleine Boote um, die es erlauben, den schmalen Eingang zu passieren. Die Höhle reicht bis 20 m unter den Meeresspiegel, und das blaue Licht kommt dadurch zustande, das das Tageslicht nahezu ausschließlich durch das Wasser in der Grotte reflektiert wird. Die über Jahrhunderte entstandenen Stalaktiten verstärken die surreale Atmosphäre. In der Grotte darf man nicht baden, aber dafür gibt es andere spektakuläre Stellen: die* ***Bagni di Tiberio****, ein kleiner Kieselstrand, den man nur mit dem Boot erreichen kann und der einst zur antiken römischen Residenz Palazzo a Mare gehörte, das kobaltblaue Wasser von* ***Gràdola*** *(erreichbar mit dem Bus von Capri und Anacapri aus), unweit der Blauen Grotte, und das exklusive Seebad* ***Marina Piccola****. Die schönsten Bademöglichkeiten an der Felsenküste sind bei den* ***Faraglione*** *(die man über einen Wanderweg vom Aussichtspunkt Tragara oder mit dem Taxiboot von Marina Piccola aus erreicht), in* ***Punta Carena*** *und am* ***Lido del Faro****. Hier lohnt es sich, bis zum Abend zu bleiben, um das magische Licht der im Meer versinkenden Sonne zu genießen (erreichbar mit dem Autobus von Anacapri aus).*

Ebenfalls von der Piazetta aus führt der Weg zum nordöstlichen Teil der Insel, wo der römische Kaiser Tiberius die letzten zehn Jahre seines Lebens in der **Villa Jovis** verbrachte, die nach den Grundsätzen eines mehrstöckigen römischen Palastes (Vestibül, Therme, Dienstbotentrakt, Privatgemächer, Empfangs- und Festsäle) um die zentral gelegenen vier großen Zisternen, die der Regen füllte, gebaut wurde. Die monumentalen Überreste des Palastes sind von gefährlichen Steilhängen umgeben; es gibt die Legende, dass der Herrscher die zum Tode Verurteilten von hier aus ins Leere springen ließ *(Öffnungszeiten Winter 9–15.30, Sommer 9–19.30)*.
Die zweite Gemeinde der Insel ist **Anacapri**, ein eleganter Touristenort mit weißen Häusern zwischen Olivenhainen und Weinbergen, aus deren Traubensorten Falanghina, Biancolella, Greco und Piedirosso die namhaften Weine Capris gekeltert werden. Sehenswert ist die im 18. Jh. nach den Plänen von Domenico Antonio Vaccaro mit einem achteckigen Grundriss erbaute **Kirche S. Michele**, die bemerkenswerte Majolika-Arbeiten in wunderbaren Farben beherbergt, die Szenen aus dem Paradies mit Adam und Eva darstellen *(Öffnungszeiten Winter 9.30–15, Sommer 9–19)*. **San Michele** ist auch der Name der **Villa** des Schweden Axel Munthe, Arzt, Schriftsteller, Kunst- und Naturliebhaber, der von 1896 an über 50 Jahre auf Capri lebte und den Roman Das Buch von San Michele verfasste. Die Villa birgt eine Sammlung antiker Kunstschätze und Möbel *(www.villa-sanmichele.eu)*.
Den Gipfel des Monte Salaro (589 m) erreicht man über einen Sessellift, der von der Piazza della Vittoria startet, oder nach einem einstündigen Aufstieg zu Fuß. Der Lohn sind seltene Pflanzen und ein 360-Grad-Panorama mit Blick auf die Nachbarinseln und den Golf von Neapel.
Ein empfehlenswerter Ausflug für alle, die Geschichte und den Duft der Macchia lieben, ist die Wanderung auf den **Sentiero dei Fortini**, der auf 5,2 km die Verbindung zwischen **Punta dell'Arciera**, in der Nähe der **Blauen Grotte**, und **Punta Carena** darstellt. Während der ca. fünfstündigen Wanderung sieht man Befestigungsanlagen, die zur Verteidigung gegen die Sarazenen entlang der Küste gebaut und während der Napoleonischen Kriege von Engländern und Franzosen benutzt wurden.

Übernachten

€€€€€ Portrait Suites (Rom). Suiten mit eigenem Personal, Terrassen mit Aussicht, das Interieur von den 1950er-Jahren inspiriert, Ausschnitte aus dem Film *Das süße Leben,* von den Fotografen der Agenzia Magnum unsterblich gemacht. Erdacht und in Szene gesetzt vom großen Meister Salvatore Ferragamo. *Info: Via Bocca di Leone 23, Tel. 06.69380742, www.rome-suites-portrait.com, www.lungarnocollection.com*

€€€€€ Grand Hotel Quisisana (Capri). Ein ehemaliges Sanatorium aus dem Jahr 1845, heute eines der schönsten Hotels der Welt mit zwei Restaurants, zwei großzügigen Pools, Kraftraum und einem Wellnesszentrum. *Info: Via Camerelle 2, Tel. 081.8370788, www.quisisana.com*

€€€ Casa Montani (Rom). Bed & Breakfast luxuriös: fünf zeitgemäße Zimmer, jedes anders ausgestattet, nur einige Schritte vom der Piazza del Popolo entfernt. Für die besten Preise ist ein Aufenthalt von mindestens zwei Nächten notwendig. *Info: Piazzale Flaminio 9, Tel. 06.32600421, www.casamontani.com*

€€€ Hotel Parsifal (Ravello). Mediterrane Atmosphäre, Terrassen und Gärten in einem ehemaligen Kloster. Die Zimmer sind komfortabel und der zentrale Säulengang ist von blühenden Pflanzen bewachsen. *Info: Viale G. D'Anna 5, Tel. 089.857144, www.hotelparsifal.com*

Essen

€€€ Antica Pesa (Rom). Der Name des Lokals (Alte Waage) sagt es: Dort wurde einst vom Zoll des Vatikanstaats das Getreide zur Steuererhebung gewogen. Die Karte bietet gute römische Küche mit einer Auswahl aus Nudel-, Fleisch–und Fischgerichten. *Info: Via Garibaldi 18, Tel. 06.5809236, www.anticapesa.it*

€€€ Buca di Bacco (Positano). Die unverfälschte, feine Küche dieses Restaurants hat schon Anfang des 20. Jh. die Gäste in Positano angezogen. Die Gastfreundschaft und die sorgfältige Zubereitung der Speisen sind bis heute erhalten geblieben. *Info: Via Rampa Teglia 4, www.bucadibacco.it*

€€ Checchino dal 1887 (Rom). Klassische römische Trattoria: Rigatoni mit Kutteln und Ochsenschwanz, serviert in den Gewölben oder im Freien unter zwei hundertjährigen Platanen. Die Weine lagern in einer Höhle unter dem Restaurant. *Info: Via di Monte Testaccio 30, Tel. 06.5743816, www.checchino-dal-1887.com*

€€ Da Paolino (Capri). Campanische Küche mit Meeresfischen in herrlicher Zitronensoße mit frischen Kräutern. Zu den Spezialitäten gehört in Zitronenblätter gegrillter Mozzarella. *Info: Via Palazzo a Mare 11, Tel. 081.8376102, www.paolinocapri.it*

Aperitif und Szene

La Terrasse Cuisine & Lounge (Rom). Donnerstags geht man zum „Double Jeu" (18–23 Uhr) auf die Terrasse Sofitel Rome Villa Borghese: Tapas-Menü vom Küchenchef Giuseppe D'Alessio, Cocktails vom Sailor's Lover bis zu Spezialkreationen, Musik von DJ Hoffman, der zu den angesagtesten der Stadt gehört. *Info: Via Lombardia 47, www.sofitel.com*

Enoteca Adriano Pallotti (Rom). Seit einem halben Jahrhundert eine Institution: über 800 verschiedene Weiß-, Rot- und Roséweine und Sekt (von großen Franzosen bis zu offenen Tischweinen) sowie eine Auswahl der besten Biere der Welt. *Info: Piazza Menenio Agrippa 9, www.enotecapallotti.it*

O Guarracino (Capri). Lokal mit Tradition, in das man geht, um schöne napolitanische Lieder zur Gitarrenbegleitung von Bruno und Gianni Lembo zu hören. *Info: Via Castello 7, Tel. 081.8370514*

Weitere Informationen: www.turismoroma.it, www.capritourism.it, www.tourias.de/reisefuehrer/touristen-information/paestum/ente_provinciale_per_il_turismo_salerno/index.html

120 OBEN - DER HAFEN MARINA GRANDE AUF CAPRI.

120 UNTEN - DIE BLAUE GROTTE VON CAPRI.

121 OBEN - GRAND HOTEL QUISISANA AUF CAPRI.

121 UNTEN - EINE EINKAUFSTRASS E AUF CAPRI.

Trogir, Split und Dubrovnik – *Kroatien*

Spektakuläre Plätze in Marmor, Gebäude aus weißem Stein. Häuser mit Doppelbogen-Fenstern und Portalen, mittelalterliche Kirchen und Klöster. Enge Gassen, Türme, Brunnen und Museen. Kleine historische Zentren, deren Mauern eine jahrhundertealte Geschichte aufweisen. Das alles findet man in Split, Trogir und Dubrovnik, wertvolle Schätze Kroatiens und der Adria, die zum Weltkulturerbe der UNESCO erklärt wurden. Die umliegende Landschaft reicht von zerklüfteten Küsten und Wäldern bis zu vielen kleinen Inseln und Felsen, die fast schon tropisch anmuten.

Split, das erste Etappenziel der Reise im mittleren Süden Dalmatiens, verfügt über einen historischen Stadtkern, der zu den schönsten in Europa gehört. Eine Abfolge von Stilrichtungen und Epochen, die mit dem **Diokletianspalast** ihren Anfang nahm. Das eindrucksvolle Bauwerk ist heute ein beliebter Treffpunkt für abendliche Veranstaltungen. 21 km weiter landeinwärts liegt die archäologische Stätte **Salona**, vermutlich der Geburtsort Diokletians, die über Amphitheater, Forum, Theater und Nekropolen verfügt, deren Reste uns Aufschluss über das tägliche Leben der dort einst angesiedelten alten Römer geben (Öffnungszeiten Juni–Sept. Mo–Sa 9–19, So 16–19, Okt.–Mai Mo–Fr 9–15 Uhr, Sa u. So auf Anfrage). An der Ostküste erhebt sich der mittelalterliche Ort **Trogir** mit einer wunderschönen romanischen Kathedrale und vielen Gebäuden im venezianischen Stil. Von Split aus in südlicher Richtung liegt **Omis** an der Mündung der Cetina, ein Ausgangspunkt für Rafting-Touren und Wanderungen. Man kann einen weiteren Stopp im Seebad **Brela** an der Makarska-Riviera einlegen, einem entzückenden Städtchen mit Steinhäusern und schönen Kiesstränden. Schließlich erreicht man das von kleinen Inseln umgebene **Dubrovnik**, dessen Schönheit aus einer anderen Zeit von Befestigungsmauern geschützt wird, die der Stadt über Jahrhunderte ihre Autonomie garantierten.

Fortbewegung: *Split erreicht man mit dem Flugzeug oder mit der Fähre von Ancona oder Pescara aus und ist der ideale Ausgangspunkt, um mit dem Auto oder Schiff auf einer ca. 260 km langen Strecke die Küste Dalmatiens zu entdecken. Kommt man mit dem Flugzeug, kann man sich direkt am Flughafen ein Auto mieten* (www.hertz.de, www.easyterra.de). *Trogir liegt nur 28 km westlich, Salona 21 km weiter im Landesinneren, während man die 212 km bis Dubrovnik in einer ca. vierstündigen Fahrt entlang der Küstenstraße Richtung Süden zurücklegt, was zuweilen anstrengend sein kann, da man auf vielen Streckenabschnitten maximal 50 km/h fahren kann. Alternativ kann man die Strecke Split – Dubrovnik mit der Fähre in 11 Stunden zurücklegen. Von Dubrovnik aus kann man kurze Ausflüge mit der Fähre (Abfahrt 3-mal täglich) zu den nahegelegenen Inseln Lokrum, Elafiti und Mljet unternehmen* (Schifffahrtsgesellschaft Jadrolinija, www.jadrolinija.hr).

Währung: *Die offizielle kroatische Währung ist die Kuna (HRK).*

DIE KÜSTE DALMATIENS VON SPLIT BIS DUBROVNIK *(4 Tage)*

Split ist die zweitgrößte Stadt Kroatiens mit internationalem Schiffs- und Flugverkehr und verdient weit mehr als nur eine Stippvisite. Im 3. Jh. v. Chr. eine griechische Kolonie, später Sitz des römischen Kaisers Diokletian, hat sie heute eine Altstadt mit einer künstlerischen Lebendigkeit, die einen staunen lässt. Gotische, barocke, venezianische und dalmatische Stilrichtungen vermischen sich mit antiken romanischen Bauwerken und bilden ein einzigartiges architektonisches Gefüge. Der Spaziergang in der autofreien Altstadt, Stari Grad, findet größtenteils innerhalb der ehemaligen

Palastanlage Diokletians (293–305) statt. Das rechteckig angelegte Areal (215x180 m) ist damals wie heute das belebte Herz der Altstadt: Mauern, Portale und das Peristyl mit korinthischen Säulen sind teilweise erhalten und flankiert von Häusern im gotischen und Barockstil. Dann die Vorhalle, von der aus man einst in die kaiserlichen Gemächer und das Vestibül gelangte; heute spielen dort in den Sommermonaten Folkloregruppen die sogenannte „Klapa"-Musik. Von dort aus gelangt man in die Kellergewölbe, in denen heute Kunsthandwerkermärkte und Kunstausstellungen stattfinden. Das achteckige Mausoleum des Herrschers wurde im 7. Jh. zur **Kathedrale des hl. Domnius** umgebaut. Sie hat ein wunderbares Flügeltor, Chorstühle und Kanzeln aus gemeißeltem Stein wurden im 13. Jh. hinzugefügt. Von dem romanischen Glockenturm aus genießt man eine sagenhafte Aussicht über Stadt und Meer. Gegenüber erhebt sich der frühere Jupiter-Tempel, heute **Taufkapelle des hl. Johannes** mit einer Kassettendecke aus Stein, aus der verschiedene Gesichter herausgemeißelt sind, die auf die vielschichtige Persönlichkeit Diokletians anspielen sollen. Wunderschön ist auch das Taufbecken aus dem 11. Jh., auf dem das Relief eines thronenden mittelalterlichen Herrschers zu sehen ist, bei dem es sich aller Wahrscheinlichkeit nach um den kroatischen König Zvonimir handelt. Die gesamte Anlage verfügt über vier Tore, das **eiserne**, das **goldene**, das **silberne** und das **bronzene** (**Seetor**), das heute auf die aufgeschüttete **Uferpromenade** führt, die mit Lokalen und Restaurants belebt ist; sitzt man draußen, hat man einen herrlichen Meerblick. Es lohnt sich, über den Obst- und Gemüsemarkt zu schlendern, den sogenannten **Pazar** (Mo–Sa 7–13, So 7–11 Uhr) in der Nähe des silbernen Tors, oder über den **Volksplatz** vor dem eisernen Tor, kurz **Pjaca** genannt; dort finden sich Häuser in venezianischem Stil mit glänzenden Marmorfassaden. Dann gibt es noch einige Museen zu besuchen: das nächst gelegene ist das 1910 gegründete **Völkerkundemuseum** *(Severova 1, www.etnografski-muzej-split.hr, Öffnungszeiten Mo–Fr 10–15 Uhr)* mit einer umfangreichen Sammlung dalmatinischer Trachten. Schön ist auch das **Archäologische Museum**, das besonders der mittelalterlichen Geschichte der Gegend gewidmet ist *(Zrinjsko-Francopanska 25, www.mhas-split.hr, Öffnungszeiten Sommer Di–So 9–12 u. 17–20 Uhr, Winter Di–So 9–14 Uhr)*, und die **Galerie Ivan Mestrovic** mit angeschlossenem Atelier, das die Arbeiten des berühmtesten, 1962 verstorbenen kroatischen Bildhauers ausstellt *(Setaliste Ivana Mestroviça 46, www.mestrovic.hr)*. Wer sich für die Seefahrt interessiert, kann sich auf den Weg zur **Festung Gripe** machen, die im 17. Jh. von den Venetern zum Schutz vor der Invasion der Osmanen gebaut wurde und heute das **Marinemuseum** beherbergt. Zu sehen sind verschiedene Modellschiffe und eine echte Militärmarineflotte *(Glagoljaska 18, Öffnungszeiten Di–So 9–13 u. 18–21 Uhr)*. Wem der Sinn danach steht, dem städtischen Treiben zu entfliehen, der kann eine Wanderung auf den westlich gelegenen **Marjan** machen, ein mit Pinien, Steineichen, Zypressen, Rosmarin und Ginster bewachsenes Naturreservat, von dessen höchster Stelle man bei schönem Wetter die Silhouette des Dinarischen Gebirges in Richtung Bosnien und die Inseln der Küste Dalmatiens sehen kann.

122-123 - Die Strandpromende von Split.

123 - Der Diokletianspalast in Split.

28 km westlich von Split erhebt sich auf einer Halbinsel die Stadt **Trogir**, eines der wichtigsten touristischen Ziele Dalmatiens. Der mittelalterliche Stadtkern ist durch einen Kanal, über den eine Brücke führt, vom Festland getrennt, was der Stadt eine venezianische Atmosphäre verleiht. Von den Griechen aus Syrakus im 3. Jh. v. Chr. gegründet, fiel sie in den darauffolgenden Jahrhunderten unter die Herrschaft der Römer, Byzantiner und Ungarn. Ihre Blütezeit erlebte die Stadt unter dem Schutz der Serenissima (1420–1797), deren Einflüsse heute noch sichtbar sind. Der autofreie Stadtkern ist seit dem Mittelalter nahezu unverändert geblieben. Zwischen dem Festland und der Insel Ciovo eingebettet und von den Resten der Stadtmauer umgeben stehen die Häuser, die aus dem weißen Stein der Insel Brac errichtet sind. Man betritt die Altstadt durch das nördliche Stadttor und wird von der Statue des Bischofs und Stadtpatrons Ivan Ursini begrüßt, in deren unmittelbarer Nähe sich der Cipiko-Palast aus dem 15. Jh. erhebt, Prunkbau einer der reichsten Patrizierfamilien der Stadt. Nur wenige Schritte weiter befindet man sich auf dem Hauptplatz, dessen romanisches Erscheinungsbild der **Stadtloggia**, der kleinen **Johannes-Täufer-Kirche** aus dem 13. Jh. und vor allem der **Laurentius-Kathedrale** zu verdanken ist, die größtenteils im 12. u. 13. Jh. erbaut wurde *(Öffnungszeiten Mai–Okt. 8–19, Nov.–Apr. 8–12 u. 15–18 Uhr)*. Ihre wertvollsten Schätze umfassen den gotischen Glockenturm, das mit Fabeltieren geschmückte Portal von 1240, die Renaissance-Taufkapelle, das monumentale Ziborium über dem Altar, das Chorgestühl und die prächtige Kapelle des Ivan Ursini, deren plastische Ornamente an Wänden und Decke als Inbegriff der dalmatischen Renaissance gelten. Sehenswert ist auch das **Benediktinerinnenkloster St. Nikolaus**, berühmt vor allem wegen des wunderbaren hellenistischen Flachreliefs aus dem 3. Jh., auf dem der griechische Gott Kairos als schöner Jüngling mit Flügeln an den Fersen dargestellt ist. Zudem liegt das Kloster an der Uferpromenade Ribarska, ein idealer Platz, um ein Mittagessen im Freien einzunehmen oder an Sommerabenden bei einem Drink die Boote zu beobachten. Alternativ kann man auch einem der zahlreichen Events beiwohnen, die in der **Festung Kamerlengo** veranstaltet werden. Das massive Bauwerk

am Westufer der Stadt trotzt seit dem 15. Jh. Wind und Meer und vor allem potenziellen Angreifern.
Folgt man der Küstenstraße von Split aus in südlicher Richtung, erreicht man nach ca. 4 Stunden (212 km) kurven- und steigungsreicher Fahrt **Dubrovnik**. Die einstige unabhängige Stadtrepublik Ragusa wurde schon von Byron als „Perle der Adria" bezeichnet, die plötzlich wie aus dem Nichts auf dem Horizont der Küstenstraße erscheint. Die monumentale Altstadt liegt auf einem Landvorsprung knapp über dem Meer und ist von einer massiven Stadtmauer mit zwölf quadratischen Türmen umgeben, die der Stadt jahrhundertelang ihre von Türken und Venetern bedrohte Unabhängigkeit sicherte und in den 1990er-Jahren im schrecklichen Krieg gegen Serbien zur Verteidigung der Stadt beitrug. Der **Miceta-Turm**, die spektakulärste Festung der Mauer, ist über die Jahrhunderte nahezu vollständig intakt geblieben; sie befindet sich im Norden der Stadt und wurde 1461 nach den Plänen des italienischen Architekten Michelozzo Michelozzi erbaut, ein Experte auf diesem Gebiet. Es lohnt sich, den 2 km langen Rundgang auf der Stadtmauer zu machen *(Aufgänge befinden sich am Pile-Tor und am Ploce-Tor, Öffnungszeiten Mai–Sept. 8–19, Okt.–Apr. 9–15 Uhr)*, auf diese Weise kann man den herrlichen Blick über die roten Dächer der Stadt genießen und alle Bastionen der Anlage bewundern, z.B. die **Johannes-Festung** an der südwestlichen Ecke, Sitz des **Schifffahrtsmuseums** und des **Aquariums**, ein ideales Ziel bei schlechtem Wetter *(Damjana Jude 12, Öffnungszeiten Sommer 9–21, Winter Mo–Sa 9–13)*. Die Altstadt erkundet man zu Fuß. Nachdem man am **Pile-Tor** die Statue des Schutzheiligen der Stadt, St. Blasius, bewundert hat, tritt man hindurch und folgt dem Besucherstrom zum **Stradum**, Fußgängerzone mit abgetretenen Pflastersteinen und Häusern aus hellem Stein. Der große **Onofrio-Brunnen**, der Endpunkt des langen Aquädukts, das der Neapolitaner Onofrio della Cave im 15. Jh. erbaute, ist ein obligatorischer Haltepunkt, bevor man in die Stille des **Franziskaner-**

Ein Bad vor den Toren der Stadt

In Split kann man schnell mal ins Meer springen, ohne sich zu weit vom Zentrum zu entfernen. Dazu geht man am besten Richtung Marjan, zur Spitze der Halbinsel; dort kann man zwischen verschiedenen Stränden wählen. Der bekannteste ist **Bacvice**, ein langer Sandstrand, der alljährlich mit der blauen Flagge ausgezeichnet wird und auch über einen Zugang für Rollstuhlfahrer verfügt. Wer am Wassersport interessiert ist, geht zum **Znjan**, ein wenig weiter südlich gelegen, mit einer Reihe kleiner oft sehr tiefer Buchten, deren Untergrund teils aus Kies und teils aus Zement besteht. Nur 15 Gehminuten von Stadtzentrum entfernt erreicht man den Lido von **Kasuni** an der Südseite des Marjan. Dort findet man Kies und Sand, einen kleinen Pinienwald und ein kobaltblaues Meer. Wer mehr Zeit am Wasser verbringen möchte, fährt mit dem Auto zur südlich von Split gelegenen **Makarska Riviera**, wo man breite Kiesstrände und ins Meer ragende Felsen antrifft. Der bekannteste Strand liegt beim Städtchen **Gradac**, mit 6 km der längste Kroatiens, im Norden von den Biokovo-Bergen begrenzt und mit der Insel Hvar am Horizont. Auch in **Dubrovnik** kann man sich zwischendurch am Strand erholen: der größte der Stadt heißt **Copacabana**, ein Kieselstrand auf der Halbinsel Babin Kuk, an dem auch die Möglichkeit für diverse Wassersportarten gegeben ist, vom Surfen bis zum Wasserski. Wer es ruhiger mag, geht zum **Sveti Jacov**, in der kleinen Bucht unter der gleichnamigen Kirche, hier liegt man auf einem Gemisch aus Sand und Kiesel. Unweit der Altstadt liegt der Strand **Banje**; der bekannteste Strand Dubrovniks gehört zu den schönsten der Welt. Der spektakuläre Blick auf die Stadtmauern von Dubrovnik und die Insel Lokrum ist einzigartig.

klosters eintaucht, um den spätgotischen Kreuzgang und die alte Apotheke zu bewundern *(Placa 2, Öffnungszeiten Sommer 9–18, Winter 9–15Uhr)*. Noch faszinierender ist das 1315 gegründete **Dominikanerkloster**, das nach dem Erdbeben von 1667 wieder aufgebaut wurde: Innerhalb seiner Mauern befindet sich ein wunderbarer gotischer Kreuzgang des Florentiners Maso di Bartolomeo, ein Kruzifix aus dem 14. Jh. von Paolo Veneziano und ein großes Gemälde von Tizian *(Sv. Dominika 4, Öffnungszeiten Sommer 9–18, Winter 9–15 Uhr)*. Von den Sakralbauten anderer Religionen ist die **Synagoge** aus dem 15. Jh. zu nennen, eine der ältesten Europas, die immer in Betrieb war, selbst in den dunkelsten Jahren der Geschichte. Heute wie damals ist der **Luza-Platz** das Herz Dubrovniks mit der Kirche **St. Blasius** und dem **Sponza-Palast** (ehemals Münzanstalt und Zollamt) mit seiner eleganten Mischung aus Gotik und Renaissance. Die gleiche Stilmischung weist der Rektorenpalast auf, ehemals Regierungssitz der Republik, in dem heute das Stadtmuseum untergebracht ist mit Sammlungen venezianischer und dalmatinischer Kunst, antiker Uhren und Möbel *(Pred Dvorom 3, www.mdc.hr, Öffnungszeiten Sommer Mo–So 9–18, Winter Mo–Sa 9–14 Uhr)*. In der Nähe erhebt sich auch die barocke **Kathedrale Maria Himmelfahrt**, die nach dem Erdbeben von Andrea Buffalini auf den alten Resten wieder aufgebaut wurde und wertvolle Reliquien enthält. Wer sich die Schrecken des Kriegs vor Augen halten möchte, besucht die **Galerie War Photo Limited**, eine berührende Ausstellung, die die verheerenden Auswirkungen der teilweise noch anhaltenden Konflikte u.a. in Afganistan, im Irak, im ehemaligen Jugoslawien sowie zwischen Israel und Palästina eindrucksvoll dokumentiert *(Antuninska 6, www.warphotoltd.com)*. Danach geht man zum Alten Hafen im Osten der Altstadt, vom dem aus man den Blick über die Küste Dalmatiens genießen kann, oder man stärkt sich in einem der vielen Cafés im Zentrum, etwa dem legendären **Gradska Kavana** *(Pred Dvorom 1)*, unweit des städtischen Theaters.

124 OBEN - TROGIR, VOM MEER AUS GESEHEN.

124 UNTEN - DIE KAPELLE GIOVANNI ORSINI.

125 OBEN - LUFTANSICHT VON DUBROVNIK.

125 UNTEN - DER LUZA-PLATZ IN DUBROVNIK.

BOOTSAUSFLÜGE: LOKRUM, DIE ELAFITEN UND MLJET *(3 Tage)*

Nach nur einer kurzen Bootfahrt hat man das mondäne Dubrovnik mit seiner Betriebsamkeit scheinbar weit hinter sich gelassen. Von den vielen Inseln, die die antike Republik umgeben, ist **Lokrum** die nächst gelegene (nur 700 m vom Alten Hafen entfernt, die Fähre geht im Sommer im 30-Minuten-Takt), ein kleines Stückchen Land (weniger als 1 qkm) mitten im Meer, ideal für einen Tag in einer intakten Welt. Die schönste Reliquie ihrer Vergangenheit ist das 1023 gegründete **Benediktinerkloster**, das im 19. Jh. in den Besitz Maximilians von Habsburg überging, der es im neugotischen Stil renovieren und eine Sommerresidenz mit einem herrlichen botanischen Garten mit tropischen Pflanzen und 60 Eukalyptusarten dazu bauen ließ. Den schöneren Strand gibt es jedoch auf der Halbinsel **Lapad**, in der Nähe einer über 50 m langen und über 20 m hohen Grotte. Nach einem erfrischenden Bad kann man auf einem Wanderweg zu einem **Salzsee** laufen, der durch ein unterirdisches Höhlensystem mit dem Meer verbunden ist. Ein steiler Weg führt zur Königsburg, die 1806 von den Franzosen sternförmig angelegt wurde; der Aufstieg lohnt sich: Man hat eine sagenhafte Aussicht von dort oben.

Ein weiterer Ausflug führt von Dubrovnik zum **Archipel der Elafiten**, die man nach einer kurzen Bootsfahrt erreicht (Abfahrt vom Hafen Gruz). Die paradiesischen, kleinen Inseln Kolocep, Lopud und Sipan erkundet man zu Fuß. Alle drei sind von einem Netz aus Wanderwegen durchzogen, die zu kleinen Fischerdörfern oder zu den Ruinen antiker Bauwerke führen. **Kolocep**, die kleinste Insel (4 qkm), ist dicht mit Weinstöcken, Oliven und Granatäpfeln bewachsen und wird wegen ihres niemals überfüllten Sandstrandes **Donje Celo** geschätzt. Lopud (4,6 qkm) verzaubert seine Besucher durch ein **Franziskanerkloster** aus dem 15. Jh. und durch den **Rektorenpalast** mit seinen eleganten gotischen Triforien; leider ist das Dach nicht erhalten. Schön ist auch der **Strand** am Hafen, schöner noch der Sandstrand **Sunj** auf der gegenüberliegenden Seite der Insel, den man über einen nach Rosmarin und Salbei duftenden Wanderweg in 15 Minuten erreicht. Die größte Insel des Archipels ist **Sipan** (15,5 qkm) mit kleinen Buchten und Tälern, in denen Wein, Oliven, Feigen, Mandeln und Zitrusfrüchte angebaut werden. Im Fischerdorf **Sudjurani**, an der Südostküste, wo die Uhren langsamer zu gehen scheinen, erheben sich die **Heiliggeistkirche** und zwei Wachtürme. Sie wurden im 16. Jh. erbaut, um die Inselbewohner vor Piratenangriffen zu schützen.

Einen Naturgenuss bietet die Insel **Mljet**; große Teile des Eilands (man erreicht es von Dubrovnik aus nach einer ca. einstündigen Katamaranfahrt) gehören zu einem Nationalpark, in dem Pinien- und Ulmenwälder zu finden sind. Man erkundet die Insel zu Fuß oder auf dem Fahrrad (Leihräder gibt es in der Nähe des Hotels Odisej in Pomena) auf Wanderwegen, die auf einer Strecke von ca. 9 km zwei tiefen Landsenken folgt, die wegen ihrer engen Meerespassage als Salzseen bezeichnet werden. In der Mitte des **Großen Sees** liegt eine Insel, auf der sich das **Benediktinerkloster** und die **Marienkirche** aus dem 12. Jh. befinden. Um die Salzseen zu schützen, sind Motorboote dort nicht erlaubt. An der Mali Most, der Brücke, die die beiden Seen verbindet, kann man sich jedoch Kajaks und Kanus ausleihen. Der größte Ort der Insel ist Babino Polje und hat

126 OBEN - DER KLEINE HAFEN VON LOPUD.

126 UNTEN - DIE UFERPROMENADE VON KOLOCEP.

nur 55 Einwohner, aber er ist berühmt für die **Odisejava Spilja**, die Grotte, in der Odysseus der Sage nach von der Nymphe Calypso gefangen gehalten wurde.

Übernachten

€€€€ Grand Hotel Villa Argentina (Dubrovnik). Das Luxushotel mitten im Stadtzentrum bietet eine atemberaubende Aussicht auf die antiken Mauern und das kristallklare Wasser der Adria. Es verfügt über Spa, Thermalzentrum, Pool und Fitnessraum. Man kann auch eine Villa für mehrere Personen mieten.
Info: Frana Supila 14, Tel. 020.440555, www.gva.hr

€€€ Hotel Peristil (Split). Eine märchenhafte Unterkunft in den Mauern des antiken Diokletianpalasts, nur wenige Schritte vom Silbernen Tor entfernt, ein Dreisternehaus nach allen Regeln der Kunst, charmant und elegant. Im Restaurant wird hervorragende regionale Küche serviert.
Info: Poljana Kralijce Jelene 5, Tel. 021.329070, www.hotelperistil.com

€€ Villa Moretti (Trogir). Ein apartes Boutique-Hotel in einer Villa aus dem 17. Jh. im Besitz einer Reeder- und Seefahrerfamilie. Der Meerblick von der Terrasse aus ist wirklich spektakulär.
Info: Lucica 1, Tel. 021.885326, www.villamoretti.com

127 OBEN - EIN STRAND IN KOLOCEP.

127 UNTEN - EINE LANDSENKE DER INSEL MLJET.

Essen

€€ Lokanda Peskarija (Dubrovnik). Die kulinarische Perle von Dubrovnik am Alten Hafen. Die üppigen Portionen der Fischgerichte (Muscheln, Tintenfisch gegrillt oder frittiert, Risotto mit Meeresfrüchten, Fischpastete) werden in großen gusseisernen Pfannen serviert.
Info: Na ponti bb, Tel. 020.324750.

€€ Nostromo (Split). Genau auf dem Platz, auf dem der Fischmarkt stattfindet, gibt es dalmatinische Atmosphäre und Gerichte, in denen man das Meer noch schmecken kann.
Info: Kraj Sv. Marije 10, Tel. 091.4056666, www.restoran-nostromo.hr

€ Alka (Trogir). Seit seiner Eröffnung 1962 ist es eines der romantischsten Lokale von Trogir mit einer umfangreichen Auswahl an Fischgerichten, aber auch Fleischliebhaber können hier dalmatinische Spezialitäten genießen.
Info: Augustina Kazotica 15, Tel. 021.881856, www.restaurant-alka.hr

Nachtleben

Ghetto Club (Split). Im oberen Stockwerk des Diokletianpalastes gibt es eine tolle Bar mit einem schönen Innenhof, in dem im Sommer Rock, Jazz, Funk und Disco gespielt werden.
Info: Dosud 10, Tel. 021.346879

Troubadour Jazz Cafe (Dubrovnik). Eine kleine, aber sehr belebte Bar, wenige Schritte von der Kathdrale entfernt, in der regelmäßig Konzerte stattfinden.
Info: Buniceva 2, Tel. 020.323476

F1 Club (Trogir). 5 km von Zentrum Trogirs und 20 km von Split entfernt befindet sich eine große Diskothek, in der von 22 bis 7 Uhr morgens Mainstream gespielt wird.
Info: Sie liegt zwischen der Magistrala und der Straße zum Flughafen.

Weitere Informationen: http://croatia.hr/de-DE/Homepage

Athen und Kykladen – *Griechenland*

Viele Kykladen-Inseln erreicht man per Direktflug, dennoch lohnt es sich, einen Stopp in Athen einzuplanen. Nach den Olympischen Spielen von 2004 ist Athen heute eine moderne Stadt mit viel Kultur: lebendige Viertel mit neuen Museen, die man sich nicht entgehen lassen sollte.

Klassisch und modern – in Athen ist beides zu finden: einerseits das antike Griechenland, das mit seinen archäologischen Schätzen jährlich Millionen Besucher anzieht, mit der **Akropolis**, den Schätzen des **Nationalmuseums der Archäologie**, den Arbeiten aus Kleinasien im **Museum Benaki** *(Koumbari 1, www.benaki.gr)*, und der Nekropole **Kerameikos** mit dazugehörendem **Museum** oberhalb der Ermou-Straße, eine der Haupteinkaufsstraßen des Zentrums *(http://odysseus.culture.gr)*, andererseits die junge, moderne Stadt des 21. Jh. mit ihren Vergnügungsvierteln (**Psiri** und **Gazi**), eleganten Läden, Designer-Hotels und dem absoluten Superstar, dem neuen **Museum der Akropolis**. Zeitlos sind die Kykladen, ein Archipel aus 220 Inseln und Felsen. Drei Inseln sind hauptsächlich zu nennen: **Mykonos**, die sommerliche Party-Insel, **Santorin**, kahle Vulkaninsel mit milchweißen Häusern und Stränden mit schwarzem Sand, und **Folegandros**, authentisch und nicht überlaufen. Schön sind auch die Inseln **Syros** mit neoklassizistischen Gebäuden und weißen Kirchen, **Sifnos**, bevorzugtes Ziel der griechischen High-Society, **Amorgos** mit dem schönsten Kloster des Archipels (**Chozoviotissa**); **Milos**, wo die Farbe der Buchten und Strände von Mondweiß bis Ocker und Apricot variiert, und das mondäne **Paros** mit der kleinen Schwesterinsel **Andiparos**. Aber um alle zu besuchen, bedarf es mehr als einer Reise, oder man nimmt sich länger Zeit.

Fortbewegung: *In Athen nimmt man am besten die U-Bahn* (www.ametro.gr)*; die Kykladen erreicht man mit zahlreichen Billigfliegern oder mit der Olympic Airways* (www.olympicair.com). *Alternativ kann man mit der Fähre von Piräus aus zu den Inseln gelangen: mit Blue Star Ferries* (www.bluestarferries.gr) *und Hellenic Seaways* (www.dolphins.gr) *nach Mykonos, mit Anek Lines nach Santorin* (nähere Informationen findet man auf den Seiten http://www.ferry-consult.de und www.santonet.com/holidays/boats). *Informationen über Fähren nach Folegandros gibt es auf der Seite* www.folegandros.com/island.asp *oder am besten direkt in Piräus, da die Zeiten sehr oft variieren und schwer im Voraus planbar sind.*

ATHEN *(3 Tage)*
Museen, Statuen, Tempel, das Parthenon. Um alles anzusehen, braucht man ein wenig Zeit. Die

128-129 - Das Panorama von Athen, vom Hügel Filopappos aus gesehen.

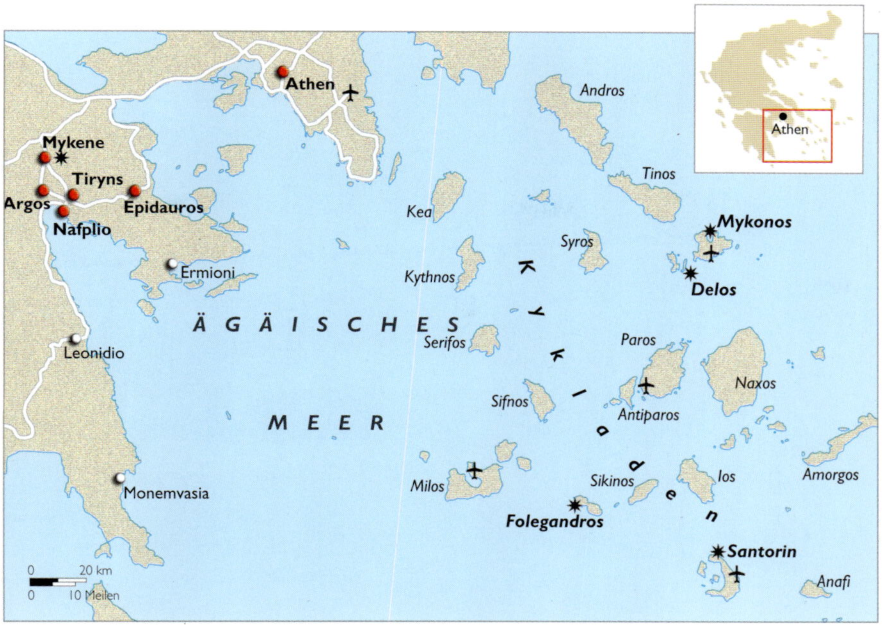

Geschichte der Wiege der westlichen Zivilisation kann man nicht im Vorbeigehen erfassen. Die Entdeckung Athens beginnt mit der **Akropolis**, dem Felsen, der seit dem Neolithikum besiedelt war und auf dem seit dem 14. Jh. v. Chr. Unterkünfte und die ersten Sakralbauten errichtet wurden. Nach dem **Beulé-Tor**, benannt nach dem französischen Archäologen, der es bei Ausgrabungen Mitte des 19. Jh. entdeckte, bewundert man die **Propyläen** (437–432 v. Chr.), den monumentalen Eingang zum sakralen Bereich mit dem **Tempel der Athena Nike**, errichtet von 448 bis 427 v. Chr. im ionischen Stil, und den **Parthenon**, einen perfekten Tempel, im dorischen Stil von 447 bis 432 v. Chr. auf den Resten des ersten, von den Persern zerstörten, Gebäudes errichtet. Der bemerkenswerte Bau aus pentelischem Marmor verfügt über ein Peristyl aus 46 Säulen, ein Metopen-Triglyphen-Fries und zwei Giebel, die mit Figuren der griechischen Mythologie geschmückt sind. Dann geht es weiter zum **Erechtheion**, der der Stadtgöttin Athene gewidmet ist (421–406 v. Chr.) mit einer Vorhalle, die anstelle von Säulen von sechs überlebensgroßen Mädchenfiguren, den sogenannten **Karyatiden**, getragen wird, eines der berühmtesten Monumente der klassischen Archäologie *(www.acropolis-ofathens.gr und http://odysseus.culture.gr, Öffnungszeiten 8–20 Uhr im Sommer, im Winter variable Öffnungszeiten)*. Früher gab es dort auch Ausstellungsräume, aber seit der Eröffnung des neuen **Museums der Akropolis** 2009 *(Dionysiou Areopagitou 15, www.newacropolismuseum.gr, geöffnet 8–20, Fr bis 22 Uhr, Montag geschlossen)*, eines futuristischen Baus des Schweizers Bernard Tschumi, sind die ca. 4000 Arbeiten und Skulpturen, die während der Ausgrabungen gefunden wurden, dort auf 14.000 qm, 300 m vom Parthenon entfernt, ausgestellt. Zu Füßen des Parthenons befindet sich die **Plaka**, das Touristenviertel im hellenischen Stil mit zauberhaften Ecken wie dem **Lisikrati-Platz**. Dann wird die archäologische Tour etwas weiter entfernt auf der **Agora** fortgesetzt, dem antiken Markt- und Versammlungsplatz mit Tempeln, **Stoen** und einem **Museum**, und schließlich im **Archäologischen Nationalmuseum** *(Patission 44, www.namuseum.gr, Öffnungszeiten Mo 13.30–20 Uhr, Di–So 8.30–15 Uhr)*, einem der wichtigsten Museen der Welt auf diesem Gebiet, mit Funden aus den Königsgräbern von **Mykene**, einschließlich der **Goldmaske des Agamemnon**, einer Sammlung von Statuen und Gefäßen aus dem Neolithikum, der Kykladensammlung und zahlreichen Statuen und Bronzen verschiedener Ausgrabungsstätten und Fundorte. Auch das **Museum der Kunst der Kykladen** verdient einen Besuch: dort kann man in einer permanenten Ausstellung 3000 Kunstobjekte der Inseln des Archipels und Zyperns bewundern *(Neophytou Douka 4, www.cycladic.gr, Öffnungszeiten 10–17 Uhr, Do bis 20, So 11–17 Uhr, Dienstag geschlossen)*, während das **Nationalmuseum zeitgenössischer Kunst** zur Abwechslung moderne Malerei, Installationen, Videokunst, Fotografie, Architektur und Industriedesign bietet *(Rigilis e Vassileos Georgiou 17-19, www.emst.gr, Öffnungszeiten Di–So 11–19, Do bis 22 Uhr, Montag geschlossen)*. Das Symbol des eleganteren Athen ist das exklusive Viertel **Kolonaki**, mit Bistros und modernen Boutiquen zu Füßen des **Lykavittos-Hügels**, den man zu Fuß oder mit der Standseilbahn erklimmen kann, um die wunderbare Aussicht über die Stadt zu genießen. Das junge, mondäne Athen hat seine Hauptquartiere dagegen in **Psiri** und **Gazi**. Hier tobt das Leben, vor allem nachts, in zahlreichen Restaurants und Clubs. In Gazi gibt es auf dem Gelände eines ehemaligen Gaswerks das Kulturzentrum Technopolis mit Restaurants, Diskotheken und Kulturzentren. Oder man begibt sich zum Hafen, einer der größten Europas, den die *New York Times* schon als „chic" bezeichnete. Seit einigen Jahren gibt es am Hafen von Piräus *(www.piraeus-greece.org)* mehr Segelboote als Fischkutter und viele Lounge-Bars und Restaurants am Wasser. Um dorthin zu gelangen, geht man nicht zu den Anlegern der Fähren, sondern in die Bereiche **Mikrolimano** und **Marina Zeas**, den schicksten des Hafens.

130 OBEN - EIN DORF AUF SANTORIN.

130 UNTEN - ORMOS ATHINIOS, SANTORIN.

DIE KYKLADEN *(4/5 Tage)*

SANTORIN

Wenn über der Caldera von **Santorin** die Sonne untergeht, knallen in **Franco's Bar** auf der Hauptinsel **Thira** *(www.francos.gr)* zur Feier der Farbenpracht am Horizont die Champagnerkorken. Ein Schaupiel zwischen Romantik und Apokalypse, das daran erinnert, dass dort, wo heute weiße Häuser und Strände sind, vor 3000 Jahren ein Vulkan bis zum Krater im Meer versank. Das heutige Santorin besteht aus den Inseln **Thira** im Osten, **Thirisia** im Westen, **Nea Kameni** und **Palea Kameni** im Zentrum des Kraters (wo man im 45° C warmem Wasser der heißen Quellen baden kann).

Santorin ist der Inbegriff des vornehmen Griechenlands: Boutique-Hotels und Pools mit Meerblick, Tavernen, Strand mit schwarzem Kies, grauem oder rötlichem Sand (der Strand Perivolos gehört mit zu den schönsten). Sehr schön sind auch die Ortschaften **Thira** und Oia. Erstere erreicht man über eine steile Straße von der Schiffsanlegestelle. Den Höhenunterschied zum Meer kann man auch mit dem Esel überwinden. Oben angekommen, wird man durch den Anblick der mit Bougainvillea bewachsenen weißen Häuser in verwinkelten Gassen und des Hauptplatzes **Plateia Theotokopoulou** belohnt. Man spaziert auf Wegen entlang des Kraters und erfreut sich einer atemberaubenden Aussicht. Um etwas über die Geschichte Santorins zu erfahren, kann man des **Prähistorische Museum** *(www.santorini.gr, Öffnungszeiten 8.30–20 Uhr, Montag geschlossen)* mit 4000 Jahre alten Wandzeichnungen, die an die Fresken von Kreta erinnern, und das **Archäologische Museum** *(www.santorini.gr, Öffnungszeiten 8.30–15 Uhr, Montag geschlossen)* mit kykladischen und hellenistischen Statuetten und einer schönen Amphorensammlung besuchen. Interessant ist auch das **Weinmuseum** der Winzerfamilie **Koutsoyannopoulos**, das in unterirdischen Tunneln Aufschluss über den Weinanbau auf Santorin gibt und anschließend die Gelegenheit bietet, die Weine zu probieren und zu kaufen *(www.volcanwines.gr)*.
Oia, der zweite Ort der Insel, ist wie eine Weihnachtskrippe in die Lavafelsen oberhalb des Meeres geschmiegt mit den blauen Kuppeln der Kirchen und den nach Westen, in Richtung Sonnenuntergang ausgerichteten, besten Boutique-Hotels der Insel. Von der Ortschaft führt eine Straße hinunter zum kleinen Hafen **Ammoudi**, wo man im klaren Wasser des Kraters schnorcheln und in einer der Tavernen frischen Fisch genießen kann.

131 OBEN - DIE WINDMÜHLEN VON MYKONOS.

131 UNTEN - EINE KIRCHE IM HAFEN VON MYKONOS.

MYKONOS

Exhibitionistisch, mondän, mit überfüllten Stränden, Technomusik und freier Liebe – vor 50 Jahren entdeckten die Homosexuellen die Insel für sich, dann zogen VIPs, Künstler, Stylisten und Persönlichkeiten wie Onassis in die weißen Häuser der **Chora** (Mykonos Stadt). Wer Mykonos zum ersten Mal besucht, merkt sofort, dass hier keine Einheimischen zu Hause sind: Die Insel ist mit Leuten bevölkert, die sich hier niedergelassen haben oder im Sommer mit Flugzeug oder Fähre aus Piräus kommen, um auf der Partyinsel ihre Ferien zu verbringen. Der eine oder andere besucht das nördlich des Hafens gelegene **Archäologische Museum** *(Tel. 22890.22325, Öffnungszeiten Di–So 8.30–15 Uhr)* mit Fundstücken des nahe gelegenen antiken Delos, aber der Rhythmus von Mykonos, Strand und Feiern, siegt über etwaige kulturelle Unternehmungen. Am Tag bräunt man sich an den Stränden **Paradise** und **Superparadise**, den berühmtesten Sandzungen der Insel, **Elia**, absolut der beste Strand, oder **Paranga** und **Psarrou**, die von der High Society bevorzugt werden. Abends lustwandelt man beim Shopping in den Straßen der Chora, nimmt einen Aperitif in **Pierro's Bar**, dem berühmten Schwulenlokal, oder einen „Sundowner" in einer der Bars in **Little Venice**, dem Viertel der Chora, das ein wenig an die Serenissima erinnert: Man sitzt entspannt am Wasser und genießt den Ablick der Windmühlen, die sich in der Ferne drehen.

FOLEGANDROS

Strände, Felsen, Ouzo und die ursprüngliche Faszination einer berühmten, aber touristisch wenig erschlossenen Insel. Sehenswert ist die **Chora** (Folegandros Stadt), das edle Zentrum der Insel mit dem mittelalterlichen **Kastro**, dem Ortskern aus einem Mosaik von Gassen und Torbögen aus 13. Jh., und der **Panagía**, der schneeweißen Kirche aus dem 19. Jh., die die Stadt dominiert. Dann gibt es noch die Tavernen wie Kritikos, wo man hervorragendes Fleisch bestellen kann *(Tel. 22860.41219)*, die Cafés, viel Bougainvillea und die Strände. **Aggali**, wenige Kilometer von der Chora entfernt, erreicht man über eine asphaltierte Straße, deshalb ist er häufig überfüllt. Besser ist es am **Agios Nikolaos** mit schattenspendenden Tamarisken, am **Livadaki** mit weißen Kieseln, die die Transparenz des Wassers hervorheben, oder am **Katergo**, für viele der schönste Strand. Am Abend trifft man sich am Hauptplatz (**Pounta**) oder im Dörfchen **Ano Meria** im Norden der Insel, wo es in den Tavernen noch Matsata gibt, ein typisches Gericht aus Nudeln mit Kaninchen oder Hühnchen, Tomaten und Käse. Ein Stück ursprüngliches Griechenland, wie es in seiner Einfachheit heute kaum noch zu finden ist.

ACHÄOLOGISCHE EXKURSIONEN

Für einen Ausflug in die Archäologie in der Nähe der Urlaubsorte bieten sich die Insel **Delos**, 30 Minuten mit dem Boot von Mykonos entfernt *(Abfahrt jeden Morgen vom Hafen der Chora)*, und die eindrucksvollen antiken Stätten des Peloponnes an, die leicht von Athen aus zu erreichen sind. Delos ist eine kahle Felseninsel, auf der die Reste einer überraschenden Stadt zu sehen sind, die von der UNESCO zum Weltkulturerbe erklärt wurden *(www.griechenland-insel.de/Hauptseiten/delos.htm)*: Das **Theaterviertel**, wo die Häuser der reichsten Bewohner standen, das Theater aus dem Jahr 300 v. Chr., das **Heiligtum des Apollo** und die wunderschöne **Löwenterrasse** mit den Marmorskulpturen aus dem 7. Jh. v. Chr., die symbolisch den heiligen Bezirk bewachen. Von Athen aus erreicht man nach einer 117 km langen Fahrt **Mykene**, eine der wichtigsten Städte der Antike mit Monumenten, die auf 1350 bis 1200 v. Chr. datiert werden können, vielen Mauerresten und Zisternen, dem Schatzhaus des Atreus und dem Löwentor, das als Symbol der Stadt gilt *(http://odysseus.culture.gr)*. Auf dem Peloponnes befinden sich noch viele wichtige Ausgrabungsstätten wie **Argo**, **Tiryns**, **Nafplio** und **Epidauros**.

Übernachten

€€€€€ Grace Santorini Boutique Hotel (Santorin). Ein Potpourri aus weißen Würfeln und dem Blau der Ägäis: Luxuszimmer und Suiten mit High-Tech-Touch, Pools und jeder Menge Charme dank des traumhaften Blicks auf die Caldera. Der spektakuläre Sonnenuntergang ist im Preis inbegriffen. *Info: Imerovigli, Tel. 22860.21300, www.santorinigrace.com*

€€€€ Mykonos Theoxenia (Mykonos). Das Haus ist traditionell errichtete: Stein und weißer Kalk. Aber die bunte Ausstattung der 52 Zimmer dieses Design-Hotels ist vom Mythos der 1960er-Jahre inspiriert. Sehr zu empfehlen sind der Gesundheitsklub zum entspannen, der Pool unter Palmen und das Restaurant mit innovativer griechischer Küche. *Info: Kato Mili, Tel. 22890.22230, www.mykonostheoxenia.com*

€€€ Fresh Hotel (Athen). Ein farbenfrohes, modernes Haus mitten im Herzen Athens: 133 Designer-Zimmer, wi-fi, Fitnessraum, Sauna, Pool und Lounge auf dem Dach mit einem atemberaubenden Blick auf die Akropolis. *Info: Sophocleous 26, Tel. 210.5248511, www.freshhotelathens.com*

Essen

€€€ Selene (Santorin). Nicht Thira, nicht Oia: Dieses Restaurant, wo die Gerichte die Quintessenz der Raffinesse der griechischen Küche darstellen, befindet sich in einem kleinen Dorf 10 Minuten vom Hauptort entfernt. Zu empfehlen sind die gebratene Makrele, die kalte Tomatensuppe und das Gemüserisotto mit dem allgegenwärtigen Schafskäse. *Info: Pyrgos, Tel. 22860.22249, www.selene.gr*

€€ Bakalò (Mykonos). Griechische Küche mit Zutaten, die ausschließlich von der Insel stammen, in einem farbenprächtigen Restaurant, untergebracht in einem Haus aus dem 18. Jh. Probieren sollte man den Auberginensalat, die Vorspeisen und den ausgezeichneten Ziegenkäse. *Info: Lakka 84, Tel. 22890.78121, www.bakalo.gr*

€ Yantes (Athen). Eine innovative Taverne mit Bioprodukten, vorzugsweise aus Griechenland, und mit gedeckten Tischen im Garten. *Info: Valtetsiou 44, Exarchia, Tel. 210.3301369*

Nachtleben

Gazarte (Athen). Nachtschwärmer haben zwei feste Ziele: die Viertel Psiri und Gazi. In Letzterem befindet sich dieses multifunktionale Lokal mit Dachgarten, Livemusik, Theater und Restaurant. *Info: Voutadon 32–34, www.gazarte.gr*

Rock 'n' Roll (Mykonos). Nach dem obligatorischen Besuch im Caprice, der Nightlife-Institution der Insel, geht man in dieses Kultlokal, in dem man zu Discobeats drinnen und draußen bis zum Morgengrauen abfeiert. *Info: Agias Kiriakis, Chora, Tel. 6986.626646.*

Lioyerma Lounge Café (Santorin). Kein großer Trubel: die Magie der Insel vor dem Hintergrund eines spektakulären Sonnenuntergangs, den man hier mit Cocktails und Champagner am Pool genießt. Eine schicke Location in der Bucht von Ammoundi. *Info: Ammoundi, www.lioyerma.gr*

Weitere Informationen: www.fremdenverkehrsamt.com/reiseziele/griechenland.html und www.gnto.gr

132 - Das Löwentor in Mykene.

133 - Der Hauptort Chora, Folegandros.

Kreta – *Griechenland*

Kreta ist die fünftgrößte Insel des Mittelmeers (8262 qkm, 257 km von Ost nach West, über 600.000 Einwohner) und der äußerste Ausläufer Europas in Richtung Orient – Insel der Götter, mythischer Geburtsort von Zeus, Minos und der minoischen Kultur, die dann in Folge von den Byzantinern, Venezianern und Ottomanen abgelöst wurde. Abseits der großen sommerlichen Touristenströme zeigt die Insel ihre authentische Seele: Berge, die bis ans Wasser reichen, goldene Strände, Grotten und Schluchten, Olivenbäume so weit das Auge reicht, kleine Buchten und weiße Klöster, die an die göttlichen Ursprünge der Insel erinnern.

Auf Kreta ist alles außergewöhnlich, von den archäologischen Stätten **Knossos**, **Festos** und **Malia** mit den Überresten einer tausendjährigen Zivilisation bis hin zu den Hafenstädten der Nordküste, jede mit ihrem eigenen Charakter: die fröhliche Hauptstadt **Iraklio**, das mondäne **Agios Nikolaos**, das romantische **Rethymno** und das elegante **Chania**, dessen Häuser von der venezianischen und türkischen Ära geprägt sind. Dennoch ist es die Natur, die diese paradiesische Insel an der Grenze zwischen Europa und Afrika ausmacht: die hohen Berge im Zentrum der Insel, wo die wilden Ziegen leben, die vorgelagerten Inseln, unbewohnt und ruhig, wie **Spinalonga**, die spektakuläre **Schlucht von Samaria** und die natürlichen **Grotten**, die Muster in die Landschaft Kretas zaubern. In der **Tropfsteinhöhle Dikti** auf der fruchtbaren **Hochebene Lassithi** mit ihren Windmühlen soll der Legende nach der Göttervater Zeus geboren worden sein.

Fortbewegung: *Direktflüge nach Kreta landen auf einem der beiden internationalen Flughäfen von Chania und Iraklio. Mit dem Schiff gelangt man von Piräus aus nach Iraklio, Chania oder Rethymno. Da die Insel größer ist und doch längere Strecken zurückzulegen sind, empfiehlt es sich, ein Auto zu mieten. Die erste Reise verläuft 200 km entlang der Ostküste, von Iraklio über die Küstenstraße und die Schnellstraße E75 nach Agios Nikolaos, mit verschiedenen Abstechern ins Landesinnere. Die zweite, ca. 220 km lange Strecke führt entlang der Westküste von Iraklio nach Rethymno und Chania, mit Ausflügen in die archäologischen Gebiete Festos und Agia Triada und zur Schlucht von Samaria.*

DIE OSTKÜSTE ***(3 Tage)***

Um Kreta kennenzulernen, muss man einfach mit der Hauptstadt **Iraklio** beginnen, dem politischen und wirtschaftlichen Zentrum der Insel, wo bärtige Popen neben modern gekleideten Frauen und Bauern in ihrer traditionellen Tracht das Straßenbild prägen. Der Stadtkern ist von einer **Stadtmauer** mit acht Toren und sieben Bastionen umgeben, die die Venezianer nach den Plänen von Michele Sanmicheli vom 15. bis zum 17. Jh. erbauten. Die südlichste Bastion, die große **Martinengo-Bastion**, beherbergt das Grab des kretischen Schriftstellers Nikos Kazantzakis, Autor des berühmten Romans *Alexis Sorbas*. Am alten **Venezianischen Hafen** erhebt sich die **Venezianische Festung** aus dem 16. Jh. *(geöffnet Di–Do 8–15 Uhr)*, die der türkischen Belagerung 22 Jahre lang widerstand. Heute finden darin Kunstausstellungen und Konzerte statt. Von der Festung hat man einen wunderbaren Ausblick auf das Meer und die unbewohnte Felseninsel Dia und auf die **Venezianischen Arsenale**, die Arkaden der einstigen Lagerhallen. Schön sind auch die 1626 erbaute Venezianische Loggia (Rathaus) und der mit vier steinernen Löwen geschmückte **Morosini-Brunnen** auf der Platia Venizelou, der Symbol und Herz des Stadtzentrums darstellt. Zu den sehenswerten Kirchen der Stadt, von denen viele während der türkischen Besatzung in Moscheen umgewandelt wurden, gehört die byzantinische **Agia Ekaterini**, die im 17. und 18. Jh. Sitz einer berühmten Gemeinschaft von Mönchen war und im Innern eine wun-

derschöne Ikonensammlung der kretischen Schule, insbesondere von Damaskinos (15. Jh.), der auch El Greco inspirierte, beherbergt *(Öffnungszeiten Mo–Fr 9.30–19.30, Sa 9.30–15, So 10–18 Uhr)*. Diese Tradition wird heute durch Voula Manousaki aufrechterhalten, die in ihrem **Kunstatelier** in der Odos Chandakos Ikonen auf Bestellung malt. Es gibt zwei interessante Museen in der Stadt. Das eine ist das **Archäologische Museum** *(Odos Xanthoudidou, geöffnet Apr.–Okt. Di–So 8–19.30, Mo 13–19.30 Uhr, Nov.–März Di–So 8.30–15, Mo 12.30–17 Uhr)*, das einzige Museum der Welt, das Fundstücke aus dem minoischen Zeitalter besitzt, die meisten aus dem 2. Jahrtausend v. Chr.: zahlreiche Keramiken, die mysteriöse Diskos von Phaistos, eine Scheibe mit Schriftzeichen aus der Bronzezeit, die Statuetten der beiden Schlangengöttingen, das wunderbare Rhyton in Form eines Stierkopfes sowie die schönen 3500 Jahre alten Fresken aus den Palästen von Knossos mit Darstellungen von Tieren, Königinnen und Königen sowie religiösen Szenen.

Das zweite ist das Historische Museum *(Odos L. Kalokarinou, Öffnungszeiten Mo–Sa 9-17 Uhr, Nov–März bis 15.30 Uhr)*, das Gemälde der großen kretischen Schule ausstellt, deren bis heute berühmtester Vertreter Domenico Theotokopoulos (genannt El Greco) gewesen ist.

134-135 - Die Festung von Iraklio.

135 - Die Bucht von Vai, Nordostküste Kretas.

Strände

Auf Kreta gibt 155 km Küste mit kristallklarem Wasser. Wer belebte Sandstrände mit Liegestühlen, Sonnenschirmen und Strandbars mag, fährt zu den Stränden im Norden. Wer lieber einsame, aber auch schwerer zugängliche Strände bevorzugt, wählt die Küste im Süden. Sehr schön ist die Lagune von ***Balos*** *an der Nordwestspitze der Insel, in der das Wasser alle Blau- und Türkistöne reflektiert. Um zur Lagune zu kommen, muss man das Auto stehen lassen und zu Fuß durch eine Hügellandschaft mit Olivenbäumen und Ziegen zum Meer gehen; alternativ kann man mit dem Boot vom Hafen von Kastelli oder Falasarna aus, wo es auch schöne Strände gibt, dorthin gelangen. Im Südwesten liegt der karibisch anmutende, kilometerlange Sandstrand* ***Elafonisi****.*

An der Südküste liegen die ***Preveli****, hinter denen sich Felsen erheben, und der Red Beach von* ***Matala****, der für seinen rötlichen Sand berühmt ist. Nach Ierapetra kommt man zum* ***Sarkamos Beach****, ein einsamer Kiesstrand, an dem das Wasser sofort sehr tief ist. Im äußersten Nordosten liegt der goldene Strand Vai, der über den einzigen Palmenhain Europas verfügt. Hunderte Palmen bedecken ein Tal, das bis zum Meer reicht. In* ***Kato Zakros*** *gibt es einen wunderschönen Kiesstrand mit schattenspendenden Tamerisken.*

Nur 5 km südlich von Iraklio eröffnet sich die glanzvolle minoische Vergangenheit Kretas im **Palast von Knossos**, der heute nach der umstrittenen Rekonstruktion des Engländers Arthur Evans aus dem 20. Jh. zu sehen ist. Zahlreiche Fresken wurden mit leuchtenden Farben nach dem Vorbild der noch vorhandenen Originale neu bemalt. In der Ausgrabungszone *(Öffnungszeiten Sommer 8–19 Uhr)* finden sich die Reste eines ganzen Stadtviertels mit zahlreichen Heiligtümern, Wohnhäusern, Werkstätten und Lagerhäusern mit vielen riesigen Tongefäßen, den Pithoi. Um den zentralen Innenhof, das Herz des Komplexes, erstrecken sich die Privatgemächer der Könige mit dem Thronsaal, der eine Holzrekonstruktion enthält, dessen Original in Fragmenten ausgegraben wurde. Wieder zurück auf der Küstenstraße der Ostseite, an der sich zwischen Hotels und Strand das touristische Leben Kretas abspielt, erreicht man nach ca. 35 km **Malia**, wo sich die Ruinen einer weiteren minoischen Palastanlage (ca. 2000 v. Chr.) befinden, die der Legende nach Sarpedon, dem jüngeren Bruder des Minos, gehört haben soll. Von der gesamten Anlage sind meist nur noch kniehohe Mauerreste zu sehen. Ein besonderes Fundstück ist ein seltsam bearbeiteter runder Stein mit einem Durchmesser von ca. 90 cm und einem Loch in der Mitte, ähnlich einem Mühlstein. Es wird angenommen, dass es sich um einen Opferstein handelt *(Öffnungszeiten Di–So 8.30–15 Uhr)*. In Stalida, kurz vor Malia, führt eine Abzweigung ins Landesinnere, die nach ca. 53 km in steilen Serpentinen zur **Hochebene von Lassithi** führt. Der fruchtbare Boden ist von verschneiten Berggipfeln umgeben, der höchste ist mit 2148 m der Dikti. Zu sehen sind eine ausgesprochen schöne Landschaft mit Windmühlen, das **Kloster Kera** mit Fresken aus dem 14. Jh. und einer „wundertätigen" Marienstatue, die **Tropfsteinhöhle Dikti** *(Öffnungszeiten 8–19 Uhr)*, in der der Legende nach Rea, die Frau des Cronos, Zeus das Leben schenkte, und kleine Dörfer wie Plati, wo sich die Frauen noch ihren Handarbeiten widmen. Zurück an der Küste, folgt man der E 75 bis **Agios Nikolaos** (65 km von Iraklio entfernt), trotz der hohen Touristenkonzentration ein wunderschöner Ort, an dem man in einem der zahlreichen Straßencafés ein Glas Saumada (Mandelmilch) trinken und den Blick auf den Süßwassersee Voulismeni genießen kann, die Austrittsstelle eines unterirdischen Flusses. Hier gibt es auch das kleine **Museum der Volkskunst** (Odos Paleologos, Öffnungszeiten *Mo–Sa 10.30–14.30 u. 18–20 Uhr*), in dem man sich Schmuck, Trachten und antike Stickereien ansieht, bevor man weiter zum **Archäologischen Museum** geht, das Funde aus der Gegend von Lassithi aus der minoischen und römischen Epoche zeigt *(Öffnungszeiten Di–So 8–17 Uhr)*. 11 km weiter im Landesinneren liegt das pittoreske Bergdorf **Kritsa**, wo Unmengen von Spitzendecken mit traditionellen Motiven und Lederarbeiten angeboten werden. Am Eingang des Dorfes erhebt sich zwischen den Zypressen die **Marienkirche Panagia i Kera** (Öffnungszeiten Di–So 8.30–15 Uhr) mit einer Apsis mit Fresken aus dem 14. und 15. Jh., ähnlich schön wie die Felsenkirchen in Kappadokien. Vom Hafen von **Elounda**, der letzten Etappe dieser Reise, fährt alle 30 Minuten eine Fähre zur Insel **Spinalonga**, traurigerweise als „Insel ohne Rückkehr" bezeichnet, weil sie eine der letzten Leprastationen Europas beherbergte (1903–1957). Die Kranken lebten innerhalb der Mauern der Festung aus dem 16. Jh., die bis 1715 in venezianischem Besitz war, 46 Jahre nach der Eroberung Kretas durch die Türken. Heute ist die Insel eine Art Geisterstadt mit leeren Häusern und einem Ofen, in dem einst Brot gebacken wurde.

136 OBEN - DER PALAST VON KNOSSOS.

136 UNTEN - SÄULENVERANDA, KNOSSOS.

137 OBEN - DER HAFEN VON AGIOS NIKOLAOS.

137 UNTEN - TRADITIONELLE STOFFE AUF KRETA.

Einkaufen

Das erste Ziel, um sich den Aromen und Düften der Insel hinzugeben, ist die 1913 erbaute ***Markthalle von Chania*** *auf dem Hauptplatz Platia El. Venizelu. In der Halle, die die Form eines griechischen Kreuzes hat, werden Korb- und Lederwaren sowie Honig, Gebirgskräuter, Wein, Raki und das berühmte kretische Olivenöl angeboten, das im Ruf steht, das beste der Welt zu sein* (Öffnungszeiten Di, Do, Fr bis 21, Mi u. Sa bis 14 Uhr). *Keramiken und Naturkosmetik gibt es in der* ***Boutique*** (Odos Kondilaki 17, www.boutiqueencrete.com), *während die Goldschmiede* ***Antoniou*** *am alten Hafen handgefertigten Schmuck feilbietet* (Angelou 12, www.antoniou-chania.gr). *In* ***Iraklio*** *findet man auf der* ***Marktstraße*** (Odos 1866) *authentische Produkte in den traditionellen Läden. Wer auf der Jagd nach Antiquitäten ist, findet die entsprechenden Geschäfte auf der* ***Odos Korai****. Die besten Weine der Insel kauft man im* ***Wine Vintage Studio*** *an der Straße nach Knossos* (Odos Dimokratias, täglich außer Sonntag von 10–22 Uhr geöffnet) *oder in* ***Weinkellerei Minos*** *in* ***Peza*** (von Knossos 16 km in Richtung Kasteli, www.minoswines.gr), *wo man die Weine probieren kann; es gibt sogar ein kleines Museum. Töpferwaren gibt es zuhauf im Bergdorf* ***Margarites*** *in der Nähe von Rethymno.*

DIE WESTKÜSTE *(4 Tage)*
Die erste Etappe auf der Schnellstraße, die von Iraklio in den Westen Kretas führt, ist **Rethymno**, 72 km von der Hauptstadt entfernt und die dritte Stadt der Insel, die sich vielleicht mehr als alle anderen ihre antike Aura bewahrt hat. Sehr schön ist der 15 km lange Sandstrand und der architektonische Mix aus venezianischem und orientalischem Stil. Der Spaziergang durch die autofreie Altstadt ist vom Blick auf die eindrucksvolle **Festung** geprägt, die auf einer nördlich gelegenen Anhöhe 1573–1582 von den Venezianern erbaut wurde, um sich vor den Angriffen des gefürchteten Korsaren Barbarossa zu schützen. Heute ist es ein beliebter Veranstaltungsort *(Öffnungszeiten Sommer 8–20 Uhr)*. Vom kleinen **Fischereihafen** mit seinen Steinhäusern, der am frühen Morgen, wenn die Tische vor den Restaurants noch leer sind, am schönsten ist, wandert man in die kleinen Gassen mit ihren alten türkischen Häusern und Holzbalkonen, venezianischen Toren und wohlriechenden Läden, in denen man typische Produkte und Ouzo zum Probieren bekommt, um zum Kauf anzuregen. Ein schlankes Minarett von 1890 lädt auf der kleinen Odos Manouil Vernadou zum Besuch der **Marienkirche** aus dem 16. Jh. ein, die von den Türken zur Moschee umfunktioniert wurde und heute das Musikkonservatorium beherbergt. Auf dem Petikaki-Platz sprudelt das Wasser des **Raimondi-Brunnens** aus Löwenköpfen. Unweit des Brunnens erhebt sich die **Venezianische Loggia**, ein Jungendstilbau, der heute einen **Museums-Shop** beherbergt, der sich darauf spezialisiert hat, Reproduktionen antiker und byzantinischer Meisterwerke zu verkaufen *(Öffnungszeiten 8–15.30 Uhr)*. Rethymno zeigt sich gerne als Kulturhauptstadt der Insel: Im Rahmen des **Renaissance-Festivals** von Juli bis September gibt es viele Konzerte, Feste und Theateraufführungen, die von den folkloristischen Darbietungen und Tänzen des **Wein-Festivals** während der ersten beiden Augustwochen begleitet werden. Außerhalb des Ortes gibt es zwei Exkursionen zu geschichtsträchtigen Orten; die erste führt zum 23 km südöstlich gelegenen **Kloster von Arkadi** (man folgt der Küstenstraße bis Platanes und biegt dann ins Landesinnere ab), das nach dem Tod von fast 1000 Menschen, die sich während des Unabhängigkeitskriegs gegen die Türken im Kloster verschanzt hatten, zum Nationalheiligtum von

Kreta erklärt wurde. Das im 11. Jh. gegründete Kloster hat den strengen Aspekt einer Festung. Vom Innenhof gelangt man zur im venezianischen Renaissancestil gehaltenen Klosterkirche, zu den Klostergebäuden und zu einem kleinen Museum mit Ikonen, heiligen Schriftstücken und Paramenten *(Öffnungszeiten 9 Uhr bis Sonnenuntergang)*. Der zweite Ausflug führt ca. 70 km ins Landesinnere Richtung Südküste zum wunderbaren minoischen **Palast von Phaistos**, in der märchenhaften Ebene von Massara gelegen, die sich mit dem Berg Idi im Hintergrund zwischen dem Fluss Geropotamos und dem Meer erstreckt. Die Ausgrabungen, die ab 1900 stattfanden, brachten die Ruinen zweier Paläste zutage, die aus den Jahren 1650 und 1450 v. Chr. stammen und die Überreste der königlichen Gemächer beherbergen *(Öffnungszeiten März–Okt. 8–19.30 Uhr)*. Noch ursprünglicher und romantischer ist die Landschaft, die in nur 2 km Entfernung die **Ausgrabungsstätte von Agia Triada** umgibt, wo man die Überreste einer Königsvilla, möglicherweise die Sommerresidenz des Herrschers von Festo, und eine kleine byzantinische Kirche mit Fresken bewundern kann. Zurück in Rethymno, legt man 60 km auf der Küstenstraße zurück, bevor man in die Stadt **Chania** gelangt, die von 1898 bis 1971 die Hauptstadt Kretas war. Durch ihren kleinen Hafen mit Restaurants und Lokalen, ihr venezianisches Erscheinungsbild und den Herrschaftshäusern aus dem frühen 20. Jh. des Vorortes Chalepas wirkt die Stadt charmanter als Iraklio. Die Besichtigung beginnt an der **Janitscharen-Moschee**, von den Türken 1645 zwischen den Häusern der venezianischen Epoche erbaut. Wer sich dafür interessiert, kann das **Marinemuseum** besichtigen, das Schiffsmodelle, Navigationsinstrumente, Uniformen und den Maschinenraum eines Zerstörers zeigt (Öffnungszeiten 9–16 Uhr). Es gibt auch ein **Archäologiemuseum** in der ehemaligen Franziskuskirche aus dem 16. Jh. *(Odos Halidon, Öffnungszeiten Di–So 8.30–15 Uhr)*, in dem man Keramiken, Terrakottagefäße, bemalte Sarkophage, minoische Statuetten und römische Mosaike besichtigen kann. Der historische Stadtkern mit der Markt-

halle, dem jüdischen Viertel Evraiki mit der wunderschönen restaurierten Moschee und dem Viertel Topanas mit eleganten venezianischen Häusern ist von einer 1538 von Michele Sanmicheli errichteten Stadtmauer umgeben: Es lohnt sich, die **Schiavo-Bastion** zu besteigen; von dort oben kann man auch die entferntesten Stadtviertel sehen. Wer Abenteuerlust verspürt, kann sich, am besten sehr früh morgens, auf den Weg zur 43 km von Chania entfernten Hochebene Omalos in das Dorf Xiloscalo machen, von wo aus man in einem 5- bis 7-stündigen Fußmarsch eine der unwegsamsten und wildesten Gegenden Kretas durchwandert: die **Schlucht von Samaria** *(Öffnungszeiten Mai bis Mitte Okt. 6–16 Uhr)* in den weißen Bergen. Die 14 km lange Schlucht öffnet sich in 1229 m Höhe; von dort wandert man zwischen bis zu 350 m hohen senkrechten Felswänden – die engste Stelle der Schlucht ist nur 2–3 m breit – bis in das Dorf Agia Roumeli zum Libyschen Meer hinunter. Die Wanderung ist nicht ungefährlich, festes Schuhwerk und ein ausreichender Wasservorrat sind ein Muss.

Übernachten

€€€€€ Elounda Beach Hotel (Elounda). Ein Wellness-Tempel 8 km nördlich von Agios Nikolaos in der Bucht von Elounda, der von VIPs und gekrönten Häuptern frequentiert wird. Tennisplätze, Restaurants, Privatstrand, Thermalzentrum und Hamam versprechen einen königlichen Aufenthalt. *Info: Main Street, Tel. 800.822005, www.lhw.com*

€€€ Hotel Doma (Chania). Ein Aufenthalt in diesem feinen Hotel im ehemaligen englischen Konsulat gleicht einer Reise in die Vergangenheit. Die antike Ausstattung ist durch Erinnerungsstücke der Familie bereichert. *Info: Venizelos 24, Tel. 28210.51772-3, www.hotel-doma.gr*

€€ Vamos AE (Vamos). Ein antikes Bauerndorf mit alten Steinhäusern, die restauriert und in Ferienappartments umgewandelt wurden (für 2–8 Personen). Die Atmosphäre ist ländlich und der Blick auf die weißen Berge atemberaubend. Das Meer ist wenige Kilometer entfernt. *Info: Vámos Apokoronou, Tel. 28250.22190, www.vamossa.gr*

Essen

€€ O Dinos (Chania). Das beste Restaurant am Hafen von Chania mit einer großen Auswahl an Fisch und Meeresfrüchten. *Info: Akti Enoseos 3, Tel. 28210.41865*

€ Dimitris (Kato Gouves–Iraklio). Traditionelle Fleisch- und Fischgerichte der griechischen und kretischen Küche in einer traditionellen Taverne auf der Kato Gouves. *Moussaka* und *Papoutsakia* sind hier sagenhaft. *Info: Main Street, Tel. 28970.42989*

€ Mare & Monte Restaurant (Agios Nikolaos). Gemütliches Ambiente, ein traumhafter Blick über den Hafen und mediterrane Küche auf der Basis kretischer Produkte sind die Trümpfe dieses kleinen Lokals. Das Rinderfilet mit Schinken auf einem Gemüsebett mit Zitronensoße ist unvergleichlich. *Info: I Koundourou & Kondilaki Street, Tel. 28410.83373, www.maremonte-restaurant.com*

Nachtleben

Splendid (Chania). Am „internationalen" Strand Platanias die bevorzugte Disco der Jugend. Man tanzt bis zum Morgengrauen und genießt exotische Drinks. *Info: Platanías, Tel. 28210.60346, www.splendid-chania.gr*

Bar Alexandros (Agios Nikolaos). Ein Muss an der Westküste mit leichter Musik aus den 1960ern und einem traumhaften Blick auf den See. Man tanzt auf dem Dachgarten. *Info: Odós Kondiláki 1*

Rock Cafe (Rethymno). Ein Lokal aus Holz und Stein mit einer Tanzfläche in der Altstadt von Rethymo am Eingang des Venezianischen Hafens. Ein ewiger Klassiker. *Info: Ioulias Petixaki 6, Tel. 28310.20771, www.rockcafe-rethymno.com*

Weitere Informationen: www.visitgreece.gr und www.infocrete.com

138 OBEN - DER HAFEN VON RETHYMNO.

138 UNTEN - DAS ARKADI-KLOSTER.

139 OBEN - DIE STRANDPROMENADE VON CHANIA.

139 UNTEN - DER MINOISCHE PALAST VON FESTO.

Istanbul, Westtürkei und Kappadokien – *Türkei*

Eine Stadt im Gleichgewicht zwischen Orient und Okzident, die archäologischen Stätten der Westküste, die außergewöhnliche Mondlandschaft Kappadokiens. Eine Entdeckungsreise (in drei Etappen) durch die Türkei, zwischen Altertum, Kunst und – im Fall Istanbul – Neuzeit.

In wenigen Stunden Tausende von Jahren der Geschichte durchqueren, die Zeugnisse dreier unterschiedlicher Reiche (Römisches, Byzantinisches und Osmanisches) besuchen und die faszinierendste Stadt Kleinasiens entdecken, die ihre tiefe europäische Berufung in modernsten Wolkenkratzern, Schaufenstern mit neuester westlicher Mode und Boutique-Hotels mit großen Fensterfronten in Richtung Bosporus zeigt. Und am **Bosporus** entsteht die Magie **Istanbuls**: eine schiffbare Meerenge von 33 km Länge, die das Marmarameer mit dem Schwarzen Meer verbindet und die Stadt in zwei Teile teilt: den asiatischen Teil im Osten und den europäischen im Westen, wo eine weiterer Meeresarm, das **Goldene Horn**, die Stadt weiter teilt. Dieser natürliche Fjord bildet einen Kanal zwischen den ältesten Vierteln Istanbuls, **Sultanahmet** und **Serraglio** und den heutigen In-Vierteln **Beyoglu** und **Galata** mit dem gleichnamigen, 1348 von den Genuesern erbauten **Turm** mit Restaurant und Nightclub im obersten Stockwerk (*Şişhane, www.galatatower.net*). Ebenfalls in dieser Gegend wurde das **Pera Palace** (*Meşrutiyet Caddesi 52, www.perapalace.com*), wieder eröffnet, in dem einst Agatha Christie abstieg, wenn sie von London mit dem **Orient-Express** hier eintraf (auch heute hält er am Bahnhof von Sirkeci, *www.tcdd.gov.tr*). Von Istanbul gelangt man mit dem Flugzeug nach **Izmir**, dem Epizentrum einer antiken Welt, das bedeutende archäologische Überreste vorweisen kann: **Bergama (Pergamon)** im Norden, **Selçuk** (**Ephesus**) im Süden, nahe der ägäischen Küste mit ihrem Postkarten-Panorama. Mit dem Flugzeug legt man auch die Strecke von Istanbul in die türkische Hauptstadt **Ankara** zurück, der Startpunkt für die Reise nach **Kappadokien**, eine Welt aus Tuffstein, die die Unesco 1985 zum Weltkulturerbe erklärte.

Fortbewegung: *Istanbul erkundet man mit dem Taxi (sehr günstig) oder man nutzt die U-Bahn* (www.istanbul-ulasim.com.tr). *Zu den archäologischen Stätten an der Westküste nimmt man einen Inlandsflug von Istanbul nach Izmir (ca. 1 Std.) und mietet sich dort ein Auto. Von Izmir nach Ephesus fährt man 84 km (E87), von Ephesus nach Milet ca. 80 (D515 u. D525), während die Strecke Izmir–Bergama ca. 105 km beträgt (E87). Um nach Kappadokien in Zentralanatolien zu gelangen, kann man von Antalya (Istanbul–Antalya ca. 70 Min. Flugzeit) oder besser von Ankara aus starten (Flugzeit Izmir–Ankara ca. 75 Min. und Istanbul-Ankara ca. 55 Min.).*

Währung: *Die offizielle Währung der Türkei ist die Türkische Lira (TRY).*

ISTANBUL *(3 Tage)*
Hier befindet man sich im Angesicht zweier Welten. Das wird einem klar, wenn man die **Hagia Sophia** und die **Blaue Moschee** vor Augen hat, die beiden Moscheen, die nebeneinander im historischen Viertel **Sultanahmet**, dem antiken Herz der Stadt, konkurrieren. Die Hagia Sophia war einst Symbol der Christenheit und wurde 537 von Kaiser Justinian eingeweiht. Im 15. Jh. wurde sie nach der Eroberung Konstantinopels (Istanbul) zur Moschee umgebaut, wovon die Minarette zeugen. Heute ist die prachtvolle Basilika ein Museum *(www.hagiasophia.com,*

Öffnungszeiten Di–So 9–19, obere Galerien bis 18.30 Uhr). Die im 17. Jahrhundert erbaute Blaue Moschee (Sultan-Ahmed-Moschee) ist ein Hauptwerk der islamischen Architektur und auch heute noch ein Ort des Gebets. Sie hat ihren Namen von den vielen blau-weißen Fliesen, die in der Moschee verbaut wurden *(www.anatolienmagazin.de)*.
Man kann nicht sagen, welche der beiden schöner ist, aber ganz sicher ist die einzige Moschee der Stadt, die mit der Hagia

140 - Die Hagia Sophia in Istanbul.

140-141 - Luftansicht von Istanbul und Bosporus.

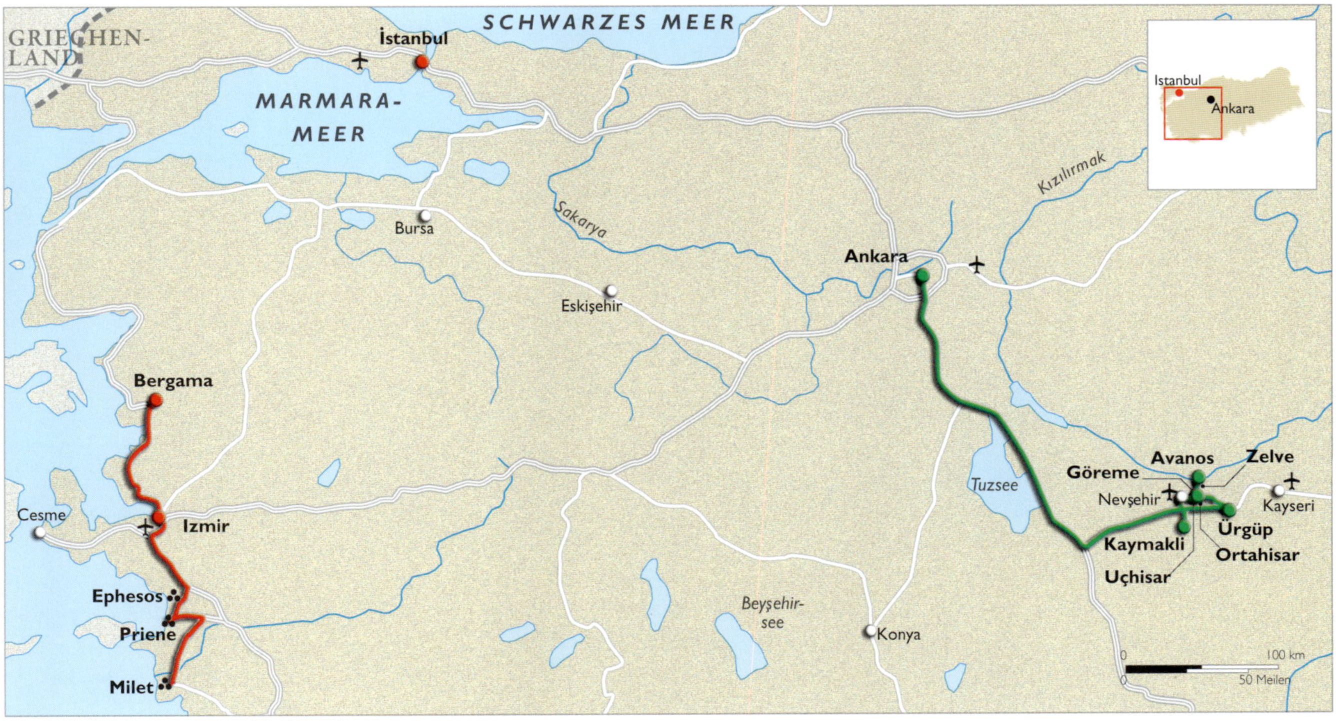

Sophia und der Blauen Moschee mithalten kann, die **Süleymaniye-Moschee** aus dem 16. Jahrhundert, die mit vier Minaretten und einer wunderschönen Kuppel nach den Plänen Sinans, dem Michelangelo der Osmanen, erbaut wurde. Sie beinhaltet das Grabmal von Süleyman dem Prächtigen *(Profesör Siddik Sami Onar Caddesi 1, http://www.eslam.de/begriffe/s/sueleymaniye-moschee.htm, Öffnungszeiten Sonnenaufgang bis Sonnenuntergang)*. Zuerst jedoch sollte man sich noch die unterirdische **Cisterna Basilica** aus dem 14. Jh. ansehen, ebenfalls in Sultanahmet, (die Süleymaniye-Moschee liegt im Bazar-Viertel, wo auch der größte Markt ist), eine der schönsten Sehenswürdigkeiten der Stadt: eine byzantinische Zisterne mit 336 Säulen, die ihr Wasser aus dem nahe gelegenen **Valens-Aquädukt** bezog, um den kaiserlichen Palast zu versorgen *(Yerebatan Caddesi 13, www.yerebatan.com, geöffnet 9–18.30 Uhr)*. Hier beginnt auch das Viertel **Serraglio**, das viele weitere Schätze bereithält, allen voran der **Topkapi-Palast** *(www.topkapisarayi.gov.tr, Öffnungszeiten 9–17, Dienstag geschlossen)*, im 15. Jh. nach der Eroberung Konstantinopels die Sultanresidenz samt **Harem**, mit Perlmuttfenstern, von Iznik-Fliesen geschmückten Wänden und zum Meer gerichteten Terrassen, **Pavillons**, Gärten, einem reich geschmückten **Audienzsaal**, dessen Glanzstück der Thron aus dem 16. Jh. ist, und einem **Schatz**, der u.a. den Topkapi-Dolch und den berühmten Löffelmacher Diamanten mit 86 Karat beherbergt. Neben dem Topkapi-Palast befindet sich das **Archäologische Museum** *(Alemdar Caddesi, www.istanbularkeoloji.gov.tr, Öffnungszeiten 9–17 Uhr, Montag geschlossen)*: eines der zehn wichtigsten Museen der Welt, das die **Museen der klassischen Archäologie**, des **Antiken Orients** sowie den **Museumspavillon der Keramiken** umfasst und außergewöhnliche Stücke wie die **Tafel von Kadesch**, den ersten bekannten Friedensvertrag der Menschheit, und den **Alexandersarkophag**, der vermutlich für König Abdalonymos von Sidon geschaffen wurde, beherbergt. Ein kurzer Spaziergang führt zur Galata-Brücke, über die man zu den Vierteln **Beyoglu**und **Galata** auf der anderen Seite des Goldenen Horns gelangt. Dort kann man sich in den Schaufenstern der Stylisten umsehen, z.B. in denen des **Atelier 55** *(Serdari Ekrem Sok. 55, www.atelier-55.com)*, und das moderne Flair der Stadt genießen mit Restaurants und In-Lokalen wie **360Istanbul** *(Istiklal Caddesi, www.360istanbul.com)*, **Nupera** (*Meşrutiyet Caddesi 67, www.nupera.com.tr*) und **Sunset Grill&Bar** (*Adnan Saygun Caddesi, www.sunsetgrillbar.com*). Bleibt noch das **Bazar-Viertel** zu entdecken mit der Süleymaniye-Moschee und den Gewölben des **Grand Bazars**, sowie ein Aufenthalt im **Café Pierre Loti** im Viertel **Eyüp**, Lieblingscafé des gleichnamigen Schriftstellers und Marineoffiziers (*Gümüssuyu Balmumcu Sik 1, Tel. 212.5812696*).

PERGAMON, EPHESUS, MILET ***(3 Tage)***

Die ägäische Küste der Türkei ist mehr als nur ein Mosaik aus Buchten und Stränden. Nördlich von Izmir kann man im Umkreis von kaum 300 km einige der eindrucksvollsten Ausgrabungsstätten ganz Kleinasiens bewundern. Die wichtigsten sind **Selçuk** *(nach 84 km auf der E87, www.selcuk.bel.tr/eng/selcuk.php?cat=3, www.muze.gov.tr/ephesus-archaeological, Öffnungszeiten Sommer 8–18.30, Winter 8–17.30 Uhr)* oder **Ephesus**, einst die glanzvollste Stadt der Küste, die ihre Blüte um 300 n. Chr. erlebte und auf einem Areal von 10 qkm Rekordbauwerke der Antike vereint: den **Tempel der Artemis**, eines der 7 Weltwunder, von dem nur wenige Reste erhalten sind, das **Große Theater** mit 66 Sitzreihen, in denen bis zu 24.000 Menschen Platz fanden (von den oberen Sitzreihen aus kann man die ganze Stadt sehen), die **Hafenstraße**, die bis zum Meer reichte, die **Celsius-Bibliothek**, nach der von Alexandria und Pergamon die drittgrößte der Klassik, wo die Schriftrollen

in Mauernischen aufbewahrt wurden. Die Tour geht weiter zum **Hadrianstempel**, einem der schönsten Tempel der **Kuretenstraße**, zur **Siebenschläfer-Höhle**, (vermutlich 5.–6. Jh. n. Chr.), in der der Legende nach 7 junge Christen so lange schliefen, bis die Glaubensverfolgung vorbei war, zur **Johannes-Basilika** und zum **Marienhaus**, auch heute noch Ziel vieler Pilger. Bevor man Ephesus verlässt, sollte man sich noch die **Isabey-Moschee** mit ihrem anatolischen Hauptportal und das **Archäologische Museum** ansehen: Zu bewundern sind ca. 80.000 Objekte aus der mykenischen, byzantinischen und osmanischen Epoche.

55 km südlich von Ephesus (D515) liegt **Priene** *(www.priene.net, Öffnungszeiten 9–19 Uhr, Winter bis 17.30 Uhr)*, ein weiterer Ausgrabungsort mit vielen hellenistischen Bauten, vom **Theater der Agora** bis zum **Tempel der Athene**. Nach weiteren 25 km Richtung Süden auf der D525 kommt man nach **Milet** *(www.muze.gov.tr/miletus-en, Öffnungszeiten 8.30–19 Uhr)*, eine Stadt aus der hellenistischen Epoche, die auch von Persern und Römern beherrscht wurde, mit einem großen, heute verlandeten Hafen. Der Star von Milet ist neben der **Stoa** das **Theater**, das 15.000 Besucher fasste. Die letzten Zeugen der Antike findet man ca. 100 km nördlich von Izmir (E87) in **Pergamon (Bergama)**: Die Stadt wurde im 4. Jh. v.Chr. erstmals schriftlich erwähnt, und obwohl der berühmte Altar heute im Pergamon-Museum in Berlin steht, sind hier noch viele Zeugen ihrer glorreichen Vergangenheit zu besichtigen: das **Asklepion** (eines der bedeutendsten Kurzentren der Antike), die **Akropolis** auf dem Hügel, der **Sarpedon**- und der **Athenatempel** im dorischen Stil sowie die Reste der sagenumwobenen **Bibliothek** *(www.muze.gov.tr/asklepion-en, Öffnungszeiten Sommer 8.30–18.30, Winter 8.30–17.30)*. Als die Ägypter kein Papyrus mehr lieferten, wurde hier das Pergament erfunden.

142 OBEN - DAS GROSSE THEATER VON EPHESUS.

142 UNTEN - DIE CELSIUS-BIBLIOTHEK IN EPHESUS.

143 OBEN - DAS HERKULESTOR IN EPHESUS.

143 MITTE - DAS THEATER VON MILET.

143 UNTEN - DIE AKROPOLIS VON PERGAMON.

KAPPADOKIEN ***(2 Tage)***
Die wunderschöne Landschaft vulkanischen Ursprungs liegt in Zentralanatolien. **Kappadokiens** Bekanntheit ist mit seiner Geschichte (einige Orte gehen auf das Neolithikum zurück, und es war von den Assyrern, Hetitern, Persern, Alexander dem Großen und den Römern besetzt, bevor es zur byzantinischen Provinz wurde) und den berühmten Tuffsteinformationen, die *Feenkamine,* verbunden, die durch Vulkantätigkeit und Erosion entstanden. In dieser surrealen „Mondlandschaft" wurden über 3000 Felskirchen ausgegraben, die heute zum Weltkulturerbe der UNESCO gehören. Von **Ürgüp** aus (ca. 300 km südöstlich von Ankara, D750–E90) werden Bustouren zur Erkundung dieses Gebiets angeboten. Von dort aus geht es weiter zur Festung von **Ortahisar** mit vielen Treppen und wunderbaren Tunneln, und schließlich in die Höhlenstadt **Uçhisar**, zum Nationalpark von **Göreme** mit einem Freiluftmuseum aus Tuffsteinhügeln, Kirchen und Klöstern, deren Wände von Christen mit Fresken geschmückt wurden, die sich hier vor der Bedrohung durch die Araber und Byzantiner sicher fühlten *(www.goreme.com, Öffnungszeiten Sommer 8–19, Winter 8–17 Uhr)*. 2 km von Göreme entfernt liegt **Çavus'in** mit der gleichnamigen Kirche (964–965), die mit Fresken geschmückt ist, die Szenen aus dem Evangelium und dem Leben Christi zeigen; der Ort gehört zu den ältesten Ansiedlungen der Gegend. Weiter südlich liegen die unterirdischen Städte **Derinkuyu** und **Kaymakli**, wobei die Letztere die größte Kappadokiens ist (4 davon können besichtigt werden) und auf mehreren Ebenen in die Erde reicht. Dieses Netzwerk aus Straßen und Häusern wurde zum Schutz in die Erde und den Tuffstein gegraben und ist seit 1964 der Öffentlichkeit zugänglich. Fährt man von Ürgüp nach Norden, macht man in **Avanos**, das für seine Keramiken berühmt ist (eine Tradition, die von den Hethitern herrührt), und in **Zelve** Halt, wo die Steinkirchen und Feenkamine zu besichtigen sind. Zurück in Ankara, sollte man sich sich das **Anatolische Hethiter-Museum** ansehen, eines der wichtigsten archäologischen Museen der Welt und der beste Ort, um sich über die 9000-jährige Geschichte der Gegend zu informieren, vom Paläolithikum bis zur Klassik *(Gözcü Sokak 2, www.transanatolie.com/English/Turkey/In%20Brief/Museums/AMM/anatolian_civilisations_museum.htm)*. Wer lieber noch in Kappadokien verweilen möchte, kann bei der Yama Tour Travel

Agency *(Muze Caddesi 2, Göreme, www.yamatours.com)*, eine Ballonfahrt buchen, um die Feenkamine von oben zu bewundern.

Übernachten

€€€€ Sumahan (Istanbul). Zimmer, Suiten und ein Garten in einer ehemaligen Destillerie auf der asiatischen Seite des Bosporus. Ein wunderschöner Ausblick, minimalistische Einrichtung und Design, wo man hinsieht. Außerdem gibt es eine Teestunde, ein Restaurant mit Terrasse direkt am Wasser, Wellnessbereich und Hamam. *Info: Kulelí Caddesi 51, Çengelköy, Tel. 216.4228000, www.sumahan.com*

€€€ Cappadocia Cave Suites (Göreme/Nevsehir). Zimmer und Suiten in den Feenkaminen. Hier kann man die faszinierende Erfahrung machen, in einer Tuffsteinhöhle zu schlafen (natürlich mit allem Komfort ausgestattet). Ethno-Möbel, Kamin, Holzdecke, Felswände und eine einzigartige Atmosphäre. *Info: Gafferli Mah. Unlu Sokak 19, Tel. 384.2712800, www.cappadociacavesuites.com*

€€ Hotel Kalehan (Ephesus). 52 Zimmer (plus 5 Familienzimmer in osmanischem Stil), Garten und Pool. Es gibt Kelimteppiche und eine Lounge mit Kamin für die kalte Jahreszeit. Das Frühstück wird im Restaurant (lokale Küche, Zutaten aus der Umgebung) auf antiken Keramiken serviert. *Info: tel. 232.8926154, www.kalehan.com*

Essen

€€ Sarniç (Istanbul). Wer noch nie in einer Zisterne gegessen hat, sollte sich diese anspruchsvolle Taverne in der echten tausendjährigen Zisterne hinter der Hagia Sophia nicht entgehen lassen. Säulen aus Stein, Kuppeln, Ziegelwände und neben türkischen und internationalen Spezialitäten fangfrischer Fisch vom Grill auf der Speisekarte. *Info: Sogukcesme Sokagi, Sultanahmet, Tel. 212.5124291, www.sarnicrestaurant.com*

€ Artemis (Şirince/Ephesus). Ein Weinkeller mit Restaurant und Terrasse im pittoresken Ort, dem „Ephesus der Berge" (10 km entfernt vom Ausgrabungsort). Zu empfehlen: die Brokkolicremesuppe, der Geflügelsalat, die hausgemachten Nudeln und die Hackbällchen. *Info: Tel. 232.8983240, www.artemisrestaurant.com*

€ Ziggy Café & Shop (Ürgüp). Die Eigentümer Nuray und Selim Yüksel kehrten Istanbul den Rücken, um in dem für sie schönsten Ort der Welt ein Restaurant zu eröffnen. Im renovierten Steinhaus trinkt man Cocktails auf der Terrasse, bestellt türkische Vorspeisen, Fleisch vom Grill und lokale Spezialitäten. Unschlagbar in Charme und Atmosphäre. *Info: Yunak Mah., Tevfik Fikret Caddesi 24, Tel. 384.3417107, www.ziggycafe.com*

Unternehmungen

Inci Pastanesi. Auch wenn man kein Fan von Süßigkeiten ist, sollte man sich die Konditorei im In-Viertel Beyoglu auf keinen Fall entgehen lassen. Hier genießt man das Beste vom türkischen Konditorhandwerk. *Info: Istiklal Caddesi 56, Istanbul, Tel. 212.2432412, 212.2939224*

Çemberlitaş Hamami e Süleymaniye Hamami. Unter den türkischen Bädern von Istanbul eine Institution. Beide von Sinan entworfen (dem berühmten Baumeister der Antike), genießt man hier zwischen Marmorsäulen und Kuppeln ein gepflegtes Dampfbad. Anschließend wird man eingeseift und abgeschrubbt, ein Erlebnis! *Info: Çemberlitas. Hamami, Vezirhan Caddesi 8, Istanbul, www.cemberlitashamami.com.tr; Süleymaniye Hamami, Mimar Sinan Caddesi 20, Istanbul, www.suleymaniyehamami.com*

Suada Beach Club. IIm Sommer entspannt man sich hier bei Cocktails auf der Terrasse mit Blick auf den Bosporus. Der Pool hat olympische Ausmaße und das Restaurant bietet bis spätabends japanische und internationale Gerichte. *Info: Eski Galatasaray Adasi Kurucesme, Istanbul, www.suadaclub.com.tr*

Ortaköy. Dieses Szeneviertel der Stadt liegt auf der europäischen Seite des Bosporus neben der gleichnamigen, sagenhaft beleuchteten Moschee. Am Wochenende gehen Tausende hier in die Clubs. Die meistfrequentierten sind das **Anjelique**, mit ausgezeichneten Martinis und DJs, sowie das **Blackk**, eine Lounge-Restaurant mit Technosound und auf der Terrasse servierten Melonencocktails. *Info: Anjelique, Salhane Sokak 5, Muallim Naci Caddesi, Istanbul, tel. 212.3272844; Blackk, Muallim Naci Caddesi 71, Istanbul, www.blackk.net/blackk.net/index.html*

Weitere Informationen: www.goturkey.com

144-145 - Die Feenkamine in Kappadokien.

145 - Die unterirdische Stadt Kaymakli.

Jerusalem und das Tote Meer – *Israel*

Ein offenes Buch der Geschichte, Epizentrum der großen monotheistischen Religionen – Jerusalem. Es hört nicht auf zu faszinieren, mit seinen goldenen Kuppeln und den Häusern aus weißem Stein, die in die Hügel von Judäa und der nahen Wüste geschmiegt sind. Diese Faszination liegt auch in den Wassern des Toten Meeres, der Schönheit der natürlichen Oasen, dem Tafelberg Masada und der fast mystischen Fremdartigkeit der spektakulären Wüste Negev.

Als Heilige Stadt für Christen, Juden und Muslime zieht Jerusalem Jahr für Jahr immer größere Scharen von Pilgern und Touristen an, die sich, nachdem sie die Heiligtümer der Stadt besucht haben – die **Grabeskirche**, die **Klagemauer**, den **Tempelberg** und das nahe **Betlehem** (bereits auf palästinensischem Gebiet) – auf die Reise ins Herz des Staates Israel begeben. Sie machen eine Trekkingtour zu den Oasen der Wüste (die wichtigste und exotischste ist **Ein Gedi**) und den Symbolen der Geschichte Israels, wie die **Festung von Masada** am Westrand des Toten Meeres, unzugänglich wie ein Adlernest. Dann geht es weiter südlich in die Wüste **Negev** – mit dem spektakulären **Maktesh-Ramon-Krater** – auf den Pfaden der Gewürzstraße, die heute oft von den Lastwagen der Militärs befahren werden, bis zu den **antiken Stätten der Nabatäer**. Hier, in der Nähe von **Avdat**, liegt der erste Premierminister Israels, Ben Gurion, begraben, unter dessen Leitung die trockene Wüste in fruchtbares Land verwandelt wurde.

Fortbewegung: *Der Flughafen Ben Gurion liegt ca. 50 km von Jerusalem entfernt (45 Min. mit dem Taxi; wenn Sie weitere arabische Länder besuchen wollen, lassen Sie sich den Reisepass nicht stempeln). Die Altstadt von Jerusalem besichtigt man zu Fuß, alternativ gibt es auch öffentliche Verkehrsmittel (www.egged.co.il) und Taxis. Beachten Sie, dass am Sabbat – Freitagabend bis Samstag-*

146-147 - Die Jerusalemer Altstadt

abend – der öffentliche Dienst nur eingeschränkt zur Verfügung steht. Zum Bereisen der Wüste empfehlt sich das Auto, man kann auch Touren mit Fahrer bei der Israel Tour Guides Association (www.tour-guides.co.il) *buchen. Die vorgeschlagene Reiseroute führt von Jerusalem nach Qumram, 40 km auf den Straßen 1 und 90, dann Qumram – Naturpark Ein Gedi, 40 km auf der Straße 90, dann 15 km weiter auf der Straße 90 nach Masada, von dort nach Avdat, 124 km über die Straßen 25 und 40, und schließlich von Avdat nach Mitzpe Ramon 26 km weiter auf der Straße 40.*

Währung: *Die offizielle Währung Israels ist der Neue Israelische Schekel (NIS).*

JERUSALEM ***(3 Tage)***
Die heilige Stadt der großen monotheistischen Religionen bietet Touristen und Pilgern durch ihren archäologischen und geschichtlichen Hintergrund einen unvergleichlichen Informationsreichtum über ihre biblische Vergangenheit. Bereits der erste Eindruck ist überwältigend: Man betritt die Altstadt für gewöhnlich durch das **Jaffator** der mächtigen Stadtmauer, die von 1537 bis 1541 von Süleyman dem Prächtigen errichtet wurde. Die 1 qkm große Altstadt ist in das armenische Viertel im Südwesten, das hebräische im Südosten, das christliche im Nordwesten und das muslimische im Nordosten eingeteilt. Man wandelt über die von Kunsthandwerkerläden gesäumte Davidstraße und Kettenstraße (Ha Shalshelet) zur **Klagemauer**, den heiligen Überresten des zweiten Jerusalemer Tempels, der von Herodes an der Stelle des früheren Salomon-Tempels (erster Tempel) gebaut und im Jahr 70 n. Chr. von den Römern zerstört wurde. Sie ist ein Heiligtum des Judentums und Symbol für die Vergangenheit der Diaspora und der Sehnsucht nach dem eigenen Land. Die Gläubigen stecken ihre aufgeschriebenen Gebete in die Spalten der Mauer. Die Magie dieses Ortes zeigt sich besonders in der Abenddämmerung, wenn sich die Rabbiner mit ihren schwarzen Kutten, Hüten und Schläfenlocken im Dämmerlicht vor der Mauer im Gebet wiegen. Auf der linken Seite der Klagemauer befindet sich der Eingang zum mehr als 500 m langen **Mauertunnel**, eine der beeindruckendsten Sehenswürdigkeiten Jerusalems. Die mächtigen Steinquader der Mauern geben einen vagen Eindruck von den ursprünglichen Tempelmauern *(Öffnungszeiten Mo, Di, Mi 8.30–15, Do 12.30–15 u. Fr 8.30–12 Uhr)*. Hinter der Klagemauer befindet sich das Plateau des **Tempelberges**, auf dem einst der Salomon-Tempel und der nachfolgende Herodes-Tempel standen. Im muslimischen Glauben gilt der Tempelberg als die drittheiligste Stätte nach Mekka und Medina. Von hier soll der Prophet Mohammed seine Reise in den Himmel angetreten haben, um den Koran zu empfangen. Heute befinden sich dort – nur für Muslime zugänglich – der **Felsendom** von 691, mit seiner goldenen Kuppel die Ikone der Stadt, und die 705 erbaute **al-Aksa-Moschee**.

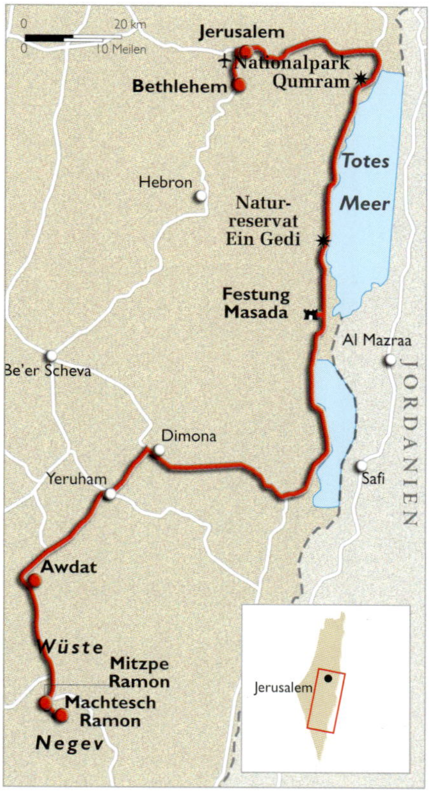

Sich wieder dem Rummel der Altstadt zuwendend, geht man die **El-Wad-Straße** entlang, die zum eindrucksvollen **Damaskustor** im muslimischen Viertel führt, in dem der Duft von honigtriefenden Süßigkeiten und frischem Brot in der Luft liegt, die an den Ständen des Suks feilgeboten werden. Hier führt auch die **Via Dolorosa** vorbei, der Kreuzweg Christi, in Richtung **Grabeskirche**, Grabstätte Jesu und Ziel vieler christlicher Pilgerfahrten. Der Bau der Kirche wurde von Kaiser Konstantin am überlieferten Ort der Kreuzigung in Auftrag gegeben, später mehrere Male zerstört (614 von den Persern, 1009 von Kalif Hakim) und um Kapelle und Basilika erweitert. Dort besichtigt man den **Hügel Golgatha**, der heute innerhalb der Kirche liegt, den **Salbungsstein** und das **Christusgrab** in der Grabeskapelle.
Die Verwaltung der Kirche teilen sich sechs christliche Kirchen: die griechisch-orthodoxe, die römisch-katholische, die armenisch-apostolische, die syrisch-orthodoxe, die koptische und die äthiopisch-orthodoxe; auf dem Dach der Kirche wohnen äthiopische Mönche (Öffnungszeiten 4.30–19, im Sommer bis 20 Uhr).

Im armenischen Viertel ist die **Jakobuskirche** sehenswert *(nur zur Messe geöffnet; So 15 Uhr, möglicherweise auch an anderen Tagen von 15–15.30 Uhr)*, ein reich geschmücktes Juwel aus dem 12. Jh.; man erreicht sie über die Beit Habad und Hayehudin in Richtung Zionstor. Von dort aus gelangt man zur antiken **Davidstadt** außerhalb der Mauer im **Jerusalem Archaeological Park – Davidson Center** *(www.archpark.org.il, Öffnungszeiten So–Do 8–17, Fr 8–14 Uhr)*: Ausgrabungen brachten eine sehenswerte Stadt ans Licht, deren Ursprünge 5000 Jahre zurückliegen. Teile der Stadt liegen unter dem heutigen Israel. Bemerkenswert ist die Wasserversorgung, eine technisch ausgeklügelte Meisterleistung, mit deren Hilfe die Stadt auch in Notsituationen versorgt werden konnte. Gegenüber der Ausgrabungsstätte befindet sich der biblische **Ölberg** mit dem größten jüdischen Friedhof der Welt, auf dem sich der Legende nach auch das Grab Marias befindet. Von dort gelangt man zum **Garten Gethsemane**, wo Christus von Judas verraten wurde.

Für die **Jerusalemer Neustadt** bleibt nicht mehr viel Zeit, dennoch lohnt es, sich die Einkaufsmeile in den Straßen Jaffa, King George und Rechov Ben Jehuda und das ultraorthodoxe Viertel **Mea Shearim** im Nordosten anzusehen, Wohnort der *Hassidim*, der Männer, die ihr Leben dem Studium der Thora widmen. (Vermeiden Sie Besuche am Freitagabend und Samstag sowie an jüdischen Feiertagen. Achten Sie unbedingt auf passende Kleidung und entsprechendes Benehmen). Etwas weiter entfernt vom Zentrum (erreichbar mit Bus oder Taxi) liegen das **Israel-Museum** *(Ruppin Blvd., www.imj.org.il, Öffnungszeiten So–Do 10–17, Di 10–21, Fr 10–14, Sa u. Feiertage 10–17 Uhr)*, wo im **Schrein des Buches** einige Schriftrollen des Alten Testaments sowie weitere Fundstücke aus Qumran am Toten Meer aufbewahrt werden, und **Yad Vashem** *(Har Hazikaron, www.yadvashem.org; Öffnungszeiten So–Do 9–17, Fr 9–14 Uhr)*, die bedeutendste **Gedenkstätte für die Opfer des Holocausts**, die an die 6 Millionen Juden erinnert, die in den Konzentrationslagern getötet wurden, und ihnen „einen Ort und einen Namen" gibt.

In Palästina, 10 km von Jerusalem entfernt, liegt **Bethlehem**, die Brücke zwischen Altem und Neuem Testament, die Stadt, in der König David und, tausend Jahre später,

Einkaufen

*In **Jerusalem** kann man in der Nablusstraße 14 **armenische Keramiken** kaufen, die nach antiker Tradition von Hand bemalt werden* (www.armenianceramics.com). *In den Kunsthandwerkerläden in der Davidstraße kann man die traditionelle hebräische **Mezuzah** erwerben, eine Schriftkapsel für den Türpfosten, in der zwei Abschnitte aus dem 5. Buch Mose, auf Pergament geschrieben, enthalten sind. Wer eine **Kippa** (religiöse Kopfbedeckung der Männer) möchte, geht zu **Kippa Man** (Jaffastraße 37), wo sie auch nach Maß gefertigt werden.*

*In **Betlehem** werden **Objekte aus Olivenholz** hergestellt, auch in Läden auf dem Platz vor der Geburtskirche, sowie ausgezeichnetes **Olivenöl**.*

*Das Gebiet des Toten Meeres ist auf **kosmetische Produkte** spezialisiert. Eine gute Adresse ist der **Ahava Factory & Outlet Store*** (c/o Kibbutz Mitzpe Shalem; Öffnungszeiten: So–Do 8–18, Fr 8–16, Sa 8.30–18 Uhr), *mit einer großen Auswahl an Cremes, Badezusätzen und Spa-Produkten.*

Jesus Christus geboren wurden. Ein bewegender Moment, besonders für Gläubige, ist der Besuch der **Geburtskirche** *(Öffnungszeiten Apr.–Sept. 6.30–19.30, Okt.–März 5.30–17 Uhr)*, die Konstantin über der Stelle errichten ließ, an der Maria Jesus das Leben schenkte. Diese mit einem silbernen Stern markierte Stelle ist in der **Geburtsgrotte** der Kirche zu besichtigen. Der Sakralbau wurde im 6. Jh. zerstört, unter Justinian wieder aufgebaut und von den Kreuzrittern zur Kathedrale gemacht. Ein Höhepunkt ist die Mitternachtsmesse an Weihnachten.
200 m neben der Geburtskirche befindet sich die **Milchgrotte** *(Öffnungszeiten Apr.–Sept. 8–12 u. 14–18, Okt.–März 8–12 u. 14–17 Uhr)*; der Legende nach soll ein Tropfen Muttermilch Marias in die Grotte gefallen sein, woraufhin sie sich weiß gefärbt habe.
Man erreicht Bethlehem mit dem Taxi bis zur Grenze, überschreitet diese zu Fuß und nimmt sich auf der anderen Seite wieder ein Taxi. Eine gängige Praxis sind allerdings auch organisierte Busreisen dorthin.

148 OBEN - DER ÖLBERG IN JERUSALEM.

148 UNTEN - DAS ISRAEL-MUSEUM.

149 OBEN - DIE KLAGEMAUER.

149 MITTE - DIE GRABESKIRCHE.

149 UNTEN - DIE GEBURTSKIRCHE IN BETHLEHEM.

Events

In Jerusalem wird im Mai das ***Israel-Festival*** *gefeiert: zwei Wochen mit Kunst, Musik und Tanz und Theateraufführungen an verschiedenen Veranstaltungsorten* (www.israel-festival.org). *Das* ***Jazzfestival*** *im Juni ist ein Highlight mit nationalen und internationalen Künstlern, gefolgt vom* ***Filmfestival*** *im Juli. Im Amphitheater von Masada wird die Geschichte anhand einer spektakulären Light- und Soundshow zum Leben erweckt* (Di u. Do Apr.–Aug. 21 Uhr, Sept.–Okt. 20 Uhr, Reservierung erforderlich; Tel. 9728.9959333), *das auch als Kulisse für das* ***Israeli Opera Festival*** *dient.*
(www.opera-masada.com/en)

TOTES MEER, OASE EIN GEDI UND FESTUNG VON MASADA ***(3 Tage)***

Das **Tote Meer** liegt eine halbe Autostunde südlich von Jerusalem (ca. 40 km) und hat seinen Namen aus dem Hebräischen Yam Hamelah, „Salzmeer". Dieser abflusslose Salzsee ist 65 km lang und 18 km breit und hat eine Salzkonzentration von 30 % – zehnmal so viel wie der durchschnittliche Salzgehalt eines Ozeans; deshalb kann man sich darin völlig ohne Anstrengung treiben lassen. Er ist auch der tiefste Punkt der Erde und liegt ca. 400 m unter dem Meeresspiegel. Das Wasser weist zudem einen hohen Brom-, Magnesium- und Jodgehalt auf, es hat den Ruf, Allergien und Atemwegsprobleme zu lindern, und viele Kosmetikprodukte werden daraus hergestellt. 2 km vom Nordwestufer entfernt befindet sich der **Nationalpark Qumran**, ein wichtiges Ziel für Gelehrte und andere Interessierte: Hier wurden 1947 von einem Schäfer die ersten der **Schriftrollen vom Toten Meer** gefunden; die ältesten gehen bis auf das 2. Jh. v. Chr. zurück und befinden sich heute im Israel-Museum in Jerusalem. Es handelt sich um Aufzeichnungen aus einer hebräischen Siedlung, die hier von 150 v. Chr. bis 68 n. Chr. hier existierte. Die Rollen enthalten neben trivialen Texten auch die ältesten bekannten Handschriften der Bibel. Die Grotten, in denen die Rollen gefunden wurden, und die Reste der Siedlung kann man in einem ca. 90-minütigen Spaziergang durch das Areal erkunden *(www.parks.org.il, geöffnet Apr.–Sept. 8–17, Okt.–März 8–16 Uhr)*. Knapp 40 km weiter südlich liegt das **Naturreservat Ein Gedi**, ein Ort, der bereits in der Bibel erwähnt wurde und so viel wie „Quelle des Zickleins" bedeutet. In dieser Oase bewundert man Wasserfälle und kleine Seen, die natürliche Bassins bilden, und zahlreiche Tierarten, wie Steinböcke, die zwischen den Felsen umher klettern. Man kann zwei verschiedene Touren durch den Park machen: Die erste beginnt am **Wadi David** und führt nach einer 40-minütigen Wanderung zum **David-Wasserfall** und nach weiteren 20 Minuten zu den **Höhlen Ein Shulamit** und **Dodaim**, um schließlich die **Ein-Gedi-Quelle** zu erreichen. Die zweite Tour führt vom **Wadi Arugot** zum **Versteckten Wasserfall** und den **Oberen Pools**, mit Kletterpartien zwischen Felsen und Canyons mit Blick auf die Ufer des Toten Meeres. Obwohl es viele Parkwächter gibt, ist es angesichts der Größe und Unzugänglichkeit dieses Gebiets sowie des heißen Klimas sehr zu empfehlen, ausreichend Trinkwasser, eine Kopfbedeckung und festes Schuhwerk mitzuführen und sich nur auf den ausgewiesenen Pfaden, besser noch mit einem Tourguide, zu bewegen. Im Kibbutz von Ein Gedi besucht man den **Botanischen Garten**, der über eine reiche subtropische Vegetation, mit seltenen Wüstenblumen und den „biblischen" Pflanzen Weihrauch und Myrrhe, verfügt *(www.parks.org.il, Öffnungszeiten Apr.–Sept. 8–17, Okt.–März 8–16 Uhr)*. Nach weiteren knapp 20 km Richtung Süden erscheint wie eine Fata Morgana die wunderschöne Festung von Masada, auf einen isolierten Tafelberg gebaut und Symbol für den Staat Israel: Dort fanden die letzten Widerstandskämpfe gegen die römischen Belagerer statt; die jüdischen Rebellen, die sich bis 74 n. Chr. in der Festung verschanzten, waren entschlossen, lieber zu sterben, als sich den römischen Legionen zu ergeben. Eine Seilbahn *(8–16 Uhr)* führt zum Ausgrabungsort *(Öffnungszeiten Apr.–Sept. 8–16, Okt.–März 8–17 Uhr)*, der auch über zwei Wege zu Fuß zu erreichen ist: den **Schlangenpfad**, eher steil und unwegsam, und die **römische Rampe**, den Erdwall, den die Römer zur Eroberung der Festungsstadt aufschütteten. Masada wurde zwischen 103 und 76 v. Chr befestigt, und bevor die hebräischen Rebellen die Festung übernahmen, war sie in Besitz von Herodes, der sie 43 v. Chr. zu einer Festungsstadt mit Kaserne, Lagerhallen und zwei prächtigen Palästen mit

Schwimmbad ausbauen ließ, um einen uneinnehmbaren Rückzugsort für den Fall eines hebräischen Aufstandes zu haben. Dieser Aufstand fand erst lange nach seinem Tod (4 v. Chr.) statt, als 66 n. Chr. während des Jüdischen Kriegs die Zeloten, hebräische Partisanen, die Festung einnahmen: Die Römer brauchten vier Jahre, um die Aufstände niederzuschlagen und weitere vier, um die Festung einzunehmen. Zuvor hatten die Belagerten jedoch alle den Freitod gewählt. Die Kombination dieser dramatischen Geschichte und der wunderbaren Architektur, deren Reste noch zu sehen sind, veranlasste die UNESCO dazu, Masada zum Weltkulturerbe zu erklären.

DER NEGEV *(1 Tag)*
Nach der Region des Toten Meeres beginnt der **Negev**, einst Herz des Reichs der Nabatäer, durch das die Gewürzstraße führte, eine Karawanenstraße, die Petra mit Gaza verband. Als Zwischenstation entstand im 2. Jh. v. Chr. in 650 m Höhe die nabatäische Stadt Avdat, die aus archäologischer Sicht außergewöhnlich gut erhalten ist *(Öffnungszeiten Apr.–Sept. 8–17, Okt.–März 8–16 Uhr)*. Im Umkreis der Stadt besichtigt man die **Römertherme**, eine **Grabhöhle** mit Katakomben und eine **Weinpresse** aus der byzantinischen Epoche. Nach dem Ausflug in die Geschichte folgt ein weiterer, nicht weniger spannender in die Natur des **Nationalparks Ein Avdat** *(Öffnungszeiten Apr.–Sept. 8–17, Okt.–März 8–16 Uhr)* mit Quellen, Wasserfällen und natürlichen, zwischen hohen Felswänden versteckten Pools und unvergesslichen Panoramen. Ein einmaliges Naturschaupiel bietet der fast 40 km große Erosionskrater **Makhtesh Ramon** mit vielen Fossilien und geologischen Besonderheiten. Der Vorposten ist das Städtchen **Mitzpe Ramon**, wo sich ein Observatorium befindet *(Har Ha Negev Field School, Öffnungszeiten So–Do 8–17, Fr 8–13 Uhr)* und viele Trekking- und Quad-Touren in die Dünen der Mondlandschaft des Kraters angeboten werden *(www.guidehorizon.com)*.

Übernachten

€€€€ David Citadel (Jerusalem).
Zeitgemäßer Luxus im Viertel Mamilla, eine Wohlfühloase mit Spa und Pool mit Blick auf die Altstadt.
Info: King David Street 7, Tel. 2.621111, www.thedavidcitadel.com/en

€€€ Mount Zion (Jerusalem). Das an der Mauer der Altstadt gelegene Haus wurde Ende des 19. Jh. von den Türken erbaut und bis 1948 als Krankenhaus genutzt. Ein Hotel mit zeitgemäßem Komfort und einer großen Geschichte.
Info: Hebron Road 17, Tel. 2.5689555, www.mountzion.co.il

€€€ Le Meridien Dead Sea Resort (Totes Meer). Ein englischer Garten, Pool und Privatstrand, Marmorausstattung. Bekannt vor allem wegen seines Wellnessbereichs, verfügt es über ein Buffetrestaurant mit Marktcharakter und orientalischen und internationalen Gerichten.
Info: Ein Boqueq, Tel. 8.6591234, www.starwoodhotels.com

€€ Mashabim Kibbutz (Wüste Negev).
Machen Sie die Erfahrung, einige Tage in einem Kibbutz an der einstigen Gewürzstraße zu wohnen, in gut ausgestatteten Zimmern mit Hotelservice.
Info: Autobahn 40 Richtung Miptze Ramon, Tel. 8.6565134/6, www.mashabim.co.il/en

Essen

€€ Arabesque (Jerusalem). Mitten in der amerikanischen Kolonie blickt diese ehemalige Pascha-Residenz von 1860 auf eine illustre Gästeliste zurück, darunter Winston Churchill, Marc Chagall und Lawrence von Arabien. Elegantes Dinner, aber vor allem bekannt für sein Mittagsbuffet am Samstag (12–15 Uhr). Reservierung erforderlich. *Info: c/o American Colony, Nablus Road, Tel. 2.6279777, www.americancolony.com*

€ Village Green (Jerusalem). Ein koscheres vegetarisches Restaurant, dessen Spezialität Gemüsesuppen, Quiches und Aufläufe sind. Man bezahlt je nach Menge.
Info: Jaffa Road 33, Tel. 2.6253065.

€ Abu Shukri (Jerusalem). Ein Muss für Liebhaber von *Felafel*, Kichererbsenbällchen und *Hummus*, ein wahrer Genuss mit Gemüse und Sesam. In der Altstadt, an der Kreuzung Al-Wad und Via Dolorosa (5. Station des Kreuzwegs). Nur bis 17 Uhr geöffnet.
Info: Al-Wad road 63, Tel. 2.6271538.

€ Kibbutz Ein Gedi (Naturreservat Ein Gedi). Das Kibbutz-Restaurant **At Home with Chaya** serviert köstliche Hausmannskost.
Nur abends geöffnet.
Info: Ein Gedi, Tel. 2.6594222, www.ein-gedi.co.il,

Nachtleben

Cellar Bar (Jerusalem). Sehr beliebt bei ausländischen Journalisten, die im Colony Hotel wohnen. *Info: Nablus Road 23, Tel. 2.62797777.*

Yellow Submarine (Jerusalem).
Der Abend beginnt um 23 Uhr, im Allgemeinen mit DJ oder Livemusik. Reservierung empfohlen.
Info: Harechavim Street 13, Tel. 2.5704646, www.yellowsubmarine.org.il

Jerusalem Cinémathèque (Jerusalem). Ein Kultlokal, in dem oft Filmfestivals veranstaltet werden. Im **Cacao**, der internen Bar des Lokals, genießt man ein schönes Altstadt-Panorama. *Info: Hebron Road, Tel. 2.6710632, www.jer-cin.org.il*

Weitere Informationen: www.goisrael.com. Um Ihre Sicherheit nicht zu gefährden, sollten Sie sich vor Reiseantritt beim Auswärtigen Amt über die neuesten Entwicklungen im israelisch-palästinensischen Konflikt informieren. www.auswaertiges-amt.de

150 OBEN - DIE AUSGRABUNGSSTÄTTE QUMRAN.
150 UNTEN - DIE FESTUNG VON MASADA.
151 OBEN - DIE WÜSTE NÖRDLICH VON EILAT.
151 UNTEN - MAKHTESH RAMON, NEGEV.

Petra – Reise durch Jordanien

Eines der wenigen Länder der Welt, die man in kurzer Zeit bereisen kann: von der antiken Stadt Jerash zur Wüste von Lawrence von Arabien, von der Hauptstadt Amman zum Roten und Toten Meer. In einer Woche reist man durch das ganze Land. Oasen inbegriffen.

Im Jahr 1812 setzte zum ersten Mal nach über 500 Jahren wieder ein Mensch einen Fuß in Herz und Symbol der Welt der arabischen Nomaden: die nabatäische Stadt **Petra** am Rand der Wüste. Dieser Mensch war der Schweizer Forschungsreisende J. L. Burckhardt, der bald nach seiner außergewöhnlichen Entdeckung an den Folgen der Ruhr verstarb – ohne berühmt geworden zu sein. Der Ruf der Stadt dagegen drang weit über die Landesgrenzen hinaus, und heute ist sie die touristische Hauptattraktion des Landes. Jordanien ist ein kleines Land im Orient, es grenzt im Norden an Syrien, im Nordosten an den Irak, im Westen an Israel und im Süden an Saudi Arabien. Aber es hält viele Schätze bereit: Nördlich der Hauptstadt **Amman** besucht man die Ausgrabungsstätte der antiken römischen Stadt **Jerash**, ein archäologisches Juwel, das der „Rosaroten Stadt" in nichts nachsteht. Im Süden entdeckt man die Mosaike von **Madaba** und den **Berg Moses**, die „wundertätigen" Wasser des **Toten Meeres**, die **Burg Karak** der Kreuzritter, das **Naturreservat Dana**, das auf einer Fläche von 320 qkm vier verschiedene Klimazonen vorweisen kann, vom Gebirge bis zur Wüste. Noch weiter südlich trifft man den **Golf von Aqaba** und das Meer (das Tote Meer ist eigentlich ein See): ein winziger Landstrich zwischen **Eilat** (Israel) und der saudi-arabischen Grenze mit einer der außergewöhnlichsten Unterwasserwelten der Erde mit Korallenriffs, Schiffswracks und einem Unterwasserpark – ein Paradies für Taucher.

Fortbewegung: *In Amman bewegt man sich am besten mit dem Taxi. Da es keine Taxameter gibt, ist es wichtig, den Preis vorher auszuhandeln. Außerhalb der Stadt benötigt man ein Auto, das man am Flughafen von Amman mieten kann, der ungefähr 30 Minuten von der Stadt entfernt liegt. Vom Stadtzentrum Ammans bis nach Jerash fährt man ca. 50 km auf der Straße Nr. 35, auch Königsweg genannt, nach Petra weitere 243 km auf der Wüstenautobahn Nr. 15 (3 Stunden Fahrzeit; zusammen mit dem Königsweg werden es 5 Stunden), während man eine Autostunde benötigt, um von der Hauptstadt ans Tote Meer zu gelangen.*

Währung: *Die offizielle Währung Jordaniens ist der Jordanische Dinar (JD).*

AMMAN ***(1 Tag)***
Die Hauptstadt Jordaniens ist eine alte Dame, die schon 3000 Geburtstage gefeiert hat, aber neben dem ältesten Stadtteil, der Zitadelle Jebel Al-Qalah, auch moderne In-Viertel vorweisen kann, wie das elegante **Shmeisani**. Außer den Straßennamen sind die Jebel, die Hügel, auf denen die Stadt gebaut ist, gute

152-153 - Die Ausgrabungsstätte Jerash.

153 - Das Römische Theater in Amman.

Orientierungspunkte, aber im Groben genügt es zu wissen, dass sich die Altstadt im Osten, die Wohnviertel mit den In-Cafés im Westen, die Botschaften und die Hotels auf dem **Jebel Amman** befinden. Die Entdeckung der Stadt mit dem antiken Namen Philadelphia (zu Ehren von Ptolemaios II. Philadelphos) und dem ursprünglichen Namen Rabbath Ammon beginnt in der Zitadelle **Jebel Al Qalah**: ein von einer Mauer umgebener Komplex, der faszinierende Bauwerke enthält, wie den **Umayyaden-Palast**, vermutlich 720 von den Umayyaden erbaut und 30 Jahre später durch ein Erdbeben zerstört; erhalten geblieben sind der **Audienzsaal** mit der Kuppel, die Höfe, der **Thronsaal** in der **Herrscherresidenz** *(Öffnungszeiten 8–18, Fr 10–16, Winter bis 16 Uhr)* und die Zisterne. Der Star der Zitadelle ist das **Archäologische Museum**: Seit 1951 beherbergt es die wichtigsten Artefakte des Landes, von über 6000 Jahre alten Statuen und einigen Schriftrollen vom Toten Meer mit aramäischen Schriftzeichen bis hin zu Schmuck- und Münzsammlungen *(Tel. 6.4638795, Öffnungszeiten 8–18, Fr 9–16 Uhr)*. Im historischen Zentrum zu Füßen der Zitadelle besucht man das **Römische Theater** *(Öffnungszeiten 8–18, Fr 10–16, Winter nur bis 16 Uhr)*, das nach seiner Erbauung im 2. Jh. n. Chr. bis zu 6000 Personen fassen konnte. Heute befinden sich zwei kleine Museen darin, das **Völkerkundemuseum** mit einer kleinen Sammlung von Alltagsgegenständen und einem Beduinenzelt *(Tel. 6.4651742, geöffnet 8–18, Fr 9–16 Uhr)* und das **Folkloremuseum** mit einer Sammlung traditioneller Kleidung und Schmuck *(Tel. 6.4651742, Öffnungszeiten 8–18, Fr 9–16 Uhr)*. Nach dem Theater kann man sich das **Forum** aus dem Jahr 190 ansehen, einer der größten Plätze des Römischen Reiches, das **Odeon** aus dem 2. Jh. n. Chr., das **Nymphäum** von 191 und charakteristische Ecken wie den **Hashemite Square**: den **Platz** in der Nähe des Römischen Theaters, der das Leben in der Stadt am besten zeigt, wo die Einheimischen in den Lokalen sitzen, Wasserpfeife rauchen und Tee trinken. Im Hintergrund ist die Skyline aus Moscheen zu sehen, die, bis auf die **Hussein-Moschee** (1924 auf den Resten einer älteren Moschee erbaut; *für Nicht-Muslime Zutritt nur in Ausnahmefällen*), alle neueren Datums sind. Um sich zur Abwechslung etwas Zeitgenössisches anzusehen, geht man in die **Nationalgalerie der Schönen Künste** *(www.nationalgallery.org, Öffnungszeiten Sommer 9–19, Winter 9–17 Uhr, Di u. Fr. geschlossen)*, eine der wichtigsten in der Region, die neben themenbezogenen Ausstellungen eine permanente Sammlung von 2000 Arbeiten von 800 zeitgenössischen Künstlern aus allen Erdteilen zeigt.

VON AMMAN NACH JERASH *(1 Tag)*

Vom Zentrum der jordanischen Hauptstadt bis zu einer der wichtigsten (und besterhaltenen) römischen Provinzen des Mittleren Orients sind es nur 50 km – die man in etwas über einer Stunde zurücklegt – durch die am dichtest besiedelte Gegend des Landes. Macht man einen kleinen Umweg (25 km auf Straße Nr. 30) kann man sich das Städtchen **Salt** ansehen, mit viel Kunst-

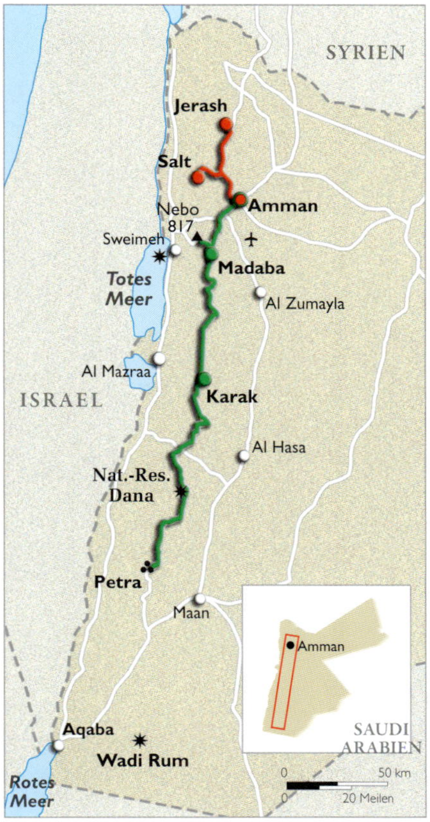

handwerk und Gebäuden aus dem ausgehenden 19. Jh. im osmanischen Stil. Es lohnt sich allein, die Fassaden anzusehen. In einem dieser Gebäude ist das **Archäologische Museum** untergebracht mit Funden aus der römischen und byzantinischen Epoche *(Tel. 5.3555651, Öffnungszeiten 8–17 Uhr)* - ein netter Zwischenstopp, bevor man 50 km weiter nördlich die antike Römerstadt **Gerasa**, die die Araber **Jerash** nennen, besucht. Eine Stadt, die 64 v. Chr. römische Provinz von Syrien und in der Folge Teil der Decapolis wurde: römische Siedlungen in den heutigen Staaten Syrien, Israel und Jordanien, die durch ein Netz aus gepflasterten Straßen verbunden waren. Die Siedlung Jerash erlebte ihre Blütezeit als römische Kolonie

im 3. Jh. und begann nach der Eroberung durch die Muslime 636 zu verfallen; ein Erdbeben im Jahr 747 tat ein Übriges. Erst die Archäologen des 19. Jh. erkannten ihre Bedeutung und begannen mit den Ausgrabungen. Was zutage kam, ist sensationell: Außergewöhnlich gut erhaltene Ruinen, angefangen vom **Hadriansbogen**, 129 n. Chr. anlässlich eines Besuchs des Kaisers erbaut, direkt gefolgt vom **Hippodrom** aus dem 1.–3. Jh. und dem **Südtor**, einem der 4 Originaltore der Stadtmauer. Von dort aus kommt man zum **Forum**, dem mit Kalkstein gepflasterten Hauptplatz in ungewöhnlich ovaler Form, der an den breitesten Stellen 80 x 90 m misst und von 56 ionischen Säulen eingerahmt ist. Dann folgen im Süden des Platzes der **Jupitertempel**, 162 n. Chr. auf den Resten eines älteren Zeustempels erbaut, und das **Südtheater**, imposant und wunderschön, in dem bis 5000 Zuschauer Platz fanden. Dem **Cardo Maximus** folgend, der säulengerahmten Prachtstraße der Stadt, gelangt man zur **Agora**, wo einst der Markt abgehalten wurde, zum südlichen **Tetraphylon** (ein Bauwerk aus vier Gruppen von jeweils vier Säulen), zur **Kathedrale** aus dem 4. Jh., zum **Nymphäum** und gleich nach dem **Propyläum** zum **Artemistempel** (150–170 n. Chr.). Ferner können noch besichtigt werden: die Ruinen verschiedener **Kirchen**, das **nördliche Tetraphylon**, die **Therme** aus dem 2. Jh. und das **Nordtheater**, kleiner als das erste, aber sehr anschaulich, und schließlich das **Nordtor**, das den Abschluss des Rundgangs bildet. Interessierte können noch einmal zurückgehen und sich das **Archäologische Museum** ansehen *(Öffnungszeiten Winter 8–16, Sommer 8–18.30, Fr 10–15 Uhr, Di geschlossen)*: Es enthält Keramiken, Schmuck, Mosaike und Gefäße, die bei den Ausgrabungen gefunden wurden. *http://de.visitjordan.com/JordanienErkunden/GeschichteKultur/tabid/65/Default.aspx; www.kinghussein.gov.jo/tourism3.html. Öffnungszeiten Sommer 8–18, Winter 8–16 Uhr.*

VON AMMAN NACH PETRA *(3/4 Tage)*

Von Amman nach **Petra** sind es 243 km: 3 Stunden auf der Wüstenautobahn (Nr. 15), der Nord-Süd-Verbindung des Landes, und 2 Stunden länger, wenn man sich für den „Königsweg" entscheidet, was sich wegen der Sehenswürdigkeiten, die auf der Strecke zwischen der Hauptstadt und der Stadt der Nabatäer am Rande der Wüste liegen, lohnt. Die erste ist die 40 km entfernt liegende Stadt **Madaba**, die man aus zwei Gründen ansteuern sollte. Der erste sind die Kunstschätze aus der byzantinischen Epoche, die vor allem in der **St.-Georgs-Kirche** zu sehen sind, ein griechisch-orthodoxer Bau, im 19. Jh. auf den Resten eines antiken Heiligtums gebaut, dessen Bodenmosaik mit der Karte des Heiligen Landes aus dem 6. Jh. gestaltet ist; ursprünglich war es 15,6 x 6 m groß, erhalten ist aber nur ein Drittel davon *(Öffnungszeiten 8–18, Fr u. So 10.30–18 Uhr)*. Weitere Mosaike sind im **Archäologischen Museum** zu bewundern *(Tel. 5.3244189, Öffnungszeiten 9–17 Uhr)*, Teil des **Archäologischen Parks**, der auch Reste byzantinischer Kirchen, darunter die der Hl. Jungfrau, den **Hippolytensaal** und eine römische Straße enthält *(Tel. 5.3253563, Öffnungszeiten Sommer 8–19, Winter 8–17 Uhr)*. Der zweite Grund liegt 10 Minuten weiter östlich der Stadt: der **Berg Nebo**, der heiligste Ort auf jordanischem Boden, mit Blick auf das Jordantal und der **Moses-Gedächtniskirche**; der Bibel zufolge soll Moses hier gestorben und begraben sein, obwohl man das Grab nie gefunden hat.
Wieder zurück auf dem Königsweg, erreicht man nach ca. 90 km in südlicher Richtung die **Kreuzritterburg Karak**, die nach 20 Jahren Bauzeit 1161 fertiggestellt wurde und den Horizont in 900 m Höhe dominiert. Zu besichtigen sind die Eingangsportale der Kreuzritter und der

Wadi Rum

Felsen, die im Sonnenuntergang rot leuchten, in einer Landschaft aus goldenen Dünen: das Naturschutzgebiet ***Wadi Rum****. Eine der kleinsten Wüsten der Erde (720 qkm), wunderschön durch ihre Farbenvielfalt und wechselnden Lichteinfälle, die unvergleichlichen Sonnenauf- und Sonnenuntergänge, die ihren Ruhm auch Kolonel Thomas Edward Lawrence alias Lawrence von Arabien verdankt. Während des Ersten Weltkriegs bereitete der legendäre britische Offizier in diesem Labyrinth aus Sand und Felsenschluchten den Angriff auf die osmanische Legion in Aqaba, 60 km weiter südlich, vor und wurde zu seinem Werk* Die sieben Säulen der Weisheit *inspiriert. Man kann das Wadi auf verschiedene Weise durchreisen: mit dem Jeep, auf einem Esel oder zu Fuß. Man kann auch in einem der Camps übernachten, um dem spektakulären Sonnenaufgang zwischen den bis zu 1700 m hohen Felsen beizuwohnen. Aufgrund seiner Geschichte und seiner Schönheit wurde dieser Ort zum Weltkulturerbe der UNESCO erklärt. Alle relevanten Informationen sind im* ***Besucherzentrum*** *am Rande der Wüste, gegenüber dem* ***Berg der Sieben Säulen der Weisheit****, erhältlich, der den englischen Offizier so sehr faszinierte. Info: www.wadirum-jo.com*

Osmanen, Tunnel, Höfe und unterirdische Gewölbe. Es empfiehlt sich, eine Taschenlampe mitzunehmen, um die dunkelsten Ecken zu beleuchten *(Öffnungszeiten 8–18, Fr 10–16 Uhr)*. In Karak muss man sich entscheiden: Entweder fährt man Richtung Osten zum Toten Meer oder weiter auf dem Königsweg bis zur Abzweigung nach **Dana**, ca. 50 km nördlich von Petra. Dieses landschaftliche Juwel steht als Naturschutzgebiet unter der Obhut der **Royal Society for the Conservation of Nature**. Es umfasst eine außergewöhnlich variationsreiche Landschaft mit über 1500 m Höhenunterschied zum Wadi Araba, vier Klimazonen (Gebirgsklima, mediterranes, subtropisches und Wüstenklima) und 800 verschiedene Spezies von Pflanzen, 37 von Säugetieren und 190 Vogelarten. Durch das Gebiet führt ein dichtes Netz von Wegen *(www.rscn.org.jo)*.

Wenn Dana das berühmteste Naturreservat Jordaniens ist, dann ist **Petra** die wichtigste Nabatäer-Stadt der Erde: Ein Relikt 2000-jähriger Geschichte in der Nähe der Stadt Wadi Musa, das seine Blütezeit unter den Nabatäern hatte, bis die Stadt 106 vom Römischen Reich annektiert wurde. In Vergessenheit geraten und 1812 von Johann Ludwig Burckhardt wiederentdeckt, wurde Petra 1985 zum Weltkulturerbe der UNESCO erklärt. Man erreicht Petra über den Siq, eine 1,5 km lange Felsenschlucht, die sich am **Khazne al-Firaun (Schatzhaus)** öffnet. Das erste Monument der Stadt, in Fels gehauen und mit einer reich verzierten hellenistischen Säulenfassade, das vermutlich als Felsengrab diente. Von dort geht man durch die Fassadenstraße, flankiert von Königsgräbern und Felsentempeln, bis man zum Theater und zum Nymphäum gelangt; dann geht es weiter zum großen Tempel, zur byzantinischen Kirche und zum wichtigsten Gebäude neben dem Schatzhaus: **Ed-Deir, ein Kloster**. Am Ende eines Bergpfads dominiert es die Stadt aus der Höhe, von wo aus man ein traumhaftes Panorama genießt.

Info: www.petrapark.com, Öffnungszeiten Sommer 6–18, Winter 6–16 Uhr.

154 - Die Fassade des Schatzhauses von Petra.

155 oben - Die Prozessionsstrasse von Petra.

155 unten - Der Wadi Rum.

AUSFLUG ANS TOTE MEER

Es liegt 40 km südöstlich von Amman, ist 80 km lang und 14 km breit, und seine Ufer teilen sich Jordanien (im Osten) und Israel (im Westen). Das Tote Meer ist ein See mit der größten Salzkonzentration der Welt, der sich 400 m unter dem Meeresspiegel befindet und in dem jegliches Leben fehlt. Dafür wartet er mit einem Salzgehalt von 340 g pro Liter auf, mehr als zehnmal so viel als der des Mittelmeeres. Der erlaubt es den Touristen, sich mit einem Gefühl der Schwerelosigkeit treiben zu lassen. Durch den hohen Salzgehalt hat das Wasser des Toten Meeres ein therapeutisches Potenzial, für das es bereits zu Herodes' Zeiten bekannt war. In Swaimeh, dem nördlichsten Ort am Ufer des Toten Meeres (und Amman am nächsten gelegen), sind zahlreiche Hotels mit Spa und pharaonischen Schwimmbädern entstanden, weil man sich wegen des hohen Salzgehalts nur kurz im Wasser treiben lassen sollte. Nähere Informationen zum Toten Meer gibt es im **Dead Sea Complex** *(www.rscn.org.jo/orgsite/Reserves/Deadseapanoramiccomplex/Inanutshell/tabid/224/Default.aspx)* mit Museum, Informationszentrum und Restaurant; sportliche Naturen können am **Dead Sea Ultra Marathon** über 50 km von Amman bis zum Toten Meer teilnehmen, der alljährlich im April stattfindet *(http://deadseamarathon.com/ui/english)*.

Übernachten

€€€€ Four Seasons Amman (Amman). Eine der elegantesten Adressen der Stadt: klassisches, zeitgemäßes Dekor, Marmorbäder, Spa mit Essenzen aus dem Toten Meer, drei Restaurants mit italienischer, asiatischer und orientalischer Küche. *Info: 5th Circle, Al-Kindi Street, Jabal Amman, Tel. 6.5505555, www.fourseasons.com/amman*

€€€ Intercontinental Aqaba (Aqaba). Wer sich am Meer erholen möchte, kann sich in diesem Hotel an einem 300 m langen Strand ein Zimmer nehmen. Hier gibt es den größten Pool der Stadt. Die Zimmer mit Meerblick bieten einen atemberaubenden Blick auf den Golf. *Info: King Hussein, Tel. 3.2092222, www.ichotelsgroup.com/intercon tinental/en/gb/locations/aqaba*

€€€ Kempinski Hotel Ishtar (Totes Meer). An den Ufern des Salzsees verfügt es über das größte Spa des Mittleren Orients: 10.000 qm Lagunen, Wasserfälle, Pools mit Wasser aus dem Toten Meer, Massagen und Salzpeeling. *Info: Swaimeh, Tel. 5.3568888, www.kempinski.com/en/deadsea/Pages/Welcome.aspx*

€€€ Mövenpick Resort Petra (Petra). Ein weißes Gebäude mit elegantem Dekor direkt am Eingang zur antiken Stadt Petra. Von den Lesern des Condé Nast USA zu einem der besten Resorts des Mittleren Orients gewählt. *Info: Tel. 3.2157111, www.moevenpick-hotels.com/en/pub/your-hotels/worldmap/petra/rooms__amenities.cfm*

Essen

€€ Fakhr El-Din (Amman). Eines der elegantesten arabischen Restaurants in Amman: orientalische Küche mit libanesischem Einschlag, Säle mit Marmorsäulen, Innenhof. Im goldenen Gästebuch prangen

die Unterschriften vieler Staatsoberhäupter und der Königin Rania von Jordanien. *Info: Jabal Amman, 2nd Circle, Tel. 6.4652399; 6.4641789, http://fakhreldin.com*

€-€€ Al Qantarah (Petra). Wer die orientalische Küche liebt, sollte sich dieses Lokal nicht entgehen lassen: sagenhafte Meze (Vorspeisenspezialität) und Lammbraten. *Info: Wadi Musa, Tel. 3.2155535, www.al-qantarah.com*

€-€€ Al-Saraya-Haret Jdoudna (Madaba). Ein Haus aus dem 19. Jh. im Herzen der Stadt: Man speist in den typischen Sälen oder im Garten, das Gerichte sind traditionell: Fladenbrot, kalte und warme Meze, Kebab und Fleisch vom Grill, Süßspeisen mit Honig. *Info: Adel Jumean, Tel. 5.3248650/1, www.haretjdoudna.com*

€-€€ Captain's (Aqaba). Orientalische Gerichte à la carte, ausgezeichneter Fisch. Das Restaurant ist im Captain's Hotel (man kann auch im Freien essen) im Zentrum von Aqaba. *Info: Al Nahda Street, Tel. 3.2060710, www.captains-jo.com/index.php?co=restaurant&pg=Q2FwdGFpbnMgUmVzdGF1cmFudA*

Weitere Informationen: www.visitjordan.com

156 OBEN - DIE BURG VON AQABA.

156 MITTE - AQABA VOM MEER AUS BETRACHTET.

156 UNTEN - EIN RESORT AM TOTEN MEER.

156-157 - SALZABLAGERUNGEN DES TOTEN MEERES.

Ausflug nach Aqaba

Von Petra aus erreicht man nach 128 km in Richtung Süden (Straße Nr. 15) die Stadt Aqaba. Östlich von ihr liegt Saudi Arabien, im Westen die Grenze zu Israel und davor nichts außer dem Roten Meer. Ein Besuch lohnt sich aus zwei Gründen: die kleine Burg, die die Stadt in der Nähe der Uferpromenade dominiert und deren Ursprung unklar ist (die einen sagen, die Kreuzritter hätten sie erbaut, die anderen, es seien die Mamelucken gewesen), und die knapp 25 km Küste, die den atemberaubenden Hintergrund der Stadt darstellen und einen wundervollen Unterwasserpark zu bieten haben (www.aqaba.jo/it/what-to-do-marinepark/1155). *Wer taucht (oder eine Exkursion mit dem Glasbodenboot macht), kann über 130 Arten von Hartkorallen und Hunderte von Fischarten, wie Schmetterlings- und Skorpionfische, und manchmal sogar Meeresschildkröten sehen. Die Tauchbasen sind bestens bestückt, man braucht keine eigene Ausrüstung mitzunehmen. Wer lieber einkaufen geht, findet zahlreiche Märkte und moderne Einkaufszentren in der Stadt. Und das beste daran: Es ist steuerfrei.* Info: www.aqabazone.com.

Sinai, Katharinenkloster und Rotes Meer – *Ägypten*

Feuerrote Korallen, bunte Fische, versunkene Schätze ... das Rote Meer, ein gigantisches Aquarium in Technicolor, ist nicht nur ein Paradies für Taucher. Hier besucht man auch Klöster in der Wüste, farbenprächtige Schluchten und Heilige Berge. Für den, der sich nicht nur am Meer amüsieren will, gibt es Golfplätze und fantastische Pools.

Der Urlaub auf der ägyptischen Sinai-Halbinsel folgt einem einfachen Rhythmus: in der Sonne liegen, Schwimmen, Sport, Pool-Animation. Wer hierher kommt, um die Wunder der Unterwasserwelt zu erforschen, legt seinen Schwerpunkt auf den **Unterwasserpark Ras Mohammed**, wo man die spektakulärsten Tauchgänge der Welt erleben kann. Die Halbinsel im Allgemeinen, ca. 61.000 qkm Sand und Felsen in Form eines auf den Kopf gestellten Dreiecks, die Afrika von Asien trennt, und **Sharm El-Sheikh** im Besonderen (die Touristenhochburg an ihrem südlichen Punkt) haben jedoch wesentlich mehr zu bieten. In **Sharm El May** und **Na'ama Bay**, zu beiden Seiten von Sharm El-Sheikh, gibt es Luxushotels mit direktem Zugang zum Meer, die Orte **Dahab** und **Nuweiba** sind die Ausgangspunkte für die Besichtigung des **Coloured Canyons** auf dem engen Pfad zwischen Felswänden aus rot-, violett-, gelb- und goldgestreiftem Sandstein. Dagegen nimmt man vom kleinen Städtchen **Taba** aus die Fähre, um die **Pharaoinsel** zu erkunden, die 7 km weiter südlich im Golf von Aqaba liegt und von den Phöniziern als Naturhafen, von den Kreuzrittern hingegen als Stützpunkt zum Schutz der Pilger auf dem Weg von Jerusalem zum **Katharinenkloster** genutzt wurde. Das Kloster im Herzen der Insel erhebt sich neben dem **Berg Sinai**, auf dem Moses die 10 Gebote von Gott erhielt.

Fortbewegung: *Der internationale Flughafen von Sharm El-Sheikh, 20 Minuten außerhalb der Stadt, ist nach Kairo der verkehrsreichste von ganz Ägypten. Um den Sinai zu erkunden, mietet man sich ein Auto oder wendet sich an eine der vielen Agenturen, die Rundreisen und Ausflüge in die Wüste anbieten (Informationen erhalten Sie am besten direkt im Hotel).*

Währung: *Offizielle Währung ist das Ägyptische Pfund (EGP); die gängige Abkürzung ist LE (vom franz.* Livre Égyptienne.

158-159 - Die Bucht von Sharm El-Sheikh.

159 oben - Ein Steg, der über das Riff führt.

159 unten - Unterwasserwelt des Roten Meeres.

SHARM EL-SHEIKH *(1 Tag Besichtigung, 1 Woche Aufenthalt)*

Sharm El-Sheikh ist die größte Touristenhochburg von ganz Ägypten. Die Hotels sind ganzjährig geöffnet und zahlreiche Tauschschulen führen Tauchgänge entlang der Küste und im **Unterwasserpark Ras Mohammed** durch. Das trockene Klima bewegt sich zwischen 20–30° C im Winter und 30–40°C im Sommer. Wer keine Lust hat, einen Tauchkurs zu machen, kann es statt dessen auch genießen, am Strand zu liegen und sich am Panorama aus dem Blau des Wassers und dem Grau-Violett der Berge zu ergötzen. Oder man amüsiert sich in **Sharm El Maya**, wo es einen Hafen, Restaurants, Souvenirläden und den **Old Market** gibt, auf dem man Keramiken – neben traditionell ägyptischen auch Handarbeiten der Beduinen – erstehen kann. Landestypische Gewürze und Kräuter bekommt man bei **Karkade**, direkt am Eingang des Marktes.

Oder man läuft in Sharm El Sheik den **Soho Square** entlang, die Einkaufsmeile mit zahlreichen Boutiquen, Restaurants, Cafés, kulturellen Events, Vergnügungspark für die Kinder und Clubs für die Abendunterhaltung. Der Soho Square ist das neueste Zeugnis der touristischen Entwicklung des kleinen Ortes, die Ende der 1970er-Jahre begann. Hier gibt es keine Pyramiden, Tempel oder Ausgrabungsstätten, aber dafür einen traumhaften Küstenstreifen, durch den das bis dahin kaum bevölkerte Gebiet zum ägyptischen Las Vegas der Hotels und Resorts wurde.

Strand und Meer sind immer die Hauptgründe für eine Reise auf die Halbinsel Sinai. Am **Na'ama Bay**, dem Strand mit einem Sand wie Puder, befinden sich die meisten Resorts und Tauchschulen (7 km nördlich von El Maya), und der **Ras Umm Sidd** im Südosten von El May ist die bevorzugte Gegend für Hobbytaucher und Schnorchler mit Taucherbrille und Flossen. Wer so etwas mag, kann sich auch im **Cleopark** am Na'ama Bay verlustieren: ein Vergnügungspark im Stil des „alten Äqypten" mit zahlreichen Attraktionen, wie dem Kleopatra-Bad mit sieben verschiedenen Arten künstlich erzeugter Wellen, einer tropischen Oase für Kinder, Wasserrutschen, Sand, Massagezentren und diversen Restaurants *(www.cleopark.net, Öffnungszeiten 10 Uhr bis Sonnenuntergang)*.

Unterwasserpark Ras Mohammed

19 km von Sharm El-Sheikh entfernt liegen die 480 qkm des **Nationalparks Ras Mohammed** *mit einer wunderbaren Unterwasserwelt. Eine Halbinsel aus Sand, Lagunen und Korallenriffs, die 1989 zum ersten Unterwasserpark Ägyptens wurden. Man schwimmt zwischen 150 Korallenarten und den ca. 1000 Fischarten, die im Roten Meer beheimatet sind: Barsche, Napoleon-, Doktor-, Falter-, Drücker-, Kugel-, Glas-, Papagei- und Fledermausfische, Rochen und Muränen; selbst Schildkröten werden ab und zu gesichtet. Man kann schnorcheln oder mit Sauerstoffflaschen tauchen, Boot fahren oder Ausflüge auf die Inseln* **Tiran** *und* **Sanafir** *unternehmen. Und auf dem Land gibt es Wüstengebiete, in denen Dorcasgazellen, nubische Steinböcke und Füchse leben. Der Park ist von 10 Uhr bis Sonnenuntergang geöffnet; man erreicht ihn mit dem Auto oder mit einer organisierten Tour.* Info: www.egypt.travel/attraction/index/ras-mohammed-national-park

VON SHARM NACH TABA ***(1/2 Tage)***
Sharm El-Sheikh ist das Hauptreiseziel für einen Aufenthalt im Sinai, der durchschnittlich eine Woche dauert (viele Angebote mit Flug und Hotel sind auf diesen Zeitraum ausgerichtet). Dabei hat man ausreichend Zeit, die Küste zu entdecken. Man fährt zuerst in das 103 km nördlich gelegene **Dahab**, das man über die einzige Straße, die zur Grenze nach Israel führt, leicht erreichen kann. Dahab, ein ehemaliges Beduinendorf, dessen Name auf Arabisch „Gold" bedeutet, ist ein frequentierter Badeort, weil von hier aus die Exkursionen zum **Blue Hole**, einem der bekanntesten Tauchplätze des Roten Meeres, starten. Auf dem Landweg erreicht man von Dahab aus Beduinen-Oasen und felsige Wüstenstreifen, ideal für Trekking- und Klettertouren (in beiden Fällen kann man sich an **Desert Divers** wenden, die neben Tauchgängen auch Wüstensafaris organisieren, *www.desert-divers.com*). Von der Straße, die Dahab und Nuweiba, das nächste Ziel, verbindet, kann man einen kleinen Abstecher zur Oase **Ein Khudra** machen, die weit von der Straße entfernt ein zauberhaftes Panorama aus Süßwasserquellen und palmenbedeckten Sanddünen bietet. Ein Kudra lag auf dem Weg der Pilger von Jerusalem zum Katharinenkloster und ist heute Ausgangspunkt für einen Spaziergang in der **Weißen Schlucht** (weniger als eine Stunde mit dem Jeep von Dahab entfernt), die ihren Namen von den von Sand und Wind erodierten weißen Felsen hat. Eine weit berühmtere Schlucht ist im Norden von **Nuweiba** zu entdecken, einem weiteren Badeort 75 km nach Dahab mit einem Hafen, einem Verwaltungszentrum und Hotels am Strand, die Bootsausflüge zum „Delfin-Watching" für Touristen organisieren. Ebenfalls in den Hotels werden Ausflüge zum **Coloured Canyon** angeboten, der schönsten Schlucht des Sinai (wer von Dahab aus starten möchte, kann **Dahab Excursions**, *Mashraba, Penguin Mall,* kontaktieren; *www.dahabexcursions.com*). Man fährt mit dem Jeep über Wüstenpisten und läuft anschließend ein paar Stunden durch die enge Schlucht, in einem Labyrinth aus Sandsteinfelsen, die bis zu 40 m hoch sind und je nach Tageszeit gelb, rot, lila oder rosa leuchten. Den Coloured Canyon erreicht man

auch leicht von Sharm El-Sheikh Touren werden (u.a. von **Sharm el-Sheikh Excursions**, *12 Sun Rise Hotel, Hadabet Um Elseed, www.sharmelsheikh-excursions.com*) angeboten und von **Taba** aus, dem nächsten Ziel (60 km von Nuweiba, 230 km von Sharm entfernt) mit dem neuen Ferienkomplex am Roten Meer, **Taba Heights**, einem Luxusresort mit Geschäften, Märkten, Casino und Restaurants – eine führende Adresse unter Golfern, die sich hier auf einem 18-Loch-Platz beweisen können. Taucher und solche, die es werden möchten, sind hier ebenfalls an der richtigen Stelle: Qualifizierte Kurse und spektakuläre Tauchgänge, z.B. am **Fjord** (mit Korallenriffen und einem 24 m tiefen „Brunnen") werden angeboten sowie Bootausflüge zur Pharaoneninsel mit einer Kreuzritterburg, die zum Weltkulturerbe der UNESCO gehört. Das Boot gehörte vor einem Jahrhundert dem Schriftsteller und Abenteurer Henry De Monfreid, der es für seine Reise über das Rote Meer bauen ließ
(Info: www.tabaheights.com).

160 OBEN - DIE WEISSE SCHLUCHT.
160 UNTEN - DAS RIFF VON RAS MOHAMMED.
161 OBEN - EIN STRAND IN NUWEIBA.
161 UNTEN - EIN NAPOLEONFISCH.

Tauchen

Neben Ras Mohammed gibt es viele weitere Punkte, an denen man tauchen kann. Die vielen Tauchschulen vor Ort bieten komplette Ausrüstungen an, vom Neoprenanzug bis zu Sauerstoffflaschen, auch für erfahrene Taucher mit den Scheinen PADI, BSAC und CMAS. In Sharm gibt es viele Tauchplätze, vom Schiffswrack der ***SS Thistlegorm****, die während des Zweiten Weltkriegs gesunken und in den 1950er-Jahren von Jacques Cousteau entdeckt worden ist, bis zum* ***Jackson Reef****, nördlich der Meerenge von Tiran, zwischen Sinai und der Saudi-Arabischen Küste. Zwischen den Korallen schwimmen Barracudas, Stachelmakrelen und große Raubfische wie Hammer- und Tigerhaie. Im* ***Unterwasserpark Ras Mohammed*** *wurde der Tauchplatz* ***Ras Ghozlani*** *wieder eröffnet: In einer Tiefe von 16 bis 40 Metern trifft man auf fast alle Korallen- und Fischarten, die das Riff bevölkern, von Zackenbarschen bis hin zu Seeaalen. Spektakulär sind auch die Tauchplätze* ***Shark****,* ***Yolanda Reef*** *und* ***Anemone City****, mit Korallen, Wracks und Haien, ebenso wie die Plätze* ***Ras Nasrani*** *(Tiefe 6–40 m) und die* ***Schildkrötenbucht****. In* ***Dahab*** *empfiehlt sich der* ***Canyon*** *(eine Schlucht, die einen Unterwasser-Eingang hat) und das* ***Blue Hole****, eine Grotte im Riff, die eine gewisse Erfahrung erfordert. In* ***Nuweiba*** *taucht man als Anfänger am* ***Um Um Raicher*** *und als erfahrener Taucher am* ***Bawaki*** *(Tiefe 5–40 m) und am* ***Teufelspunkt****, einem Labyrinth aus Unterwasserfelsen mit Korallen, Tinten- und Kugelfischen und Seeanemonen. Die meisten Resorts haben ihr eigenes Tauchzentrum; ansonsten kann man sich u.a. an das* ***Sheikh Coast Diving Center*** (www.sheikhcoast.com), *die* ***Sinai Divers*** (www.sinaidivers.com), ***Lighthouse Diving Center*** (www.dahabdive.com) *und* ***Emperor Divers Nuweiba*** (www.emperordivers.com/nuweiba-divesites.php) *wenden.*

DAS KATHARINENKLOSTER UND DER BERG SINAI *(1 Tag)*

Der Ausflug zum Wüstenkloster von Sharm El-Sheikh aus (ca. 250 km) kann auf verschiedene Weise erfolgen. Mit einer organisierten Tour (wie der von **Rajak Tours**, *Peace Road Keneddy Mall, www.egyptsharmtrips.com*) erreicht man das wichtigste spirituelle Zentrum der Halbinsel in weniger als 3 Stunden. Neben dem bereits erwähnten Kloster kann man auch den **Berg Sinai** (**Gebel Musa** oder **Jabal Musa**) erklimmen: mit 2000 m der zweithöchste Gipfel des Sinai nach dem **Katharinenberg** (2637 m), auf dem Moses die Gesetzestafeln von Gott erhielt. Den Berg Sinai besteigt man nachts, wenn es etwas kühler ist, und ist man dann oben, erlebt man den spektakulären Sonnenaufgang über der Wüste. Der Aufstieg über die Stufen dauert mindestens drei Stunden, und wer nicht über einen unerschütterlichen Glauben verfügt, sollte wenigstens auf gut trainierte Beine zurückgreifen können. Alternativ kann man auch auf Kamelen bis fast nach oben getragen werden, was einem über 3700 Stufen erspart. Neben dem Berg Sinai ist auch das **Katharinenkloster** aus dem 17. Jh. ein Symbol der Christenheit und Offenbarung Gottes. Hier befindet sich die **Kapelle des brennenden Dornenbusches**, durch den Gott zu Moses sprach, und die griechisch-orthodoxen Mönche, die heute das Kloster bewohnen, öffnen den Touristen die Pforten, um ihnen in gebührlichem Respekt vor den Heiligtümern die Schätze ihrer „Sandburg" zu zeigen: den **Mosesbrunnen**, die **Kirche**, die im 6. Jh. aus Granit erbaut wurde, eine Sammlung antiker Ikonen, die **Bibliothek** mit über 3000 Manuskripten in griechischer, arabischer und koptischer Sprache. Aufgrund seiner Wichtigkeit und seines Primats (es ist das erste immer noch aktive christliche Kloster) wurde das Kloster 2002 zum Weltkulturerbe der UNESCO erklärt *(www.sinaimonastery.com, Öffnungszeiten 9–12 Uhr, Fr, So u. während orthodoxer Feiertage geschlossen)*. Weitere Exkursionen zu Sehenswürdigkeiten der Gegend (die in den Hotels angeboten werden) führen zum Katharinenberg, 6 km südlich vom

Berg Sinai, auf dem im 9. oder 10. Jh. die sterblichen Überreste der hl. Katharina aufgefunden wurden, ins **Blaue Tal** (mit den Felsen, die der belgische Künstler Jean Verame blau anmalte) und zur **Feiran-Oase**, ein Tal aus Palmen und Tamarisken zwischen Granitfelsen, das sich ca. 60 km östlich vom Katharinenkloster befindet. Die Oase ist ebenfalls ein heiliger Ort, wie das Kloster aus dem 7. Jh. (das zerstört und später wieder aufgebaut wurde), die Reste des ehemaligen Bischofssitzes und der Felsen, auf den Moses mit einem Stock schlug, um Wasser daraus sprudeln zu lassen, bezeugen.

Spa überall

Das Mekka der Taucher ist auch ein Spa-Paradies: Dank der reinen Luft, der Sonne und der Lage am Meer haben viele Resorts in Sharm Wellnesszentren der Luxusklasse mit einem vielseitigen Anwendungsspektrum eröffnet (schön ist die Meerwasser-Fango-Behandlung). Im ***Ritz Carlton*** *gibt es Suiten für die Behandlung von Paaren, einen Raum für Thaimassage und einen für die traditionelle arabische Massage* (www.ritz-carlton.com). *Das Spa im* ***Four Seasons*** *bietet eine Auswahl an Behandlungen an, die von Bodyscrub über spezielle Gesichtsbehandlungen, auch auf die Männerhaut abgestimmt, bis hin zur Pharaonenmassage reicht, einem Ritual, das im alten Ägypten nur den Pharaonen vorbehalten war* (www.fourseasons.com). *Sehr schön sind auch die Elisir Beauty Farm des* ***Domina Hotel & Spa Prestige*** *– dort gibt es Behandlungen mit Produkten aus biologischem Anbau der Umgebung* (www.dominahotels.com) *–, das Spa des* ***Baron Resort*** *(siehe „Übernachten"), des* ***Grand Rotana Resort & Spa*** (www.rotana.com), *des* ***Savoy****, spezialisiert auf Aromatherapie und Olivenölmasken* (www.savoy-sharm.com), *und des* ***Reef Blue Bay Resort & Spa*** (www.reefoasis-resorts.com). *Die meisten Wellnesszentren befinden sich in Sharm, aber auch wer in* ***Taba*** *wohnt, findet etwas Herausragendes: das 1000 qm große Spa im* ***Club Med Resort Sinai Bay*** *im Taba Heights mit Blick auf die Bucht* (www.clubmed.it).

Übernachten

€€€€ Taba Heights (Taba). Ein Luxuskomplex mit fünf internationalen Hotels: z. B. das Sofitel in arabischem Stil oder das Three Corners El Wekala mit Blick auf den Golfplatz. Man in jedem der Restaurants essen, egal in welchem Hotel man gebucht hat. Im Wassersportzentrum kann man sich u.a. die Ausrüstung zum Windsurfen, Segeln und Tauchen leihen. *Info: www.tabaheights.com, Sofitel Taba Heights, Tel. 69.3580800, www.sofitel.com; Three Corners El Wakala Golf Resort, Tel. 69.3580151, www.threecorners.com; Hyatt Regency Taba Heights, Tel. 69.3580234, www.taba.regency.hyatt.com; Intercontinental, Tel. 69.3580300, www.intercontinental.com; Marriott Beach Resort, Tel. 69.3580100, www.marriott.com/tcpeg*

€€€ Hotel Concorde El Salam (Sharm el-Sheikh). Am Strand White Knight, ideal für Familien mit Kleinkindern (es gibt sogar eine Eislaufhalle zum Schlittschuhlaufen, während es draußen 30° C warm ist). Der Komplex ist sehr groß, deshalb stehen Buggy und kleine Züge zur Fortbewegung zur Verfügung. *Info: White Knight Beach, Tel. 69.3601460, http://sharmelsheikh.concorde-hotels.com/en*

€€€ Baron Resort (Sharm el-Sheikh). Ein Fünf-Sterne-Hotel vor der Insel Tiran: Panoramablick aufs Meer, 600 m Privatstrand, ausgezeichneter Service, Restaurants und Bar mit internationalen Speisen, von indisch bis italienisch. *Info: Ras Nasrani Bay, Tel. 69.3670100-11, www.baronhotelsegypt.com*

Essen

€€ Tuscany (Taba Heights). Italienische Küche im Taba Heights Marriott Beach Resort. Sehr schön ist die Terrasse. Im Anschluss geht man in die Grotto Bar & Grill (im selben Komplex) auf einen Drink. *Info: Taba Heights, ww.marriott.com/hotels/hotel-information/restaurant/tcpeg-taba-heights-marriott-beach-resort/*

€€ El-Fanar (Sharm el-Sheikh). Die beste Adresse nach Sonnenuntergang: Strand, Restaurant, Diskothek, alles in einem Komplex. Der Küchenchef ist Italiener, es gibt Fleisch- und Fischgerichte mit Blick auf das Meer. *Info: Ras Umm Sidd, Sharm el-Sheikh, Tel. 69.3662218, www.elfanarsharm.com*

€ Fares Seafood Restaurant (Sharm el-Sheikh). Eine der besten Adressen für Fischliebhaber im alten Sharm, an den Pforten des Marktes: Tabletts mit Gambas, Scampis, Krebsen, gegrilltem Tintenfisch und Langusten. Das sollte man sich nicht entgehen lassen.

Weitere Informationen: www.egypt.travel

162 OBEN - DAS KATHARINENKLOSTER.

162 UNTEN - DIE KLOSTERKIRCHE.

163 LINKS - DER AUFSTIEG ZUM BERG SINAI.

163 RECHTS - AM GIPFEL DES BERGES SINAI.

Kairo und das Niltal – *Ägypten*

Früher reiste man nach Kairo, nur um die Pyramiden zu besuchen, heute bietet die Stadt auch moderne Viertel, Hotels der Luxusklasse, Galerien und Museen mit zeitgenössischer Kunst. Die unvergänglichen Landschaften des alten Ägyptens gewinnen jedoch während der Bootsfahrt von Luxor nach Assuan wieder die Oberhand: Man gleitet auf dem breiten Nil ruhig dahin und ist verzaubert von einer der ältesten Kulturen der Menschheit.

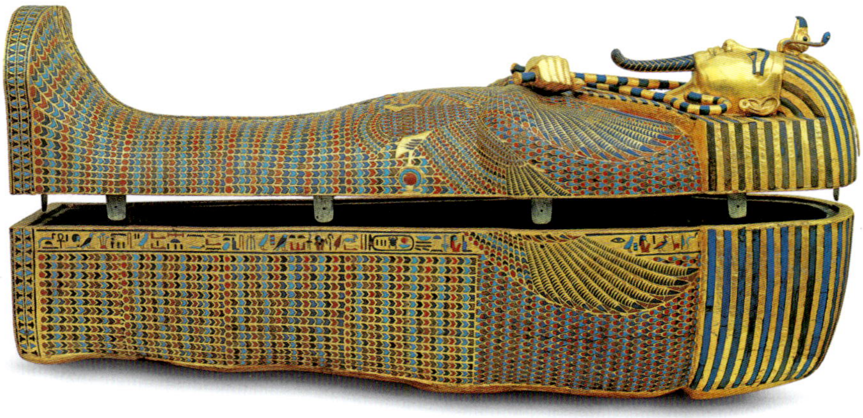

Kairo ist mit 15 Millionen Einwohnern die größte Metropole Afrikas, und der arabische Name der Stadt „el-Qaihira" bedeutet „die Siegreiche". Kairo ist eine ganz besondere Stadt: endlos, chaotisch, staubig, gleichzeitig antik und modern. Ihr neuestes Gesicht zeigt sie auf der Nil-Insel **Gezira**, die elegante Wohngegend der neuen Bourgeoisie, mit Palmen, Parks und künstlichen Seen verfeinert, auf der sich die **Oper**, das neue Theater der Stadt, das **Kunstzentrum Hanagar** *(Öffnungszeiten Di–So 10–22 Uhr)* und das **Haus der Kunst** (*Öffnungszeiten Sa–Do 10–13.30 u. 17.30–22 Uhr)* befinden, Einrichtungen, die zeitgenössische Kunst und Kultur zeigen. Auch das **Mahmoud-Mukhtar-Museum**

(Öffnungszeiten Di–Do 10–13.30 u. 17–22 Uhr), benannt nach dem berühmten ägyptischen Bildhauer, der Anfang des 20. Jh. das Monument *Ägyptens Erwachen* gegenüber der Universität schuf, ist der modernen Kunst gewidmet, ebenso wie **Mahmoud-Khalil-Museum** *(Sharia Kafour 1, Öffnungszeiten Di–So 10–17 Uhr)* im eleganten Vorstadtviertel **Dokki**, in der ehemaligen Villa eines der wichtigsten Politiker aus den 1940er-Jahren, der Werke von Rodin, Picasso, Monet, Manet, Gauguin und Delacroix sammelte. Die Stadt der Lebenden ist in den meisten Stadtvierteln islamisch geprägt, es gibt jedoch auch eine koptische, europäisch geprägte Minderheit; ihr gegenüber steht die **Stadt der Toten**, bestehend aus zwei riesigen Nekropolen, die sich über 12 qkm am Stadtrand erstrecken. Auf diesen Friedhöfen leben aus Gründen der Armut oder der Wohnungsnot in Kairo die Lebenden neben den Toten. Die gleiche Gegenüberstellung zwischen Lebenden und Toten findet man in **Theben**, dem heutigen Luxor, das am östlichen Nilufer die Spuren der antiken heiligen Stadt beherbergt, während das Westufer von den Nekropolen der Pharaonen geprägt ist, deren Eingang von den Memnon-Kolossen bewacht wird. Ein wechselndes Panorama aus Wüstenabschnitten und landwirtschaftlich geprägten Dörfern mit ihren Ackerflächen begleitet den Besucher auf seiner Fahrt auf dem Nil von Luxor nach Assuan. Interessante Ziele sind die Zentren Edfu, Kom Ombo und Assuan, jahrtausendealte Wächter der Überreste der Pharaonen.

Fortbewegung: *In Kairo ist die bequemste Art der Fortbewegung das Taxi; allerdings muss der Fahrpreis vorher ausgehandelt werden. Alternativ kann die U-Bahn oder der Dampfer benutzt werden, der an verschiedenen Stellen entlang der Corniche hält. Ein Mietwagen ist wegen des chaotischen Verkehrs in Kairo nicht zu empfehlen. In das 12 km entfernte Gizeh kommt man mit dem Taxi oder mit den Bussen 355 u. 357. Von Kairo nach Luxor fliegt man eine Stunde (den 20 km außerhalb gelegenen internationalen Flughafen von Kairo erreicht man mit dem Shuttlebus, über den der 7 km außerhalb gelegene Flughafen von Luxor nicht verfügt). Die 240 km von Luxor nach Assuan legt man auf einer 4-tägigen Nilkreuzfahrt (all inclusive) zurück. Man kann sich für ein*

modernes Kreuzfahrtschiff mit allem Komfort, einschließlich Pool und Diskothek, entscheiden oder bucht auf einem luxuriösen Dahabeya-Segelboot (Dhau) mit wenigen Kabinen und familiärer Atmosphäre. Wer länger in Assuan bleiben möchte, kann eine ca. dreistündige Busreise in das 280 km entfernte Abu Simbel machen. Für die Heimreise empfiehlt sich ein Flug von Luxor aus.

Währung: *Offizielle Währung ist das Ägyptische Pfund (EGP); die gängige Abkürzung ist LE (vom franz.* Livre Égyptienne.

KAIRO *(3 Tage)*
Das unendlich große, chaotische und faszinierende Stadtgebiet der ägyptischen Hauptstadt besteht aus 24 Vierteln, die ein facettenreicher Spiegel der antiken und neueren Geschichte des Landes sind, jedes mit einem eigenen Gesicht. Man beginnt die Besichtigung im modernen **Zentrum** am Ostufer des Nils, ein europäisch geprägtes Viertel, dessen Vorbild die von Georges Haussmann geplanten Pariser Prachtstraßen sind, gesäumt von Rokokohäusern und Residenzen aus der Belle Epoque. Der unangefochtene Star dieser Gegend ist das **Ägyptische Museum** in einem Gebäude aus dem ausgehenden 19. Jh. auf dem lebendigen **Tahrir-Platz**, auf dem sich wichtige Regierungsgebäude befinden und politische Kundgebungen abgehalten werden. Das Museum enthält, auf zwei Stockwerken verteilt, 120.000 Fundstücke, darunter Mumien, Sarkophage, Grabbeigaben aller Art, Geschmeide und die berühmte Sammlung der **Grabschätze des Tutanchamun**, Pharao der 18. Dynastie, der um 1349 v. Chr. im Alter von ca. 18 Jahren starb. Allein die ihm gewidmete Abteilung mit der berühmten **goldenen Maske** im 2. Stock des Museums lohnt den Besuch. Ein Erlebnis sind auch die **echten Mumien**, vor denen man in Ehrfurcht verharrt, sowie die **goldene Totenmaske des Pharaos Pseusennes I.**, der aus Zedernholz gearbeitete und bemalte **Sarkopharg des Ahmoses** und die Statuen aus bemaltem Kalkstein, die **Rahotep und Nofret** darstellen *(Midan el-Tahrir; http://egyptianmuseumcairo.org, Öffnungszeiten 9–19, Fr bis 16, während des Ramadans bis 17 Uhr, für den Museumsbesuch sollte man mindestens einen halben Tag einplanen)*. Es ist geplant, das

164 OBEN - EINER DER SARKOPHAGE TUTANCHAMUNS.

164 UNTEN - DAS ÄGYPTISCHE MUSEUM VON KAIRO.

164-165 - DIE ZITADELLE VON KAIRO.

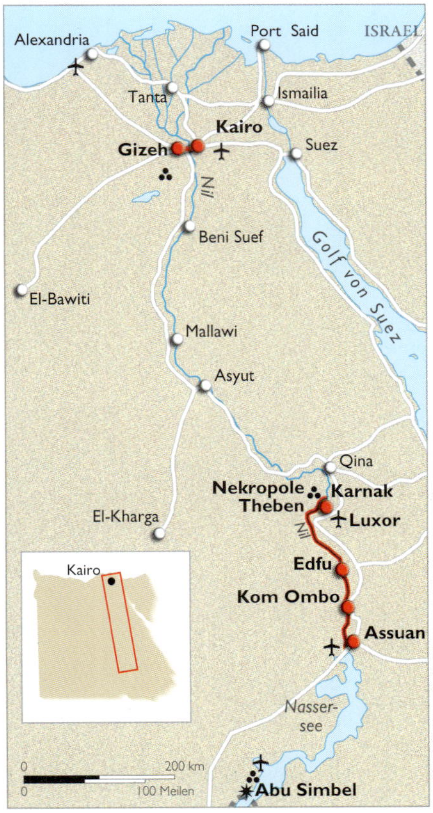

Museum in das neue von den irischen Architekten Heneghan Peng Architects geplante Museumsgelände zu verlegen. Um etwas frische Luft und die Rückkehr in das moderne Leben zu genießen, genügt es, am aristokratischen **Corniche el-Nil** entlangzulaufen, der Uferpromenade mit großen Hotels und Cafés mit Blick auf den Nil, oder eine der Brücken zu überqueren, die auf die **grüne Insel Gezira** führen, um dort vom **Kairo Tower** (Fernsehturm und Symbol des modernen Kairos, der mit seinen 187 m Höhe das neue **Wohnviertel Zamalek** dominiert), die Aussicht zu genießen. Hier befinden sich Sportzentren, Botschaften und Nachtlokale, in denen Orient und Okzident ein neues Gleichgewicht gefunden haben. Die 1993 eröffnete neue **Oper** besticht durch die moderne Umsetzung alter islamischer Architekturmaßstäbe. Auf der **Insel Roda** erhebt sich eines der extravagantesten Gebäude Kairos, der **Manyal-Palast**, ehemalige Königsresidenz aus dem ausgehenden 19. Jh., der diverse islamische Baustile (persisch, osmanisch, maurisch, etc.) in sich vereint und über einen botanischen Garten verfügt. Heute ist der Palast ein **Museum**, das die Privatsammlung **des Prinzen Mohammed Ali Tawfiq** zeigt *(1 Saray Street, Öffnungszeiten 9–17, während des Ramadans 9–15 Uhr)*. Wieder von den Inseln zurück, zeigt die Stadt erneut ein anderes Gesicht. Das antike oder **koptische Kairo**, das älteste Viertel aus dem 6. Jh., ist von einer intakten Mauer umgeben und beherbergt die Angehörigen der koptischen Gemeinde, die hier Wohnhäuser und christliche Kirchen baute. Stille abgeschiedene Straßen führen zum **St. Georgs-Kloster** mit der griechisch-orthodoxen **Klosterkirche**, zur **Kirche der hl. Barbara** aus dem 11. Jh. und zur **St.-Sergius-Kirche** aus dem 5. Jh., deren Krypta die Stelle bezeichnet, an der die Heilige Familie auf der Flucht vor Herodes Rast gemacht haben soll. Neben dem **Koptischen Museum** *(Mar Girgis, www.coptic-cairo.com/museum/museum.html; Öffnungszeiten 9–17 Uhr)*, das außer Exponaten zur sakralen Kunst auch Gerätschaften des täglichen Gebrauchs ausstellt, befindet sich die berühmteste koptische Kirche der Welt, die **hängende Kirche El Muallaka**, deren Name auf ihre Lage über den südwestlichen römischen Tortürmen zurückgeht.

Bleibt noch das alte **islamische Kairo** zu entdecken, die Stadt in der Stadt, mit engen Gassen aus festgestampfter Erde, auf denen sich Eselskarren, Handwagen und Gefährte aller Art bewegen und die von Moscheen, antiken Häusern, Karawansereien und Koranschulen geprägt sind, an denen der Lauf der Zeit deutliche Spuren hinterließ. Unter den Hunderten von Moscheen, die die Stadt bevölkern, ist die **Al-Ahhar-Moschee** von 970 zu nennen; sie fasziniert durch ihre wundervolle Architektur, die von fünf eleganten Minaretten gekennzeichnet ist, und ist ein wichtiges Zentrum zum Studium des Islams *(Öffnungszeiten 9–18, im Winter bis 17 Uhr)*. Nicht weit entfernt liegt einer der an den Abenden des Ramadans am meisten bevölkerten Plätze Kairos mit der **Sayydna-el-Husain-Moschee** *(Eintritt nur für Muslime)*, die besonders verehrt wird, weil sie den Kopf von Husain, dem Neffen des Propheten, enthält. Original erhalten sind noch ein Minarett aus 13. und eine Pforte aus dem 12. Jh. Von antikem Ursprung ist auch die 879 erbaute **Ibn-Tulun-Moschee**. Es lohnt sich, auf das Minarett zu steigen, die Sicht über die Stadt ist sagenhaft *(Öffnungszeiten 8–18 Uhr)*. Aus diesen Vierteln geht das handwerkliche Treiben der Stadt hervor, dessen Reich der von kleinen Werkstätten und fliegenden Händlern bestimmte **Suk Khan el-Khalili** ist, der größte Suk des Mittleren Orients, dessen Name von einer Karawanserei abgeleitet ist, die 1380 an dieser Stelle vom Emir El-Khalili erbaut wurde. Man verläuft sich in diesem Gassengewirr zwischen angebotenen Waren aller Art, von Gewürzen bis hin zu Teppichen. Wer eine Pause braucht, geht ins berühmte **Café Fichawi**, historischer Treffpunkt intellektueller Kairoer Anfang des 20. Jh., darunter Nagib Mahfuz, Literatur-Nobelpreisträger *(in der Nähe der Midan Hussein, Tel. 02.25906755)*.

166 OBEN - DIE MOSCHEE IBN TULUN.

166 MITTE - DAS ISLAMISCHE KAIRO.

166 UNTEN - DER HOF DER MOHAMMED-ALI-MOSCHEE.

167 OBEN - DIE MOSCHEEN SULTAN HASSAN UND ER-RIFAI.

167 MITTE UND UNTEN - DIE KOPTISCHE ST. GEORGS-KIRCHE VON AUSSEN UND INNEN.

AUSFLUG NACH GIZEH

12 km südöstlich vom Kairoer Zentrum liegt das Gizeh-Plateau, berühmt für den Sphinx und die Pyramiden des Mykerinos, des Chephren und des Cheops (Herrscher der 4. Dynastie), die einzigen der sieben Weltwunder der Antike, die bis heute überlebten *(Öffnungszeiten Winter 8–16, Sommer 8–17 Uhr, abends Light & Sound Show)*. Die eindrucksvollste der drei (man kann zu Fuß hinlaufen oder sich auf einem Dromedar hinführen lassen) ist die **Cheops-Pyramide** mit einer Höhe von 138,75 m (einst 146,6 m), einer Seitenbreite der Grundfläche von 230,37 m und aus 2.300.000 Kalksteinblöcken erbaut, die durchschnittlich 2,5 Tonnen wiegen. Im Inneren läuft man einen engen Korridor entlang und gelangt zur **Königinnenkammer** und zur 47 m langen **Großen Galerie**, die zur **Königskammer** führt, einem mit roten Granitblöcken ausgekleideten, fast 6 m hohen Saal, in der der Pharao bestattet wurde. In der Nähe der Pyramide wurden einige Gruben entdeckt; in einer davon befanden sich 1224 Teile aus libanesischem Zedernholz, die zu einem **Sonnenboot** zusammengesetzt werden konnten, das im **Sonnenboot-Museum** zu besichtigen ist. Daneben steht die **Chephren-Pyramide**, 136,4 m hoch (einst 143,5 m), die an der Spitze noch mit weißen Kalksteinblöcken verkleidet ist. Die **Mykerinos-Pyramide** ist mit 65,5 m Höhe und ca. 103 m Breite die kleinste der Pyramiden. Der rätselhafte, in Stein gehauene **Sphinx**, Zeitgenosse der Pyramiden, stellt einen Löwenkörper mit Pharaonenkopf dar, der seit mindestens 5000 Jahren über die Stadt der Toten wacht.

Einkaufen in Kairo

Ein Muss für jeden, der in Kairo einkaufen möchte, sind die Boutiquen im Inselviertel Zamelek. Bei **Nomad** (14 Saraya El Gezira, Tel. 02.7361917), im ersten Stock eines antiken Hauses, bekommt man Taschen im Ethno-Stil, Silberschmuck, Seidenpantoffeln und bestickte Tischtücher. Im **Loft** (Sharia Sayyed al-Bakry 12, www.loftegypt.com) werden antike Möbel, Lampen, verschiedenste Kuriositäten, Objekte aus getriebenem Metall und Einrichtungsgegenstände angeboten. Zeitlose und hochwertige Objekte ägyptischen Kunsthandwerks, von Schmuck und Stoffen bis zu Fayum-Keramiken, gibt es bei **Nagada** (Refa'a Street 13, Dokki, Kairo, http://nagada.net). Im **Suk Khan el-Khalili**, dem größten des Mittleren Orients und einem der ältesten der Welt, gibt es unzählige Läden und Händler, die Parfümöle, Silberschmuck, Teppiche, mundgeblasenes Glas und Waren aller Art anbieten. Um afrikanische Parfums und Essenzen zu kaufen, geht man zu **Abd al-Hady** (Gawhar al-Qa'id 73, Khan el-Khalili), und für Beduinenschmuck ist die beste Adresse der **Bedouin Shop** (Khan al-Khalili N. 7, Tel. 02.25896155). Abseits des mittelalterlichen Stadtkerns von Kairo erhebt sich das gigantische Einkaufszentrum **Stars Centre** im CityStars-Komplex von Heliopolis: für die Ägypter die zweitgrößte Attraktion nach den Pyramiden mit über 500 Geschäften, darunter **Mango** und **Nine West** (Sharia Omar Ibn El Khattab, Heliopolis, www.citystars.com.eg/citystars).

168 OBEN - DAS GIZEH-PLATEAU UND SEINE NEKROPOLE.

168 UNTEN LINKS - DER SPHINX VON GIZEH.

168 UNTEN RECHTS - SONNENABOOT DES CHEOPS.

169 OBEN UND MITTE - GRÄBER DER ADLIGEN VON GIZEH.

169 UNTEN - DER SUK KHAN EL-KHALILI.

VON LUXOR NACH ASSUAN *(4 Tage)*
Ob auf einem Kreuzfahrtschiff zusammen mit Hunderten von Passagieren oder auf einer exklusiven Dhau aus Holz mit antiker Einrichtung – die beste Art, von Luxor nach Assuan zu reisen, ist, sich den Wassern des Nils anzuvertrauen. Zwischen üppigen Ufern, Palmen und archäologischen Stätten eröffnet sich die gesamte Geschichte Ägyptens. Die Einschiffung findet nach der Besichtigung **Luxors** statt, des antiken Theben, das heute zur touristischen Hauptstadt Oberägyptens geworden ist. Die großen Hotels und die vielen Touristen haben ihm nicht geschadet, was man sieht, wenn an der **Corniche en-Nil** die untergehende Sonne den Tempel Amenhoteps III. in rotgoldenes Licht taucht. Hier, im alten Besucherzentrum, steht das **Einbalsamierungsmuseum** *(geöffnet Sommer 9–14 u. 17–22, Winter 16–21 Uhr)*, wo viele Mumien ausgestellt sind, so auch die von Maseharti, General des Heeres und Hoherpriester von Amon-Ra. Es werden die Techniken gezeigt, mit denen die alten Ägypter die Körper konservierten. Wie die Aristokraten, die zu Anfang des letzten Jahrhunderts diesen Ort bereisten, kann man sich mit der Kalesche zur langen **Sphingenallee** fahren lassen, die den Eingang zum **Großen Luxor-Tempel** bildet *(geöffnet Okt.–Apr. 6–21, Mai–Sept. bis 22 Uhr)*, der erst 1881 komplett aus dem Sand ausgegraben war. Die erhabene **Säulenkolonnade** aus Papyrusbündelsäulen mit offenem Doldenkapitell beindruckt durch die detailreiche Darstellung der Zeremonien des Opet-Fests, des wichtigsten Fests Thebens und ganz Ägyptens. Interessant sind auch das **Sanktuar** und der **Geburtssaal**, an dessen westlicher Wand die Zeugung Amenhoteps III. durch die Vereinigung der Mutter mit dem Gott Amun-Ra dargestellt ist. Von der Großartigkeit dieser Tempelanlage zeugen auch die **26 Statuen,** die den **Hof Amenhoteps III.** schmückten, die 1989 in drei Metern Tiefe gefunden wurden und heute im **Museum von Luxor** ausgestellt sind. Dieses Museum befindet sich 1 km von der Tempelanlage entfernt *(Öffnungszeiten Okt.–Apr. 9–21, Mai–Sept. 19–13 u. 17–22 Uhr)* und zeigt auch eine Statue von **Thutmosis III.**, den **Kopf Amenhoteps III. aus rosafarbenem Granit** und die **Alabasterstatue**, die **Sobek-Ra und Amenhotep III.** darstellt.
Unverzichtbar ist auch der Besuch **Karnaks**, 2,5 km von Luxor entfernt *(Okt.–Apr. 6–17.30, Mai–Sept. bis 18 Uhr)*, heiliges Zentrum der Götterverehrung und größte Tempelanlage des alten Ägyptens. Die drei Tempelkomplexe sind der göttlichen Triade Amun, Month und Mut gewidmet und bilden eine Art heilige Stadt. Im Innern bestaunt man eine Folge von Tempeln, Obelisken und Kapellen. Das Zentrum dominiert der große **Tempel des Amun-Ra**, den die Pharonen der 18. bis 22. Dynastie kontinuierlich weiterbauten. Die stillen Wasser des Heiligen Sees im Süden des Tempels dienten rituellen Waschungen und zur Reinigung der Tempelanlage.
Gegenüber Thebens Stadt der Lebenden, am anderen Nilufer, befindet sich Thebens **Stadt der Toten** *(die Brücke dorthin befindet sich ca. 6 km südlich des Stadtzentrums, erreichbar mit Bus oder Taxi, Öffnungszeiten Winter 6–16, Sommer 6–17 Uhr, jeder Bereich hat seine eigene Kasse)*, wo sich in einem verlassenen Tal die in die goldfarbenen Felsen gehauenen Grabmäler der Pharaonen des Neuen Reichs befinden, die mit ihren Reichtümern, die sie zu Lebzeiten besaßen, von dort ihre letzte Reise antraten. Die meisten dieser Gräber wurden geplündert; übriggeblieben sind die wunderbaren Darstellungen an den Wänden der Grabkammern, die u.a. das *Buch der Unterwelt* und das *Buch der Toten* darstellen, einen Leitfaden, der die Pharaonen auf ihrer Reise in das Reich der Toten unterstützen sollte. Die Besucher des Westufers werden von den **Memnonkolossen** empfangen, 18 m hohe, gesichtslose Statuen, die König Amenhotep III. auf dem Thron sitzend darstellen. Ursprünglich befanden sich hinter ihnen Pylonen des Eingangs zum heute zerstörten Tempel Amenhoteps III. Von den Gräbern des **Tals der Könige** (bis heute wurden 65 entdeckt, die nur zum Teil besichtigt werden können) ist das bekannteste das

des jugendlichen Königs **Tutanchamun**, dessen kostbare Grabbeigaben, einschließlich des Throns und der goldenen Maske, heute im Ägyptischen Museum in Kairo ausgestellt sind. Eine steile Treppe führt in die **Grabkammern Thutmoses' III.**, deren Hauptkammer mit ovalem Grundriss seinen kartuschenförmigen Sarkophag aus rotem Quarzit beherbergt, der mit in den Stein geritzten Abbildern der Gottheiten Isis und Nephtys verziert ist. Wunderschön sind auch die **Gräber Amenhoteps II.**, mit einer in Ocker und Schwarz bemalten Grabkammer, und **Ramses' VI.**, dessen Grabkammerdecke mit astronomischen Motiven verziert ist. Mit den Standard-Eintrittskarten kann man drei Gräber nach Wahl besuchen; für das Grab des Tutanchamun muss man extra bezahlen. Interessant ist auch das Filmprojekt des **Neuen Besucherzentrums** in der Nähe des Parkplatzes, das über die Entdeckung des Tutanchamun-Grabmals durch Howard Carter 1922 berichtet. In unmittelbarer Nähe zum Tal der Könige (erreichbar über einen Trekking-Pfad oder in wenigen Kilometern mit dem Auto) liegt **Deir el-Bahri**, wo sich der **Tempel Hatschepsuts** befindet, an einer Felswand in terrassenförmig angeordneten Säulenhallen angelegt, die über eine große Rampe zugänglich sind. Der Tempel wurde während der 18. Dynastie von Senenmut, Haushofmeister und Architekt Hatschepsuts, erbaut; später errichteten koptische Mönche auf dem Tempel ein Kloster. Geht man weiter die Straße entlang, erreicht man das **Ramesseum**, den großartigen Totentempel Ramses' II., eine Anlage aus Säulen und Höfen, wo einst eine 18 m hohe Statue des thronenden Pharaos stand und weitere, heute noch erhaltende Statuen, die ihn in der Aufmachung der Osiris zeigen.
Im Anschluss besucht man das **Tal der Königinnen** (südöstlich des Tals der Könige), bestehend aus über 80 **Gräbern**, in denen die nahen Angehörigen der Herrscher der späten 17. bis 20. Dynastie bestattet sind. Die bedeutendsten Gräber sind die der **Nefertari**, der bevorzugten Frau Ramses' II. *(nur mit Sondergenehmigung zu besichtigen)*, und des **Amunherchepeschef**, Sohn Ramses' III., der in jungen Jahren aus unbekannter Ursache verstarb. Schließlich besucht man noch den Monumentalkomplex in **Medinet Habu**, dessen Prunkstück der große **Tempel Ramses' III.** ist, dessen Ausmaße nur vom Tempel in Karnak übertroffen werden. Der gute Zustand seiner mehrfarbigen Reliefs sind nur dem Umstand zu verdanken, dass koptische Mönche in den darauffolgenden Epochen die Tempelwände mit Lehm bedeckt hatten.

170 OBEN - DER LUXORTEMPEL.

170 UNTEN - DIE MEMNONKOLOSSE.

171 OBEN - DER TEMPEL HATSCHEPSUTS IN DEIR EL-BAHRI.

171 MITTE - DIE GRABKAMMER DES TUTANCHAMUN.

171 UNTEN - DAS GRABMAL AMENHOTEPS II.

Nach dem Besuch in Theben-West begibt man sich auf die Schifffahrt nilabwärts, wo man, vorbei an üppigen Landschaften, 110 km von Luxor entfernt am kleinen Hafen von **Edfu** anlegt, um den **Horustempel** (237–57 v. Chr.) zu besichtigen, der in der Ptolemäischen Ära erbaut wurde und der Himmelsgottheit mit dem Adlerkopf gewidmet ist *(Öffnungszeiten 7–17, im Sommer bis 19 Uhr)*. Es folgt der Besuch des **Doppeltempels** der Gottheiten **Sobek und Haroeris** in **Kom Ombo**, ein fruchtbarer Ort in Oberägypten, umgeben von Zuckerrohrfeldern. Die Besonderheit dieses Tempels aus der Ptolemäischen Ära ist das Vorhandensein zweier perfekt symmetrischen Eingänge, Säulenhallen und Sanktuarien. Das liegt daran, dass der Tempel zwei Gottheiten gewidmet ist: der linke Teil dem Falkengott Haroeris, der rechte Bereich dem Krokodilgott Sobek. Die Kreuzfahrt endet schließlich in **Assuan** (ca. 200 km von Luxor entfernt). Diese letzte Etappe ist der schönste Abschnitt des Nils, der hier kleine Inseln umfließt. Nicht nur wegen der wundervollen Natur und der archäologischen Stätten verdient die Stadt einen Besuch, sondern auch wegen des berühmten **Gewürzmarktes**, den man nicht verlässt, ohne das eine oder andere gekauft zu haben, wegen des **Nubischen Museums** *(Öffnungszeiten 7–13 u. 17–21 Uhr)*, das die Geschichte der Region dokumentiert, wegen seiner **Nekropole** und der **fürstlichen Felsengräber**, wegen der antiken **Tempelruinen der Insel Elephantine** *(Öffnungszeiten 7–16, im Sommer bis 17 Uhr)*, und wegen des außergewöhnlichen **Tempelkomplexes der Insel Philae** *(Öffnungszeiten 7–16, im Sommer bis 17 Uhr, Abendveranstaltungen)*. Die Inseln erreicht man nur mit kleinen Taxibooten. Schön sind die Abendveranstaltungen, wenn die Tempel und Pavillons durch die Light & Sound Show zum Leben erwachen.

AUSFLUG NACH ABU SIMBEL

Wer noch einen Tag Zeit hat, sollte sich den Felsenkomplex von **Abu Simbel** ansehen, der sich 280 km südlich von Assuan befindet. Es gibt Busse, die in dreieinhalb Stunden hinfahren, oder man nimmt einen 30-minütigen Inlandsflug. Abu Simbel ist der ideale Ort, um eine Reise ins Ägypten der Pharaonen zu beenden. Die antike Stätte befindet sich im ägyptischen Teil Nubiens, 40 km von der Grenze zum Sudan entfernt, und besteht aus dem kleinen **Hathor-Tempel** und dem **Großen Tempel**, die im 13. Jh. v. Chr. in eine senkrechte Felswand gehauen wurden. In den 1960er-Jahren hat man die Tempel abgetragen und in 200 m Entfernung wieder zusammengesetzt, weil sie an ihrem Ursprungsort durch das ansteigende Wasser des Nassersees bedroht waren. Ramses II., dessen 4 Kolossalstatuen – die ihn mit der Krone von Ober- und Unterägypten zeigen – am Eingang des Großen Tempels stehen, ließ diese heiligen Stätten zum Andenken an seinen Sieg über die Hethiter in Syrien in der Schlacht von Qadesch bauen. Im Innern befindet sich das **Sanktuarium** mit den thronenden Statuen für die Götter Amun-Ra, Ptah und Ra-Harachte. Der Tempel wurde so konstruiert, dass jedes Jahr am 22. Oktober und am 22. Februar die Strahlen der aufgehenden Sonne die thronenden Götter beleuchtete, um ihnen neue Kraft zu verleihen *(Öffnungszeiten 6–17 Uhr, abends Light & Sound Show, www.soundandlight.com.eg)*.

Übernachten

€€€€€ Le Riad (Kairo). Fünf Minuten zu Fuß vom Suk Khan el-Khalili entfernt und ein orientalischer Traum in ägyptischer Architektur: Kuppeln, Bogen und ein Dachgarten, von dem man alle 1000 Minarette der Stadt sehen kann. *Info: 114 Muiz Li Din Allah Street, Tel. 02.7876074, www.leriad-hoteldecharme.com*

€€€€ Old Winter Palace u. New Winter Palace (Luxor). Ein grandioses Hotel mit der Atmosphäre der Kolonialzeit. Die Zimmer sind noch immer mit den Möbeln

aus dem 18. Jh. ausgestattet. Zur Erholung stehen ein blühender Garten und ein Swimmingpool zur Verfügung.
Info: Corniche en-Nil, Tel. 095.2380422, www.sofitel.com

€€€ Basma (Assuan). Gegenüber dem Nubischen Museum und in Hanglage, bietet das Hotel eine wunderbare Aussicht auf den Nil. Sein großer Pool ist eingebettet in einen tropischen Garten. Die Ausstattung ist um Arbeiten ägyptischer Künstler bereichert. *Info: Shari el-Fanadek, Tel. 097.2310901, www.basmahotel.com*

Essen

€€ La Bodega (Kairo). Feine französische und mediterrane Küche in einem der angesagtesten Bistros der Stadt.
Info: Sharia 26th of July 157, Zamalek, Tel. 02.27356761, http://labodegaegypt.com

€ Sofra (Luxor). Eine kulinarische Reise durch die traditionelle ägyptische Küche in einem Lokal mit orientalischer Atmosphäre im Zentrum der Stadt. Auf der Karte stehen gefüllte Tauben, Enten und Hühnchen mit Kräutern. *Info: 90 Shari Muhammad Farid, Tel. 095.2359752, www.sofra.com.eg*

€ El-Masry (Assuan). Das Restaurant ist bekannt für seine ausgezeichneten Kebabs, würzigen Fleischspieße *(Kofta)* und Geflügelgerichte. *Info: Shari el-Matar, Tel. 097.2302576.*

Nachtleben

Tamarai (Kairo). Elegant und glamourös; die angesagteste Cocktailbar Kairos in der wunderschönen Corniche der Nile City Towers mit Blick auf den Fluss. *Info: Corniche El Nil, www.tamarai-egypt.com*

Absolute (Kairo). Stil, gute Musik und eine große Tanzfläche machen es zum Lieblingslokal der Kairoer Jugend.
Info: Corniche El Nil Bulaq, Tel. 02.5796512.

Murphy's Irish Pub (Luxor). Im oberen Stockwerk kann man ein gutes Bier trinken und Billard spielen, unten tanzt man auf der großen Tanzfläche nach den Rhythmen des DJs. *Info: Sharia al-Gawazat, Tel. 095.2388101.*

Mövenpick Resort Aswan (Assuan). Das Hotel auf der Insel Elephantine organisiert folkloristische Abendveranstaltungen in nubischer Tradition. *Info: Elephantine, Tel. 097.2324 666, www.mövenpick-aswan.com*

Weitere Informationen:
www.egypt.travel/index

172 OBEN - DER TEMPEL VON EDFU.
172 UNTEN - DER TEMPEL VON ESNA.
173 OBEN - DIE INSEL PHILAE UND IHRE TEMPEL.
173 UNTEN - DER TEMPEL VON ABU SIMBEL.

Heißluftballon, Fahrrad oder Kamel? Ganz nach Ihren Wünschen!

Vielleicht erkennt man aus der Luft nicht alle Details, aber der Blick aus dem Korb eines Heißluftballons auf die Tempel und Gräber archäologischer Stätten von Luxor und Karnak ist ein atemberaubendes Erlebnis. Der beste Zeitpunkt für eine Ballonfahrt und zum Fotografieren ist die Morgendämmerung, wenn das Land in magisches Licht getaucht ist und die Temperaturen erträglich sind. Ballonflüge können bei ***Ballons Over Egypt*** (www.sindbadballoons.com) *gebucht werden. Eine außergewöhnliche Art, die antiken Monumente zu besichtigen, ist, auf dem Rücken eines Kamels, eines Esels oder eines Pferdes bis an den Rand der Wüste zu reiten – wie die Touristen vor 100 Jahren (****Nobi Mahmoud Omar****, www.luxorstables.com). Mutige Naturen, die weder Hitze noch Einsamkeit fürchten, greifen auf den klassischen Drahtesel zurück. Fahrradtouren macht man am besten ganz früh morgens oder am späten Nachmittag (www.bikerentalluxor.com).*

Sahel, Tozeur, Djerid – *Tunesien*

Eine Reise in das Herz Tunesiens, zwischen weißen Stränden, antiken befestigten Medinas, heiligen Städten, unendlichen Palmenhainen und Salzseen. Von Sousse nach El Jem, von Kairouan nach Midès, von Tozeur zum Chott el Djerid: das Land hat viel zu bieten.

Man beginnt die Reise im **Sahel**, der Touristenhochburg am östlichen Mittelmeer mit weitläufigen Resorts, weißem Sand und 300 Sonnentagen, aber auch mit islamischen Festungen, die einst die Grenzen zu den christlichen Gebieten markierten, von Mauern umgebenen Medinas, in deren Gassenlabyrinth man sich verläuft; das Land hat viele Gesichter. Man besucht **Sousse**, die drittgrößte Stadt Tunesiens, mit verwinkelten Gassen und kubischen Häusern in der Medina und der antiken Ville Nouvelle, die den Hafen umrahmt. Die Reise geht weiter nach **Monastir**, Geburtsstadt des ehemaligen Präsidenten Bourghiba, und **Mahdia**, einem Fischereihafen im Schutz des **Kaps Afrika**. Weiter im Landesinneren, mitten in einer Wüstenebene, erhebt sich die Stadt **El Djem** mit einem riesigen römischen Amphitheater. Dann **Kairouan**, der Gegenpol des modernen Tunesiens und heilige islamische Stadt des Maghreb, und **Sbeitla**, berühmt für ihre römischen Tempel. Die Faszination des Südens entdeckt man in Bergoasen am Rand der Wüste, bei Ausflügen auf dem Rücken eines Dromedars, beim Golfen oder bei einem Spaziergang durch Gärten, an Gebirgsbächen und Palmenhainen entlang, und in **Tozeur**, nicht weit entfernt von den Bergoasen **Midès**, **Tamerza**, **Chebika** und **Nefta**, in den Luftspiegelungen des **Chott el Djerid** und den Dünen in der Sahara.

Fortbewegung: *Von allen größeren europäischen Flughäfen gehen täglich Flüge nach Tunis oder Monastir. Am Flughafen in Tunis mietet man sich ein Auto* (www.avis.com.tn, www.europcar.com.tn), *um die gesamte Strecke von Sousse (136 km auf der A1) über die Küstenstraße (MC82) nach Monastir (16 km), Mahdia (45 km) und dann ins Landesinnere bis El Djem (42 km, MC87) zurückzulegen. Der Rückweg führt über die A1 Richtung Sousse, dann nimmt man die Abzweigung nach links auf die P12, die nach 111 km in Kairouan endet. Von der heiligen Stadt fährt man über die GP3 und GP5 bis zu den Ausgrabungsstätten von Sbeitla (106 km) und Gafsa (125 km). Von Gafsa nach Tozeur nimmt man die 190 km lange Route über die Bergoasen (Midès, Tamerza und Chebika). Von Tozeur nach Nefta fährt man 23 km, während man bei der Durchquerung des Chott el Djerid bis nach Douz 125 km zurücklegt. Diese letzten Exkursionen zu den Oasen am Rande der Wüste macht man am besten mit einer organisierten Jeep-Tour von Tozeur aus* (Touristenbüro, Avenue Abdulkacem Chabbi 89, Tel. 76.454503). *Den Heimflug kann man auch von Tozeur aus antreten.*

Währung: *Die offizielle Landeswährung ist der Tunesische Dinar (TND).*

DER SAHEL UND KAIROUAN ***(4 Tage)***

Obwohl Sousse von Urlaubern überlaufen und ein wenig chaotisch ist, ist die „Perle" der Küste eine typisch tunesische Stadt mit einer antiken Medina (Altstadt), die auf das 9. Jh. zurückgeht und von einer 8 m hohen Stadtmauer umgeben ist. Seit 1988 gehört sie zum Weltkulturerbe der UNESCO. Man betritt sie am Place des Martyrs, wenige Schritte von der Großen Moschee entfernt, die sich hinter hohen Steinmauern mit runden Bastionen an den Ecken verbirgt. Mehr als ein Ort der Anbetung, wirkt dieses religiöse Bauwerk (851 n.Chr.) wie eine Festung mit einem großen Gebetssaal, zu dem nur Muslime Zutritt haben *(Öffnungszeiten Juni–Sept. 8–14, Okt.–Mai Sa–Do 8–14 Uhr)*. Das Symbol der Medina ist vor allem der **Ribat** (muslimische Festung), einer der schönsten Afrikas. Die Festung wurde Anfang des 9. Jh. zur Verteidigung des Islams gegen die Christen gebaut. Die Bewohner des Ribats waren kampfbereite Soldaten und Gelehrte des Korans, deren Leben von der religiösen Pflicht des Dschihad, des Heiligen Kriegs, geprägt war; auch Pilger auf dem Weg nach Mekka fanden dort Verpflegung und Schutz. Vom 15 m hohen Ribatturm in der südwestlichen Ecke konnte das Meer beobachtet werden , aus den Fenstern des Gebetssaals, dessen Bogendecke von kräftigen Säulen getragen werden, wurden zuweilen auch Pfeile auf feindliche Angreifer abgeschossen *(Öffnungszeiten Juni–Sept. 8–19.30, Okt.–Mai Sa–Do 8–19.30 Uhr)*. Nicht weit entfernt befindet sich die Koranschule (kann nicht besichtigt werden) im osmanischen Stil des 17. Jh. mit ihrem reich verzierten, achteckigen Minarett. Das Zentrum der Medina wird dagegen vom **Suk** beherrscht, ein lauter Ort mit vielen Souvenirläden und dem kleinen **Museum el Kobba**, das Kleidung und Alltag der Bevölkerung des Sahel darstellt; gezeigt werden auch die Herstellung von Olivenöl und die traditionelle Kaffeezubereitung *(rue Laroussi Zarouk, Öffnungszeiten 9.30–13 u. 15–17.30, So 10–14 Uhr, Freitag geschlossen)*. Vom aristokratischen Leben des 17. Jh. erzählt das **Musée Dar Essid**, untergebracht in einem eleganten alten Herrschaftssitz, dessen Fassaden und Hof mit Fliesen geschmückt sind; in den Zimmern bewundert man antike Möbel, und von der Terrasse des Cafés im oberen Stockwerk reicht die Sicht über die Dächer der Stadt hinweg bis zum Meer *(65 rue du Rempart Nord, Öffnungszeiten Juni–Sept. 10–19, Okt.–Mai 10–18 Uhr)*. Auch vom quadratischen, 859 erbauten **Leuchtturm** der von 844 datierenden **Stadtfestung Kasbah** ist die Sicht auf das Mittelmeer bemerkenswert. Von dort, dem höchsten Punkt der Stadtbefestigung, konnte man den nahegelegenen Städten Signale übermitteln. Im südlichen Teil der Kasbah ist heute das wunderschöne **Archäologische Museum von Tunesien** untergebracht *(avenue du Maréchal Tito, Tel. 73.2190011, informieren Sie sich, ob die Restaurierungsarbeiten abgeschlossen sind)*. Es zeigt außer den Funden aus den punischen Gräbern und den Katakomben, die über 5 km unter der Stadt verlaufen, auch Mosaiken aus der Römerzeit, die aus Sousse und El Djem stammen und Szenen mit Bachus, Ganimed und Neptun zeigen. Sousse ist vor allem durch seinen weitläufigen **weißen Sandstrand Boujaajar** bekannt, der über einige Kilometer von Hotels, Lokalen und Cafés gesäumt ist. Das ist jedoch nichts im Vergleich zur 14 km nördlich von Sousse gelegenen, Mitte der 1970er-Jahre erbauten modernen Plan-Touristenhochburg **Port el Kantaoui** mit zahlreichen Hotels, schwimmenden Restaurants, zwei Golfplätzen, einem Zoo, Vergnügungsparks, einem Wasserpark *(www.acquapalace.com)*, allen Wassersportmöglichkeiten, mit Ausflügen zum Fischen und Tauchen *(Öffnungszeiten Tourismusbüro Mo–Do 8.15–13 u. 14.30–17, Fr u. Sa 8.30–12.30 Uhr)*.

174-175 - Die grosse Moschee von Sousse.

175 oben - Der Hafen von Sousse.

175 unten - Die Kuppel des Museums el Kobba in Sousse.

16 km südlich von Sousse, an der südlichen Grenze des Golfs von Hammamet, liegt direkt am Meer die Stadt **Monastir**. Man braucht nur die Panoramastraße entlang zu laufen, um die weiten weißen Sandstrände und den wunderschönen Yachthafen von Cap-Monastir, die Verlängerung der Altstadt und der Panoramastraße, zu sehen. Gegenüber erheben sich die beiden kleinen Inseln **Sidi el Ghadamsi** und **el Oustania** aus dem Meer sowie das Inselarchipel **Kuriat**, Naturschutzgebiet mit schönen Tauchgründen. In Monastir selbst befinden sich die Bastionen der wuchtigen Stadtmauer der **Medina**, die **Große Moschee** aus dem 9. bis 11. Jh. und der **Ribat**, der sich mit seinen verzierten Mauern und dem runden Wachturm (Nador) majestätisch in der **Kasbah** erhebt, eine Festung in der Festung *(Öffnungszeiten Juni–Sept. 8–19, Okt.–Mai 8.30–17.30 Uhr)*. Um 796 gegründet, wurde sie über die Jahrhunderte zu einer uneinnehmbaren Festung ausgebaut: im Innern waren die Soldatenunterkünfte, Innenhöfe und zwei Gebetssäle, einer davon soll gemäß verschiedener Aufzeichnungen für Frauen reserviert gewesen sein. Heute dient der Ort als Drehort zahlreicher Filme, darunter *Jesus von Nazareth* (1976) von Franco Zeffirelli, und beherbergt das **Museum der Islamischen Kunst** mit Handschriften in kufischer Schrift, koptischen Stoffen, Objekten aus Glas und Keramik aus verschiedenen Epochen und ein wunderbares arabisches Astrolabium aus Cordoba von 927. Monastir ist Geburtsstadt des ersten tunesischen **Präsidenten Habib Bourguiba**, der 1963 eine großartige **Moschee** bauen ließ mit wunderbaren gold-grünen Kuppeln, Keramikfliesen, 86 Säulen aus rosafarbenem Marmor, die den Gebetssaal stützten, und einem Mihrab mit goldenen Mosaiken.

Die weitere Reise entlang der Küste führt nach **Mahdia** (45 km), ein kleines Städtchen in geschützter Lage am Kap Afrika. Hier vereint sich die antike Atmosphäre mit der Faszination der weißen Sandstrände und des kristallklaren Wassers. Mahdia war einst die Hauptstadt des Fatimiden-Kalifats, woran das befestigte **Portal Skifa el Kahla** erinnert, das den Eingang zur farbenfrohen Medina bildet, wo im Suk Waren aller Art angeboten werden. Hier besichtigt man die **Hauptmoschee** aus dem Jahr 921, die in den 1960er-Jahren umfangreich restauriert wurde, die große Festung (**Borj el Kebir**) mit quadratischen Bastionen aus dem 16. Jh. *(Öffnungszeiten Sommer 9–19, Winter 9–16 Uhr)* und das kleine **örtliche Museum**, in dem sich traumhafte Mosaiken aus dem 3. Jh. und ein Saal mit 268 Goldmünzen, ebenfalls aus dem 3. Jh., die in Rougga gefunden wurden, befinden *(Öffnungszeiten Sommer 9–16, Winter 9–13 u. 16–19 Uhr, Montag geschlossen)*. Bei Sonnenuntergang macht man einen Spaziergang zum **Marinefriedhof**, wo die vielen kleinen weißen Grabsteine von den letzten Sonnenstrahlen in goldenes Licht getaucht werden. Und man sieht den voll beladenen Fischerbooten bei der Rückkehr in den Hafen zu.
Den Blick ins Landesinnere gerichtet, zeichnet sich zwischen grünen Olivenhainen ein unerwartetes Profil am Horizont ab: das **Amphitheater von El Djem** (42 km entfernt), das eindrucksvollste Bauwerk des Römischen Reichs auf afrikanischem Boden und Weltkulturerbe der UNESCO; das drittgrößte überhaupt nach dem Kolosseum von Rom und dem Aphitheater von Capua. Das dreistöckige, ovale Theater wurde in der Zeit von 230 bis 238 unter Prokonsul Gordianus I. für ca. 30.000 Zuschauer erbaut. Im Inneren kann man die Stufen bis ganz nach oben erklimmen, wo auch heute noch während des **internationalen Festivals klassischer Musik** *(www.festivaleljem.com)*, das jährlich von Mitte Juli bis Mitte August stattfindet, Zuschauer sitzen. Interessant sind auch die unterirdischen Tunnel, in denen die wilden Tiere bis zum Kampf mit den Gladiatoren eingeschlossen wurden *(Öffnungszeiten Sommer 7.30–19,*

Winter 7.30–17.30 Uhr). Auch das **Archäologische Museum** zeugt vom der einstigen Blüte El Djems (das antike Thysdrus) im 2. und 3. Jh. mit einer wunderbaren Sammlung von Mosaiken in leuchtenden Farben, die Szenen mit Orpheus, Dionysos, Löwen und Wildschweinen darstellen. Der gesamte Ausgrabungsbereich zeugt von der Pracht des Ortes zur Römerzeit: Bemerkenswert ist das **Afrikahaus** aus dem Jahr 170, dessen Name von einem Mosaik herrührt, das die römische Provinz Afrika in Gestalt einer Göttin darstellt *(Öffnungszeiten Sommer 7–19, Winter 8–17)*.
Nach weiteren 111 km erreicht man **Kairouan**, die vierte Heilige Stadt des Islam, mit der höchsten Konzentration von Sakralbauten im Verhältnis zu den Einwohnern von ganz Tunesien. In der Medina erheben sich gut 50 Moscheen, aber die **Hauptmoschee Sidi Okba** ist sicherlich das religiöse Glanzstück der Stadt und älteste Kultstätte der muslimischen Welt des Maghreb *(Öffnungszeiten 8–14.30, Fr 8–12 Uhr, kein Zutritt zum Gebetssaal)*. Von den Aghlabiden im Laufe des 9. Jh. erbaut, prägt sie das Stadtbild durch ihre kompakte Strenge, die durch die mit Stützpfeilern versehene Befestigungsmauer und das dreistöckige Minarett, das auch zu Verteidigungszwecken diente, entsteht. Im Innern beeindruckt der weitläufige Innenhof, der zum prächtigen **Gebetssaal** führt (den man vom Hof aus einsehen kann), ein „Wald" aus 400 Marmorsäulen, der das Gewölbe aus wunderschönen orientalischen Bögen stützt. Sehr schön die Fliesen aus Bagdad aus dem 9. Jh. im **Mihrab** mit der verzierten **Minbar** (Kanzel) und der **Maksura**, einem abgeteilten Raum aus Holz für das Freitagsgebet des Imams. Ein weiteres architektonisches Juwel von Kairouan ist das **Barbier-Mausoleum** (**Zaouia di Sidi Sahbi**, *Öffnungszeiten Sommer 8–18, Winter 8–16 Uhr*), in dem Abu Dhama el Belaoui begraben ist, ein Begleiter Mohammeds, der als Zeichen der Verehrung stets drei Haare des Bartes des Propheten bei sich trug. Der aus mehreren Räumen bestehende Komplex wurde im 7. Jh. erbaut, im 17. Jh. erweitert und enthält wunderschöne Keramiken und Stucktafeln im spanisch-maurischen Stil. Sehenswert sind auch die sehr alte **Moschee der drei Türen**, deren Gründung im Jahr 866 auf einen Heiligen aus Cordoba zurückgeht, und die von einer Stadtmauer umgebenen **Medina**.
Ein Spaziergang entlang der **Aghlabiden-Becken** – große, offene Zisternen aus dem 9. Jh., die das Wasser aus den Aquädukten sammelten – lohnt sich ebenfalls. In der Mitte befindet sich ein Pavillon, der als Aufenthaltsort der Herrscher an heißen Sommerabenden diente.
Die letzten Zeugen der römischen Besiedlung, die dem Zahn der Zeit standhielten, befinden sich in der Ausgrabungsstätte von **Sbeitla**, dem antiken Sufetula *(Öffnungszeiten Sommer 7–19 Uhr, Winter 8.30–17.30 Uhr)*. Das monumentale **Tor**, das zu Zeiten von **Antonius Pius** (138–161) erbaut wurde, bildet den Eingang zum **Forum**, einem weitläufigen Platz, auf dem die Reste der drei Tempel, die Jupiter, Juno und Minerva gewidmet waren, einen Eindruck davon geben, wie prächtig dieser Ort einst gewesen sein muss mit Thermalbädern, Triumphbogen, Theater und Aquädukt, um nur einige Hauptsehenswürdigkeiten zu nennen. Außer den Ruinen aus der Römerzeit befindet sich auf dem Gelände noch ein frühchristlicher Kern mit den **Kathedralkirchen Bellatur** (4. Jh.) und **St. Vitalis** (6. Jh.) mit fünf Schiffen und einer **Taufkapelle** mit einem wunderschönen, mit Mosaiken bedeckten Taufbecken.

176 OBEN - DER RIBAT VON MONASTIR.

176 UNTEN - DAS BARBIER-MAUSOLEUM VON KAIROUAN.

177 - DAS AMPHITHEATER VON EL DJEM.

Einkaufen und Kunsthandwerk

Wer keine Lust hat, auf den Märkten endlos zu handeln, geht ins ***Soula Shopping Centre*** *in* ***Sousse*** (Place des Martyrs, Öffnungszeiten 8.30–22 Uhr),*vier Stockwerke mit kunsthandwerklichen Objekten aus ganz Afrika zu Festpreisen. Die schönen Stoffe von Mahdia aus Baumwolle, Seide oder Wolle bekommt man bei* ***La route de la Soie***, Place Sidi Ben Issa. ***Kairouan*** *ist weltberühmt für die Herstellung feinster Teppiche, der man in den zahlreichen Manufakturen der Stadt beiwohnen kann. Es gibt die typischen stabil geknüpften Kairouan-Teppiche und die traditionell gewebten Kelims. Zu den von der Onat (tunesische Handelskammer) empfohlenen Geschäften für den Teppichkauf gehört das* ***Tapis-Sabra*** *im* Maison du Gouverneur, *Herrscherresidenz aus dem 18. Jh.; heute befindet sich im restaurierten Gebäude das elegante Teppichgeschäft, in dem man zu Festpreisen einkauft. Schön sind auch die Handarbeiten der Frauen aus den südlichen Oasen: handgeknüpfte Teppiche, Stoffe, aus Palmwedeln geflochtene Körbe, Berberschmuck und Objekte aus Dromedar-Leder.*

DER SÜDEN: DIE BERGOASEN, TOZEUR, NEFTA UND DER DJERID *(3 Tage)*

Während Zentraltunesien ein Synonym für Strände, Meer und Ausgrabungsstätten ist, findet man in den Oasen des Südens das authentische Tunesien, von Berbern und Beduinen bewohnt, den Völker der Wüste, die im Schatten der riesigen Palmen mit Hilfe von Süßwasserquellen Obst- und Gemüsegärten, eingesäumt von stark duftendem Jasmin, geschaffen haben. Gafsa (125 km von Sbeitla entfernt) ist das Tor zum Süden, und danach fährt man, vorbei an rötlichen mineralreichen Felsen und Mondlandschaften, fast bis an die algerische Grenze, zu den **Bergoasen**. Die erste Exkursion führt in die 16 km vom ehemaligen Bergbaudorf Metlaoui entfernte **Seldja-Schlucht** (ein Ausflug, den man auch an Bord des Lézard Rouge machen kann, einer kleinen Touristeneisenbahn aus dem 19. Jh., *die täglich außer Samstag vom Bahnhof von Metlaoui abfährt; Tel. 76.241469*): gewaltige, außergewöhnlich geformte Felswände, die entlang des Flusslaufs des Qued entstanden. Dann erreicht man das Plateau der Schlucht von **Midés**, 1 km von der algerischen Grenze entfernt, dessen verfallenes Dorf, das Ende des 19. Jh. nach einem Erdbeben verlassen worden war, über der Schlucht thront und Filmkulisse für *Krieg der Sterne* und *Der Englische Patient* war. Der Weg, der am Rand des Steilhangs in die Schlucht hinunter führt, ist nicht befestigt und nur schwindelfreien, trittsicheren Personen zu empfehlen.

Die nächste Oase ist **Tamerza**, von deren Dattelpalmen man behauptet, sie brächten die besten Datteln des Landes hervor. Neben dem Besuch des befestigten antiken Ortes am Flusslauf des Qued Horchane ist es fast Pflicht, an einem der **Wasserfälle** der Oase zu baden.

Nachdem man in engen Haarnadelkurven den Pass, der zur Oase **Chebika** führt, überwunden hat, taucht ein grüner Fleck zwischen steilen Felswänden auf. Das alte verlassene Dorf aus Lehm und Stein hat den stillen Charme einer Ruinenstadt, die man durchquert, um vom Rand der Schlucht aus die atemberaubende Aussicht zu genießen.

Schließlich erreicht man **Tozeur** am Rande der Wüste, das zwischen zwei Salzseen, dem Chott el Gharsa im Norden und dem Chott el Djerid im Süden, liegt. Seit 8000 v. Chr. bewohnt, erlebte die Stadt Dank des Handels mit den Kamelkarawanen, die die Sahara durchquerten, ihre Blüte zwischen dem 14. und 19. Jh. Auch wenn heute Asphalt, Tourismus und Satellitenfernsehen die Lebensgewohnheiten der Einwohner verändert haben, ist Tozeur immer noch ein besonderer Ort, an dem sich Vergangenheit und Gegenwart harmonisch gegenüberstehen. Man bekommt eine Ahnung davon, wenn man das Viertel **Ouled el Hadef** besucht, Herz des antiken Teils, dessen Häuserfassaden aus Lehmziegeln bestehen, die in einfachen geometrischen Mustern angeordnet sind, ähnlich denen, die auf den Stoffen und Teppichen (Kelim) der Gegend zu sehen sind. Man verliert sich in einem Labyrinth aus Gassen, kleinen Plätzen und zum Schutz vor Sandstürmen überdachten Passagen, bevor man auf der gegenüberliegenden Seite der Rue de Kairouan auf die **Koubba** (Kuppelgrab) von **Sidi bou Aissa** trift. Hier befindet sich das **Völkerkundemuseum**, das über Brauchtum und traditionelle Kleidung der Bevölkerung der Vorwüstenregionen informiert *(Öffnungszeiten 8–12 u. 15–18 Uhr, Montag geschlossen)*. Mietet man sich ein Fahrrad auf der Avenue Abdulkacem Chebbi, kann man damit zu den **Palmenhainen** fahren, die eine Fläche von ca. 10 qkm bedecken, durchzogen von einem von 200 Quellen gespeisten ausgeklügelten **Bewässerungssystem** des Mathematikers Ibn Chabbat aus dem 13. Jh. Sein Grab befindet sich im kleinen Ort **Bled el Hader**, der auf den Ruinen einer römischen Stadt errichtet wurde, mit einer Moschee aus dem 11. Jh.

Die Reise geht weiter in das Dorf **Abbes** mit dem **Grabmal von Sidi Ali bou Lifa**, das sich an einem gigantischen Brustbeerenbaum (10 m Durchmesser) und einem **Paradiesgarten** mit vielen Blumen und exotischen Pflanzen *(geöffnet 7–19 Uhr)*. Auch das **Museum Dar Cherait**, am Ende der Route Touristique, verdient einen Besuch, eine Original-Rekonstruktion eines antiken Bauwerks, das traditionelle Gewänder, Schmuck und Keramiken ausstellt *(Öffnungszeiten 8–24 Uhr)*. Nach dem Besuch im Museum kann man den Weg entlanggehen, der nach 2,7 km zum **Aussichtspunkt** am Ende der Oase führt, von wo aus man ein außergewöhnliches Panorama des Chott el Djerids und der Sahara genießt.

23 km östlich von Tozeur erhebt sich **Nefta**, das nach Kairouan als zweites spirituelles Zentrum Tunesiens betrachtet wird. Im Mittelalter war es die Wiege des Sufismus, auch heute gibt es in der Stadt noch 24 Moscheen und 100 heilige Grabmäler, darunter auch die **Hauptmoschee Sidi Salem** aus dem 15. bis 16. Jh. Auch hier haben die Häuserfassaden geometrische Ziegelmuster, aber die Hauptattraktion ist die **Corbeille**, ein wunderbarer Palmenhain, der sich über 1 km durch den nördlichen Teil der Stadt zieht

178 OBEN - DIE SCHLUCHTEN DER SELDJA.

178 MITTE - DIE OASE TOZEUR.

178 UNTEN - DIE MEDINA VON NEFTA.

und sie in zwei Teile teilt. Von dort kehrt man ins Zentrum der Oase zurück, um das **Mausoleum von Sidi Bou Ali** zu besuchen: In einem Saal mit Kuppel, Inschriften und Arabesken werden die Reliquien des Heiligen aufbewahrt, der im 13. Jh. für den Sieg der Orthodoxen im katholisch-orthodoxen Schisma kämpfte. Es gibt keinen besseren Ort als den Stadtrand von Nefta, um die Sonne über den sanften **Dünen der Wüste** auf- oder untergehen zu sehen.

Übernachten

€€€€ Dar Cherait (Tozeur). Im Herzen der Palmenhaine, in einem prunkvollen Gebäude im arabisch-maurischen Stil, das wie eine Fata Morgana erscheint, ebenso wie die opulente Ausstattung mit Pool, Innenhöfen und Gärten. Hamam und Spa sind eines Königspalastes würdig. *Info: Route Touristique, Tel. 76.454888, www.darcherait.com*

€€€ La Kasbah (Kairouan). Ein faszinierender Ort in der alten Kasbah mit unfehlbarem Service und arabisch-islamischer Architektur mit Marmor und Mosaiken. Es gibt zwei Restaurants, ein türkisches Café und einen geheizten Pool im Innenhof. *Info: Avenue Ibn el Jazzar, Tel. 77.237310, www.goldenyasmin.com*

€€ Iberostar Royal El Mansou (Mahdia). Ein modernes Fünf-Sterne-Haus in der Nähe des Strandes und der Hauptmoschee, mit drei Restaurants, einem großen Pool, Gymnastikraum und Zentrum für Talassotherapie. Möglichkeit zu Tennis und Wassersport. *Info: Route de la Corniche Mahdia, Tel. 02.91483034, www.iberostar.com/EN/Mahdia-hotels/Iberostar-Royal-El-Mansour.html*

Essen

€€ Le Petite Prince (Tozeur). Atmosphäre und Musik der Sahara in der Nähe des Torbogens: ausgezeichnete französische und tunesische Küche. *Info: Avenue Abou Kacem el Chabbim, Tel. 76.453570.*

€ Restaurant Le Lido (Mahdia). Gemütlich und elegant, ein Restaurant mit leckerer tunesischer Küche mit Fisch und Meeresfrüchten. Auch der Service ist vom Feinsten. *Info: Avenue Farhad Hached, Tel. 73.681339.*

€ Beb El Medina (Kairouan). Eine große Auswahl an tunesischen Gerichten im Herzen der Medina. Jungendlich frisches Ambiente. *Info: Straße der Moschee El ouarda Beb jelladine, Kairouan 31, Tel. 77.234073, http://www.beb-elmedina.com/en*

Für eine kleine Pause

Café Sidi Salem (Mahdia). Südlich der Medina, der richtige Ort, um auf der Terrasse bei einem Drink das Panorama des Mittelmeers zu genießen. *Info: Rue de Borj.*

Pâtisserie Segni (Kairouan). Kairouan ist berühmt für sein Brot und seine Süßigkeiten, allem voran Makhroud, eine Süßigkeit aus Grieß, Datteln und Honig, für die diese Konditorei besonders beliebt ist. *Info: Ave 7 Novembre*

Centre Loisir el Niffer (Tozeur). Hier genießt man am Rand eines Pools unter Palmen einen guten Pfefferminztee oder türkischen Mokka. Und es gibt Pistazientorte und Schokoladenkuchen. *Info: Palmerie, 700 m entfernt vom Restaurant Le Petit Prince.*

Weitere Informationen: www.tunesien-informationen.de; www.auswaertiges-amt.de/DE/Laenderinformationen/00-SiHi/TunesienSicherheit.html

Die Luftspiegelungen von Chott el Djerid

Ein unendlicher, veränderlicher Horizont, absolute Stille, eine weite Ebene, bedeckt mit Salzkristallen, die in der glühenden Sonne leuchten: die Mondlandschaft von ***Chott el Djerid****, des größten Salzsees Südtunesiens, mit einer Ausdehnung von über 5000 qkm (ca. 250 km lang und 20 km breit).Der Salzsee wird durch salzhaltige Wasserläufe aus den Bergen gespeist, das Wasser verdunstet, und es bildet sich eine Salzkruste auf lehmigen Untergrund. Je nach Tageszeit schimmert die verkrustete Fläche violett bis silbern. Vor allem im Sommer treten bei hochstehender Sonne* ***Luftspiegelungen* (Fata Morganas)** *auf. Es ist nicht schwer, sich vorzustellen, auf der weiten verkrusteten Ebene dabei die Orientierung zu verlieren. Bei starkem Wind häuft sich das Salz am Rand der Straße auf und bildet kleine Hügel, die aussehen wie Schnee. Die Straße, die den Chott durchquert, ist die 125 km lange Verbindung zwischen* ***Tozeur*** *und Douz. Folgt man der Straße in südlicher Richtung, trifft man auf die kleine Oase* ***Kebili****, und bald darauf erscheint* ***Douz*** *am Horizont. Danach verliert sich die Straße im Grand Erg Oriental, einem Meer aus Sanddünen der Sahara, in dem man nur auf dem Rücken eines Dromedars weiterkommt* (Ausflüge in die Sahara werden u.a. von **Espace Libre**, www.libre-espace-voyages.com, und **Horizons Deserts Voyages**, www.horizons-deserts.com organisiert).

179 OBEN - DAS SET VON „STAR WARS" NAHE NEFTA.
179 MITTE - DIE TUNESISCHE SAHARA.
179 UNTEN - DER CHOTT EL JERID.

Die Königsstädte Marokkos

Eine unvergessliche Reise zu den prunkvollen Königsstädten, um die Faszination Marrakeschs, die Noblesse von Meknes, die Kultur von Fes und die Eleganz der Hauptstadt Rabat kennenzulernen, die Symbole der Unsterblichkeit Marokkos. Stadtmauern, lebendige Farbenpracht, Moscheen und Koranschulen (Madrasa), Königspaläste und lärmende Suks mit Werkstätten und Verkaufständen, in die nur zum Freitagsgebet Stille einkehrt.

Die Reise zu den Königsstädten dient in erster Linie dazu, das geschichtliche, kulturelle und künstlerische Erbe Marokkos zu entdecken, aber im Gassenlabyrinth der Medinas, den Altstädten mit ihren Suks, Riads, einzigartigen Farben und Gerüchen vermischt sich die antike Pracht mit der Realität des Alltags und nimmt dabei eine überraschend neue Schönheit und Dynamik an. Man beginnt in **Fes**, erste islamische Hauptstadt des Landes und heute mit ca. 1 Million Einwohner die drittgrößte Stadt; ihre **Universität**, die erste Marokkos, gab es schon vor Oxford und Cambridge und spielt, damals wie heute, eine fundamentale Rolle in Kunst und Kultur des muslimischen Nordafrikas. Auch die **Medina** ist sehr alt und gehört als einer der authentischsten Orte der gesamten islamischen Welt zum Weltkulturerbe der UNESCO. Das nächste Ziel ist **Meknes**, eine Stadt mit ca. 540.000 Einwohnern, die ihren Glanz Moulay Ismail verdankt, der sie im 17. Jh. zur schönsten der Königsstädte machte, indem er Paläste, Gärten, Moscheen und Rennställe bauen ließ. Die **Stadtbefestigung** mit dem wunderbaren **Tor Bab Mansour** wurde allerdings nicht mehr ganz fertig. Dann kommt **Rabat**, nach Casablanca die zweitgrößte Stadt des Landes (ca. 1.700.000 Einwohner), deren monumentaler Aspekt durch große Prachtstraßen, weitläufige Parkanlagen, elegante Wohnviertel und Botschaftsgebäude aus der Kolonialzeit ihre Rolle als politische und Verwaltungshauptstadt Marokkos widerspiegelt. Hier hat die Königsfamilie ihren Sitz in einem herrlichen **Palast** im Stil des 19. Jh. (nicht zu besichtigen), von wo sich der Königshof jeden Freitag um 12.30 Uhr zum Freitagsgebet zur nahegelegenen Moschee el-Faeh begibt. Schließlich erreicht man **Marrakesch**, Bollwerk der Berberkultur (1.070.000 Einwohner), dessen magischer Platz **Jemaa el-Fna** den Zauber und die Faszination Marokkos offenbart.

Fortbewegung: *Vom Flughafen von Fes in die 15 km entfernte Stadt nimmt man entweder ein Taxi oder den stündlich verkehrenden Pendelbus. Die 198 km lange Strecke von Fes nach Meknes und Rabat auf der P1 und die weiteren 327 km von Rabat nach Marrakesch via Casablanca (auf den Straßen A3, A5, A7 und N9) legt man mit dem Auto (besser schon vorab zu Hause buchen) oder mit dem Zug zurück (Preise und Fahrplan auf* www.oncf.ma*). Ein Umweg von 60 km führt von Meknes zur Ausgrabungsstätte von Volubilis. Innerhalb der Städte bewegt man sich am besten zu Fuß; um sich in den Medinas nicht zu verlaufen, ist ein autorisierter Tourguide zu empfehlen. Den Rückflug nach Hause tritt man von Marrakesch aus an.*

Währung: *Die offizielle Währung Marokkos ist der Dirham (MAD oder DH).*

FES, MEKNES UND RABAT *(5 Tage)*
Die erste Königsstadt und kulturelle Hauptstadt des Landes, **Fes**, bildet den Anfang der Reise. Sie wurde 808 v. Chr. von Idris I., dem ersten Herrscher der Idrisiden, gegründet. **Fes el-Bali**, die Medina, ist die maurische Stadt, die zwischen dem 9. und 13. Jh. entstand; allein ihre Betrachtung von einem der Hügel ist schon verwirrend: eng stehende weiße Häuser mit Terrassen auf den Dächern, verwinkelte Gassen, grün leuchtende Kuppeln der Moscheen, mosaikverzierte Minarette, Treppen und geheime Abkürzungen, die nur die Einheimischen kennen – die schwindelerregende Schönheit einer authentischen muslimischen Stadt, täglich bevölkert von Arbeitern, Händlern, Touristen, Eseln und Mulis, die auch heute noch das Haupttransportmittel des alten Fes sind. Sich hier, trotz Stadtplans, zu verlaufen ist quasi vorprogrammiert, und gäbe es keine Handys und Satellitenschüsseln, könnte man glauben, im Mittelalter gelandet zu sein. Das Juwel dieses „Freiluftmuseums" ist die **Moschee el-Qaraouiyyin**, der erhabenste Kult- und Gebetsort des maghrebinischen Islams, 857 von Vertriebenen aus Tunesien gegründet und in den folgenden Jahrhunderten u.a. um drei Koranschulen erweitert. Der Zutritt ist Muslimen

vorbehalten, deshalb bleibt nichts anderes übrig, als die antiken Kreuzgänge, die an den Löwenhof der Alhambra in Granada erinnern, von außen zu betrachten. Nur wenige Schritte entfernt steht man vor der **Medersa el-Attarin** *(Öffnungszeiten 9–18 Uhr, während der Gebete geschlossen)*, wo die Einwohner von Fes seit Jahrhunderten den Koran studieren. 1323–1325 erbaut, ist die Schule ein großartiges Beispiel der Architektur aus der Epoche der Meriniden, der Berberdynastie Marokkos und Spaniens. Nachdem man durch die fein ziselierte bronzene Flügeltür getreten ist, steht man im Innenhof mit Säulengängen und holzgeschnitzten Bögen. Es lohnt sich, auf die Terrasse zu steigen, um das gesamte Panorama über die Stadt, die merinidische **Nekropole** und die schon etwas zerfallene Stadtmauer zu genießen. Die letzte der Koranschulen, die im 14. Jh. in der Stadt erbaut wurden, ist die **Medersa Bou Inania** (1350–1357), die sich gegenüber einem Minarett mit Wasseruhr und 13 Bronzeglocken befindet. Das Innere *(Öffnungszeiten 8–12 u. 14–18 Uhr)* ist sehenswert: Der Innenhof ist mit geschnitzten Zedernholztüren, kalligraphischen Elementen, in Gips modellierten floralen Motiven und mit blau gefliesten Treppen ausgestaltet. Von dort gelangt man in die Hörsäle, die (kargen) Studentenunterkünfte und zum Gebetssaal mit einem verzierten Mihrab. Der heilige Ort, der am meisten verehrt wird, ist die zwischen dem 9. und 10. Jh. erbaute **Zaouia von Moulay Idriss** *(Zutritt nur für Muslime)*, in der sich das Grab des Gründers von Fes befindet. Die Faszination der Altstadt erstreckt sich aber nicht nur auf Moscheen und Koranschulen: Beim Spaziergang durch die Medina trifft man auf bezaubernde Plätze, wie dem **Place en Nejjarin** mit einem schönen Brunnen, der den Zugang zum Suk der Zimmerleute bildet, oder dem **Place es-Seffarin**, der den Messinghandwerkern vorbehalten ist. Von dort erreicht man rasch das nordöstlich gelegene berühmte **Viertel der Gerber**, wo die Lederhäute in Steinwannen gegerbt und anschließend mit Naturfarben aus Indigo, Safran, Curcuma und Mohn eingefärbt werden. Der Gestank ist unerträglich, die Touristen bekommen von ihrem Guide frische Pfefferminzblätter, die sie sich unter die Nase halten, und werden auf die Terrassen über den offenen Werkstätten geführt, um die antiken Techniken der Lederbearbeitung von oben beobachten zu können; die Qualität dieses Leders gilt als eine der besten der Welt. Die zweite Seele von Fes ist das etwas weiter östlich gelegene **Fes el- Jedid**, mittelalterliche Militär- und Königsstadt der Meriniden (1244–1465), die Fes ab 1248 zur Hauptstadt ihres Reiches erklärten. Hier besucht man das **Museum Dar el-Batha** *(Rue de la Musée, Öffnungszeiten Mi–Mo 8.30–12 u. 14.30–18 Uhr)*, das sich in einem Gebäude aus dem ausgehenden 19. Jh. befindet und dem Kunsthandwerk gewidmet ist (Teppiche, getriebenes Eisen, Holzschnitzereien und blaue Keramiken, die schönsten Marokkos), die **Mellah**, das alte jüdische Viertel, die **Gärten von Boujeloud** mit Wäldern und Weihern *(Öffnungszeiten 9–18 Uhr)*, und den **Königspalast** (Dar el-Makhzen) dessen riesige vergoldete Portale den Besuchern den Zutritt verwehren.

180 - Die Gerber von Fes.

180-181 - Die Moschee el-Qaraouiyyin in Fes.

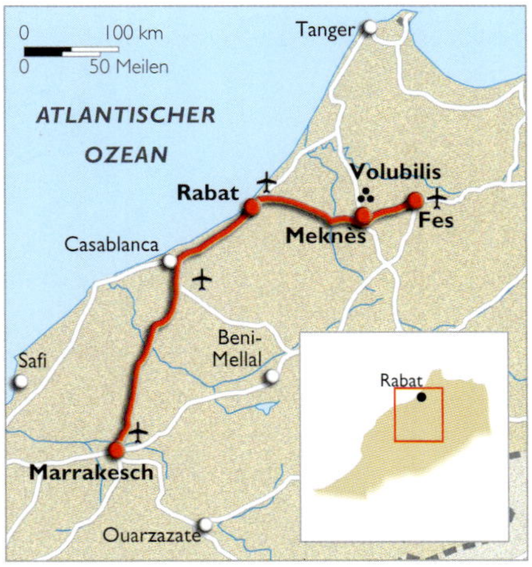

Einen deutlich westlichen Einschlag lässt die **Ville Nouvelle** erkennen, die während der französischen Protektoratszeit ab 1912 entstand.
Das gleiche urbane Schema findet man im nur 62 km entfernten **Meknes**, das mit einem dreifachen Mauerring umgeben und durch das **Wadi Bou Sekrane** in Agglomerate geteilt ist: die **Medina** mit den Resten der **Königsstadt** im Süden und die **Ville Nouvelle** aus den 1920er-Jahren auf einem Hochplateau. Das herausragende Motiv der Architektur des wunderbaren Meknes, dessen Name auf den Berberstamm Meknasa zurückgeht, sind die Bögen, die überall zu finden sind: in Häusern, Gärten, Innenhöfen, in denen man sich bei einem Glas Pfefferminztee ausruht, und in den Eingangstoren zur Altstadt, wie dem monumentalen **Bab el-Mansour**, das Sultan Moulay auf dem gigantischen Platz **el-Hedim** in der letzten Periode seiner Regierungszeit (1672–1727) errichten ließ: Es ist mit prächtigen Arabesken auf einem Untergrund aus Fliesen und Mosaiken verziert. Von der gegenüberliegenden Seite des Platzes, der einst die Bühne öffentlicher Hinrichtungen und königlicher Ordinationen war, erreicht man den bürgerlichen **Palast Dar Jamai** mit den dazugehörigen andalusischen Gärten aus dem 19. Jh., der heute das **Museum für marokkanische Volkskunst** birgt, berühmt für die Holzmalereien, Stickereien und Keramiken in floralem Design *(Place el-Hedim, Öffnungszeiten Mi–Mo 9–12 u. 15–18 Uhr)*.
Gegenüber erhebt sich die **Medersa di bou Inania** *(geöffnet 9–12 u. 15–18.30 Uhr)*, die mit ihrer Ausstattung merinidischer Kunst aus dem 14. Jh. mit Mosaiken und Skulpturen aus Holz und Gips sehenswert ist. Weiter südlich in der Königsstadt befinden sich die Reste der von Sultan Moulay Ismail (1672–1727) erbauten Paläste, Pavillons, weitläufigen Stallungen, Silos und Scheunen, nunmehr zu Ruinen zerfallen, die an die einstige wirtschaftliche Macht von Meknes erinnern. Sehenswert sind die riesigen Stallungen und Getreidespeicher von Moulay Ismail, **Dar el-Ma**, eine Flucht aus Säulen und Bögen mit starken Mauern, die für konstante Temperaturen im Innern sorgen sollten *(Öffnungszeiten 9–12 u. 15–18.30 Uhr, Fr Nachmittag geschlossen)*.
Die Wasserversorgung kam aus 40 m tiefen Brunnen. Zur Bewässerung der königlichen Gärten ließ der Herrscher ein Wasserbecken ausheben, das **Becken von Agdal.**

Das Grab des größten Sultans in der Geschichte Marokkos befindet sich im **Moulay-Ismail-Mausoleum** *(Öffnungszeiten 8.30–12 u. 14–18 Uhr)*, bestehend aus zwei reich geschmückten Innenhöfen und einem Saal, in dem sich das Grab befindet.
Nach weiteren 138 km Fahrt erreicht man **Rabat**, seit 1912 Hauptstadt des Königreichs Marokko, Regierungssitz und offizielle Residenz Königs Mohammed VI. An der Mündung des Flusses Bouregreg in den Atlantik gelegen, zeigt die Stadt mit eleganten Alleen, weitläufigen Gärten und Parks, Regierungsgebäuden, Botschaften und der größten Universität des Landes kosmopolitisches Flair. Sogar die von einem **Mauerring aus der Epoche der Almohaden** (1197) und im Süden von der **Andalusier-Mauer** (1609) umgebene **Medina** wirkt geordnet und vermittelt dem ausländischen Besucher nicht das übliche Gefühl der Verlorenheit. Man betritt sie durch das **Bab el-Had** aus dem 19. Jh., das von zwei fünfeckigen Türmen flankiert ist (an denen einst die Köpfe der hingerichteten politischen Dissidenten ausgestellt wurden), um sich zwischen den Läden, Restaurants, überdachten Suks und Werkstätten umzusehen, in denen Lederwaren, Stoffe, Objekte aus getriebener Bronze und die traditionellen Teppiche von Rabat hergestellt werden, die in den morgendlichen Versteigerungen an den Mann gebracht werden. Sehenswert sind auch die **Moschee Moulay Sliman** aus dem 19. Jh., die **Große Moschee** mit einem mit Bögen dekoriertem Minarett und die **Moschee Moulay el-Mekki**, an der Stelle errichtet, an der ein Marabout aus dem 18. Jh. begraben liegt. Vom Souk-el-Ghezel-Platz gelangt man in

die **Kasbah des Oudaias**, ein befestigtes Viertel, im Mittelalter auf einem Felsen am Atlantik im Hafen errichtet. Das Symbol der Kasbah ist ihr eindrucksvolles Eingangstor **Bab el-Oudaia**, 1195 erbaut und mit Bögen, floralen und schlangenförmigen Motiven verziert. Hier wohnen in den hellblauen, roten oder weiß gekalkten Häusern vornehmlich Muslime, deren Vorfahren die einst aus Spanien vertriebenen Mauren waren. Das älteste religiöse Bauwerk der Kasbah ist die **Moschee el-Atiqa** (1150), von der man einen wunderbaren Blick auf den Atlantik genießt, während sich im Grün der wundervollen **Andalusischen Gärten** ein Herrschaftspalast aus dem 17. Jh. verbirgt, der das **Musée des Oudaïas** beherbergt, mit einer Sammlung aus Einrichtungsgegenständen, Keramiken und antiken, handgeschriebenen Ausgaben des Korans *(geöffnet Mi–Mo 9–17 Uhr)*. Der Besuch der **Neustadt (Ville Novelle)**, die mit der Medina durch die Avenue Mohammed V. verbunden ist, umfasst den **Hassan-Turm**, ein schönes Minarett aus dem 12. Jh., das sich isoliert auf dem Platz erhebt, auf dem eine gleichnamige Moschee entstehen sollte, das **Mausoleum Mohammeds V.**, zwischen 1962 und 1971 erbaut zu Ehren des Mannes, der Marokko in die Unabhängigkeit führte *(Öffnungszeiten 8–18.30 Uhr)*, und das **Archäologische Museum**, das mit seinen Funden die Geschichte Marokkos von der prähistorischen Zeit bis zum Mittelalter dokumentiert *(Rue Al-Brihi 23, Öffnungszeiten 9–11.30 u. 14.30-17.30 Uhr)*. Zu den bedeutendsten Stücken der Sammlung gehören die Bronzen aus der Römerzeit, die in der Ausgrabungsstätte von Volubilis gefunden wurden. Außerhalb der Mauern, ca. 3 km vom Zentrum entfernt (mit dem Taxi erreichbar), befinden sich die **Zitadelle** und die **Nekropole von Chellah**, das in der Römerzeit eine blühende Kolonie namens Sala war, von der heute noch Mauern, ein großer Brunnen, das Forum und ein Tempel zu sehen sind *(Öffnungszeiten 9–17.30 Uhr)*. Der Strand von Temara, ca. 13 km entfernt, wird am Wochenende gerne von den Stadtbewohnern frequentiert, die dort am Meer ein Picknick machen.

182 OBEN - DAS MAUSOLEUM VON MOULAY ISMAIL IN MEKNES.

182 UNTEN - DER HASSAN-TURM IN RABAT.

183 OBEN - DAS MAUSOLEUM MOHAMMEDS V. IN RABAT.

183 UNTEN - DIE RUINEN VON VOLUBILIS.

Die Überreste des römischen Volubilis

31 km nördlich von Meknes, in den smaragdgrünen Hügeln des Mittleren Atlas, erstreckt sich die weitläufigste Ausgrabungsstätte Marokkos: Volubilis mit den besterhaltenen Ruinen des Landes, Zeugen der römischen Präsenz in Nordafrika und der Bedeutung dieses Ortes als Kornkammer des Imperiums. Der ***Triumphbogen des Kaisers Caracalla****, das* ***Kapitol****, die dreischiffige* ***Basilika****, die* ***Häuser von Ephebos und Orpheus*** *(deren Skulpturen im archäologischen Museum von Meknes zu sehen sind) und die Säulen, auf denen die Störche nisten, zeugen vom antiken Prunk der Stadt und ihrer wirtschaftlichen und politischen Bedeutung. Wunderbar sind die* ***Mosaike*** *aus dem 1.–3. Jh., die nach fast 2000 Jahren immer noch in lebendigen Farben erstrahlen. Sie zeigen u.a. Aphrodite, die dem Bad entsteigt, und Bacchus auf einem von Pantern gezogenen Wagen, das klassische Repertoire unvergänglicher antiker Mythen innerhalb der 168 n. Chr. von Mark Aurel errichteten Stadtmauern. Ein Schatz, den die UNESCO zum Weltkulturerbe erklärte. Der Besuch mit einem Guide wird empfohlen* (Öffnungszeiten 8 Uhr bis Sonnenuntergang).

MARRAKESCH *(2 Tage)*
Eine Königsstadt, exotisch und kosmopolitisch, Tor zur Wüste und internationale Berberstadt, die Schriftsteller, Regisseure, Dichter und Künstler jeder Epoche faszinierte; einige davon haben sogar dort gelebt, wie Yves Saint Laurent, der die **Majorelle-Gärten** kaufte und restaurieren ließ. Diese befinden sich in **Guéliz** – am Stadtrand der Ville Novelle, die während der französischen Kolonialherrschaft erbaut wurde – und wurden in den 1930er-Jahren von dem französischen Maler Jacques Majorelles mit Palmen und blühenden tropischen Pflanzen angelegt *(Boulevard Allal Al Fassi, www.jardinmajorelle.com, Öffnungzeiten Okt.–Apr. 8–17.30, Mai–Sept. 8–18 Uhr, während des Ramadans 9–17 Uhr)*. Viel größer noch und mit Oliven bepflanzt sind die **Menara-Gärten** (Namensgeber des Flughafens der Stadt), die von den Almohaden im 13. Jh. angelegt wurden; allabendlich finden dort traditionelle Musik- und Tanzveranstaltungen statt *(Avenue de la Menara, Öffnungszeiten 9–19 Uhr, Veranstaltungen um 21.45 Uhr)*. Dem Ruf des Muezzins folgend, passiert man die uralte Stadtmauer (1126–1127), die die Stadt umgibt (12 km lang und 6 m hoch), um in die Medina zu gelangen, deren Mittelpunkt der Platz **Jemaa el-Fna** ist, eine Art Jahrmarkt mit Seiltänzern, Musikanten, Schlangenbeschwörern, verschleierten Frauen, die Hennabemalungen anbieten, und improvisierten Zahnarztpraxen, die am Abend alle samt den Platz räumen, um einem gigantischen Restaurant unter freien Himmel Platz zu machen. Vor allem bei Sonnenuntergang ist die Atmosphäre magisch, wenn die Sonne den von Bergen geprägten Horizont mit ihren letzten Strahlen beleuchtet. Im Südosten des Platzes erhebt sich die **Koutoubia-Moschee**, während der Almohaden-Dynastie 1150 im spanisch-maurischen Stil erbaut *(nur Muslimen zugänglich, Öffnungszeiten Gärten 8–20 Uhr)*. Ihr 90 m hohes Minarett ist mit weißen, türkisfarbenen und blauen Majolika-Fliesen und gemeißelten Arabesken verziert. Ebenfalls den Almohaden ist der Bau der **Medersa Ben Youssef** aus dem 14. bis 16. Jh. zu verdanken, eines der interessantesten islamischen Bauwerke der Stadt, weil man begreift, wie die Koranschüler während dieser Epoche lebten: Man besucht den durch eine doppelreihige Säulenkolonne in drei Schiffe unterteilten Gebetssaal, die Zellen im oberen Stockwerk, die zum Studieren bei einer kargen Mahlzeit und zum Schlafen bestimmt waren und außerdem über ein Becken für die Waschungen und einen Korridor mit schön bemalter Holzdecke verfügt *(Place Ben Youssef, Öffnungszeiten 9–18 Uhr)*. Reich verziert mit Vergoldungen und lackierten Fliesen sind dagegen die **Saadischen Gräber**, ein Mausoleum mit 66 Grabstätten der saadischen Dynastie seit 1557 *(Rue de La Kasbah, Öffnungszeiten 8.30–11.45 u. 14.30–17.45 Uhr)*. Ebenfalls in der Medina erhebt sich der **Bahia-Palast**, der im ausgehenden 19. Jh. von Sultan Moulay el-Hassan bewohnt war. Während der Besichtigung der Zimmer, des Pavillons, des Empfangssaals und des Ehrenhofs kann man sich ein Bild vom Lebensstil der islamischen Herrscher der vergangenen Jahrhunderte machen *(Rue Riad Zitoun, Öffnungszeiten 8.30–11.45 u. 14.30–17.45 Uhr)*. Schließlich besucht man noch den Suk – ein farbenfrohes Labyrinth aus Gassen, der Duft von Gewürzen ... – einer der größten Marokkos, in dem die Händler von allen erdenklichen landestypischen Waren und Gewürzen die Besucher bei einem Glas Pfefferminztee zum Handeln einladen. Lassen Sie sich beim Kauf von Ihren Instinkten leiten und handeln Sie kräftig.

Übernachten

€€€€ Riad Fès (Fes). Ein Aufenthalt in einer anderen Zeit, der an den luxuriösen Lebensstil eines Sultans erinnert. Ein Relais & Châteaux im Herzen der Stadt, in einem maurischen Haus mit Hamam und Suiten aus Tausendundeiner Nacht. Vom feinsten auch das Restaurant und die Bar im Freien, die eleganteste Adresse in Fes. *Info: 5 Derb Ben Slimane, Zerbtana, Tel. 0535.947610, www.riadfes.com*

€€€ Riad Akka (Marrakesch). Kosmopolitisches Ambiente mit modernem Design findet man in diesem Boutique-Hotel gegenüber dem Bahia-Palast. Hamam und Pool im Patio sind besonders zu empfehlen. *Info: 65 Derb Lahbib Magni - Riad Zitoun Jdid - Medina, Tel. 0524.375767, www.riad-akka-marrakech.com/en*

€€€ Villa Mandarine (Rabat). Mitten in einem Agrumenhain, nicht weit vom königlichen Golfplatz entfernt, in einer antiken Villa; jedes Zimmer mit Terrasse und Blick auf den Garten. *Info: 19 Rue Ouled Bousbaa, Souissi, Tel. 0537.752077, www.lavillamandarine.com*

€€ Le Riad Filalia (Meknes). Authentisch marokkanische Unterkünfte mit dem Reiz maurischer Architektur. Die Zimmer zweckmäßig und mit Geschmack eingerichtet, die Lage in der Medina optimal. *Info: 18 Derb Sidi Amer Bouaouada-kaba Souk, Tel. 0535.534346, www.riadfilalia.com*

Essen

€€€ Dar Batha (Fes). Ein Restaurant mit internationalem Ruf am Eingang der Medina in einem Gebäude aus dem 14. Jh. mit Innenhof. Die Gerichte sind traditionell marokkanisch, es gibt ausgezeichnete Weine. *Info: 5 Place Batha Oued Fejjaline, Tel. 0535.3637800, www.darbatha.com*

€€ La sultana (Marrakesch). Ein äußerst elegantes Restaurant. Man isst im Kreuzgang oder auf dem Dach mit Blick auf die Saadischen Gräber. Spezialitäten sind Pastilla und Gänseleberpastete mit Honig. *Info: 403 Rue de la Kasbah, Tel. 0524.388008, www.lasultanamarrakech.com*

€€ Le Relais de Paris (Meknes). Französische Karte in einer Brasserie mit einem unvergesslichen Blick auf den Berg Zerhoun. *Info: 46 Rue Oqba, Ibn Nafia, Tel. 0535.515488,*

€ Dinarjat (Rabat). Mitten in der Medina genießt man authentische marokkanische Gerichte, im Sommer auf der Terrasse, im Winter vor dem Kamin. Abends bei Kerzenlicht und Musik. *Info: 6 Rue Belgnaoui, Tel. 0537.704239, www.dinarjat.com*

Nachtleben

Mezzanine (Fes). Eine Tapas-Bar über drei Stockwerke mit großer Terrasse mit Blick auf die Gärten von Boujeloud. Ideal für einen „Absacker" (bis ein Uhr geöffnet). *Info: 17 Kasbah Chams, tel. 0535.633430.*

Amnesia (Rabat). Popmusik und amerikanischer Look in der angesagtesten Diskothek der Stadt. *Info: Rue de Monastir, Tel. 0537.701860.*

Pacha (Marrakesch). Ein gigantischer Diskothekenkomplex von der legendären Diskothek Pacha auf Ibiza inspiriert. Am Nachmittag kann man im hauseigenen Pool ein Bad nehmen. *Info: Complex Pacha Marrakech, Blvd Mohammed VI, Tel. 0534.388400, www.pachamarrakech.com*

Weitere Informationen: www.visitmorocco.com

184 oben - Der Jemaa el-Fna in Marrakesch.

184 unten - Ein Tor der Medina von Marrakesch.

185 - Der Suk von Marrakesch.

Einkaufen

Sinn für Humor, viel Geduld und einige Dirham sind die drei Requisiten, die man benötigt, wenn man in Marokko einkaufen möchte. In der Medina von ***Rabat*** *findet man entlang der Haupteinkaufsstraßen,* ***Rue Souika, Rue Souk as Sabbat*** *und* ***Rue des Consoli****, eine reiche Auswahl an handgeknüpften Teppichen, holzgeschnitzten Möbeln und Schmuck. Wer zeitgenössische Kunst mag, für den ist die* ***Nouiga Galerie d'Art*** (ziemlich am Ende der Hauptstraße der Kasbah des Oudaïas, der Rue Jemaa, Tel. 0537.711646), *mit einer großen Auswahl an Arbeiten lokaler Künstler, einschließlich Fotografien, Drucke und Aquarelle, eine gute Adresse. Die besten Produkte in den* ***Suks*** *von* ***Meknes*** *sind Teppiche und handgemachte Pantoffeln: die schönsten gibt es im* ***Suk es Sebbat****, jeder kleine Stand hat sie stapelweise ausgestellt. Wer auf der Jagd nach Antiquitäten ist, geht in* ***Fes*** *am besten ins* ***Les Mystéres de Fes*** (53 Derb Bin Lemsarri, rue Sidi Moussa, Guerniz, Tel. 0535.636148) *in einem mittelalterlichen Riad kann man sich auf drei Stockwerken nach den geeigneten Stücken umsehen; es gibt auch Teppiche, Stoffe, Keramiken und Schmuck. Teppiche aller Art und aus jeder Epoche gibt es in Fes auch bei* ***Aux Merveilles du Tapis*** *(22 Derb Sbaâ Louyat, Seffarine, Medina, Tel. 0535.638735), wo man zwischen ca. 3000 Exemplaren aller Farben und Größen die Qual der Wahl hat. Wer einen Kaftan oder eine Jellabah kaufen will, sieht sich im* ***Caftan Saada*** *um* (in Tala'a Kbira, östlich der Medersa Bouinania, Tel. 0667.188873). *In* ***Marrakesch*** *gibt es typische kunsthandwerkliche Produkte wie Keramiken, Teppiche, Teegläser und Kleidung in der* ***Cooperative Artisanale Femmes de Marrakesh*** (Suk Kchachbia)*; alle Produkte werden von Frauenkooperativen aus ganz Marokko hergestellt.*

Nationalparks in Kenia

Wenn die Sehnsucht nach Afrika eine Heimat hat, dann ist das sicherlich Kenia, vielleicht auch wegen der Erinnerung an die großen Romane Die grünen Hügel Afrikas *von Ernest Hemingway und* Jenseits von Afrika *von Karen Blixen, deren Roman als Vorlage für den gleichnamigen Film mit Robert Redford und Meryl Streep diente. Auf einem Gebiet so groß wie Frankreich (ca. 583.000 qkm) zeigt sich die unglaubliche Schönheit der Natur Afrikas in ihrer reinsten Form: das große Rift Valley, ein Teil des ostafrikanischen Grabenbruchs, der das Land teilt, die riesigen Becken des Viktoriasees und des Turkanasees, die eine Fläche von 10.700 qkm bedecken, die Halbwüsten Samburu und Shaba, die Naturreservate der Savanne, darunter Tsavo, Amboseli und Masai Mara, 480 km weißer Sandstrand und Palmen wie in Malindi, und vor allem, der höchste Berg des schwarzen Kontinents, der Kilimandscharo, der Südkenia von Tansania trennt.*

10 Prozent des Landes stehen in über 50 Nationalparks und Reservaten unter Schutz, dazu kommen noch zahlreiche private Naturschutzgebiete. In Kenia kommen alle Tierarten Ostafrikas vor, mit Ausnahme des Schimpansen. Wer eine Safari machen möchte, kommt hierher. Der Begriff Safari ist ein Begriff aus der Landessprache dem Swahili und bedeutet „Reise“. Eine Reise in die Natur, die in Kenia Dimensionen, Formen und Farben hat wie nirgends sonst auf der Erde. Die spektakulärsten Nationalparks befinden sich in der südlichen Savanne, die leicht über Land von **Mombasa** aus erreichbar sind, eine gute Gelegenheit, das Land auch außerhalb der Grenzen der Nationalparks kennenzulernen. Von Mombasa, der zweitgrößten Stadt des Landes mit dem wichtigsten Küstenhafen, erreicht man nach 160 km den **Tsavo-Nationalpark**, in Ost- und Westteil gegliedert und der größte Kenias. 210 km weiter nördlich liegt der **Amboseli-Nationalpark**, bekannt als das „Land der Giganten“, sei es, weil es dort die größten und ältesten Elefanten Afrikas gibt, sei es wegen des verschneiten Gipfels des **Kilimandscharo**, der den Horizont bestimmt. Nach 230 km in nordöstlicher Richtung erreicht man **Nairobi**, eine der wichtigsten Hauptstädte Afrikas – der einzige Stadtaufenthalt vor Antritt der 500 km langen Reise in den Westen, an die Grenze zu Tansania, wo sich das **Masai Mara Naturreservat** befindet, bekannt für die Wanderungen der Gnus und die hohe Wildkatzen-Population. Wer sich diesen letzten langen und meist anstrengenden Teil der Reise sparen will, kann von der Hauptstadt aus einen Flug nehmen, der das Reservat in 45 Minuten erreicht.

Fortbewegung: *Der wichtigste internationale Flughafen des Landes ist der Jomo Kenyatta Flughafen von Nairobi, der zweite ist der internationale Flughafen Mio International von Mombasa, der in der Hochsaison stärker frequentiert wird. Beide Flughäfen werden von Europa aus mehrmals wöchentlich angeflogen, Direktflüge gibt es jedoch selten, sodass mit einer Flugzeit von mindestens 12 Stunden zu rechnen ist. Einmal im Land, bewegt man sich mit Inlandsflügen der Kenya*

186-187 - Der Tsavo-Nationalpark

Airways (www.kenya-airways.com), *die die wichtigsten Städte anfliegt (Nairobi, Mombasa, Kisumu und Malindi), während man zu kleineren Städten und zu den Nationalparks mit den kleinen Propellermaschinen der Air Kenya Aviation* (www.airkenya.com) *fliegt, die auch auf nicht asphaltierten Pisten landen können. Die Eisenbahn kann eine Alternative sein, aber nur für den, der die „Retro-Atmosphäre“ mag und ein paar Tage mehr zur Verfügung hat, aber dafür hat man die Gelegenheit, einmalige Landschaften zu sehen. Die Zugreise besteht aus vier Abschnitten (Nairobi–Mombasa, Nairobi–Kisumu, Voi–Tavete und Kisumu–Butere); es gibt Waggons der ersten, zweiten und dritten (nicht zu empfehlen) Klasse. Mit einem internationalen Führerschein kann man sich ein Auto mieten, wobei folgende Warnungen zu beachten sind: Es herrscht Linksverkehr, und die Straßen sind teilweise sehr schlecht befahrbar, besonders zur Regenzeit. Auf den großen Hauptstraßen fahren viele Lastwagen, und die A109 z.B., die 490 km lange Autobahn von Nairobi nach Mombasa, hat pro Richtung nur eine Fahrspur, aber dafür viele Schlaglöcher. Wer mit dem Auto zu den Nationalparks fahren will, sollte sich unbedingt vorher erkundigen, welche Zufahrt* (Gate) *er ansteuern muss: Die falsche Zufahrt kann viele Pistenkilometer bedeuten mit dem Risiko, dass man das richtige Camp nicht vor Dunkelheit erreicht und deshalb die Nacht in der Savanne verbringen muss. Einmal im Park, darf man maximal 40 km/h fahren und das Fahrzeug nicht ohne Ranger verlassen.*

Währung: *Die offizielle Landeswährung ist der Kenia-Schilling (KES, K.Sh.)*

TSAVO-NATIONALPARK *(3 Tage)*

Mombasa und die Badeorte der Küste liegen 157 km südöstlich des **Voi Gates**, Hauptzufahrt zum **Tsavo-Nationalpark** (Nairobi liegt 232 km nordwestlich), was den Park zu einem der meistbesuchten des Landes macht. Dennoch ist er vielleicht einer der ursprünglichsten geblieben. Der Park erstreckt sich auf einer Fläche von 21.812 qkm und ist praktisch unbewohnt, auch aufgrund der geringen Wasservorräte. Nach seiner Gründung im Jahr 1948 wurde der Park in zwei Sektoren geteilt, **Tsavo-East** (Voi Gate von der A109 aus, Mangani Gate von Nairobi und Tsavo-West kommend, Sala Gate von Mailindi aus) und **Tsavo-West** (Mtito Andei Gate von der A109 aus, Chyulo Gate oder Zigani Gate vom Amboseli-Park aus), die, obwohl sie nebeneinander liegen, völlig verschieden sind: Einer ist hauptsächlich durch halbwüstenartige Steppen bestimmt, der andere ist kleiner, vulkanisch und hügelig. Die beste Reisezeit für den Ostteil ist die Trockenzeit von Juni bis Oktober, und von Januar bis Februar bzw. von August bis Oktober für den Westteil. Obwohl sehr niederschlagsarm, wird der Tsavo-East von einigen Wasserläufen durchquert, die aber oft viele Monate lang nur Rinnsale sind. Eine der Routen, auf denen man die meisten Tiere zu Gesicht bekommt, folgt dem Flussbett des **Voi** vom gleichnamigen Gate aus bis Aruba Dam, einem Wasserloch, das Impalas, Zebras, Gazellen und eine seltene Löwenart ohne Mähne, die man nur hier sieht, anzieht. Ein Foto dieser Raubkatze hat Seltenheitswert. Wenn hier keine Tiere sind, fahren die Ranger meist weiter zum **Kanderi Swamp**, ein weiteres Wasserloch, an dem ziemlich sicher Tiere zu sehen sind. Neben dem Voi durchquert auch der **Galana** den Park, der zweite Fluss Kenias nach dem Tana, der an den Hängen des Kilimandscharos entspringt und nach 390 km nördlich von Malindi ins Meer mündet. Entlang des Weges kann man ein weiteres Naturschaupiel bewundern, die **Lugard Falls**, eine Vielzahl von Stromschnellen, die in einem schluchtartigen Gefälle zum Galana fließen, in dem es sogar Krokodile gibt. Eine Safari im Tsavaro-West-Nationalpark gestaltet sich

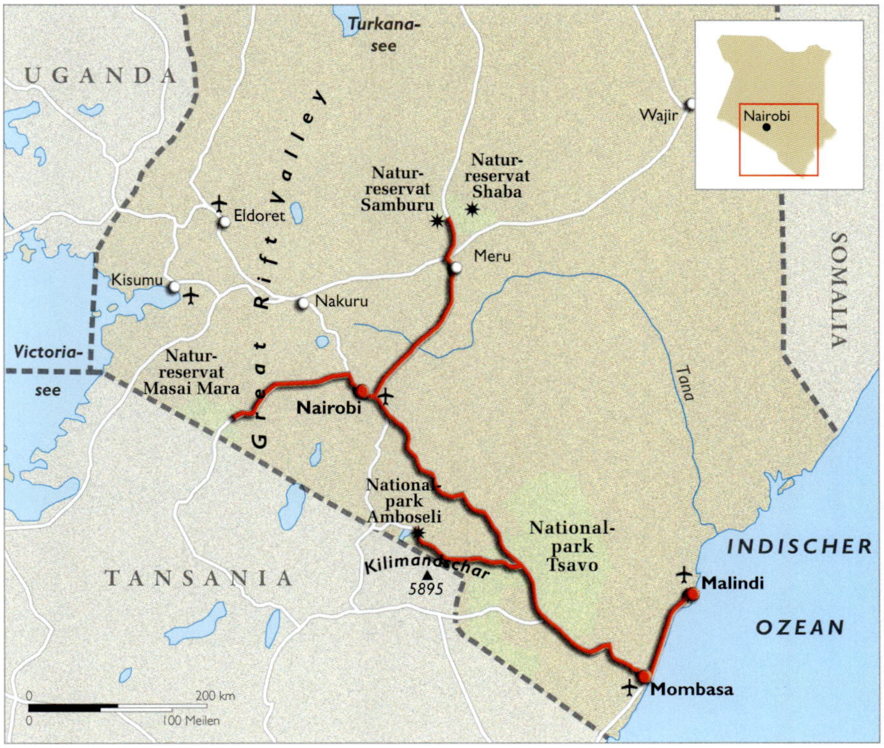

188 OBEN - EINE BÜFFELHERDE IM TSAVO-NATIONALPARK.

188 MITTE - DER KILIMANDSCHARO.

188 UNTEN UND 189 OBEN - TIERE AUF FREIER WILDBAHN.

189 UNTEN - MASSAI IM AMBOSELI-NATIONALPARK.

weit schwieriger, die Landschaft ist variationsreicher, es gibt Baobabwälder, Akazien und Hügellandschaften, deshalb erfordert es aufmerksame Beobachtung, um Tiere zu sichten. Dennoch werden die Erwartungen niemals enttäuscht: Mit dem Fernglas bewaffnet, erkennt man leicht Zebras, Elefanten, Büffel, Impalas, und im **Ngulia Rhino Sanctuary**, einem 1986 gegründeten Reservat innerhalb des Nationalparks, sieht man sogar seltene schwarze Rhinos, die trotz ihres Namens in Wahrheit grau, braun oder fast weiß sind. Vor der Gründung des Reservats gab es nur noch 10 Exemplare dieses großen Säugers, mittlerweile werden ca. 60 Exemplare gezählt, die 24 Stunden täglich zum Schutz vor Wilderern bewacht werden. Die **Ngulia Hills** sind der beste Platz auf Erden, um Millionen von Zugvögeln verschiedener Spezies im Oktober und November auf ihrer Reise zu beobachten: Von 1969 bis heute konnten dort über 100 Vogelarten klassifiziert werden. Eine sehenswerte Besonderheit des Parks sind die **Mzima Springs**, 48 km südwestlich des Mtito Andei Gates, eine Süßwasseroase, die aus mehreren Quellen besteht, die einen See speisen, in den ein Unterstand aus Glas eingebaut wurde, der es ermöglicht, die riesigen Labeo altivelis, karpfenähnliche Fische, und vor allem Flusspferde, die auf dem Grund des Sees umherlaufen, zu beobachten. Der **Shetani Lava Flow** ist ein Lavafluss, der vor ca. 200 Jahren südlich der **Chyulu Hills** erstarrte, von dem sich die Swahili erzählen, er sei durch den Kampf zweier Feuerteufel entstanden; daher kommt auch der Name: Shetani bedeutet „Teufel". Info: *www.kws.org/parks/parks_reserves/TWNP.html*

AMBOSELI-NATIONALPARK ***(2 Tage)***
Fünfzig Parks in einem Land ist viel, aber der eindrucksvolle Kilimandscharo am Horizont macht den **Amboseli-Nationalpark** zu einem unverzichtbaren Ziel für den, der auf Safari gehen möchte. Der Park liegt 230 km südlich von Nairobi auf einer Höhe zwischen 1000 und 1300 m, und seine Hauptzufahrt ist das **Namanga Gate** (wer vom Tsavo kommt, wird das Kimana Gate nehmen). Wenn die ganze Reise mit Inlandsflügen bestritten wird, landet man von Nairobi oder Mombasa in **Namanga**, und von dort erreicht man nach 5 Stunden Piste das gleichnamige Gate.

Der Park hat eine Oberfläche von 390 qkm, ein Tag wäre mehr als ausreichend, um die Hauptwege zu erkunden, aber der Tierreichtum und Schönheit der Landschaft rechtfertigen 2 Nächte in einer Lodge oder einem Camp im Inneren des Parks. Die weiten Ebenen, wegen der salzhaltigen Ascheschicht aus den früheren Eruptionen des Kilimandscharo immer staubig, sind das ideale Habitat hunderter Tierarten, darunter scheue und flinke Pflanzenfresser, wie Gnus, Zebras, Grant- und Thomsongazellen, Impalas und seit Kurzem auch Fleischfresser, mit wachsender Tendenz. Wenn man Glück hat, kann man deshalb Jagdszenen von Löwen, Geparden, Hyänen und Schakalen beobachten, vielleicht sogar am **Ol Okenya Swamp** oder am **Enkongo Narok Swamp**, zwei Wasserlöchern, die ihr Wasser aus unterirdischen Läufen mit Schmelzwasser des Kilimandscharo erhalten. Die beste Zeit für Tierbeobachtungen ist das Ende der Trockenzeit von Oktober bis November, wenn die Tiere zum Weiden die sumpfigen Ebenen durchwandern, sich Elefanten und Büffel im Schlamm wälzen, um ihre Haut vor Parasiten zu schützen. Zum Amboseli-Nationalpark kommt man gerade wegen der Elefanten, von denen es hier die eindrucksvollsten und ältesten Exemplare ganz Afrikas gibt. Dank des **Amboseli Elephant Research Projects**, das 1975 auf Initiative der Forscherin Cynthis F. Moss ins Leben gerufen wurde, blieben die Dickhäuter weitestgehend von Wilderern verschont. Zudem sind sie an die Anwesenheit von Jeeps und Menschen gewöhnt und betrachten Annährungen bis zu einem gewissen Punkt mit Desinteresse. Um das „Dach von Afrika" zu fotografieren, fährt man zum **Observation Hill**, 10 km östlich von **Ol Tukai**, und genießt vom Hügel aus den spektakulären Sonnenaufgang oder -untergang. Zumeist an dieser Stelle des Parks wird von den Rangern der jeweiligen Unterkunft, einfaches Camp oder Superluxuslodge, ein Picknick organisiert: Wenn man es am wenigsten erwartet, findet man einen Tisch mit Campingstühlen, Wein, vielleicht sogar von den südafrikanischen Winelands, Gin Tonic und Billtong (Trockenfleisch) vor. Alles vor einem Panorama, das man niemals vergessen wird. *Info: www.kws.org/parks/parks_reserves/ AMNP.html*

Nicht nur im Jeep

Wenn man die Anfänge der Safaris denkt, hat man die Bilder aus den alten Schwarzweiß-Filmen vor Augen, in denen Männer mit Tropenhelm und leider auch Gewehr bewaffnet durch die Savanne streifen. Obwohl man heute im Jeep und ohne Gewehr „auf Safari geht", wird in vielen Camps und Lodges das **Bush-Walking** *angeboten, bei dem man wie früher zu Fuß auf Beobachtungstour geht. Wer die Wildnis zum ersten Mal hautnah erlebt, sollte damit vielleicht noch ein wenig warten: Schutzlos durch das Gebüsch zu streifen, ist nicht jedermanns Sache. Auch wenn die erfahrenen Ranger für den Notfall Schusswaffen mit sich führen, ist man vor bösen Überraschungen nie gefeit. Besser, man geht kein Risiko ein. Wer dennoch auf der Suche nach dem besonderen Erlebnis ist, kann sich auf eine Ballonsafari begeben. Am häufigsten werden diese Ausflüge im Heißluftballon in den besseren Lodges im Masei Mara Nationalpark angeboten. Reservierungen können bei* **Mara Ballooning** (www.maraballooning.com) *angemeldet werden. In der Morgendämmerung aufzustehen, um sich in die klare Luft über der Savanne zu erheben, um das Erwachen der Wildnis von oben zu beobachten, ist eine traumhafte Erfahrung.*

MASAI MARA NATURRESERVAT *(3 Tage)*
Juli bis Oktober: Es ist diese Jahreszeit, in der im Naturparadies der **Masai Mara** alles passiert. Wer die jährliche Wanderung der Viehherden verfolgt, weiß das und steuert direkt das 168 km südlich vom Äquator gelegene Gebiet des **Naturreservats der Masei Mara** an. Während dieser vier Monate durchqueren Hunderttausende Gnus, Zebras, Gazellen und Antilopen die 1530 qkm Savanne, Hügelland und zahlreiche Wasserläufe, die alle im **Viktoriasee** zusammenfließen, um auf den weiten Ebenen der Masei Mara zu weiden. Die Durchquerung erfolgt in zwei Wellen: Die erste, weniger zahlreich, kommt aus den nördlichen Ebenen der Loita, die zweite, bekannt als „Große Wanderung", die um den Juli herum stattfindet, umfasst 1.300.000 Gnus und 250.000 Zebras, um nur die zahlenmäßig stärksten Vertreter zu nennen. Die Tiere laufen vom Instinkt getrieben alle in dieselbe Richtung, von der Serengeti Richtung Norden. Dabei müssen sie den größten Fluss des Reservats, den **Mara**, dessen Lauf im April und Mai durch die starken Regenfälle seinen Höchststand erreicht, durchqueren. Der Motor für diese Wanderung sind Weidegründe der Masai Mara, die sie im Oktober wieder Richtung Serengeti verlassen. Wenn die riesigen Huftierherden an den Fluss kommen, sind die Löwen und Krokodile schon da, um sich am reich gedeckten Gabentisch zu erfreuen. Das große Schlachten beginnt. Nicht selten entkommen einige Tiere mit knapper Not den Löwen am Ufer, nur um dann von den meterlangen Krokodilen in die Fluten gezogen zu werden. Dann, im September, wenn das große Spektakel vorüber ist und das Gras knapp wird, konzentriert sich das Schauspiel auf die Wasserlöcher, wie den **Musiara Swamp**, wo man täglich Löwen auf der Jagd erleben kann, die hier am zahlreichsten vorkommen. Insgesamt wurden 250 bis 300 Exemplare gezählt. Das Reservat wurde 1961 auf den Gebieten der Massai eingerichtet, denen es nach wie vor erlaubt ist, ihre Viehherden in bestimmten Gebieten weiden zu lassen. Das Territorium ist Teil des Ökosystems **Ngogongoro-Serengeti**, dessen größter Teil in Tansania liegt und aus drei unterschiedlichen Bereichen besteht: das südöstliche Gebiet von den Flüssen Mara und Talek bis zu den **Ngama Hills**, das am meisten frequentiert wird, der Zentralbereich zwischen den beiden Wasserläufen, und der westliche, vom Oloololo Escarpment und dem Mara begrenzte Teil, auch bekannt als **Mara Triangle**. Wer noch nicht alle Tiere der „Big Five" (Löwen, Leoparden, Elefanten, Nashörner und Büffel) gesehen hat, wird hier sicherlich erfolgreich sein.
Info: www.maasaimara.com

Übernachten

€€€€€ Finch Hatton's Finch Hatton's (Tsavo-Nationalpark-West). Der Name ruft die Atmosphäre aus Karen Blixens Jenseits von Afrika in Erinnerung: Finch Hatton war der Name des englischen Aristokraten, der die letzten Jahre seines Lebens zusammen mit der Schriftstellerin in der Savanne Kenias verbrachte. Die Suiten sind Pfahlbauten mitten im Grünen, das Restaurant ist vom Feinsten, ebenso wie die Weinkarte. *Info: Tel. 254.20.3577500, www.finchhattons.com*
€€€€€ Setao Elerai Amboseli (Amboseli-Nationalpark). 5 Suiten und 9 Zelte mit Blick auf den Kilimandscharo. Vor dem Camp werden häufig Giraffen und andere Huftiere gesichtet. *Info: Tel. 254.20.3577500, www.sataoelerai.com*
€€€€€ Cottar's Safari Camp (Masai Mara Naturreservat). Lodge im Kolonialstil mit 8 Zelten, die den Komfort eines Grandhotels bieten: Jahrgangsweine, Champagner, Massagen, Jeep-Ausflüge und ein entspannendes Bad in einer Messingwanne mitten in der Natur. *Info: Tel. 1.505.7957710, www.cottars.com*
€€€€ Galdessa Camp (Tsavo-Nationalpark-East). Auf der Hochebene von Yatta, am Flusslauf des Galana, 11 Bungalows im Hauptcamp und 3 im

190 OBEN - EINE SAFARI IN DER MASAI MARA.

190 UNTEN - GNUHERDE IN DER MASAI MARA.

Privatcamp mit eigenem Speisezimmer, alle im Ethnostil eingerichtet. Mit ein wenig Glück hört man die Nashörner vom eigenen Zelt aus. *Info: Tel. 254.20.7123156, www.galdessa.com*

€€€€ Karen Blixen Cottage (Nairobi). In diesem 1910 erbauten Haus lebte die dänische Schriftstellerin lange Zeit. Heute ist es ein kleines Hotel mit Kolonialstil-Ausstattung. Auf dem Anwesen gibt es auch ein Karen-Blixen-Museum, täglich von 9.30 bis 18 Uhr geöffnet. *Info: 336 Karen Road, Tel. 254.20.882138, www.karenblixencoffeegarden.com*

€€€ Voyager Beach Resort (Mombasa). Nur 7 km vom Zentrum entfernt, zweistöckige Bungalows im Palmengarten, einige Zimmer im Haupthaus mit Meerblick. Zahlreiche Wassersportmöglichkeiten und Tauchkurse. *Info: Mount Kenya Road, Nyali Beach, Tel. 254.11.475114, www.hotelsone.com*

Wichtiger Hinweis:
Die Preise der Lodges und Camps sind immer pro Person im Doppelzimmer und all inclusiv *(alle Mahlzeiten und 2 Ausflüge täglich). Die Unterkünfte in Nairobi und Mombasa enthalten nur Übernachtung und Frühstück.*

Essen

€€€€ Tamarind (Nairobi). Dieses Restaurant hat den Ruf, das beste der Stadt zu sein. Ungeachtet seiner Lage – es befindet sich im Gebäude der Nationalbank – ist die Atmosphäre gemütlich und anheimelnd. Es gibt Fisch und Meeresfrüchte nach Rezepten der Swahili, aber auch europäisch oder ostafrikanisch zubereitet. *Info: Harambee Avenue, Tel. 254.20.225181, www.tamarind.co.ke*

€€€ Shehnai (Mombasa). In diesem Restaurant im Hotel Polana genießen sie eine indisch-swahili geprägte Fusion-Küche. Zu den Spezialitäten gehört Fischcurry mit Gemüse in Kokossoße. *Info: Maungano Road, City Centre, Fatemi House, Tel. 254.41.2224801, www.restaurantshehnai.com*

Weitere Informationen: www.fremdenverkehrsbuero.info/international/fremdenverkehrsamt-kenia.html, www.magical-kenya.de

Der Kilimandscharo

Er ist die Ikone Afrikas, riesengroß, erhaben und schneebedeckt, wie einst schon Ernest Hemingway feststellte, der den Berg im Titel seines Kurzgeschichten-Bandes Schnee auf dem Kilimandscharo *verewigte. Der höchste Berg Afrikas (5895 m) wurde vom deutschen Missionar Johannes Rebmann im Jahr 1848 erstmals beschrieben, obwohl der den Gipfel niemals erklomm. Trotz seiner Aufzeichnungen hielt man es jahrzehntelang für unwahrscheinlich, dass ein Berg, der so nah am Äquator liegt, ganzjährig mit Schnee bedeckt ist. Der erste, der den Berg 1889 bestieg, war ein anderer Deutscher: Hans Meyer. Seitdem finden jährlich 120.000 Exkursionen auf den Berg statt, aber den Gipfel* ***Uhuru Peak*** *erreichen tatsächlich nur 7000 davon. Die Hauptschwierigkeiten liegen nicht in der Höhe, sondern in der Organisation des Aufstiegs: Im Gegensatz zum Mont Blanc beispielsweise muss man hier zahlreiche Genehmigungen (gegen Gebühr, versteht sich) einholen, Bergführer und Träger sowie die richtige von den acht möglichen Touren sorgfältig auswählen. Die leichteste ist die* ***Marangu Route****, bei der man den Aufstieg in 5 Tagen bewältigt: Die erste Etappe beginnt am* ***Marangu Gate****, um nach 4 Stunden und Überwindung von 750 Höhenmetern* ***Mandara Hut*** *zu erreichen, wo man in 2750 m Höhe die sagenhaft Natur aus Kautschukbäumen, Lianen, Farnen und Orchideen, blauen Affen und bunten Vögeln genießen kann.*

191 OBEN - EIN MASSAI-DORF AUS DER LUFT GESEHEN.

191 UNTEN - MASSAI BEIM HÜTEN IHRER HERDE.

Sansibar – Inseln und Naturpark-Safari – *Tansania*

Tropische Inseln, Korallenriffs, Traumstrände, Fischerdörfer und Kolonialstädte, aber auch viel unberührte Natur in Form der endlosen Savannen des Serengeti-Nationalparks, des immensen Ngorongoro-Kraters, des reißenden Flusses Rufiji, des wichtigsten Wasserlaufs des größten Naturreservats Afrikas, des Wildreservats Selous. Das ist Tansania, das 1964 durch die Vereinigung des ehemaligen Tanganjikas (das heutige Festlandgebiet Tansanias) und Sansibars, des Inselarchipels vor der Küste, entstand.

Um so ein großes Land wie Tansania zu besuchen, genau genommen 947.300 qkm, reicht eine Woche sicherlich nicht aus. Auch weil einen – nachdem man die „große Wanderung" der Gnus in der **Serengeti** oder einen Sonnenuntergang am **Ngorongoro-Krater** gesehen hat oder von Fischschwärmen in den tropischen Gewässern von **Sansibar** umzingelt gewesen ist – die unwiderrufliche chronische Sehnsucht nach Afrika gepackt hat, die einen zur Rückkehr, wenn nicht sogar zum Bleiben verleitet. Aber nach drei Tagen am Meer und vier in der unberührten Natur hat man sich zumindest einen Eindruck verschafft. Es ist ratsam, sich zuerst der Erholungsphase zu widmen, bevor man sich dem „harten" Leben der Safaris zuwendet. Man nimmt einen Flug nach Dar Es Salaam (der Flughafen liegt 30 Minuten von der Anlegestelle entfernt) oder direkt nach Sansibar, wo man die ersten drei Tage in einem komfortablen Resort verbringt. Zwischen Strand und Massage besichtigt man Fischerdörfer wie Ras Michamvi und den Gewürzmarkt in Stone Town, oder man vergnügt sich damit, einige der über 40 Inseln zu entdecken, die die beiden Hauptinseln **Unguja** und **Pemba** umgeben, die ca. 50 km auseinander und 40 km vom Festland entfernt liegen. Man erreicht sie nach einer 90-minüten Fahrt im Tragflächenboot. Nach dem Badeaufenthalt fährt man direkt in den Süden in die Savanne von Selous, das größte Wildreservat des Landes. Hier begibt man sich auf die Fährte von Löwen, Huftieren, Krokodilen, Flusspferden und Fischadlern. Dann wechselt man die Umgebung und taucht in Realität der Serengeti ein, des Nationalparks im Norden Tansanias, der sich über die Ebene zwischen Viktoriasee und der Grenze zu Kenia erstreckt.

Fortbewegung: *Von Europa aus gibt es mehrmals wöchentlich Flüge nach Tansania, allerdings kaum Direktflüge, deshalb muss man mit einer Reisezeit von mindestens 10 Stunden rechnen. Der Hauptflughafen für*

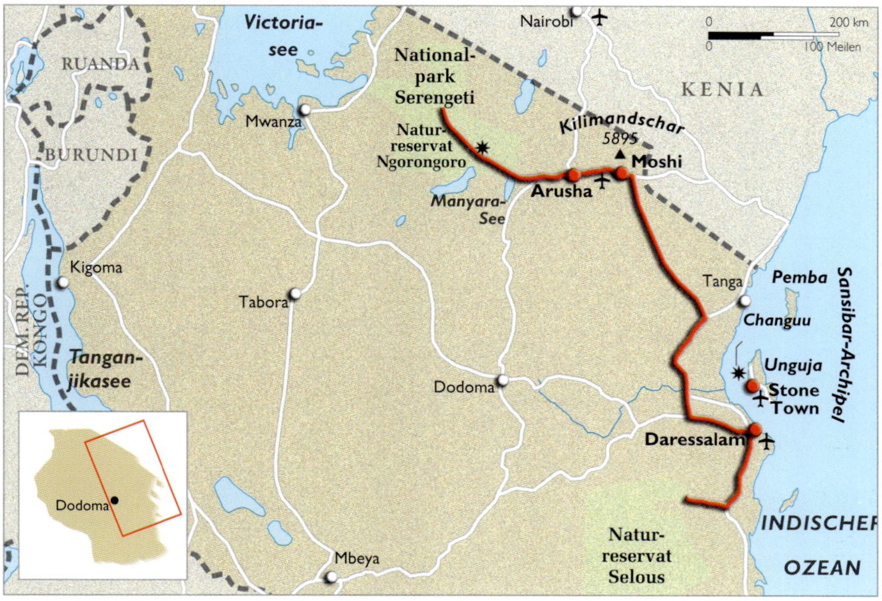

die Landung ist der Julius Nyerere International Airport von Dar Es Salaam, mit dem Taxi sind es 20 Minuten bis zum Stadtzentrum (es gibt auch eine öffentliche Busverbindung). Alternativ fliegt man zum Kisauni Airport auf der Insel Unguja. Von Dar Es Salaam nimmt man eine der Fähren nach Sansibar (Fast Ferries, www.fastferriestz.com), *die täglich in 90 Minuten nach Sansibar fahren. Nach einigen Tagen Erholung auf Sansibar kann man mit einem Privatflug von 90 Minuten direkt in der Savanne von Selous landen oder mit dem Auto von der Hauptstadt 200 km in westlicher Richtung über Land fahren. Zum Serengeti-Nationalpark an der nördlichen Landesgrenze nimmt von von Dar Es Salaam einen Linienflug nach Arusha (350 km vom der südlichen Einfahrt des Parks entfernt). Von dort chartert man ein Privatflugzeug zur Piste von Seronera im Zentrum des Parks oder zur Piste von Kogatende im äußersten Norden, je nachdem, wo man untergebracht ist oder abgeholt wird. In diesem Fall geht die Reise zur nächstgelegenen Einfahrt, dem Nabby Hills Gate, von dort fährt man auf der B144, der einzigen Straße, die die Serengeti durchquert, bis zum Ngorongoro-Krater. Man kann sich am Flughafen von Dar Es Salaam ein Auto bei Avis* (www.avis.de/Autovermietung/Afrika/Tansania/-Daresalaam/Dar-Es-Salaam) *oder Tanzania Rent-a-Car* (www.xcarrentals.com) *mieten, aber man sollte vorher wissen, dass die Straßen enorme Schlaglöcher haben und Tiere aller Art plötzlich auf die Straße springen. Um die Rückreise in die Hauptstadt oder nach Sansibar zu vermeiden, kann man vom internationalen Flughafen von Moshi am Kilimandscharo aus die Heimreise antreten.*

Währung: *Die offizielle Währung Tansanias ist der Tansania-Schilling (TSH).*

SANSIBAR-ARCHIPEL ***(3 Tage)***

Die beste Weise, nach Sansibar zu kommen, wäre an Bord einer Dhau, einem der traditionellen Frachtboote, die schon seit uralten Zeiten (4000 v. Chr.) auf dem Archipel benutzt werden. Ein Holzsegelboot, bei dem die Takelage bei jeder Welle kracht auf den 40 km, die Unguja und Pemba trennen, die beiden Hauptinseln vor der Küste Tansanias. 6 Grad unter dem Äquator und auf den Handelsrouten zwischen Kontinentalafrika und dem Orient gelegen, war Sansibar ein blühendes, kosmopolitisches Zentrum, hauptsächlich aufgrund des Seehandels. Der ideale Startpunkt zur Erkundung **Ungujas**, der größten Insel (85 km lang und zwischen 20 und 30 km breit) ist **Stone Town**, die Hauptstadt, die jeden Besucher mit dem Duft orientalischer Gewürzen empfängt. Untertags verliert man sich in den Gassen und in der fröhlichen Menge, die den Markt bevölkert, und abends auf den Wegen der **Foradhani Gardens** *(Mizingani Road, Öffnungszeiten 9 Uhr bis spät nachts)*, wo einst die Sklaven abgeladen wurden, bevor man sie verkaufte. Heute werden dort Früchte und allerlei Spezialitäten angeboten. Die Gärten sind von der Uferpromenade, der **Arabischen Festung**, die auf das Jahr 1698 zurückgeht, und dem **House of Wonders** begrenzt, das 1883 unter der Herrschaft von Sultan Seyyid Barghash bin Said erbaut wurde und seit 2000 Sitz des **Nationalmuseums von Sansibar** ist *(Makumbusho Kuu, Öffnungszeiten 9–18 Uhr)*. Während des Museumsbesuchs kann man sich einen Überblick über die Geschichte des Archipels machen, das immer im Zentrum Tausender wirtschaftlicher und politischer Interessen verschiedener Völker stand: Portugiesen,

192-193 - Luftansicht von Stone Town.

193 oben - Die arabische Festung von Stone Town.

193 unten - Das House of Wonders in Stone Town.

Omaniten (deren Macht von 1784 bis 1963 andauerte), Jemeniten, Inder, Engländer, die sich über die Jahrhundere anschickten, die Herrschaft über die Bantuvölker aus Zentralafrika zu übernehmen, Shirazi, Perser, alle hinterließen ihre Spuren auf den ursprünglich von den Bantustämmen Hadimu und Tumbatu besiedelten Inseln. In Stone Town erzählen auch die Haustüren von der Vergangenheit, die je nach Dekor und Größe Auskunft über den sozialen Status der Bewohner gaben. Der große Entdecker Sir Richard Francis Burton (1821–1890) lebte in Sansibar, bevor er sich auf die Suche nach den Quellen des Nils machte, und wurde nicht müde, zu erzählen, dass hier Würde und Rang des Hausherrn mit der Größe seiner Haustür zusammenhingen. Um sich eine Vorstellung davon zu machen, kann man die **Suicide Alley** (Selbstmord-Allee), südlich des **Kelele Squares**, entlanglaufen, um sich die Tür des **Tippu Tip's House** anzusehen, das mit einer schwarz-weißen Marmortreppe versehen ist, die ein gewisser Hamed bin Muhammed al-Murjebi (der wegen eines Ticks den Spitznamen Tippu Tip erhielt) in Auftrag gab, ein skrupelloser Sklavenhändler, der Mitte des 19. Jh. ganze Sklavenkarawanen rücksichtslos verhökerte. Heute ist das Haus in Privatbesitz, aber gegen ein kleines Trinkgeld kann man den Innenhof besichtigen und vielleicht auch die Geschichte über die Geister der Sklaven hören, die das Haus heimsuchten. Weiter die Straße runter kommt man an einen kleinen Platz, an dem sich ein altes Gebäude befindet, dessen Tür mit Intarsien und Messingbeschlägen verziert ist: das **Africa House Hotel** *(Shangani, www.africahouse-hotel.com)*. 1888 erbaut, war das Gebäude jahrzehntelang der Sitz des exklusivsten englischen Clubs Ostafrikas. Heute ist es ein Charm-Hotel mit Bar und Terrasse, die auch für Nicht-Hotelgäste geöffnet sind; einen Tee oder Gin-Tonic auf der Terrasse mit Blick auf die Stadt sollte man sich gönnen.

Die Hauptstadt hinter sich lassend, entdeckt man die weiteren Gesichter der Insel: Felder mit Gewürznelken-Bäumen (Karafuu) und ca. 50 weiteren Gewürz- und Fruchtsorten, wie Muskatnuss, Vanille, Ylang-Ylang, Kaffee, Kardamom, Tamarinde, Maracuja, Bananen, Ananas, Guave und Kokosnuss. Wer sich für Gewürze interessiert, kann eine Tour bei

Eco & Culture Tours *(www.ecoculture-zanzibar.org)* buchen, die einen halben Tag lang über Dörfer und Plantagen führt und mit einem Bad in den **Thermen von Kidichi** (1 km nördlich von Kibwenii) endet, die Sultan Seyyd Said 1850 mit eleganten Stuckverzierungen erbauen ließ. Dann gibt es noch das Sansibar der sonnigen Ebenen, aufgelockert durch eindrucksvolle Baobabs, der ruhigen Bauerndörfer, der Fischer, deren Tagesablauf von den Fahrten Amit ihren Auslegerbooten (Ngalawa) bestimmt ist, und der üppigen Wälder, wie die des **Nationalparks Jozani-Chwaka Bay** *(Öffnungszeiten 7.30–17 Uhr)*. Dieses Naturschutzgebiet befindet sich 38 km südöstlich von Stone Town nach dem Dorf Pete, und bietet einen Überblick über die tropische Flora und Fauna Sansibars mit Sykes-Affen-Kolonien und Suni-Antilopen. Wer sich mehr für die Unterwasserwelt interessiert, der kann in nur 13 km Entfernung von der Südostküste um die kleine Insel **Pungume** schnorcheln und dann mit dem Boot, auf der Suche nach Delfinen, Kurs auf den Ort **Kizimkazi** nehmen *(www.karambaresort.com)*.
Schnorcheln und Tauchen kann man am besten auf der Insel **Pemba**. Die Insel ist kleiner als Unguja (58 km x 22 km), hügelig, mit einer in tausend kleine Inseln zerklüftete Küste, die fast vollständig von Korallenriffs, Mangroven und Atollen umgeben ist. Die zahlreichen Unterwasserschluchten, die eine Tiefe bis zu 1000 m erreichen können, bieten Lebensraum für ganze Schwärme von Doktorfischen, Barrakudas, Thunfischen, Hechten und riesigen Zackenbarschen. Entlang des Riffs vor dem Dorf **Ras Kigomasha** beispielsweise gibt es große Korallenbänke, in denen sich Engels-, Schmetterlings-, Papageien- und Kugelfische verbergen. Ausgedehntere Tauchgänge können vor der kleinen Insel **Njao** stattfinden, wo sich ab einer Tiefe von 40 m das Reich der Mantas eröffnet. Auf der Insel gibt es zahlreiche Tauchschulen, darunter die **Swahili Divers** *(www.swahili-divers.com)*, die Schnellboote und gut ausgerüstete Dhaus abieten können.
Auf dem Festland versteht man, warum Pemba den arabischen Beinamen Jazira al Khundra, „grüne Insel", hat: Dank der größeren Niederschlagsmenge ist die Vegetation der Insel gegenüber Unguja wesentlich üppiger, deshalb konzentriert man sich hier mehr auf die Landwirtschaft als auf

Von Sansibar auf die Insel Changuu

Der Name ist nicht sehr einladend (Changuu Island bedeutet Insel der Gefangenen), und erblickt man sie am Horizont, sieht man nur einen schmalen Sandstreifen (1000 m lang und 500 m breit), aber ein Ausflug, auch nur ein paar Stunden lang, kann eine angenehme Abwechslung sein. 5 km nordwestlich von Stone Town erstreckt sich der schöne Strand der Insel ***Changuu*** *mit einem Riff, das ideal zum Schnorcheln ist, mit einzigartigen Wasserpflanzen. Auf der Insel lebt eine Herde Suni-Antilopen und eine Kolonie Riesenschildkröten, was den Ausflug zu einer kleinen Safari macht. Nachdem man die Reste dessen, was einmal ein Sklavengefängnis hätte werden sollen, besichtigt hat, kann man sich in* ***Matthew's Restaurant*** *mit lokalen Spezialitäten stärken. Wer Lust hat, kann auch eine Nacht im* ***Private Island Paradise Changuu*** (www.privateislands-zanzibar.com) *verbringen, zu dem Matthew's Restaurant gehört und das über ein Dutzend Cottages in traditionellem Stil verfügt – in einem Dorf, das die Engländer als Quarantäne-Einrichtung für die an Gelbfieber Erkrankten Ende des 19. Jh. erbauten* (www.africanspicesafaris.com; *hier kann man einen Halbtagesausflug mit Transfer, Schnorcheln, einem Früchtesnack und Besuch der Gefängnisruine buchen).*

194 OBEN - EIN ANTIKES TOR IN STONE TOWN.
194 UNTEN - DIE UFERPROMENADE VON STONE TOWN.
195 OBEN - EIN STRAND IN UNGUJA.
195 UNTEN - KAYAK AUF DER INSEL PEMBA.

den Fischfang. Aus der unbelasteten Natur des **Ngezi Forest Reserves** stammen 80 % der gesamten Nelkenproduktion des Archipels *(Info: www.zanzinet.org/zanzibar/nature/ngezi.html)*.

NATURRESERVAT SELOUS *(2 Tage)*
Es handelt sich um das größte Naturschutzgebiet Afrikas und gehört sicherlich zu den größten der Welt, auch wenn es nicht so bekannt ist, ein Grund mehr, das Naturreservat Selous zu besuchen *(www.gamereserve.com/tanzania_selous_gr.html)*. Ein Grund für seinen geringeren Bekanntheitsgrad ist auch, dass von seiner Gesamtfläche von 55.000 qkm (5 % von Tansania, viermal so groß wie die Serengeti und doppelt so groß wie Belgien) nur 20 % für Safaris zugänglich sind. Der Rest

ist zwischen Juli und Dezember immer noch Jagdgebiet, und deshalb gibt es nur zwei Zufahrten: **Mtemere Gate** im Süden und **Matambwe Gate** im Nordosten. Wie in allen afrikanischen Naturparks gibt es keine Alleingänge: Wer den Park besucht, hat den Aufenthalt in einer Lodge oder einem Camp gebucht, die Komplettpakete anbieten, inklusive Tranfer und Safaris. Im Selous gibt es ein Dutzend Unterkünfte, die meisten um die spektakuläre **Stiegler-Schlucht**, ein ca. 100 m tiefer Canyon von ebensolcher Breite im äußersten Norden des Reservats, am Flusslauf des **Rufiji**. Der Rufiji ist er eindrucksvollste Fluss Ostafrikas, der vom Tanganikasee bis zum Indischen Ozean fließt, in den er in einem Delta vor der Insel **Mafia** mündet, wobei sich sein braunes Wasser mit dem Blau

des Ozeans vermischt. Das Delta bietet vielen Vogelarten eine Heimat, auch Delfine wurden dort schon gesichtet. Auch im Selous sind es diese „Feuchtgebiete", die die Hauptattraktion des Parks ausmachen, weil sich hier die Tiere der ansonsten trockenen Savanne versammeln, wie am **Lake Manze Camp** in der Nähe des gleichnamigen Sees, auf dem auch Bootsafaris möglich sind. Hier einige Rekordzahlen des Parks: 2100 Pflanzenarten, 350 Vogelarten, 60.000 Elefanten (die Hälfte des Gesamtbestands des Landes), 180.000 Büffel, 1300 Afrikanische Wildhunde, deren weltweiter Bestand auf 4000 Exemplare geschätzt wird, ca. 30 Säugetierarten und Tansanias letzte Exemplare des schwarzen Nashorns (Spitzmaulnashorns). Entgegen aller Vermutungen sind hier die Tiere in der Trockenzeit von Juni bis Oktober zu sehen, auch Krokodile und Flusspferde, während in der Regenzeit von April bis Juni die Wege unpassierbar und die Camps geschlossen sind. Wer selbst anreist, muss folgende Regeln unbedingt beachten: innerhalb des Parks dürfen maximal 40 km/h gefahren werden, ohne Begleitung eines Rangers darf weder von den vorgegebenen Wegen abgewichen noch aus dem Fahrzeug ausgestiegen werden. Es gibt fast nur Pisten, und die Entfernungen erscheinen kurz, aber selbst 30 bis 40 km können endlos werden, weil man sich durch die schlechte Beschilderung leicht verfährt und die Pisten teilweise in sehr schlechtem Zustand sind. Fragen Sie bei Reservierung der Unterkunft immer, welche Einfahrt sie nehmen müssen, um Umwege zu vermeiden. Wer das Camp nicht vor Einbruch der Dunkelheit erreicht, muss alleine in der Savanne übernachten. Alternativ kann man auch in einer der Unterkünfte in der Nähe des Parks übernachten, die im Allgemeinen preiswerter sind, was aber auch jedesmal mit langen Anfahrten verbunden ist.

196 - Geparden, Flusspferde, Büffel und Zebras sind Teil der reichen Fauna des Naturreservats Selous.

197 oben - Ein Löwe im Naturreservat Selous.

197 mitte - Ein Camp in der Nähe des Naturreservats Selous.

197 unten - Eine Safari an Bord eines Boots auf dem Rufiji im Naturreservat Selous.

SERENGETI-NATIONALPARK UND NATURRESERVAT NGORONGORO
(2 Tage)
In der Sprache der Massai bedeutet Maa Siringhet „große Ebene", woraus sich der Name des **Serengeti-Nationalparks** ableitet *(www.tanzaniaparks.com/serengeti.html)*. Die Landschaft ist in der Tat von weiten Savannen geprägt, nur hie und da von Felsformationen unterbrochen, in denen Zebras, Gazellen, Giraffen, Antilopen und die Gnus heimisch sind, die zwischen Dezember und Juli während der „großen Wanderung" zu Tausenden zu den Weiden der Masai Mara nach Kenia ziehen. Daneben sind in der Serengeti auch 25 verschiedene Raubtierarten beheimatet, wie Löwen, Geparde, Leoparden, Hyänen und Schakale; damit weist sie in Relation zu ihrer Größe von 14.763 qkm weltweit den höchsten Tierreichtum auf. 1921 als Jagdrevier gegründet, wurde die Serengeti 1951, als einige Tierarten bereits kurz vor der Ausrottung standen, zum Naturschutzgebiet und 1981 zum Weltnaturerbe erklärt.

Um die Gnuherden zu sehen, sind zwischen Dezember und April die Camps bei **Seronera** am besten; hier befinden sich auch die Touristenbüros, die alle notwendigen Informationen bereitstellen. Wie in allen Naturparks ist man auch hier mit einem Guide besser beraten *(Reservierungen von Unterkünften und Guides bei der Parkverwaltung neben dem Tourism Warden, www.serengeti.org)*. Von Mai bis Juni durchqueren die riesigen Gnuherden den **Grumeti River** im westlichen Korridor (**Western Corridor**) des Parks. Besonders eindrucksvoll ist die Beobachtung dieses Spektakels aus 500 bis 1000 m Höhe an Bord eines Heißluftballons; die Ballonfahrt kann man im Voraus bei **Serengeti Balloon Safaris** *(www.balloonsafaris.com)* buchen.
Um mehr über Kultur und Lebensstil der Massai zu erfahren, eignet sich die Gegend um **Loliondo** am besten, das sich gleich hinter der Nordostgrenze des Parks befindet, wo auch themenbezoge Exkursionen organisiert werden.
Im Süden grenzt der Park an die **Ngorongoro Conservation Area**, ein 8.200 qkm großes Gebiet um den Krater, das wegen seiner einmaligen Ökosysteme zum besonderen Schutzgebiet erklärt wurde. Im Westen befinden sich die **Salzseen Ndutu und Masek**, besonders zur Tierbeobachtung geeignet, und im Zentralbereich der **Olduvai Gorge**, eine ca. 50 km lange Schlucht von 90 m Tiefe, die für ihre Fossilien bekannt ist, die hier zahlreich gefunden wurden, darunter auch die Überreste des *Australopithecus boisei*, ein menschlicher Vorfahr aus dem Pliozän, der in die Geschichte der Paläontologie einging. Die Hauptattraktion des Gebiets ist jedoch der **Ngorogoro-Krater** selbst, eine der meist fotografierten Landschaften Tansanias, der vor 2,5 Millionen Jahren durch einen gewaltigen Vulkaneinbruch entstand. Seine beeindruckende Größe, die im Durchmesser ca. 20 km beträgt, macht ihn zu einem der größten Krater der Erde. Ein afrikanisches Paradies, ganzjährig wasserreich und von zahlreichen Tierarten bevölkert, darunter Elefanten, Leoparden, Löwen, Büffel, Zebras, Gnus und einige seltene Exemplare des Spitzmaulnashorns. Der **Salzsee Magadi** am Grund des Kraters zieht zeitweise Scharen von rosa Flamingos an, die hier im Krater Rast machen. Ein unvergleichliches Szenario, nicht nur für Vogelliebhaber *(Informationen zu Exkursionen und Guides: www.ngorongorocrater.org)*.

Übernachten

€€€€€ The Selous Safari Camp (Naturreservat Selous). Am Ufer des Rufiji, 13 Luxuszelte im Kolonialstil, mitten in der vielfältigen Flora und Fauna. Es werden auch Bootsafaris und Wanderungen angeboten. *Info: The Selous Safari Company, Tel. 022.212848, www.selous.com*
€€€€€ Sanctuary Kusini Camp (Serengeti-Nationalpark). Das einzige feste Zeltlager im südlichen Teil der Serengeti. Es verfügt über 12 spartanisch eingerichtete, aber gemütliche Zelte, mit eigenem Bad im Freien und Veranda, von der man zur richtigen Jahreszeit die Gnuherden auf ihrer Wanderung beobachten kann. Es gibt sogar eine kleine Bibliothek mit Büchern und Fotos von der Natur Tansanias. *Info: Tel. 020.71907728, www.sanctuaryretreats.com*
€€€€€ Ngorongoro Crater Lodge

(Naturreservat Ngorongoro). Drei unterschiedliche Camps am Rande des Kraters, von Ethno bis Luxus mit Kristalllüstern, Spiegel und Stuck ist alles geboten. Wer in einer Suite übernachtet, hat sogar einen eigenen Butler. *Info: Tel. 027.118094314, www.ngorongorocrater.com*

€€€€ The Residence (Sansibar). Eines der neueren Resorts von Sansibar mit 66 Villen am Meer, Restaurant und Spa, die Ausstattung ist in einer Art modernem Kolonialstil. 50 Minuten von Stone Town entfernt an einem 2 km langen Sandstrand an der Südwestküste von Unguja, in der Nähe des Dorfes Kizimkazi, das berühmt für seine Delfine ist. *Info: Mchamgamle, Kizimkazi, Tel. 024.5555000, www.theresidence.com/zanzibar*

€€ Mediterraneo Hotel & Restaurant (Dar Es Saalam). An der Bucht, wenige Minuten vom Zentrum entfernt, liegt dieses italienische Hotel, mitten in einem tropischen Garten mit Pool, 10 m vom Strand entfernt. Hier wird italienisch gesprochen und gekocht, aber es gibt auch lokale Spezialitäten. *Info: Tel. 022.2618359, www.mediterraneotanzania.com*

Wichtiger Hinweis:
Die Preise der Lodges und Camps sind immer pro Person im Doppelzimmer und all inclusive (3 Mahlzeiten und 1 Jeep-Safari täglich). Die Preise der Unterkünfte in Sansibar basieren auf Halbpension.

Essen

€€ The Baraza Bar & Grill (Dar Es Saalam). Im Hotel Holiday Inn, sehr schön afrikanisch eingerichtet mit Intarsien-verzierten Holztüren aus Sansibar. Während man die Swahili-Spezialitäten wie Sambusa und Mishkaki genießt, genießt man auch den Ausblick auf den Botanischen Garten. *Info: Garden Avenue, Holiday Inn, Tel. 022.2137575, www.holidayinn.com*

€ Sweet Eazy (Dar Es Saalam). Ein Lokal, in dem man mit der Happy Hour (17–19 Uhr) beginnt, um sich danach von der Fusion-Küche mit Einflüssen der Gastronomie des Indischen Ozeans überraschen zu lassen. Später tanzt man zu Livemusik von den besten Bands Ostafrikas. *Info: Oysterbay Shopping Center, Ghuba Road, Tel. 075.5754074, www.sweeteazy.com*

€ Moonsoon Restaurant (Stone Town, Sansibar). Cassava, Mangochutney, Hummus, schwarze Bohnensuppe, aber auch Langusten, Gambas, Thunfisch und Kalamari vom Grill. Eine gute Mischung aus Swahili-Küche und Meeresfrüchten, begleitet von den Rhythmen einheimischer Musik. *Info: Forodhani Gardens, im Tunnel Building, Tel. 077.7410410, www.moonsoon-zanzibar.com*

€ Mtoni Marine (Mtoni, Sansibar). 4 km von Stone Town entfernt, eine Pension mit ca. 40 Zimmern und drei Restaurants am Meer, eines mit lokaler Küche und Möglichkeit, bei Kerzenlicht am Strand zu sitzen. Wer die romantische Atmosphäre sucht, ist hier richtig (Reservierung empfohlen). *Info: Tel. 024.2250140, www.mtoni.com.*

Weitere Informationen und Safari-Buchungen: www.tanzaniatouristboard.com, www.zanzibar.net, www.tanzaniaparks.com, www.tansania.de

198 OBEN - EINE SAFARI IN DER NÄHE DES MANYARASEES.

198 MITTE - EINE LUXUS-LODGE IN DER SERENGETI.

198 UNTEN - EINE LODGE AM NGORONGORO-KRATER.

198-199 - DIE WEITE EBENE DER SERENGETI.

Kapstadt und der Krüger-Park – *Südafrika*

Nach Kapstadt fährt man wegen der Atmosphäre einer Metropole am Ende der Welt und des Ausflugs zum berühmtesten Kap des Kontinents, in den Krüger-Park wegen der Safari auf den Spuren der Big Five (Löwen, Elefanten, Nashörner, Büffel und Leoparden).

Am Anfang waren das Victoria- und das Alfred-Becken, die beiden Hafenbecken in Kapstadt aus dem 19. Jh., die dort erbaut wurden, wo 1652 die Kolonisierung Australafrikas begann, später kam das Duncan Dock, die Hafenerweiterung. Aber dann wurde der Hafen während der Zeit der Apartheid boykottiert und verfiel immer mehr. Heute ist daraus die **Victoria & Albert Waterfront** (kurz: V&A Waterfront) geworden. Dennoch bleibt der abgeflachte **Tafelberg**, der den Horizont der Stadt prägt, das Symbol Kapstadts, der südlichsten Stadt Afrikas. Wer diese Stadt besucht, macht unweigerlich auch einen Ausflug zum **Kap der Guten Hoffnung** (nicht zu verwechseln mit dem **Kastell der Guten Hoffnung**, das sich in der Stadt befindet). In Kapstadt liegt auch **Bo-Kaap**, das malaysische Viertel mit pastellfarbenen Häusern, der belebten **Long Street** und einem Hotel, dass man getrost als Quintessenz des Luxus bezeichnen kann: das historische **Mount Nelson**, wo auch heute noch jeden Nachmittag der „Afternoon Tea" zelebriert wird, der zu den elegantesten dieses Planeten gehört *(www.mountnelson.co.za)*. Die Umgebung Kapstadts ist von Meer und Wein geprägt, und 1700 km weiter nordöstlich erstreckt sich der älteste und berühmteste Nationalpark Südafrikas: der **Krüger-Park**, der jährlich eine Million Besucher verzeichnet. Kapstadt und Krüger-Park bieten, jeder auf seine Weise, die authentische Atmosphäre des südlichsten Landes des schwarzen Kontinents.

***Fortbewegung:** Zu weit entfernt für eine Autofahrt (ca. 1700 km), erreicht man den Krüger-Park von Kapstadt aus mit dem Flugzeug: Man landet auf dem Kruger Mpumalanga International Airport* (www.mceglobal.net)*, um in den südlichen Teil des Parks zu gelangen, oder auf dem weniger verkehrsreichen Hoedspruit* (http://hoedspruit-hds-airport.webport.com/airport.php) *für den Nordteil. In Kapstadt geht man zu Fuß oder nimmt ein Taxi; für Ausflüge in die Umgebung, einschließlich des Kaps der Guten Hoffnung, mietet man sich ein Auto.*

***Währung:** Die offizielle Währung Südafrikas ist der Rand (ZAR, R).*

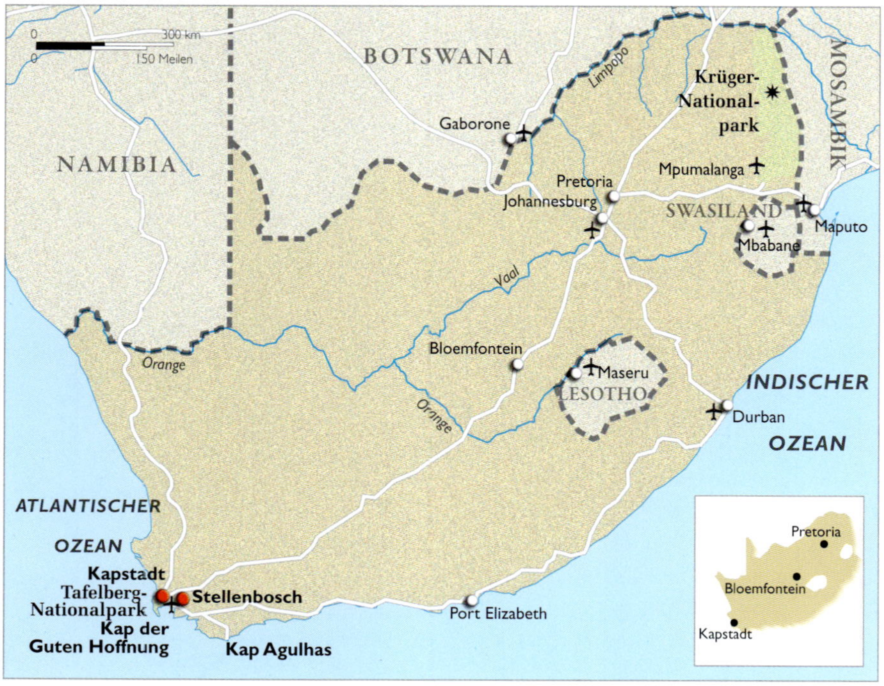

KAPSTADT ***(3/4 Tage)***
Die Skyline der Stadt wird vom mächtigen **Tafelberg** dominiert, der länger als hoch ist (nur 1085 m). Durch die besonderen klimatischen Verhältnisse der Stadt, in der man an einem einzigen Tag alle vier

Jahreszeiten erleben kann, ist der Tafelberg oft von Wolken umhüllt. Aber wenn das Wetter es zulässt, ist er ein schönes Ziel für einen Ausflug mit der Seilbahn, die 1929 eingeweiht wurde und von der Tafelberg Road *(http://tablemountain.net)* startet. Mit dem Auto kann man dagegen bis zu den Grenzen des **Table Mountain National Parks** fahren, der sich vom **Signal Hill** über **Cape Point** bis zum **Kap der Guten Hoffnung** erstreckt und zum Weltkulturerbe der UNESCO gehört. Das nahe gelegene, zwischen 1666 und 1679 erbaute **Castle of Good Hope** *(Castle Street, www.castleofgoodhope.co.za, Öffnungszeiten 9–16 Uhr)* ist das Symbol der Ansiedlung der Niederländischen Ostindien-Kompanie im 17. Jh. Das fünfeckige Kastell mit fünf steinernen Bastionen und dem **Balkon**, von dem Proklamationen und Urteile verkündet wurden, beherbergt das **Militärmuseum**, und die Sammlung von Dokumenten und Gemälden des Kaps von **William Fehr**. Vom **Signal Hill**, dem Hügel an den Hängen des Tafelbergs, läuft man die pittoresken Straßen des Bo-Kaaps entlang, des malaysischen Viertels, in dem die

200-201 - Eine Luftansicht von Kapstadt.

201 - Der in Wolken gehüllte Tafelberg.

Nachfahren der muslimischen Sklaven wohnen, die ab dem 17. Jh. aus den südostasiatischen Kolonien zwangsweise in die Stadt gebracht wurden. Das Viertel mit den grellbunt bemalten Häusern im englischen Stil, den Moscheen und Minaretten ist absolut sehenswert, wie auch das **Bo-Kaap Museum** *(71 Wale Street, http://bokaap.co.za, Öffnungszeiten 9.30–16.30 Uhr)* mit der typischen Einrichtung eines Hauses aus dem 19. Jh. An den Grenzen des Viertels biegt man in die **Long Street** ein, die lebendigste Straße, mit viktorianischen Häusern, Antiquariaten und Restaurants. Der **Company's Garden**, heute Stadtpark, war ursprünglich ein Gemüsegarten, den Jan van Riebeeck, der Gründervater der Nation, anlegen ließ, um dort Kohl, Kartoffeln, Weizen und Weintrauben anzubauen, die damals, im 17. Jh., ein Heilmittel gegen Skorbut waren. Der Most dieser Trauben schmeckte anfänglich etwas bitter, aber heute zählt er zu den besten Weinen, die südlich des Äquators angebaut werden: der Pinotage. Im wunderschön bepflanzen Stadtpark gibt es sogar noch den ersten Birnbaum Südafrikas (ca. 1650). Neben dieser grünen Oase befinden sich das **Planetarium** *(www.iziko.org.za)*, die **National Gallery** *(www.iziko.org.za)*, das älteste Kunstmuseum des Landes, das **South African Museum**, für die, die sich für Naturgeschichte und Anthropologie interessieren *(www.iziko.org.za)*, und die **Houses of Parliament** *(Parliament Street, www.parliament.gov.za, Öffnungszeiten Mo–Fr 9–12 Uhr)*. Die Kammern der Republik Südafrika, in einem Gebäude aus dem ausgehenden 19. Jh., sahen britische Gouverneure, das Parlament der Südafrikanischen Union, die Regierung der Apartheid (1947–1994) und der demokratisch, frei gewählten Regierung. Man kann das Gebäude im Rahmen einer Führung besichtigen.

An den Hängen des Tafelbergs befindet sich der **Kirstenbosch**, ein außergewöhnlicher botanischer Garten von 1913, in dem die Flora der südlichen Hemisphäre auf einer Fläche von 36 ha unter Schutz steht *(Rhodes Drive, Newlands, www.sanbi.org, Öffnungszeiten April–Aug. 8–18 Uh, während der anderen Monate bis 19 Uhr)*. Im Frühling ist der Garten besonders schön: blühende Pflanzen, von Margeriten bis Azaleen; aber die wahre Protagonistin ist die Protea, die typische Blume Südafrikas, die zum Symbol des Landes geworden ist.

Geplant und erbaut auf der „Asche" des alten Hafens, wurde die **V&A Waterfront** *(www.waterfront.co.za)* zum lebendigsten und touristischsten Viertel der Stadt. Zuerst wurden die vorhanden Gebäude restauriert und unter Denkmalschutz gestellt, wie der Uhrturm aus dem 19. Jh.

Einkaufen

Um auf der sicheren Seite zu sein, genügt es, sich in der ***V&A Waterfront*** (www.waterfront.co.za) *umzusehen, wo es neben den großen Marken auch Boutiquen lokaler Künstler gibt (wie die* ***Alfred Mall Gallery***, www.fineartportfolio.co.za). *Antiquitäten bekommt man bei* ***Sterling Antiques*** (115 Long Street, Tel. 021.4221496), *oder man bummelt über den legendären* ***Greenmarket Square***, *ein pittoresker Kunsthandwerker- und Flohmarkt* (Longmarket und Shortmarket Street, Mo–Sa 9–15 Uhr), *eine sehr trendige Adresse ist die* ***Old Biscuit Mill*** (375 Albert Road, www.theoldbiscuitmill. co.za), *eine ehemalige Fabrik, in ein Künstleratelier mit Café, Geschäften und Biomarkt (samstags) umgewandelt wurde. Wer große Weine probieren möchte, ohne zu Stellenbosch zu gehen, der ist bei* ***Caroline's*** *an der richtigen Adresse: über 1500 Weine, vom Bordeaux bis hin zu Weinen aus der Kapregion, die man gleich vor Ort probieren kann* (62 Strand Street, www.carolineswine.com). *Es lohnt sich!*

204 - Das Viertel Bo Kaap in Kapstadt.

205 - Die V&A Waterfront von Kapstadt.

Dann kam die riesige Shopping-Mall aus Ziegeln, Stahl und Glas dazu, mit Geschäften, Kino, Restaurants, Banken, Bar und Brauereien. Nach und nach entstanden das **Aquarium der zwei Ozeane**, das größte des Kontinents, diverse Lokale und Kunstgalerien sowie das **Table Bay Hotel**, das zu den elegantesten der Stadt gehört (www.suninternational.com). Von der V&A Waterfront gehen die Fähren nach **Robben Island** *(www.robben-island.org.za, Abfahrt 9, 11 und 13 Uhr, bei gutem Wetter vom Nelson Mandela Gateway)*, die Gefängnisinsel, auf der Nelson Mandela neben weiteren politischen Häftlingen 18 Jahre seiner Haftstrafe verbüßte. Die Insel war bereits seit dem 16. Jh. als Gefängnisinsel benutzt worden. 1997 wurde sie in ein **Museum** umgewandelt und darauf folgend zum Weltkulturerbe der UNESCO erklärt. Der Besuch dauert einschließlich der Überfahrt 3,5 Stunden: die Tour besteht aus dem Besuch des Hochsicherheitsgefängnisses, einer Begegnung mit einem ehemaligen politischen Häftling und einer Busrundfahrt um die Insel.

KRÜGER-PARK ***(3 Tage)***

Mit seinen 19.624 qkm Oberfläche ist der Krüger-Park das weitläufigste Naturreservat Südafrikas (es erstreckt sich über 352 km von Norden nach

Ausflüge in die Umgebung

Es herrscht die landläufige Meinung, dass das steile Kliff des ***Kaps der Guten Hoffnung****, das 90 Minuten von der Hauptstadt entfernt liegt, der Punkt ist, an der Atlantik in den Indischen Ozean übergeht. In Wahrheit liegt der Scheidepunkt ca. 200 km südöstlich, am* ***Kap Agulhas.*** *Dennoch ist der Landvorsprung der berühmteste des Kontinents, und der Weltumsegler Sir Francis Drake nannte ihn sogar den schönsten der Erde. Die Straße, die von Kapstadt entlang des* ***Table Mountain National Parks*** *zum Cap Point führt, ist spektakulär. Man sieht die zerklüftete Küste und Paviangruppen, bevor man mit der Standseilbahn zum Leuchtturm am* ***Cape Point*** *hinauffährt* (www.capepoint.co.za, Fahrplan variiert je nach Saison), *in einer Landschaft, in der Vögel, Bergzebras und Bonteboks (Südafrikanische Antilope) beheimatet sind; nicht selten sieht man auch Robben und Wale.*

Um Kapstadt herum gibt es Strände an der warmen und kalten Seite. Der berühmteste ist der ***Clifton Beach****, wenige Minuten vom Zentrum entfernt: vier natürliche Buchten (von der* ***First*** *bis zur* ***Forth****, und zusätzlich der kleine Oben-ohne-Strand* ***Moses Beach****) an denen sich vor allem junge Leute sonnen und Beach Volleyball spielen. Nach den Buchten folgt eine Sandzunge mit dem „In"-Strand* ***Camps Bay Beach.*** *Auf der warmen Seite von False Bay gibt es den 3 km langen Familienstrand* ***Fish Hoek Beach.*** *Zum* ***Boulders Beach*** *(südlich von Simon's Town, ein wenig mehr 40 km von Kapstadt entfernt), fährt man dagegen, um die Pinguinkolonien zu beobachten, die sich in den 1980er-Jahren hier angesiedelt haben und zur Touristenattraktion geworden sind.* ***Stellenbosch****, eine Stadt im holländischen Stil, 45 Autominuten von Kapstadt entfernt (über die N2), in der sich die wichtigste* ***Afrikaans-Universität*** *der Provinz und das* ***Museum*** *des Ortes aus der Kolonialzeit* (www.stelmus.co.za) *befindet und die zudem als Herz der Weinproduktion des Landes gilt. Sehr interessant ist das* ***Boschendal Wine Estate*** (www.boschendal.com), *eine der berühmtesten „Weinfarmen" mit einem Haupthaus aus dem Jahr 1812. Nach der Tour durch die Rebenstöcke macht man im Weinkeller eine Weinprobe.*

Süden und über 60 km von Osten nach Westen). 1926 eingerichtet, ist er der älteste Park des Landes, verfügt über die meisten Tiere und liegt an der Grenze zu Mozambique und Zimbabwe. Er verzeichnet eine Million Besucher pro Jahr. Sein Erfolgsrezept sind die sogenannten **Big Five** (Löwen, Elefanten, Leoparden, Büffel und Flusspferde), die man hier neben vielen weiteren Tierarten, wie Geparden, Zebras, Affen, Impalas, Gnus, und Warzenschweinen normalerweise sieht. Auch die Natur hat einiges zu bieten: von Akazienwäldern bis zur Savanne. Für die Organisation der Safaris wendet man sich am besten an das Camp, in dem man übernachtet (die Auswahl ist groß und reicht von spartanisch bis luxuriös). Wählt man eine Unterkunft außerhalb des Parks, hat man die Möglichkeit, über eines der vielen Gates entlang der Parkgrenze hineinzufahren, vom **Phaloborwa** im Norden bis zum **Melelane Gate** im Süden (die zwischen 4.30 und 6 Uhr morgens geöffnet und zwischen 17.30 und 18.30 Uhr geschlossen werden). Man fährt entweder selbst im Jeep oder mit einem qualifizierten Guide auf den ca. 2600 Straßen und Wegen, aber natürlich werden auch jede Menge organisierte Touren angeboten, wie eine Safari zu Fuß zusammen mit einem Ranger, Ökosafaris, Adventure Trail, Safaris unterm Sternenhimmel ... Ein guter Rat: Meiden Sie die Zeit nach der Regenzeit (die beste Zeit ist im Winter), weil dann die Vegetation sehr üppig ist und die Tiere dadurch schlechter zu sehen sind.
Info: www.krugerpark.co.za.
Für die Unterkünfte:
www.sanparks.org/parks/kruger

Übernachten

€€€€€ Imbali Safari Lodge (Krüger-Park). 24 Suiten im „African Style" mit King-Size-Betten, Jacuzzi und offener Veranda. Auch Spa und Pool fehlen nicht, klassische Safaris und „Birdwatching" sind möglich. *Info: Kruger National Park, Tel. 11.5164367, www.imbali.com*

€€€€ Manolo Boutique (Kapstadt). Gutes Preis-Leistungs-Verhältnis und Designerzimmer, alle in Weiß mit Blick auf den Tafelberg. Eine der trendigsten Adressen des Kaps. *Info: 33 Leeukloof Drive, Tamboerskloof, Tel. 21.4262330, www.boutique-manolo.co.za*

€€€€ Cape Royale Luxury Hotel (Kapstadt). Der Name ist Programm: ein Luxushotel, aber mit erschwinglichen Preisen. Elegante Zimmer, Pool auf dem Dach, sagenhaftes Spa. Im ultramodernen Viertel Green Point mit dem Stadion der Fußball-WM 2010.
Info: 47 Main Road, Tel. 21.4300500, www.caperoyale.co.za

€€ Berg en Dal Rest Camp (Krüger-Park). Das andere (erschwinglichere) Gesicht der Safari: eine gepflegte Lodge ohne Firlefanz, spartanisch aber angenehm, mit Zelten und Cottages. Game-Safari jeden Morgen, Spaziergänge im Bush, Pool zur Erfrischung.
Info: Kruger National Park, Tel. 21.4223111, www.krugerpark.co.za/Kruger_National_Park_Lodging_&_Camping_Guide-travel/berg-en-dal-camp.html

Essen

€€€ Caveau Wine Bar & Deli (Kapstadt). Zwei auf Fleisch und gute Weine spezialisierte Lokale. Man kann auch brunchen und die Weine an der Bar probieren. Nichts für Vegetarier. *Info: 92 Bree Street-Heritage Square, Cape Town, Tel. 21.4221367; 13 Boundary Road-Newlands, Cape Town, Tel. 21.6855140, www.caveau.co.za*

€€ Savoy Cabbage (Kapstadt). Zeitgemäße Küche in einem historischen Gebäude. Saisonale Küche (auch bio). Spezialitäten u.a. Fisch mit Ananas, Kokos und Koriander. *Info: 101 Hout Street, Tel. 21.4242626, www.savoycabbage.co.za*

€ Blues Restaurant (Kapstadt). Fisch und Krustentiere werden unter den strengen Augen des Küchenchefs Morné Botha zubereitet. Mit einem Menü aus 2–3 Gängen kommt man günstiger weg. *Info: The Promenade, Camps Bay, Tel. 21.4382040, www.blues.co.za*

Nachtleben

The Grand Café & Beach (Kapstadt). Am weißen Strand Granger Bay, neben der V&A Waterfront: Die Südafrikaner laufen barfuß durch den Sand auf einen Drink zu diesem Lokal. *Info: Granger Bay, www.thegrand.co.za*

V&A Waterfront (Kapstadt). In die größte Mall der Stadt geht man nicht nur zum Shoppen und Essen in eines der über 80 Restaurants. Hier kann man im Cape Grace Hotel auch verschiedene Whisky-Sorten probieren, am Wochenende Live-Konzerte in der Quay 4 Brasserie genießen, und Jazz-Konzerte gibt es 7 Tage die Woche im Green Dolphin Restaurant & Jazz Bar. *Info: Victoria & Alfred Waterfront, www.waterfront.co.za*

Fiction Dj Bar & Lounge (Kapstadt). In-Kneipe und Disco in einem historischen Gebäude im Herzen Kapstadts. Das Plus ist der große Balkon mit Blick auf die Long Street, auf der sich die Szene trifft. *Info: 226 Long Street, www.fictionbar.com*

Weitere Informationen:
www.southafrica.net, www.fremdenverkehrsamt.com/reiseziele/suedafrika.html

204 - Ein Löwe im Krüger-Park.

205 - Eine Fotosafari im Krüger-Park.

Die großen Inseln der Seychellen

Die tropischen Granitinseln des Indischen Ozeans zwischen Äquator und Madagaskar verzaubern durch ihre traumhafte Kulisse aus weißen Sandstränden, türkis- bis smaragdfarbenem Wasser und dem satten Grün der tropischen Pflanzenwelt mit Kokospalmen, Brotfruchtbäumen und Ylang Ylang. Dieses von zahlreichen Tierarten, darunter die berühmten Riesenschildkröten, bevölkerte Paradies ist zum Großteil Naturschutzgebiet.

Man landet auf dem Flughafen von **Mahé**, der größten Insel des Archipels – benannt nach Mahé Labourdonnais, im 18. Jh. Gouverneur von Mauritius – mit wunderbaren Buchten und einem Gebirge im Landesinneren, dessen höchster Gipfel der **Morne Seychellois** (905 m) ist. Die Hauptstadt Victoria ist kaum mehr als ein kleines Städtchen, mit Häusern im Kolonialstil, einigen Souvenirläden und lebendigem Treiben auf dem farbenfrohen Markt, auf dem allerlei Früchte der Insel angeboten werden. Man verlässt die Hauptstadt, um sich schnell den Stränden zuzuwenden: Der großartige Strandstreifen **Beau Vallon** ist perfekt zum Tauchen (**Blue Sea Divers**, *www.blueseadivers.com*) und für den, der das Nachtleben liebt, das jedoch vergleichsweise ruhig abläuft. In 45 km Entfernung liegt die Insel **Praslin**, bekannt für tropische Rhythmen und Traumstrände (**Anse Lazio** beispielsweise) von 12 km Länge, während man im Naturschutzgebiet **Vallée de Mai** auf Urwald trifft. Nach weiteren 5 km ist man auf **La Digue**, leicht zu Fuß oder mit dem Fahrrad auf ungeteerten Straßen zu erkunden, die zu Postkartenstränden führen: **Anse Source d'Argent**, **Grande Anse** und **Petite Anse**, wo man glauben könnte, im Paradies angekommen zu sein. Wer seinen Aufenthalt verlängern möchte, tut dies am besten auf einer der Resort-Inseln der „Inner Islands“, mit den drei großen 43 insgesamt.

Fortbewegung: *Es gibt 4 Haupt-Fluggesellschaften, die die Seychellen anfliegen: Air Seychelles* (www.airseychelles.com), *Emirates* (www.emirates.com), *Qatar* (www.qatarairways.com) *und Condor* (www.condor.com). *Bitte informieren Sie sich bei den Fluggesellschaften oder in Ihrem Reisebüro über Flugzeit und Zwischenstopps. Von Victoria aus kann man sich auf der ganzen Insel mit dem Bus bewegen (am zentralen Busbahnhof hängt ein Fahrplan aus, bezahlt wird an Bord), aber es ist sicherlich bequemer, sich im Hotel oder bei Ankunft am Flughafen ein Auto zu mieten. Es herrscht Linksverkehr, ein europäischer Führerschein ist ausreichend. Für die Überfahrt nach Praslin nimmt man am Hafen den Katamaran Cat Cocos* (www.cat-cocos-seychelles.com, Tel. 4297160, Dauer 50 Min.), *von dort gibt es Fähren verschiedener Gesellschaften, die in kurzen Abständen La Digue anfahren, z.B. Inter-*

Island Ferry (Tel. 4232329, Dauer 15 Min.). *Auch auf Praslin fährt ein Linienbus im Stundentakt* (von 6–18.30 Uhr), *oder man mietet sich ein Auto* (beachten Sie die Höchstgeschwindigkeit von 40 km/h.) *Auf La Digue geht man zu Fuß oder fährt Fahrrad. Die Gesamtroute über die drei Inseln, einschließlich Seeweg, beträgt ca. 200 km.*

Währung: *Die offizielle Währung der Seychellen ist die Seychelles Rupie (SR), die inoffiziellen Euro und US-Dollar.*

MAHÉ ***(3 Tage)***

Mahé, 28 km lang und 8 km breit, ist die größte und lebendigste der Inner Islands, Tor zu allen wirtschaftlichen und kulturellen Aktivitäten der Seychellen. Die Hauptstadt Viktoria hat kaum 25.000 Einwohner, die Häuser sind niedrig und im kreolischen Stil, und am lebendigen Hafen schaukeln die vor Anker liegenden Boote *(**Seychelles Yacht Club**, 5th of June Avenue, www.seychellesyacht club.net.sc)*. Bauliche Schätze gibt es wenig: den **Uhrenturm** (1903) – ein Exemplar davon steht auch an der Viktoria Station in London –, dann den **Justizpalast** im Kolonialstil mit kreolischen Elementen, Balkone und leichte Holzverzierungen in der Francis Rachel Street, und die Häuserreihe, die sich bis in die Albert Street zieht und in der sich das **Kanti House** befindet, ein restauriertes antikes Gebäude, das heute als Geschäftshaus dient. In dieser Straße erheben sich auch eine **Moschee** und eine **anglikanische Kirche**, unweit der **Kathedrale** aus dem 19. Jh. in der Olivier Marandan Street und des **Hindu-Tempels** in der Quincy Street, der 1992 zu Ehren des Gottes der Sicherheit und des Reichtums, Vinayagar, erbaut wurde. Diese Symbole verschiedener Glaubensrichtungen drücken die Multinationalität des Archipels aus. Ein Vergnügen ist auch der Besuch in der kürzlich renovierten **Markthalle** mit ihrem lebendigen Treiben an den Ständen, die Obst, Gemüse und Fisch feilbieten *(Market Street, Öffnungszeiten Mo–Fr 5.30–17, Sa 5.30–12 Uhr)*. Die Besichtigung des **Museums für Naturgeschichte** vermittelt einen ersten Eindruck von der früheren und heutigen Fauna des Archipels, einschließlich einiger bereits ausgerotteter Spezies, wie das Seychellen-Krokodil; zu den heutigen zählen Fledermäuse, Geckos, Tenrek (eine Art Igel mit borstigem Fell) und seltene Vogelarten wie die Seychellen-Amsel oder der schwarze Papagei *(Independence Avenue, Öffnungszeiten Mo–Do 8.30–16.30, Fr u. Sa 8.30–12 Uhr)*. In der gleichen Straße befindet sich das **Tourismusbüro** *(www.seychelles.travel, Öffnungszeiten Mo–Fr 8–17 u. Sa 9–12 Uhr)*. Das **Museum der Nationalen Geschichte** gegenüber dem Uhrenturm zeigt eine kleine, aber gut strukturierte Sammlung von Objekten im Zusammenhang mit der Kolonialisierung der Inseln und der lokalen Kultur, darunter auch Musikinstrumente, Spiele und Gegenstände der schwarzen Magie. Ein Besuch im **Botanische Garten** lässt den Naturreichtum der Republik erahnen (46% des Territoriums der Seychellen sind Naturschutzgebiet), mit üppigen Gardenien, Orchideen, Hibiskus und Bougainvilla sowie Kokospalmen, Bananen, Bambus und Kannenpflanzen, die zu den fleischfressenden Kletterpflanzen gehören *(der Garten liegt wenige Gehminuten südlich vom Stadtzentrums, Öffnungszeiten 8–17 Uhr)*.

206-207 - Anse Source D'Argent, La Digue.

207 - Eine Ansicht von Victoria, Mahé.

Dennoch sind es das Meer und die Strände sowie die enormen, vom Lauf der Jahrhunderte geformten Granitfelsen, die die Magie dieses Ortes ausmachen. Bekanntester und beliebtester Strand der Insel ist **Beau Vallon**, 3 km von Mahé entfernt an der Nordküste, ein Traum aus Sand und Mandelbäumen, die sich zum Meer neigen, wo man sich unter einer Schicht Sonnencreme herrlich entspannen kann. Oder man versucht erste Tauchgänge: Das Dive Seychelles PADI-Center organisiert auch Ausflüge zu den Walhaien, die sich von August bis Oktober in diesen Gewässern aufhalten *(www.diveseychelles.com.sc)*. Sicherlich weniger bekannt ist der entzückende **Carana Beach** weiter nördlich, eine Ecke von seltener Schönheit mit glatt geschliffenen Felsen und mit Palmen, die eine kleine Fläche feinsten Sandes einrahmen (Zugang von North East Point). An der Südostküste, die vielleicht nicht so attraktiv ist, weil sie stärker bebaut wurde, bildet der **Fairyland-Strand** eine Ausnahme: Er ist perfekt zum Schnorcheln. Im Süden ist ein Aufenthalt am **Anse Royale** zu empfehlen; man sollte sich auch die Zeit nehmen, den **Jardin du Roi Spice Garden** *(Öffnungszeiten 10–17 Uhr)* zu besuchen, wo der Duft von Vanille, Zitronen, Zimt, Muskat, Pfeffer und weiteren Gewürzen die Atmosphäre des 18. Jh.s wachruft, in dem der Gewürzhandel das Leben in den Kolonien prägte. Im Südwesten ist die Landschaft wilder: graue Granitblöcke umgeben den **Anse Intendance**, die bei Sonnenuntergang in rosafarbenem Licht erstrahlen und den Ort in eine einzigartige Atmosphäre tauchen. Das ist der Strand der Surfer, die hier von Mai bis September durch vom Monsun verursachte Wellen pflügen. Ein weiteres kleines Juwel ist der in den Felsen versteckte **Anse Soleil** mit dem abgeschiedenen **Petite Anse**, den man nur erreicht, wenn man einen Spaziergang am Hügel entlang macht. Man muss seine Bequemlichkeit ein wenig überwinden, um die sonnigen Strände zu verlassen und einen Ausflug ins Landesinnere zu machen, von dem 20 Prozent zum **Morne Seychelles National Park** gehören. Am besten ist eine geführte Tour im Nationalpark: Beim Durchqueren des Mangrovenwaldes kann der Guide die Besonderheiten der Landschaft Mahés erklären und auf die vielen Vogelarten aufmerksam machen, die „Birdwatcher" aus jedem Teil der Erde anziehen. Dann wird noch die **Teefabrik** *(Sans Souci Road, Öffnungszeiten Mo–Fr 7–16 Uhr mit Einkaufsmöglichkeit im dazugehörigen Laden)* an einem der spektakulärsten Aussichtspunkte des Parks besucht, wo man der Teeverarbeitung beiwohnen kann, und die **Mission**, die Überreste einer 1875 erbauten Schule der London Missionary Society. Der **Sainte-Anne Marine National Park** ist ebenfalls ein geschützter Bereich nordöstlich von Victoria, ein Paradies für Schnorchler und Taucher, das auch die Insel **Sainte-Anne** (wo sich das Sainte-Anne Resort & Spa befindet, *www.sainteanneresort.com*, mit hauseigener Tauchbasis) sowie die wesentlich kleinere, unbewohnte Insel **Cachée Island** einschließt. Auch auf die Inseln **Long Island** (Kokospalmen, weiße Traumstrände und früher Sitz eines Hochsicherheitsgefängnisses) und **Round Island** sind berühmt für ihre spektakulären „Schnorchelstellen". Und schließlich **Moyenne Island**, ein tropischer Garten, ideal zum Schwimmen, Baden, Schnorcheln und Wandern, während **Cerf Island**, die Mahé am nächsten gelegene Insel, nicht nur mit paradiesischen Stränden aufwartet, sondern auch mit exotischen Sträuchern und zugleich der Lebensraum von Riesenschildkröten und Flughunden ist. Weiter entfernt, aber immer noch im Bereich der Inner Islands, befinden sich einige Resort-Inseln, darunter die bergige und ursprüngliche Insel **Silhouette Island** *(www.labrizseychelles.com)*, die zu den ersten gehört, die von der Flotte um Kapitän Sharpeigh 1609 gesichtet wurden, und direkt darüber **North Island**, wo man unter Aufsicht von Tierschützern die Meeresschildkröten bei der Eiablage beobachten kann *(www.northisland.com)*. **Bird Island** ist das bevorzugte Ziel von Millionen von Seeschwalben, die zwischen Mai und September hier nisten *(www.birdisland seychelles.com)*.

208 oben - Sainte-Anne Marine National Park.

208 mitte - Anse Royale, auf der Insel Mahé.

208 unten - North Point auf Mahé.

209 - Baie Lazare, Insel Mahé.

Geschichte der Seychellen

Die besondere Formation des Inselarchipels der Seychellen (insgesamt 115 Inseln), von denen die meisten aus Granit bestehen, darunter auch die Hauptinseln Mahé, Praslin und La Digue, lässt darauf schließen, dass es sich um eine Landmasse handelt, die sich während des Kontinentaldrifts vom afrikanischen Kontinent ablöste und im Indischen Ozean versank, um 65 Millionen Jahre später durch seismische Aktivitäten wieder aufzutauchen. Nur wenige äußere Inseln sind Koralleninseln. Die Seychellen waren bis zum 18. Jh. unbewohnt - und deshalb auch nicht verunreinigt - als sie 1754 französische Kolonie wurden und kurz darauf, im Jahr 1814, unter britische Herrschaft kamen; die französische Sprache und Kultur wurde jedoch beibehalten. Heute bilden die kreolische Kultur, Sprache und Küche den Zusammenhalt der Inselrepublik, die 1976 ihre Unabhängigkeit erlangte. Die Küche spiegelt den ethnischen Hintergrund der Inselbewohner wider: französchisch, indisch und asiatisch. Der gegrillte Fisch ist kräftig gewürzt, Reis ist Hauptnahrungsmittel, und viele Soßen werden auf Chili- und Ingwerbasis zubereitet. Es gibt viele Früchte dank des ganzjährig tropischen Klimas mit angenehmen Temperaturen zwischen 24 und 33° C (die Wassertemperaturen liegen bei 26–30° C); nur zwischen Oktober und März ist es etwas schwül, und der Monsun aus dem Südosten sorgt für stärkeren Wellengang.

Events

***Mariä Himmelfahrt**, 15. August (**La Digue**): Ein sehr wichtiges Ereignis für die lokale Bevölkerung mit einer Prozession, die in der Kirche der hl. Jungfrau Maria beginnt. **Mahé Kultur Bazaar,** während des ganzen September, (**Mahé**): Lokale Produkte werden an verschiedenen Orten der Insel ausgestellt wie Bazaar Labrin, Bazaar Ovan, Victoria Bazaar. Die Händler verkaufen dort kunsthandwerkliche Produkte und kulinarische Köstlichkeiten. **Festival Kreol**, in der letzten Oktoberwoche (**Mahé**): Das wichtigste Fest der Insel. Eine Woche ganz im Zeichen der traditionellen Musik und der kreolischen Kultur.*

PRASLIN ***(2 Tage)***
Nördlich vor Mahé liegt die Insel Praslin (10 km lang, 3,7 km breit), die einst ein berüchtigtes Piratennest war, bevor sie Mitte des 18. Jh. zur französischen Kolonie wurde. Viele Legenden ranken sich um die berühmte Coco de Mer, den Samen der Seychellenpalme, die außer auf Praslin nur noch auf der Seychelleninsel Curieuse beheimatet ist. Diese Samen erregten durch ihre enorme Größe und weiblichen Formen seit ihrer Entdeckung Aufsehen. Heute stehen die 7000 Exemplare der Palme unter Naturschutz. Der Urlauber hat die Qual der Wahl zwischen den Traumstränden der Insel: im Norden befindet sich der bekannteste und meistfotografierte Sandstrand **Anse Lazio**, der mit seinen Granitfelsen, Takamakabäumen, Palmen und einem strahlend weißen Strand den idealen Ort zum Sonnenbaden und Schnorcheln im kristallklaren Wasser bildet. An der Ostseite liegen der ruhige **Anse Volbert** und seine beiden südlichen Ausläufer **Anse Consolation** und **Anse Marie-Louise**, die im smaragdgrünen Meer enden: Inselparadiese, die am westlichen Ufer in kleine Strandabschnitte eingeteilt sind, die es bis zum **Grande Anse** nach und nach zu entdecken gilt. Im Innern der Insel lohnt ein Besuch im **Vallée de Mai** im **Praslin National Park** *(Öffnungszeiten ganzjährig 8–17.30 Uhr)*, das zum Weltkulturerbe der UNESCO gehört: Der Urwald ist reich an endemischen Palmenarten und einer von nur zwei Orten der Erde, wo die Seychellenpalme beheimatet ist, deren Früchte „Coco de Mer" bis zu 30 kg schwer werden können. Diese seltenen Nüsse können von der **Seychelles Island Foundation** *(Mont Fleuri Road, Victoria, www.sif.sc)* käuflich erworben werden. Ein Tourguide macht die Besucher auf den Artenreichtum des Parks aufmerksam: Passionierte Vogelkundler müssen nicht lange warten, um die blaue Seychellentaube, den Bulbul und weitere seltene Vogelarten zu sichten. Vom Hafen von Praslin erreicht man mit dem Boot die 1,5 km nördlich gelegene Granitinsel **Curieuse Island** (am besten fragt man im Hotel, wer die Überfahrt organisiert), eine ehemalige Leprakolonie und heutiges Zuchtzentrum für Riesenschildkröten, die man bei einem Besuch besichtigen kann *(Öffnungszeiten 9–17 Uhr)*. Das **Cousine Island Special Reserve** ist dagegen ein privates Inselschutzgebiet, das 2 km südöstlich von Praslin von **Nature Seychelle** *(www.natureseychelles.org)* geführt wird und ganzjährig besucht werden kann. Das Highlight des Schutzgebiets sind die 300.000 Land- und Seevögel, die hier heimisch sind. Auch hier gilt das Hauptaugenmerk den Meeresschildkröten, die zwischen Oktober und April hier ihre Eier ablegen.

LA DIGUE ***(2 Tage)***
Man hat den Eindruck, in die Vergangenheit gereist zu sein, wenn man nach einer 15-minütigen Schifffahrt von Praslin aus in **La Passe** anlegt, dem kleinen Hafen von La Digue (4 km lang, 1 km breit) mit seinen bunten Häusern. Auf den nicht asphaltierten Straßen läuft man zu Fuß oder fährt mit dem Fahrrad; man kann sogar noch im Ochsenkarren fahren. Auch hier sind die unberührten Sandstrände die Hauptattraktion, von Palmen gesäumt, die fast das Wasser berühren. Der **Anse Source d'Argent** an der Westküste gehört zu den schönsten Stränden; mit seinen Granitfelsen und dem satten Grün der üppigen Vegetation erinnert er an ein verlorenes Paradies. Weiter im Süden befindet sich der wunderbare Strand **Grande Anse** (4 km von La Passe entfernt), der durch ein Korallenriff vor den Wellen des Ozeans geschützt ist, was ihn zu einem idealen Ort zum Baden und Schnorcheln macht, und weiter südlich der **Anse Marron**. Die Straße, die diese drei Strände miteinander verbindet, ist sehenswert und führt über Pfade, die ein sagenhaftes Panorama bieten (am besten nimmt man sich für diesen Ausflug einen Guide, weil die Beschil-

derung oft nicht eindeutig ist (**Touristenbüro La Passe**, *Öffnungszeiten Mo–Fr 8–16 Uhr*). Im Inneren der Insel , im südlichen Teil, kann man **Union Estate** besichtigen, eine alte Vanille- und Kokosplantage, in der man der Gewinnung von Kokosöl aus den getrockneten Früchten beiwohnen kann. Von **Loutier Coco** auf der Ostseite führen einige Pfade zu den Stränden **Petite Anse** und **Anse Coco** (auch in diesem Fall empfiehlt sich ein Tourguide), für passionierte Taucher sind jedoch die Strände im Norden, **Anse Sévère** und **Anse Patates** besser. Auf dem Weg zu den Tauchplätzen sind oft Stopps auf den kleinen Inseln **Île Cocos**, **Grande Soeur** und **Felicité** inbegriffen, wo es einem nicht schwer fällt, sich wie Robinson Crusoe zu fühlen *(Info: Azzurra Pro-Dive, c/o Digue Island Lodge, Anse Réunion, www.ladigue.sc)*.

Übernachten

€€€€€ Château de Feuilles (Praslin). Einer der exklusivsten Orte der Insel, auf einer Anhöhe über der Bucht Sainte-Anne gelegen, bestehend aus neun Luxusvillen. Das Haus gehört zu Relais & Châteaux. *Info: Pointe Cabris, Tel. 4290.000, www.chateaudefeuilles.com*

€€€€€ Costance Ephelia Resort (Mahé). In einem üppigen Garten mit Blick auf zwei wundervolle Buchten mit Westküsten-Panorama. Die Anlage liegt gegenüber dem Seepark Port Launay. Das Spa verfügt über spezielle Shiseido-Kabinen. *Info: Port Launay, Tel. 4395.000, www.epheliaresort.com*

€€€€ Bliss (Mahé). Auf dem nördlichen Teil von Mahé; die Ausstattung der acht Zimmer ist aus natürlichen Materialen und die Aussicht auf das Meer ist spektakulär. Frühstück auf der Terrasse, Zugang zum Strand und Entspannung im Spa, in dem ausschließlich lokale Produkte verwendet werden. *Info: Glacis, Tel. 4413.169, www.bliss-hotel.net*

€€€ Fleur de Lys (La Digue). Ein Gästehaus mit vier Bungalows im kreolischen Stil, mitten in einem tropischen Garten, umgeben vom Duft nach Mandeln und Ylang Ylang. *Info: Anse Réunion, Tel. 4234.459, www.fleurdelysey.com*

Essen

€€€ Restaurant des Domaine de L'Orangerie (La Digue). Der Sonnenuntergang ist die ideale Bühne für ein romantisches Abendessen. Wenn man nicht schon auf Hochzeitsreise ist – der richtige Ort für einen Heiratsantrag. Lokale Küche mit asiatischen Akzenten in einem der luxuriösesten Hotels der Insel. *Info: Anse Sévère, Tel. 4299.999, www.orangeraie.sc*

€€ Café des Arts (Praslin). Eines der wenigen eleganten Restaurants außerhalb eines Hotels (es gibt aber fünf Gästezimmer). Perfekt für ein Candlelight-Dinner auf der Terrasse mit lokalen Fischspezialitäten. Man kann auch nach weniger scharfen Gerichten fragen. *Info: Anse Volbert, Tel. 4232.170.*

€ Anse Soleil Café (Mahé). Ein nettes Lokal am Wasser, wo man einfache Fischgerichte genießen kann, ohne den Strand Anse Soleil verlassen zu müssen. Herrlich. *Info: Anse Soleil, Tel. 4361.700.*

€ Lai Lam's Bread & Food Shop (Victoria, Mahé). Ein Imbiss, der vor allem bei Einheimischen sehr beliebt ist. Es gibt Süßes und Salziges. Im nahe gelegenen Take-away bekommt man alles für ein leckeres Picknick am Strand. *Info: Benezet Street, geöffnet 8-17 Uhr.*

Weitere Informationen: www.seychelles.travel

210 - Anse Source D'Argent, La Digue.

211 - Vallée de Mai, Praslin.

Die Seidenstraße – *Usbekistan*

Die tausendjährigen Städte Usbekistans sind die schönste Visitenkarte der Seidenstraße, jener faszinierenden Straße, die Marco Polo bereiste und beschrieb. Samarkand, Buchara und Khiva waren zwingende Stationen für die damaligen Händler. Heute sind sie unwiderstehliche Magneten für Reisende, die von den faszinierenden Geheimnissen des Orients und von den Taten Tamerlans und Dschingis Khans angezogen werden.

Die Hauptstadt **Taschkent** ist die erste usbekische Stadt, die die Seidenstraße auf ihrem Weg von China zum Mittelmeer durchquert. Heute ist sie eine moderne, auf die Zukunft ausgerichtete Stadt, die ihre alte Rolle jedoch nicht vergessen hat. Die Altstadt ist ein Konzentrat religiöser und profaner Denkmäler, und im gesamten Stadtgebiet können bedeutende Museen bestaunt werden, die Geschichte und Kunst des Landes in allen ihren Ausprägungen erzählen. Der Name **Samarkand** ist legendär, die Stadt dank des außergewöhnlichen Registan-Komplexes und seiner mit den typischen blauen Majoliken verzierten Moscheen und Medressen das bekannteste Aushängeschild. Die Großräumigkeit und die Originalität seiner Gesamtkomposition lenken den Blick vom Handelswesen der antiken Straße auf die religiösen und kulturellen Aspekte der Region. Auch in **Buchara** wechseln sich heiliges und profanes Erscheinungsbild ab. Die Stadt rühmt sich einer großen Sammlung an Denkmälern, die man beim Spazieren durch die belebte Altstadt bewundern kann. Auf zwei Erlebnisse sollte man auf keinen Fall verzichten: auf den Aufenthalt an den Tischchen im Schatten der Maulbeerbäume auf dem Lyabi-Hauz-Platz, der von Gebäuden aus dem 16. Jahrhundert umgeben ist und einen zwingenden Ausgangspunkt für alle Spaziergänge durch die Altstadt darstellt, und auf die Tour durch die Basare, die hier belebter und origineller denn je sind. Die Museumsstadt **Khiva** schließlich war einst eine reiche und uneinnehmbare Festung. Ihr Mauerring ist 2,5 km lang und beschützt noch heute eine großartige antike Welt, die man dank der Restaurierungen uneingeschränkt genießen kann.

Fortbewegung: *Der Tashkent International Airport* (Tel. 071.546267, www.airport-tashkent.uz) *ist Ausgangspunkt für die rasche Besichtigung der wichtigsten Städte der Seidenstraße. Von hier aus erreicht man mehrmals täglich Samarkand (1 St.), Buchara*

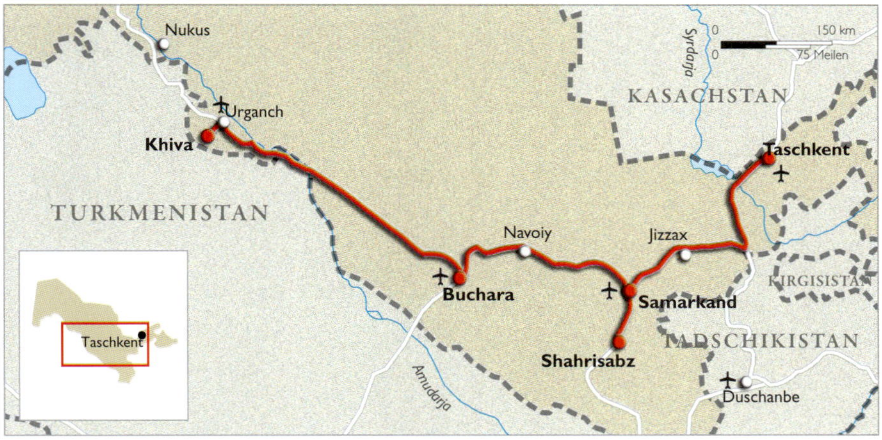

(90 Min.) und Urgentsch (2 St. 15 Min.), das Tor nach Khiva (35 km Entfernung). Inlandsflüge von Uzbekistan Airways (www.uzairways.com) *sollten einige Tage im Voraus gebucht werden. Für alle, die den Landweg bevorzugen, sind die privaten Taxis oder die Sammeltaxis die günstigste Lösung. Private Taxis findet man vor den Hotels und bei den Hauptsehenswürdigkeiten. Sie sind ziemlich preisgünstig. Für eine Fahrt von Taschkent nach Samarkand beträgt der Preis pro Wagen etwa 30 Euro. Die Langstreckensammeltaxis fahren üblicherweise in der Nähe der Bahnhöfe ab.*
In Taschkent bewegt man sich vorzugsweise mit der Metro fort, die einen in die Nähe sämtlicher touristischer Sehenswürdigkeiten bringt. In allen anderen Städten sind die zu besichtigenden Stätten nahe beieinander gelegen und gut zu Fuß zu erreichen.

***Währung:** Die offizielle Währung Usbekistans ist der Sum.*

TASCHKENT *(2 Tage)*
Die Hauptstadt **Taschkent** erhebt sich im äußersten Osten Usbekistans und stellt einen idealen Ausgangspunkt für die Reise entlang der Seidenstraße vom Osten in Richtung Westen dar. Die Altstadt, vor der Ankunft der Russen das Herz der usbekischen Siedlung, erstreckt sich auf der westlichen Seite des Ankhor-Kanals, des Wasserlaufs, der das heutige Taschkent in zwei (ungleiche) Teile teilt. Sie ist ein Labyrinth von oftmals ungepflasterten Gassen und Sträßchen, die man problemlos zu Fuß durchstreifen kann. In diesem Teil der Stadt kann man die **Telyashayakh-Moschee** *(Zarqanyar kuchasi, Öffnungszeiten Mo–Fr 10–17 Uhr)* besichtigen, in deren Bibliothek sich der berühmte Osman-Koran (7. Jh.) befindet, der älteste der Welt. Am Ende der Straße, am großen Dauerzirkus, biegt man links in die Straße ein, die zu weiteren religiösen Denkmälern mit bewundernswerten Fassaden führt: die **Medresse von Kukeldash** aus dem 15. Jh. und, unmittelbar dahinter, die **Juma-Moschee** (oder Freitagsmoschee) aus dem 15. Jh. Der nahe gelegene, auf Nahrungsmittel spezialisierte **Chorsu-Basar** ist profaner Mittelpunkt der Altstadt. Außerdem befindet sich genau gegenüber dem Eingang eine Station der Metro, die in wenigen Minuten nach Neu-Taschkent führt.
Die große Reiterstatue von Tamerlan beherrscht die Szene auf dem **Amir Timur Maydoni**, dem Hauptplatz Taschkents, von dem breite Boulevards abgehen, entlang derer sich weitere städtische Attraktionen erstrecken. Insbesondere verdient das **Staatliche Museum für Geschichte der Völker Usbekistans** *(Sharaf Rashidov 30, Tel. 071.1391778, Öffnungszeiten Di–So 10–17 Uhr)* mit seinen interessanten archäologischen Funden einen Besuch. Sehenswert ist auch das **Usbekische Kunstmuseum** *(Mavarounnakhr-Proletarskaya 16, Tel. 071.2367436, Öffnungszeiten Mi–So 10–17 Uhr, Mo 10–14 Uhr)*, wo eine bedeutende Sammlung künstlerischer Artefakte aus vorrussischer Zeit zu bewundern ist, darunter über tausend Jahre alte Buddha-Statuen, Möbel der königlichen Familien und prächtige Wandteppiche aus gestickter Seide und Baumwolle aus dem 19. Jh. Für die Besichtigung des **Eisenbahnmuseums** *(Movarounnakhr 1, Tel. 071.1997996, Öffnungszeiten Mi–So 9–18 Uhr)* neben dem Hauptbahnhof, das über eine Sammlung riesiger Züge aus der Sowjetzeit verfügt, muss man sich hingegen in den äußersten Südosten der Stadt begeben.

212-213 - Barak-Khan-Medresse in Taschkent.

213 - Nationalgalerie für usbekische Tracht in Taschkent.

SAMARKAND ***(2 Tage)***
Das 292 km westlich von Taschkent gelegene Samarkand, das Alexander den Großen in Erstaunen versetzte, von Dschingis Khan zerstört und von Tamerlan Ende des 14. Jh. prächtiger denn je wieder aufgebaut wurde ist die Symbolstadt der Seidenstraße. Das Herz der Stadt ist der außergewöhnliche **Registan** *(Registan-Tashkent kuchasi, Öffnungszeiten 8–18 Uhr)*, ein Komplex beeindruckender Medressen, die im vergangenen Jahrhundert restauriert wurden. Die Fassaden sind mit blauen Majoliken und Mosaiksteinen bedeckt und dem Platz zugewandt, auf dem sich einst der Basar befand. Die älteste Medresse ist die 1420 fertiggestellte **Ulugh-Beg-Medresse** auf der westlichen Seite mit schönen Kuppeln und den noch sichtbaren Zellen der Schüler. Im hinteren Teil befindet sich eine Moschee. Gegenüber kann man die **Scher-Dor-Medresse** (17. Jh.) bewundern. Das Portal ist trotz des islamischen Bilderverbots mit Löwenbildern verziert. Der Eindruck wird durch die **Tilya-Kori-Medresse** vervollständigt, die ebenfalls aus dem 17. Jh. stammt. Auf demselben Platz befindet sich auch das **Museum für Kulturgeschichte Usbekistans** *(Ecke Registan-Tashkent kuchasi, Öffnungszeiten 9–17 Uhr)* mit einer großen Sammlung archäologischer Fundstücke aus Samarkand und Umgebung, Gegenständen der Volkskunst und mit Werken zeitgenössischer Künstler. Hinter dem Registan in nordöstlicher Richtung erhebt sich die riesige **Bibi-Khanum-Moschee** *(Tashkent kuchasi, Öffnungszeiten 8–18 Uhr)*, die von der Ehefrau Tamerlans, Bibi Khanum, erbaut wurde. Sie wurde mehrfach von Erdbeben zerstört und jedes Mal wiederaufgebaut. An derselben Straße, aber fast am äußersten Ende der Stadt, ist das **Afrasiab-Museum** *(Tashkent kuchasi, Tel. 066.355336, Öffnungszeiten 9–18 Uhr)*

zu sehen. Auf der archäologischen Grabungsstätte wenige Hundert Meter weiter entdeckt man Überreste zahlreicher Zivilisationen aus der Stadt Afrasiab und dem antiken Samarkand. In derselben Zone befindet sich das **Ulugh-Beg-Observatorium** *(Öffnungszeiten 9–18 Uhr)*, vor dem man die Reste eines 30 m hohen Astrolabiums bewundern kann, das Ulugh Beg zu Beginn des 15. Jh. errichten ließ. Wenn man weiter nach Osten geht, erreicht man fast am Ausgang der Stadt die **Schah-i-Sinda-Nekropole** *(Dzhuorakolova kuchasi, Öffnungszeiten 9–18 Uhr)*, eine Straße mit Grabmonumenten der Günstlinge Tamerlans und seines Enkels Ulugh Beg, die mit wertvollen Majoliken verziert sind. Der große Herrscher ruht hingegen im schlichteren **Gur-Emir-Mausoleum** *(Akhunbabayev, Öffnungszeiten 8.30–18 Uhr)* am gegenüberliegenden Ende der Stadt unter einer blauen Kuppel.

214 OBEN - DER REGISTAN VON SAMARKAND.

214 UNTEN UND 215 OBEN - BLICK AUF DAS ÄUSSERE UND INNERE DES GUR-EMIR-MAUSOLEUMS.

215 UNTEN - ÜBERRESTE DES AQ-SAROY, DAVOR EINE TAMERLAN-STATUE, IN SHAHRISABZ.

Shahrisabz

Tamerlan wurde am 9. April 1336 im heutigen Shahrisabz geboren. Damals hieß dieses 90 km südlich von Samarkand liegende Städtchen Kesch. Der Feldherr taufte es auf den aktuellen Namen, der „grüne Stadt" bedeutet, und ließ prächtige Paläste und Denkmäler errichten (die im 16. Jh. von einem Emir aus Buchara geschliffen wurden). Aus jener Zeit kann man noch die Reste des **Ak-Saray** (Öffnungszeiten 9–18 Uhr) *bewundern, des Weißen Palastes, der in Prunk und Ausmaß alle Gebäude Samarkands überragte. Ein wenig südlich des Zentrums steht die* **Kok-Gumbaz-Moschee** (Ecke Ipak Uli-Jehangir, Öffnungszeiten 8.30–18 Uhr), *die vom Enkel Tamerlans, Ulugh Beg, 1437 fertiggestellt wurde und eine schöne blaue Kuppel hat. Neben der Moschee erhebt sich das* **Gumbazi Sayidan**, *ein Mausoleum, das ebenfalls Ulugh Beg für seine Nachkommen errichten ließ. Hier befindet sich ein Grabstein mit Namen Tosh Kash, der therapeutische Wirkung haben soll: Die Einwohner der Stadt pflegen Wasser darüber laufen zu lassen, das sie dann, angereichert mit seinen wohltuenden Mineralsalzen, wieder auffangen. In der Nähe erreicht man die Überreste des* **Khazrati-Imam**, *eines großen Gebäudekomplexes, von dem das* **Grab von Jehangir** *(Lieblingssohn Tamerlans) und die schmucklose* **Krypta Tamerlans** *mit einem enormen, aus einem einzigen Stein gehauenen Sarkophag erhalten geblieben sind. Die sterblichen Überreste des Herrschers sind hier jedoch nie eingetroffen. Im* **Amir Timur-Museum** (Ipak Yuli, Öffnungszeiten 9–17 Uhr) *kann man die Rekonstruktion der Stadt Shahrisabz zur Zeit ihres größten Glanzes bestaunen.*

BUCHARA UND KHIVA ***(4 Tage)***

Um die magische heilige Stadt Buchara zu erreichen, legt man weitere 250 km in Richtung Westen auf der Staatsstraße M 37 zurück. Die **Shahristan** (Altstadt) mit ihrer tausendjährigen Gebäuden, seinem Geflecht an Gässchen, den zahlreichen antiken Medressen, Minaretten, steinernen Wasserauffangbecken und Kanälen ist der Ort, der einen mehr als alle anderen die Atmosphäre des goldenen Zeitalters der Seidenstraße erleben lässt. Die Besichtigung kann problemlos zu Fuß erfolgen; sie beginnt mit dem **Lyabi Hauz**, dem Platz, an dem die Zeit stehen geblieben ist. Er wurde 1620 um eines der 200 über die Stadt verteilten Wasserauffangbecken gebaut und hat den Stil der Zeit bewahrt. Von den Tischchen der Bars im Schatten der Maulbeerbäume schweift der Blick über die rundum stehenden historischen Gebäude. Zu den wichtigsten gehören die **Nadir-Divanbegi-Medresse**, die **Nadir-Divanbegi-Tekke** (die ihren Namen von dem Minister Abdul Aziz Khan haben, der sie im 17. Jh. errichten ließ) und die **Kukeldash-Medresse**, die Sitz einer der bedeutendsten Islamschulen Zentralasiens war. Gleich in nördlicher Richtung hinter dem Platz befindet sich heute wie vor tausend Jahren das Händlerviertel mit Handwerksläden und überdachten Märkten, die interessanterweise von kleinen Kuppeln überragt werden, die den Luftaustausch erleichtern sollten. Der Blick wird jedoch von dem 1127 gebauten, 47 m hohen **Kalon-Minaretts** *(Hoja Nurabad, Öffnungszeiten 9–17 Uhr)* gefangen, das man in weniger als 5 Minuten vom Lyabi Hauz erreicht. Der Turm ist mit 14 Schmuckbändern aus blauen Kacheln sowohl ein künstlerisches als auch ein bautechnisches Meisterwerk: Trotz seiner beinahe 900 Jahre mussten nie bedeutende Restaurierungen vorgenommen werden, und er hat mehr als ein Erdbeben unbeschadet überstanden. Um auf die Turmspitze zu gelangen, muss man 105 Treppenstufen erklimmen, die im Inneren der **Kalon-Moschee** *(Hoja Nurabad, Öffnungszeiten 9–17 Uhr)* beginnen, die im 17. Jh. auf den Resten eines kultischen Bauwerks errichtet wurde, das Dschingis Khan dem Erdboden gleichgemacht hatte. Die Moschee kann bis zu 10.000 Gläubige aufnehmen und wird von 228 Kuppeln überragt, die so klein sind, dass man sie nur vom Minarett herab sehen kann, nicht aber von der Straße aus. Nach fünf Minuten Fußweg erreicht man die **Ark** *(Registan, Öffnungszeiten 9–18 Uhr)*, das älteste Bauwerk Bucharas. Es handelt sich um eine zur Festung ausgebaute Zitadelle, in der vom 5. Jh. bis 1920 die königlichen Familien lebten. Obwohl sie zu einem guten Teil von den Russen zerstört wurde, kann man noch Teile der königlichen Wohnräume besichtigen: die **Juma-Moschee** (17. Jh.) mit einer Sammlung von Schreibgeräten aus dem 18. und 19. Jh. und eine Reihe kleinerer Ausstellungen, die abwechselnd der Stadtgeschichte, der angewandten Kunst, aber auch Stilmöbeln oder Münzen gewidmet sind. Im nahe gelegenen Samani-Park kann man ein kurzes Stück der 12 km langen Mauer bewundern, die einst die Stadt umgab, und das **Ismail-Samany-Mausoleum** *(Kirov Par, geöffnet 9–17 Uhr)* besichtigen, eine im 10. Jh. erbaute elegante Konstruktion aus Terrakottaziegeln, die je nach Sonneneinstrahlung die Farbe zu wechseln scheint.

Man braucht ein Taxi, um den 6 km nördlich der Stadt gelegenen **Makosha Sitorai Mohi Xosa** *(Öffnungszeiten 9–17.30 Uhr)* zu erreichen, den Sommerpalast des letzten Emirs Alim Khan. In dem Gebäude, das einen ungewöhnlichen Wechsel zwischen elegantem Ambiente und eher geschmacklosen Räumen aufweist, befindet sich eine schöne Sammlung von Porzellan aus ganz Asien. Im Haremsbereich gibt es eine Suzani-Ausstellung mit Seidenstickereien auf Baumwolle, welche die Ehefrauen der Emire als Mitgift mitbrachten.

450 km trennen Buchara von **Khiva**, der besterhaltenen der alten Städte an der Seidenstraße. Man erreicht sie bequem per Flugzeug über **Urgentsch** und vermeidet so eine lange und wenig ereignisreiche Reise auf dem Landweg über die A 380. Die Besichtigung konzentriert sich auf das **Ichan-Qal'a** *(Öffnungszeiten 9–18 Uhr)*, das vollständig von einem 2,5 km langen, im 17. Jh. errichteten, mächtigen Mauerring umschlossen wird. Die gesamte Zitadelle

Buchara-Teppiche

Es ist interessant, die Werkstätten zu besichtigen, in denen die berühmtesten Teppiche der Welt Gestalt annehmen, und die Versuchung ist groß, ein „geknüpftes" Souvenir nach Hause mitzunehmen. Doch das Risiko, hereingelegt zu werden, besteht immer. Zu den sicheren Adressen zählt der ***UNESCO Carpets Weaving Shop*** (Eshoni Pir 57, Tel. 065.2236613, Öffnungszeiten Mo–Sa 9–17 Uhr), *der auch Besichtigungen der Werkstätten organisiert. Oder man geht, ebenfalls in der Altstadt, in das Geschäft von* ***Tim Abdullah Kahn*** (Haqitat s/n, Öffnungszeiten 9–18 Uhr), *das seit 1500 eines der bekanntesten der Stadt ist, auch für die Seidenverarbeitung. Auch hier kann man den Arbeiten von Hand oder an der Maschine beiwohnen, bevor man sich zu einem Kauf entschließt. Eine weitere gute Adresse etwas nördlich in derselben Straße ist der* ***Bukhara Carpets Workshop*** (Haqitat s/n, Öffnungszeiten 9–18 Uhr), *der direkt gegenüber der Mir-i-Arab-Medresse liegt. Ansonsten sucht man in den Läden der alten überdachten Märkte, wo man auf günstigere Preise stoßen kann, aber immer das Risiko besteht, einen nicht originalen Teppich angedreht zu bekommen. Die lebhaftesten Basare sind der* ***Toki-Telpak Furushon*** (Öffnungszeiten 8–18 Uhr), *der das gesamte Gebiet zwischen Hoja Rushnoj und Arabon einnimmt, und der* ***Toki-Zargaron*** (Ecke Nurabad und Haqitat, Öffnungszeiten 8–18 Uhr) *mit viel handgefertigtem Schmuck, vor allem aus Silber.*

wurde im vorigen Jahrhunderts renoviert, und so ist es wirklich ein Erlebnis, in einer Art Museumsstadt voller Läden und Gässchen zu spazieren, die zwischen den Denkmälern verschiedener Zeitalter verlaufen. Alle sind zur genannten Tageszeit geöffnet; die Eintrittskarte für die Zitadelle (etwa 6 Euro inkl. Fotografiererlaubnis) schließt den Eintritt zu den meisten Gebäuden ein. Die Besichtigung erfolgt hauptsächlich entlang der Pahlavon Mahmud, der Straße, die die Zitadelle von Westen nach Osten durchquert. In der Tat befinden sich die Hauptsehenswürdigkeiten in dieser und den angrenzenden Straßen. Die Runde beginnt am **Ota-Darvoza** (wörtlich das „Tor des Vaters"). Gleich auf der rechten Seite stößt man auf das elegante Gebäude der in ein Hotel umgewandelten **Mohammed-Amin-Khan-Medresse.** Gegenüber beherrscht die **Kunya-Ark-Zitadelle** die Szene, die zur Festung ausgebaute Residenz der Herrscher von Khiva, die vom 12. Jh. an in mehreren Phasen errichtet wurde. Hier kann man den **Thronsaal**, die **Münzstätte** mit einigen auf Seide gedruckten Geldscheinen, das **Zindon** (Gefängnis) mit einer kleinen Auswahl an von den Kerkermeistern benutzten Instrumenten, die Ställe und die mit blauen und weißen Kacheln bedeckte **Sommermoschee** (19. Jh.) mit rotgoldenem Dach besichtigen. Der Anstieg zur **Oq-Shihbobo-Bastion** lohnt die Mühe: Man gelangt zu einem großen Pavillon, von dem aus man die gesamte Ichan-Qal'a bewundern kann. Einige Dutzend Meter weiter in östlicher Richtung stößt man auf die **Mohammed-Rahim-Khan-Medresse** aus dem 18. Jh. mit seinem dem Khan gewidmeten Museum, dem es besser als allen anderen gelang, sich den Russen zu widersetzen. Ein Stück weiter befindet sich die prächtige **Juma-Moschee**, deren Dach von 218 Holzsäulen getragen wird, von denen einige noch aus dem 10. Jh. stammen. Fast in Sichtnähe des Osttors der Zitadelle befinden sich einige der interessantesten Bauwerke der Ichan-Qual'a: die **Kutlimurodinok-Medresse** (1809) und gleich gegenüberliegend die **Alloquli-Khan-Medresse**, beide mit Fassaden aus Majoliken. Von den hohen hölzernen Toren der Letzteren gelangt man auf den belebten **Alloquli-Khan-Basar**, wogegen man gleich nördlich der Medresse den **Tasch-Khauli-Palast** bewundern kann, das Bauwerk mit den prächtigsten und raffiniertesten Dekorationen der ganzen Stadt. Er wurde 1832 errichtet und besteht aus 150 Räumen, die 9 Innenhöfe umgeben.

Übernachten

€€€ Hotel Afrosiyob Palace (Samarkand). Modern und in einer strategischen Lage bei den wichtigsten Monumenten der Stadt. 278 Zimmer, Schwimmbecken im Freien, Sauna und Restaurant. Service bei Führungen und Eintrittskarten für Veranstaltungen. *Info: Registan 2, Tel. 0662.311195*

€€ Sultan Hotel Bukhara (Buchara). 2008 eröffnetes Dreisternehotel mit hervorragendem Preis-Leistungs-Verhältnis. Es verfügt über lediglich 12 geräumige Zimmer, zum Teil mit Blick auf den schönsten Platz der Stadt. Gutes Restaurant und Service. *Info: Bakhouddin Nakshbandi 100, Tel. 065.2242435, www.bukhara-sultanhotel.com*

€€ Orzu Hotel (Taschkent). Das moderne Hotel gehobener Klasse befindet sich etwa 1 km südlich des Amir Timur Maydoni. Es ist unter anderem für sein prächtiges Frühstücksbuffet bekannt, wie es an Reichhaltigkeit und Auswahl nur wenige im Land bieten. *Info: Ivleva 14, Tel. 071.1208077, www.sambuh.com*

€€ Malika Khiva Hotel (Khiva). Das kürzlich erbaute und in der Nähe der wichtigsten Sehenswürdigkeiten gelegene Hotel vereint traditionellen Architekturstil mit modernem Komfort (Klimaanlage im ganzen Haus) und bietet aufmerksamen und pünktlichen Service. *Info: P. Kori 19, Tel. 06237.52665, www.malika-khiva.com*

Essen

€€ Karambek (Samarkand). Ein großer Raum und eine persönliche Bedienung; die typischen Gerichte der usbekischen Küche sind so zubereitet, wie sie sein sollen, und der Preis ist angemessen. Während des Abendessens kann man Bauchtanzaufführungen beiwohnen.
Info: Gagarina 194, Tel. 0662.212756

€ Sarrafon (Buchara). Bei der Restaurierung eines antiken öffentlichen Bads entstanden, lohnt sich das Restaurant eher wegen seiner Atmosphäre als wegen der Küche, die in Ordnung ist, aber keinen bleibenden Eindruck hinterlässt. Usbekische, russische und europäische Gerichte. Das Lokal wird viel von Gruppen aufgesucht, daher sollte man lieber reservieren. *Info: Arabon 1, Tel. 065.2237919*

€ Omar Khayyam (Taschkent). Eine gute Adresse für verschiedenste Geschmäcker. Die Fusion-Küche wird hauptsächlich von der traditionellen Küche Zentralasiens inspiriert, aber es gibt auch eine gute Auswahl an libanesischen und italienischen Gerichten. Man isst an großen Holztischen und wohnt Musikaufführungen bei. *Info: Movarounnakhr 33, Tel. 071.1322151*

€ Khorezm Art Restaurant (Khiva). Das Lokal wurde 2008 im Inneren der Alloquli-Khan-Medresse eröffnet und verbindet unvergleichliche Atmosphäre mit guter Küche zu günstigen Preisen. Die usbekischen Spezialitäten werden nach Vorgaben der renommiertesten Kochschule der Stadt zubereitet. *Info: Madrasa Alloquli Khan, Tel. 0623.757918*

Weitere Informationen: Usbekisches Tourismusbüro, www.uzbektourism.uz/en

216 OBEN - DIE KALON-MOSCHEE IN BUCHARA.

216 UNTEN - DIE ARK IN BUCHARA.

217 OBEN - DIE CHOR-MINOR-MEDRESSE IN BUCHARA.

217 UNTEN - DER MAUERRING VON KHIVA.

Rajasthan – *Indien*

Die märchenhaften Schlösser der Maharadschas lassen an Feste und Schlachten, an Kunstschätze und Prunk denken. Sie sind die Hauptattraktionen jeder Reise nach Rajasthan, dem nordwestlichen Bundesstaat Indiens, die immer für stärkste Eindrücke sorgt.

Der Palast der Winde in **Jaipur** ist die prunkvolle Visitenkarte der Hauptstadt Rajasthans. Der Stadtrundgang führt vom astronomischen Observatorium Jantar Mantar zum City Palace, einem weitläufigen Komplex königlicher Gebäude, der von einem Mauergürtel aus dem 18. Jh. umgeben wird. Jenseits der nördlichen Stadtmauer kann man die königlichen Kenotaphe von Royal Gaitor besichtigen, während sich in der östlichen Peripherie Jaipurs die von einer engen Schlucht halb verborgenen, stimmungsvollen Galta-Tempel befinden. Und dann noch das **Fort Amber** (11 km von Jaipur), ein im 16. Jh. erbauter Festungspalast, als Amber die Hauptstadt des Königreichs Jaipur war. In Pushkar, der heiligen Stadt Rajasthans, besichtigt man den Brahma-Tempel und den Vishnu geweihten Rama Vaikunth-Tempel, doch die Aufmerksamkeit wird auf den heiligen **Pushkarsee** gelenkt, an dessen Ufern sich immerhin 52 Ghats befinden. Das in 130 m Höhe gelegene Fort Mehrangarh ist die Hauptattraktion von **Jodhpur**, der „blauen Stadt“: Die zweitwichtigste Stadt Rajasthans kündigt sich mit dem gewichtigen Profil dieser Festungsanlage an. In **Jaisalmer** im Herzen der Tharwüste beschützt ebenfalls eine Festung den Palast der Maharadschas und sieben bedeutende Jaina-Tempel. Wunderschön ist die Altstadt, in der es prächtige Havelis (Herrenhäuser) gibt. Im romantischen **Udaipur**, das an zwei Seen liegt, besichtigt man den größten Palast Rajasthans. Mit dem Boot erreicht man die beiden Inseln im Pichola-See, auf denen es weitere bedeutende von den Maharadschas errichtete Gebäude gibt.

218-219 - Ein Hof des City Palace von Jaipur.

219 - Der Audienzsaal im City Palace von Jaipur.

Fortbewegung: *Für Reisende aus dem Ausland ist der Flughafen Delhi* (www.newdelhiairport.in) *das Einfallstor nach Rajasthan. Von dort aus reist man mit täglichen Inlandsflügen nach Jaipur oder Udaipur weiter. Von den Flughäfen dieser Städte kommt man nur mit dem Taxi oder mit den typischen Fahrradrikschas ins Zentrum. In diesem Fall sollte man vorher einen Preis aushandeln, da die Rikschas keine Taxameter haben. Alternativ mietet man ein Auto – sogar mit Fahrer –, das man für die ganze Reise nutzen kann. Unter den bei der Zwischenlandung in der Hauptstadt vertretenen Autoverleihern gibt es Avis* (www.avis.com) *und Europcar* (www.europcar.com).

Währung: *Die offizielle Währung Indiens ist die Indische Rupie.*

VON JAIPUR NACH PUSHKAR *(4 Tage)*

Die Farbe Rosa färbt den größten Teil der Altstadtgebäude Jaipurs ein. Die Hauptstadt Rajasthans umschließt in den Mauern ihres ältesten Kerns einige der prunkvollsten und originellsten Bauwerke ganz Indiens ein. An erster Stelle den 1799 erbauten **Palast der Winde** *(Sireh Deorhi Bazar, Öffnungszeiten Sa–Do 9–16.30 Uhr)*. Das fünfstöckige Bauwerk hat eine mit Hunderten Fenstern und Balkonen durchsetzte Fassade mit dahinter liegenden Nischen, von denen die Haremsfrauen die Straße sehen konnten, ohne selbst gesehen zu werden. Vom Dach dieses Bauwerks kann man die ganze Altstadt betrachten und deren ursprünglichen symmetrischen Entwurf entdecken. Die Straßen formen rechteckige Viertel, die jeweils einer anderen Handelstätigkeit gewidmet sind. Man verlässt den Palast und geht die Tripolia Bazar-Straße entlang bis zum **Jantar Mantar** *(www.jantarmantar.org, Öffnungszeiten 9–16.30 Uhr)*, ein faszinierendes astronomisches Observatorium, das 1728 unter der Regentschaft von Jai Singh II. errichtet wurde. Man kann dort 17 im Freien stehende wissenschaftliche Geräte bewundern. Jedes hat eine präzise Funktion wie das Nari Valaya Yantra, mit dem man die Stunden an bestimmten Orten des Globus berechnen kann, der Meridian mit einem 27 m hohen Stab und das Brihat Samrat Yantra, der größte Sonnenquadrant der Welt. Hinter dem Jantar Mantar befindet sich der **City Palace** *(Virendra Pol, Öffnungszeiten 9.30–17 Uhr)*, ein weitläufiger Komplex an Gebäuden, den Jai Singh II. in der ersten Hälfte des 18. Jh. anlegen ließ und der

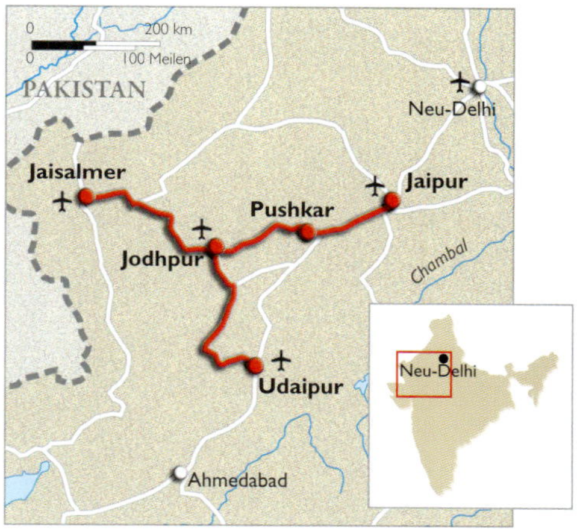

nachfolgend noch erweitert wurde. Der Komplex ist von einer Befestigungsmauer aus dem 18. Jh. umgeben, an die sich Geschäfte, Privatwohnungen und kleine Tempel anlehnen. Prächtig ist z.B. das direkt hinter dem Eingang gelegene **Mubarak Mahal** (19. Jh.), das zu der größeren Anlage des aus mehreren Königspalästen bestehenden **Maharaja Sawai Mansingh II Museum** gehört: Im Mubarak Mahal selbst befinden sich die von den Herrschern getragenen Gewänder, im Gebäude der Friends of Museum betrachtet man Miniaturen, Tragesessel und Musikinstrumente, im Maharani Palace die Waffen. Nur zum Teil kann man das **Chandra Mahal** besichtigen, den siebenstöckigen Palast, der noch von den Nachkommen der Maharadschas bewohnt wird. Neben dem **Tripolia Gate**, dem Haupttor des City Palace, das noch heute der Königsfamilie vorbehalten ist, ragt das **Iswari Minar Swarga Sal** *(Cchoti Chaupar, Öffnungszeiten 9- 16.30 Uhr)* empor, das 35 m hohe Minarett, von dessen Spitze man ein unvergleichliches Altstadtpanorama genießt.

Auf einer Anhöhe im nordwestlichen Teil Jaipurs erhebt sich das **Fort Nahargarh** *(Öffnungszeiten 10–17 Uhr)*, auch Tiger-Fort genannt. Zu diesem Bauwerk gehört der **Madhavendra Bhavan-Palast** im Stil des 19. Jh., dessen Fassade man auch vom Zentrum der Stadt sieht. In einer großen Parkanlage südlich des Mauergürtels bef nd et sich das **Albert Hall-Museum** *(Ram Niwas Garden, Öffnungszeiten Di–So 10–16.30 Uhr)*, in dem schöne Sammlungen an Musikinstrumenten und Trachten ausgestellt sind. Unmittelbar jenseits der Nordmauer kann man die königlichen Kenotaphe von **Royal Gaitor** *(Öffnungszeiten 9–16.30 Uhr)* besichtigen. Es handelt sich um 20 weiße Marmorpavillons mit verschieden großen Kuppeln, die an der Stelle errichtet wurden, an der die Maharadschas und die Kachwaha-Prinzen eingeäschert wurden. Besonders ragt das Kenotaph von Jai Singh II. mit seiner Kuppel und ihren Skulpturen heraus, die 18 Nymphen und himmlische Musiker darstellen. Nicht verpassen darf man die in der östlichen Peripherie Jaipurs gelegenen **Galta-Tempel** *(Surajpol Bazar, Öffnungszeiten 9–16.30 Uhr)*, ein Dutzend Bauwerke aus dem 18. Jh., die von einer engen Schlucht geschützt werden, in der Languren und Makaken leben, daher auch der Name Affentempel. In nördlicher Richtung 11 km außerhalb liegt **Fort Amber** *(Öffnungszeiten 9–17.30 Uhr)*, die von Man Singh I. Ende des 16. Jh. errichtete Festungsanlage. Jai Singh II. vergrößerte sie später. Man kann sie zu Fuß oder auf dem Rücken eines Elefanten erreichen. Der Komplex wurde auf dem Gipfel eines Hügels errichtet und verfügt über große Gärten mit Blick auf den darunter liegenden **Maota Sagar-See**. Man kann dort gut erhaltene Gebäude wie das **Jai Mandir** (Siegessaal) oder den **Sukh Niwas** (Vergnügungssaal), prächtige Pavillons wie den **Diwan-i-Am** und den kleinen **Sila Devi-Tempel** besichtigen.

Pushkar liegt 140 km westlich von Jaipur und ist über die NH 8 zu erreichen. Auch wenn die Stadt klein ist (15000 Einwohner), so ist sie doch die heilige Stadt Rajasthans. Nicht zufällig zählt man dort fast 400 Hindutempel, die oft winzig klein sind oder erst kürzlich erbaut wurden; die bekanntesten sind der **Brahma-Tempel** *(geöffnet von Sonnenaufgang bis Sonnenuntergang)*, einer der wenigen auf der Welt, die dieser Gottheit gewidmet sind, die hier mit vier Köpfen dargestellt wird, und der Vishnu geweihte **Rama Vaikunth-Tempel**.

Einkaufen in Jaipur

Basare, Boutiquen, Einkaufszentren. In Jaipur finden Shopping-Fans ein umfangreiches und originelles Angebot vor. In der Altstadt gibt es zahlreiche, oft auf spezielle Warenarten ausgerichtete Basare. So ist der ***Johari-Basar*** *für seine Gold- und Silberwaren bekannt, der* ***Kishan Pole-Basar*** *ist das Königreich der Tuchhändler, auf dem* ***Maniharo ka Rasta-Basar*** *findet man die beste Auswahl an Harzschmuck, der* ***Nehru-Basar*** *ist der richtige Ort für Parfüm. Nur der* ***Tripolia-Basar*** *in der Nähe des Johari lässt keine Wünsche offen. In jedem Fall ist das entschiedene, aber höfliche Aushandeln des Preises Pflicht. Auch wer die Ruhe der Läden und Boutiquen vorzieht, hat lediglich die Qual der Wahl. Für den Erwerb des berühmten Schmucks aus Jaipur geht man ins* ***Gem Palace*** (M. I. Rd., www.gempalacejaipur.com) *oder ins* ***Royal Gems and Arts*** (Saras Sadan, Gangori Bazar, www.royalgemsandarts.com), *das sich in einer schönen Haveli befindet. Raffinierte Stoffe, auch in Ballen, wählt man bei* ***Anokhi*** (C-11 Prithviray Rd., www.anokhi.com) *oder bei* ***Fabindia*** (Sarojini Marg, www.fabindia.com), *wo es auch zertifizierte biologische Schönheitsprodukte gibt. Wer die authentische und typische Handwerkskunst Rajasthans bewundern möchte, von Teppichen (aus Wolle oder Seide) bis zu Stoffen (Schals, Gewänder, Saris, Betttücher), ohne Objekte aller Art aus Silber, Holz, Messing und Marmor auszulassen, geht zu* ***Jaipur Handicrafts*** (NH 8, bei Khole ke Hanumanji, www.jaipurhandicrafts.co.in), *ein riesiges Kaufhaus am westlichen Rand der Stadt, das Handwerksprodukte des gesamten Bundesstaats vertreibt.*

Spirituelles Zentrum des Städtchens ist der **Pushkarsee**, dessen Ufer von 52 Ghats gesäumt werden, gewaltigen Treppen, die die Pilger für die Waschung in den heiligen Wassern hinabsteigen. Ein schöner Spaziergang führt zum Savitri-Tempel *(geöffnet von Sonnenaufgang bis Sonnenuntergang)*, der auf einem Hügel weniger als 1 km entfernt liegt: Es empfiehlt sich, vor Sonnenaufgang hinaufzusteigen, um der Hitze zu entgehen und um den Anblick zu genießen, wenn die aufgehende Sonne sich im See spiegelt.

220-221 - Das Fort Amber.

220 unten - Das Albert Hall-Museum in Jaipur.

221 unten - Der Kamelmarkt von Pushkar.

Kamele

In einem Gebiet, das wie Rajasthan zu einem guten Teil aus Wüste besteht, spielt das Kamel auch heute noch eine vorherrschende Rolle, auch für die Touristen. Die Kamele sind die Hauptprotagonisten der Puskar Camel Fair, dem traditionellen Kamelmarkt, auf dem jedes Jahr zwischen Oktober und November (im Einklang mit dem Beginn des achten Mondmonats des Hindukalenders) mehr als 50.000 Tiere vertreten sind. Zehn Tage lang können die Besucher an Festen teilnehmen, aber auch oft überraschenden folkloristischen Aufführungen, Konzerten, Wettbewerben oder Prozessionen beiwohnen. Das ganze Jahr über kann man hingegen Ausflüge oder echte Reisen auf dem Kamelrücken zu einigen der bedeutendsten Orte Radjasthans machen. Neben den klassischen Ausritten für wenige Stunden kann man von Pushkar aus sogar Durchquerungen nach Jodphur (7 Tage) oder Jaisalmer (10 Tage) unternehmen. Es sind Übernachtungen im Zelt vorgesehen, die von Mal zu Mal von den Veranstaltern der Pushkar Camel Safari (www.pushkarcamelsafari.com) *in der Wüste aufgeschlagen werden. Von Jaisalmer aus bricht man zur Entdeckung der Sanddünen in der Tharwüste und seiner Dörfer auf, die aus dem Nichts aufzutauchen scheinen. Das Programm sieht üblicherweise die Fahrt im Jeep von der Stadt bis zu den Plätzen vor, wo die Kamele auf die Touristen warten; man legt dabei zwischen 30 und 100 km zurück. Es lohnt sich, Ausflüge mit wenigstens einer Übernachtung im (normalerweise luxuriösen) Zelt zu buchen, doch es gibt auch Angebote für wenige Stunden oder eine ganze Woche. Zu den verlässlichsten Veranstaltern gehören* ***Adventure Travel Agency*** (www.adventurecamels.com) *und* ***Trotters Camel Safari*** (www.trotterscamelsafarijaisalmer.com).

222 OBEN - JODHPUR VON OBEN GESEHEN.

222 MITTE - DAS FORT MEHRANGARH.

222 UNTEN - EIN SAAL DES ZENANA MAHAL IN JODHPUR.

VON JODHPUR NACH JAISALMER *(4 Tage)*
185 km trennen Pushkar von **Jodhpur**. Die zweitgrößte Stadt Rajasthans kündigt sich von Weitem durch **Fort Mehrangarh** an *(Fort Rd., www.mehrangarh.org, geöffnet Okt.–März 9–17, Apr.–Sep. 8.30–17.30 Uhr)*, ein Meisterwerk der Rajput-Architektur in ockerfarbenem Kalkstein, das seit dem 15. Jh. von einem 130 m hohen, felsigen Hügel die Stadt beherrscht. Das Bauwerk verbindet die militärische Funktion mit der Residenz der Maharadschas. Um einen ersten Gesamteindruck zu erhalten, lohnt es sich, die Wälle entlang zu gehen, von denen aus man den besten Blick auf Jodhpur hat, das wegen der typischen Blaufärbung der Häuser „blaue Stadt" genannt wird (ursprünglich zeigte die Farbe nur die Wohnhäuser der Brahmanen an). In der Festung befinden sich zahlreiche Gebäude mit beschwörenden Namen wie **Vergnügungspalast** (Sukh Mahal), **Blumenpalast** (Phool Mahal) oder **Perlenpalast** (Moti Mahal), die von einem komplizierten System an Innenhöfen und Gärten getrennt sind. Interessant auch das interne **Museum** mit einer reichen Sammlung an Waffen, königlichen Ornamenten, Miniaturen und oft ungewöhnlichen Kostbarkeiten. Vom Tor der Festung nahe des **Takhat Vilas**, das wegen seiner feinen und festlichen Fresken sehenswert ist, steigt man in die Altstadt hinab zum belebten **Sardar Basar**, das richtige Ziel für alle, die handgearbeitete Stoffe und Silberwaren kaufen möchten. Von hier geht man die Nai Sadak und die High Court Rd. entlang bis zu den Umaid-Gärten, wo das **Sardar Government Museum** *(Öffnungszeiten Sa–Do 10–16.30 Uhr)* mit seiner Sammlung von Waffen und Skulpturen aus dem 6. bis 10. Jh. und dem großen Raum, der den Kostbarkeiten aus viktorianischer Zeit gewidmet ist, einen Besuch verdient. Vorbei am **Justizpalast** aus dem 19. Jh. im anglo-Rajput-Stil geht man weiter bis zum **Umaid Bhavan-Palast**, einem mächtigen Gebäude mit 347 Räumen aus der ersten Hälfte des 20. Jh., das Rajput-Stil und Art-Déco-Einflüsse in sich vereinigt. Zum Teil wurde es in ein Luxushotel umgewandelt, aber es beherbergt auch ein kleines **Museum** mit einer schönen Uhrensammlung, Miniaturen und Rüstungen. Knapp 9 km nördlich der Stadt verdienen die **Mandore-Gärten** einen Besuch. Sie befinden sich an der Stelle der antiken Hauptstadt der Rathor-Herrscher und werden von den Ortsansässigen sehr

223 OBEN - SADAR GATE IN JODHPUR.

223 MITTE - EINE HAVELI IN JAISALMER.

223 UNTEN - TEMPEL IM INNEREN DER FESTUNG VON JAISALMER.

geschätzt und waren bis zum Ende des 19. Jh. die Begräbnisstätte der königlichen Familie. Einige Kenotaphe in zwei verschiedenen architektonischen Stilen liegen dort verstreut: das klassische *Chhatri* (Pavillon mit Kuppel) und das *Deval* in Form eines Tempels.

Im Herzen der Tharwüste 260 km nordwestlich von Jodhpur entlang der NH 15 liegt **Jaisalmer**, eine der spektakulärsten Städte Radjasthans. Imposant ist die **Festung** aus dem 12. Jh., die von einem Mauerring mit 99 mächtigen Bollwerken umgeben wird. Im Inneren befindet sich eine verwinkelte Zitadelle. Das beeindruckendste Gebäude ist der siebenstöckige und zum Teil zu besichtigende **Palast der Maharadschas** *(Öffnungszeiten März–Juli 8–18 Uhr, Aug.–Feb. 9–18 Uhr)*. Vom höchsten Punkt des Palasts reicht die Sicht ins Unendliche. Die Besichtigung führt durch reich dekorierte Repräsentationsräume und gemütliche Privat- und Diensträume bis zur Mosaikspiegelgalerie des **Raj Mahal** und zum **Fort Palace Museum**, wo Möbel und Kostbarkeiten ausgestellt sind, die 900 Jahre Geschichte erzählen. Im Innern der Mauern befinden sich sieben miteinander verbundene **Jaina-Tempel** mit zahlreichen Skulpturen und Reliefs aus weißem Marmor. Besonders eindrucksvoll sind die *Tirthankara*, Tänzerinnen und Tiere, die die Mauern und Decken der Tempel von **Adinath** und **Chandraprabhu** schmücken. Die Kuppel des Letzteren besteht aus einem einzigen Marmorblock. Das Wunderwerk setzt sich dank der in der Altstadt verstreuten reichen *Haveli* (Herrenhäuser) außerhalb der Festung fort: Die prachtvollste ist die **Patwa-Ki-Haveli** *(Gopa Chowk, Öffnungszeiten 9–18 Uhr)*, die in der ersten Hälfte des 19. Jh. in einer Gasse östlich der Festung erbaut wurde. Im Inneren befindet sich das **Kothari's Patwa Haveli Museum** mit Objekten und Einrichtungsgegenständen des täglichen Gebrauchs aus der Zeit der Erbauung des Gebäudes. Kaum hundert Meter entfernt steht die wegen ihrer Dutzenden von Pfauenskulpturen und ihrer mit Bogen und Kuppeln überdachten Balkone aus Indigo interessante **Salim Singh-Ki-Haveli** *(geöffnet Okt.–Apr. 8–18, Mai–Sep. 9–18 Uhr)*. Kurz vor der Mauer befindet sich das **Desert & Culture Centre Museum** *(Station Rd., Öffnungszeiten 10–20 Uhr)* mit Sammlungen von Stoffen und traditionellen Instrumenten.

UDAIPUR ***(2 Tage)***

Im südlichen Landstrich Rajasthans, 260 km südlich von Jodhpur, wird **Udaipur** als die romantischste aller indischen Städte angesehen. Ein Ruf, der von der ertspannten Atmosphäre und von den Seen herrührt, in denen sich die Gebäude und Monumente spiegeln. Der größte ist der 4 km lange und 3 km breite **Pichola-See**, an dessen östlichem Ufer der **City Palace** *(Öffnungszeiten 9–20 Uhr)* liegt, der größte Festungspalast Rajasthans. In klarem Mogul-Stil erbaut, misst das Gebäude 500 m Länge und 30 m Höhe und ist ein Labyrinth zahlreicher Gebäudeteile randvoll mit Schätzen. Im Hauptflügel befindet sich das **City Palace Museum** *(Öffnungszeiten 9.30–16.30 Uhr)*, für dessen Besichtigung man ein weiteres Labyrinth an Innenhöfen, Korridoren und Treppenaufgängen durchschreitet. Im ersten Gebäude links befinden sich die Miniaturen- und Waffensammlung, die 75 kg schwere Rüstung von Pratap Singh und der mit einem Rüssel versehene Maschenpanzer seines Pferdes Chetak, der die Pferde der Feinde erschrecken sollte. Zu besichtigen sind ferner das mit Glasmosaiken und Spiegel ausgeschmückte **Manak Mahal**, das mit Ornamentkacheln ausgekleidete **Chini Mahal** und der **Manak Chowk**, der Hauptinnenhof, in dem sich auch die Geschäfte der renommiertesten Handwerker Udaipurs befinden. Ebenfalls auf dem Gelände befindet sich der teilweise in ein Luxushotel umgewandelte **Fateh Prakash Palace**, in dem man die Kristallgalerie *(geöffnet 9–19 Uhr)* besichtigen kann, die alle Stücke vereinigt, die Maharadscha Sajjan Singh 1877 bei einer englischen Kristallwarenfabrik bestellte. Von der **Mole** des City Palace *(geöffnet 9.30–17 Uhr)* fahren die Schiffe zu den Inseln im Pichola-See ab, **Jag Niwas** und **Jag Mandir**: Auf Ersterer erhebt sich ein ehemaliger königlicher Sommerpalast aus dem 18. Jh., (jetzt ebenfalls ein Hotel), während der monumentale Komplex aus dem 17. Jh., der fast ganz Jag Mandir bedeckt, als der Palast angesehen wird, der die Architekten des Taj Mahal inspirierte. Zurück auf dem Festland besichtigt man die Altstadt mit dem antiken Königspalast **Bagore Ki Haveli** *(Öffnungszeiten 10–17.30 Uhr)*, der 137 Zimmer hat und ein **ethnographisches Museum** sowie eine Kunstgalerie beherbergt. Der nahe gelegene **Jagdish-Tempel** *(Öffnungszeiten 5–14 Uhr, 16–22.30 Uhr)* aus dem 17. Jh. mit seinen Skulpturen, darunter eine steinerne Statue Vishnus als Herr des Universums, verdient einen Besuch. Danach besichtigt man das **Bharatiya Lok Kala Museum** *(Chetak Circle, Öffnungszeiten 9–17.30 Uhr)* mit interessanten Sammlungen an Gegenständen und Bildern, die Szenen aus dem ländlichen Leben Rajasthans darstellen. Stündlich kann man einem Marionettentheater beiwohnen. Unmittelbar nördlich der Stadt liegt der **Brautjungferngarten** *(Saheli Marg, Öffnungszeiten 8–18 Uhr)*, der zu Beginn des 18. Jh. für die Hofdamen entworfen und unter der Herrschaft von Fateh Singh (Ende 19. Jh.) mit einem künstlichen See und ausgefeilten Wasserspielen wieder hergerichtet wurde. Auf den Bergen 8 km östlich von Udaipur befindet sich das **Sajjan Garh** *(Bansdara Mountain, Öffnungszeiten 9–18 Uhr)*. Der Palast wurde im 19. Jh. errichtet und später zur Residenz der Maharadschas während des Monsuns (daher der Name Monsoon Palace). Er ist eingebettet in eine Gebrgswelt mit großartigem Panorama.

Übernachten

€€€€ Jai Mahal Palace (Jaipur). Luxushotel mit unvergleichlicher Atmosphäre in einer Adelsresidenz des 18. Jh., die von einem großen Park im Mogul-Stil umgeben ist. Es hat ein modernes Wellness Center, das traditionelle Anwendungen anbietet, und ein Gourmetrestaurant. *Info: Jacob Road, Tel. 0141.2223636, www.tajhotels.com*

€€€€ Taj Hari Mahal Palace (Jodhpur). Moderner Bau in örtlichem Stil mit 93 Zimmern und bestem Service, in strategischer Lage zu den Sehenswürdigkeiten Jodhpurs. Großes Freibad, Wellness Center und gutes Restaurant. Airport-Shuttle garantiert. *Info: 5 Residency Rd., Tel. 0291.2439700, http://vivantabytaj.com/Hari-Mahal-Jodhpur/Overview.html*

€€ Jagat Niwas Palace Hotel (Udaipur). Hotel mittlerer Kategorie mit 29 Panoramazimmern in zwei miteinander verbundenen *Havelis*. Gutes Preis-Leistungs-Verhältnis; schon bei der Reservierung nach Zimmern mit Seeblick verlangen.
Info: 23-25 Lal Ghat, Tel. 0294.2422860, www.jagatniwaspalace.com

Essen

€€ Kebab Shop (Jaipur). Im Garten des Hotel Raj Mahal gelegen, für Abende im Zeichen von Geschmack und Eleganz. Fleisch und Fisch werden auf dem auffallenden Barbecue zubereitet, aber man kann auch raffiniertere Speisen vor allem der indischen Küche probieren. *Info: Jorawer Singh Gate, Amer Rd., Tel. 0141.2634077, www.rajpalace.com*

€ Mehran Terrace (Jodhpur). Auf einer Terrasse des Fort Mehrangarh gelegen, rückt der Ort alles weitere in die zweite Reihe. Angeboten werden indische und thailändische Gerichte. Als Hintergrund gibt es Livemusik und traditionelle Tanzaufführungen. *Info: Merhangarh Fort, Tel. 0291.2555389*

€ Mewar Haveli Roof Top Restaurant (Udaipur). Auf der Terrasse eines Gebäudes im traditionellen Stil gelegen, verfügt das Restaurant über gerade einmal sechs Tische und bietet einen überwältigenden Blick auf den Pichola-See. Es gibt vegetarische Küche hervorragenden Niveaus und nicht zu scharf.
Info: 34-35 Lal Ghat, Tel. 0294.2521140, www.mewarhaveli.com

Weitere Informationen: Indisches Tourismusbüro, www.incredibleindia.org

224 - Der City Palace in Udaipur.

225 - Der Pichola-See in Udaipur.

Die großen historischen Städte des Nordens *– Indien*

Metropolen, in denen es vor Leben und Farben wimmelt, stille Tempel erfüllt von tiefer Spiritualität, prächtige Bauwerke, welche die Geschichte mächtiger Dynastien erzählen: Die großen Städte des indischen Nordens vereinigen das Beste von dem, was das Land zu bieten hat, das sich wiederum nie von seiner Rolle als gelobtes Land für anspruchsvolle Reisende losgesagt hat.

An den gewaltigen Mauern des Roten Forts in **Old-Delhi** findet die erste Begegnung einer Reise höchster Intensität statt. In der Landeshauptstadt, die sich mit großer Geschwindigkeit in die Zukunft projiziert hat, kann man noch weitere außergewöhnliche Bauwerke wie die Jama Masjid-Moschee, das Humayun-Mausoleum, das Purana Qila-Fort und das Qutb Minar-Minarett bestaunen. Von großem Interesse sind auch das National Museum, das Crafts Museum und das National Gandhi Museum. Das Mausoleum von Taj Mahal ist die namhafte Visitenkarte von **Agra**, dennoch sollte man bedeutende Stätten wie das Fort, das Itimad-Ud-Daulah-Mausoleum und, etwa 40 km vom Zentrum entfernt, die befestigte Stadt von Fatehpur Sikri nicht vergessen. **Varanasi**, das alte Benares, ist die heilige Stadt der Hindus. Jedes Jahr kommen Millionen Gläubige, um im Wasser des Ganges zu baden, das die Stufen der monumentalen Ghats auf- und absteigt. Eine Bootsfahrt erlaubt es, diese oft spektakulären Andachtsorte zu bestaunen und zugleich für Stunden dem Chaos einer wahrhaftig belebten Stadt zu entkommen. Im Herzen der Altstadt inmitten der so engen Straßen, dass Autos dort nicht fahren können, sticht der Vishwanath-Tempel hervor mit seiner Kuppel und dem mit 800 kg Gold verkleideten Hauptturm.

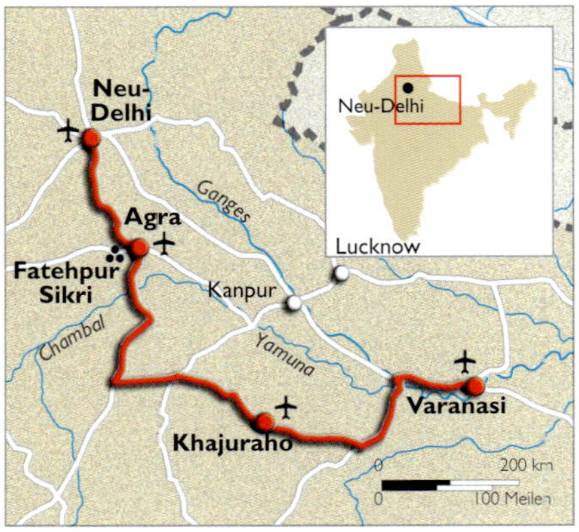

Fortbewegung: *Der internationale Flughafen Indira Gandhi von Neu Delhi (www.newdelhiairport.in) liegt 21 km südöstlich vom Zentrum. Man erreicht die Stadt mit der neuen Airport Express Metro Line* (www.delhimetrorail.com, Fahrbetrieb 5–23 Uhr), *die die 2011 eröffnete Strecke in 30 Minuten zurücklegt. Alternativ mietet*

man ein Auto – auch mit Fahrer –, das man während der gesamten Reise nutzen kann. Unter den am Flughafen vertretenen Autoverleihern gibt es Avis (www.avis.com) *und Europcar* (www.europcar.com). *Vom Flughafen Delhi starten häufig Direktflüge nach Agra und Varanasi. Das internationale und das nationale Terminal liegen 7 km auseinander und sind mit einem Transferservice verbunden. Das bequemste Fortbewegungsmittel in Delhi ist die Metro mit drei Hauptlinien und drei Nebenlinien.*

Währung: *Die offizielle Währung Indiens ist die Indische Rupie.*

DELHI ***(3 Tage)***

Mit seinen 13 Millionen Einwohnern kann Delhi durchaus chaotisch wirken. Ist man einmal unterwegs, merkt man allerdings, dass die Gegenden von touristischem Interesse eher dicht beieinander liegen und dass die Fortbewegung im Grunde nicht sonderlich schwierig ist. Die Besichtigung beginnt in **Old Delhi**, das der im 17. Jh. von Mogul Shah Jahan gegründeten Stadt entspricht. Ins Auge stechen vor allem die 18–33 m hohen Sandsteinmauern, die das **Rote Fort** *(Chandni Chowk, Öffnungszeiten Di–So 9–18 Uhr)* umgeben. Das Gelände wurde zwar mehrfach beschädigt und vom Glanz des 16. Jh. ist nicht viel geblieben, der Besuch lohnt sich aber wegen des Gebäudekomplexes innerhalb des Mauergürtels, den man am **Lahore Gate** auf der Westseite durchschreitet. Gleich hinter dem Eingang liegt die **Chhatta Chowk**, die überdachte Ladenstraße, wo die besten Handwerker der Stadt arbeiten und von der aus die Königsfamilien beliefert wurden. Etwas weiter vorne liegt das **Naubat Khana** oder Trommelhaus, die Residenz der Hofmusikanten, die hier aufspielten, um die Ankunft der Mitglieder der königlichen Familie am angrenzenden **Diwan-i-Am** (Halle für öffentliche Audienzen), der zu Beginn des 20. Jh. restauriert wurde, anzukündigen. Von hier aus gelangt man zu den damals nicht betretbaren Privatgebäuden. Die wichtigsten sind das **Mumtaz Mahal**, heute Museum des Forts, das **Rang Mahal** (der mit Spiegeln, Fresken, Gold- und Silberblatt geschmückte Palast der Königinnen mit einem großartigen Marmorbrunnen in Form einer Lotusblüte) und der **Diwan-i-Khas** (Halle für Privataudienzen). Abends (außer montags) wird das Rote Fort von einem bewegenden Spektakel aus **Ton und Licht** in Szene gesetzt (Nov.–Jan. 19.30, Feb.–Apr. und Sep.–Okt. 20 Uhr, Mai–Aug. 21 Uhr). Auf einer Erhebung fünf Minuten zu Fuß vom Lahore Gate befindet sich die **Jama Masjid-Moschee** *(Öffnungszeiten Sa–Do 8.30–12.30, 14–16.30, Fr 8–11 u. 14–16.30 Uhr)*, die wichtigste Moschee des Landes. Sie wurde im 17. Jh. aus rotem Sandstein mit Intarsien aus Marmor und Messing erbaut. Davor befindet sich eine monumentale Treppe, die zum Portal führt. Man kann den Gebetsraum mit seinen Koraninschriften besichtigen und auf eines der beiden Minarette steigen. Zurück am Lahore Gate zweigt die Mahatma Gandhi Marg ab, die am **Wald des Friedens** entlang läuft, dem großen Grüngebiet, in dem sich die Plattformen befinden, auf denen einige Protagonisten der jüngeren Geschichte des Landes eingeäschert wurden, von Mahatma Gandhi bis zu Präsident Nehru und seiner Tochter Indira.

226-227 - DIE JAMA MASJID-MOSCHEE IN DELHI.

227 - DER PRÄSIDENTENPALAST VON DELHI.

Unmittelbar südlich des Parks besucht man das **National Gandhi Museum** *(Rajghat, www.gandhimuseum.org, Öffnungszeiten Di–So 9.30–17.30 Uhr)* mit Kostbarkeiten und Gemälden. Der breite Rajpat-Boulevard bildet das Rückgrat von **New Delhi**, der modernen Stadt mit Regierungsgebäuden und großen Firmen, aber nicht ohne unvergessliche Monumente wie das **Humayun-Mausoleum** *(Lodi Rd., Öffnungszeiten Sonnenaufgang–Sonnenuntergang)*, das von einem großen Garten im Mogul-Stil (Tschahar Bagh) umgeben ist, in dessen Mitte sich das 1565 erbaute Mausoleum erhebt. In dem von der UNESCO zum Weltkulturerbe erklärten Komplex gibt es noch weitere prächtige Monumentalgräber. Einige hundert Meter weiter im Norden, zunächst die Dr. Zakir Hussain Marg und dann die Mathura Rd. entlang, erhebt sich die **Purana Qila** *(Mathura Rd., Öffnungszeiten Sonnenaufgang–Sonnenuntergang)*, eine von Sher Shah in der ersten Hälfte des 16. Jh. errichtete Festung mit dicken Mauern und großartigen Portalen. Im Innern gibt es einen schönen **achteckigen Turm** aus rotem Sandstein und die **Qila-i-Kuhna-Moschee**. Der die Festung umgebende Graben wurde in einen See verwandelt, auf dessen Oberfläche Boote und Tretboote schwimmen. Gegenüber der Nordmauer der Festung befindet sich das **Crafts Museum** *(Bhairong Marg, http://nationalcraftsmuseum.nic.in, Öffnungszeiten 9.30–17 Uhr)* mit über 20.000 Handwerksobjekten aus ganz Indien. Man kann die Handwerker bei der Arbeit beobachten und ihre Produkte kaufen. Nicht zu versäumen ist auch das **National Museum** *(Janpath, www.nationalmuseumindia.gov.in, Öffnungszeiten Di–So 10–17 Uhr)*, das anhand der Werke und Manufakte der verschiedenen Kulturen, die dort lebten, 5000 Jahre Geschichte des Landes erzählt. Zu den ältesten Fundstücken gehören Statuen und Schmuck der Harappa- und Mohenjo-Daro-Kultur (2500–1500 v. Chr.) und Terrakottaobjekte aus der Zeit des Maurya-Reichs und der Shunga-Dynastie (3. und 2. Jh. v. Chr.) sowie der Gupta-Dynastie (4.–6. Jh. n. Chr.). Am östlichen Rand der Stadt befindet sich der **Akshardham-Tempel** *(National Hwy 1, www.akshardam.com, Öffnungszeiten Di–So 9–18 Uhr)*, ein prächtiger Hindutempel, der kürzlich erbaut wurde und 20.000 Götterstatuen aus verschiedenen Epochen enthält. Wenn man sich in Richtung Süden bewegt, erreicht man den **Lotustempel** *(Nehru Place, Öffnungszeiten Di–So 9.30–19 Uhr)*, einen spektakulären Bahai-Tempel aus weißem Marmor in Form einer Lotusblüte, der 1986 eröffnet wurde. Von hier aus erreicht man in kurzer Zeit ein zweites von der UNESCO zum Weltkulturerbe erklärtes Bauwerk, den **Qutb Minar** *(Mehrauli, Öffnungszeiten Sonnenaufgang–Sonnenuntergang)*, das mit seinen 73 m das höchste steinerne Minarett der Welt ist. Es wurde 1368 fertig gestellt und beherrscht das Gelände der Quwwat-ul-Islam Masjid, der ältesten (12. Jh.) Moschee des Landes, die von einem schönen Hof mit Bogengang umgeben wird.

228 OBEN - AKSHARDHAM-TEMPEL IN DELHI.

228 MITTE OBEN - DAS CRAFTS MUSEUM.

228 MITTE UNTEN - DER LOTUS-TEMPEL.

228 UNTEN - DAS QUTB MINAR IN DELHI.

228-229 - DAS HUMAYUN-MAUSOLEUM.

Einkaufen in Delhi

Unter den Shoppingparadiesen der Welt verdient Delhi einen Platz in der ersten Reihe. Einen unvergleichlichen Mix aus hochwertigem Handwerk und Ramsch für Touristen findet man in der ***Chandni Chowk****, der historischen Handelsstraße von Old Delhi gegenüber dem Roten Fort mit Hunderten von Läden: Stoffe, Fäden und Stickereien aus Gold, Silberarbeiten, Leder, essentielle Öle, Henna, selbst Musikinstrumente. Etwas ruhiger und von den in der Stadt lebenden Ausländern besucht ist der* **Khan Market** (Subramanium Bharti Marg, http://khan-market.com, Öffnungszeiten Mo–Sa 10.45–19.30 Uhr) *im Süden der Stadt. Es handelt sich um ein Luxuseinkaufszentrum, das sich vor allem wegen der Schneidereien und der Boutiquen für handgearbeiteten Gold- und Silberschmuck lohnt. Auf dem* **Khadi Market** (Connaught Place, http://www.kvic.org.in, Öffnungszeiten Mo–Sa 10–19.30 Uhr), *der auf dem Gelände liegt, auf dem Gandhi sein Emporion zur Aufwertung örtlicher Produkte gründete, gibt es indische Baumwolle, Gewürze und natürliche und ayurvedische Schönheitsprodukte aus ganz Indien. Im* **Santushti Complex** (Race Course Rd., Chanakyapuri, Öffnungszeiten Mo–Sa 10–18 Uhr) *flaniert man zwischen eleganten Bungalows und Lauben im Grünen und in ruhiger Atmosphäre, um Stoffe, Kleidungsstücke und Schmuck auszusuchen. In der Nähe des Purana Quila befindet sich der* **Sunder Nagar Market** (Mathura Rd., Öffnungszeiten Mo–Sa 10.30–19.30 Uhr), *wo es zwischen Handwerksläden und Antiquariaten zwei empfehlenswerte Teeläden gibt: das* ***Regalia Tea House*** *und das* ***Mittal Tea House****, perfekte Orte für eine Ruhepause oder für den Kauf von außergewöhnlichsten Teemischungen. Beide haben auch sonntags geöffnet.*

AGRA *(3 Tage)*
Nur etwas mehr als 200 km trennen Delhi von **Agra** im Bundesstaat Uttar Pradesh, eine Entfernung, die schnelle Tagesbesichtigungen erlaubt, wenn man die häufigen Flugverbindungen zwischen den beiden Städten nutzt. Bequem ist allerdings auch die Fahrt mit dem Auto, die ganz über die **Yamuna Expy** erfolgt, die gut befahrbar ist. Der Magnet, der die Besucher nach Agra zieht, ist das **Taj Mahal** *(www.taj-mahal.net, Öffnungszeiten Sa–Do, Sonnenaufgang–Sonnenuntergang)*, das großartige, von Shah Jahan im 12. Jh. für seine Gemahlin Mumtaz Mahal errichtete Mausoleum. Der ummauerte Komplex zeichnet sich durch vier spektakuläre Ornamentgärten aus, die symmetrisch von künstlichen Kanälen durchzogen werden, die nach dem Tschahar Bagh-Modell oder vielmehr nach dem im Koran beschriebenen Paradies entworfen wurden. Man tritt durch den Südeingang ein und schreitet durch das 30 m hohe monumentale rote Sandsteintor. Nach dem Durchqueren der Gärten kommt man zum **Mausoleum**, das aus weißem Marmor auf einer Marmorbasis errichtet wurde. Die Wände sind mit gemeißelten Blumen und Intarsien aus tausenden Edelsteinen verziert. Um das Mausoleum herum ragen vier 40 m hohe weiße Minarette empor, die rein dekorative Funktion haben, während der Zentralbau von vier kleinen Kuppeln bedeckt wird, welche die zentrale Zwiebelkuppel, unter der sich das Kenotaph von Mumtaz Mahal befindet, zu umschließen und zu stützen scheinen. Die vier Fassaden des Taj Mahal gleichen sich und verfügen über großartige Bögen, die zum Teil mit Edelsteinen und Koranzitaten geschmückt sind. Die **Moschee** aus örtlichem roten Gestein auf der Westseite und ein kleines Museum mit Dokumenten und Entwürfen der Planer des Taj Mahal vervollständigen den Komplex. Nach der Rückkehr ins Stadtzentrum besichtigt man das **Fort Agra** *(Öffnungszeiten Sonnenaufgang–Sonnenuntergang)*, eine der größten Mogul-Festungen ganz Indiens. 1565 für militärische Zwecke errichtet, wurde sie mehrfach ausgebaut und nach einem Jahrhundert in einen Herrscherpalast umgewandelt. Bemerkenswert ist auch der Eingang, das **Amar Singh Gate**, das zu mühsamen Zickzackwegen zwingt, welche mögliche Angriffe mit Elefanten zurückwerfen und Feinde aufhalten sollten. Von den Gebäuden im Inneren

der Festung verdienen vor allem der **Diwan-i-Am** (Saal für öffentliche Audienzen), die 1635 für die Hofdamen errichtete **Perlenmoschee**, der **Shish Mahal** (Spiegelpalast), der achteckige Turm **Musamman Burj** und der **Anguri Bagh**, der im Haremsgebiet gelegene Garten, einen Besuch. Am Ostufer des Flusses Yamuna befinden sich das **Itimad-Ud-Daulah-Mausoleum** (das wegen seiner Ähnlichkeit mit dem prächtigeren Taj Mahal auch Baby Taj genannt wird), das **Chini-Ka-Rauza** mit dem Grab von Afzal Khan im persischen Stil (beide wurden zwischen 1620 und 1630 errichtet) und der **Mehtab Bagh**, ein prachtvoller Garten, der einige Zeit vor dem Taj Mahal angelegt wurde und heute die stimmungsvollste Aussicht auf das Mausoleum bietet. Es lohnt sich, die etwa 40 km westlich der Stadt gelegene befestigte Stadt **Fatehpur Sikri** *(whc.unesco.org/en/list/255, Öffnungszeiten Sonnenaufgang–Sonnenuntergang)* zu besichtigen. Man erreicht sie mit dem Linienbus vom Inter State Bus Terminal in Agra *(National Hwy 2, Sikandra, Tel. 0562.2603536)*. Trotz ihrer Pracht wurde sie 14 Jahre nach ihrer Gründung im Jahr 1571 wegen Problemen mit der Wasserversorgung aufgegeben. Dank zahlreicher Renovierungsarbeiten im Zuge ihrer Aufnahme in die Liste des UNESCO-Weltkulturerbes ist sie allerdings in einem hervorragenden Zustand. Unter den schönsten Gebäuden der Geisterstadt ragen, vom Eingang aus gegen den Uhrzeigersinn, der **Jodha Bai-Palast**, das ornamentale **Schwimmbad**, das **Khwabgah** (Haus der Träume) mit einem riesigen Steinbett und der **Rami Sultana-Palast** mit den feinsten Schnitzereien des gesamten Komplexes heraus. Danach stößt man auf den **Diwan-i-Khas** (Saal für Privataudienzen), von dem aus man zum Schatz gelangt, der von steinernen Tresoren geschützt wird, die zum Vorteil der Besucher teilweise geöffnet sind. Anschließend bewundert man den ausgefeilten fünfstöckigen **Panch Mahal-Pavillon** und das bemerkenswerte **Hiran Minar**, das mit steinernen Elefantenstoßzähnen verzierte Minarett zur Erinnerung an den Lieblingsdickhäuter von Akbar, dem Mogulherrscher und Gründer der Stadt. Besonders prächtig ist schließlich die **Jama Masjid-Moschee**, zu der man über das 54 m hohe **Buland Darwaza** (Siegestor) gelangt.

Khajuraho

Eine Stadt mit kaum 20.000 Einwohnern, die man auf der Reise ins nördliche Indien auf keinen Fall verpassen sollte. Im 400 km südlich von Agra gelegenen ***Khajuraho*** *befindet sich nämlich die größte Anzahl an mittelalterlichen Tempeln im ganzen Land. Sie wurden größtenteils zwischen 950 und 1050 erbaut und Vishnu, Shiva und Brahma geweiht. Bald schon wurden sie vom Dschungel verschlungen, der sie verbarg und vor den Zerstörungen in der Zeit der Invasionen bewahrte. Die wichtigsten Monumente sind diejenigen der Westlichen Gruppe* (Öffnungszeiten Sonnenaufgang–Sonnenuntergang)*; insbesondere der* ***Varaha-Tempel*** *mit dem berühmten Sandsteinwildschwein, der* ***Lakshmana-Tempel****, der der älteste Tempel und in Hülle und Fülle mit realistischen Skulpturen verziert ist, und der* ***Kandariya Mahadeva-Tempel****, der am raffiniertesten und ausgefeiltesten ist. Neben Letzterem befindet sich der* ***Vishvanatha-Tempel****, an dessen Außenseite sich der von einem Stier gezogene Wagen Shivas befindet. Zu den Besonderheiten der Tempel Khajurahos gehören ihre ungewöhnliche Höhe (bis zu 100 m), die große Menge an Fialen und Zinnen, aber vor allem die überaus zahlreichen und sehr expliziten erotischen Figuren (Statuen und Reliefzyklen). Nach dem Spaziergang zwischen den Tempeln besichtigt man das* ***Archäologische Museum*** (Main Rd., Öffnungszeiten Sa–Do 10–17 Uhr)*; ein bequemer Ausgangspunkt für die Besichtigung ist das* ***Lalit Temple View-Hotel*** (Main Rd., www.thelalit.com)*. Bei der Reservierung sollte man unterstreichen, dass man ein Zimmer mit Tempelblick möchte.*

230 OBEN - DAS TAJ MAHAL IN AGRA.

230 MITTE - DAS ITIMAD-UD-DAULAH-MAUSOLEUM.

230 UNTEN - DER EINGANG ZUM FORT AGRA.

231 - DIE RELIEFS DES KHAJURAHO-TEMPELS.

232 - Eines der Ghats von Varanasi.

VARANASI ***(2 Tage)***
Um **Varanasi** von Agra aus zu erreichen, fährt man 610 km die NH 2 entlang in Richtung Osten, oder man kehrt nach Delhi zurück und nimmt einen Direktflug. Varanasi hieß bis zur Umbenennung 1956 Benares. Sie ist die heilige Stadt schlechthin, welche die Hindus zumindest einmal im Leben zu erreichen suchen. Aus diesem Grund ist sie immer überlaufen und chaotisch. Um das Gedränge zu vermeiden, lohnt es sich, ein Boot an einem der 80 **Ghats** zu mieten, den Stufen, die vom Westufer bis zum Fluss hinab reichen. Normalerweise dauert die Fahrt etwa zwei Stunden, wobei der Fahrer meist die Eigenheiten und die Nutzung eines jeden Ghat erklärt: Das südlichste ist das **Assi Ghat**, das am Zusammenfluss vom Fluss Assi mit dem Ganges liegt; anschließend kommen u.a. das **Tulsi Ghat**, wo jeden Herbst das Krishna geweihte Festival gefeiert wird; das von drei Jaina-Tempeln überragte **Bachraj Ghat**; das **Kali Ghat** aus dem Besitz der alten Königsfamilie von Varanasi; das **Harischchandra Ghat**, eines der wenigen, das für Einäscherungen genutzt wird; das überlaufene und mit Ständen zugestellte **Dasaswamedh Ghat**, wo jeden Abend (um 19 Uhr) eine Zeremonie mit Opfern, rituellen Tänzen und Feuer gefeiert wird; das **Man Mandir Ghat** gegenüber dem Palast des Radscha von Jaipur; das **Manikarnika Ghat**, das als das heiligste von allen angesehen wird, weil Shiva hier grub, um einen Ohrring Parvatis zu suchen, und weil auf der schwarzen Steinplatte des Charanpaduka die Fußspur Vishnus abgedruckt ist; schließlich das **Trilochan Ghat** mit zwei Türmchen, die aus den Wassern des Ganges ragen. Um zum **Fort Ramnagar** *(Tel. 0542.2339322, Öffnungszeiten 9–12 Uhr, 14–17.30 Uhr)* zu gelangen, lohnt es sich ebenfalls, ein Boot zu nehmen. Das Fort wurde im 17. Jh. am Ostufer des Ganges südlich des Assi Ghat errichtet. Von hier aus genießt man den schönsten Sonnenuntergang über der Stadt, und man kann ein originelles **Museum** besichtigen, in dem astronomische Instrumente, mit Edelsteinen verzierte Tragsessel und Oldtimer auch aus den Vereinigten Staaten ausgestellt sind. Die Hauptattraktion des Museums ist die große Waffensammlung. Am gegenüberliegenden Ufer des Flusses entlang der Ramnagar Rd. erreicht man die **Benares Hindu University** *(www.bhu.ac.in)*, die von einem ruhigen, 5 qkm großen Park umgeben wird, in dem sich das **Bharat Kala Bhavan** *(Tel. 0542.316337, Öffnungszeiten Juli–Apr. Mo–Sa 10.30–16.30 Uhr, Mai–Juni Mo–Sa 7.30–13 Uhr)* erhebt. Im Herzen der Altstadt befindet sich der spektakuläre **Vishwanath-Tempel**, der auch Golden Temple genannt wird, da seine Kuppel und der Hauptturm mit 800 kg Gold verkleidet sind. Das Gebäude dürfen nur Hindu-Gläubige betreten, wie fast alle Tempel der Stadt. Gegenüber dem Tempel kann man den **Gyan Kupor Well** oder „Brunnen der Erkenntnis" bewundern: Sein Wasser zu trinken (was aus Sicherheitsgründen jedoch nicht möglich ist) soll die Gläubigen auf eine höhere spirituelle Ebene heben. Die Außenbesichtigung des Vishwanath-

233 - Die am Ganges gelegenen Gebäude Varanasis.

Tempels zwingt einen dazu, in das überlaufenste und zugleich authentischste Viertel der Stadt einzutauchen. Es besteht aus engen Sträßchen voller Basare und Geschäfte, die vor Seidensaris und wertvollen Brokaten überquellen. Eine gute Adresse für entsprechende Einkäufe ist die **Mehrotka Silk Faktory** *(Tel. 0542.2200189, Öffnungszeiten 10–20 Uhr)* in der Nähe des Bahnhofs.

Übernachten

€€€ Maidens Hotel (Delhi). Es ist in einem Gebäude im Kolonialstil von 1903 untergebracht und von einem 3 ha großen Park umgeben. Das mehrfach renovierte Hotel bietet historische Atmosphäre und modernsten Komfort zu angemessenem Preis. Die Zimmer sind sehr geräumig. *Info: Sham Nath Marg 17, Tel. 011.23975464, www.maidenshotel.com*

€€€ Jaypee Palace (Agra). Das vom Zentrum eher abgelegene Hotel ist modern; bei seiner Errichtung orientierte man sich aber an der Mogul-Architektur. Es wird von 10 ha Garten umgeben, hat mehrere Restaurants mit indischer und internationaler Küche und ein Ayurveda-Wellnesscenter. *Info: Fatehabad Rd., Tel. 0562.23308800, www.jaypeehotels.com*

€€ Palace on Ganges (Varanasi). Beeindruckendes und günstiges Hotel mit Atmosphäre am Ufer des Ganges. Jedes Zimmer ist nach dem Stil einer indischen Region oder eines Bundesstaates eingerichtet, oft mit wertvollen Stilmöbeln. *Info: B-1/158, Assi Ghat, Varanasi, Tel. 0542.2315050, www.palaceonganges.com*

Essen

€€€ Bukhara (Delhi). Gehobene Preise, aber exzellente Küche im Restaurant, das als das beste Delhis gilt. Das Tandoori-Huhn mit Salaten und ausgetüftelten Soßen kennt keinen Vergleich. Es werden Gerichte aus dem Norden Indiens angeboten, die in der einsehbaren Küche zubereitet werden. Das Restaurant befindet sich im Hotel IRC Maurya Sheraton. Reservierung empfohlen. *Info: Sadar Patel Marg 2, ITC Maurya, Tel. 011.26112233, www.starwoodhotels.com/luxury/property/dining/index.html?propertyID=423&language=en_US&localeCode=en_US*

€€ Varuna Restaurant (Varanasi). Elegante Atmosphäre und raffinierte Küche, vor allem Gerichte aus dem Norden Indiens. Das Hotel befindet sich im Gateway Hotel Ganges Varanasi. Jeden Abend isst man zu traditioneller Livemusik.
Info: Raja Bazar Rd., Tel. 0542.6660001, www.thegatewayhotels.com

€ Pinch of Spice (Agra). Unter den gehobenen Restaurants von Agra ist dieses in Sachen Preis-Leistungs-Verhältnis das beste. Es bietet indische und chinesische Küche in einem modernen Ambiente. *Info: Wazirpura Rd. 23/453, Tel. 0562.4009004, www.pinchofspice.in*

Weitere Informationen: Indisches Tourismusbüro, www.incredibleindia.org

Kathmandu und Lhasa – *Nepal und Tibe*

Die gewaltige Fels- und Eisbastion des Himalaya trennt und vereint zugleich die beiden am meisten betörenden und von Spiritualität erfüllten Regionen der Welt: Tibet und Nepal. Es lohnt sich wahrhaftig, beide im Zug einer Reise zu entdecken und zusammen mit Pilgern aus ganz Asien zwischen den oft sehr alten Tempeln zu schreiten.

Der **Durbar Square** in **Kathmandu** mit seiner unendlichen Abfolge von Tempeln, Stupas und Klöstern ist der ideale Ausgangspunkt für die Entdeckung der Hauptstadt Nepals, einer Stadt, die man mühelos zu Fuß besichtigt. Das an Kunsthandwerksläden und traditionellen Restaurants überquellende Thamel-Viertel ist weniger als 1 km von dem Platz entfernt. Von hier führt ein weiterer Spaziergang zum **Swayambhunath**, dem Affentempel, dem bekanntesten heiligen Bauwerk. Um zum **Bodnath** zu gelangen, dem von der UNESCO zum Weltkulturerbe erklärten Hauptzentrum der tibetischen Buddhisten, sollte man ein Fahrrad mieten oder ein Taxi nehmen. Der wunderbare **Potala** bestimmt die Szene von **Lhasa**, der Hauptstadt Tibets; von dem gewaltigen Gebäude, das auf einer die Stadt beherrschenden Anhöhe erbaut wurde, beobachtet man das mittelalterliche Barkhor-Viertel, in dem es nur so vor Pilgern wimmelt, die zum **Jokhang** wollen, das reich an Kunstschätzen ist und das man zusammen mit Tausenden Gläubigen schweigend besichtigt. Nach einem Besuch des interessanten **Tibet-Museums**, das die Geschichte der Region vom Neolithikum bis heute anhand interessanter Kostbarkeiten erzählt, kann man zum Basislager des Everest, dem „Dach der Welt", aufbrechen und gönnt sich so einen Ausflug in die unvergleichlich großartige Landschaft im Herzen des Himalayas.

Fortbewegung: *Vom internationalen Flughafen Kathmandu* (www.tiairport.com.np) *erreicht man das Stadtzentrum mit dem Taxi. Die Fahrt ist kurz und der Fixpreis sehr günstig (um die 5 Euro). In der Stadt bewegt man sich zu Fuß fort, denn die Entfernungen sind stets gering, oder mit dem Taxi, das man am Parkplatz der Trivedi Marg in Thamel findet, oder man ruft in der Taxizentrale an* (Tel. 01.4420987). *Für die Reise von Kathmandu nach Lhasa gibt es nur drei Direktflüge pro Woche (90 Min.), die von Air China bedient werden. Früh buchen ist ratsam. Die Fahrt über Land (1300 km) ist nicht zu empfehlen, da die Straßen in schlechtem Zustand sind und es oft Erdrutsche oder Überschwemmungen*

234-235 - Durbar Square a Kathmandu.

gibt. Der internationale Flughafen Gongkha liegt 93 km außerhalb des Zentrums von Lhasa. Zwei Stunden dauert der Omnibustransferservice, den die chinesische Luftfahrtgesellschaft betreibt; üblicherweise sorgt jedoch das Reisebüro oder das gebuchte Hotel für den Transfer. Wenn man Tibet ohne organisierte Reise besuchen möchte, ist die beste Lösung ein gemieteter Jeep mit Fahrer. Die Buchung wird in allen Hotels vorgenommen.

Währung: *Die offizielle Währung Nepals ist die Nepalesische Rupie, die offizielle Währung Tibets der chinesische Renminbi.*

KATHMANDU ***(3 Tage)***

Zumindest auf dem Papier ist Kathmandu die Stadt auf der Welt, in der man sich am leichtesten verlaufen kann. Im gesamten historischen Zentrum gibt es keine

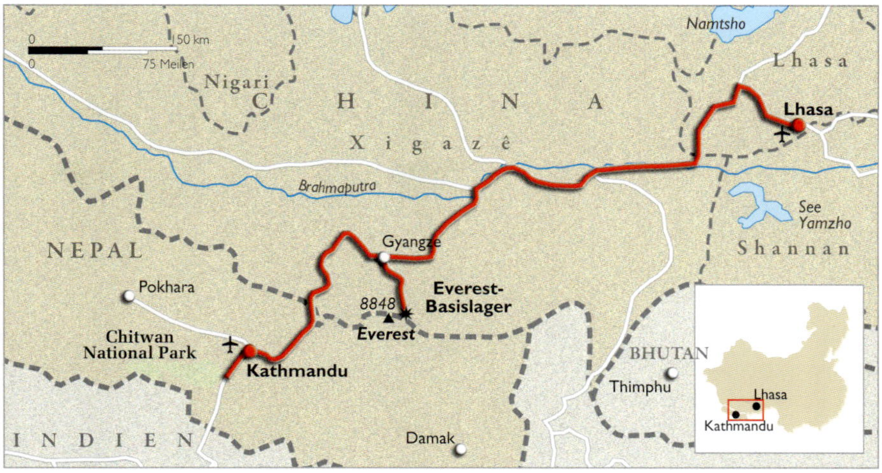

Adressen. Die Anschriften werden meistens nur mit dem Namen des Viertels (Tole) angegeben: ein System, das den Reisenden desorientiert, aber nicht abschrecken sollte. In der nepalesischen Hauptstadt gelangt man immer ans Ziel, vorausgesetzt, man wird des Fragens nicht müde. Der historische Altstadtkern mit seinen Denkmälern ist der **Durbar Square**: ein Komplex von drei Plätzen, die mit kleinen Sträßchen und Passagen verbunden sind, an die Tempel und alte Gebäude grenzen. Das größte und bekannteste ist das **Hanuman Dhoka** *(Öffnungszeiten Feb.–Okt. Di–Sa 10.30–15, Nov.–Jan. Di–Sa 10.30–14 Uhr)*, der alte im 6. Jh. gegründete Königspalast. Der Palast wurde mehrfach restauriert und ausgebaut; heute lässt sich sein Anblick auf die Neugestaltung im 17. Jh. zurückführen. Damals hatte der Komplex 35 Innenhöfe (nepalesisch: Chowk), die heute aufgrund des verheerenden Erdbebens von 1943 auf 10 reduziert sind. Die Besichtigung konzentriert sich auf den **Nasal Chowk**, den Krönungshof; von dort gelangt man auch zum Audienzsaal, einer offenen Veranda, auf der sich der Thron der Malla-Könige befindet, zum **Panch Mukhi Hanuman-Tempel** mit den fünf charakteristischen runden Dächern und zum **Tribhuvan-Museum**, das anhand von oft merkwürdigen Kostbarkeiten aus dem Besitz des Herrschers die Geschichte des Königs Tribhuvan nachzeichnet, der das Land von 1922 bis 1955 regierte. Vom Inneren des Museums steigt man auf den neunstöckigen **Basantapur-Turm**, von dessen Spitze man einen phantastischen Blick auf den Königspalast und die Altstadt hat. Im südlichen Teil des Durbar Square kann man den **Kasthamandap** (Holzpavillon) bewundern, der im 12. Jh. als Empfangs- und Verpflegungszentrum für Besucher, die wegen der wichtigsten Zeremonien in die Stadt kamen, errichtet wurde. Wenig entfernt ist der **Maju Deval** die meistfrequentierte Durchgangs- und Begegnungsstätte am Durbar Square. Es handelt sich um einen Shiva geweihten Tempel, der 1690 auf einem Fundament aus neun Ebenen errichtet wurde. Der Aufenthalt auf diesen heiligen Stufen ist ohne Weiteres gestattet und erlaubt es, das Kommen und Gehen der fliegenden Händler, Touristen und Rikschas zu beobachten. Zwischen dem Durbar Square und dem Basantapur Square erhebt sich die **Kumari Bahal** oder vielmehr die Wohnstätte der Lebenden Göttin: In dem Gebäude aus roten Ziegelsteinen mit reich verzierten Fassaden lebt das junge Mädchen, das die Lebende Göttin Kathmandus repräsentiert. Die Auserwählte bleibt bis zur Pubertät „im Amt“, dann kehrt sie zum gewöhnlichen Leben ihrer Altersgenossinnen zurück. In der Zeit ihrer „Wahl“ zeigt sie sich einmal täglich am Fenster ihrer Behausung, doch es ist strengstens verboten, sie zu fotografieren. Etwas weniger als 1 km nördlich des Durbar Square liegt **Thamel**, das Viertel der Handwerksläden und Restaurants, das bei Touristen sehr beliebt ist, aber keine besonderen historischen Attraktionen oder Denkmäler hat. Bevor man ankommt, bewundert man den **Seto Machhendranath-Tempel** (Kel Tole), ein Ziel hinduistischer und buddhistischer Huldigung. Man kann sowohl den belebten Innenhof als auch das Tempelinnere besichtigen, das von einer weiß gekleideten Buddhastatue beherrscht wird. Etwas weiter vorne verdient das **Itum Bahal** einen Besuch, ein großes und stilles Buddhakloster, das um einen großen Garten errichtet wurde, in dessen Mitte ein kleiner weißer Stupa steht. Am Ostrand von

Thamel befindet sich der **Garten der Träume** *(www.gardenofdreams.org.np, geöffnet 9–22 Uhr)*, eine üppige Oase der Entspannung im edwardianischen Stil, die auf den Anfang des letzten Jahrhunderts zurückgeht. Von der ursprünglichen Anlage sind ein Park mit drei gut restaurierten Pavillons und das elegante **Kaiser Café** *(Tel. 01.4425341, Öffnungszeiten 9–22 Uhr)* erhalten geblieben, in dem unter anderem Konzerte und Aufführungen stattfinden. Am westlichen Stadtrand, von Thamel bequem zu Fuß erreichbar, erhebt sich der zum UNESCO-Weltkulturerbe ernannte **Swayambhunath-Komplex**, wegen der großen Menge der dort lebenden Tiere auch Affentempel genannt *(Tel. 01.4256909)*. Der buddhistische Tempel erhebt sich auf einem Hügel und erstreckt sich rund um einen großen weißen Stupa, von dessen Spitze eine Fiale mit der Darstellung der Augen Buddhas emporragt. Man beginnt die Besichtigung mit der östlichen Freitreppe, die von farbigen Statuen der Gottheit und von Tieren (Löwen, Elefanten, Straußen und Pferden) gesäumt wird: am oberen Ende der Treppe ragt der Große Blitz (Dorje) in die Höhe, das Symbol der göttlichen Erleuchtung, die die Unwissenheit besiegt. Gleich danach sticht der Swayambhunath-Stupa heraus, der auf 13 Ebenen erbaut wurde. An der Basis befinden sich „Gebetsräder“ mit eingeritzten heiligen Mantras, außen herum eine mit Statuen religiöser Natur übersäte ebene Fläche. Man steigt hinauf bis zum

Chitwan National Park

Der 1973 eingerichtete ***Chitwan National Park*** (http://chitwannationalpark.net) *ist eine der tierreichsten und urtümlichsten Schutzzonen ganz Asiens. Er erstreckt sich auf einer Fläche von 930 qkm in der Terai-Region. Man erreicht ihn in 30 Flugminuten (oder fünf Stunden Busfahrt) von Kathmandu. Er wird von 50 Säugetierarten bevölkert, darunter Elefanten, Rhinozerosse, Hirsche, Leoparden, Gangesgaviale und Sumpfkrokodile, Lippenbären und die äußerst seltenen bengalischen Tiger. Im Park bewegt man sich mit dem Jeep, zu Fuß oder auf dem Rücken eines Elefanten fort. Die organisierten Touren beginnen an den Lodges im Inneren des Parks oder am* ***Besucherzentrum Sauraha*** (Tel. 056.521932, Öffnungszeiten 6–16 Uhr), *aber man kann sich auch allein bewegen. Zu den unvergesslichen Zielen gehört die* ***Elefantenaufzuchtstation*** (Tel. 056.580154, Öffnungszeiten 6–18 Uhr) *3 km westlich von Sauraha und die* ***Aufzuchtstation für Gangesgaviale*** (Öffnungszeiten 6–16 Uhr) *in* ***Kasara****. Interessant ist auch ein Aufenthalt in den Tharu-Dörfern, die sich um Sauraha verteilen. In* ***Bachhauli*** *besichtigt man das* ***Museum für Tharu-Kultur*** (Öffnungszeiten 6–16 Uhr) *mit Austellungen zu Handwerk und Brauchtum des Ortes. Man kann im* ***Chitwan River Camp*** *(Sauraha) oder im* ***Gaiada Wildlife Camp*** (www.gaiadawildlife.com/chitwan.php) *übernachten, das sich im Inneren des Parks in zauberhafter Lage an den Ufern des Rapti befindet.*

Gipfel, wo die Symbole der fünf Elemente (Erde, Luft, Wasser, Feuer, Äther) sind, denen kleine Tempel und Denkmäler gewidmet sind. Weniger als 1 km von dem Hügel entfernt verdient das **National Museum** *(Cchauni, Tel. 01.4271504, Öffnungszeiten Apr.–Okt. Mi–Mo 10.30–17, Nov.–März Mi–So 10.30–15.30 Uhr, Mo 10.30–14 Uhr)* mit einer bedeutenden Sammlung an Statuen, die nepalesischen Gottheiten gewidmet sind, darunter die bemerkenswerte Sukhavara Samvara mit Büffelkopf, 10 Gesichtern, 34 Armen und 16 Füßen, einen Besuch. Neben dem Hauptgebäude befindet sich ein prächtiges Gebäude aus der Rana-Zeit, das das **Historische Museum** mit einer reichen Sammlung an Waffen beherbergt. Direkt außerhalb der östlichen Ring Road, der Umgehungsstraße Kathmandus, steht **Pashupatinath**, der wichtigste Hindutempel Nepals. Der Zugang ist Angehörigen anderer Religionen jedoch nicht gestattet. Er ist der Ausgangspunkt für einen schönen Spaziergang zum **Bodnath**, einem bedeutenden spirituellen Zentrum der tibetischen Buddhisten, das von einem großartigen Stupa charakterisiert wird. An der Basis befinden sich 108 Skulpturen, die den Dhyani-Buddha Amitabha darstellen, und 147 Nischen mit Gebetsrädern. Man geht stets im Uhrzeigersinn um den Stupa. In der unmittelbaren Umgebung befinden sich verschiedene Klöster (auf nepalesisch Gompa), die zu verschiedenen Zeiten von tibetischen Mönchen erbaut wurden. Größtenteils öffnen sie den westlichen Touristen die Pforten, wenn auch zu kaum vorhersehbaren Uhrzeiten: Man kann am **Sakya Tharig Gompa** anklopfen, einem der größten *(www.sakyatharig.org.np)*, oder am **Shechen Tennyi Dargyeling Gompa** *(www.shechen.org)* mit den großartigen Freskenzyklen bhutanischer Künstler. Dieses Kloster beherbergt auch die **Tsering Art School**, wo Andachtsgegenstände und nepalesisches Handwerk produziert werden, die im angeschlossenen Geschäft erworben werden können *(Öffnungszeiten Mo–Fr 9–17 Uhr, Sa 9–12 Uhr)*.

236 OBEN - TIBETISCHE GEBETSBÄNDER.

236 MITTE - DER STUPA VON SWAYAMBHUNATH.

236 UNTEN - SAFARI IM CHITWAN NATIONAL PARK.

237 OBEN - DER PASHUPATINATH-TEMPEL.

237 UNTEN - GLÄUBIGE BEI DER PROZESSION.

Everest-Basislager

Die Straße der Freundschaft, die Tibet und Nepal verbindet, erlaubt es, von Lhasa aus das ***Everest-Basislager*** (Nordseite) *zu erreichen, ohne wandern zu müssen. Die Annäherung an das „Dach der Welt" ist jedoch Personen vorbehalten, die nicht unter Höhenluft leiden. Während der Fahrt werden 5200 Höhenmeter überwunden, und man sollte auch eine Übernachtung in 5000 m Höhe einplanen. Der Weg ist 510 km lang und wird vorzugsweise mit Kleinbussen von Reisebüros aus Lhasa zurückgelegt, die Touren von 2 bis 6 Tagen anbieten. Man kann auch einen Jeep mieten und sich selbstständig fortbewegen, aber die geringen Unterbringungsmöglichkeiten in der Region verlangen nach einer sehr frühzeitigen Reservierung. Entlang der Reise besichtigt man das* ***Tashilhünpo-Kloster*** (Öffnungszeiten Mo–Sa 9.30–14.30, 15.30–18 Uhr) *in* **Xigatsê**, *dem wichtigsten von Tibet außerhalb der Region Lhasas, das* ***Sakya-Kloster*** (Öffnungszeiten Mo–Sa 9–12 Uhr, 16–18 Uhr) *und, kurz vor der Ankunft, das* ***Rongbuk-Kloster****. Das bekanntermaßen höchstgelegene Kloster der Welt (4900 m) bietet einen grandiosen Blick auf den Everest. Für Informationen zu den Rundfahrten wendet man sich an* ***CITS Tibet Travel*** (www.tibettravel.org) *oder an eine der zahlreichen staatlichen Agenturen von* ***Foreign Indipendent Travellers****, bei denen man auch Autos mieten kann.*

LHASA *(3 Tage)*

Der „Thron Gottes": das ist die exakte Übersetzung von Lhasa, der Hauptstadt des autonomen Gebiets Tibet im äußersten Westen Chinas. Auf 3700 m Höhe gelegen (ein Detail, das man immer bedenken sollte, bevor man eine Besichtigung zu Fuß unternimmt), zeigt die Stadt heute zwei sehr verschiedene Gesichter; das traditionelle mit kultischen Gebäuden und heiligen Monumenten von großer Suggestionskraft, und das der modernen Viertel, die von der Regierung in Peking nach der Annexion von 1950 errichtet wurden. Das Symbol der Stadt ist der magische **Potala** *(Congqian Alley 35, Tel. 0891.6822896, Öffnungszeiten 9–16 Uhr)*, ein Gebäude auf dem Gipfel eines Hügels, der von ganz Lhasa aus gut zu sehen ist. Die heutige Anlage stammt aus dem 17. Jh. und wurde in den nachfolgenden Jahren als Festung, Kloster, buddhistischer Tempel und Verwaltungsgebäude genutzt. Alle Dalai Lama – vom 5. bis zum 14. – hatten dort ihren Sitz. Sie besteht aus zwei unterschiedlichen Gebäuden: dem **Weißen Palast**, der den Unterbau bildet, und dem **Roten Palast**, der auf dem zentralen Teil des anderen errichtet ist. Insgesamt hat der Potala über 1000 Räume, die sich über 13 Stockwerke verteilen. Die wichtigsten und beeindruckendsten, die besichtigt werden können, sind die **Maitreya-Kapelle** mit Dutzenden kostbarer heiliger Statuen; das **Grab des 13. Dalai Lama** (ein 14 m hoher Stupa, der unter anderem Juwelen von unschätzbarem Wert und Votivgaben enthält, darunter eine Pagode aus 200.000 Perlen); der **Saal für offizielle Empfänge** mit zahlreichen Fresken und einem Thron in der Mitte; die für das dreidimensionale Mandala von über 6 m Durchmesser berühmte **Kalachakra-Kapelle**; schließlich die **Grabkapelle der Dalai Lama**, in der einem wegen des 15 m hohen und mit 3700 kg Gold und 18.000 Perlen und Juwewlen bedeckten Chörten mit der sterblichen Hülle des 5. Dalai Lama förmlich der Mund offen stehen bleibt. 1 km östlich des Potala erhebt sich der **Jokhang** *(Barkhor Street, Tel. 0891.632312, geöffnet 9–18 Uhr)*, der als der heiligste Tempel des tibetischen Buddhismus gilt. Die Besichtigung der Dutzenden Kapellen und Stupas, aus denen die vom 7. Jh. an errichtete Anlage besteht, erfolgt schweigend. Man reiht sich unter die Gläubigen ein, die aus ganz Tibet kommen. Zu den herausragenden Monumenten der Besichtigung gehören die **Jowo Shakyamuni-Kapelle**, in der sich die mit Juwelen und Brokaten bedeckte Statue des Buddha Sakyamuni befindet, des meistverehrten in Tibet, und die **Songtsen Gampo-Kapelle** mit der großen Statue des Herrschers, der den Jokhang erbauen ließ. Vom Dach des Tempels bewundert man das Barkhor-Viertel, das besterhaltene des mittelalterlichen Lhasa. Es ist reich an Geschäften und Verkaufsständen, Werkstätten und Teehäusern und wird von der 500 m langen Rundstraße gekreuzt, die die Pilger zum Zeichen der Andacht entlang gehen, bevor sie den Jokhang betreten. Im nördlichen Teil von Barkhor erhebt sich der **Ramoche-Tempel** *(Ramoche Road, Öffnungszeiten 8–16.30 Uhr)*, der aus derselben Zeit stammt wie der Jokhang, aber weniger augenfällig und kleiner ist, trotz der massiven Struktur aus drei Stockwerken. Im äußersten Westen Lhasas besichtigt man den **Norbulingka** *(Luobulinka Road, Tel. 0891.6822644, Öffnungszeiten 9–12 Uhr, 15–16 Uhr)*, der auch Juwelenpark genannt wird, da sich dort einige der Sommerpaläste des Dalai Lama befinden. Der interessanteste ist der **Takten Migyur Phodrong**, der in der Mitte des vergangenen Jahrhunderts vom 14. Dalai Lama erbaut wurde. Dort ist ein prächtiger **Audienzsaal** mit Fresken zu bewundern, die in 301 Episoden die Geschichte Tibets erzählen. Im selben Viertel befindet sich das **Tibet-Museum** *(Luobulinka Road 19, Tel. 0891.6835244, Öffnungszeiten Di–So 10–18 Uhr)*, das die Geschichte der Region von den Siedlungen des Neolithikums bis heute erzählt. Unter den Fundstücken von größerem Interesse ragen eine goldene Urne aus dem 17. Jh., tibetische Schriften auf Birkenrinde aus dem 8. Jh., einige Weidenboote, Nomadenzelte und Musikinstrumente aus verschiedenen Epochen heraus. Das **Sera-Kloster** *(Tatipu Hill, Öffnungszeiten Mo–Sa 9–16 Uhr)* erhebt sich auf einem Hügel 4 km nördlich vom Zentrum und ist am besten mit dem Taxi zu erreichen. Man besichtigt die drei

Hauptfakultäten (**Sera Me**, **Sera Ngag-Pa** und **Sera Che**) mit zahlreichen geschmückten Kapellen und den **Tshogchen**, das größte Gebäude der Anlage mit einem Versammlungssaal, der von über 100 Säulen getragen wird.

Übernachten

€€€ Hotel Yak & Yeti (Kathmandu). Bekanntes Fünf-Sterne-Hotel in einem Teil des renovierten Roten Palastes, der von den Rana im 19. Jh. errichtet wurde. Es verfügt über zwei Freibäder, vier Restaurants und ein gut ausgestattetes Wellnesscenter und bietet vielen traditionellen Musik- und Tanzveranstaltungen Raum. *Info: Durbar Marg, Tel. 01.4248999, www.yakandyeti.com*

€€ House of Shambhala (Lhasa). Hotel in einem traditionellen tibetischen Haus ganz in der Nähe des Jokhang mit nur 10 Zimmern von großem Charme, die mit antiken Möbeln eingerichtet sind. Es hat eine herrliche Dachterrasse und ist eine der besten Locations in Lhasa für Cocktails. *Info: Jiri Erxiang 7, Tel. 0891.6326533, www.houseofshambhala.com*

€ Hotel Thamel (Kathmandu). Bequemes und günstig gelegenes Hotel für die Besichtigung der Monumente und für Vergnügungen in Kathmandu, ohne viel Geld auszugeben. Gutes Restaurant und Klimaanlage in allen Zimmern. *Info: Thamel Marg, Tel. 01.4423968, www.hotelthamel.com*

Essen

€€ Krisnhnarpan Restaurant (Kathmandu). Außerhalb an der Straße zum internationalen Flughafen und nach Pashupatinah im Hotel Dwarika's gelegen. Man genießt beste nepalesische Küche in einer eleganten und ergreifenden Atmosphäre. Einmal pro Woche gibt es abends Tanzaufführugen. *Info: Battisputali, Tel. 01.4470770, www.dwarikas.com*

€ Dunya Restaurant (Lhasa). Das wenige Schritte vom Barkhor gelegene Restaurant ist eines der meistgeschätzten Lhasas. Zu empfehlen sind Yak-Steak und Gemüsesuppen. Es gibt auch Gerichte aus der nepalesischen, indonesischen und italienischen Küche. *Info: Beijing Don Lu 100, Tel. 0891.6333374, www.dunyarestaurant.com*

€ Cafeareena (Kathmandu). Schönes Ambiente und breites Angebot an nepalesischen, tibetischen, indischen, chinesischen, thailändischen und italienischen Gerichten. Man kann unter 35 Sorten von Momo wählen, die gekochten Teigbällchen mit Fleisch und Gemüse. *Info: Durbar Marg, Tel. 01.4231258, www.cafereena.com.np*

Weitere Informationen: Fremdenverkehrsamt der VR China, www.fac.de; Nepalesisches Fremdenverkehrsamt, http://welcomenepal.com

238 - Der Potala in Lhasa.

239 oben - Der Jokhang-Tempel.

239 unten - Ein Pavillon im Norbulingka.

Peking, Xi'an und Guilin – *China*

Drei Arten, China zu sagen. Peking, die Hauptstadt, die mit enormer Geschwindigkeit in die Zukunft geschleudert wurde, aber ihre wichtigsten Monumente, vor allem aber ihre eigene Seele, in einem andauernden Spagat zwischen Business und Spiritualität zu schützen und aufzuwerten vermag. Xi'an, die antike kaiserliche Hauptstadt, die noch immer von dicken Mauern umgeben ist, aber in der ganzen Welt für ihre außergewöhnliche Terrakottaarmee berühmt ist, und schließlich Guilin, die Künstler und Träumer mit ihrem bizarren Panorama verführt.

Vier Tage reichen kaum aus, um Peking zu entdecken. Einer muss der **Verbotenen Stadt** und dem **Tian'anmen-Platz** gewidmet werden, ein weiterer ist nötig, um die Tempel und Ausstellungen in den Vierteln südlich des Zentrums zu besichtigen. Einen dritten Tag rechnet man für die Parks und Paläste des nördlichen Bereichs der Stadt, auch um bis zum **Kunmingsee** zu gelangen, an dem der **Sommerpalast** liegt, der für 7 Jahrhunderte das Ziel der kaiserlichen Familien in der heißen Jahreszeit war. Einen ganzen Tag widmet man schließlich dem Shopping: Die Auswahl reicht von echten Perlen und von der Mode chinesischer Stylisten bis zu Kleidungsstücken, Antikmöbeln oder zeitgenössischem Design. Ein Flug von knapp zwei Stunden führt von der Hauptstadt nach **Xi'an**, der Stadt, in deren Umgebung man die märchenhafte Terrakottaarmee besichtigt und die sich eines bedeutenden monumentalen Zentrums rühmen kann, das vollständig von einem 14 km langen Mauergürtel begrenzt wird. Man kann die Gesamtumrundung mit dem Fahrrad vornehmen, was ein unvergessliches Erlebnis ist. **Guilin** schließlich, das kleine große Landschaftsjuwel im Süden Chinas, ist langsam zu entdecken, indem man auf die Hügel steigt, die die Stadt umgeben, und indem man in den weitläufigen Parks spazieren geht, wo man nicht selten auf Buddha geweihte Grotten stößt, oder indem man sich eine Fahrt auf dem Li-Fluss gönnt.

Fortbewegung: *Der Beijing Capital International Airport* (www.bcia.com.cn) *befindet sich 29 km nordöstlich des Zentrums von Peking. Man erreicht die Hauptstadt mit der Metro* (Fahrbetrieb 5–23 Uhr) *oder mit dem Taxi, das man vor dem Haupteingang des Flughafens findet. Zur Besichtigung der Stadt kann man neben Metro oder Taxi eine der von Agenturen organisier-*

240-241 - Der Eingang zur Verbotenen Stadt.

ten Rundfahrten nutzen. Die wichtigste in Peking, aber auch in ganz China engmaschig vertretene Agentur ist die CITS (www.cits.net). *Die bequemste Art, Xi'an und Guilin zu erreichen, ist das Flugzeug. Xi'an wird mehrmals täglich angeflogen, der Flug dauert 2 Stunden. Nach Guilin sind die Verbindungen weniger häufig (ein Direktflug pro Tag ist jedoch garantiert), die Reise dauert etwa 3 Stunden. Am Ziel angekommen, ist das Taxi die beste Wahl, um zum Hotel zu gelangen. Für die Besichtigung lohnt es sich, sich an die örtlichen Agenturen zu wenden. Die Tickets für die Inlandflüge und die Ausflüge können normalerweise an der Rezeption der Hotels und Gästehäuser gebucht werden.*

***Währung:** Die offizielle Währung Chinas ist der Renminbi.*

PEKING *(4 Tage)*

Die chinesische Hauptstadt ist eine Metropole mit 15 Mio. Einwohnern, aber der größte Teil der zu besuchenden Orte ist auf ein relativ kleines Gebiet begrenzt und die Besichtigung ist ziemlich einfach. Ein wichtiger Bezugspunkt ist der **Tian'anmen-Platz**, eine 40 ha große betonierte Fläche (der größte Platz der Welt), an dem sich die wichtigsten Monumente der Stadt befinden. Die Besichtigung beginnt in der **Stadtplanungsausstellung** *(Qianmen Dong Daje, www.bjghzl.com.cn, Öffnungszeiten Di–So 9–17 Uhr)*, die sich an der auf den Platz mündenden Straße nahe dem Parkplatz für Touristenbusse befindet. Der Besuch lohnt sich wegen der großen Reliefkarte, die das Aussehen der Stadt zur Zeit der Kaiser wiedergibt. Im oberen Stock zeigt ein Diorama Peking im Jahr 2020, wenn die Arbeiten abgeschlossen sein sollen, die das Gesicht der Stadt verändern werden. Im Zentrum des Tian'anmen-Platzes steht das **Mausoleum** des früheren Parteivorsitzenden **Mao Zedong** *(Tel. 010.65120909, Öffnungszeiten Di–So 8–12 Uhr)*, in dem man den einbalsamierten Körper des Gründers des modernen China sehen kann, der noch heute von den Chinesen verehrt wird. Auf der Ostseite des Platzes befindet sich das **Nationalmuseum** *(www.chnmuseum.cn, Öffnungszeiten 9–17 Uhr)*, das das Museum für die Geschichte Chinas und das Revolutionsmuseum einschließt (die zwar interessant, aber überreich an politischer Propaganda sind). Gegenüber erhebt sich die **Große Halle des Volkes** *(Öffnungszeiten 8.30–15 Uhr)*, der Sitz der nationalen Volksversammlung, in dem man die Repräsentationsräume besichtigen kann. Am äußersten Norden des Platzes betritt man die **Verbotene Stadt** *(Jingshan Qianjie 4, www.dpm.org.cn, Öffnungszeiten Apr.–Okt. 8.30–17 Uhr, Nov.–März 8.30–16.30 Uhr)*, den märchenhaften Komplex, in dem für fünf Jahrhunderte bis 1911 die kaiserlichen Familien lebten. Auf einem 70 ha großen Gebiet verteilen sich 800 Paläste, Tempel und Pavillons, zu denen man über große Innenhöfe und Straßen gelangt. Nach dem Durchschreiten des **Wumen-Tors** stößt man als Erstes auf den **Jinshuihe** oder „Fluss von den goldenen Wassern", der von fünf Marmorbrücken überquert wird. Dann passiert man das **Taihemen-Tor** (Tor der Höchsten Harmonie) und erreicht drei große Pavillons, die für Zeremonien

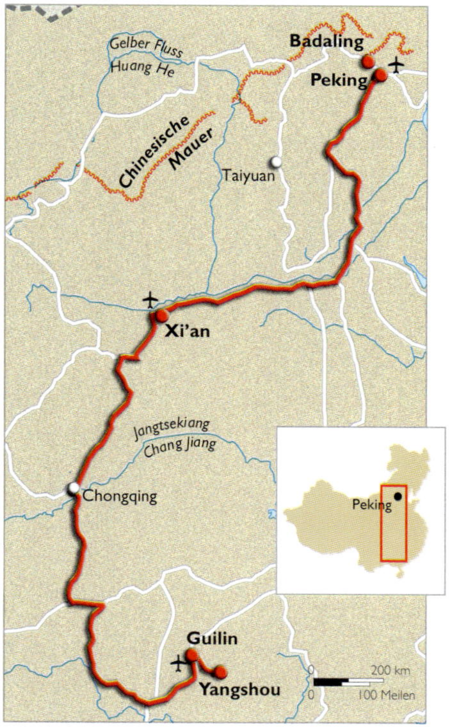

genutzt wurden. Der größte und spektakulärste ist der **Taihedian** (Halle der Höchsten Harmonie), wo die Krönungen stattfanden und die bedeutendsten Feste gefeiert wurden; weiter in Richtung Norden begegnet man den Palästen mit den kaiserlichen Wohnräumen. Als Erstes besichtigt man den **Qianqinggong** (Palast der Himmlischen Reinheit), der das Hochzeitsgemach beherbergte. Im dann folgenden **Jiaotaidian** (Versammlungssaal) befand sich der Thron des Kaisers, während die Herrscher im **Kunninggong** (Palast der Irdischen Ruhe) traditionell die Hochzeitsnacht verbrachten. Westlich von diesen Gebäuden erhebt sich die **Yangxindian** (Halle der Charakterbildung), die der Entspannung und der Freizeit des Kaisers gewidmet war, während in den auf der östlichen Seite der Verbotenen Stadt gelegenen Gebäuden verschiedene **Museen** eingerichtet wurden, wo man Möbel, Schmuck und Kunstwerke aus den kaiserlichen Sammlungen bewundern kann. Vor dem Ausgang durchquert man die **Kaiserlichen Gärten**, die mit Seen und Pavillons verschönert sind. Der wichtigste ist der **Qin'andian**, der Pavillon des Kaiserlichen Friedens. Direkt südlich vom Tian'anmen-Platz befindet sich **Qianmen**, ein traditionelles Händlerviertel mit engen gewundenen Straßen und traditionellen Läden, wo von Keramik bis zu Produkten der traditionellen chinesischen Medizin Artikel aller Art verkauft werden.

Folgt man der Hauptstraße des Viertels Qianmen Daje, kommt man zum **Tiantan** *(www.tiantanpark.com, Öffnungszeiten Nov.–Feb. 8–17 Uhr, Marz–Juni 8–17.30 Uhr, Juli–Aug. 8–18 Uhr)*, dem sogenannten Himmelstempel (oder Paradiestempel). Der größte, 1420 von der Ming-Dynastie errichtete Sakralbau war für fast 5 Jahrhunderte das Zentrum der heiligen kaiserlichen Zeremonien und des Symbolismus. Das Hauptgebäude ist die **Halle der Ernteopfer**, die von 28 Säulen aus Zedernholz getragen und von einem kreisförmigen Dach überragt wird. Man erreicht ihn nach einem angenehmen Spaziergang entlang der Zeremonienstraße, die in den **Park** *(Öffnungszeiten 6–22 Uhr)* des Tiantan mündet. Wenn man vom Tian-anmen-Platz etwa 1 km in westlicher Richtung der Chang'an Jie folgt, stößt man auf das 2006 eröffnete **Hauptstadtmuseum** *(www.capital-museum.org.cn, Öffnungszeiten Di–So 9–17 Uhr)*. Es erzählt die Geschichte Pekings anhand von schönen Sammlungen, aber auch anhand der Reproduktion von Straßen und Szenen des täglichen Lebens. Wenig entfernt verdient das **Militärmuseum** *(Fuxing Lu, www.chinamil.com.cn/item/jb, Öffnungszeiten 8–16.30 Uhr)* mit bedeutenden Sammlungen an Waffen und Uniformen aus verschiedenen Epochen sowie Rekonstruktionen von Schlachten und Kriegszügen einen Besuch.
Geht man von der Verbotenen Stadt in Richtung Norden, stößt man auf zwei schöne Parkanlagen: Der **Jingshan-Park** *(Öffnungszeiten 6–22 Uhr)* ist ein von der Yuan-Dynastie errichteter künstlicher Hügel. Vom Gipfel hat man einen der besten Panoramablicke über die Stadt. Wenige hundert Meter weiter westlich befindet sich der **Beihai-Park** *(www.beihaipark.com.cn)*, dessen Gebiet etwa zur Hälfte von einem See bedeckt wird. Über eine Brücke gelangt man auf die Insel, auf der sich die aus zahlreichen religiösen Bauwerken bestehende **Runde Stadt** erhebt, darunter der **tibetische Yuegu Lou-Tempel** (17. Jh.).
Gegenüber dem Nordeingang des Beihai-Parks beginnt eine sich windende Gasse, die zum **Prinz Gong-Palast** *(Qianhai Xijie 17, www.pgm.org.cn, Öffnungszeiten 9–16.30 Uhr)* führt, der im 18. Jh. vom letzten Kaiser der Qing-Dynastie errichtet wurde. Im selben Gebiet auf der anderen Seite des **Qianhai-Beckens**, über die **Yinding-Brücke** hinüber, befindet sich der **Trommelturm** *(Gulou Dong Dajie, Tel. 010.64012674, geöff-*

Einkaufen in Peking

Peking ist eine sichere Adresse für Shopping-Liebhaber. Man kann sich von vor Ort für westliche Firmen hergestellten Kleidungsstücken verführen lassen, die hier zu reduzierten Preisen erworben werden können, oder sich auf die Jagd nach landestypischen Gegenständen begeben. In diesem Fall ist der **Panjiayuan-Markt** *(*Dongsanhuan Nanlu, Chaoyang Süd, Öffnungszeiten Sa–So 6.30–15 Uhr*) ein hervorragender Bezugspunkt, wo es Krimskrams aller Art gemischt mit wertvollen Antiquitäten und regionaler Handwerkskunst, tibetische Teppiche, Keramiken und handgearbeitete Gegenstände aus Jade gibt. Im selben Stadtgebiet kann man auf den riesigen* **Zhaojia Chaowai-Markt** (Huawei Beilu, Chaoyang, Tel. 010.67706402, Öffnungszeiten 8.30–19 Uhr) *gehen, der auf traditionelle Qualitätsmöbel spezialisiert ist (um die Spedition kümmern sich die Händler). Im Sanlitun-Viertel ist der Stoffmarkt* **Yaxiu Fuzhuang Shichang** (Gongrentinyuchang Beilu 58, Öffnungszeiten 8.30–19 Uhr) *eine solide Adresse für alle, die ohne Gedränge Stoffe für Kleider auswählen möchten, die dann gleich von Schneidern, die im selben Gebäude arbeiten, angefertigt werden. Die* **3.3 Fashion Mall** (Sanlitun Beijie 33, www.3d3.cn, Öffnungszeiten 11–23 Uhr) *ist ein nicht zu verpassendes Einkaufszentrum auf sechs Stockwerken mit Modeboutiquen heimischer Stylisten mit bestem Ruf und einer großen Abteilung für Secondhand-Mode und handgefertigte Lederschuhe. Auch der* **Hongqiao Market** (Tian Tan, www.hongqiao-pearl-market.com, Öffnungszeiten 9.30–19 Uhr) *verdient einen Besuch, ein Perlenmarkt mit über 1000 Ständen voller Perlen und Schmuckstücken, die man zu gutem Preis und mit zertifizierter Qualität erwerben kann.*

Die große Chinesische Mauer

Die Große Chinesische Mauer, das größte Werk der Ingenieurskunst in der Geschichte der Menschheit, ist über 8000 km lang. Sie wurde ab dem 3. vorchristlichen Jh. in verschiedenen Phasen errichtet. Viele Abschnitte sind restauriert worden, und ihr Besuch ist „Pflicht" für alle, die China das erste Mal bereisen. Peking ist der gängigste Ausgangspunkt. Der bequemste, aber auch am meisten überlaufene befestigte Abschnitt ist ***Badaling*** *70 km nordöstlich der Hauptstadt. Man gelangt mit Busreisen dorthin, die von großen Hotels und örtlichen Agenturen organisiert werden. Es kann auch das* ***Museum zur Großen Mauer*** (Öffnungszeiten 9–16.30 Uhr) *mit Luftaufnahmen und Modellen, die einen guten Einblick in die Meisterhaftigkeit des Bauwerks erlauben, besichtigt werden. Einfach zu erreichen ist auch der 90 km von Peking entfernte Abschnitt von* ***Mutianyu****, der Ende des 20. Jh. restauriert wurde und einen etwa 3 km langen Spaziergang entlang des Walls erlaubt* (Öffnungszeiten 8–17 Uhr). *Der Mauerabschnitt in der Gegend von* ***Simatai*** *(der gegenwärtig restauriert wird) ist hingegen noch zum großen Teil halb verfallen und befindet sich in einer verwilderten Umgebung, die bei Besuchern auf der Suche nach starken Eindrücken und Unverfälschtheit sehr beliebt ist. Man gelangt von der Bushaltestelle* ***Dongzhimen*** *in Peking aus in etwa 3 Stunden mit Touristenbussen dorthin. Ebenso verwildert und attraktiv ist der Abschnitt von* ***Jinshanling*** *10 km von Simatai entfernt, den man mit dem Taxi erreicht. Hier ist das Erlebnis der mächtigen Befestigungsmauer mit deutlich sichtbar unzugänglichen Graten unverfälschter denn je, und Touristen sind eher selten.*

net 9–16.30 Uhr) im Stil des 15. Jh. Es lohnt sich, die drei Stockwerke des Bauwerks über steile Stufen zu erklimmen, um den Blick von der Aussichtsplattform zu genießen. Etwa 1 km in nordöstlicher Richtung befindet sich der **Lamatempel** *(Yonghegong Dajie 12, www.yonghegong.cn, Öffnungszeiten 7–17 Uhr)*, der im 17. Jh. als Fürstenwohnhaus errichtet wurde, aber im Lauf weniger Jahrzehnte in ein tibetisches Kloster umgewandelt wurde. Gegenwärtig ist er der größte Tempel Pekings und besteht aus mehreren großen Sakralbauten. Im **Wanfu-Pavillon** befindet sich eine 24 m hohe Statue des Buddha Maitreya, die aus einem einzigen Stück Sandelholz geschlagen wurde. Von hier aus bewegt man sich in Richtung der nordöstlichen Peripherie der Stadt und genehmigt sich einen Aufenthalt im **Da Zhong Si** *(Beisanhuan Lu, Öffnungszeiten 8–16.30 Uhr)*, wo Hunderte von Bronzeglocken aus ganz China verwahrt werden. Die größte ist 6,8 m hoch und wiegt 50 Tonnen. Dann gelangt man zum **Yuanming Yuan** *(www.yuanmingyuanpark.com)*, dem Alten Sommerpalast, von dem nur noch prachtvolle Ruinen geblieben sind, der aber zur Zeit seiner Erbauung im 18. Jh. als das Versailles des Ostens angesehen wurde.
12 km vom Zentrum entfernt an den Ufern des Kunmingsees befindet sich hingegen der beeindruckende **Yiheyuan**, der Sommerpalast *(Yiheyuan Lu, Haidian, www.summerpalace-china.com, Öffnungszeiten 8–18 Uhr)* im Stil des 18. Jh., ein Komplex an Gebäuden und Pavillons, die von Straßen und Galerien verbunden werden, welche vom Wanshoushan-Berg bis zum Seeufer reichen. Die Besichtigung beginnt am Osttor, wo die Busse parken. So erreicht man sofort das Hauptgebäude und die außergewöhnliche Ren Shou Dian (Halle des Wohlwollens und der Langlebigkeit) mit Möbeln aus dem 19. Jh. Dann betritt man den Deheyuan (Garten der Tugend und der Harmonie) mit seinem dreistöckigen Theater, während sich im westlichen Bereich des Komplexes der **Leshoutang** befindet (Palast der Freude und der Langlebigkeit), die traditionelle Residenz der Kaiserinnen.

242 OBEN - DER JINGSHAN-PARK.

242 UNTEN - DER LAMATEMPEL.

243 OBEN - DER KUNMINGSEE.

243 UNTEN - DIE GROSSE MAUER.

XI'AN *(2 Tage)*

Der größte Teil der Besucher, die ins zwei Flugstunden von Peking entfernte **Xi'an** kommen, wird von der **Terrakottaarmee** angezogen *(Lintong, www.bmy.com.cn, Öffnungszeiten 8–18 Uhr)*, eine der erstaunlichsten archäologischen Entdeckungen der zweiten Hälfte des 20. Jh. Beinahe 2000 mannshohe Statuen aus dem 3. Jh. v. Chr. können bestaunt werden. Sie stellen Krieger und kaiserliche Würdenträger dar und sind in den drei Gräben aufgereiht, in denen sie gefunden wurden. Den Wissenschaftlern zufolge handelt es sich nur um einen Teil der mindestens 8000 (angenommenen) Figuren, die zu der Armee gehörten, die das Grab des Kaisers Qin Shihuangdi bewachen sollten. Neben dem Graben Nr. 2 befinden sich zwei kleine **Museen**, wo zwei Bronzekarren aufgestellt sind, die neben dem Grab von Qin Shihuangdi gefunden wurden, sowie einige wenige Statuen weiblicher Persönlichkeiten. Die Terrakottaarmee befindet sich 27 km östlich von Xi'an. Man gelangt dorthin mit dem Bus Nr. 306, der neben dem Bahnhof abfährt, oder man nutzt eine der „Orienttouren", die von zahlreichen Tourismusbüros der Stadt organisiert werden. Entlang der Straße halten die Busse am **Banpo-Museum** *(Öffnungszeiten 8–17 Uhr)*, das einem 1953 entdeckten jungsteinzeitlichen Dorf gewidmet ist: Auf einem 50.000 qm großen Gelände kann man ein Wohnviertel und ein Gräberfeld bewundern, bei dem einige Grabbeigaben und Zehntausende Fundstücke und Artefakte der Zeit (4500-3750 v. Chr.) ausgestellt sind. Ein weiterer Halt erfolgt bei den **Huaqing-Thermen** *(Öffnungszeiten 8–17 Uhr)*, die für 2500 Jahre bevorzugtes Ziel der kaiserlichen Familien waren und eine prächtige Anlage von Becken, Statuen und Gärten bewahrt haben. Man kann noch immer ins Thermalwasser eintauchen, das 43 Grad warm aus dem Boden quillt, und den nachfolgenden Bus nehmen. Zurück in Xi'an beginnt man mit der Entdeckung einer Stadt, die für elf Dynastien zwischen 1000 v. Chr. und 1000 n. Chr. kaiserliche Hauptstadt war und noch heute zu den interessantesten Städten Chinas zählt. Das historische Zentrum wird noch immer von einem mächtigen **Mauergürtel** *(Öffnungszeiten Okt.–Mai 8–18 Uhr, Juni–Sep. 7–21.30 Uhr)* umschlossen, der von der Ming-Dynastie im 14. Jh. gebaut wurde. Man kann mit dem Fahrrad oder einem Elektrofahrzeug auf dem Wall der 14 km langen und 12 m hohen Bastion entlang fahren und sie so umrunden. Der **Glockenturm** *(Bei Dajie, Ecke Xi Dajie, Öffnungszeiten 8–21 Uhr)* steht am Schnittpunkt der vier Hauptstraßen des Stadtzentrums und verdankt sein aktuelles Aussehen der Neugestaltung im Jahr 1582. Etwa 500 m weiter westlich befindet sich der **Trommelturm** *(Xi Dajie s/n, Öffnungszeiten 8–18 Uhr)*, ein hölzernes Gebäude mit dreifacher Dachtraufe aus dem 14. Jh., das eine kleine, aber bemerkenswerte Sammlung an Trommeln verwahrt. Die beiden Türme befinden sich an der südlichen Grenze zum muslimischen Viertel, einem Labyrinth an Sträßchen, an denen entlang Häuser aus Naturstein, Souvenir- und Gewürzläden und Handwerksläden stehen. Der wichtigste Bezugspunkt ist die **Große Moschee** *(Beiguangji Lu, Öffnungszeiten*

8–18 Uhr), der größte islamische Kultbau Chinas. Die 742 gegründete und im 14. Jh. vollständig renovierte Moschee hat eine typisch chinesische Bauweise und ähnelt daher einem buddhistischen Tempel. Auch Nichtmuslime dürfen den Komplex besichtigen, Gebetsraum ausgenommen. Hinter der Südmauer besichtigt man das **Beilin-Museum** *(Wenyi Beilu 18, www.beilin-museum.com, Öffnungszeiten 8–18 Uhr)*, das sich in einem alten konfuzianischen Tempel befindet.

Man muss sich in den äußersten Süden der Stadt begeben, um die **Große Wildganspagode** *(Yanta Lu, Öffnungszeiten 8–18.30 Uhr)* bestaunen zu können, die mit ihren 60 m Höhe das Gelände von **Dacien Si** beherrscht, dem großen Tempel, zu dem sie gehört. Sie wurde im 8. Jh. ganz aus Ziegelsteinen gebaut, um wertvolle heilige Schriften vor Bränden zu schützen. Von hier führt ein kurzer Spaziergang zum **Museum für die Geschichte von Shaanxi** *(Xiaozhai Donglu, www.sxhm.com, Öffnungszeiten März–Nov. 8.30–18 Uhr, Dez.–Feb. 9–17.30 Uhr)*, das die Geschichte der Provinz, deren Hauptstadt Xi'an ist, von der Vorgeschichte bis zum 19. Jh. erzählt. Man kann dort Objekte bewundern, die von der Fundstätte der Terrakottaarmee und aus dem neolithischen Dorf Banpo stammen, aber auch erste Exemplare des in China hergestellten Papiers, Artefakte aus Gold und Silber der Tang-Dynastie, Keramik der Han-Dynastie, Bronzegefäße, Waffen und Ornamente außergewöhnlicher Machart.

244-245 - Die Terrakottaarmee von Xi'an.

245 - Die Stadtmauer von Xi'an.

GUILIN *(2 Tage)*
Von den historischen Städten Chinas, die nicht immer in die Reise eingeschlossen werden, verdient **Guilin** besondere Aufmerksamkeit. Die Stadt befindet sich weniger als drei Flugstunden von Peking entfernt in der südwestlichen Provinz Guangxi in lieblicher Lage an den Ufern des Flusses Li eingebettet zwischen Kalksteinzinnen, die sich aus dem Nichts zu erheben scheinen und seit jeher Künstler aus aller Welt inspiriert haben. Das städtische Gefüge wird außerdem von den Seen **Rong Hu** und **Shan Hu** geprägt, die ursprünglich Teil des Grabensystems waren, das die Mauern umgab. Das Hauptmonument der Stadt ist das **Jinjiang-Mausoleum** *(Jiefang Lu, www.mingwangling.com Öffnungszeiten 8.30–17 Uhr)*, zu dem man gelangt, wenn man der **Zhengyang Jie**, der für den Verkehr gesperrten Einkaufs- und Restaurantstraße, bis zum äußersten Norden folgt. Der Komplex wird von einer 5 m hohen Mauer umgeben und beherbergt den Hauptsitz und Regierungspalast der Ming-Regenten und 11 Fürstengräber, doch der eindrucksvollste Moment ist der Aufstieg zur **Duxiu Feng**, einer Bergzinne hinter dem Hauptgebäude, deren Spitze man nach 306 Stufen erreicht. Direkt hinter der Nordmauer des Palasts erhebt sich der **Fuboshan** *(Binjiang Lu, Tel. 0773.2852581, Öffnungszeiten 7–19 Uhr)*, ein 200 m hoher Berg, der von Grotten übersät ist, die der Verehrung Buddhas gewidmet sind. Vom Gipfel genießt man eine der besten Aussichten auf den Fluss **Li**, die Stadt und die sie umgebenden Höhen. Dicht am Fluss, aber im äußersten Süden Guilins befindet sich der **Elefantenrüsselberg** *(Minzhu Lu, Öffnungszeiten 6.30–21.30 Uhr)*, der von einer kleinen Pagode überragt wird. Wenn man den Fluss in östlicher Richtung überquert, betritt man das Gebiet mit der größten Zahl an **Kalksteinformationen**: Hier befindet sich der **Park der Sieben Sterne** *(Qixing Shan, Öffnungszeiten 7–19 Uhr)*, der so genannt wird, weil er aus sieben bewaldeten Anhöhen besteht, die in ihrer Anordnung an die Konstellation des Großen Bären erinnern. Nicht zu versäumen ist das 30 km von der Stadt entfernt an der Straße nach Yangshuo gelegene **Yuzi Paradise** *(Dabu Xiang, www.yuzile.com, Öffnungszeiten 8.30–19 Uhr)*, eine außergewöhnliche Ausstellung im Freien stehender zeitgenös-

sischer Skulpturen von 114 Künstlern aus 47 Ländern. Sie sind zwischen Gärten und Seen im Angesicht der Felszinnen angeordnet; man gelangt dorthin alle 20 Minuten mit dem Bus vom Hauptbahnhof Guilin. Wenn man von einem ungewöhnlichen Standpunkt aus die Landschaft betrachten möchte, kann man eine **Minikreuzfahrt auf dem Fluss Li** von Guilin nach Yangshuo machen. Die Fahrt dauert 6 Stunden und geht teils durch enge Passagen dicht an den Felswänden vorbei, teils durch weite, nach traditionellen Methoden bebaute Landschaften, wo die Bauern die klassischen kegelförmigen Hüte tragen und sich bei der Arbeit von mächtigen Wasserbüffeln helfen lassen. Die Schiffe können an der Hotelrezeption gebucht werden und fahren am **Binjiang Lu-Pier** ab. Am Abend kehrt man mit dem Bus in die Stadt zurück.

Übernachten

€€€€ Kempinski Hotel Beijing (Peking). Große (560 Zimmer) moderne Oase zur Entspannung und Ruhe, perfekt zur Erholung nach einem langen Besichtigungstag. Das Hotel verfügt über Wellnesscenter, Tennis- und Squashplätze und Schwimmbad. Es gibt sieben eigene Restaurants mit unterschiedlichen kulinarischen Angeboten. *Info: Liangmaqiao Road 50, Chao-Yang, Tel. 010.64653388, www.kempinski-beijing.com*

€€€ Sofitel On Renmin Square (Xi'an). Luxuriöse, 2005 eröffnete Einrichtung, 1 km vom Glockenturm entfernt, die über vier Restaurants, Hallenbad und ein raffiniertes Wellnesscenter verfügt. WiFi-Anschluss in allen Zimmern. *Info: Dong Xin 319, Tel. 029.87928888, http://www.sofitel.com/de/hotel-5949-sofitel-xian-on-renmin-square/index.shtml*

€€ Jing Guan Ming Lou Holiday Hotel (Guilin). Kleines Hotel mit Charme und nur 21 Zimmern, unvergleichlicher Lage am See und hervorragendem Preis-Leistungs-Verhältnis. Geräumige, unterschiedlich gestaltete Zimmer, aufmerksames und persönliches Personal. Man kann im Panoramagarten frühstücken. *Info: Ronghu South Road 9, Xiangshan, Tel. 0773.2283265, www.gljgml.com*

Essen

€€ Beijing Dadong Roast Duck Restaurant (Peking). Der richtige Ort, um Peking-Ente zu genießen, die gelackt, knusprig und leicht sein muss (hier rühmt man sich, sie mit nur 15,22 % Fett zuzubereiten), vorzugsweise mit Pflaumensoße. Die Speisekarte bietet außerdem eine große Auswahl an Geflügel. Ruhige und elegante Atmosphäre. *Info: Tuanjiehu Beikou 3, Chaoyang, Tel. 010.65824003*

€ Tang Dynasty (Xi'an). Jeden Abend wird ein Bankett im kaiserlichen Stil in Szene gesetzt, dem eine traditionelle Musik- oder Tanzaufführung folgt. Qualitativ hochwertige kantonesische Küche und schöne Atmosphäre für ein gewiss originelles Erlebnis. *Info: Changan Road 39, Tel. 029.87822222*

€ Rosemary Café (Guilin). Ungezwungenes, aber qualitativ hochwertiges Lokal in der Fußgängerzone. Die Speisekarte bietet sowohl Küche aus Kanton und Sichuan als auch westliche Gerichte bester Machart an. Das Restaurant wird sowohl von Touristen als auch von den Einheimischen aufgesucht. *Info: Yiren Lu 1, Tel. 0773.2810063*

Weitere Informationen: Fremdenverkehrsamt der VR China, www.fac.de.

246 OBEN - DER VERLAUF DES LI-FLUSSES.

246 UNTEN LINKS - ANSICHT VON GUILIN.

246 UNTEN RECHTS - ZWEI PAGODEN IN GUILIN.

247 - DIE BAMBUSFLÖTENGROTTE, GUANGXI.

Tempel und Natur – *Laos und Kambodscha*

Die Schätze des fernen Ostens sind endlich in Reichweite: Die wiedergefundene soziale Stabilität in Laos und Kambodscha hat den Ausbau des Binnenverkehrs und die Aufwertung der archäologischen Schätze und Kunstwerke ermöglicht, die heute schöner denn je glänzen.

Die laotische Hauptstadt **Vientiane** ist der am wenigsten touristisch frequentierte Ausgangspunkt einer Reise in den fernen Osten. An den Ufern des Mekong an der Grenze zu Thailand gelegen, bietet die Stadt interessante buddhistische Tempel wie den **Haw Pha Kaew**, den **Wat Si Saket** (beide im historischen Zentrum) und vor allem den **Pha That Luang** mit seinen unverwechselbaren, mit Gold verkleideten Fialen. Von Vientiane aus kann man auch eintägige Ausfüge in den **Phou Khao Khouay-Nationalpark** unternehmen, wo man Herden von Wildelefanten, aber auch Leoparden oder die äußerst seltenen Schwarzbären beobachten kann. **Luang Prabang**, die alte Hauptstadt des Landes, rühmt sich Schätzen wie dem **Königspalast**, in dem der **Phra Bang** verwahrt wird, eine 83 cm hohe Buddhastatue komplett aus Gold, und der **Wat Xieng Thong** (16. Jh.) mit großartigen Dächern, die bis zum Boden reichen, und einer geschnitzten und vergoldeten Holzfassade. Der gewaltige Komplex aus **Königspalast** und **Silberpagode** ist die Visitenkarte von **Phnom Penh**, der Hauptstadt Kambodschas, die man von Vientiane aus in weniger als zwei Flugstunden erreicht. Nicht zu versäumen ist das **Nationalmuseum** mit einer wunderbaren Sammlung an Exponaten, die über 1000 Jahre Geschichte des Landes erzählen. Wenn man auf dem Landweg nach Norden weiterreist, kommt man zur archäologischen Stätte von **Sambor Prei Kuk**, wo Archäologen dem Dschungel über 100 Tempel und Gebäude aus der Prä-Angkor-Zeit (6. und 7. Jh.) abgerungen haben. Noch weiter im Norden befindet sich das berühmte **Angkor** mit seinen Hunderten Sakralbauten, den aus dem Dschungel ragenden Türmen und den großen Hochstraßen: ein unvergessliches „Muss" bei jeder Reise nach Kambodscha.

Fortbewegung: *Der Wattai International Airport von Vientiane liegt 4 km entfernt vom Zentrum der Stadt. Man erreicht ihn per Taxi*

(von der Regierung festgesetzter Fixpreis von rund 5 Euro). In Vientiane und Umgebung bewegt man sich am besten mit dem Fahrrad (die man auch in Hotels und Gästehäusern mieten kann) oder mit Motorrollern fort, die man bei Asian Vehicle Rental (Th. Samsenethai, www.avr.laopr.com) *mietet. Um zu den anderen Orten des Landes zu gelangen, nutzt man am besten die Inlandflüge von Lao Airlines* (www.laoairlines.com), *die mehrmals täglich die Hauptstadt mit Luang Prabang und den anderen größeren Städten verbindet. Einmal am Ziel, mietet man bei den Außenstellen von Asian Vehicle Rental Autos oder Motorroller, oder man nutzt Taxis und Minibusse, die man bei den örtlichen Reisebüros bestellt. Der Phnom Penh International Airport* (www.cambodia-airports.com) *befindet sich 8 km außerhalb vom Zentrum der kambodschanischen Hauptstadt, die nur per Taxi zu erreichen ist (Fixpreis, um 7 Euro). Für Reisen innerhalb Kambodschas lohnt sich das Flugzeug nur, wenn man einen flüchtigen Besuch in Angkor machen will (mehrmals täglich Flüge nach Siem Reap), ansonsten kann es sich lohnen, einen Wagen (Auto oder Minibus) mit Fahrer bei Cambodia Driver* (www.cambodiadriver.com) *zu mieten. Die wichtigsten Touristenorte erreicht man auch mit Bussen von Capitol Tour* (www.capitolkh.com) *oder Phnom Penh Sorya* (www.ppsoryatransport.com).

Währung: *Die offizielle Währung ist in Laos der Kip, in Kambodscha der Riel.*

LAOS *(4 Tage)*

Aufgeräumt und entspannt ist **Vientiane**, das Tor nach Laos, einem Land, das offen für Menschen und Einflüsse aller Art ist. In das an den Ufern des Mekong gelegene Vientiane kommt man üblicherweise von Bangkok aus in weniger als zwei Flugstunden. Im historischen Zentrum besichtigt man den in der ersten Hälfte des 20. Jh. auf den Ruinen des Vorgängerbaus errichteten **Haw Pha Kaew-Tempel** *(Th. Setthathirath, Öffnungszeiten 8–12 Uhr, 13–16 Uhr)*, der in ein Museum für Sakralkunst umgewandelt wurde. Man kann darin unter anderem Dutzende von Buddhastatuen aus der Zeit vom 6. bis 10. Jh. bewundern sowie Bronzearbeiten aus späterer Zeit. In 100 m Entfernung befindet sich der **Wat Si Saket** *(Th. Setthathinath, Ecke Th. Lan Xang, Öffnungszeiten 8–12 Uhr, 13–16 Uhr)*, der älteste buddhistische Tempel der Stadt, der ebenfalls in ein Museum umgewandelt wurde. Er wurde zu Beginn des 19. Jh. erbaut und zeigt deutliche Einflüsse der Architektur, die damals das nahegelegene Siam-Reich kennzeichnete. Im Kloster befinden sich 2000 Buddhabildnisse aus Silber und Keramik, die in aus der Wand geschlagenen Nischen aufbewahrt werden. Sehenswert sind auch der **Sim** (Halle der Ordinationen) und die inneren Mauern mit Dekorationen aus Freskenzyklen, die Episoden aus dem Leben Buddhas darstellen. Am Ende der breiten, von Bäumen gesäumten Straße, an der der Wat Si Saket liegt, ragt das Profil des **Patuxai** empor *(Th. Lan Xang, Öffnungszeiten Mo–Fr 8–16.30, Sa–So 8–17 Uhr)*, eine Art großer Triumphbogen, der 1960 errichtet wurde. Von der Spitze hat man den besten Panoramablick auf die Stadt. In der nordöstlichen Peripherie Vientianes befindet sich der **Pha That Luang** *(Th. That Luang, Öffnungszeiten 8–12 Uhr, 13–16.30 Uhr)*, der bedeutendste Tempel des Landes. Er wurde 1566 gegründet und ist noch heute die Wohnstätte des

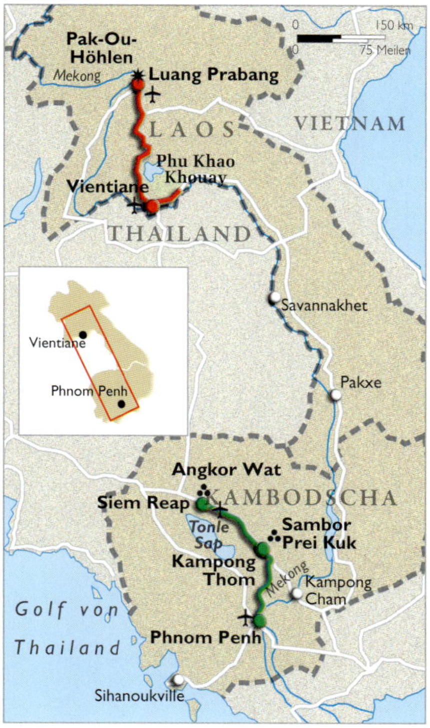

Patriarchen des laotischen Buddhismus. Die wunderschönen vergoldeten Fialen sind die prächtige Visitenkarte eines auf drei Ebenen angelegten Komplexes mit einer vierseitigen Zinne in Form einer Lotosknospe. Etwa 24 km südlich von Vientiane befindet sich der **Buddha-Park** *(Th. Tha Deaua, Tel. 021.212248, Öffnungszeiten 8–16.30 Uhr)* mit Hunderten Statuen hinduistischer und buddhistischer Gottheiten darstellen und hauptsächlich Arbeiten von Künstlern des 20. Jh. sind. Völlig anderer Natur ist ein Ausflug zum **Phou Khao Khouay-Nationalpark** *(Tel. 021.212251, www.trekkingcentrallaos.com)*, der sich 40 km östlich der Stadt über 2000 qkm erstreckt, eines der größten Schutzgebiete des Landes. Man kann auch einen Tagesbesuch machen, wenn man sich an eine der darauf spezialisierten Reisebüros in Vientiane wendet, und spart so viel Zeit für den Transfer und die Suche nach einem Führer vor Ort. In dem gebirgigen und zu 88 % von Wald bedeckten Gelände leben viele vom Aussterben bedrohte Arten wie der asiatische Schwarzbär, Nebelleoparden, Gibbons und Grüne Paviane. Beinahe garantiert ist eine Begegnung mit großen Wildelefantenherden. Man kann sich unter anderem wenden an: **Green Discovery Laos** *(Th. Setthathirat 34, Vientiane, www.greendiscoverylaos.com)*.

248-249 - Der Pha That Luang in Vientiane.

Fast 400 km nördlich von Vientiane liegt **Luang Prabang**, die schönste und an Denkmälern reichste Stadt von Laos. Man erreicht sie mit dem Flugzeug oder mit Bussen, die ein Dutzendmal täglich an der **nördlichen Busstation** von Vientiane *(Th. T2, Tel. 021.261905)* abfahren. Die Fahrt dauert je nach gebuchtem Bus zwischen 9 und 12 Stunden. In der alten Hauptstadt besichtigt man als Erstes das **Königliche Palastmuseum** *(Th. Sisavangvong, Tel. 971.212470, Öffnungszeiten Mi–Mo 8–11, 13.30–15.30 Uhr)*, das Anfang des 20. Jh. erbaut wurde. Unter Hunderten Seiden-

paravents, Musikinstrumenten und Khmerstatuen sticht die Statue des **Phra Bang** heraus, der 83 cm hohe, goldene Buddha aus dem 16. Jh. Die Besichtigung des **Königspalasts** beinhaltet auch einige besonders interessante Räume wie den Thronsaal oder den Audienzsaal des Königs, beide mit reich dekorierten Wänden, auch mit naiver Malerei europäischer Künstler, die Szenen aus dem täglichen laotischen Leben erzählen. Hinter dem Königspalast erhebt sich der **Phu Si**, der trotz seiner kaum 100 m Höhe als heiliger Berg von Luang Prabang angesehen wird. Auf dem Gipfel befindet sich der **That Chomsi-Tempel** *(Öffnungszeiten 6.30–19 Uhr)*, der von einem 24 m hohen, vergoldeten Stupa charakterisiert wird. Man sollte die Besichtigung bei Sonnenuntergang vornehmen; dann ist das Panorama am schönsten. Auf der in den Mekong ragenden Halbinsel wenige Hundert Meter nördlich des Königspalasts befindet sich der **Wat Xieng Thong** *(Öffnungszeiten 6–17.30 Uhr)*, der berühmteste Tempel der Stadt. Die Dächer des 1560 erbauten Tempels reichen bis zum Boden, die hölzerne Fassade ist geschnitzt und vergoldet. Rund um den Sim befinden sich einige Stupas und Kapellen, darunter das **Haw Tai Pha Sai-Nyaat** (Heiligtum des liegenden Buddhas) mit einer wertvollen Statue der Gottheit aus der Zeit der Erbauung der Anlage. Nicht versäumt werden darf ein **Ausflug mit dem Motorboot** auf dem Mekong bis zur **Pak Ou-Höhle**. Man fährt etwa 25 km und startet – nur morgens – vom Quai beim **Longboat-Büro** *(Th. Khem Khong, Öffnungszeiten 7.30–16 Uhr)* bis zu den zwei Höhlen, die sich auf der Höhe des Zusammenflusses mit dem Fluss Nam Ou an den Kalksteinwänden zum Fluss hin öffnen. Im Lauf der Jahrhunderte sind die Höhlen von Pilgern mit Buddhastatuen in allen Größen befüllt worden. Während der Fahrt (2 Stunden) hält man im Dorf **Ban Xang Hai**, das für das Geschick seiner Weber bekannt ist.

250 - DER WAT MAI-TEMPEL IN LUANG PRABANG.

251 LINKS - KUANG SI-WASSERFÄLLE, LUANG PRABANG.

251 RECHTS - EIN TEMPEL IN LUANG PRABANG.

Stoffe aus Laos

Unter den orientalischen Shopping-Paradiesen verdient Laos absoluten Respekt, zumindest für die diskrete Art der Händler, die nie aggressiv oder aufdringlich sind. Um den Preis wird nur auf den Märkten oder an den Ständen gefeilscht, aber nicht in den Geschäften. Seide und Stoffe gehören zu den typischsten und wegen der Qualität der Verarbeitung und der Auswahl an Farben und Mustern meistgeschätzten Souvenirs. In ***Vientiane*** *macht man die besten Geschäfte auf dem* ***Talat Sao*** (Th. Lan Xang, Öffnungszeiten 7–16 Uhr), *dem größten und bekanntesten Markt der Hauptstadt. Ein weniger bekanntes Geschäft ist* ***Camacrafts*** (www.mulberries.org, Öffnungszeiten Mo–Sa 10–18 Uhr), *das Kleider und Seide auch aus der Provinz Xieng Khouang verkauft. Es befindet sich in der Gegend der Th. Nokeo Koummane, der Straße mit der höchsten Konzentration an Geschäften und Läden „zum Thema". Direkt beim Weber kauft man in der* ***Phaeng Mai Gallery*** (Th. Nong Buathong 110, www.phaengmaigallery.com, Öffnungszeiten Mo–Sa 8–17 Uhr), *die auch ein kleines Museum für alte Stoffe eingerichtet hat. Für Ausstellungen lohnt sich ein Besuch in der* ***Kanchana Boutique*** (Th. Chanthakoummane 102, Öffnungszeiten Mo–Sa 8–21 Uhr)*: Die Besitzer des Geschäfts mit den teuersten und elegantesten Seiden sind zugleich die Gründer des* ***Lao Textile Museum*** (geöffnet 9–16 Uhr). *Hier kann man auch Webkurse besuchen (auf Voranmeldung). In* ***Luang Prabang*** *ist das* ***Ockpoptok*** (Th. Sisavangvong, www.ockpoptok.com, Öffnungszeiten 8–11 Uhr) *eine Adresse, die Seide und mit Naturfarben gefärbte Baumwolle in bester Qualität garantiert. Die größte Auswahl an Kleidungsstücken, Decken und Wandteppichen findet man auf dem* ***nächtlichen Kunsthandwerkermarkt*** (Th. Sisavanvong, Öffnungszeiten 17.30–22.30).

KAMBODSCHA *(4 Tage)*
Der hauptsächlich koloniale Anblick des Zentrums von **Phnom Penh**, der Hauptstadt Kambodschas, erinnert an die Zeit des französischen Protektorats, das in der Mitte des 19. Jh. begann und sich bis kurz nach dem Zweiten Weltkrieg hinzog. Die breiten, von Bäumen gesäumten Straßen, die prachtvollen Wohnhäuser und die großen öffentlichen Gebäude gehen auf diese Zeit zurück. Die Besichtigung der Stadt beginnt an der **Uferpromenade**, ein 2 km langer Grünstreifen am Fluss **Tonle Sap**, an dem der mächtige Komplex von **Königspalast** und **Silberpagode** *(Samdech Sothearos Blv., Öffnungszeiten 8–11 Uhr, 14–17 Uhr)* liegt. Der Palast ist nach wie vor Wohnstätte der kambodschanischen Königsfamilie, daher kann er nur zum Teil besichtigt werden, auf jeden Fall aber der **Thronsaal** und der **Pavillon Napoleon III.**, in dem ein kleines Museum mit königlichen Zimelien eingerichtet wurde. In der angrenzenden Silberpagode, die ihren Namen wegen der 5300 silbernen Kacheln trägt, die den Fußboden bedecken, bewundert man die Statue des Smaragd-Buddhas aus Jade und den mit (über 2000) Diamanten und Edelsteinen besetzten goldenen Buddha in Naturgröße. Einen Häuserblock weiter befindet sich das **Nationalmuseum** *(Rue 13, www.cambodiamuseum.info, Öffnungszeiten 8–17 Uhr)*, das in vier Galerien aufgeteilt ist, in denen 1000 Jahre Khmerkunst ausgestellt sind (vom 4. bis zum 13. Jh.): Statuen und Fundstücke – vor allem aus Bronze und Keramik – aus dem ganzen Land. Im nordöstlichen Teil der Stadt verdient der **Wat Phnom** *(Blv. Norodom, geöffnet Sonnenaufgang – Sonnenuntergang)* einen Besuch, um den herum der Legende nach die Stadt im 14. Jh. gegründet wurde. Der Ort bietet Entspannung und einen Panoramablick, ganz im Gegensatz zum **Tuol Sleng-Genozidmuseum** *(Phlauv 113, www.tuol-sleng.com, geöffnet 7.30–11.30, 14–17 Uhr)*, das sich in dem Gebäude befindet, in dem die Roten Khmer zwischen 1975 und 1979 Tausende Oppositionelle einkerkerten und umbrachten. Der Besuch ist empfindsamen Personen nicht zu empfehlen, doch das kambodschanische Volk betrachtet diese düstere Zeit als einen fundamentalen Abschnitt der eigenen Geschichte.

252-253 - Luftaufnahme von Angkor Wat.

253 - Eines der Tore von Angkor Thom.

Sihanoukville

Zuerst ein Fischerdorf, dann wichtigstes Hafenzentrum des Landes, heute geschätzter Badeort: Das 230 km südlich von Phnom Penh gelegene Sihanoukville ist der beste Ort zur Entspannung nach einer anstrengenden Reise durch Kambodscha; man macht es genauso wie die Einwohner der Hauptstadt, die jedes Wochenende die vier Strände, die Restaurants und die zahlreich gewordenen Vergnügungslokale füllen. Der meistbesuchte Strand ist der 3 km lange und von Hotels, Gästehäusern und Abendlokalen umgebene ***Ochheuteal Beach. Sokha Beach*** *ist hingegen der schönste Strand und gleicht einem Halbmond aus feinstem Sand.* ***Victory Beach*** *liegt nahe am Zentrum und ist daher eher überlaufen, während* ***Independence Beach*** *bei Flut ziemlich schmal wird und nur bedingt geeignet ist. Sihanoukville erreicht man mit dem Auto über die Route Nationale 4 oder mit den Bussen von* ***Capitol Tour*** (www.capitolkh.com) *und* ***Phnom Penh Sorya*** (www.ppsoryatransport.com), *die in der Hauptstadt abfahren und fast 5 Stunden unterwegs sind. Für die Unterkunft lohnt sich die Wahl des* ***Sokha Beach Resort*** (www.sokhabeachresort-sihanouk.com), *ein modernes ruhiges Fünf-Sterne-Hotel am Strand.*

Nach dem Verlassen der Hauptstadt fährt man 180 km die Route Nationale 6 bis nach **Kampong Thom** und dann 25 km die Route Nationale 12, um die archäologische Stätte **Sambor Prei Kuk** *(http://samborpreikuk.com, geöffnet Sonnenaufgang – Sonnenuntergang)* zu erreichen, wo man die Überreste von über 100 Tempeln und Gebäuden aus der Prä-Angkor-Zeit (6. und 7. Jh.) und vermutlich die Reste von Isanapura, der alten Hauptstadt des Chenla-Reichs, bewundern kann. Außer den Ruinen, die man in drei unterschiedlichen Arealen besichtigt, aber gut zu Fuß verbinden kann, haben die Archäologen weitere Hunderte Gebäude ausgemacht, die vom Dschungel bedeckt sind und noch nicht besichtigt werden können. Zurück auf der Route Nationale 6, fährt man weitere 130 km und erreicht das gastfreundliche und ruhige **Siem Reap**, das Ausgangspunkt für den Besuch von **Angkor Wat** *(geöffnet Sonnenaufgang – Sonnenuntergang)* ist, das berühmteste und meistbesuchte Monument Kambodschas, das nur 3 km vom Zentrum entfernt liegt. Es handelt sich um einen imposanten Hindutempel, der auf einem rechteckigen Grundriss (1,5 x 1,3 km) errichtet wurde und vollständig von einem Graben umgeben ist. Der Komplex besteht aus Dutzenden von prachtvollen Tempeln, die dank der Restaurierungsarbeiten der letzten Jahrzehnte zum größten Teil wieder in ihren ursprünglichen Glanz versetzt worden sind. Die fünf Türme, die das Hauptgebäude des Tempels überragen (sie symbolisieren die Gipfel der Meru-Berge, des mythischen heiligen Gebirges der Hindus), ziehen sofort die Aufmerksamkeit auf sich, aber Stück für Stück weitet sich der Blick wieder, wenn man die drei übereinander liegenden und vollständig mit Reliefs bedeckten Galerien entlang geht oder die Höfe überquert, welche die verschiedenen Heiligtümer miteinander verbinden. Der Komplex kann selbstständig besichtigt werden, aber es lohnt sich, eine Führung zu machen, um die Vielschichtigkeit des Bauwerks, die unterschiedliche Symbolik und die Bedeutung der Reliefs besser zu verstehen. Die Führer kann man in den Agenturen in Siem Reap buchen oder man begegnet ihnen am Eingang des Tempels.

Rund um den Angkor Wat-Tempel erstreckt sich der **Archäologische Park von Angkor**, ein etwa 400 qkm großes Gebiet, das von der UNESCO zum Weltkulturerbe erklärt wurde. Nur 2 km vom Nordtor von Angkor Wat entfernt kann man die Reste der befestigten Stadt **Angkor Thom** (12. Jh.) besichtigen, die noch immer von einer 8 m hohen und 3 km langen Mauer mit mächtigen Schutztürmen umgeben wird. Das Herz der Stadt ist der große buddhistische **Bayon-Tempel**. Die Besucher erreichen ihn über eine 1500 m lange Hochstraße, die von Statuen von Gottheiten und Dämonen gesäumt wird. Sie werden von gewaltigen steinernen Gesichtern empfangen, die in die 37 Türme gemeißelt wurden, die den auf drei übereinander liegenden Ebenen errichteten Tempelberg überragen. Im nördlichen Teil der Stadt verdienen die mit einem 300 m langen Relieffries geschmückten **Elefantenterrassen** einen Besuch. Die dargestellten Elefanten haben fast Naturgröße. Auf der angrenzenden **Terrasse des leprakranken Königs** wurde der Herrscher eingeäschert. Einige Kilometer weiter im Norden betritt man das Gebiet des **Preah Khan-Tempels**, wo es im 12. Jh. eine Universität mit über 1000 Lehrern gab. Um ins zentrale Heiligtum zu gelangen, einem Stupa aus dem 16. Jh., durchschreitet man drei aufeinander folgende Umzäunungen, innerhalb derer sich die halb von der Vegetation bedeckten Überreste von Tempeln und Kultgebäuden befinden, die über 400 verschiedenen Gottheiten geweiht sind. Wer mehr Zeit zur Verfügung hat, kann im äußersten Osten des archäologischen Parks weitere Tempel von großem Wert besichtigen, die wegen der größeren Entfernung von Siem Reap weniger bekannt sind. Herausragend sind der **Pre Rup**, der im 10. Jh. Shiva geweiht wurde und als Archetyp der pyramidenförmigen Tempelberge angesehen wird; der **Ta Prohm**, der nur zum Teil restauriert wurde und von der Vegetation überwuchert ist, aber wegen seiner Größe überrascht; die kleinen Tempel **Ta Som** und **Neak Pean**, wo man fast einsam zwischen Tempeln, Türmen und Statuen aus dem 12. Jh. umhergeht. Für den Archäologiepark gibt es Tageskarten, Dreitageskarten und Wochenkarten, die jeweils etwa 16, 32 und 50 Euro kosten. Man kauft sie an der **Kasse** *(Öffnungszeiten 5–18 Uhr)*, die sich an der Straße von Siem Reap nach Angkor Wat befindet. Dort werden (gratis) Fotos aufgenommen, die man auf die Eintrittkarte heften muss. An der Straße zwi-

schen Siem Reap und Angkor befindet sich auch das moderne **Angkor Nationalmuseum** *(www.angkornationalmuseum.com, geöffnet Mai–Sep. 8.30–18, Okt.–Apr. 8.30–18.30 Uhr)* mit einer schönen geordneten Sammlung an Fundstücken, die aus dem nahen archäologischen Gebiet, aber auch aus der Prä-Angkor-Zeit des Chenla-Reichs stammen.

Übernachten

€€€ Settha Palace Hotel (Vientiane). Luxushotel im Kolonialstil mit maßgefertigten Holzmöbeln in jedem Zimmer (insgesamt 29). Zu den Stärken gehören das Freibad, das Gourmetrestaurant und das Sidewalk Café im Freien, wo man sich bei einem Fruchtdrink oder leckeren Snacks entspannt. *Info: Th. Pang Kham 6, Tel. 021.217581, www.setthapalace.com*

€€€ Fcc Angkor (Siem Reap). Kleines Designerressort in einer Villa aus der ersten Hälfte des 20. Jh. Es bietet geräumige Zimmer mit wertvollen Möbeln, ein Gourmetrestaurant mit offener Küche und ein spektakuläres Freibad. Besonders geschätzt ist das Visaya Spa. *Info: Pokambor Ave., Tel. 023.991641, www.fcccambodia.com*

€€ Hotel Lotus Villa (Luang Prabang). Raffiniertes Boutique-Hotel mit 15 Zimmern und 2 Suiten, das 2008 im Stadtzentrum weniger als 5 Min. zu Fuß vom Königspalast entfernt eröffnet wurde. Es wird von einem üppigen tropischen Garten umgeben und verfügt über ein kleines, aber gut ausgestattetes Spa. *Info: Th. Kounxoa, Tel. 071.255050, www.lotusvillalaos.com*

€€ Hotel Cambodiana (Phnom Penh). Die vier Sterne gehen wohl auf glücklichere Zeiten zurück, doch das Cambodiana verdient schon einen Besuch wegen der Faszination, die von Hotels ausgehen, die die Geschichte eines Ortes mitgeschrieben haben. Das große Hotel (290 Zimmer) ist von einem riesigen Garten umgeben und liegt am Mekong nahe dem Königspalast. *Info: Sisowath Quay 113, Tel. 023.426288, www.hotelcambodiana.com.kh*

Essen

€€ Malis (Phnom Penh). Elegante Atmosphäre und die beste Khmer-Küche der Stadt. Die (auch englische) Speisekarte bietet traditionelle Gerichte, die oft auf originelle Weise abgeändert werden. Man kann auch auf ein reichhaltiges Frühstück kommen. *Info: Norodom Blv. 136, Tel. 023.221022, www.malis-restaurant.com*

€€ Madame Butterfly (Siem Reap). Die viel von Touristen besuchte Topadresse für Khmer-Küche in Siem Reap. Elegante Atmosphäre mit Laternen und Kerzen, große Sorgfalt bei der Präsentation der Gerichte.
Info: Route Nationale 6, Tel. 016.909607, www.madamebutterflyrestaurant.com

€ Lao Kitchen (Vientiane). Der kleine Familienbetrieb liegt wenige Schritte vom Nationalmuseum entfernt und bietet ausschließlich traditionelle laotische Küche. Alle Gerichte können in unterschiedlichen Schärfegraden bestellt werden.
Info: Th. Hengbuon, Tel. 021.21254332

€ Tamarind (Luang Prabang). Bietet traditionelle laotische Gerichte, die in einigen Fällen kreativ abgeändert wurden. Gemütliche Atmosphäre mit wenigen Tischen, große Sorgfalt bei der Auswahl der Zutaten. Es lohnt sich, das Probiermenü zu bestellen, das aus einer unendlichen Menge leckerer Kostproben besteht. *Info: Ban Wat Nong, Tel. 020.7770484, www.tamarindlaos.com*

Weitere Informationen: Kambodschanisches Tourismusbüro, www.tourismcambodia.org; Laotisches Tourismusbüro, www.visitlaos.com

254 OBEN - EIN RELIEF IN ANGKOR WAT.
254 MITTE - EIN TOR IN BANTEAY SREI.
254 UNTEN - ANSICHT VON TA PROHM.
255 - EIN GEBÄUDE VON BANTEAY SREI.

Bangkok und die Inseln – *Thailand*

Von den buddhistischen Tempeln und prunkvollen Königspalästen Bangkoks bis zu den Stränden von Phuket und Koh Samui - Thailand hat stets noch etwas in petto, um absolut zufriedenstellende Ferien zu garantieren.

Drei Tage in Bangkok reichen kaum aus, um ansatzweise den Geist Thailands aufzunehmen und sich alle wichtigen Denkmäler und historischen Sehenswürdigkeiten der „Stadt der Engel" ansehen zu können. Man beginnt seinen Besuch im historischen Viertel **Rattakosin** mit dem **Grand Palace** und dem **Wat Phra Kaeo**, dem **Nationalmuseum** und **Wat Pho**, die aufgrund der Fülle von Emotionen, die sie hervorrufen, allein die Reise wert sind. Um die Stadt von einem originellen Aussichtspunkt aus zu sehen und auch die abgeschiedensten Denkmäler und Märkte zu erkunden, fährt man auf dem Fluss **Chao Phraya** oder den Kanälen von **Thon Buri**. Schließlich gibt es da noch das Viertel **Dusit**, die Neue Königsstadt, mit weiteren Palästen von seltener Pracht. Und man sollte nicht versäumen, am **Siam Square** Station zu machen, wo man zwischen den Einkaufszentren und Luxusboutiquen dem Shoppen frönen kann. **Phuket** im Andamanenmeer und **Koh Samui** im Golf von Thailand (vormals Siam) sind die beiden bekanntesten Badeorte Thailands. Doch auch an derart berühmten Orten gibt es noch Strände und Tempel zu entdecken – ein Feriengenuss im Zeichen von Vergnügen und Sport.

Fortbewegung: *Der internationale Flughafen Bangkok Suvarnabhumi* (www.bangkokairportonline.com) *befindet sich 30 km südöstlich vom Zentrum. Um in die Stadt zu gelangen, nutzt man am besten die Airport Rail Link* (Betriebszeiten 6–24 Uhr), *den 2010 eingeweihten Schnellzug (die Fahrt dauert 20 Minuten). Alternativ kann man eines der offiziellen Taxis nehmen, die an den Parkplätzen zwischen Gate 3 und 4 sowie 7 und 8 warten. Wer lange Ausflüge außerhalb der Stadt plant, kann sich am Flughafen bei Avis oder Hertz* (www.avis.com; www.hertz.com) *ein Auto leihen. Um sich in der Stadt zu bewegen, kann man die beiden Linien des Skytrain* (Betriebszeiten 6–24 Uhr, www.bts.co.th) *oder die U-Bahn benutzen* (Betriebszeiten 6–24 Uhr, www.bangkokmetro.co.th), *die einen Kreis fährt und an vier Stationen den Skytrain kreuzt. Mehr als faszinierend sind die Bootsfahrten auf dem Chao Phraya, die von der Chao Phraya Express Boat* (www.chaophrayaexpressboat.com) *angeboten werden. Nach Koh Samui und Phuket gelangt man mit einem der mehrmals täglich startenden Linienflüge, die zwischen 70 und 90 Minuten dauern. Dieser Dienst wird von den Thai*

Airways (www.thaiairways.com) *und den Bangkok Airways* (www.bangkokair.com) *angeboten. Wenn man gelandet ist, kann man die Shuttledienste der Hotels in Anspruch nehmen. In Anbetracht der Dimensionen der beiden Inseln lohnt es sich, ein Auto zur Verfügung zu haben. Am Flughafen von Bangkok kann man im Voraus buchen und das Auto bei der Ankunft abholen.*

***Währung:** Die offizielle Landeswährung Thailands ist der Bath.*

BANGKOK ***(3 Tage)***

Mit dem Besuch beginnt man am besten im Inselviertel **Rattakosin**, der alten Königsstadt am Fluss **Chao Phraya** mit dem verzweigten Kanalnetz *(Khlong)*. Hier befindet sich der außergewöhnliche Komplex des **Grand Palace** *(Na Phra Lan Rd., www.palaces.thai.net, geöffnet 8.30–15.30 Uhr)*. Wohngebäude und Sakralbauten wurden von König Rama I. Ende des 18. Jh. errichtet, der hier seinen Wohnsitz nahm. Die Hauptattraktion ist der **Wat Phra Kaeo** (der Tempel des Smaragdbuddhas), der eine 66 cm große Statue der Gottheit aus grünem Jaspis beherbergt, die von den Gläubigen als mystische Verbindung zwischen Thailand und seinem König angesehen wird. Der Tempel wird von zwei am Eingang platzierten Bronzelöwen bewacht. Er besticht auch durch die vergoldeten Altäre und die großen Freskenzyklen. Im Schutze der Mauern, die den Komplex umschließen, kann man die spektakulären Fresken bestaunen, die die Wände des **Klosters Ramakien** über 1900 m zieren, den **Goldenen Chedi** (ein Reliquienschrein), der zur Aufbewahrung eines Fragments von Buddhas Brustbein konstruiert wurde, das **Phra Mondop** (ein Bibliothekspavillon mit einem von einer silberdurchwirkten Matte bedeckten Fußboden), sowie die **Handschriftenbibliothek Hor Phra Monthien Dharma**, die herrlichen, mit Perlmuttintarsien verzierten Pforten, die vollständig mit Fresken geschmückte **Amarinda Vinichai-Audienzhalle** mit einem bootsförmigen Thron, und den **Thronsaal** im neoklassizistischen Stil. Neben dem Grand Palace, außerhalb des Komplexes, befindet sich der **Wat Pho** *(Th. Sanam Chai, www.watpho.com, geöffnet 8–18 Uhr)*, die älteste und weitläufigste Tempelstätte Bangkoks: Sie wurde im 16. Jh. erbaut und ist vor allem für ihre 46 m lange, liegende Buddhastatue im Versammlungsraum. Auf dem Tempelareal befinden sich medizinische Pavillons mit Steintischen, auf denen Akupressurpunkte markiert sind: Der Wat Pho beherbergt ein berühmtes Zentrum für traditionelle Medizin und eine Massageschule. Und einer Massage kann man sich dann noch im westlichen Teil des Tempels unterziehen. Im Norden des Grand Palace befindet sich das **Nationalmuseum** *(Na Phra That Rd., www.thailandmuseum.com, geöffnet Mi.–So. 9–16 Uhr)*, die größte und vollständigste Ausstellungsfläche des Landes, eingerichtet in einer Gruppe von königlichen Gebäuden aus dem 18. Jh. Das bedeutendste ist die **Buddhaisawan-Kapelle** mit ihren Holzfußböden und bunten Wandmalereien, die den Rahmen für die **Buddha Phra Sihing-Statue** geben. Allerdings kann man die Kunstgalerien Sukhotai, Ayutthaya und Lanna, den Ende des 18. Jh.s aus Teakholz gebauten **Roten Pavillon** und das **Gesetzesrad der Dvaravati** aus dem 9. Jh. nicht weglassen. Bevor man Rattakosin wieder verlässt, muss man noch den Tempel **Wat Suthat** besuchen *(Bamrung Muang Rd. 146, geöffnet 8.30–17 Uhr)*, der für sein schönes Museum mit Steinskulpturen, Bronzetieren und Buddhastatuen bekannt ist, doch vor allem wegen der **Sao Ching Cha**, der gigantischen Schaukel, die ursprünglich in brahmanischen Zeremonien verwendet wurde. Nur wenig weiter in östlicher Richtung taucht der **Wat Saket** auf *(Boriphat Rd., geöffnet 8–21 Uhr)*, der 78 Meter hohe künstliche Hügel, auf dem ein vergoldeter, glockenförmiger Chedi steht. 310 Stufen führen zu ihm hinauf.

256-257 - Der Wat Phra Kaeo in Bangkok.

257 - Der Smaragd-Buddha vom Wat Phra Kaeo.

Um die Paläste und Tempel von Rattakosin von einem ungewöhnlichen Aussichtspunkt aus zu bewundern, kann man eine **Minikreuzfahrt** auf dem **Chao Phraya** an Bord einer der Linien-Fähren machen, die an den Landebrücken anlegen, die an die wichtigsten Gedenkstätten angrenzen. Zu den Unternehmen mit den meisten Booten und Routen für Touristen gehört **Chao Phraya Express Boat** *(www.chaophraya-expressboat.com)*. Wer sich für die Schifffahrt interessiert, für den lohnt sich ein Besuch des **Royal Barges Nationalmuseums** *(Klong Bangkok Noi, www.thailandmuseum.com/thaimuseum_eng/royalbarges/history.html, geöffnet 9–17 Uhr)*, in dem acht prachtvoll verzierte Schiffe des Herrscherpaars ausgestellt sind, die noch heute bei zeremoniellen Prozessionen auf dem Chao Phraya benutzt werden. Mit der Fähre oder einem Longtail-Leihboot *(Rua Hang Yao)* kann man den **Wat Arun**, den Tempel der Morgenröte am westlichen Flussufer, am bequemsten erreichen *(Th Arun Amarin, www.watarun.org, geöffnet 8.30–17.30 Uhr)*. Seine 86 m hohe Turmspitze ist eines der Wahrzeichen der Stadt, doch man besucht den gesamten Komplex wegen der Pracht der Gebäude und der Vielfalt der symbolhaften Darstellungen, mit denen die Wände der Gebäude übersät sind. Der zentrale **Prang** (Tempelturm) ist mit Scherbenmosaiken aus chinesischer Keramik überzogen, und seine vier Ebenen werden durch Freitreppen verbunden, gesäumt von wild aussehenden Statuen, die den Tempel bewachen sollen. Der Wat Arun-Komplex wird durch vier kleinere Prangs an den Ecken des Hauptgebäudes vervollständigt, von dem sie durch die herrlich verzierten Altäre *(Mondop)* getrennt sind. Hinter dem Wat Arun erstreckt sich das **Kanalnetz von Thon Buri**, das sich in Richtung Ackerland im Westen der Stadt hinauszieht. Dieses dichte Netz von Wasserwegen ist seit 200 Jahren unverändert und führt zu den traditionellen Vierteln, die Ende des 18. Jh. 15 Jahre lang die Hauptstadt von Siam bildeten, mit Pfahlbauten, Häusern, schwimmenden Märkten und kleinen Tempeln wie dem **Wat Pak Nam**, der für seine Amulette berühmt ist, oder dem **Wat Intharam** mit seinen schwarz und golden gelackten Toren. Im nordöstlichen Teil Bangkoks liegt das Stadtviertel **Dusit**, das aufgrund der Residenzen, die dort zwischen dem 19. und 20. Jh. von den jeweiligen Herrschern erbaut wurden, auch Neue Königsstadt

genannt wird. Hier befindet sich der **Vimanmek-Palast** *(Th Rajavithee, www.palaces.thai.net, geöffnet 8.30–16.30 Uhr)*, der mit seinen 80 Gemächern wohl der größte vollständig aus Teakholz gebaute Wohnsitz der Welt ist. Ein großer Teil ist für Besucher zugänglich. Vor dem Vimanmek-Palast befindet sich die Thronhalle **Abhisek Dusit** *(Th Ratchawithi, geöffnet 9.30–16 Uhr)*, die Anfang des 20. Jh.s mit viktorianischen Einflüssen und edlen, ornamentreichen Holzarkaden erbaut wurde. Heute ist sie Sitz des **SUPPORT-Museums** mit seiner umfangreichen Sammlung von Objekten traditioneller Handwerkskunst, Seidenstoffen und Schmuck. Im benachbarten Gebäude ist das **Staatliche Museum der Königlichen Elefanten** angesiedelt, *(Th Ratchawithi, geöffnet 9.30–16 Uhr)*, das man in den ehemaligen Stallungen der Albino-Elefanten des Herrschers eingerichtet hat, und wo das prächtige Ornat gezeigt wird, das man zum Schmuck der Dickhäuter bei den Zeremonien verwendet hat. Im selben Areal befindet sich auch der **Dusit Zoo** *(Th Ratchawithi, geöffnet 8–21 Uhr)*, der von einem großflächigen Teich dominiert wird, auf dem man kurze Ausflüge mit dem Ruderboot unternehmen kann. Eine ansprechende Exkursion führt schließlich ins 33 km südlich der Hauptstadt gelegene **Muang Borang**, das man mit den Bussen 7, 8 oder 11 erreicht. Hier besucht man die **Ancient City** *(Sukhumvit Rd., www.ancient-city.com, geöffnet 8–17 Uhr)*, ein großes Freilichtmuseum mit 65 Nachbauten der berühmtesten Baudenkmäler des Landes (einige davon in Originalgröße), die über eine Fläche von 130 ha in der Form Thailands verteilt sind. Die faszinierendsten Arealen widmen sich den Tempeln von Sukhothai und Ayutthaya, dem schwimmenden Markt und den Pfahlbauten. Wenig weiter liegt die **Crocodile Farm** *(Old Sukhumvit Highway, Tel. 02.703 5144, geöffnet 7–18 Uhr)*, die weltweit größte Krokodilfarm mit nahezu 60.000 Exemplaren aus aller Welt. Es sind aufregende Momente, bei den (üblicherweise fast 16) Mahlzeiten und den Dressurzeiten dabei zu sein.

258 oben - Die Silhouette des Wat Arun.

258 itte - Das thailändische Parlament.

258 unten - Das moderne Bangkok.

259 oben - Das Einkaufszentrum Siam Paragon in Bangkok.

259 unten - Der Chatuchak Weekend Market.

Einkaufen in Bangkok

Kurzweilig und gut zu erreichen – Bangkok ist zu einer der Welthauptstädte des Shoppens geworden, allerdings mit einem unvergleichlichen Warenangebot. Hier findet man entweder luxuriöse Einkaufzentren oder Kramläden und überfüllte Verkaufsstände mit exotischen Produkten, Textilien und handgefertigtem Schmuck. Das Herz des städtischen Shoppings ist der ***Siam Square*** *im östlichen Bereich von Bangkok, den man mit dem Skytrain erreicht (Haltestelle Siam Square). Der Ort, den man zuerst besuchen sollte, ist das* ***Siam Paragon*** (Th Phra Ram I, www.siamparagon.co.th, geöffnet 10–22 Uhr)*: die schimmernde Glasfassade verbirgt fünf Stockwerke mit 500.000 qm Verkaufsfläche; die Angebotspalette reicht von internationaler Markenmode bis zum Schmuck, von Hightech-Produkten bis zur Sportausrüstung und Designer-Haushaltsgeräten. Auf demselben Platz befinden sich auch das* ***Siam Center*** *und das* ***Siam Discovery Center*** (Ecke Th Phayathai und Th Phra Ram I, www.siamdiscoverycenter.co.th, geöffnet 10–22 Uhr)*, die durch eine überdachte Passage verbunden sind, Anlaufstelle für alle, die nach Markenmode im mittleren Preisbereich Ausschau halten. Preiswert und bei jungen Leuten sehr beliebt ist das* ***Mahbonkrong*** (Phayathai Rd. 444, www.mbk-center.co.th, geöffnet 10–22 Uhr) *gleich südlich vom Siam Square. Im benachbarten Stadtviertel Ratchaprasong befinden sich das riesige* ***Central World Plaza*** (Ratchadamri Rd., www.centralworld.co.th, geöffnet 10–22 Uhr)*, das exklusive* ***Gaysorn*** (Ecke Th Ploenchit und Th Ratchadamri, www.gaysorn.com, geöffnet 10–22 Uhr)*, ein Tempel der internationalen Topmode und des thailändischen Designs, und das* ***Narai Phand*** (Ploenchit Rd., www.naraiphand.com, geöffnet 10-20)*, das größte Ausstellungszentrum für Handwerksprodukte aus ganz Thailand. Und schließlich sollte man einen Besuch des* ***Chatuchak Weekend Markets*** *im nördlichen Stadtgebiet nicht versäumen* (Lat Phrao, Chatuchak Park, geöffnet Sa. u. So. 8–18 Uhr)*. Er ist stets überfüllt, und an den mehr als 5000 Ständen wird von Lebensmitteln über Antiquitäten bis zu lebenden Schlangen alles feilgeboten.*

PHUKET UND KOH SAMUI *(5 Tage)*
Weniger als eine Flugstunde von Bangkok entfernt liegt Thailands größter und berühmtester Badeort, die Insel **Phuket**. Sie hat eine Fläche von 810 qkm, und somit empfiehlt es sich, ein Auto zu mieten, um jeden Tag die schönsten Strände erkunden zu können. Die Provinzhauptstadt Phuket zeigt noch einige Spuren sino-portugiesischer Prägung; ganz besonders lohnt sich ein Spaziergang auf der **Thalang Road**, dem Weg mit den meisten Palästen und Residenzen, die im 19. Jh. erbaut wurden, der Blütezeit des Zinnabbaus. Auf alle Fälle sind Meer und Unterhaltungsmöglichkeiten die Hauptattraktionen. Eine Umrundung von Phuket beginnt man im Uhrzeigersinn von der Hauptstadt aus, kurz darauf erreicht man schon die felsige Halbinsel **Cape Phanwa**, wo sich das **Phuket Aquarium** befindet *(Sakdidet Rd. 51, www.phuketaquarium.org, geöffnet 8.30–16.30 Uhr)*, hier beschäftigt man sich vor allem mit dem Schutz von Meeresschildkröten und Anemonenfischen, zwei Arten, die besonders durch den zunehmenden Tourismus beeinträchtigt werden. Die südliche Küste der Insel wird von der weiten Bucht **Ao Chalong** geprägt, an der man auf dem Highway 4024 bis **Rawaii** entlangfahren kann, dem „ältesten" Touristenort auf Phuket (17 km von der Hauptstadt entfernt). Hier verweilt man vor allem, um das **Phuket Sea Shell Museum** zu besuchen *(Viset Rd., Rawaii, www.phuketseashell.com, geöffnet 8.30–16 Uhr)*, das eine fabelhafte Sammlung aus über 2000 Muschelarten beherbergt sowie die größte Goldperle der Welt (140 Karat), eine 250 kg schwere Muschel, riesige Venusmuscheln und 380 Millionen Jahre alte Fossilien. Vom südlichen Umland Rawaiis erreicht man innerhalb weniger Minuten **Kap Promthep**, den südlichsten Punkt der Insel, der für seine spektakulären Sonnenuntergänge berühmt ist. Hier beginnt der **Highway 4233**, eine Küstenstraße, die bis zur westlichen Seite der Insel reicht, und sich zuweilen von der Küste löst und durch Wälder und Palmenplantagen, an Kokospalmen und Gummibäumen vorbei ührt. Auf der Strecke wird man auch auf einige Elefantenfarmen stoßen, die beim Dschungeltrekking eingesetzt werden. Die bekanntesten Badeorte auf diesem Abschnitt der Route sind das ruhige **Nai Harn**, dessen Strand Eigentum eines Klosters ist, das den Bau von Hotels und anderen störenden Gebäuden unter-

sagt hat; dann **Kata**, überfüllt, doch man kann an den abgelegeneren Abschnitten der ziemlich zerklüfteten Küste Ruhe finden; **Karon**, eine schöne Sandbank, auf der sich lückenlos Hotels und Restaurants aneinanderreihen, vor denen man mit dem Auto an den abgeschiedenen **Paradise Beach** flüchten kann; **Patong,** Phukets Hauptstadt des Vergnügens mit einer großen Zahl an Lokalen, Restaurants und Pubs, und mit besonders klarem Wasser; **Kamala**, ein stiller, von Kasuarinen bewachsener Ort, die bis zur Wasserlinie reichen – hier kann man jeden Abend Büffel beobachten, die zum Trinken herunterkommen –; **Surin**, bei den Anwohnern beliebt, hat eine große Zahl der verschiedensten Strände, auf denen sich Luxusresorts und kleine Bars abwechseln.

Von hier kommt man in die Provinzhauptstadt zurück, indem man die Insel über den Highway 4025 einmal längs durchquert. Von **Thalang** aus gelangt man über eine Seitenstraße zum **Khao Phra Taeo National Park**, ein 22 qkm großes Regenwald-Schutzgebiet, das man auf seinen Wegen bequem auf dem Rücken der Elefanten durchqueren kann.

260 OBEN - EIN WEG IN PHUKET.

260 MITTE - DER PATONG-STRAND.

260 UNTEN - DIE INSEL PHI PHI LEH.

261 OBEN - AUSFLUG IN KOH SAMUI AUF EINEM ELEFANTEN.

261 UNTEN LINKS UND RECHTS - TAUCHEN IM GEWÄSSER DER SIMILAN-INSELN.

Tauchen

Die Wasser der Andamanensee sind als wahres Taucherparadies berühmt. Hier erwarten die Taucher optimale Sicht unter Wasser und dicht besiedelte Meerestiefen. Die unvergesslichsten Eindrücke bekommt man bei einer der Tauchkreuzfahrten zur Inselgruppe der ***Similan Inseln*** *(nördlich von Phuket, vier Fahrtstunden entfernt) und zu den* ***Phi Phi Islands*** *(südlich von Phuket). Sie liegen fernab der Touristensiedlungen und werden fast nur von Tauchern frequentiert. Zu den best ausgestatteten Unternehmen in Phuket, die unterschiedliche Programme anbieten, gehören* ***Khao Lak Scuba Adventures*** (www.khaolakscubaadventures.com) *und* ***Sea Fun Divers*** (www.seafundivers.com). *Ihre Programme dauern zwischen zwei Tagen und einer Woche, darunter von qualifiziertem Personal begleitete Tauchgänge in die fischreichsten Wassertiefen oder zu den vom Meer in die Felsenriffs gegrabenen Grotten. Am Golf von Thailand gehören die Tauchgewässer in der Umgebung der Insel Koh Tao, zwei Stunden von Koh Samui entfernt, zu den beliebtesten. Auch hier bietet es sich an, eine Kreuzfahrt an Bord eines Motor- oder Seegelboots zu machen. Dazu kann man sich an* ***Easydivers*** (easydivers-samui.net) *oder* ***Big Blue Diving Thailand*** (www.bigbluediving.com) *wenden. Diese Unternehmen bieten Kurse an, bei denen man die wichtigsten international anerkannten Tauchscheine erlangen kann.*

In 50 Flugminuten gelangt man von Phuket nach **Koh Samui**, der Badehauptstadt des Golfs von Thailand, und auch hier bestimmen Meer, Strand und Vergnügen den Ryhthmus der Ferien. Wenige Minuten vom Flughafen entfernt befindet sich **Chaweng Beach**, der längste und berühmteste Strand der Insel: 7 km grellweißer Sand, gesprenkelt mit Liegen, Sonnenschirmen und den bunten Segeln der Wassersportzentren. Unmittelbar hinter der Strandlinie tauchen die großen Resorts auf, doch man findet auch günstige Unterkünfte, Restaurants und Lokale, in denen man sich abends vergnügen kann. Nur 4 km weiter südlich befindet sich der **Lamai Beach**, wo sich die Szenerie aus feinem Sand, klarem Wasser, Palmen und Hotels direkt am Meer in kleinerem Maßstab, doch weitaus entspannender, wiederholt. Wenn man vom Chaweng Beach den Highway 4171 in nördliche Richtung hinunterfährt, gelangt man zum **Choeng Mon Beach**, einem der faszinierendsten Strände der Insel; von hier aus folgt man einem Schotterweg entlang dem **Laem Samrong**, einem felsigen Vorgebirge, das herrliche kleine Strände verbirgt, die man nur zu Fuß erreichen kann. Bleibt man auf der Straße, gelangt man zum **Bangrak Beach**, vor dem man den 12 m hohen vergoldeten **Großen Buddha** bestaunen kann. In **Bangrak** und dem sich anschließenden **Bophut Beach** kann man Boote und Motorboote mieten, um die anderen Inseln des Archipels von Koh Samui zu besuchen. Für Taucher lohnt sich besonders ein Ausflug nach **Koh Tao**; schön ist es auch auf **Koh Phangan**, dem authentischen Tropenparadies, das sich an einem Abend im Monat für die Full Moon Party belebt, an der Tausende von Personen teilnehmen. Koh Phangan ist von Dutzenden der herrlichsten abgeschiedenen Strände umgeben und besonders beliebt bei Familien oder Touristen, die sich einmal einen besinnlichen Tag zugestehen wollen. Wieder in Koh Samui, fährt man mit der Umrundung der Hauptinsel fort, indem man den **Highway 4169** an der Westküste bis **Natong** entlangfährt. Es ist das dicht bevölkerte Zentrum von Koh Samui und der Punkt, an dem die Fähren anlegen, die vom Festland kommen. Viel mehr hat Natong nicht zu bieten, ist aber der bequemste Ausgangspunkt für einen Besuch des bezaubernden **maritimen Nationalparks Mu Ko Ang Thong** *(145/1 Talat Lang Rd., Amphur Muang Surat Thani, Tel. 077.286025, reserve@dnp.go.th)*, der aus 42 kleinen, fast völlig unbewohnten Inseln zwischen Koh Samui und dem Festland besteht. Auf dem zauberhaften Archipel gibt es auf der Insel **Ko Wua Talab** nur wenige und spartanische Unterkünfte, die man bei der Parkverwaltung im Voraus buchen kann. Die Reisebüros und das Koh Samui-Resort organisieren Tagesausflüge mit dem Motor- oder Segelboot. Von Natong aus geht die Tour über die Insel in Richtung Süden weiter, und nach ungefähr 20 km erreicht man die Landzunge **Ao Thong Krut**, vom **Wat Laem So** dominiert, einem Chedi im Srivijaya-Stil, der von Hunderten von goldenen Fliesen verziert ist. Die Südküste wird von einer unablässigen Folge von felsigen Gebirgsausläufern gekennzeichnet, die die Strände abschirmen. Daher sind diese wenig überfüllt, vor allem der **Laem Set Beach.** Doch gleich danach kommt der Lamai Beach, und der magische Kreis schließt sich.

Übernachten

€€€€ Poppies Samui (Koh Samui). Reizendes Boutique-Hotel am Meeresufer, ideal zum Entspannen. 24 in einem üppigen Garten verstreute Hütten, in denen man nahe beim Zentrum der Anlage im Thai-Stil wohnt.
Info: 28/1 Mu, South Chaweng Beach, Tel. 077.422419, www.poppiessamui.com

€€€ The Landmark (Bangkok). Im Zentrum der Provinzhauptstadt, neben der Skytrain-Station Nana, befindet sich dieses Luxushotel mit vortrefflichem Preis-/Leistungsverhältnis. Es verfügt über 414 Zimmer, fünf Restaurants, darunter eines mit Panoramablick auf dem Dach, Sporthalle und Fitnesscenter.
Info: 138 Sukhumvit Rd., Bangkok, tel. 02.2540404, www.landmarkbangkok.com
€€ Baan Raya Resort & Spa (Phuket). Ein Drei-Sterne-Hotel von gutem Niveau mit nur 48 Zimmern und moderaten Preisen. Gut ausgerüstetes Zentrum für Wassersport, Reitschule, Mountainbikes und ein großes Wellnesscenter. Vom Hotel erreicht man in wenigen Minuten fünf recht beschauliche Strände.
Info: 7/26 Moo 3 Ko Raya Yai, Tel. 076.355563, www.banraya.com

Essen

€€€ Sala Rim Naam (Bangkok). Das Restaurant gehört zum Mandarin Oriental Hotel und befindet sich am gegenüberliegenden Ufer des Chao Phraya, wohin man mit den Privatbooten des Hotels gelangt. Man speist im Innern eines reich verzierten Pavillons im Thai-Stil mit goldgeschmückter Decke. Es gibt Gourmetgerichte mit dem Besten aus der thailändischen Küche; das Essen wird von Darbietungen traditioneller Tänze begleitet. *Info: 48 Oriental Avenue, Tel. 02.4373080, www.mandarinoriental.com/bangkok*
€€ Zazen Restaurant (Koh Samui). Qualitätsküche mit thailändischen und französischen Spezialitäten am Ufer des Bophut-Strandes. Das Restaurant im ersten Stock eines kleinen, charmanten Hotels gilt als eines der besten und romantischsten der Insel. Um einen Tisch mit Meerblick zu erhalten, reserviert man am besten ein paar Tage im Voraus.
Info: 177 Moo 1, Tambon Bophut, Tel. 077.430345, www.samuizazen.com
€€ Baan Rim Pa (Phuket). Man speist auf einer großen Veranda auf den Klippen oberhalb eines der schönsten Strände der Insel. Eine ausgesuchte Küche mit thailändischen und italienischen Gerichten in einer schicken Atmosphäre. Reservierung empfohlen. *Info: Patong-Kamala Beach Rd., Tel. 076.340789, www.baanrimpa.com*

Weitere Informationen: Thailändisches Fremdenverkehrsamt, www.thailandtourismus.de

262 OBEN - EINE KLEINE INSEL BEI KOH TAO.

262 UNTEN - DER WAT NUAM NARAM IN KOH SAMUI.

262-263 - DER NATIONALPARK MU KO ANG THONG.

263 - DER GROSSE BUDDHA VON BANGRAK.

Von Java nach Bali

Indonesien

Auf der Insel Java mit ihren natürlichen und kulturellen Schätzen finden sich alle Wunder, die Indonesien zu einem unvergesslichen Reiseziel machen, genau wie auf Bali, wo Strände, Tempel und Künstler darum konkurrieren, die Herzen der von fern angereisten Gäste zu erobern.

Von **Jakarta** bis zum östlichen Ende der Insel **Java** ist es eine kurze, doch intensive Reise zu antiken hinduistischen und buddhistischen Tempeln, spektakulären Vulkanen und architektonischen Erinnerungen an die Kolonialzeit und die holländische Präsenz auf der Insel. Die Hauptstadt, die allzu oft nur als Ausgangspunkt gesehen wird, ist einen eingehenden Besuch wert, der vom Hafenviertel Kota mit der Batavia der Holländer zur grünen Fläche des **Merdeka Square** führt, auf dem sich die wichtigen Museen gegenüberstehen und der von der herausragenden Fiale des Monas dominiert wird, dem Nationaldenkmal zur Feier der Unabhängigkeit. Die Reise geht weiter zu den Tempeln des **Dieng Plateaus** und der Ausgrabungsstätte der Tempelanlage **Borobudur**, der bedeutendsten des Landes im Hinblick auf die Dimensionen und den künstlerischen Wert. Wendet man sich gen Osten, trifft man auf **Yogyakarta**, der künstlerischen und kulturellen Wiege Javas, auf die großen Vulkane und einige der bedeutendsten Nationalparks der Insel, die man am besten in Begleitung eines Rangers besucht. Kurz vor der Ostküste Javas taucht **Bali** auf, der Superstar unter den Ferieninseln. Es empfiehlt sich, mindestens drei Tage für die Erkundung der Insel einzuplanen, und eine Umrundung zu machen, bei der man von Zeit zu Zeit die wichtigsten Sehenswürdigkeiten im Innern besuchen kann: die Stadt **Ubud**, den **Pura Besakih-Tempel** in 1000 m Höhe, **Candikuning** und die Dörfer beim Wassertempel **Pura Ulun Danu Bratan**, den **Tanah Lot-Tempel** und das benachbarte **Pura Taman Ayun**, UNESCO-Weltkulturerbe.

Fortbewegung: *Der internationale Flughafen Sukarno-Hatta* (www.jakartaairport-online.com) *befindet sich 35 km westlich von Jakarta und ist mit dem Stadtzentrum über eine gebührenpflichtige Schnellstraße verbunden. Alle 30 Minuten fährt vom Landeplatz ein DAMRI-Shuttlebus ab* (Tel. 021.4603708, Betriebszeiten 5–19 Uhr). *Wer vorhat, Java mit einem Mietwagen zu erkunden, findet die Niederlassungen von Avis* (www.avis.co.id) *und des einheimischen Unternehmens TracAstra* (www.trac.astra.co.id) *direkt am Landeplatz. Bali erreicht man vom Ausland über den internationalen Flughafen Ngurah Rai Airport, 15 km von Denpasar. Vom Landeplatz gelangt man mit dem Shuttleservice des Unternehmens Perama ins Zentrum* (www.peramatour.com). *Perama hat auch ein verzweigtes Shuttle-System eingerichtet, das die wichtigsten Orte der Insel schnell und sicher miteinander verbindet. Wer sich lieber unabhängig fortbewegt, kann direkt am Flughafen ein Auto mieten, wo die Unternehmen Avis* (www.avis.co.id) *und Hertz* (www.hertz.com) *zur Verfügung stehen. Java ist mit Bali durch eine Fähre verbunden, die täglich 24 Stunden lang im Halbstundentakt abfährt. Man geht in Ketapang an Bord und steigt in Gilimanuk aus, dem äußersten Rand Balis im Westen.*

Währung: *Die offizielle Landeswährung ist die Indonesische Rupie.*

JAVA ***(4 Tage)***
Jakarta liegt im Nordwesten von Java und ist der perfekte Ausgangspunkt für eine Reise entlang der Küsten und quer durch die Insel, die noch immer politisches und kulturelles Herz Indonesiens ist und zielstrebig Umweltschätze von seltener Schönheit zu bewahren sucht. Ein Besuch der Hauptstadt Indonesiens beginnt in **Kota**, dem Stadtviertel am Meeresufer, dessen Gebiet mit dem des alten Batavia übereinstimmt, das von den Holländern 1619 erbaut wurde. Die koloniale Atmosphäre lebt überall noch ein wenig fort, doch man sollte sich auf jeden Fall zum **Taman Fatahillah** begeben, dem Hauptplatz Kotas, der von prächtigen Palästen eingerahmt ist, die vom Reichtum jener Epoche zeugen. Der imposanteste ist der ehemalige Regie-

rungspalast, überragt von einem schönen Glockenturm, der heute das **Serajah Jakarta-Museum** beherbergt *(Jalan Fatahillah 1, Tel. 021.6929101, geöffnet Di–So 9–15 Uhr)*, das städische Geschichtsmuseum, in dem man aus Teak und Ebenholz geschnitzte Möbelstücke, eine die Göttin Kali darstellende Skulptur aus schwarzem Granit und eine umfangreiche Sammlung von Kleinoden der Niederländischen Ostindien-Kompanie bewundern kann. Das riesige, im Hof des Gebäudes untergebrachte **Geschütz Si Jagur** erinnert an den Sieg gegen die Portugiesen und wird wegen seiner spezifischen Form als Symbol der Fruchtbarkeit gesehen. Auf dem gleichen Platz findet man auch das **Museum der Bildenden Kunst Balai Seni Rupa** *(Jalan Fatahillah 2, Tel. 021.6929101, geöffnet Di–So 9–13.30 Uhr)* mit einer schönen Sammlung von Keramiken aus dem 16. Jh. bis heute und Gemälden der bedeutendsten indonesischen Maler aus den letzten zwei Jahrhunderten. Auch das **Wayang-Museum** mit seiner großen Sammlung von Wayang-Marionetten *(Jalan Pintu Besar Utara 27, www.museumwayang.com, geöffnet Di–Fr 9–13.30 Uhr, Sa 9–12.30 Uhr)* ist kurios und unterhaltsam. Wenige Hundert Meter weiter nördlich im Bezirk des alten Hafens von Sunda Kelapa kann man das **Museum Bahari** besuchen *(Jalan Pasar Ikan 1, www.museumbahari.org, geöffnet Di–So 9–15 Uhr)*. In dem in einem Gewürzlager aus dem 18. Jh. eingerichteten Schifffahrtsmuseum sind zahlreiche traditionelle Boote sowie verschiedenartigste Navigationsgeräte zu sehen. Zurück am Taman Fatahillah geht man die lange Einkaufsstraße **Jalan Gajah Mada** weiter, die zum **Merdeka Square** führt, der als das moderne Herzstück der Stadt gilt. Auf dieser riesigen grasbewachsenen Ebene stehen sich weitere historische Palastbauten gegenüber, darunter ein Gebäude aus dem 18. Jh., in dem das **Nationalmuseum** untergebracht ist *(Jalan Merdeka Barat 12, www.museumnasional.org, geöffnet Di–Fr 8.30–16 Uhr, Sa u. So 8–17 Uhr)*. Es handelt sich um das wichtigste Geschichtsmuseum des Landes mit über 100.000 Ausstellungsstücken. Mittig auf dem Merdeka Square sticht der **Monas** heraus (Tel. 021.3840451, geöffnet 8.30–17 Uhr), der 1975 fertiggestellte, 132 m hohe Turm, mit dem die Unabhängigkeit Indonesiens gefeiert wird. Von seiner Spitze aus hat man den besten Gesamtblick auf das moderne Zentrum von Jakarta. Ins südliche Umland der Stadt gelangt man bevorzugt mit dem Taxi. Hier befindet sich das **Taman Mini Indonesia Indah** *(Jalan Raya Pondok Gede, Tel.021.5454545, www.tamanmini.com)*, das nachgebaute Lebensräume und architektonische Stile aller Provinzen des Landes präsentiert: in jedem Raum gibt es Folkloredarbietungen oder Kunsthandwerkermärkte aus den jeweiligen Gebieten.

264-265 - Nächtliche Ansicht von Jakarta.

265 - Eine geflügelte Statue in Jakarta.

Von Jakarta folgt man der Nordküste Javas 320 km bis nach **Pekalogan**, wo man sich abrupt nach rechts wendet, um ins Landesinnere vorzurücken. Nach 68 km überquert man das **Dieng-Plateau** *(www.diengtourism.com)* in einer Höhe von 2093 Metern. Die Hochebene ist aus einem kollabierten Vulkankessel entstanden. Der Vulkan ist noch nicht völlig erloschen, wovon einige Fumarolen und die mineralhaltigen Seen zeugen. Auf dem Dieng Plateau gab es ursprünglich über 400 hinduistische Tempel, die größtenteils zwischen dem 8. und 9. Jh. entstanden sind und von denen man noch acht besichtigen kann. Sie sind von rechteckiger, ziemlich schlichter Gebäudestruktur. Fünf der bedeutendsten bilden die **Arjuna-Anlage**. Die Pforten der Gebäude, die alle dem Shiva-Kult geweiht sind, haben die Form von Mündern und sind miteinander durch ein System von erhöhten Laufstegen verbunden. 83 km weiter südwestlich befindet sich die archäologische Grabungsstätte von **Borobudur** *(www.borobudurpark.co.id, geöffnet 6–17.30 Uhr)*, ein außergewöhnlicher Komplex buddhistischer Tempel, wie es sie im asiatischen Südosten nicht noch einmal gibt. Der **Tempel von Borobudur** macht allein die Reise lohnenswert. Er hat einen quadratischen Grundriss (jede Seite misst 118 m), besteht aus zwei Millionen Steinblöcken und breitet sich über vier einander überlagernde Ebenen aus, die durch ein verzwicktes Wegesystem und unterirdische Gänge verbunden sind. Ihre Wände sind mit 2672 kostbaren Paneelen dekoriert, auf denen teilweise das Leben auf Java vor zehn Jahrhunderten beschrieben wird, und mehr zur Mitte hin ist eine Art heiliger Text dargestellt, der die buddhistische Lehre veranschaulichen soll. Im Bereich der höheren Ebenen und auf den Terrassen über dem Tempel befinden sich weitere 500 Abbildungen von Buddha. Im alten **Karmawibhangga Archäologiemuseum** *(geöffnet 6–17.30 Uhr)* werden 4000 aus den Tempeln stammende Originalskulpturen gezeigt. Das wenige hundert Meter weiter liegende **Samudra Raksa-Museum** *(geöffnet 6–17.30 Uhr)* konzentriert seine Aufmerksamkeit dagegen auf Javas Tradition der Seefahrt: Hauptattraktion ist das 18 m lange Segelschiff, ein perfekter Nachbau eines auf den Paneelen des Tempels abgebildeten Schiffes. **Yogyakarta,** Kunst- und Kulturhauptstadt Javas, erreicht man nach weiteren 42 km. Am besten wendet man sich gleich in Richtung **Kraton** *(Tel. 0274.373321, http://kratonjogja.com, geöffnet Sa–Do 8–14, Fr 8–13 Uhr)*, dem ursprünglichen Stadtkern, der noch immer von soliden Mauern umschlossen ist. Es ist ein Stadtviertel im Umfeld des noch immer bewohnten **Sultanspalastes** (Kraton heißt Palast). Im Innern des prächtig dekorierten Palastes beeindrucken der als Empfangshalle genutzte **Bangsal Kencana** (der Goldene Pavillon)und die Andenkensammlung der Königsfamilie. Jeden Vormittag *(geöffnet 10–12 Uhr)* finden im inneren Pavillon des Kraton Darbietungen traditioneller Tänze und Musik statt. Vor dem Haupteingang befindet sich das **Kareta Kraton-Museum** (geöffnet Sa–Do 8–14 Uhr, Fr 8–13 Uhr) mit seiner prächtigen Sammlung von Kutschen des Sultans. 50 m vom südöstlichen Eingang sieht man den Wasserpalast **Taman Sari** (geöffnet 8–15.30), der entworfen wurde, um zur Entspannung des Sultans zu dienen. Von Yogyakarta folgt man der Straße, die am mittleren Inselabschnitt entlangführt, von beiden Küsten gleich weit entfernt. Um nach **Malang** zu kommen, dem Eingangstor zum **Nationalpark Bromo-Tengger-Semeru** *(Jalan Raden Intan 6, Tel. 0341.490885, geöffnet Mo–Fr 8–15 Uhr, Sa 8–23 Uhr)* passiert man Solo, Madiun und Kediri. Die Hauptattraktion des Schutzgebietes ist der **Gunug Bromo** (2392 m), der spektakulärste Vulkan der Insel, wenn auch nicht der höchste: Man gelangt mit einem der Minibusse, die in **Probolinggo** abfahren, an den Rand der Krater und durchquert weite Mond-

landschaften aus Vulkanasche und Vulkangestein (27 km). Die Einlasskarten zum Krater erhält man im PHKA-Büro (bzw. der Generaldirektion für Forstwirtschaft und Umwelt), das für alle Nationalparks in Indonesien zuständig ist, in der Ortschaft **Cemoro Lawang**, dem der Kraterspitze am nächsten liegenden bewohnten Zentrum *(Tel. 0341.541038, geöffnet Di–So 8–15 Uhr)*. Zurück in Probolinggo nimmt man die Straße, die die Insel von Norden nach Süden in zwei Teile teilt, um nach **Jember** zu kommen, wo sich der **Nationalpark Meru Betiri** befindet *(Jalan Sriwidjaya 53, www.merubetiri.com, geöffnet So–Fr 8–15 Uhr)*. Das 580 qkm große Regenwaldschutzgebiet liegt 35 km weiter südlich und verdient aufgrund seiner üppigen Vegetation und des seltenen Vogelreichtums einen Besuch. Zu den wichtigsten Arten gehören die Leoparde, die schwarzen Riesenhörnchen, die Java-Adler und Rhinozerosvögel. Es ist ratsam, sich von einem Ranger begleiten zu lassen, den man bei der Parkverwaltung buchen kann. Obligatorische Zwischenstation ist der **Sukamade-Strand**, wo fünf verschiedene Schildkrötenarten ihre Eier ablegen, darunter die großen Lederschildkröten.

266 OBEN - DIE TEMPEL VON BOROBUDUR.

266 UNTEN - EIN RELIEF VON BOROBUDUR.

267 OBEN - DER TAMAN SARI VON YOGYAKARTA.

267 UNTEN - REISFELDER AUF DER INSEL JAVA.

Die Batiken von Java

Batiken, handbemalte Textilien mit knallbunten Farben und kunstvollen Designs stehen an erster Stelle des Ethno-Shoppings in Indonesien. Man findet sie in allen Orten des Landes, doch am besten geht man auf Java auf die Suche. Hier ist zweifellos die Wiege dieser Herstellungsweise. Batiken von höchster Qualität zum guten Preis findet man in ***Jakarta*** *auf dem* ***Pasar Seni-Markt*** (Taman Impian Jaya Ancol) *im nördlichen Teil der Stadt, wo man den Kunsthandwerkern bei der Arbeit zusehen kann. Eine noch größere Auswahl hat man in den großen Warenlagern von* ***Pasaraya*** (Jalan Iskandarsyah II/2) *zur Verfügung, oder auf dem* ***Trödelmarkt*** (Jalan Surabaya)*: Hier sollte man allerdings auf Fälschungen achten, und überdies muss man lange um die Preise feilschen. Auch das elegante* ***Batik Tokoumang*** (Lantai Dasar 6, geöffnet Sa–Do 9–17, F. 11–13 Uhr) *ist einen Besuch wert. Zu den bekanntesten Adressen in* ***Yogyakarta*** *gehören das* ***Batik Plentong*** (Jalan Tirtodiputan 48) *und das* ***Batik Winotosastro*** (Jalan Tirtodiputan 54), *beide mit angrenzenden Werkstattgebäuden, die für Besucher geöffnet sind. Etwas eleganter ist das* ***Batik Keris*** (Jalan A Jani 71) *mit zertifizierten Produkten, deren stolze Preise jedoch nicht verhandelbar sind. Batik von ausgezeichneter Machart findet man auch in* ***Solo****, dem alten Surakarta, 64 km östlich von Yogyakarta. In der Hauptstadt der indonesischen Textilindustrie kann man Fabrik und Geschäft von* ***Batik Keris*** *besuchen* (Jalan Yos Sudarno 62, Lawiyan, geöffnet 8–17 Uhr)*, einer der bekanntesten Produktionsbetriebe des Landes für Batik: Hierher kommen sogar Touristenbusse und die Preise sind fix, doch einen Besuch ist es wert. Und nicht zu vergessen das* ***Pasar Klewer*** (Jalan Secoyudan, geöffnet 8–18 Uhr)*, der sich über drei Stockwerke erstreckende überdachte Markt, auf dem an Hunderten von Batik-Verkaufsständen alle Arten von Stoffen feilgeboten werden; kein anderer Ort in Indonesien bietet eine derart umfangreiche Auswahl.*

BALI *(3 Tage)*
Bali, eine der touristischen Hauptstädte der Welt, hat es tatsächlich verstanden, seinen von Spiritualität durchdrungenen Kern zu bewahren und ist in der Lage, Meisterleistungen in den unterschiedlichsten künstlerischen Disziplinen hervorzubringen. Eine Welt des Sehens und Genießens, ohne dabei die Strände zu vergessen, die zu den schönsten der Welt gehören. Eine Inselumrundung beginnt im Süden. **Denpasar** ist mit seinem internationalen Flughafen der obligatorische Ausgangspunkt für alle, die von weither anreisen. Hier gibt es kein Meer; als Ausgleich kann man mit der Hand berühren, was das künstlerische und kaufmännische Geschick der Balinesen hervorgebracht hat. Dafür muss man das **Museum Negeri Propinsi Bali** besuchen *(Tel. 0361.222680, geöffnet Mo–Fr 8–12.30, So 8–15 Uhr)*, das 1932 ins Leben gerufen wurde, und zwar nach der Idee des deutschen Künstlers Walter Spies, ein ethnographisches Museum einzurichten, in dem traditionelle Gegenstände aus allen Regionen der Insel gesammelt werden. Eine Tour über die Märkte beginnt beim **Pasar Badung**, dem größten, auf dem hauptsächlich Lebensmittel angeboten werden, und führt weiter zum **Pasar Kumbasari** (Kunsthandwerk und Textilien), zum **Kampung Arab** (Gold und Schmuck) und endet beim **Pasar Burung**, wo Tausende von Vögeln und schön gearbeiteten Käfigen zum Verkauf angeboten werden. Hierher kommen auch jene Touristen zu Besuch, die in den benachbarten Küstenorten logieren, in **Kuta**, der touristisch am besten gerüsteten Stadt der Insel, oder im schicken und exklusiven **Legian**, in **Seminyak**, der Wiege von Moden und Trends, oder dem ruhigen **Sanur**, das von Ausländern bevorzugt wird, die sich auf Bali niederlassen wollen. Kaum 23 km nördlich von Denpasar liegt **Ubud**, ein künstlerischer Mittelpunkt mit vielen Denkmälern und Beispielen für die vielfältigen kulturellen Aspekte der Insel. Es reicht schon, auf den beiden Hauptstraßen der Stadt, der **Jalan Raya Ubud** und der **Monkey Forest Road**, bis zur Kreuzung zu fahren, um das zu bemerken. Hier, dicht beisammen, befinden sich der **Ubud Palace** *(www.ubudpalace.com)*, Residenz der königlichen Familie, die jedoch zu einem großen Teil zu besichtigen ist, der **Pura Marajan Agung-Tempel** *(Jalan Suweta s/n)*, der für seine prächtigen Pforten berühmt ist, und der **Pura Taman Saraswati** *(Jalan Raya Ubud s/n)* auf dem Wasser, der Göttin der Weisheit, Dewi Saraswati gewidmet. Das **Museum Puri Lukisan** *(Jalan Raya Ubud, www.mpl-ubud.com, geöffnet 8-16 Uhr)* zeigt moderne und zeitgenössische Werke aus verschiedenen balinesischen Kunstschulen. Man muss die ganze Monkey Forest Road in südliche Richtung hinunterfahren, um zum **Sacred Monkey Forest Sanctuary** zu gelangen *(Monkey Forest Rd., www.monkeyforestubud.com, geöffnet 8–18 Uhr)*, einem Zipfel des Dschungels, der von den sympathischen balinesischen Makaken mit dem grauen Fell bevölkert ist, die drei Tempel bewachen. Der wichtigste darunter ist der **Pura Darem Agung**, der Tempel der Toten, mit Freskenzyklen an den Wänden. Man kehrt in der Nähe von **Sanur** an die Küste zurück, wo die neue Küstenstraße Richtung Osten beginnt. Auf Höhe von **Kusamba** wendet man sich wieder in Richtung des Landesinneren nach **Semarapura** und **Menanga**, bis man **Pura Besakih** erreicht hat (54 km von Sanur), Balis bedeutendsten Tempel *(geöffnet 8–18 Uhr)*, der aus 23 heiligen Gebäuden besteht, die 1000 m hoch auf den Hängen des Vulkans **Gunung Agung** platziert sind. In diesem großen heiligen Areal sticht der **Pura Penataran Agung** heraus, der auf abfallenden Terrassen erbaut wurde. Man kann ihn allerdings nur von außen bewundern. Danach steigt man an der Küste entlang kurz nach Kusamba zum **Pura Goa Lawah** hinauf, dem Fledermaustempel, der in eine große Höhle hineingebaut wurde, die sich zu den Klippen hin öffnet. Dann kommt man nach **Amed**, ein 85 km von Pura Besakih entferntes kleines Fischerdorf am äußersten Rand der Ostküste, in dem man selten Touristen antrifft. Wer eine versteckte Rückzugsmöglichkeit von den touristischen Verlockungen sucht, wird bleiben. Folgt man dem zerklüfteten Küstenstreifen 58 km weiter, erreicht man **Singaraja**, dessen Bild von den von Bäumen gesäumten Alleen und Kolonialgebäuden der Holländer bestimmt wird. Von hier aus richtet man sich erneut in Richtung Inselinneres, um zu den zentralen Bergen und der Ortschaft **Canikuning** zu gelangen, die nur 15 km von der Küste entfernt liegt, wo man den äußerst sehenswerten **Botanischen Garten** *(geöffnet 7–18 Uhr)* und den **Pura Ulun Danu Bratan** besuchen kann *(geöffnet 7–17 Uhr)*, den malerischen Tempel aus dem 17. Jh., Dewi Danu geweiht, der Wassergöttin, und der auf kleineren Inseln und Erdflecken erbaut ist, die aus den Wassern eines Sees auftauchen. Man kann sich dem Tempel an Bord eines gemieteten Motorboots oder mit dem Kanu nähern. Ist man wieder am Meeresufer angelangt, lohnt es sich, noch in **Lovina** zu verweilen, dem wichtigsten Badeort der Nordküste, der jedoch im Vergleich zu den bekannteren „Schwesterinseln" im Süden deutlich ruhiger und ökonomischer ist. Der Kreis schließt sich mit dem Besuch der heiligen Monumente der westlichen Küste (80 km von Lovina, wenn man das Inselinnere von Norden nach Süden durchquert), die auch wegen der kurzen Distanz sehr bekannt ist, die sie von den überfülltesten Badeorten der Region von Denpasar trennt. Der **Tanah**

Lot-Tempel *(Jalan Tanah Lot, Canggu, geöffnet von Tagesanbruch bis Sonnenuntergang)*, wurde größtenteils restauriert und hat dadurch nahezu völlig seine Authentizität verloren. Der benachbarte Tempel **Pura Taman Ayun** ist jedoch authentisch und ergreifend *(geöffnet 8–18 Uhr)*, er wurde 1634 erbaut und ist heute UNESCO-Weltkulturerbe. Er ist in ein weitläufiges System aus Höfen und Grasflächen gegliedert, die einen den Besuch mit der notwendigen Ruhe genießen lassen.

Übernachten

€€€ Bali Mandira Hotel (Bali). Eines der besten Resorts der Südküste Balis in unmittelbarer Nähe zum Legian-Strand. 191 Zimmer oder Cottages; Letztere sind im weitläufigen Garten verstreut, von dem das Hauptgebäude umschlossen wird. Gut ausgestattet ist der Spa-Bereich mit einem Schwimmbad auf höchstem Niveau. *Info: Jalan Pantai Kuta, Legian, Tel. 0361.751381, www.balimandira.com*

€€ Melia Purosani Hotel (Yogyakarta). Hotel mit ausgezeichnetem Preis-/Leistungsverhältnis, das internationalen Standards entspricht. Es befindet sich hinter Jalan Malioboro, der Einkaufsstraße, die durch die Bahnstation mit Kraton verbunden ist. Großflächiger und gut ausgestatteter Spa-Bereich. *Info: Jalan Mayor Suryotomo 31, Tel. 0274.589521, http://meliajogja.com*

€€ Cemara Hotel (Jakarta). Das Hotel liegt im Stadtviertel Jalan Jaska. Plastiken und Malereien von indonesischen Künstlern in der Empfangshalle und anderen Räumen schaffen ein angenehmes Flair. Schwimmbad mit Aussicht auf dem Dach des Gebäudes und kleiner Spa-Bereich. *Info: Jalan Cemara 1, Tel. 021.3908215, www.cemarahotel.com*

Essen

€€ Café Batavia (Jakarta). Die Touristen lieben dieses Café wegen seiner fantastischen Lage auf dem Taman Fatahillah, den Fußböden aus Teakholz und der Innenausstattung im Art-Déco-Stil; man serviert reichhaltige Portionen mit indonesischen und internationalen Spezialitäten, doch man kann auch einfach nur für einen Cocktail hierherkommen. *Info: Jalan Pintu Besar Utara 14, Tel. 021.6915531*

€€ Gading (Yogyakarta). Gemütlich und auch von den Touristen gern besucht. Man bekommt indonesische und westliche Gerichte, sogar Pizza. Dreimal wöchentlich wird hier Livemusik dargeboten. *Info: Jalan Prawirotaman I 9, Tel. 0274.6596921*

€€ Sarong (Bali). Vornehmes Restaurant; man speist unter freiem Himmel oder in dem großen, mit handgefertigten Möbeln eingerichteten Saal. Internationale Speisen von gehobener Qualität; auch balinesische Spezialitäten. Statt Appetithappen kann man auch die Tagesgerichte in kleineren Portionen bekommen. Gute Adresse auch für Aperitifs oder Cocktails. *Info: Jalan Petitenget 19, Seminyak, Tel. 0361.737809, www.sarongbali.com*

Weitere Informationen: Indonesisches Fremdenverkehrsamt, Frankfurt, www.tourismindonesia.com

268 OBEN - DER PURA ULUN DANU BRATAN.

268 MITTE - DER TANAH LOT-TEMPEL.

268 UNTEN - TERRASSENANLAGEN UND REISFELDER AUF BALI.

269 OBEN - EIN STRAND IN BALI.

269 UNTEN - MEERESTIEFEN IN BALI.

Die Gili-Inseln

*Die **Gili-Inseln** entsprechen dem neuen Maßstab des umweltbewussten Touristen, der doch dem Komfort nicht entsagen möchte. Von Bali braucht man mit einem Boot der Unternehmen **Gili Cat*** (www.gilicat.com) *und **Blue Water Express*** (www.bwsbali.com) *bei mittlerer Geschwindigkeit weniger als zwei Stunden hierher. Sie starten vom Hafen Padangbay oder Benoa. Auf den drei Inseln, die dieses kleine Archipel bilden, gibt es keinen motorisierten Verkehr, und die Fahrräder sind das zweckmäßigste Fortbewegungsmittel. Die Korallenriffe, von denen sie geschützt werden, sind sehr beliebt, und es ist nicht ganz ungewöhnlich, dass die Taucher auf Rochen und Riesenschildkröten treffen. **Gili Air**, die erste der Inseln, wird von jungen Pärchen bevorzugt; sie lieben die Bungalows, die direkt auf den Strand hinausgehen, wie jene von **Manta Dive*** (www.manta-dive.com), *einem von der Zen-Lehre inspirierten Mini-Resort. Ferien im Robinson Crusoe-Stil macht man auf **Gili Meno**, die am kleinsten und am wenigsten überfüllt ist, jedoch die schönsten Strände hat. Im **Mallia's Child*** (www.gili-hotels.com/budget_hotels_detail/Mallias_Child) *wohnt man in strohgedeckten Bambus-Bungalows – doch nur, wenn man umsichtig genug war, lange im Voraus zu buchen. Geht man wenige hundert Meter weiter in südliche Richtung, kann man das **Schildkrötenreservat** besuchen* (www.gilimeno-turtles.com), *wo Hunderte von neugeborenen Expemplaren gepflegt und großgezogen werden, bis der Zeitpunkt kommt, an dem sie in die Freiheit entlassen werden (ca. 300 Stück jährlich). **Gili Trawangan** ist die größte und lebhafteste Insel mit vielen Nachtlokalen, deren Gäste von Bali und Lombok kommen. Das Zentrum des Vergnügens auf der „Insel der Lustbarkeit" befindet sich im südlichen Bereich der Westküste, wo die aus Bali kommenden Fähren anlegen. Um die Tage geruhsam ausklingen zu lassen, ist der **Desa Dunia Beach*** (www.desaduniabeda.com) *eine ausgezeichnete Anlaufstelle, ein abgeschiedenes Öko-Resort an der nördlichen Küste, mit großartigen, mit Holzmöbeln aus der Kolonialzeit eingerichteten Bungalows.*

Sydney und Queensland – *Australien*

Der Frieden zwischen den australischen Ureinwohnern und den britischen und anderen europäischen Siedlern wurde schon vor langer Zeit formal beschlossen. Denn nur ein glückliches und konstantes Miteinander der beiden Seelen Australiens ermöglicht die kulturelle Vielfalt in der unvergleichlichen Entwicklung dieses Landes und schafft die Voraussetzung für den Erhalt seiner Umwelt.

Es gibt immer einen Grund, nach **Sydney** zu reisen, der größten Metropole Ozeaniens, die mit ihrer weltberühmten futuristischen Architektur des Opera Houses besticht und ganze Viertel auf einen Schlag erneuert hat. Der Geist der Erneuerung schwebt über der ganzen Stadt, in den Straßen aus dem 19. Jh., von **The Rocks**, dem ersten Stadtkern des modernen Sydney, bis zum einstigen Hafenkomplex **Darling Harbour** in der **Cockle Bay**, wo 2000 die Olympischen Sommerspiele stattfanden. Nur die großen Stadtparks, vor allem der **Royal Botanic Garden**, konnten dem Wandel widerstehen.

Die Natur ist der Hauptdarsteller, auch entlang der Westküste zwischen **Brisbane** und **Cairns** in Queensland. Die 1700 km lange Reise führt durch die endlosen Weiten, zu den kleinen Städten und dem unermesslich großen Great Barrier Reef. Schätze, die zum Greifen nahe sind, für alle da, und ganz ohne Hast zu genießen.

Fortbewegung: *Der internationale Flughafen Kingsford Smith, ca. 10 km südlich vom Zentrum Sydneys* (www.sydneyairport.com.au), *ist das Eingangstor zum gesamten östlichen Australien. Vom Landeplatz erreicht man das Zentrum der Metropole in 20 Minuten mit den Zügen von Sydneys Airport Train* (www.airportlink.com.au). *Die Busse der von Sydney Buses betriebenen Linien* (www.sydneybuses.info) *sind komfortabel und fahren in jeden Winkel der Stadt. Das X neben der Nummer zeigt an, dass es sich hier um einen Expressbus handelt. Nach Brisbane gelangt man von Sydney mit einem der Flüge, die mehrmals täglich von Qantas* (www.qantas.com.au/travel/airlines/home/au/en) *oder Jet Star* (www.jetstar.com.au) *angeboten werden. Vom Flughafen* (www.brisbane-airport.com.au) *kommt man mit den Zügen von Airtrain ins Zentrum* (www.airtrain.com.au). *Um die Reise von Queensland in Richtung Norden fortzusetzen, ist es sinnvoll, sich ein Auto zu mieten – um auch die entlegensten Orte besuchen zu können, am besten eines mit Allradantrieb. Die Büros der wichtigsten Verleihfirmen wie Thrifty und Avis* (www.thrifty.com.au; www.avis.com) *befinden sich am Flughafen.*

Währung: *Die offizielle Landeswährung Australiens ist der Australische Dollar.*

SYDNEY ***(3 Tage)***

Sydney an der südöstlichen Küste Australiens ist mit seinen 4 Millionen Einwohnern die größte Metropole des Landes. In der Region befinden sich über 2000 archäologische Grabungsstätten, Zeugnisse aus der uralten und lebendigen Kultur der Aborigine-Stämme, die im heutigen New South Wales fest verwurzelt sind. 1770 wurde das Gebiet von James Cook entdeckt, und hier warf 1788 das erste britische, mit Sträflingen beladene Schiff die Anker, um eine Strafkolonie Ihrer Majestät zu errichten. Und genau im Viertel **The**

270-271 - Eine Luftaufnahme der Bucht von Sydney.

271 - Die Wasserwege von Sydney.

Rocks, dem ursprünglichen Stadtkern von Sydney, sollte man mit der Erkundung beginnen. Ungeachtet der stetigen und häufig sehr radikalen Neuerungen hat sich das Viertel am westlichen Ufer der Bucht **Sydney Cove** noch die ursprüngliche Struktur der städtebaulichen Anlage mit vielen schmalen Gassen und gepflasterten Straßen bewahrt, an denen eine Vielzahl von Gebäuden aus der ersten Hälfte des 19. Jh. steht. Da ist zunächst **Cadman's Cottage** *(110 George Street, Tel. 02.92475033, geöffnet Mo–Fr 9.30–16.30 Uhr, Sa–So 10–16.30 Uhr)*, 1816 erbaut und wohl das älteste Gebäude der Stadt. Heute beherbergt es das Besucherzentrum des Sydney Harbour National Parks *(www.environment.nsw.gov.au/nationalparks/parkhome.aspx?id=N0039)*, der sich um den Schutz der Inseln Sydneys und der wilden unberührten Küstenabschnitte am Rande der Stadt kümmert. In der gleichen Straße liegt das **Museum of Contemporary Art** *(140 George Street, www.mca.com.au, geöffnet 10–17 Uhr)* mit über 4500 Werken von Künstlern aus aller Welt, darunter Warhol, Lichtenstein, Hockney und Christo. In einer Parallelstraße befindet sich der **Susannah Palace** *(58-64 Gloucester Street, www.hht.net.au, geöffnet Mo–Fr 14–18, Sa–So 10–18 Uhr)*, ein 1844 aus Ziegel- und Sandstein erbauter Gebäudekomplex, dessen einzelne Museen sich allesamt mit den Familien befassen, die dort eineinhalb Jahrhunderte lang gelebt haben. Wer noch weiter in der Zeit zurückspringen möchte, besucht das neue **The Rocks Discovery Museum** *(Kendall Lane, www.rocksdiscoverymuseum.com.au, geöffnet 10–17 Uhr)*, das 2005 in einem Gebäude aus dem Jahre 1850 eingerichtet wurde. Es zeigt eine umfangreiche Sammlung von Artefakten aus der Zeit vor der Ankunft der Briten. Interessant ist in diesem speziellen Viertel auch die 1840 erbaute Garnisonskirche **Garrison Church**,die auch ein kleines Museum mit militärischem Gerät beherbergt. *(Argyle and Lower Fort Streets, Tel. 02.92471268, geöffnet 9–18 Uhr)*. Schließlich sollte das **Astronomical Observatory** nicht unerwähnt bleiben *(Watson Road, www.sydneyobservatory.com.au, geöffnet 10–17 Uhr, nachts nur nach Voranmeldung)*, das 1850 als Uhrenturm erbaut und bald darauf zur Sternwarte umgebaut wurde. Wenn man das interaktive Museum besucht oder an den nächtlichen Himmelsbeobachtungen teilnimmt, kann man dort noch heute den Himmel der südlichen Hemisphäre bewundern. Die Tour durch The Rocks beendet man mit einem Besuch der historischen Pubs mit höchst sinnträchtigen Namen. Die Stationen sind: das **Lord Nelson** und der **Hero of Waterloo**, beide am Millers Point zu Füßen des Hügels, auf dem die Sternwarte liegt, dann **The Fortune of War**, das **Orient** und das **Mercantile** in der George Street. In The Rocks sticht die **Sydney Harbour Bridge** heraus, die vollständig aus Stahl erbaute Bogenbrücke, die in den nördlichen Teil der Stadt führt, nach **North Shore**. Der zentrale Bogen spannt sich über 503 m und kann auch zu Fuß auf einem gesicherten Weg überquert oder bei einem dreistündigen geführten Rundgang erklommen werden, organisiert von **Bridge Climb** *(www.bridgeclimb.com, Öffnungszeiten 10–17 Uhr)*. Der Ausblick über die Bucht ist unvergleichlich. Von den Molen des **Circular Quay**, der Straße, die die Bucht umschließt, legen die Boote der Sydney Ferries ab *(37 Pitt Street, www.sydneyferries.info, geöffnet 6.45–23.45 Uhr)*, die auch kurze Touristen-Kreuzfahrten

an Bord von kleinen historischen Schiffen machen. Von welcher Mole auch immer sie ablegen, der Blick wird wie von einem Magneten vom unverwechselbaren Profil des **Sydney Opera House** angezogen *(Bennelong Point, www.sydneyopera-house.com, geöffnet 9–20.30 Uhr)*, das auf der Landzunge errichtet wurde, die der Sydney Harbour Bridge auf der anderen Seite der kleinen Bucht gegenüberliegt. Das Innere des 1973 eingeweihten Komplexes ist fast vollständig für Besichtigungen zugänglich, allerdings zu stets wechselnden Zeiten. Es werden verschiedene, höchst interessante Führungen angeboten, darunter vor allem die Front of House-Tour und die Backstage Pass Tour, die an den Umkleide- und Proberäumen vorbei in die ansonsten unzugängliche Welt hinter den Kulissen führt. Um vom Opera House ins Zentrum zu gelangen, folgt man der **Macquarie Street**, auf der sich einige historische öffentliche Gebäude befinden. So kann man das **Parliament House** *(6 Macquarie Street, www.parliament.nsw.gov.au, geöffnet Mo–Fr 9.30–16 Uhr)* besuchen, das **Mint House** *(10 Macquarie Street, www.hht.net.au/museums/the_mint, geöffnet Mo–Fr 9–17 Uhr)*, das in einem Flügel des Rum Hospitals untergebracht ist und für fast ein Jahrhundert die staatliche Münzanstalt beherbergte, das **Hyde Park Barracks Museum** *(Queens Square, Macquarie Street, www.hht.net.au/museums/hyde_park_barracks_museum, geöffnet 9.30–17 Uhr)*, eine alte Kaserne aus dem 19. Jh., in der seit 1819 die Deportierten untergebracht waren und das heute ein interessantes Museum über das Leben in jener Zeit ist. Hinter den Palästen auf der östlichen Seiten der Macquarie Street befindet sich das Gebiet der **Domain** *(Art Gallery Road)*, zu der die großartigen **Royal Botanic Gardens** gehören *(Mrs Macquaries Road, www.rbgsyd.nsw.gov.au)*. Es ist der bevorzugte Ort zum Entspannen für die Einwohner Sydneys, doch auch ein authentisches lebendiges Denkmal, das sich über 30 qkm erstreckt. Ein dichtes Netz aus Gassen und Wegen, die Felder und Wäldchen kreuzen, an kleinen Seen und an Brunnen vorbei zu verschiedenen Themengebieten führen. Die beiden Treibhäuser des **Tropical Center** *(geöffnet 10–16 Uhr)* stellen zwei verschiedene tropische Ökosysteme in Miniaturausgabe dar: die endemischen Pflanzen hat man in einem pyramidenförmigen Gewächshaus untergebracht und jene aus anderen Kontinenten in einem bogenförmigen. Im Domain befindet sich auch die **Art Gallery of New South Wales** *(Art Gallery Road, www.artgallery.nsw.gov.au, geöffnet Do–Di 10–17 Uhr, Mi 10–21 Uhr)*, das bedeutendste Kunstmuseum des Staates, mit Werken europäischer Meister wie Picasso, Constable, Turner, Van Gogh und Rodin, und der angeschlossenen **Yiribana Gallery** mit ihrer großen Sammlung von Aborigine-Kunst. Die Macquarie Street markiert auch die östliche Grenze des **City Center**, dem Stadtviertel der Geschäftsleute, beherrscht vom gut 335 m hoch emporragenden **Sydney Tower** *(100 Market Street, www.sydneytower.com.au, geöffnet So–Fr 9–22.30 Uhr, Sa 9.30–23.30 Uhr)*. Große doppelstöckige Aufzüge bringen stündlich 2000 Personen bis hinauf zu dem Turm, wo es in 305 m über der Erde zwei Restaurants und eine spektakuläre Aussichtsterrasse gibt. Vom Sydney Tower aus gelangt man mit der futuristischen Einschienenbahn, der **Metro Light Rail** *(www.metrotransport.com.au, Betriebszeiten 7–22 Uhr, Fr–Sa 7–24 Uhr)* oder in einem kurzen Spaziergang entlang der Marker Street ins Viertel **Darling Harbour**, das Ende des 20. Jh. fast vollständig erneuert wurde und zu dem der alte Hafen des ehemaligen Industriegebiets **Cockle Bay** gehört. Hier kann man das **Australian National Maritime Museum** besuchen *(2 Murray Street, www.anmm.gov.au, geöffnet 9.30–17 Uhr)*, in dem die Geschichte der australischen Seefahrt erzählt wird, mit interaktiven Darstellungen der Erkundungsfahrten und des Lebens an Bord und Hunderten von Geräten aus der Tradition der Seefahrt. An einer der Molen in der Bucht befinden sich das **Sydney Aquarium** *(Aquarium Pier, www.sydneyaquarium.com.au, geöffnet 9–20 Uhr)* und das **Sydney Wildlife World** *(Aquarium Pier, www.sydneywildlifeworld.com.au, geöffnet 9–22 Uhr)*: Ersteres beherbergt über 12.000 Exemplare von 650 Tierarten und ermöglicht in zwei 165 m langen, transparenten Tunneln einen authentischen Spaziergang auf dem Meeresgrund. In der Anlage des Wildlife World sind über 100 einheimische Arten in neun unterschiedlichen Lebensräumen untergebracht; besonders interessant ist das Koala-Reservat. Man muss sich ein paar hundert Meter von der Strandpromenade entfernen und der Harbour Street folgen, um zum **Powerhouse Museum** zu gelangen *(500 Harris Street, www.powerhousemuseum.com, geöffnet 10–17 Uhr)*, das in einem ehemaligen Kraftwerk untergebracht ist und sich der Wissenschaft und den Erfindungen widmet, von historischen Lokomotiven bis zu den Erkundungen des Weltraums.

Man benötigt drei Flugstunden von Sydney nach Yulara, dem Eintrittsportal zum **Uluru-Kata Tjuta National Park** *(www.environment.gov.au/parks/uluru)*, dem Schutzgebiet, das Australiens bekanntestes Schmuckstück hütet: den außergewöhnlichen Monolithen Uluru, den heiligen Berg der Anangu-Aborigines. Man kann den Uluru (bis zu seiner Rückgabe an die Ureinwohner im Jahre 1985 auch **Ayers Rock** genannt) schon aus einer Distanz von vielen Kilometern bewundern, obwohl er sich kaum 348 m über das Hochland erhebt. Ein 1,6 km langer gesicherter Pfad führt zum Gipfel, doch in Anbetracht der Heiligkeit des Ortes sollte man sich besser auf die Wege beschränken, die sich am Sockel der Bergwand entlangschlängeln. Detaillierte Karten erhält man im **Cultural Center** *(Tel. 08-89561128, geöffnet 7–18 Uhr)* am Fuße des Uluru, wo man auch Ausstellungen über die Geschichte des Parks und zum Leben der Anangu besuchen kann. Im Parkgebiet, 42 km westlich vom Uluru, befindet sich die erstaunliche Felsformation **Kata Tjuta** (bis 1985 „die Olgas" genannt). Es handelt sich um gewaltige rundliche Steine, die aufs Geratewohl in der Wüste ausgestreut zu sein scheinen und ein System aus beeindruckenden Schluchten und Tälern bilden. Man kann sie an Bord eines Geländewagens oder zu Fuß besuchen, und sollte man sich für die zweite Möglichkeit entscheiden, ist es angeraten, ausreichende Wassermengen mitzuführen. Die kurze Wanderstrecke **Valley of the Winds** lässt sich zum Beispiel in drei Stunden bewältigen, doch wenn die Temperaturen die 36°-Marke überschreiten, wird sie geschlossen. Will man in der Gegend übernachten, wendet man sich an das **Ayers Rock Resort** *(Yulara Drive, www.ayersrockresort.com.au)*, eine Gruppe aus Hotels der unterschiedlichsten Kategorien gleich hinter dem Park, die auch von Aborigine-Führern begleitete Ausflüge zum Uluru und Kata Tjuta organisieren.

272 OBEN - DAS SYDNEY OPERA HOUSE.

272 UNTEN - DIE ROYAL BOTANIC GARDENS IN SYDNEY.

272-273 - DER ULURU-FELSEN.

Einkaufen in Sydney

Laut Pierre Cardin ist das ***Queen Victoria Building*** (455 George Street, www.qvb.com.au, geöffnet Mo–Sa 9–18 Uhr, So 11–17 Uhr) *das schönste Einkaufszentrum der Welt. Tatsächlich befindet es sich im Innern eines großen Palastes aus dem Ende des 19. Jh. In den ca. 200 Geschäften bekommt man alles: Schmuck, aktuelle Mode, Antiquitäten. Für Shoppingfreaks eine unverzichtbare Station. Will man eine Kopfbedeckung oder ein originelles Souvenir erstehen, dann geht man zum* ***Paddington Market*** (Oxford Street, www.paddington markets.com.au, geöffnet 10 Uhr–Sonnenuntergang), *dem ältesten Markt der Stadt, auf dem jeden Samstag an 250 Verkaufsständen Schmuck, Kunsthandwerk und Mode von aufstrebenden australischen Designern angeboten wird. Eine gute Adresse für Kunsthandwerk der Aborigines ist das* ***Gavala Aboriginal Art Centre*** (Darling Harbour Shop 131, geöffnet 10–21 Uhr). *Die schönsten Opale, was Qualität und Verarbeitung angeht, findet man im* ***Flame Opals*** (119 George Street, www.flameopals.com, geöffnet Mo–Fr 9–18 Uhr, Sa–So 10–17 Uhr). *In derselben Straße findet jedes Wochenende der* ***Rocks Market*** *statt* (www.therockmarkets.com, geöffnet Sa–So 10–17 Uhr), *ein farbenprächtiger Markt mit 140 Ständen, wo die jungen Designer der Region ihre fantasievollen Kreationen von Mode und Schmuck bis hin zu Lederwaren und Glasobjekten ausbreiten.*

VON BRISBANE NACH CAIRNS *(5 Tage)*
Die kürzeste Straße von Brisbane nach Cairns misst 1700 km und schlängelt sich an der Ostküste Australiens entlang durch das gesamte Territorium von **Queensland**. **Brisbane**, Queenslands Hauptstadt, ist die drittgrößte Stadt des Landes, was die Einwohnerzahl anbelangt (1.600.000). Sie ist nach wie vor wegen ihrer entspannten Atmosphäre als Ferienort geschätzt, auch wenn sie sich zu einem Finanz- und Einkaufszentrum entwickelt. Das historische Zentrum, das man bequem zu Fuß besuchen kann, ist von drei Seiten vom Brisbane-Fluss umgeben, der an dieser Stelle eine tiefe, U-förmige Schleife bildet. Am Ende der sich so formenden Art von Halbinsel liegen die **Brisbane City Botanic Gardens** *(Alice Street, Tel. 07.34038888)*, die 1855 entworfen wurden und noch von den ursprünglichen Kiefern- und Ficus-Alleen gekennzeichnet werden, ebenso wie von den zahlreichen, von Reihern und Regenpfeifern bevölkerten kleinen künstlichen Seen. Im Innern der Gärten befindet sich auch das **Old Government House** *(Garden Point, George Street, www.ogh.qut.edu.au, geöffnet Mo–Fr 10–16 Uhr)*, das eine Galerie beherbergt, die sich den Werken des australischen Landschaftsarchitekten William Robinson widmet. Nur 200 m entfernt steht das 1868 fertiggestellte **Parliament House** *(Ecke George Street–Alice Street, www.parliament.qld.gov.au, geöffnet Mo–Fr 9–17 Uhr, So 10–14 Uhr)*, in dem es sich lohnt, die Freitreppen aus Zedernholz und die blattgoldverzierten Zimmerdecken anzusehen. Auf der Rückseite des Parlaments befindet sich der **Commissariat Store**, ein 1829 von Sträflingen erbauter Gebäudekomplex, der 2000 vollständig restauriert wurde und heute ein Museum beherbergt, in dem die Geschichte von Queensland erzählt wird *(115 William Street, www.brisbanelivingheritage.org/01_cms/details.asp?ID=67, geöffnet Di–Fr 10–16 Uhr)*. Man muss den Fluss über die **Victoria Bridge** überqueren, um zur wichtigsten künstlerischen Attraktion der Stadt zu gelangen, dem kulturellen Zentrum, das sich aus der **Queensland Art Gallery** und der **Gallery of Modern Art** zusammensetzt *(Stanley Place, www.qag.qld.gov.au, geöffnet Mo–Fr 10–17 Uhr, Sa–So 9–17)*. Von der Victoria Bridge fahren die Fähren ab, mit denen man zum **Lone Pine Koala Park** gelangt *(Jesmond Road, www.koala.net, geöffnet 8.30–17 Uhr)*, der über 100 Koalas sowie verschiedene Kängurus, Emus und Opossums in einer eindrucksvollen Umgebung beherbergt.
In nur zwei Stunden Autofahrt in Richtung Norden gelangt man nach **Maryborough**, vorbei an den Stränden der **Sunshine Coast** *(www.visitmaryborough.info)*. Wie in Sydney betraten gegen Mitte des 19. Jh. die Siedler hier das Land; aus jener Epoche stammen auch die Landhäuser und Hütten (nicht zugänglich), die Maryborough die Auszeichnung „Heritage City“ eingebracht haben. Vor dem Städtchen liegt **Fraser Island**, die größte Sandinsel der Welt: 123 km lang und 25 km breit. Man gelangt auf einer relativ kurzen Überfahrt von den kleinen Häfen von **River Heads** und **Inskip Point** dorthin. Ihr vom **Great Sandy National Park** geschütztes Gebiet ist zu einem großen Teil von dichtem Regenforst bedeckt, da und dort von den über 100, von Schildkröten bevölkerten Seen unterbrochen, die von Touristen besucht werden, die lieber in diese Gewässer springen als in den gefährlichen Ozean *(www.derm.qld.gov.au/parks/fraser/index.html)*. Zurück auf dem Festland, fährt man auf der A1, die sich in diesem Abschnitt leicht von der Küste entfernt, ca. 350 km bis nach **Rockhampton**, am **Tropic of Capricorn** vorbei. **Das Dreamtime Cultural Centre** *(Bruce Hwy, www.dreamtimecentre.com.au/home.htm, geöffnet Mo–Fr 10.30–15.30 Uhr)* ist eines der interessantesten Zentren für Studien und Verbreitung der Kultur der Aborigines. Es hat u.a. Abteilungen, die sich der Konstruktion und dem Einsatz des Boomerangs und des Didgeridoos widmen. Das nächste Ziel ist **Mackay**, von weitläufigen Zuckerrohrplantagen umgeben und gut 30 langen, grellweißen Sandstränden. Nach weiteren 150 km auf der A1 hat man **Airlie Beach** erreicht, einen gut gerüsteten und komfortablen Ort zum Einschiffen, will man den Reiz der **Whitsunday Islands** entdecken *(www.whitsundaytourism.com)*, der 74 Trauminseln, die sich sprichwörtlich ans Great Barrier Reef lehnen. Die bekanntesten sind **Whitsunday** mit dem einzigartigen, 9 km langen Whitehaven Beach, **Hamilton**, **Hayman** und **Lindeman**.
Townsville, 260 km weiter nördlich, ist die zweitgrößte Stadt von Queensland und einer der beliebtesten Orte für Taucher. Nicht umsonst ist die Hauptattraktion das **Reef HQ** *(2–68 Flinders Street, www.reefhq.com.au, geöffnet 9.30–17 Uhr)*, der beste Ort, um das Leben des **Great Barrier Reef** anhand von interaktiven Ausstellungen und großen Bassins mit Exemplaren der Fischarten, die es im Ozean vor der Stadt gibt, kennenzulernen. Auf derselben Straße befindet sich das **Museum of Tropical Queensland** *(70–102 Flinders Street, www.mtq.qm.qld.gov.au, geöffnet 9.30–17 Uhr)*, das neben zahlreichen Exemplaren von Flora und Fauna aus Queensland eine Abteilung den Fundstücken aus der *Pandora* gewidmet hat, dem im Jahre 1791 in der Region versunkenen Schiff, das die Engländer entsendet hatten, um die **Meuterer der Bounty** zu verfolgen.
Folgt man dem Bruce Highway weitere 370 km, gelangt man nach **Cairns**, mit seinen 120.000 Einwohnern das wichtigste Zentrum des nördlichen Queensland. Der

Reef Fleet Terminal ist der historische Hafen, von dem die Schiffe in Richtung Great Barrier Reef ablegten, wovon noch die Paläste aus dem 19. Jh. zeugen, die sich auf diesem Abschnitt der Strandpromenade gegenüberstehen. Die Geschichte der Stadt wird im **Cairns Historical Society Museum** wieder lebendig *(Shield Street, www.cairnsmuseum.org.au, geöffnet Mo–Sa 10–16 Uhr)*, das in einem Gebäude aus dem Jahre 1907 untergebracht ist, in dem sich auch die Hochschule der Bildenden Kunst befindet. Mittelpunkt der Ausstellung sind die architektonischen Aspekte der lokalen Geschichte, doch es werden auch zahlreiche Objekte ausgestellt, die aus einem alten Tempel der Chinesen stammen, die einst in der Stadt lebten, und Werke von einheimischen zeitgenössischen Künstlern. Schließlich müssen noch die **Flecker Botanic Gardens** *(Collins Avenue, www.cairns.qld.gov.au/facilities-and-recreation/parks/cairns-botanic-gardens, geöffnet 7.30–17.30 Uhr)* erwähnt werden, in dem es über 100 Palmenarten und einen Regenwaldbereich zu entdecken gibt.

Übernachten

€€€€ Conrad Treasury (Brisbane). Der Edwardianische Barockstil und die gewaltigen Sandsteinmauern machen dieses traditionsreiche Hotel einmalig. Alle Zimmer im klassischen Kolonialstil und mit einer Innenausstattung aus Marmor sind unterschiedlich. Es verfügt über ein gut ausgestattetes Wellness-center und ein Kasino. *Info: 130 William Street, Brisbane, Tel. 07.33068888, www.treasurybrisbane.com.au*

€€ The Lord Nelson Brewery Hotel (Sydney). Ein Hotel, doch zuallererst ein Denkmal: Ein Sandsteingebäude aus dem Jahr 1836, ganz in der Nähe des Viertels The Rocks, und ist das am längsten in ununterbrochenem Betrieb befindliche Hotel der Stadt. Große Zimmer mit viel Zubehör, doch nicht übertrieben. Besonders bekannt ist das Pub im Erdgeschoss. *Info: Corner Kent and Argyle Streets, Sydney, Tel. 02.92514044, www.lordnelsonbrewery.com*

€€ Cairns Reef & Rainforest (Cairns). Ein wunderschönes Guesthouse am Rande der Stadt, genau dort, wo der Regenwald beginnt. Das Frühstück wird auf der Terrasse serviert, gegenüber dem kleinen Wasserfall, der sich in der dichten Vegetation Platz schafft. *Info: 112 Mansfield Street, Cairns, Tel. 07.40335597, www.cairnsreefbnb.com.au*

Essen

€€€ Cha Cha Char (Brisbane). Modernes, gepflegtes Ambiente mit Blick auf den Brisbane River. Bekannt für sein Wagyu-Rindfleisch von Farmen, auf denen die Tiere mit speziellem Getreide und Gras gefüttert werden. Außerdem bekommt man vegetarische Gerichte. *Info: 5 Eagle Street, Tel. 07.32119944, www.chachachar.com.au*

€€ The Wharf Restaurant (Sydney). Groß und von den Leuten aus der Gegend gut besucht. Man hat einen spektakulären Blick auf den Hafen und die Sydney Harbour Bridge (für den Ausblick auf Letztere bitte einen Tisch auf der Terrasse an der Westseite reservieren). Internationale Küche mit Fisch und Fleischspeisen; man sollte die Tortellini di Ricotta und die Meeres-früchte probieren, alles immer ganz frisch. *Info: Hickson Road, Tel. 02.92501761, www.thewharfrestaurant.com.au*

€€ Barnacle Bill's Seafood Inn (Cairns). Eines der renommiertesten Fischrestau-rants des nördlichen Queensland in ausgezeichneter Lage direkt am Pazifischen Ozean, mit erschwinglichen Preisen. Für Hummer und Jakobsmuscheln gibt es eine spezielle scharfe Tomatensoße. *Info: 103 The Esplanade, Tel. 07.40512241, www.barnaclebills.com.au*

Weitere Informationen: Australisches Fremdenverkehrsamt, www.australia.com/de

274 - Surfer in Brisbane.

275 oben - Das Great Barrier Reef.

275 unten - Ein Bewohner des australischen Riffs.

Franz.-Polynesien

Die bei Künstlern und Seefahrern aller Art beliebten Trauminseln sind zu einem gut ausgestatteten Tempel des Badevergnügens geworden. Doch große Resorts, nautische Zentren und Gourmetrestaurants haben den Geist von einst nicht verändert: heiter und offen für die Begegnung mit dem Gast aus weiter Ferne.

Die Hautpinsel **Tahiti** macht die geringe Zahl der Bilderbuchstrände mit einem entspannten Lebensstil wett und bietet von Märkten über Museen einige Höhepunkte, die einen längeren Aufenthalt zu Beginn der Reise angenehm machen. Nach weniger als einer Stunde Schifffahrt ist **Moorea** die nächst gelegene der Trauminseln. Sie ist das richtige Ziel zur Entspannung zwischen großartiger Natur, Tauchgängen zu den farbenprächtigen Korallenriffen, der Entdeckung der Marae (antike Tempel) oder der traditionellen Dörfer der polynesischen Völker während herrlicher Ausflüge, die man am besten mit dem Motorroller unternimmt. Luxus und Natur halten sich auch auf **Raiatea** die Waage, wo der **Marae Taputapuatea** einen Besuch verdient, ein aus Korallen gebauter Tempel, der das wichtigste spirituelle Zentrum des Archipels ist. Gegenüber von Raiatea liegt **Tahaa**, die Insel der Ruhe und der Düfte, wo man nach einer bewegenden Ausfahrt mit dem Segelboot in die Lagune gern die Vanilleplantagen und die Perlenzuchten besichtigt. **Bora Bora** ist die bekannteste Insel; die großen Resorts, die an den Stränden verstreut liegen, sind die modernen Tempel, in denen man den Urlaubsritus mit Sport, Bootsfahrten und Ausflüge ins Hinterland zelebriert. Gegenüber von Bora Bora liegt **Maupiti**, die Insel der Ruhe. Sie gleicht am ehesten dem Polynesien von früher: Es gibt keine großen Hotels, Autos sind rar, und einige der schönsten Strände befinden sich hier. Schließlich ist da noch **Huahine**, die grünste und flachste Insel mit ihrer wunderschönen Abfolge von Stränden und der archäologischen Stätte von **Maeva**, wo sich 30 Marae dicht beieinander befinden, die man während eines kurzen unvergesslichen Spaziergangs entdecken kann.

Fortbewegung: *Der Tahiti International Airport* (www.tahiti-airport.pf) *befindet sich auf der Insel Tahiti 5 km östlich von Papeete. Die Hauptstadt erreicht man mit Linienbussen, die vor dem Gebäude abfahren, oder man nimmt ein Taxi, das nach 22 Uhr die einzige Möglichkeit ist, wenn die öffentlichen Verkehrsmittel Betriebsschluss haben. Für die Fortbewegung von Insel zu Insel ist das Flugzeug das bequemste Mittel. Das gute Netz an Flugverbindungen wird hautsächlich von Air Tahiti* (www.airtahiti.aero) *oder von Air Moorea* (www.airmoorea.com) *bedient. Es gibt günstige Vielfliegertickets, die mehrere Flüge einschließen und damit eine spürbare Ersparnis ermöglichen. Fähren und Hochgeschwindigkeitskatamarane verbinden alle Inseln in kurzen Zeitabständen. Man muss lediglich zum Hafen gehen und das bezüglich Reiseziel und Abfahrtszeit richtige Schiff auswählen. Die auf den meisten Inseln vertretenen Auto- und Motorradvermietungen sind Avis* (www.avis.com) *und Europcar* (www.europcar.pf).

Währung: *Die offizielle Währung Polynesiens ist der CFP-Franc (Franc der Französischen Pazifikkolonien).*

TAHITI UND MOOREA ***(4 Tage)***

Ein Spaziergang entlang der Strandpromenade und in den angrenzenden Straßen von **Papeete** gehört zum unverzichtbaren Auftakt jeder Reise auf die polynesischen Inseln. Die an der Nordküste der Insel **Tahiti** gelegene Hauptstadt bietet dem Reisenden verschiedene Höhepunkte: Man spaziert entlang dem **Boulevard Pomare**, der im größten Teil seines Verlaufs die Bucht flankiert, an der Papeete gelegen ist. Den ersten Besuch stattet man dem **Robert Wan-Perlenmuseum** *(Bd. Pomare s/n, Tel. 0689.461515, Öffnungszeiten Mo–Sa 9.30–17.30 Uhr)* ab, das die Geschichte der Perlenzuchttechnik erzählt und über eine reiche Sammlung an Schmuck verfügt, der dem Gründer des kleinen Museums gehörte. Etwas weiter erstreckt sich der **Parc Bougainville**, ein erholsamer öffentlicher Garten voller tropischer Pflanzen mit Meerblick, in dem oft künstlerische und musikalische Darbietungen stattfinden. Ein

kleiner Umweg ins Innere führt zur **katholischen Kathedrale Notre-Dame** *(Rue Jeanne d'Arc, Öffnungszeiten 8–18 Uhr)* und sofort anschließend zum **Marché de Papeete** *(Rue du 22 Settembre, Öffnungszeiten 8–19 Uhr)*, dem vergnüglichsten Ort für eine gastronomische Mittagspause und zum Betrachten der Stände, an denen die gesamte Auswahl der Handwerkskunst Tahitis dargeboten wird, von bunten Tüchern und Muschelketten bis zu Kopfbedeckungen aus Stroh. Zurück an der Strandpromenade geht man weiter bis zum **Place Vaiete**. Ab Sonnenuntergang gibt es Livemusik, aber es ist auch tagsüber angenehm, auf den gut beschatteten Bänken auszuruhen. Am östlichen Rand der Stadt lohnt ein Besuch im **James Norman Hall-Haus** *(Arue s/n, Öffnungszeiten Mo–Sa, 9–16 Uhr)*, dem Haus eines der Ko-Autoren von *Meuterei auf der Bounty*. Im Haus befinden sich die Originalmöbel des Schriftstellers. Eigentlich handelt es sich um eine Rekonstruktion, aber die Einrichtungs- und Wertgegenstände sind echt. Für ein erfrischendes Bad bietet sich der Strand aus Lavasand direkt gegenüber an. 15 km vom Zentrum entfernt, aber absolut sehenswert, ist das **Museum Tahitis und der Inseln** *(Pointe des pêcheurs Nu'uroa, Punaauia, www.museetahiti.pf, Öffnungszeiten Di–So 9.30–17.30 Uhr)*, das die Geschichte des Archipels in schönen Abteilungen zu Geografie und Kultur und anhand von Ausstellungen polynesischer Kunst im Freien erzählt.

276 OBEN - DER HAFEN VON PAPEETE.

276 UNTEN - LUFTAUFNAHME VON MOOREA.

267-277 - RANGIROA, TUAMOTU-ARCHIPEL.

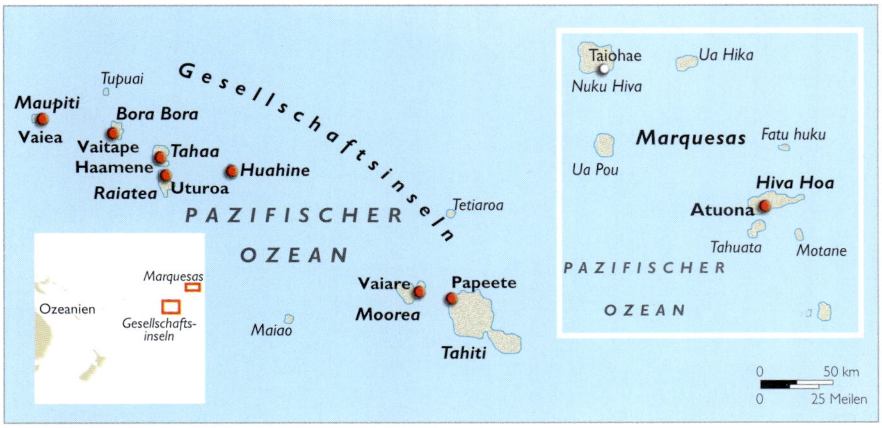

An der Mole von Papeete legen die Hochgeschwindigkeitsboote ab, die in 30 Min. die Insel **Moorea** erreichen. Hier beginnt das Polynesien der fantastischen Strände, der aus Korallenriffen geformten Lagunen und der Berge, die direkt im Meer zu versinken scheinen und ein Naturschauspiel ohne gleichen bieten. Die Umrundung der gesamten Insel misst 60 km; wer nur wenige Tage zur Verfügung hat, sollte sich entlang der Nordküste bewegen: Hier befinden sich die schönsten Strände und man kann die interessantesten Ausflüge ins Hinterland machen. Von **Vaiare**, dem Anlegehafen der Fähren, fährt man die Ostküste hinauf bis zum Flughafen und hält für ein erstes Bad am **Teavaro Beach**, einem der größten Strände Polynesiens. Nach dem Flughafen fährt man weiter die Küstenstraße entlang. Von hier an sind die einzigen Hinweisschilder der Straße, auf die man sich verlassen kann, die „point kilométrique" (PK), die auf die vom Hafen an zurückgelegte Distanz hinweisen. Am PK 6 mündet die Küstenstraße in die **Cook-Bucht**, eine enge und tiefe Kluft an der Nordküste, die von den Hängen des **Mont Rotui** gebildet wird. In diesem Gebiet sind die Strände selten und eher schmal, doch das Schauspiel verlangt nach vielen Fotopausen. Am Ende der Bucht liegt das von ausgedehnten Ananasplantagen umgebene Dorf **Paopao** (PK 9). Man kann dort das (jetzt nicht mehr genutzte) Gebäude besichtigen, in dem der Fischmarkt abgehalten wurde. Die Wände sind mit Fresken geschmückt. In Paopao lohnt es sich, die Küste kurz zu verlassen und für 7 km das Paopao-Tal bis zum **Belvedere** hinaufzufahren, das auf einer Hochebene liegt, von der aus man den

Tauchen

Vielfältiger Meeresgrund, stets laues Wasser und Sicht ohnegleichen haben aus Polynesien einen der Lieblingsplätze der Tauchbegeisterten gemacht. Auf dem ganzen Archipel gibt es gut ausgestattete Tauchzentren, die zudem anerkannte Kurse für den Erweb der wichtigsten internationalen Tauchscheine anbieten. In den Gewässern gegenüber dem Flughafen Tahiti kann man zu einigen der seltenen Relikte Polynesiens tauchen, die einfach zu besichtigen sind. Die Tauchplätze mit Namen Cargo Ship und Catalina erlauben die Besichtigung eines Schiffs und eines Wasserflugzeugs in weniger als 20 m Tiefe. Ein guter Stützpunkt ist ***Scuba Tek Tahiti*** (Arue, www.scubatek-tahiti.com). *Gegenüber der Nordküste Mooreas kann man in* ***Tiki*** *oder am* ***Opunohu Canyon*** *mit Haien tauchen, oder man wagt im erholsameren und stark frequentierten Taotoi den Sprung ins Wasser. Von den zahlreichen Tauchzentren der Gegend ist das* ***Scubapiti*** *zu empfehlen* (Hauru Point, www.scubapiti.com), *das am meisten auf den korrekten Umgang mit der Meeresfauna achtet. Auf Raiatea taucht man an den Durchfahrten, die den Ozean mit der Lagune verbinden und daher immer recht fischreich sind. Man muss auf die Strömung achtgeben, doch die Tauchgänge an der* ***Teavatipi-Durchfahrt*** *und an der* ***Miri Miri-Durchfahrt*** *sind ein beglückendes Erlebnis. Ausrüstungen und Führer bekommt man am* ***Te Mara Nui Plongée*** (Uturoa, www.temaranui.pf). *Sehr beliebt bei Tauchern ist auch die* Tiva-Durchfahrt *vor der Ostküste von Tahaa. Man gelangt mit den Booten von* ***Tahaa Diving*** (Tiva, www.tahaa-diving.com) *dorthin.*

besten Blick auf die Nordküste und die dahinter liegenden Berge genießt.
Zum Meer zurück kehrt man durch das **Opunohu-Tal**, das einst stark bevölkert gewesen sein muss, wie die zahlreichen **Marae** (Tempel oder Kultplätze) bezeugen, die entlang der Straße verstreut liegen. Man hat über 500 gezählt, die man größtenteils besichtigen kann, wenn man dem Pfad folgt, der mit reichen Informationstafeln ausgestattet ist und an einem großen Parkplatz im oberen Teil des Tals am **Titiroa-Tempel** beginnt. Man kehrt am PK 18 auf Höhe der **Opunohu-Bucht** an die Küste zurück, die ruhig und so eindrucksvoll ist, dass hier viele Szenen des *Bounty*-Films gedreht wurden. An der Westküste der Bucht, fast unmittelbar am Ozean, erhebt sich das Dorf **Papetoai** mit der 1870 an der Stelle eines vormaligen Marea errichteten **Achteckigen Kirche**. Die Kirche ist das älteste von den Europäern errichtete Gebäude, das man im nördlichen Pazifik besichtigen kann. Im Gebiet des **Pointe d'Hauru** zwischen PK 25 und PK 30 erstreckt sich das meistbebaute Gebiet Mooreas mit großen Hotels und Wassersportzentren (Segeln, Windsurfen, Kitesurfen, Tauchen, Schnorcheln). Gegenüber dem 5 km langen Strand von Pointe d'Hauru liegen die Sandinseln **Motu Fareone** und **Motu Tiahura**, die man ohne allzu große Mühe auch schwimmend erreichen kann.

278 OBEN - DIE OPUNOHU-BUCHT AUF MOOREA.

278 UNTEN - DIE LAGUNE DER INSEL HUAHINE.

279 OBEN - DAS CENTRE JACQUES BREL IN HIVA OA.

279 UNTEN - *AREAREA* VON PAUL GAUGUIN.

Hiva Oa

Das Archipel der Marquesas-Inseln ist das nördlichste Polynesiens. Hier ließen sich Paul Gauguin und Jacques Brel nieder, die von der Großartigkeit der Orte und ihrer heiteren Ruhe angezogen wurden, die im Vergleich zu Tahiti und der Hauptstadt Papeete gerade von ihrer abgeschiedenen Lage herrührte. Beide wählten die zugleich wilde und behagliche Insel Hiva Oa, die im Inneren von dichtem Dschungel bedeckt wird, der die Hänge alter Vulkane hinaufklettert, und eine zerklüftete Küste mit hohen Felsen hat. Der französische Maler und der belgische Chansonsänger ließen sich in ***Atuona****, dem Hauptort, nieder. Hier kann man den* ***Espace Culturel Paul Gauguin*** *(Tel. 0689.927897, Öffnungszeiten Mo–Do 8–11 Uhr und 14–17 Uhr, Fr 7.30–14.30 Uhr, Sa 8–11 Uhr) mit digitalen Kopien der Werke des Künstlers besichtigen und, ganz in der Nähe, das* ***Maison du Jouir*** *(Haus des Vergnügens), eine getreue Rekonstruktion des Hauses, in dem Gauguin lebte. Einige Dutzend Meter weiter besichtigt man das* ***Centre Jacques Brel*** (Öffnungszeiten Mo–Do 8–11 Uhr und 14–15 Uhr, Fr 7.30–14.30 Uhr, Sa 8–11 Uhr)*, das in einem Hangar untergebracht ist, in dem man das Jojo, das Flugzeug des Sängers, bewundern kann. Beide sind auf dem* ***Calvaire-Friedhof*** *begraben, der auf einem Hügel in etwa 20 Min. Fußweg vom Zentrum entfernt liegt. Atuona erreicht man täglich mit dem Flugzeug von Papeete. Man übernachtet im romantischen, gut ausgestatteten Hotel* ***Hanakee Hiva Oa Pearl Lodge*** (www.pearlresorts.com)*, das über gerade einmal 14 Bungalows verfügt.*

DIE ANDEREN GESELLSCHAFTSINSELN *(6 Tage)*

In 40 Flugminuten erreicht man von Tahiti aus **Raiatea**, die zweitgrößte und wirtschaftlich zweitwichtigste Insel der Gesellschaftsinseln. Obwohl sie von einer großen Lagune aus Korallenriffen umgeben ist, hat sie keine besonders langen oder breiten Strände, daher wurde sie vor allem zum beliebten Ziel von Sportlern, insbesondere von den Seglern, die aus ihr ihren Lieblingsstützpunkt gemacht haben. Wenn man ein Boot mit oder ohne Skipper mieten möchte, wendet man sich an das **Catamaran Tane Charter** *(www.raiatea.com/tane)* oder an **The Moorings** *(www.moorings.com)*, die über eigene Flotten verfügen, die im kleinen Hafen von **Uturoa** vor Anker liegen, dem Hauptort der Insel. Von ihm aus kann man die Küstenstraße in östlicher Richtung bis zur **Faaroa-Bucht** fahren, und gleich danach bis zum Dorf **Opoa**. Von hier aus erreicht man in wenigen Minuten – stets mit dem Auto – den **Marae Taputapuatea** *(Kap Matahira, PK 30, Öffnungszeiten Sonnenaufgang – Sonnenuntergang)*, den wichtigsten Tempel

Polynesiens. Er wurde im 18. Jh. aus Korallen errichtet und befindet sich in erhöhter Lage gegenüber der Durchfahrt von **Te Avamoa** *(Heiliger Kanal)*. Er besteht aus drei Tempeln, die jeweils den Zeremonien der Familien gewidmet sind, entweder aus dem regionalen Umfeld oder mit „internationalem" Hauch. Gegenüber der südöstlichen Küste von Raiatea zwischen den Ortschaften **Fetuna** und **Tevaitoa** liegt eine lange Reihe von sandigen **Motus**, ein perfektes Ziel für entspannte Tage und geschätzte Schnorchelrunden. Die bekanntesten sind von Süden her **Motu Nao Nao**, **Motu Roa**, **Motu Tapute** und **Motu Tiano**, Letztere gegenüber dem Dorf **Tehurui**.
Tahaa, die Insel der Ruhe und der Düfte, wird von derselben Korallenlagune umgeben wie Raiatea. Auch in diesem Fall sind die Strände eher spärlich, aber man kann auf einigen relativ großen Motus unterkommen, die den Bau von Resorts erlauben, die über dem Wasser zu schweben scheinen. Man gelangt mit Fähren oder Taxibooten dorthin, die zwischen Raiatea und den verschiedenen Orten Tahaas pendeln; viele Resorts garantieren auch einen Zubringerdienst vom Flughafen Raiatea. Am Ortseingang von **Haamene**, der Hauptsiedlung von Tahaa, besucht man das **Maison de la Vanille** *(Tel. 0689.656727, Öffnungszeiten 9–17 Uhr)*, Sitz einer der zahlreichen Firmen auf der Insel, die Vanille produzieren. Man kann die Prozesse der Verarbeitung beobachten und süße Einkäufe tätigen. Gezeigt werden auf Tahaa auch die **Vaipoe-Perlenzucht** *(Tel. 0689.656083)* und die **Motu-Perlenzucht** *(Tel. 0689.656667, Öffnungszeiten für beide 8.30–17 Uhr)*. Erstere befindet sich im äußersten Norden der Haamene-Bucht, Letztere wenige Kilometer weiter im Norden in der Faaha-Bucht.
Bora Bora, die bestausgestattete und spektakulärste Insel, befindet sich 270 km nordöstlich von Tahiti. Man gelangt am besten mit dem Flugzeug dorthin; der Flug dauert 40 Minuten, man landet auf einer Piste auf dem **Motu Mute**. Von dort pendeln Katamarane nach **Vaitape**, dem Hauptort der Insel. Von hier nimmt man die Küstenstraße nach **Pointe Matira**, wo sich der einzige große Strand der Insel befindet, der deshalb voll von Hotels, Restaurants und Agenturen ist, die sportliche Aktivitäten und Ausflüge auf das Meer organisieren. Ein kurzer Spaziergang führt auf den Hügel, auf dem sich mehrere Kanonen zur Küstenverteidigung aus dem Zweiten Weltkrieg befinden. Der Ort bietet einen guten Ausblick, erinnert aber an die lange Anwesenheit der amerikanischen Armee, die zwischen 1940 und 1946 aus Bora Bora einen ihrer Hauptstützpunkte im Pazifik machte. Wenn man die insgesamt 32 km lange Inselumrundung fortsetzt, kommt man zu dem auf einem Kap in der Lagune gelegenen **Pointe Fitiiu**, wo man den direkt am Meerufer errichteten **Marae Aehua-tai** bewundern kann. 4 km weiter nördlich besichtigt man das **Marinemuseum** *(Hitiaa Bay, Tel. 0689.677524)* mit einer reichen Sammlung an Schiffsmodellen. Bevor man die Umrundung Bora Boras abschließt und nach Vaitape zurückkehrt, stößt man auf den **Marae Fare Opu** *(Faanui Bay, geöffnet Sonnenaufgang – Sonnenuntergang)*, der zwischen Straße und Meer errichtet wurde. Absolut nicht zu versäumen sind die **Kreuzfahrten** in der Lagune von Bora Bora. Die besten Programme sehen Touren vom Sonnenaufgang bis Sonnenuntergang mit einer Mittagspause auf einem Motu und langen Tauch- und Schnorchelgängen vor. Von den Agenturen, an die man sich wenden kann, sind **Reef Discovery** *(www.borabora-snorkeling.com)* und **Bora Bora Photo Lagoon** *(www.boraboraphotolagoon.com)* zu empfehlen. Man sollte sich immer der vorgeschlagenen Route versichern und darauf achten, dass das verwendete Schiff eine Überdachung zum Sonnenschutz hat.

An der Mole in Vaitape stechen dreimal wöchentlich die Fähren von **Maupiti Express** *(www.maupitiexpress.com)* in See, die in weniger als 2 Stunden **Maupiti** erreichen, Bora Boras kleine Schwester. Sie ist das Abbild Polynesiens von vor 30–40 Jahren. Es gibt nur wenige Touristen und keine Luxusresorts; die einzige Straße wird fast ausschließlich mit Fahrrädern und Motorrollern befahren. Der Strand von **Tereia** gehört zu den schönsten des Archipels. Man kann ihn in aller Ruhe ohne störende Souvenirstände oder fliegende Händler genießen. Direkt hinter dem Korallenriff schwimmen Delfine und von Juli bis Oktober Buckelwale. Ein gemeinsames Bad mit ihnen, oder zumindest eine nahe Begegnung, garantiert **Maupiti Nautique** *(Tel. 0689.678380, www.maupiti-nautique.com)*. Die Fahrpläne der Fähren erlauben Tagesbesuche, ansonsten lohnt es sich, in den spartanischen, aber gemütlichen Pensionen unterzukommen, die sich auf den Motus befinden.

Verglichen mit den anderen Gesellschaftsinseln ist **Huahine** die grünste mit den meisten Stränden. Man erreicht sie mit dem Flugzeug von Tahiti (35 Min.), Bora Bora (20 Min.) oder Moorea (30 Min.) und bewegt sich problemlos mit dem Auto oder Motorroller fort, die man bei **Europcar** *(www.europcar.pf)* mieten kann, das Büros an mehreren Orten hat. Huahine besteht aus zwei Inseln, die mit einer Brücke verbunden sind: **Huahine Nui**, die größere weiter im Norden, und **Huahine Iti**. Bevor man sich dem Strandleben widmet, sollte man die archäologische Stätte von **Maeva** 7 km nordöstlich des Hauptorts **Fare** besichtigen. Es handelt sich um eine Siedlung von etwa 30 Marae, die zum größten Teil über die Hänge der **Matairea-Berge** verstreut sind, die den Ort umgeben. Man besichtigt sie in zwei Stunden, indem man einem beschilderten Weg folgt, der im Ortszentrum beginnt und durch einen Durchgang in der Mauer führt, die das Gebiet umgibt. Die schönsten Strände befinden sich auf **Huahine Iti**, vor allem im Gebiet der **Avea-Bucht** in der Nähe des Dorfes **Haapu**, während die Surfliebhaber das **Reef Break** von Fare und das von Fitii vorziehen.

Übernachten

€€€€€ Intercontinental Moorea Resort & Spa (Moorea). Sehr großes Resort mit Bungalows auf Pfahlbauten in der Lagune. Es ist gut ausgestattet für Tauchgänge und bietet Bootsausflüge entlang der Küste oder zu den Inselchen. Es verfügt über ein kleines Definarium und über das meistgeschätzte Spa von Moorea. *Info: Pointe d'Hauru, Tel. 0689.551919, www.moorea.intercontinental.com*

€€€ Bora Bora Hotel Eden Beach (Bora Bora). Eine der seltenen Gelegenheiten für einen Aufenthalt in Bora Bora, ohne übertrieben viel auszugeben. Das Hotel an einem Privatstrand hat ein Schwimmbecken und ein Restaurant teils im Freien, das für seine großen Fischportionen bekannt ist. Alle Zimmer mit Patio und Deckenventilatoren. Ausflüge zu den Motus im Angebot. *Info: Motu Piti Aau 191, Tel. 0689.243703, www.boraborahotel.com*

€€ Hotel Hibiscus (Moorea). In der Nähe einer der schönsten weißen Sandstrände Mooreas gelegen, bietet das Hotel eine Unterbringung in Bungalows mit Strohdächern mitten im Grünen oder in klimatisierten Räumen. Es verfügt über ein Freibad und ein Strandrestaurant, bietet umsonst Schnorchelausrüstungen an und vermietet Kajaks. *Info: BP 1009, Papetoai, Tel. 0689.561220, www.hotel-hibiscus.pf*

Essen

€€€ Vaitohi (Tahiti). Romantisches und raffiniertes Restaurant des Manava Suite Resort im Dorf Punaauia. Es werden Spezialitäten aus Polynesien und dem Pazifik geboten, aber auch Gerichte mit deutlich französischem Einschlag oder aus der Mittelmeerküche. *Info: Pk 10, Punaauia, Tel. 0689.473100, www.spmhotels.com/resort/tahiti*

€€€ Le Mayflower (Moorea). Elegantes Ambiente in spektakulärer Lage am Meeresufer. Raffinierte, hauptsächlich französische Küche, die aber die polynesischen Spezialitäten nicht vergisst. Nicht versäumen sollte man die Hummerravioli. *Info: PK 27, Haapiti, Tel. 0689.565359, www.restaurantmayflower.com*

€€ Chez Tara (Huahine). Kleines Restaurant am Strand mit ordentlichem Preis-Leistungs-Verhältnis. An erster Stelle stehen der immer ganz frische Fisch und eine gute Auswahl an regionalen Spezialitäten. Stets üppige Portionen. *Info: Plage Avea, Parea, Tel. 0689.687845*

Weitere Informationen: www.tahiti-tourisme.de

280 OBEN - BORA BORA VON OBEN GESEHEN.
280 UNTEN - EIN RESORT IN TAHAA.
281 OBEN - TEILANSICHT VON MAUPITI.
281 UNTEN - DIE HAAPU-BUCHT IN HUAHINE.

Hawaii – *USA*

Bis zum Ende des 18. Jh. war die Inselkette fast unbekannt. Als der Schleier fiel, hat sich Hawaii mit großartigen Naturschauspielen in seiner ganzen Schönheit offenbart und wurde zum Synonym für Gastfreundschaft. Das festliche „Aloha" erklingt zwischen bis 1000 m hoch aufragenden Klippen, eindrucksvollen Vulkanen, überraschend grünen Oasen. Nicht zufällig sitzt der jüngste amerikanische Bundesstaat stets auf dem Wellenkamm, wie allen Surfern wohlbekannt ist.

Als James Cook an diesem Archipel landete, der bisher in keiner Landkarte auftauchte, rief er verwundert aus: „Wie kann es in einem so unendlichen Meer ein solches Land geben? Und wie könnten wir es vereinnahmen?" 1778 kannte niemand in der sogenannten modernen Welt die heutigen Hawaii-Inseln, den außergewöhnlichen Archipel im Pazifischen Ozean, bestehend aus sechs größeren Inseln und einem Schweif kleinerer Inseln und Atolle (insgesamt 137), 3.850 km entfernt von der kalifornischen Küste. Cook konnte sich des irdischen Paradieses nicht lange erfreuen und kam 1779 ausgerechnet in Hawaii ums Leben (von ihm Sandwich-Inseln genannt, zu Ehren seines Förderers Lord Sandwich). Der Stein war jedoch ins Rollen gekommen. Zu passend war dieser strategische Stützpunkt mitten im Ozean auf der Route in den Fernen Osten gelegen, zu zauberhaft die Panoramen, zu günstig das Klima. Das Interesse war groß und jeder Ankömmling rettungslos bezaubert. Jede Insel ist eine Welt für sich, andersartig und originell. **Oahu** ist am belebtesten und mondänsten, **Big Island** die größte und wildeste Insel, **Maui** gehört den Sportlern, Künstlern und Träumern, **Kauai** ist das grünste Eiland, **Lanai** wird zur ungestörten Erholung bevorzugt, **Molokai** ist die „freundliche Insel", wo die Natur rekordverdächtige Leistungen erbracht hat.

Fortbewegung: *Internationale Flüge landen auf dem Honolulu International Airport (HNL) auf der Insel Oahu. Die anderen*

282-283 - Diamond Head, der Krater in Waikiki.
283 - Skyline von Honolulu.

Inseln können mit Flugzeugen der Hawaiian Air (www.hawaiianair.com) *oder der Pacific Wings* (www.pacificwings.com) *angeflogen werden. Beide bieten häufige Verbindungen zu den Hauptinseln an. Für die Fahrten auf den Inseln empfiehlt sich ein Leihwagen von Aloha Rents* (www.aloharents.com) *oder von Hawaii Car Rentals* (www.hawaiicarrentals.net) *mit rechtzeitiger Reservierung.*

Währung: *Die offizielle Währung in Hawaii ist der US-Dollar (USD).*

OAHU ***(3 Tage)***

Sie ist nur die drittgrösste Insel im Archipel, doch alle kommen hier an, und wegen der vielfältigen Angebote, der Nobelherbergen und der Möglichkeit, den Tag am Strand oder im Schwimmbad zu verbringen und die Nacht durchzufeiern, bleiben auch viele.

Honolulu, 400.000 Einwohner, ist die Hauptstadt von Hawaii. Es scheint eine kleinere Ausgabe der Metropolen der amerikanischen Ostküste zu sein, mit Hochhäusern, einem Kreuzfahrthafen, der Fußgängerzone mit Läden der bekanntesten Marken, Banken, Finanzdienstleistern, Restaurants und Nachtklubs. Hauptanziehungspunkt aller Ausflüge ins Zentrum ist der **Iolani-Palast** *(364 South King Street, www.iolanipalace.org, Tel. 808.5220822, Öffnungszeiten Mo–Sa 9–16 Uhr)*, der 1882 als offizielle Residenz für König Kalakaua und Königin Kapiolani erbaut wurde. Das Gebäude beherbergte später die gesetzgebende Versammlung. Heute können die sorgfältig restaurierten Salons und Wohnungen besichtigt werden. Königssaal, Thronsaal, goldener Saal, Speisesaal, die königlichen Schlafräume: allesamt Zeugnisse einer üppigen und zumeist friedlichen Epoche. Gegenüber in der King Street steht die große vergoldete Statue von Kamehameha I., dem König, der 1795 die hawaiianischen Inseln zu einer Nation vereinigte. Weiter vorne in der Straße gelangt man zur ungewöhnlichen **Kawaiahao Church**, der ältesten Kirche der Insel, 1842 aus 14.000 Korallenblöcken erbaut, die mit speziellen Sägen aus Haifischzähnen aus dem Riff geschnitten wurden. In dieser Kirche betete die Königsfamilie, für deren Mitglieder noch heute Plätze reserviert sind. Der Hafen **Honolulu Harbor** ist zu Fuß in wenigen Minuten erreichbar. Auf dem Weg sollte man nach oben schauen. Man sieht den **Aloha Tower** *(Tel. 808.5662337, www.alohatower.com)*, der mit seinen 56 m Höhe über die von Touristen bevölkerten Kais ragt. Hier ist das Herz Honolulus, einer modernen Stadt, die jedoch nie ihren seefahrerischen Ursprung vergessen hat. Um den Aloha Tower herum haben sich Läden und Restaurants angesiedelt. Es gibt jedoch auch Konzerträume, Kunsthandwerker-Boutiquen und sogar eine Mini-Brauerei. Ein Muss ist die (kostenlose) Fahrstuhl-Auffahrt zur Panoramaterrasse mit dem besten Ausblick auf die Stadt. Hinter dem

Hafen lohnt sich der Besuch des **Bishop-Museums** *(1525 Bernice Street, Tel. 808.8473511, www.bishop museum.org, Öffnungszeiten 9–17 Uhr, Di geschlossen)*, das 1892 zur Aufbewahrung der Schätze des Königshauses gegründet wurde. Heute enthält es die weltweit bedeutendste Sammlung polynesischer Kunst und Kultur, über eine halbe Million interessanter Objekte. Mitten im Hauptsaal ist eine echte traditionelle Strohhütte aufgebaut. Die Naturkunde-Abteilung zeigt 13 Mio. Insekten, über 6 Mio. Tiere und 442.000 Pflanzen. Interessant ist auch das auf einem Hügel errichtete, von einem japanischen Garten umgebene **Museum für zeitgenössische Kunst** *(2411 Makiki Heights Drive, Tel. 808.5261322, www.tcmhi.org, Öffnungszeiten Di–Sa 10–16 Uhr)*. Sehenswert ist der **Foster Botanical Garden** *(50 N. Vineyard Blvd., Tel. 808.5227060, www.honolulu.gov/parks/hbg/fbg.htm, Öffnungszeiten 9–16 Uhr)* am Stadtrand mit über 4000 tropischen Pflanzen auf mehr als 5 ha, darunter einige Bäume, die bereits 1850 gepflanzt wurden.

An diesen wunderschönen ruhigen, friedlichen Ort in Honolulu grenzt das hektische Viertel **Chinatown.** In dem Viereck zwischen Vineyard Blvd, River Street, North King Street und Maunakea Street konzentrieren sich die Geschäftsaktivitäten der im Archipel ansässigen asiatischen Völker. Überraschend groß ist die Zahl der chinesischen, koreanischen, vietnamesischen, thailändischen und philippinischen, zur Essenszeit stets voll besetzten Garküchen. Überwältigend ist die Auswahl an Lebensmitteln, tropischen Blumen und Kunsthandswerks-Erzeugnissen auf den Tischen im **Oahu Market**.

Wenige Kilometer von der Hauptstadt entfernt liegt **Pearl Harbor.** Die Bucht wurde wegen der Qualität der Austern, die dort einst gezüchtet wurden, so genannt. Traurige Berühmtheit erlangte der Hafen durch den japanischen Angriff auf die amerikanische Flotte am 7.12.1941. Wenige Hundert Meter vor der Küste beim **Besucherzentrum** *(Tel. 808.4223300, www.nps.gov/valr, Öffnungszeiten 7–17 Uhr)* erhebt sich die weiße Silhouette des **USS Arizona Memorial**, das dem ersten der 21 beim Angriff versenkten oder beschädigten Schiffe gewidmet ist und auf dessen Wrack es erbaut wurde. Jährlich lassen sich über 2 Millionen Besucher auf Militärschiffen dorthin übersetzen. Lange Wartezeiten sind möglich, am besten kommt man gleich morgens. Im **USS Bowfin Submarine Museum & Park** *(Tel. 808.4231341, www.bowfin.org, Öffnungszeiten 7–17 Uhr)* kann man am Ufer ein ausgemustertes U-Boot mit der Original-Ausrüstung (Raketen, Torpedos, sogar japanische) sowie eine Austellung zur Geschichte besichtigen. Auf der nahen Insel **Ford Island** gegenüber befindet sich das **USS Battleship Missouri Memorial** *(Tel. 808.4551600, www.ussmissouri.com, Öffnungszeiten 8–17 Uhr)*, bei dem man den Panzerkreuzer USS Missouri besichtigen kann, auf dem sich die Japaner am 2.9.1945 ergaben.

Oahu hat 130 Strände, jeder mit eigenem Charakter und seiner Stammkundschaft. Im Süden von Honolulu erstreckt sich die lange Bucht von **Waikiki** mit der übertriebenen Anzahl von fast 200 Hotels, die ein gemischtes Publikum aus jungen Sportlern und Nachteulen sowie Millionären vom „Kontinent" haben, die von Komfort und Mondänität angezogen werden. Nichts ist übrig vom alten Dorf, das die erholungsbedürftigen Hauptstadtbewohner im 19. Jh. aufsuchten. Wer den Trubel liebt, ist hier richtig. In Waikiki kann man das Surfen erlernen oder sich in einem typischen Auslegerkanu fahren lassen, ehe man sich anderswo in gefährlichere Wellen stürzt. Man kann den Vulkankegel des **Diamond Head** (230 m) in der östlichen Bucht besteigen oder das **Waikiki Aquarium** *(Tel. 808.9239741, www.waquarium.org, Öffnungszeiten 9–16.30 Uhr)* mit einer überraschenden Vielzahl von Gelbflossen- und Zebrahaien besuchen. Am südöstlichen Inselende befindet sich die **Hanauma Bay** (der Name bedeutet „Kurven-Bucht") mit einem Korallenriff in der Mitte, das von jeder Art von Fischen bevölkert ist. Auch wenn es überlaufen ist – ein wahres Schnorchelparadies, das glücklicherweise unter dem Schutz des **Koko Head Regional Park** steht. 2 km weiter liegt der **Sandy Beach**, einer der schönsten Strände zum Windsurfen in Oahu. Abere Achtung: gefährliche Strömungen und Wellen! Surf-Liebhaber bevorzugen die Nordküste von Oahu, **North Shore**, und verabreden sich an den Stränden von **Sunset Beach**, **Banzai Pipeline**, **Ehukai Beach**, **Waimea Bay** und **Haleiwa**. Dieses Dorf scheint nur aus Surf-Läden und Lokalen zum Absacken nach einem Tag auf den Wellenkämmen zu bestehen.

Der Hauptort **Waimea** ist ein historisches Religions- und Kulturzentrum der Hawaiianer. Einst durften hier nur die Priester (Kahuna) wohnen. Heute stehen noch Reste von Tempeln und heiligen Stätten im Schutz des Natur- und Archäologie-Parks **Hi'ipaka LLC** *(www.waimeavalley.net)*, leicht zu erkunden dank des dichten Wegenetzes zwischen den Teichen und Wasserfällen. 600 verschiedene botanische Pflanzen

sind dort zu sehen, viele davon selten oder fast ausgestorben.
Die wilde Küste von Waianae ist für starke Typen geeignet. Die Surfer gehen zur **Makana Beach**. Wer mit Delfinen tauchen will, ist am **Makua Beach** richtig. Der von einsamen Stränden umgebene **Kahe Point & Beach Park** empfiehlt sich für alle, die es ruhig lieben. Im **Makaha Valley** erhebt sich der **Kaneaki Heiau**, ein hawaiianischer Tempel aus dem 16. Jh., das am besten erhaltene antike Gebetshaus der Insel. Die meisten Gebetsstätten wurden nach dem Sturz des hawaiianischen Königshauses zerstört.
Der Sturm bläst über die bei den Seglern sehr beliebte **Windward Coast** an der Ostküste. In der **Kailuha Bay** sind das Segeln mit Segelkatamaranen und Windsurfen beliebte Aktivitäten. Für Fahrten zu den anderen nahe gelegenen kleineren Inseln kann man Kajaks mieten. Beim **Makapuu Beach** liegt der große **Sea Life Park** *(www.sealifeparkhawaii.com, Tel. 808.2592500, Öffnungszeiten 10.30–17 Uhr)*. 5 km von hier befindet sich Waimanalo Beach, mit 7 km der längste Strand von Oahu.

284 - Das USS Arizona Memorial in Pearl Harbor.

284-285 - Ein Surfer in Waikiki, Oahu.

Der Golf-Archipel

Im gesamten Archipel gibt es 90 teils schwierige Golfplätze. Die Turniere locken viele berühmte Golfer an. Der bekannte Golf Digest hat Hawaii zum besten amerikanischen Golf-Bundesstaat erklärt, auch wegen seines Klimas, welches das Spielen 12 Monate im Jahr ermöglicht. Der schwierigste Platz in Oahu ist der ***Koolau Golf Club*** (Tel. 808.2364653, www.koolaugolfclub.com), *mit Wasserfällen, windigen Schluchten und steilen Abhängen. Big Island, die Insel mit den meisten Golfplätzen, fordert mit 18 Loch im 2009 komplett überholten* ***Manua Kea*** *heraus* (Tel. 808.8825400, www.maunakearesort.com). *Kauai konkurriert mit dem* ***Prince Golf Course*** *in Hanalei* (Tel. 808.8265070, www.princeville.com), *ein wahres Meisterwerk an der Nordküste. Neben den Feldern des Naturschutzgebietes Lanai verdienen die 9 Loch des* ***Cavendish Golf Course*** (Tel. 808.5657300) *in Lanai City Erwähnung: Damit niemand behaupten kann, Golfen seine eine Sportart der Elite, ist der Eintritt kostenlos und ohne Anmeldung möglich.*

286 - Der Volcanoes National Park auf B g Island.

BIG ISLAND ***(3 Tage)***
Urwälder, Wüsten, Vulkane, von ewigem Schnee bedeckte Gipfel, Strände aller Größen und Farben. Die Insel Hawaii, allgemein als Big Island bekannt, ist nicht nur die größte im Archipel, sondern auch die vielseitigste. Der **Kilauea** (1245 m) ist beispielsweise der einzige aktive Vulkan weltweit, der mit dem Auto befahren werden kann: Ein ständig aktiver Drive in-Krater, der jedoch keine Angst einflößt. Die 4 km lange Umgehungsstraße **Crater Rim Drive** umrundet den rauchenden Kessel. Ausgangspunkt ist das **Kilauea Visitor Center** *(www.nps.gov/havo/planyourvisit/kvc, Öffnungszeiten 7.45–17 Uhr)*. Während der Fahrt kann man an speziell eingerichteten Aussichtspunkten anhalten. Wenn der Kilauea ernst macht, zieht das Schauspiel Tausende Besucher an. Wegen der Aussicht in der vordersten Reihe lagern viele an den Kraterhängen, doch sie sollten sich besser nicht von den Parkwächtern erwischen lassen. Der Kilauea stellt das klopfende Herz des **Hawai'i Volcanoes National Park** *(www.nps.gov/havo)* dar. Seit 1983 ist er ununterbrochen aktiv; sein Ausstoß an Lava, die beim Kontakt mit dem Meerwasser fest wird, hat seitdem die Fläche von Big Island um über 200 ha vergrößert. Ein weiterer Star im Park ist der 4160 m hohe und derzeit nicht aktive **Mauna Loa.** Der weltweit größte Vulkan bietet einen spektakulären Anblick. Der Aufstieg zum schneebedeckten Gipfel des Mauna Loa erfordert drei oder vier Tage Trekking durch Wälder und über Lava-Hänge und beginnt ab der Straße in einer Höhe von 2030 m. Am Fuße beider Vulkane sind Wege und Straßen für Fahrrad und Pferd. Eine Wanderung auf eigene Faust ist nicht zu empfehlen. Am besten nimmt man an einer geführten Tour mit Parkwächtern teil. Die großartige Umgebung wurde von der UNESCO zum geschützten Biosphären-Reservat und Weltkulturerbe erklärte. Im Norden der Insel erhebt sich der Vulkan **Mauna Kea**, mit 4205 m Höhe das „Dach von Hawaii". Der mäßig aktive Riese ist auch per Auto befahrbar; man sollte es jedoch nicht tun, ohne vorher einen Blick auf die Wettervorhersage geworfen zu haben. Bei schlechtem Wetter kann es auf der Höhe jederzeit schneien, und schon eine Wolke verursacht einen Temperatursturz. Am Gipfel befindet sich das **Onizuka Center for International Astronomy** *(Tel. 808.9612180, www.ifa.hawaii.edu/info/vis, Öffnungszeiten 9–22 Uhr)* mit seinen riesigen Teleskopen, das Sternen-Führungen und geführte Wanderungen zum Gipfel durchführt. Auf der Ostseite von Big Island erstreckt sich die **Kona Coast** über 96 km, windgeschützt durch die großen Vulkane und von ausgedehnten Kaffeepflanzungen geprägt. Ein Besuch dieser Plantagen ist interessant und lehrreich. In der **Hilo Coffee Mill** *(Tel. 808.9681333, www.hilocoffeemill.com)* kann man den vollständigen Verarbeitungsprozess der Kaffeebohnen beobachten, die neben den Urwäldern von Puna und Hamakua angebaut werden. Mit dem eigenen Wagen kann man auch die **Kona Coffee Country Driving Tour** *(www.konacoffeefest.com)* abfahren. Zwischen den wunderschönen Stränden der **Kona Coast** befinden sich der zum Schnorcheln perfekte **Kahaluu Beach Park** mit dem typischen schwarzen Lava-Sand und **Kealakehua Bay**. An diesem Ort, an dem 1779 Kapitän James Cook ermordet wurde, befindet sich heute ein von Delfinen und Schildkröten bevölkerter Seepark.
5 km südlich liegt der **Puuhonua O Honaunau National Historical Park** *(www.nps.gov/puho, Öffnungszeiten 7-19 Uhr)* mit zahlreichen Tempeln, königlichen Gütern, Grabstätten und Götter darstellenden Holzskulpturen. Es lohnt sich, die Stadt zu besuchen, die an der Küste erbaut wurde, um reumütigen

287 - Ein Hotel in Kihei, Maui.

Sündern, die gegen die geistlichen Regeln des Tapu verstoßen hatten, einen strafbefreienden Buß-Bittgang zu ermöglichen.
Weiter nördlich auf der gleichen Inselseite besticht die **Kohala Coast** durch ihre üppige Vegetation bis fast zum Wasser. Hier liegt auch der meist besuchte Inselstrand **Hapuna Beach**. Beim Ort **Kamuela** erinnert die **Parker Ranch** *(67–1185 Mamalahoa Hwy, Tel. 808.8871046, http://parkerranch.com)* an die Cowboys, die viel früher als auf dem Festland hier gelebt hatten. Im **Besucherzentrum** werden Fotos, Sättel und Zaumzeug von damals aufbewahrt. Man kann Reitstunden buchen oder Ausritte um die Ranch machen, zu der überraschenderweise ein **Museum** in einem 1862 errichteten Gebäude gehört, in dem Werke von Corot, Renoir, Dégas und Boudin gezeigt werden.
Big Island hat noch eine weitere Sehenswürdigkeit zu bieten: **Kae Lae** (Südpunkt), den südlichsten Punkt der Vereinigten Staaten. Die starken Winde laden nicht zum Baden ein. Genau hier sollen einst die Polynesier gelandet sein, die den Archipel als Erste entdeckt hatten. Statt hier baden zu gehen, sollte man in dem alten Fischerdorf besser die Ringe zum Festmachen der Kanus betrachten, die in den Lavafelsen gegraben wurden. Ein ruhiges Bad nehmen kann man 5 km weiter am Strand von **Papakolea**, auch **Green Sand Beach** genannt. Der Strand ist wegen des Minerals, das beim Abkühlen der Basaltlava kristallisiert, olivfarben.
Und so bestätigt sich die häufig zu hörende Behauptung, dass auf Big Island alle Farben zu sehen sind.

MAUI ***(3 Tage)***
Vor einer Million Jahren gab es einmal einen Vulkan, der so viel Lava ins Meer spuckte, dass neue Inseln entstanden. Hier handelt es sich nicht nur um eine Fabel, sondern um ein wahres Ereignis, das vor einer Million Jahren in Maui, der zweitgrößten Hawaii-Insel, stattgefunden hat: Der Vulkan **Haleakala**, heute inaktiv, strengte sich mächtig an und schuf zusammen mit einigen unterseeischen Vulkanen die heutigen Inseln Lanai und Molokai.
Maui und seine jüngeren Inselkinder unterscheiden sich gänzlich. **Maui** ist für seine 81 Badestrände berühmt (die meisten in Hawaii), von denen sich jeder zum schönsten und gastfreundlichsten erklärt. Hier sind weltweit die besten Plätze zum Surfen und Windsurfen. Alle großen Wellenreiter kommen zum Training oder dem Treffen berühmter Kollegen hierher, oder als eine Art Pilger. Am beliebtesten sind die Wellen des **Hookipa Beach** an der Ostküste, 3 km vor dem Städtchen **Paia**. Paia liegt am **Hana Highway**, einer der spektakulärsten Straßen von Hawaii. Die 85 km lange Straße, die größtenteils in den Lavafelsen der Küste gegraben wurde, aber auch durch tiefe und grüne Täler führt, verbindet **Hana** und **Kahului**. Man sollte es genießen, die schöne Landschaft zu durchqueren: die **Waikamoi Falls** mit dem kurzen Naturlehrpfad, die ins Meer ragende Halbinsel **Keanae Peninsula**, den **Puaa Kaa State Wayside Park** mit seinen im Urwald verborgenen Badeteichen, oder den **Waianapanapa State Park** an einer besonders schönen Lavaküste, mit steilen Abhängen, Höhlen und Lavatunnels, und schließlich den wunderschönen schwarzen Lavastrand der **Kainalimu Bay**.
An der Westküste liegt **Lahaina**, die frühere Hauptstadt des Archipels, die in der ersten Hälfte des 19. Jh. im gesamten Pazifik als größter Walfängerhafen bekannt war. Noch heute sammeln sich von Dezember bis Mai die Wale zu Hunderten an dieser Küste zur Paarung. Man kann sie von Booten aus

beobachten, die an den gleichen Molen ablegen wie früher jene der Walfänger *(Info: **Safari Boat Excursions**, Tel. 808.2762722, www.safariboatexcursions.com)*.
Lahaina hat ein historisches Zentrum mit Holzhäusern im New England-Stil. Im ehrwürdigen **Hotel Pioneer Inn** *(Tel. 800.6613636, www.pioneerinn-maui.com)* soll angeblich einst Herman Melville übernachtet haben, der sich für sein Buch *Moby Dick* inspirieren lassen wollte. Alte Läden, Saloons und sogar Bordelle wurden in Kunstgalerien und gefragte Restaurants umgewandelt.
Hinter dem **Old Courthouse** (Justiz-Palast) wächst der größte immergrüne bengalische Feigenbaum der Vereinigten Staaten. In seinem Schatten gibt es Ausstellungen von Kunst und lokalem Kunsthandwerk.
In **Kanaapali**, dem hervorragend ausgestatteten Badestrand nördlich von Lahaina, befindet sich das **Whaling Museum** *(Tel. 808.6615992, www.whalersvillage.com, Öffnungszeiten 10–18 Uhr)*, das sich der Geschichte des Walfangs widmet.
An der südwestlichen Küste von Maui liegt **Kihei**, der Badeort mit dem größten Wachstum. Die Hotelpreise sind gerade noch annehmbar. Wer Ruhe sucht, sollte woanders hingehen. Die Surfer bevorzugen hier **Maalea Bay**. **Keawakapu Beach** ist der richtige Ort zum Tauchen und Sonnenbaden, nicht zu überlaufen, mit einem künstlichen Korallenriff für die Schnorchler.
Der von Aschekegeln übersäte, gut ausgeschilderte Weg zum Gipfel des Vulkans **Haleakala** führt vom **Summit Visitor Center** im **Haleakala National Park** *(Tel. 808.5724400, www.nps.gov/hale, Öffnungszeiten 5.30-15 Uhr)* in 3000 m Höhe hinauf. Rast legt man an eingerichteten Aussichtspunkten wie **Leleiwi Overlook** oder **Puu Ulaula Overlook** ein. Gut trainierte Ausflügler können auf 57 km Fußwegen zum Kraterloch hinuntersteigen.

MOLOKAI UND DIE ANDEREN INSELN *(5 Tage)*

„Aloha! Slow down. This is Molokai!" (Willkommen! Lass es langsam angehen: Du bist in Molokai!)
Das Plakat im kleinen Flughafen sagt alles über **Molokai**, die Insel, die jede Aufregung verbannt hat. Der Tourist, dem es gelingt, in die Insel-Atmosphäre einzutauchen, wird wie ein Freund der Familie behandelt.
Hier spielt im Urlaub die Natur die Hauptrolle: Mit 1061 m sind die Küstensteilhänge von **Umilehi Point** die höchsten der Welt, ein unvergesslicher Anblick bei der Ankunft von der Meerseite.
Mit dem Auto kommt man im von einem üppigen Wald bedeckten **Halawa Valley** an. Den Wanderern ist der Besuch des Naturschutzgebietes **Kamakou Preserve** an den Hängen des **Kamakou-Berges** vorbehalten, das zum Schutz des größten intakten Urwaldgebietes der Insel gegründet wurde. Der **Kalaupapa National**

Historical Park *(Tel. 808.5676171, www.nps.gov/kala)* erstreckt sich über eine Halbinsel aus Lavagestein und kann nur in von autorisierten Führern begleiteten Gruppen besucht werden.
In den kleinen Ort **Lanai** ziehen sich die VIPs zurück, die Hawaii ungestört – und ohne auf Luxus zu verzichten – genießen wollen. In der Gegend, in der sich einst die weltweit größte Ananasplantage befand, gibt es nur wenige Hotels und kein einziges störendes Hochhaus. Die Sehenswürdigkeiten wurden nach den Küstenfelsen und Buchten benannt. Es gibt Golfplätze und Kunstgalerien in Lanai City. Wenn Lanai auch klein ist, so hat es doch seine einzigartige Sehenswürdigkeit: Vom Gipfel des Berges **Lanahiale** (1027 m) kann man die anderen fünf großen Inseln des Archipels sehen.
Kauai ist mit 6 Millionen Jahren die älteste Insel und, von Wäldern bedeckt, auch die grünste. Sehenswert ist die Natur auch im **Wainea Canyon**, dem „Grand Canyon im Pazifik", eine 835 m tiefe und 22 km lange Schlucht, die dem größeren Bruder in Arizona ähnelt *(für Hubschrauber-Ausflüge: Jack Harter Helicopters, Tel. 808.2453774, www.helicopters-kauai.com)*.
Die **Na Pali Coast** ist ein 35 km langer Küstenstreifen im Norden von Kauai mit 600 m hohen Klippen, an dem der spektakulärste Weg aller Hawaii-Inseln entlangführt. Dies ist noch nicht alles. Bei **Kapaa** liegt der **Waiula River**, der einzige schiffbare Fluss im Archipel, befahrbar mit den Schiffen des **Wailua River State Park** (www.hawaiistateparks.org/parks/kauai/wailua.cfm). Zur Erkundung der Nebenarme, vielleicht sogar der versteckten Wasserfälle **Secret Falls**, bietet sich das Mieten eines Kajaks an. Bei der Anmietung bekommt man eine Flusskarte. In diesem Gebiet liegen die langen, von dichten Palmenwäldern gesäumten Strände der **Coconut Coast**. Die Nordküste von Kauai bietet unvergessliche Tauchgänge an. Nahe beim Ort **Hanalei** liegen der sehenswerte **Lumahai Beach** (mit einer gefährlichen Brandung), der **Tunnels Beach** mit einem gezackten Korallenriff und der ruhige **Kee Beach**: Sie alle garantieren unvergessliche Tage der Entspannung.

Übernachten

€€€€€ Four Seasons Resort Hualalai at Historic Ka'upuleho (Big Island). Direkt am Strand, vor kurzem umgebaut, zeitgenössisches Design und traditionelle Architektur. Golfplatz, entworfen von Jack Nicklaus, sechs offene Schwimmbäder, großer Spa-Bereich mit Behandlungsräumen für Paare und externe Anwendungen. Massagen auch am Strand. Für wirklich großartige Hawaii-Ferien. *Info: 72-100 Ka'upulehu Drive, Kailua-Kona, Tel. 808.3258000, www.fourseasons.com/hualalai*
€€ Aqua Palms & Spa (Ohau). Modernes Boutique-Hotel hinter dem Strand von Waikiki. Optimales Preis-Leistungs-Verhältnis. Besonders angesehener Spa-Bereich, mit Sporthalle. LCD-TV 42" in allen Zimmern.
Info: 1850 Ala Moana Boulevard, Waikiki Beach, Tel. 808.9246543, www.aquaresorts.com
€€ Hotel Lana'i (Lanai). Das „Best Little Inn" von ganz Hawaii, 1928 im Hauptort der raffiniertesten Insel eröffnet, hat nur 11 Zimmer mit großem Charme, ein eigenes Grill-Restaurant und eine große Holzlaube, in der man zur Musik von lokalen Künstlern den Sonnenuntergang beobachten kann. Das Hotel organisiert Ausflüge ans Meer, Reiten oder kleine Touren zu den Ateliers der Kunsthandwerker. *Info: 828 Lana'i Avenue, Lanai City, Tel. 808.5657211, www.hotellanai.com*

Essen

€€ Hula Grill Kaanapali (Maui). Raffinierte Menüs von Peter Merriman, einer der bekanntesten Köche auf dem Archipel. Gegessen wird direkt am Strand. Man sollte den berühmten Ahi aus dem Wok (Gelbflossen-Thunfisch) und die Krebse probieren. Musik und Tanz am Strand sind im Preis inbegriffen.
Info: Kaanapali Beach at Whalers Village, Bldg. P. Lahaina, Tel. 808.6676636, www.hulagrillkaanapali.com
€€ The Terrace (Big Island). Das Panorama-Restaurant im Mauna Kea Beach Hotel besticht durch sein vorwiegend auf Fisch basierendes, pharaonisches Buffet. Samstagabend findet das rituelle Clam Bake statt: Die Speisen werden in einer Grube im Sand gegart. Reservieren Sie einen Tisch im Freien. *Info: 62-100 Mauna Kea Beach Drive, Kohala Coast, Tel. 808.8827222, www.princeresortshawaii.com/mauna-kea-beach-hotel*
€ The Willows (Ohau). Seit über 100 Jahren der Ort, an dem man sich verwöhnen lassen und die traditionellen hawaiianischen Gerichte genießen kann, ohne zu viel dafür auszugeben. Abendbuffet unter Strohdächern in einem tropischen Garten im Herzen der Hauptstadt.
Info: 901 Hausten Street, Honolulu, Tel. 808.9529200, www.willowshawaii.com

Weitere Informationen: www.gohawaii.com

288-289 - Na Pali Coast, Kauai.

Die Rocky Mountains – *Kanada*

Von der modernen kosmopolitischen Stadt Calgary geht es über die beeindruckenden Gebirgsszenerien der von Wäldern und Gletschern durchzogenen kanadischen Rocky Mountains, von denen ein Großteil zu geschützten Nationalparks erklärt wurde, ins berühmte Alberta, der spektakulären, verführerischen Provinz im westlichen Kanada.

Es wäre ein Fehler, aus dem Flugzeug zu steigen und sofort in die **Rocky Mountains** durchzustarten. Wenigstens einen Tag sollte man für einen Besuch in **Calgary** einplanen und sich das Fort Calgary, das Glenbow Museum und den Heritage Park anschauen, wo die originalgetreue Rekonstruktion von 150 Gebäuden die Region in der Atmosphäre des 19. und 20. Jahrhunderts wiedererstehen lässt. Dann startet man zum **Banff National Park**, dem weniger bekannten Schutzgebiet in der Provinz Alberta, das über ein dichtes Netz asphaltierter Straßen, über Seilbahnen und, für die Sportlicheren, über Wanderwege, die durch eine beeindruckende Landschaft führen, leicht zu durchstreifen ist. Nach einer Zwischenstation im Städtchen **Banff** erreicht man den faszinierenden **Lake Louise**, der mitten im Waldesgrün liegt. Hier beginnt der **Icefields Parkway**, eine der berühmtesten Panoramastraßen der Welt, die 270 km durch Canyon, Gletscher und erhabene Felswände führt. Jasper schließlich ist der Ausgangspunkt für unvergessliche Exkursionen ins Gebiet des **Jasper National Parks**, zum märchenhaften Maligne Lake oder zum Mount Edith Cavell.

Fortbewegung: *Der internationale Flughafen Calgary* (www.calgaryairport.com), *der günstigste Startpunkt zu den Rockies, befindet sich 15 km nordöstlich der Stadt. Das Zentrum erreicht man mit dem Pendelbus des Allied Downtown Shuttle Service* (www.airportshuttlecalgary.ca, Betriebszeiten 8–21.30 Uhr), *der halbstündlich fährt. Alternativ kann man ein Auto mieten, das man für die ganze Reisedauer direkt am Flughafen an den Schaltern der Unternehmen Alamo* (www.alamo.com) *oder Budget* (www.budget.com) *buchen kann. Auch mit öffentlichen Verkehrsmitteln ist Calgary zu entdecken* (www.calgarytransit.com); *im Innenstadtbereich sind Fahrten mit der Metro-Linie C kostenlos. Wer die Reiseroute im Überlandbus zurücklegen möchte, kann mit Sun Dog Tours* (www.sundogtours.com) *oder Greyhound Canada* (www.greyhound.ca) *zu den wichtigsten Orten Albertas gelangen.*

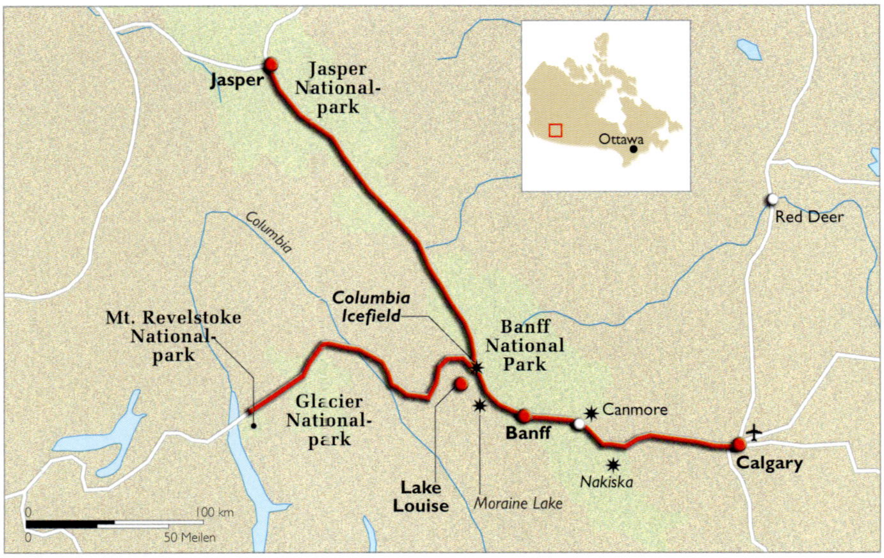

Währung: *Die offizielle Landeswährung ist der kanadische Dollar.*

CALGARY UND BANFF NATIONAL PARK *(5 Tage)*

Calgary, in der ganzen Welt als Austragungsort der internationalen Olympischen Winterspiele 1988 bekannt, ist die bevölkerungsreichste Stadt der Provinz Alberta und gleichzeitig der günstigste Punkt, um sich auf eine Tour zu den Rockies zu begeben. Es lohnt sich, der Stadt mit ihrem eigenwilligen Geflecht aus modernen Wolkenkratzern und Stätten, die eine ereignisreiche Geschichte erzählen, einen ganzen Tag zu widmen. Der beste Aussichtspunkt ist der 1968 fertiggestellte **Calgary Tower** *(101, 9th Ave SW, www.calgarytower.com, geöffnet 9–21 Uhr, Juli–Aug. bis 22 Uhr)* mit einer Höhe von 198 m. Man kann sich darauf beschränken, die Aussicht zu genießen, oder man kehrt im Panoramarestaurant ein. Danach begibt man sich zum **Fort Calgary** *(750, 9th Ave SE, www.fortcalgary.com, geöffnet 9–17 Uhr)*, dem heutigen Stadtkern. Hier bestaunt man den ziemlich originalgetreuen Nachbau des Gebäudekomplexes aus dem Jahre 1875, während man im Besucherzentrum die Entwicklung der Stadt

nicht nur in Dokumenten und Bildern nachvollziehen kann, sondern sogar durch eigenes Hand-Anlegen einen Eindruck von den Arbeitsbedingungen im 19. Jahrhundert erhält. Das Festland ist durch eine Fußgängerbrücke über den Fluss Bow mit der St. George-Insel verbunden. Von dort aus kann man den **Zoo** mit seinem botanischen Garten und dem prähistorischen Museum sehen (**Botanic Garden & Prehistoric Museum**; *1300 Zoo Rd, www.calgaryzoo.ab.ca, geöffnet 9–17 Uhr*), der Tiere aus der ganzen Welt beherbergt. Auf dem als prähistorischer Park eingerichteten Gebiet wird gezeigt, welche Lebewesen das westliche Kanada vor 65 Millionen Jahren bevölkert haben, mit lebensgroßen Nachbildungen von Sauriern in einer Welt aus Bergen, Vulkanen und Sumpfgebieten. Aufs Festland zurückgekehrt, besucht man das **Glenbow Museum** *(130 9th Ave SE, www.glenbow.org, geöffnet Mo–Sa von 9–17 Uhr, So 12–17 Uhr)*, das die Geschichte der Völker veranschaulicht, die in Alberta gelebt haben, und auch Beispiele der Gegenwartskunst und Bildhauerei beherbergt. In der **Nitsitapiisinni-Galerie** wird die Geschichte der Blackfoot-Indianer Ende des 19. Jahrhunderts beschrieben. Zu sehen sind u.a. ein großes Tipi und die 96 Federn, die den Kopf des Häuptlings schmückten. Eine große Fläche ist den europäischen Hauptfiguren der Geschichte Albertas vorbehalten, den Pelzhändlern und Missionaren, sowie dem Bau der Eisenbahn und den Erdölfunden. Und schließlich sollte man auch dem **Heritage Park** *(1900 Heritage Dr. SW, www.heritagepark.ca, geöffnet Mai–10. Sept. 9.30–17 Uhr; 11. Sept.–10. Okt. nur Sa+So 9.30–17 Uhr)* einen Besuch abstatten, der die Region im Ambiente des 19. und 20. Jahrhunderts wiederaufleben lässt –mit 150 rekonstruierten Gebäuden, Kutschen, Eisenbahnwaggons, einer Dampflokomotive und dem Nachbau der **S.S. Moyie,** des ältesten Passagierdampfschiffs der Welt

290-291 - Der Saddledome in Calgary.

291 - Fussgängerbrücke in Calgary.

Skisport

Alberta und die kanadischen Rockies gehören bei Wintersportfreunden aus aller Welt zu den beliebtesten Reisezielen. 1988 wurden in ***Calgary*** *die Olympischen Winterspiele ausgetragen. Von diesem außergewöhnlichen Sportereignis zeugt noch der* ***Canada Olympic Park*** (88 Canada Olympic Rd., www.canadaolympicpark.ca) *am Stadtrand von Calgary, wo man sich an aufregenden Abfahrten auf der olympischen Rodelpiste versuchen oder sich mit Skiern an einer Zip-Line von der Sprungschanze stürzen kann. In der Gegend ist auch die* ***Olympic Hall of Fame*** *zu besichtigen* (Öffnungszeiten Mai–Sept. von 9.00–17 Uhr, Okt.–Apr. von 10–16 Uhr). *Rund 70 km südöstlich von Calgary befindet sich das Skiresort* ***Nakiska*** (www.skinakiska.com), *das bei Abfahrtsläufern beliebt ist. Die Langläufer ziehen das am Highway No. 1 zwischen Calgary und Banff gelegene* ***Canmore*** *vor. Das* ***Canmore Nordic Center*** (www.tpr.alberta.ca/parks/kananaskis/parks_canmore.asp) *steht für Hunderte Kilometer von Langlaufloipen. In der Umgebung von* ***Banff*** *befinden sich verschiedene Skigebiete, die alle vom Zentrum aus schnell mit dem städtischen Shuttle-Bus zu erreichen sind:* ***Sunshine Village*** *mit der größten Anzahl an Pisten* (www.skibanff.com), ***Ski Banff Norquay*** *als älteste und ruhigste* (www.banffnorquay.com), ***Lake Louise,*** *vor allem dadurch bekannt, dass hier jedes Jahr das Ski-Weltcup-Rennen stattfindet* (www.skilouise.com), *und 19 km von* ***Jasper*** *entfernt kann man die 75 Pisten von* ***Marmot Basin*** (www.skimarmot.com) *abfahren, die bereits mehrfach Austragungsort von Wettkämpfen auf Weltniveau im Alpinskifahren oder Snowboarden waren.*

Um **Banff** zu erreichen, folgt man dem **Transkanada-Highway** 130 km in westlicher Richtung. In der höchstgelegenen Stadt Kanadas (1460 m) sollte man das **Buffalo Nations Museum** besuchen *(1 Birch Ave., www.buffalonationsmuseum.ca, geöffnet von Mai–Okt., 11–18 Uhr, Nov.–April 13-17 Uhr)*, das mit Andenken und in Bildern die Geschichte der Ureinwohner erzählt, die die Gegend vor der Gründung der Stadt Ende des 19. Jahrhunderts bevölkerten. **Im Whyte Museum of the Canadian Rockies** *(111 Bear St., www.whyte.org, geöffnet 10–17 Uhr)* befindet sich eine umfangreiche Sammlung von Gemälden und Fotografien aus der ersten Hälfte des 20. Jahrhunderts, auf denen Menschen und Landschaften der Region abgebildet sind und die von den Anfängen des Tourismus in Banff erzählen. Das **Banff Park Museum National Historic Site** *(93 Banff Ave., www.pc.gc.ca/eng/lhn-nhs/ab/banff/index.aspx, geöffnet 15. Mai–30. Sept. 10–18 Uhr, von Okt.–14. Mai 13–17 Uhr)* ist das älteste naturgeschichtliche Museum Kanadas, eine unerlässliche Station vor dem weiteren Vordringen in das Gebiet des **Banff National Parks**, des ältesten Naturschutzgebiets Kanadas. Das Besucherzentrum *(224 Banff Ave., www.pc.gc.ca, geöffnet vom 19. Mai–22. Sept. 9–19 Uhr, vom 23. Sept.–18. Mai 9–17 Uhr)* befindet sich an der Hauptstraße der Stadt. Für einen ersten majestätischen Ausblick auf die landschaftlichen Wunder des Parks kann man 6 km südlich von Banff mit der **Banff Gondola**, der modernen Seilbahn, die in weniger als 10 Minuten den Berggipfel in 2285 Meter Höhe erreicht, den **Sulphur Mountain** erklimmen *(Mountain Ave., Tel. 0403.7622523, geöffnet Mai–Sept. 8.30–21 Uhr, Okt.–April 8.30–16.30 Uhr)*. Gleich neben der Talstation der Anlage befinden sich die **Banff Upper Hot Springs** *(Mountain Ave., Tel. 0403.7621515, Öffnungszeiten: Mai–Sept. 9–23 Uhr, Okt.–Apr. 10–22 Uhr)*, Thermalquellen, die mit ihrem 47° C heißen, sprudelnden Wasser bereits zu Beginn des 20. Jahrhunderts für Touristen zugänglich gemacht wurden. Mit dem Auto gelangt man auf den Gipfel des **Mount Norquay** (2133 m), nur 8 km nördlich von Banff. Die ganz Sportlichen können eine Trekkingtour auf dem **Tunnel Mountain Hoodoos Trail** machen, der im östlichen Stadtrand in der Nähe der **Wasserfälle** des Bow Rivers seinen Anfang nimmt. Es dauert ca. drei Stunden, bis man über den gut besuchten Wanderweg den Fuß des

292 oben - Die Gegend um Banff, eingerahmt von Wäldern.

292 unten - Die Sulphur Mountain Gondola.

293 oben - Die Gipfel des Banff National Parks.

293 mitte - Ein See im Banff National Park.

293 unten - Château Lake Louise.

Tunnel Mountains erreicht (1692 m), nahe an den **Hoodoos**, den bizzaren Säulen aus Felsgestein und Geröll. Ungefähr 12 km östlich von Banff befindet sich der malerische **Minnewanka Lake**, ausgebreitet unter Steilwänden und schneebedeckten Gipfeln. Man sollte nicht versäumen, an einem der Bootsausflüge teilzunehmen, die von den **Lake Minnewanka Boat Tours** *(www.minnewankaboattours.com)* organisiert werden; alternativ kann man auch mit dem Mountainbike auf bequemen asphaltierten Straßen am Gewässer entlang seinen Spaß haben. Um ins Dorf **Lake Louise** zu gelangen, empfiehlt es sich, den 60 km langen **Bow Valley Parkway** zu nehmen. Es lohnt sich, das **Lake Louise Visitor Center** aufzusuchen *(neben der Samson Mall, Tel. 0403.5223833, geöffnet Mai–Sept. 9–20 Uhr, Okt.–Apr. 9-16.30 Uhr)*, wo interessante naturhistorische und anthropologische Ausstellungen in Bezug auf die Region gezeigt werden. Auf den 5 Kilometern vom Dorf zum gleichnamigen Fluss fährt im Sommer ein Shuttle-Bus. Das 2 km lange und 500 m breite Flussbecken ist bis zu einer Höhe von 3000 m von dichtem Koniferenforst umgeben. Am östlichen Ufer steht das **Château Lake Louise**, das gewaltige, schlossähnliche Hotel, das seit seiner Erbauung Ende des 19. Jahrhunderts bereits mehrfach erweitert worden ist. Es lohnt sich auch, Tagestouren in die Umgebung zu unternehmen: Der Wanderweg **Plain of Six Glaciers** lässt sich bequem und ohne großen Aufwand bewältigen (11 km lang, Hin- und Rückweg ca. 3 Stunden). Auf ihm kann man das nördliche Ufer des Flusses ablaufen, gelangt dann wieder zum Wald zurück und erreicht schließlich die Moränen, von wo alle sechs Gletscher gleichzeitig zu sehen sind. Für die gesamte Strecke des Rundwegs, der zunächst am **Mirror Lake** ansteigt und sich bis zum **Agnes Lake** und den absonderlichen **Big und Little Beehive** genannten Gesteinsformationen (Großer und Kleiner Bienenstock) fortsetzt, benötigt man jedoch einen ganzen Tag. Er führt weiter auf den Plain of Six Glaciers, über den man wieder zu den Ufern des Lake Louise hinabsteigt. 5 km südöstlich des Dorfes liegt der nicht minder spektakuläre **Moraine Lake**: Er ist kleiner als sein berühmter Nachbar und von den Wänden der **Wenkchemna-Berge** umgeben. Man kann nur in der warmen Jahreszeit zu ihm gelangen; die Straße ist vom ersten Schneefall bis zum Frühling gesperrt.

ICEFIELDS PARKWAY UND JASPER *(4 Tage)*
Am Lake Louise beginnt eine der berühmtesten Panoramastraßen der Welt: der **Icefields Parkway** *(www.icefields parkway.ca)*. Der Lauf der 230 km langen Straße, die bis nach Jasper reicht, führt durch weite Koniferenwälder, aus denen Gletscher und steile Felsen emporragen, die bis zu einer Höhe von über 3500 m reichen. Trotz des unebenen Geländes ist der Icefields Parkway (Kürzel: AB-93) ziemlich weitläufig und leicht zu befahren, und er ist mit zahlreichen Parkflächen und Aussichtsplätzen ausgestattet. Ungefähr 20 km nach der Abfahrt stößt man auf den **Hector Lake**, eingebettet ins Grün der Wälder am Fuße des **Wapukit-Gletschers**. Wenige Kilometer weiter befindet sich gegenüber dem **Crowfoot-Gletscher** ein Aussichtspunkt, und wenn man weiter am **Bow Lake** entlang fährt, einem weiteren landschaftlichen Kleinod, trifft man schon auf den nächsten. Er liegt vor dem **Bow Summit**, der mit seinen 2088 m der höchste Punkt der Wegstrecke ist. Von hier aus führt ein komfortabler, gepflasterter Weg in 15 Minuten zu einer Aussichtsplattform, von der man den **Peyto Lake** betrachten kann, der wegen der blau-grünen Farbe seines Wassers der meistbewunderte See der Region ist. Der Icefields Parkway setzt sich noch lange am Mistaya Valleys entlang fort, wie eingraviert in den ersten Abschnitt des **Mistaya Canyon**, den man dank eines kurzen und gut ausgeschilderten Weges über eine Straße erreicht, die ins Herz des von der Kraft des Wassers in den Kalkstein gegrabenen Spalts führt. Nach weiteren 5 km, wenn man den Saskatchewan River Crossing passiert hat, führt die Talebene an Steilhängen vorbei, von denen die von der Gletscherschmelze des Mount Cirrus erzeugten Wasserfälle geräuschvoll herabstürzen. Es lohnt sich, das Auto am Aussichtspunkt beim **Bridal-Veil-Wasserfall** abzustellen, von wo aus ein anderer Weg zu den **Panther-Wasserfällen** führt. Nach weiteren 115 km kommt man zum **Sunwapta Pass** (2023 m hoch), der die Grenze zwischen dem Banff-Nationalpark und dem Jasper-Nationalpark markiert. Hier befindet sich das berühmte **Columbia Icefield**, die weiträumigste gefrorene Fläche der Rockies: ca. 30 Gletscher auf einem Gebiet von 324 qkm. Einer der größten ist der **Althabasca Glacier**, der sich bis in die unmittelbare Nähe der Straße schiebt. Noch kann man ihn eigenständig besuchen, doch es ist ratsam, das Auto auf

dem Parkplatz des **Icefield Centres** zu lassen *(www.explorerockies.com/columbia-icefield, Öffnungszeiten: Mai–Okt. 9–16 Uhr)* und mit einem der großen Ice Explorer zu starten. Das sind Busse, die wegen der vereisten Oberfläche auf Reifen mit Spikes fahren. Bevor man die Weiterfahrt antritt, sollte man sich noch die im Innern des Icefields Centre gezeigten Ausstellungen ansehen, die sich mit der Natur der Region, vor allem mit den Gletschern, befassen. Die nachfolgenden Etappen sind die **Sunwapta-Fälle**, 50 km weiter nördlich, und der **Goats and Glacier-Aussichtspunkt**, errichtet an einer markanten Stelle bei den tosenden, 21 m hohen Athabasca-Fällen, die eine unvergleichliche Wassermenge zu Tal stürzen lassen. Kaum 5 km weiter endet der Icefields Parkway in **Jasper**, einem ruhigen Städtchen mit zahlreichen (oft überfüllten) Hotels und Lokalen. Die komfortabelste Anlaufstelle ist das **Besucherzentrum des Jasper National Parks** *(500 Connaught Drive, www.parkscanada.gc.ca/jasper, Öffnungszeiten Mai–Sept. 8.30–19 Uhr, Okt.–Apr. 9–17 Uhr)*, in dem man detaillierte Karten des Naturschutzgebiets und alle Informationen bekommen kann, die man benötigt, um an die beeindruckendsten Orte zu gelangen. Die Geschichte des Städtchens und der ersten Ansiedlungen lässt sich im **Jasper Yellowhead Museum & Archives** zurückverfolgen *(400 Pyramid Lake Rd., www.jasper-museum.org, geöffnet 10–17 Uhr)*. Einer unvergleichlichen Aussicht auf die Region kann man sich erfreuen, wenn man die

Jasper Tramway nimmt (*Whistlers Mountain Rd., www.jaspertramway.com, Betriebszeiten Juli–August, 9–20 Uhr, April–Juni u. Sept.–Okt. 10–17 Uhr)*, eine Seilbahn, die 6 km vom Zentrum der Stadt entfernt abfährt und einen auf den **Mount Whistler** bringt. Die Sportlicheren erreichen danach in einer ca. einstündigen Wanderung den Gipfel des Bergs. Eine unvergessliche Exkursion mit dem Auto führt zum **Maligne Lake**, 50 km nordöstlich von der Stadt. Die Straße ist gewunden, doch ziemlich breit, sodass auch ein Bus noch durchfahren kann. Sie durchquert den **Maligne Canyon**, wo man von einem strategisch günstig gelegenen Parkplatz 55 m unterhalb des Straßenniveaus bis zum Grund der Schlucht hinuntergeht und dann dem vorgezeichneten Weg ca. 3 km weit folgt. Hat man einmal den Fluss erreicht, empfiehlt es sich, ein Schiff der Maligne Tours zu mieten *(www.malignelake.com, 10–17 Uhr)*, um sich von der Schlucht wieder zu entfernen. Dabei kann man die interessantesten Winkel entdecken, wie die abgeschiedene Insel **Spirit Island**. Ein weiterer herrlicher Tagesausflug führt zum **Mount Edith Cavell** (3367 m), dem erhabensten Gipfel von allen in der unmittelbaren Nähe von Jasper. Vom Parkplatz am Ende der Cavell Road in einer Höhe von 1760 m sollte man den Wanderweg nehmen, auf dem man in ca. einer Stunde den Angel Lake erreicht, auf dessen Oberfläche die kleinen Eisklumpen schwimmen, die sich vom Angel Glacier lösen.

PARKS VON BRITISH COLUMBIA ***(2 Tage)***

Beim Lake Louise wendet sich der transkanadische Highway 1 in östliche Richtung und führt nach 160 km zum **Roger Pass**, der die Grenze zwischen den Provinzen Alberta und British Columbia markiert. Dort befindet sich das Roger Pass Centre *(Tel. 0250.814 5233, Öffnungszeiten 9–19 Uhr)*, das als Besucherzentrum des **Glacier National Park** und des **Mount Revelstoke National Park** *(www.pc.gc.ca)* fungiert. Ersterer weist 43 Gletscher und viele Steilhänge auf und ist von kurvenreichen, abschüssigen Pfaden durchzogen, auf denen man auch in der warmen Jahreszeit vorsichtig sein sollte. Zu den empfehlenswertesten gehören der **Abandoned Rails Trail**, der 2 km weit über alte Eisenbahntrassen führt und geradewegs in den Roger Pass mündet, und der **Bear Falls Trail**, der 4 km weiter östlich seinen Ausgang nimmt und auf dem man in weniger als einer Stunde die schäumenden Wasserfälle der **Bear Creek Falls** erreicht. Der Mount Revelstoke National Park ist ein kleines Naturschutzgebiet (260 km) rund um das Städtchen Revelstoke. Das für die Vielfalt und den Reichtum an alpiner Flora berühmte Städtchen kann auch mit dem Auto problemlos erreicht werden. Die bekannteste Route führt über den **Meadows-in-the-Sky Parkway**, ca. 1500 m östlich vom Revelstoke und 26 km vom transkanadischen Highway entfernt. Sie führt durch Wälder aus Zedern und jahrhundertealten Tannen, passiert weitläufige Viehweiden und endet schließlich am **Balsam Lake**. Von hier aus ist die Spitze des **Revelstoke** (2223 m hoch) gerade noch 2 km entfernt. Man kann sie zu Fuß oder mit dem Shuttle-Service zurücklegen, der vom Parkplatz am Ende der asphaltierten Straße startet. Der beste Ausgangspunkt für den Glacier National Park ist die **Best Western Glacier Park Lodge** *(www.glacierparklodge.ca)*. Am Revelstoke kann man im **Alpine Inn & Suite** übernachten *(www.alpineinnrevelstoke.com)*.

Übernachten

€€€€ Chateau Lake Louise (Lake Louise).
Die im 19. Jahrhundert erbaute Schlossherberge verfügt über 554 Zimmer und Suiten und Restaurants mit internationalen Speisen. Angeboten werden Wanderungen mit Fremdenführer, Kanufahrten, Ausflüge mit dem Mountainbike oder zu Pferd.
Info: 111 Lake Louise Drive, Tel. 0403.5223511, www.fairmont.com/lakelouise

€€€ Nuvo Hotel (Calgary).
Ein neu gebautes Hotel, unweit des Zentrums und des Glenbow Museums. Es hat 38 Zimmer und Suiten in angenehmem Design und verfügt über ein Wellness-Center sowie eine Indoor-Golfanlage.
Info: 827, 12th Ave. SW, Tel. 0403.4526789, www.nuvohotelsuites.com

€€ Best Western Jasper Inn & Suites (Jasper). Ein Komplex aus niedrigen Gebäuden mit vielen Holzelementen und Panoramafenstern. Es gibt ein Schwimmbad und ein Wellnesszentrum sowie ein Restaurant mit Gartenterrasse.
Info: 98 Geikie Street, Tel. 0780.8524461, www.bestwesternjasperinn.com

Essen

€€€ The Station (Lake Louise).
Ein Lokal, das das Flair der alten Eisenbahnstation von Lake Louise nutzt und sogar Tische in zwei historischen Speisewagen zur Verfügung hält. Im Menü finden sich vorwiegend Gerichte mit Rind- und Lammfleisch sowie Lachs.
Info: 200 Sentinel Road, Tel. 0403.5222600, http://lakelouisestation.com

€€€ The Edith Cavell (Jasper). Es ist das neueste Restaurant in der luxuriösen Jasper Park Lodge. Es ist gemütlich und zwanglos, und durch seine großen Glasfenster kann man den Mount Edith Cavell, den Mount Whistlers und den Beauvert Lake bewundern. Die Küche hält Gerichte mit stets frischen lokalen Erzeugnissen bereit.
Info: 1 Old Lodge Road, Tel. 0780.8526052, www.fairmont.com/jasper

€€ Red Water Rustic Grill-South (Calgary).
Trotz seines Namens nicht einfach nur ein Grill. Es gibt eine Fleisch- und eine Fischkarte, Gerichte mit originellen Beilagen und eine Auswahl ausgesuchter Weine von mehrfach prämierten Kellereien.
Info: 9223 Macleod Trail South, Tel. 0403.2534266, www.redwatergrille.com

Weitere Informationen: Tourismusbüro von Alberta, www.travelalberta.com; Staatliches kanadisches Fremdenverkehrsamt, www.canada.travel

294 - Die Athabasca-Fälle, Jasper National Park.
295 oben - Der Bow Lake, Banff National Park.
295 unten - Der Peyto Lake, Banff National Park.

Wyoming und Montana, die Nationalpark-Giganten – *USA*

Für Besucher mit einem Auge für große Naturschauspiele sind Wyoming und Montana unverzichtbare Reiseziele. Hier zeigt sich die Natur der Vereinigten Staaten von ihrer faszinierendsten Seite. Die ständig wechselnde Landschaft aus über 4000 Meter hohen Gipfeln, Gletschern, Canyons, Geysiren und kristallklaren Gewässern sollte man ganz langsam erkunden, im Rhythmus der Trapper und Entdecker des 19. Jahrhunderts.

Die mächtig schnaubenden Geysire im **Yellowstone-Nationalpark** *(www.nps.gov/yell/index.htm)* erfreuen das Herz und füllen den Speicherplatz der Kameras, doch der älteste Park der Welt bietet noch viel mehr: Bison- und Elchherden, tiefe Canyons und ruhige Seen, auf denen sogar Schiffe fahren können. All das ist Teil einer außergewöhnlichen Urlaubsreise, die man sowohl auf eigene Faust mit dem Mietwagen unternehmen kann als auch in Begleitung eines möglichst seriösen Reiseführers oder Rangers. Etwas weiter südlich liegt der **Grand Teton Nationalpark** *(www.nps.gov/grte/index.htm)*, Ziel vieler Wanderer, die sich auf den langen Trails am Anblick der erhabenen Gipfel laben. Und die Anstrengung lohnt sich! Der Bundesstaat Montana bietet dem Reisenden die unendlichen Weiten der Wildnis des **Glacier Nationalparks** *(www.nps.gov/glac/index.htm)*, der sich bis in kanadisches Territorium erstreckt, in einer überraschenden Szenerie nach der anderen. So versetzen auch die zu Beginn des vergangenen Jahrhunderts erbauten Hütten und die charakteristischen Red Buses in Erstaunen, Busse aus den 1930er-Jahren, die noch heute als Ausflugsbusse mit einem Flair vergangener Zeiten eingesetzt werden. – Unvergesslich.

Fortbewegung: *Zur Jackson Hole-Talebene – dem südlichen Eingangsportal zum Yellowstone-Nationalpark und zum Grand Teton Nationalpark – gelangt man am besten per Flugzeug* (www.jacksonholeairport.com)*; von den internationalen Flughäfen in Atlanta, Denver und Salt Lake City gibt es viele Flüge. Von dort kommt man mit dem Auto auf der Bundesstraße US 191 weiter, die zuerst den Grand Teton überquert und danach zum Yellowstone-Nationalpark führt (90 km vom Flughafen). Das Fahrzeug kann gleich nach der Ankunft bei einem der Büros von Alamo* (www.alamo.com) *oder National* (www.nationalcar.com) *gemietet werden, die*

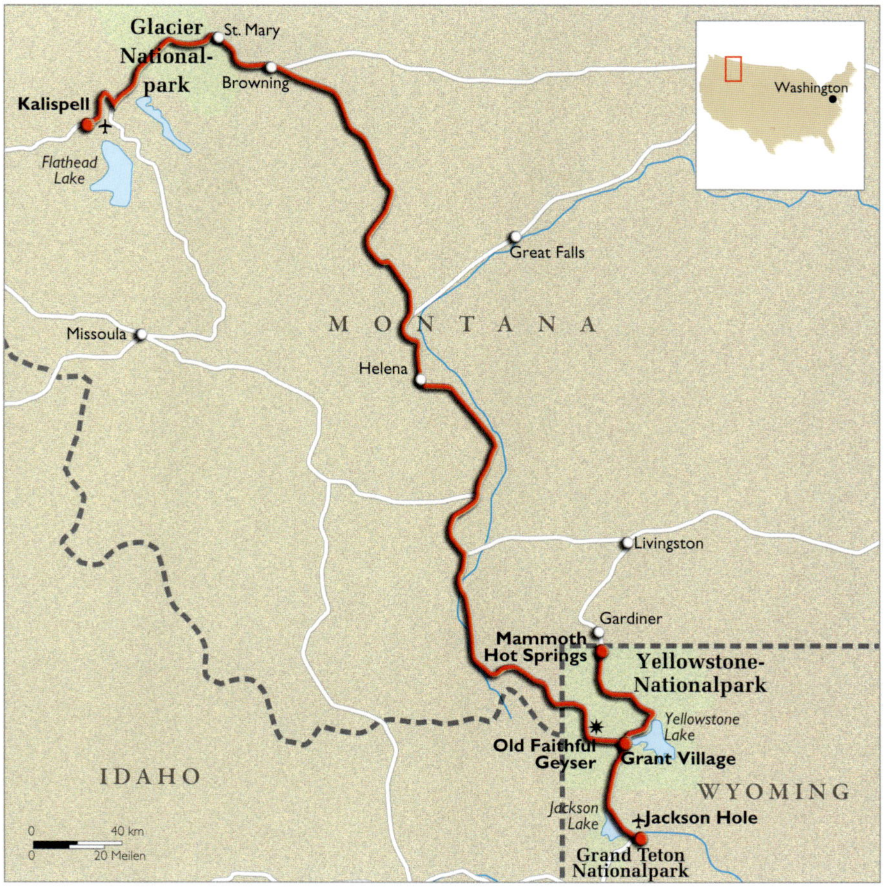

sich in unmittelbarer Nähe der Gepäckausgabe befinden.
Der Glacier International Airport (www.iflyglacier.com) *in Kalispell ist der bequemste Anflughafen, um zum Glacier Nationalpark zu gelangen, dessen westlicher Zugang 38 km entfernt liegt. Auch in diesem Fall befinden sich die Büros der Autoverleihfirmen Alamo und National direkt am Flughafen. In den Nationalparks beträgt die Höchstgeschwindigkeit 45 Meilen (72 km/h).*

Währung: *Die offizielle Landeswährung in den USA ist der Dollar.*

VOM YELLOWSTONE ZUM GRAND TETON NATIONALPARK *(4 Tage)*

Der im Jahre 1872 gestiftete Yellowstone-Park ist der älteste Nationalpark der Welt. Von seiner 898.000 qkm großen Fläche sind ca. 80% Wald, 15% Grasland und 5% Wasser; 96% des Parks gehören zum Territorium des Staates Wyoming, 3% zu Montana, und 1% gehört zu Idaho. Im Park leben 67 Säugetierarten, 300 Vogelarten und zahlreiche Fischsorten, womit er weltweit eines der wichtigsten Faunaschutzgebiete darstellt. Außerdem gibt es 7 Koniferenarten und ca. 1000 Blumensorten zu bewundern, mehr als 10.000 Thermalquellen, darunter 300 Geysire. Wenn man mit dem Auto im Park herumfährt, hat man die Möglichkeit, auf festgelegten Routen direkt zu den Hauptattraktionen zu gelangen. Es gibt 5 Zugänge, von denen nur der nördliche, den man von dem Städtchen **Gardiner** aus erreicht, offiziell 12 Monate im Jahr geöffnet ist. Die anderen befinden sich in der Nähe von **West Yellowstone** (West Entrance), **Jackson** (South Entrance), **Cody** (East Entrance) und **Cooke City** (East Entrance). Im Winter kann man den Park nur an Bord eines Motorschlittens oder mit den großen, Snowcoach genannten, Pistenraupen der Betreiberfirma Xanterra besuchen *(www.xanterra.com)*. Unentbehrliche Anlaufstellen für den Reisenden sind die großen **Visitor Centers** *(http://www.nps.gov/yell/planyourvisit/visitorcenters.htm)*, die in der Nähe der Eingänge oder der frequentiertesten Sehenswürdigkeiten verteilt sind. Hier kann man sich mit Informationen, Karten, Wetterprognosen oder den Hinweisen der Verbände, die Sportaktivitäten (Trekking, Mountainbiking, Kanufahren, Fischen) oder Führungen organisieren, versorgen. Daneben finden sich Einkaufszentren (geöffnet 6–21 Uhr), in denen man vom Fotoapparat bis zum Barbecuegrill, vom Proviant bis zu Arzneimitteln alles findet. Um die wichtigsten Orte des Yellowstone-Nationalparks bestaunen zu können, benötigt man drei Tage. Man beginnt am besten damit, ihn einmal komplett von Süden nach Norden zu durchqueren (152 km). Der South Entrance liegt 90 km von **Jackson** entfernt. Den touristischen Ort, für viele Reisende eine Zwischenstation vor dem Betreten des Parks vom Zentrum der Talebene **Jackson Hole** aus, erreicht man über die Bundesstraße 191. Wenn man den **Lewis River Canyon** und den Lewis Lake überquert, immer weiter auf der 191, erreicht man schließlich **Grant Village** am südwestlichen Ufer des **Yellowstone Lake.** Hier befindet sich ein **Visitor Center** *(Tel. 307.3442650, Öffnungszeiten Apr.–Sept. 8–19 Uhr)*, wo man sich die Dauerausstellung über Feuersbrünste im Park ansehen kann. Sie wurde im Anschluss an den Brand von 1988, der 36% der Pflanzen des Schutzgebiets in Rauch aufgehen ließ, eingerichtet.

296-297 - Grand Prismatic Spring, Yellowstone.

In der Nähe des Dorfes befindet sich **West Thumb**, eine in die Ufer des Flusses eingeschnittene Bucht: Hier kann man von den hölzernen Laufstegen aus einige kleine Geysire aus der Nähe bewundern. 15 km nördlich betritt man das Gebiet des **Upper Geyser Basin**, das allein die Reise lohnt: ein 4 km langer und 1,5 km breiter Streifen Erde, auf dem es neben 600 Heißwasserquellen 75 aktive Geysire gibt. Der berühmteste ist der **Old Faithful Geysir**: Die Eruptionen dauern zwischen 2 und 5 Minuten, und sein Wasser schießt bis in 55 Meter Höhe hinauf. Die Ausbrüche ereignen sich im Schnitt alle 92 Minuten; man kann sie von der in sicherer Entfernung errichteten Holzterrasse aus beobachten. Es lohnt sich auch, das **Visitor Education Center Old Faithful** zu besuchen *(Tel. 307.3442750, geöffnet Apr.–Sept. 9–19 Uhr)* und sich dort eine Liste mit den (voraussichtlichen) Zeiten der Eruptionen und die Karte der erhöhten Laufstege zu besorgen, über die man auch zu anderen Geysiren gelangt. Unter ihnen stechen der **Castle Geysir**, der alle 13 Stunden 50 Minuten lang sprudelt, der **Grand Geysir** und der **Riverside Geysir** hervor. Die komplette Tour führt schließlich zum spektakulären **Morning Glory Pool**, der abgelegensten Attraktion des Gebiets (2 km vom Visitor Center entfernt), dessen Wasser für seine Farbenvielfalt bekannt ist. Dort kann man große Säugetiere, vor allem Elche und Bisons, beobachten, die früh am Morgen dort hinkommen, um zu trinken. Wenn man auf dem Rückweg vom Dorf **Madison** weiter in Richtung Norden kommt, sollte man unbedingt an der **Grand Prismatic Spring**, der größten Heißwasserquelle des Parks, Rast machen. Wenn man sie aus zu großer Nähe betrachtet, wird man den Zauber dieses Ortes nicht in Gänze erfassen. Um die Quelle in all ihrer Pracht bewundern zu können, lässt man das Auto am besten am Parkplatz der **Fairy Falls** stehen, ein paar Kilometer vor jenem beim **Grand Prismatic Song.** Von hier aus läuft man ca. 20 Minuten bis zum Aussichtspunkt auf dem Gipfel des emporragenden Hügels. In Madison folgt man der Straße bis dorthin, wo sie diejenigen kreuzt, die vom West Yellowstone Entrance und von den Mammoth Hot Springs kommen, und auf die Letztere biegt man ab. Erste Station ist das Norris Geyser Basin, wo es die heißesten und säurehaltigsten Quellen und Geysire des Parks gibt. Hier kann man die **Norris Geyser Basin Museum & Information Station** besuchen *(Tel. 307.3442812, Öffnungszeiten Mai–Sept. 9–18 Uhr)*, wo die geologischen und hydrothermalen Charakteristiken des Yellowstone im Mittelpunkt stehen. In Norris sollte man auch dem **Museum of the National Park Ranger** einen Besuch abstatten *(Tel. 307.3447353, geöffnet Mai–Sept. 9–17 Uhr)*. Hier erzählen einige pensionierte Ranger anhand von Schautafeln und Filmmaterial vom Leben und den Aufgaben der Parkwächter, nicht ohne ihre Erzählungen mit manchen Anekdoten anzureichern. Nicht jeder weiß zum Beispiel, dass im Jahr 1974 ein Ranger namens Gerald Ford Präsident der Vereinigten Staaten wurde.

Bei den Terrassen der **Mammoth Hot Springs** handelt es sich um eine Reihe abgestufter Becken, die sich mit dem aus dem Berg hervorquellenden Heißwasser füllen. Ein Spektakel in Farbe, denn der von den Erosionen gelöste Kalk besitzt die Eigenschaft, die farbigen Bakterien und Algen zu fixieren und damit eine einmalige mehrstöckige, vor allem von Orange-, Gelb-, Braun- und Grüntönen geprägte Farbpalette zu kreieren. Dieses Schauspiel ist ganz leicht von den Wanderwegen, Laufstegen und künstlich angelegten Freitreppen aus zu genießen, die vom Upper Terrace Drive ausgehen. Im Dorf Mammoth befindet sich das **Albright Visitor Center** *(Tel. 307.3442263, Öffnungszeiten Mai–Sept. 8–19 Uhr, Okt.–Apr. 9–17 Uhr)*, das als einziges das ganze Jahr über geöffnet hat. Von den Mammoth Hot Springs biegt man auf die Grand Loop Road ab, auf der man nach 40 km **Tower Junction** erreicht. Dort kreuzt die Straße, die über das **Lamar Valley** führt, dem weniger touristisch frequentierten, von

Büffeln und Elchen bevölkerten Gebiet. Fährt man auf der in südliche Richtung weisenden Grand Loop Road weiter, gelangt man nach **Canyon Village**, wo sich das **Canyon Visitor Education Center** befindet *(Tel. 307.3442550, Öffnungszeiten Mai–Sept. 8–20 Uhr)*, das eine Ausstellung über die vulkanischen Aktivitäten des Parks beherbergt. Das Dorf markiert außerdem den Beginn des **Yellowstone Grand Canyon**, der 32 km langen Kluft, die schließlich in den **Yellowstone Lake** mündet. Etwas weiter in der Mitte des Canyons führt eine Nebenstraße zum **South Rim Drive** und dem **Brink of Upper Falls Trail**, von dem man beobachten kann, wie die **Upper Falls** 100 Meter tief in den **Yellowstone River** hinabstürzen. Von dort geht es den **Uncle Tom's Trail** entlang, der über 328 Stufen aus Metall zum Fuße der etwas kleineren, doch ebenso aufregenden **Lower Falls** führt. Schnell kommt man nun zum **Yellowstone Lake**, und von hier aus geht es auf dem ersten Teil des Rundwegs zum **Jackson Hole** weiter.

Nur 9 km trennen den südlichen Eingang des Yellowstone-Parks vom nördlichen des **Grand Teton Nationalparks** *(www.nps.gov/grte/index.htm)* mit seinen über 4000 m in die Höhe ragenden Gipfeln (der Grand Teton erreicht eine Höhe von 4197 m). In der Talsohle in der Umgebung der Flüsse sind lange, komfortable Wege angelegt worden. Der **Jenny Lake** ist der größte und am häufigsten besuchte Fluss, auf dem man sogar mit Kähnen mit Elektromotor herumfahren kann. Unter der Vielzahl möglicher Ausflüge ist der, der vom **Visitor Center South Jenny Lake** *(Tel. 307.7393392, Öffnungszeiten Mai–Sept. 8–17 Uhr)* in kaum 3 km zu den **Hidden Falls** und von dort zum Aussichtspunkt Inspiration Point führt, einer der schönsten. Die Karte Lakeshore-Trails beinhaltet eine komplette Auflistung aller ebenen (bis zu 9 km langen) Strecken des gesamten Parkgebietes. Wer Interesse hat, kann sich das zum **Visitor Center Colter Bay** gehörende Indian Arts Museum ansehen *(Tel. 307.7393594, Öffnungszeiten Mai–Okt. 8–17 Uhr)*. Und wer sich mit dem Kanu oder Schlauchboot die Gefälle des **Snake River** hinabstürzen will – der Startpunkt ist bei **Moose Village** *(National Park Float Trips, www.nationalparkfloat-trips.com)*. Sollte man noch ein wenig Zeit übrig haben, lohnt sich ein Besuch des **Elk National Refuge**, eines 101 qkm großen Schutzgebiets für Rotwild *(www.fws.gov/nationalelkrefuge)*, das im Jahre 1912 ca. 10 km östlich von Jackson zum Schutz der von den Indianern Wapiti genannten Großhirsche eingerichtet wurde. Sie sind zahlreich, und wenn sie in der kalten Jahreszeit zum Überwintern hinunterkommen, teilen sie sich das Gebiet überdies noch mit einer Kolonie von an die tausend Bisons. Für Karten und geführte Exkursionen wendet man sich an das Visitor Center *(532 North Cache Street, Jackson, Öffnungszeiten im Sommer 8–19, im Winter 9–17 Uhr)*.

298 OBEN - DIE UPPER FALLS IM YELLOWSTONE.

298 UNTEN - EIN BISON UND EIN GEYSIR IM YELLOWSTONE-NATIONALPARK.

299 - DER GRAND TETON NATIONALPARK.

Buffalo Bill

Das Zuhause von Buffalo Bill ist 86 km vom östlichen Eingang des Yellowstone-Nationalparks entfernt. Noch immer ist es der Mythos von William Cody, der die Stadt im Bundesstaat Wyoming mit ihren 8000 Einwohnern, die er im Jahre 1896 auf seinen eigenen Namen getauft hatte, zum Reiseziel für die Freunde des Wilden Westens macht. Auf der ***Sheridan Avenue*** *in Cody flaniert man an den Häusern aus jener Zeit vorbei und besucht das Cody Theatre, um sich dort eine* ***Dan Miller's Cowboy Music Revue*** *anzusehen* (1171 Sheridan Avenue, http://cowboymusicreview.com). *Man schlürft ein Bier im Saloon des* ***Irma Hotels*** (1192 Sheridan Avenue, www.irmahotel.com), *das 1902 von Codys Tochter Irma erbaut wurde, wo man in Zimmern logieren kann, die im Ambiente der damaligen Zeit eingerichtet sind. Doch vor allem sollte man das* ***Buffalo Bill Historical Center*** *besuchen* (720 Sheridan Avenue, www.bbhc.org, geöffnet Mai–Sept. 8–18 Uhr, Okt. 8–17 Uhr, Nov.–Apr. 10–17 Uhr), *das größte Wildwest-Museum Amerikas. Das Gebäude beherbergt unter einem Dach fünf einmalige Ausstellungen: das* ***Plains Indian Museum*** *mit einer umfangreichen Sammlung von Objekten verschiedener Indianerstämme der Region; die* ***Whitney Gallery of Western Art****, vielbeachtet wegen ihrer bedeutenden Sammlung von Originalwerken aus der Zeit des American West, darunter Malereien, Skulpturen und Druckwerke; das* ***Cody Firearms Museum****, das 5000 Waffen von der Zeit des Amerikanischen Bürgerkriegs bis heute zeigt; das* ***Buffalo Bill Museum****, dessen Objekte aus William Codys Leben erzählen, sowie das* ***Draper Museum of Natural History****, das sich der Ökologie des Yellowstone-Gebiets widmet. Am Rande der Siedlung* ***Old Trail Town*** (West Yellowstone Highway, www.museumoftheoldwest.org, geöffnet Mai–Sept. 8–18 Uhr) *befindet sich eine Rekonstruktion der Stadt in ihrer ursprünglichen Größe.*

GLACIER NATIONALPARK *(3 Tage)*
Zwischen Montana und Alberta, an der Grenze zwischen den USA und Kanada, liegt der dicht bewaldete **Glacier Nationalpark**, 650 km vom Yellowstone entfernt. Man gelangt von West Yellowstone aus dorthin, indem man die US 287 und danach die I 90 bis nach Garrison fährt. Von hier aus nimmt man die US 12 bis Avon, wechselt dort auf die MT 141 in Richtung Norden und fährt danach auf der MT 83 und MT 35 weiter. Der Glacier Nationalpark verdankt seinen Namen den mehr als 50 Gletschern, die über den 200 von weitläufigem Forst umrandeten Seen emporragen. Zu den häufigsten Tierarten des Parks gehören Hirsch, Damhirsch, Bergziege, Braunbär, Grizzlybär, Wolf, Koyote und Elch. Es gibt unzählige Wanderpfade und Reitwege von mindestens 100 km Länge, die den Ansprüchen auch der unerschrockensten Wanderer genügen. Der angenehmste Zugang ist bei **Kalispell**, wo sich auch der Glacier Park International Airport befindet (38 km vom westlichen Parkeingang). Nur eine einzige Straße durchteilt den Park der Länge nach: die **Going-to-the-Sun Road** mit einer Länge von 85 km, die aufgrund einiger baulicher Innovationen, die zur Zeit ihrer Fertigstellung 1932 wirklich kühn waren, zu den historischen Baudenkmälern zählt. Die Route nimmt am **Apgar Visitor Center** ihren Ausgang *(Tel. 406.8887800, Öffnungszeiten Mai–Juli 9–18 Uhr)*, am westlichen äußeren Rand des **Lake McDonald**, den man einmal in seiner gesamten Länge umrundet. Danach geht der Weg in Richtung Logan Pass weiter (2036 m), doch vorher kann man zunächst das Auto abzustellen und die ca. zweistündige Wanderung entlang dem **Avalanche Lake Trail** unternehmen, der zu einem äußerst sehenswerten Gewässer führt, das von überhängenden Felswänden eingeschlossen ist. Am **Logan Pass** *(Visitor Center geöffnet von 9–19 Uhr)* beginnt eine weitere, weniger mühevolle Wegstrecke, der **Hidden Lake Overklook Trail** (weniger als zwei Stunden für Hin- und Rückweg), der wegen der atemberaubenden Szenerien besonders bei Fotografen beliebt ist. Der letzte Abschnitt der Straße führt am nördlichen Ufer des **St. Mary Lake** entlang, auf dem man mit Leihbooten fahren kann *(www.glacierparkboats.com; Ablegestelle ist die Mole des Ortes **Rising Sun**)*. Die Going-to-the-Sun Road ist in ihrer gesamten Länge von Ende Mai bis Oktober befahrbar.

An den folgenden Tagen kann man an Bord der **Red Buses** die abgelegeneren Winkel des Parks entdecken; die in den 1930er-Jahren in Betrieb genommenen roten Busse sind zu einem Wahrzeichen geworden. Es gibt noch 32 Stück davon, mit denen Ausflüge (von drei Stunden bis zu ganzen Tagesausflügen) überall dorthin angeboten werden, wo es asphaltierte Straßen gibt. Die **Big Sky Circle Tour** ist die weitläufigste Rundstrecke: Man startet frühmorgens von der Glacier Park Lodge aus und umrundet das Schutzgebiet dann von Süden her. Über die Going-to-the-Sun Road gelangt man zum Ausgangspunkt zurück. Sie gehört zu den interessantesten der fast ein Dutzend Ausflugsrouten, die von der Glacier Park Inc. empfohlen werden *(www.glacierpark-inc.com)*. Auch die **International Peace Park Tour** bietet solche Ausflüge an, die bis ins kanadische Gebiet des Parks führen (auf jeden Fall den Pass bereithalten). In diesem Fall beginnt man den Tagesausflug entlang dem **Old North Trail**, überquert danach das Many Glacier Valley und erreicht das historische Hotel Prince of Wales, das eine wunderschöne Aussicht über das **Waterton Valley** bietet. Der Rückweg führt nah an den Hängen des **Chief Mountain** vorbei, des heiligen Bergs der Schwarzfußindianer.

Urlaub auf der Ranch

Einen Urlaub im Cowboystil verbringt man am besten auf einer Ranch. Dafür gibt es in dieser Region ein umfassendes Angebot. Das ***Ranch-Resort*** *verfügt über ein Schwimmbad und Tennisplätze, hat komfortable Zimmer und eine ausgesuchte Speisekarte. Zu den renommiertesten Anbietern gehört* ***The Ranch at Ucross*** (Clearmont, Wyoming, www.blairhotels.com/ranch_ucross.cfm?id=51). *Die* ***Dude Ranch*** *nimmt Gäste ab einem Mindestaufenthalt von einer Woche auf. Outdoor-Aktivitäten, auch Fischen, sind möglich. Touristen, die den Yellowstone Park und den Grand Teton besuchen wollen, bietet sich die ganzjährig geöffnete, an einem Hang über dem Wind River gelegene* ***Triangle C Dude Ranch*** *an* (Dubois, Wyoming, www.trianglec.com). *Eine* ***Guest-Ranch*** *hat ganz ähnliche Eigenschaften vorzuweisen, doch hier werden Gäste auch für kurze Aufenthalte aufgenommen. Darunter empfiehlt sich die* ***320 Guest Ranch*** (Big Sky, Montana, www.320ranch.com), *die seit mehr als 100 Jahren existiert. In der* ***Working Ranch*** *können sich die Gäste schließlich an den normalen Aktivitäten eines Viehbetriebs beteiligen – in spezifischen Programmen, die so konzipiert sind, dass sie Spaß, Erholung und Mitmachen miteinander verbinden. Sehr ansprechend ist auch die* ***Double Spear Ranch*** (Pryor, Montana, www.dsranch.com), *sehr schlicht und spartanisch: Die Atmosphäre des Wilden Westens scheint hier wiederbelebt worden zu sein. Ein vollständiges Verzeichnis bekommt man auf der Webseite von Real America* (www.rmi-realamerica.de).

Übernachten

€€€ Mammoth Hot Springs Hotel & Cabins (Yellowstone N.P.). Die recht alten Gebäude (der älteste Flügel aus dem Jahr 1911), haben viel Charme. Man befindet sich im nördlichen Bereich des Yellowstone Parks, von wo aus man ihn in aller Ruhe vor der Ankunft der Tagestouristen zu erkunden beginnt. Man kann hier auch im Winter übernachten. Entscheidet man sich für die Unterbringung in den Cabins, den komfortablen Holzhütten im Garten des Hotels, kann man einige Dollar sparen. Vorherige Reservierung erbeten. *Info: 1 Grand Loop Road, Tel. 307.3447311, www.yellowstonenationalparklodges.com/mammoth-hot-springs-hotel-cabins-95.html*

€€ Parkway Inn & Spa (Jackson Hole). Das praktische Boutique-Hotel mit stimmigem Preis-Leistungs-Verhältnis liegt nur drei Häuserblocks vom Zentrum von Jackson Hole entfernt. Behagliche Zimmer mit Messingbetten und Holzmöbeln. Es verfügt über ein Freibad mit Unterwassermassage, ein Fitnessstudio sowie einen Wellnessbereich. *Info: 125 North Jackson Avenue, Tel. 800.2478390, http://parkwayinn.com*

€€ Belton Chalet (Glacier N.P.). Knarzende Fußböden, schlichte Räume, die Schlafzimmer haben keine Fernseher: Im Belton Chalet zu übernachten ist wie eine romantische und kostengünstige Reise in die Vergangenheit. Zum Abendessen bestellt man am besten Büffelsteak; hier soll es die besten in ganz Montana geben. *Info: 12575 Hwy 2 East, West Glacier, Tel. 406.8885000, www.beltonchalet.com*

Essen

€€€ Million Dollar Cowboy Bar (Jackson Hole). Ausstattung und Betrieb ganz im Wildwest-Stil gehalten, doch ein Abendessen in diesem unterhaltsamen Lokal an der Hauptstraße von Jackson Hole befriedigt auch den Feinschmecker, der zwischen riesigen Beefsteaks und Gerichten mit Meeresfrüchten wählen kann. Im Obergeschoss gibt es Livemusik. *Info: 25 North Cache Street, Tel. 307.7332207, www.milliondollarcowboybar.com*

€€ Old Faithfull Inn Dining Room (Yellowstone N.P.). Man nimmt sein Abendessen nur ein paar Dutzend Meter vom bekanntesten Geysir des Parks entfernt in einem großen, von einem monumentalen Kamin dominierten Salon im Blockhausstil ein. Das Menü hält Gerichte der internationalen Küche bereit, doch es lohnt sich, sich auf das Western Buffet oder die gegrillten Fleischspezialitäten zu konzentrieren. *Info: Old Faithful Area, Tel. 307.3447311, www.yellowstonenationalparklodges.com/Old-Faithful-Inn-Dining-Room-&-Bear-Paw-Deli-7195.html*

€ West Glacier Restaurant (Glacier N.P.). Das zwanglose, doch den Gast zufriedenstellende Restaurant bietet die typischen Gerichte einer Bergregion an, herzhaft zubereitete Speisen (aus Fleisch und Süßwasserfisch) in reichhaltigen Portionen. Da die Gebirgsküche nicht besonders bekannt ist, werden zumindest von einigen Gerichten Kostproben gereicht. *Info: 200 Going to the Sun Road, West Glacier, Tel. 406.8885359, www.westglacier.com*

Weitere Informationen:
Fremdenverkehrsamt Wyoming, www.wyomingtourism.org;
Fremdenverkehrsamt Montana, www.visitmt.com

300 - Die Triple Falls im Glacier Nationalpark.

301 - Kajak auf einem Fluss im Glacier Nationalpark.

Die Westküste – *USA*

San Francisco und Los Angeles – zwei Metropolen, verbunden durch eine Traumstraße entlang der West Coast. Der Reisende folgt ihr durch ein Land des Vergnügens und der kreativen Ideen, der einzigartigen Begegnungen und großen Naturszenerien, und wenn er glaubt, bereits alles zu kennen, wird er erfahren, dass jeder Moment eine neue Überraschung bereithalten kann.

Der **Pacific Coast Highway No. 1** ist mit seinen 1000 km die wohl faszinierendste Panoramastraße der Vereinigten Staaten. Er zieht sich wie ein Band aus Asphalt quer durch einige der charakteristischsten Gegenden der West Coast. Aber vor allem

vereint er in seinem zentralen Abschnitt die beiden kalifornischen Städte Los Angeles und San Francisco, die Symbole der Westküste. Auch wenn man glaubt, bereits viel von diesen beiden Metropolen zu kennen, aus Filmen, Reportagen oder aus den Nachrichten, vielleicht auch durch Erzählungen und Fotos von Freunden – sobald man einmal vor Ort ist, begreift man schnell, dass die Realität die Vorstellung weit übertrifft. Los Angeles und San Francisco sind faszinierend und fesselnd – und sehr schön.

Fortbewegung: *Für alle, die ihre Tour durch Kalifornien nicht auf die Städte beschränken wollen, ist ein Mietwagen die beste Lösung. In den Flughäfen befinden sich Schalter der bekanntesten Autoverleiher wie Hertz* (www.hertz.com) *und Sixt* (www.sixt.de), *bei denen man die reservierten Autos abholen kann. Von Los Angeles nach San Francisco kann man auch mit den Zügen der Amtrak reisen* (www.amtrak.com), *in denen die Fahrt ca. 9 Stunden dauert. Der Los Angeles International Airport* (www.lawa.org) *befindet sich 24 km südwestlich der Stadt. Mit dem kostenlosen Shuttledienst kommt man von der Haltestelle Aviation zur Metro in der Innenstadt (grüne Linie). Die kostenpflichtigen Pendelfahrzeuge der Lax FlyAway verkehren zwischen diversen Stadtvierteln (Verbindungen und Fahrpläne gibt es auf der Webseite des Flughafens). Der Flughafen von San Francisco* (www.flysfo.com) *befindet sich 22 km südlich der Stadt, mit der ihn die Züge der blauen Metro-Linie verbinden.*

Währung: *Die offizielle Landeswährung in den USA ist der Dollar.*

LOS ANGELES ***(3 Tage)***

Das Fest der Eindrücke kann beginnen – im Los Angeles der Filmkunst oder, besser gesagt, in Hollywood. Es ist keine Schande: Alle kommen zu diesem Bezirk in der Westside, wie von einem Magneten angezogen. Viele kommen auch wegen der 2500 Bronzesterne, die auf dem 3 km langen Walk of Fame leuchten, eingelassen im Gehsteig des Hollywood Boulevards und auf der Vine Street. Jeder der Sterne ist einem der Filmschauspieler gewidmet, die ein Millionenpublikum begeistert haben. Danach führt die Pilgerfahrt zum Kodak Theatre *(6801 Hollywood Boulevard, www.kodaktheatre.com, geöffnet 10–16 Uhr)*, wo die Oscar-Verleihungen stattfinden, zum Hollywood Studio Museum *(2100 Highland Avenue, www.hollywoodheritage.org, geöffnet Mi.–So. 9–16 Uhr)*, in dem anhand von Dokumenten, Fotografien und weiteren Reminiszenzen von der Entwicklung der Filmindustrie erzählt wird, und zum Hollywood Wax Museum *(6767 Hollywood Boulevard, www.hollywoodwaxmuseum.com, geöffnet von 10–24 Uhr)*, wo Filme der berühmtesten Künstler Hollywoods gezeigt werden. Im selben Gebäude befindet sich auch die Hollywood Guinness World of Record *(6767 Hollywood Boulevard, www.ripleyattractions.com, geöffnet 10–24 Uhr)*, in der sich die extravagante Seele von Los Angeles nahezu perfekt widerspiegelt. Man darf nicht vergessen, im **Grauman's Chinese Theatre** Station zu machen *(6925 Hollywood Boulevard, www.chinesetheatres.com)*. Das Theater wurde in den 1930er-Jahren im Stil einer fernöstlichen Pagode erbaut und hat unzählige „Uraufführungen" von Filmen gesehen, die in den Studios der Stadt gedreht wurden. Auf dem

Theatervorplatz finden sich die Abdrücke der Hände und Füße von um die 200 Stars, von Judy Garland und Marilyn Monroe bis zu Al Pacino und Tom Hanks. In West Hollywood kann man die **Paramount Studios** besichtigen *(5555 Melrose Avenue, www.paramountstudios.com, geöffnet So.–Fr. 10–14 Uhr)*, dabei die ausführliche Vip Tour wahrnehmen und dem ergreifenden **Hollywood Memorial Cemetery** *(6000 Santa Monica Blvd, www.forevernet-work.com)* einen Besuch abstatten, wo zahlreiche Kinostars zur letzten Ruhe gebettet sind, darunter Rodolfo Valentino. Nachdem man der Welt des Films den gebührenden Tribut gezollt hat, kehrt man nach **Downtown** ins Zentrum von Los Angeles zurück. Zu den unter kulturellem Aspekt interessanten Sehenswürdigkeiten gehören das Museum für zeitgenössische Kunst, kurz **MOCA** *(250 South Grand Avenue, www.moca.org, Öffnungszeiten Mo., Do. u. Fr. 11–17, Di. u. Mi. geschlossen, Sa. u. So. 11–18 Uhr)* und das historische Viertel **El Pueblo de Los Angeles**, dem ursprünglichen Stadtkern, in dem sich noch verschiedene Gebäude im spanischen Baustil finden, darunter das Avila Adobe und die Kirche La Iglesia de Nuestra Señora la Reina de Los Angeles. Ein weiteres unbedingt sehenswertes städtisches Museum ist das **Los Angeles County Museum of Art** *(5905 Wildshare Boulevard, www.lacma.org, geöffnet Mo., Di. u. Do. 12–20 Uhr, Fr. 12–21 Uhr, Sa. u. So. 11–20 Uhr)* mit Gemälden, Skulpturen und Fotografien aus aller Welt und aus unterschiedlichen Epochen: von präkolumbischen Gegenständen über Werke von Rembrandt und Cézanne bis zu glasierter Keramik aus China und dem Iran. Wir befinden uns jetzt im Bezirk West Los Angeles, wo der **Westwood Memorial Park** liegt *(1218 Glendon Avenue)*, der vor allem deswegen bekannt ist, weil er das Grab von Marylin Monroe beherbergt und weil sich hier auch das grandiose **Getty Center** *(1200 Getty Center Drive, www.getty.edu, geöffnet Di.–So. 10–17.30 Uhr, Sa. bis 21 Uhr)* mit den prächtigen Kunstsammlungen des Magnaten J. Paul Getty befindet, mit der Architektur von Richard Meier und den von Robert Irwin entworfenen Gärten. Es ist in vier Gebäude mit zwei Stockwerken unterteilt: im obersten Stockwerk befinden sich die Bilder (darunter die *Vase mit blauer Iris* von Van Gogh, die *Heuhaufen* von Monet, der *Raub der Europa* von Rembrandt und *Venus und Adonis* von Tizian), während im unteren Stockwerk Skulpturen, Handschriften, Fotografien, Designobjekte und dekorative Kunst ausgestellt werden. **Beverly Hills** liegt gleich um die Ecke,

302 OBEN - DAS CHINESE THEATRE IN HOLLYWOOD.

302 MITTE - DAS MOCA IN LOS ANGELES.

302 UNTEN - EL PUEBLO IN LOS ANGELES.

302-303 - SKYLINE VON DOWNTOWN LOS ANGELES.

zumindest nach den räumlich-zeitlichen Kriterien von Los Angeles. In diesem Gebiet befinden sich jene Megavillen der Stars, welche die Fantasie am meisten anregen. Immer interessant ist ein Spaziergang entlang des **Rodeo Drive**, der exklusivsten Straße Kaliforniens, wo es an internationalen Stilen orientierte Boutiquen, aber auch Läden gibt, die mit Werbeartikeln rund um den Mythos Kino vollgestopft sind. Interessant sind in Beverly Hills noch die im spanischen Kolonialstil erbaute **City Hall** (450 North Crescent Drive) und das **Museum of Television and Radio** *(465 North Beverly Drive, www.paleycenter.org, Öffnungszeiten Mi.–So. 12–17 Uhr)*, in dem einmal Radio und Fernsehen im Mittelpunkt stehen, dem Platz, der ansonsten gänzlich vom Kino eingenommen wird.

Letzte Station ist **Santa Monica**. Den traditionellen Badeort hat sich das Stadtgebiet von Los Angeles bereits einverleibt. Auch hier besteht immer die Möglichkeit, einem Prominenten bei der Arbeit zu begegnen, vielleicht während man gerade die Vergnügungsmeile **Third Street Promenade** entlangflaniert, die lebhafte Fußgängerzone mit Straßenkünstlern, Kinos, Bars und Geschäften. Bevor man sich am Strand entspannt, sollte man auch der **Santa Monica Pier** einen Besuch abstatten: Sie ist die älteste Mole für Sportboote an der West Coast, auf der sich eine Reihe von Fischrestaurants, Pubs und Souvenirläden befinden. Es gibt hier auch einen gut besuchten Vergnügungspark im alten Stil. Um sich an den neuesten Attraktionen zu erfreuen, selbstverständlich mit Bezug zum Film, kehrt man in Richtung Stadtzentrum zurück und begibt sich dort zu den **Universal Studios Hollywood** *(100 Universal City Plaza, www.universalstudios.com, Öffnungszeiten Mo.–Fr. 10–18 Uhr, Sa.–So. 9–19 Uhr, Juli–August 9–23 Uhr)*. In dieser Gegend befinden sich auch der Vergnügungspark zum Thema, sehr szenisch und mit aufregenden Attraktionen, sowie die größten Filmstudios der Welt. Man sollte am besten gegen Abend hinkommen, wenn Millionen verschiedenfarbiger Lichter eine einzigartige Atmosphäre schaffen.

PACIFIC COAST HIGHWAY *(2/3 Tage)*

Ein halber Tag dürfte ausreichen, um mit dem Auto von Los Angeles nach San Francisco zu gelangen. Aber jede weitere Stunde auf dem **Pacific Coast Highway No. 1.** lohnt sich allein schon wegen der großartigen Panoramen entlang der 720 km langen Strecke und wegen der Fülle von landschaftlichen, historischen und sportlichen Anregungen. Und eben deshalb sollte man besser gleich 2–3 Tage dafür einplanen. Das an jedem Wochenende von Hollywoodstars und Familien aus Los Angeles überfüllte mondäne **Santa Barbara** markiert die Grenze. Hier endet das Getümmel, hier hören die typisch kalifornischen Übertreibungen ganz plötzlich auf. Hier macht man einen Spaziergang zu den Gebäuden im Kolonialstil spanischer Prägung (die Stadt wurde von dem Entdecker Sebastián Vizcaíno gegründet, der genau am Namenstag der Heiligen Barbara im Jahre 1602 dort anlegte), und auch ein Besuch der **Santa Barbara Mission** *(http://santabarbaramission.org, geöffnet 9–17 Uhr)*, die von den Franzosen im Jahre 1786 zur Feier der religiösen Bekehrung des eingeborenen Volksstamms der Chumash-Barbareños erbaut wurde. Dieselben Chumash-Indianer haben sich schon in vorgeschichtlicher Zeit bei **Morro Bay** angesiedelt, dem 10.000-Einwohner-Städtchen, das knapp 20 Kilometer weiter nördlich kurz hinter San Luis Obispo liegt. Ein ruhiger und entspannter Ort, gut gerüstet für den Tourismus, doch Lichtjahre von der Schnellebigkeit entfernt, die in einem Großteil Kaliforniens vorherrscht. Der Hauptstrand wird vom **Morro Rock** dominiert, einem enormen, rundlichen Felsen aus Vulkangestein, welcher der Legende nach im 16. Jh. wegen seiner Form, die an das Haupt eines Mauren mit typischem Turban erinnert, auf diesen Namen getauft wurde. Der Morro Rock ist

ein heiliger Ort für die Chumash-Indianer, und nur ihnen ist es erlaubt, für bestimmte rituelle Handlungen dort hinaufzusteigen. Nach weiteren 40 km nordwärts erreicht man San Simeon, wo das prunkvolle **Hearst Castle** zu sehen ist *(750 Hearst Castle Road, www.hearstcastle.org, geöffnet 8.20 Uhr–15.20 Uhr)*. Der Verlagsmagnat William Randolph Hearst erbaute die Villa in den 1930er-Jahren direkt vor dem Pazifischen Ozean, um seine illustren Gäste in Staunen zu versetzen. Beim Anblick der Dimensionen (156 Schlafzimmer, 61 Badezimmer, 19 Salons, ein Freibad, ein Filmvorführsaal, der größte Privatzoo der Welt) und der Sammlung von Kunstwerken und antiquarischen Gegenständen des Hausherrn staunt jeder. Der Highway No. 1 führt nun durch den legendären, ca. 90 km langen Küstenstreifen Big Sur (von den spanischen Kolonialherren „el país grande del sur" genannt, das „große Land des Südens"), durch dramatische Landschaften: **Ragged Point**, 24 km nördlich von San Simeon ist definitiv das „bewegendste Küstenpanorama Amerikas"; bei **Piedras Blancas** versammeln sich die See-Elefanten; der Flug der Pelikane nimmt einem die Sicht, und mit ein bisschen Glück kann man in der Nähe des Ufers sogar Wale beobachten. Ein dichtes Netz von Wegen gestattet es, weiter ins Innere und Verborgenere des Big Sur vorzudringen, zum Beispiel zum Nationalforst **Los Padres Forest Association** *(www.lpforest.org)*. Ob man es nun sportlich oder beschaulich mag, man sollte nicht vergessen, dass dieser Abschnitt des Highway No. 1 ebenso faszinierend wie gefährlich ist. Um sich des Schauspiels aus sicherer Distanz zu erfreuen, kann man die zahlreichen Rastplätze in Anspruch nehmen, die sich in der Nähe der Wege befinden, die zum Meer hinunterführen. Die von Fischottern und Seelöwen besiedelten Strände des Naturschutzgebiets Point Lobos State Reserve *(www.pointlobos.org)* kündigen das Ende von Big Sur und die „Rückkehr in die Zivilisation" an. Diese zeigt sich gleich darauf bei **Carmel-by-the-Sea** von ihrer liebenswürdigsten Seite, dem Künstlerstädtchen auf der Suche nach der perfekten Ästhetik. So kam es, dass das Städtchen vom Jahre 1880 an, als es als Ziel für Badeurlauber neu gegründet wurde, sogleich Maler und Schriftsteller wie Sinclair Lewis und Jack London anzog und als Treffpunkt der Bohème Kaliforniens Berühmtheit erlangte. Es gibt hier über 100 Kunstgalerien, märchenhafte kleine Häuser mit Satteldächern und auch Villen wie aus Tausendundeiner Nacht, halb versteckt in großen Gärten. Neonreklame ist verboten, und selbst kleine Kioske, öffentliche Telefonzellen und sogar Mülltonnen müssen genauen ästhetischen Vorgaben entsprechen. Letzte Station ist **Monterey** am südlichsten Punkt der Bucht, der sie ihren Namen gab. Die am 3. Juni 1770 unter dem Namen El Presidio Real de San Carlos de Monterey gegründete Stadt wurde 1777 zur ersten Hauptstadt des Staates Kalifornien und blieb dies bis zum Jahre 1849. Die noch immer von den ansprechenden Gebäuden im Kolonialstil gekennzeichnete Stadt Monterey hat sich inzwischen zu einem Ferienziel und Vergnügungsort gewandelt und ist auch bei Golfern hoch geschätzt. Das Monterey Bay Aquarium *(www.montereybayaquarium.org, geöffnet 9.30–20 Uhr)*, eines der größten Aquarien Nordamerikas, ist einen Besuch wert, ebenso der **Monterey State Historic Park** *(www.parks.ca.gov/?page_id=575)*, in dem man auf dem Path of History, dem 4 km langen Weg, 17 der wichtigsten historischen Stadtgebäude sehen kann.

304 OBEN - DER RODEO DRIVE IN LOS ANGELES.

304 UNTEN - SANTA MONICA PIER.

305 OBEN - MORRO BAY HARBOR.

305 UNTEN - EINE EHEMALIGE FABRIK AUF DER CANNERY ROW IN MONTEREY.

SAN FRANCISCO *(2/3 Tage)*
San Francisco wird gerne als die „europäischste Stadt der USA" bezeichnet. Sie wurde im Jahre 1776 von den Spaniern gegründet, ihre entscheidende Entwicklung fand jedoch erst in der zweiten Hälfte des 19. Jahrhunderts statt, zur Goldgräberzeit. San Francisco, kosmopolitisch, dynamisch und tolerant, eine kleine Metropole mit 750.000 Einwohnern, liegt am nördlichen Ende der San-Francisco-Halbinsel und erstreckt sich über eine Reihe teilweise steiler Hügel. Sie wird im Westen vom Pazifischen Ozean und im Osten vom Wasser der San Francisco Bay eingegrenzt. Ihr bekanntes Postkartenmotiv ist die **Golden Gate Bridge** *(http://goldengate.org)*, die 2,7 km lange Hängebrücke, die den nördlichsten Punkt der Stadt mit dem Süden von Marin County verbindet. Zu Fuß oder mit dem Fahrrad kann man die Brücke auf den eigens eingerichteten Gehsteigen in beide Richtungen überqueren, am besten in geeigneter Kleidung, um Wind und Feuchtigkeit abzuhalten. Der Besuch der Stadt beginnt im **Financial District**, dort leben das San Francisco des ausgehenden 19. Jh. und jenes, das dem dritten Jahrtausend entgegensieht, dicht beisammen. Geht man die **Montgomery Street** entlang, kann man noch die ersten Ziegelgebäude der Stadt bewundern, die von der Wells Fargo zu Zeiten des Goldrausches gebaut wurden, und die zahlreichen alten Bankgebäude, die sogar die neuen Wolkenkratzer überragen. Ganz in der Nähe kann man sich das **Wells Fargo History Museum** *(420 Montgomery Street, www.wellsfargo history.com, geöffnet Di.–Fr. 9–17 Uhr)* und die **Transamerica Pyramide** *(600 Montgomery Street, http://thepyramidcenter.com)* ansehen, die mit ihren 260 Metern der höchste Wolkenkratzer der Stadt ist. San Francisco ist gut zu Fuß zu durchstreifen, doch man widersteht nur schwer der Versuchung, mit den Cable Cars zu fahren, die auch die steilen Gefälle der Stadt überwinden können. Dicht gedrängt zwischen Studenten und Büroangestellten fährt man mit weniger als 15 km/h in einem Beförderungsmittel des 19. Jh., doch noch immer ist es unentbehrlich. Die Cable Cars wurden zum Nationaldenkmal erklärt, ihnen widmet sich das **Cable Car Museum** *(1201 Mason Street, www.cablecarmuseum.org, geöffnet Okt.–März 10–17 Uhr, Apr.–Sept. 10–18 Uhr)*, das auch als Schaltzentrale der drei heute noch in Betrieb befindlichen Cable Cars dient.

Bevor man den Financial District verlässt, empfiehlt sich ein Besuch des **San Francisco Museum of Modern Art** *(151 3rd Street, www.sfmoma.org, geöffnet Fr.-Di. 10–17.45 Uhr, Do. 11–20.45 Uhr, Mi. geschlossen)* mit seiner umfangreichen Sammlung (darunter Werke von Andy Warhol, Henri Matisse, Paul Klee und Marcel Duchamp) in dem von Mario Botta entworfenen sonderbaren Gebäude. Hinter dem Museum beginnt das Viertel **South of Market** (SOMA), das Künstlerviertel, in dem alte Lagerhallen in Ateliers, Bars und Theater umgewandelt wurden. Hier befindet sich auch die weltweit größte Ausstellung, die sich der Kunst des Zeichentrickfilms in all seinen Formen widmet. Im Norden des Financial District wird der Telegraph Hill von der Betonsilhouette des **Coit Tower** überragt *(geöffnet 10–19.30 Uhr, Okt.–März 10–18 Uhr)*. Der 60 Meter hohe Turm wurde im Jahr 1933 erbaut und strahlt zunächst keinen besonderen Reiz aus, dennoch ist er bei Touristen und Stadtbewohnern sehr beliebt: Letztere gedenken Lillie Hitchcock Coit, der steinreichen Dame, die sich Anfang des vergangenen Jahrhunderts gerne am Löschen von Bränden beteiligte, und sie möchten dieses Denkmal sogar der Feuerwehr von San Francisco widmen lassen; die Besucher beschränken sich darauf, die schöne Freskensammlung im Gebäudeinnern zu bewundern und genießen zudem den weiten Panoramablick. Zu Füßen des Coit Tower erstreckt sich Chinatown, wegen der farbenprächtigen Fassaden der Wohngebäude auch Gilded Ghetto genannt. Die berühmten Stadtteile Nob Hill und Russian Hill mit ihren Villen und Luxushotels sind in wenigen Minuten gut zu Fuß zu erreichen. Um sich in den überfülltesten und amüsantesten Teil San Franciscos zu stür-

zen, muss man zur **Fisherman's Wharf** *(www.fishermanswharf.org)* hinuntergehen, der Strandpromenade, die sich vom Ghirardelli Square über Pier 35 und die Van Ness Street erstreckt. Der alte Landungssteg *(Embarcadero)* wurde zu einem Vergnügungszentrum umgewandelt. Die endlosen Reihen von Restaurants werden nur von den Vitrinen der Souvenirgeschäfte unterbrochen. Zwischen einer Krabbensuppe und dem Erwerb eines T-Shirts mit angesagtem Design geht man über die Molen am Strand entlang, vorbei an alten Gebäuden zur Fischverarbeitung, und bleibt ab und zu der Menschenmenge stehen, um den vielen Straßenkünstlern zuzusehen. Angrenzend an Pier 39, die überlaufenste Stelle, befindet sich das **Aquarium of the Bay** *(www.aquariumofthebay.org, geöffnet 9–20 Uhr)* mit seinen unterseeischen, Hunderte von Metern langen Tunneln und speziellen Bassins, in denen man Haie und Rochen berühren kann. Von Pier 33 legen die Fähren ab, die zu der Insel Alcatraz pendeln, die früher einmal Sitz des berüchtigtsten Hochsicherheitsgefängnisses der USA war. Die Insel wurde zum Nationalpark erklärt *(www.nps.gov/alca)* und wird täglich von Hunderten von Touristen besucht. Sie fühlen sich von der unheimlichen Faszination angezogen, die von der Anlage ausgeht, die Ende 1963 einige der berühmtesten amerikanischen Gangster beherbergte. Die Fähre *(www.alcatrazcruises.com)* fährt im Halbstundentakt, und vor allem in den Sommermonaten ist es ratsam, sich einen Platz zu reservieren. Man sollte daran denken, dass es auf der Insel weder Bars noch Restaurants gibt, und daher nicht vergessen, sich etwas zu trinken mitzubringen. Am westlichen Ende der Fisherman's Wharf befindet sich der **Aquatic Park**, ein von zwei langen, halbrunden Dämmen eingeschlossenes Becken, in dem sich unter anderem der **San Francisco Maritime National Historical Park** befindet *(499 Jefferson Street, www.nps.gov/safr, geöffnet 9.30–17 Uhr)*. In der spannenden Ausstellung über Schiffe des 19. Jh. wird ausführlich über das Segelschiff Balchutha berichtet, den Dreimaster, der zur Zeit des Goldrauschs im Jahre 1849 die Goldsucher nach Kalifornien brachte. Den Blick bereits von der **Golden Gate Bridge** gefangen, erreicht man den **Presidio National Park** *(www.nps.gov/prsf)*, eine ausgedehnte Grünanlage mit weitläufigen Waldabschnitten, und am nördlichen äußeren Punkt der Halbinsel San Francisco gibt es sogar einen Golfplatz. An dessen Eingang befinden sich auch das **Palace of Fine Arts Theatre** *(3301 Lyon Street, www.palaceoffinearts.org)* in einem kuriosen, neoklassizistischen Gebäude, umgeben von Gärten und kleinen Seen, und das **Exploratorium** *(3601 Lyon Street, www.exploratorium.edu, geöffnet Di–So 10–17 Uhr)*. Das außergewöhnliche interaktive Museum, das sich der Wissenschaft widmet, hat sich innerhalb kürzester Zeit zu einer der Hauptanziehungspunkte der Stadt entwickelt. Und schließlich darf man den **Golden Gate Park** nicht vergessen, den größten Park San Franciscos, mit seinem perfekt rechtwinkligen Grundriss und einer Fläche von 4,1 qkm. Angesichts dieser Ausmaße ist es ratsam, sich ein Fahrrad zu leihen, mit dem man sich zwischen den verschiedenen Sehenswürdigkeiten wie dem Conservatory of Flowers, dem Freigehege, in dem eine Bisonherde gehütet wird, den beiden künstlichen Seen und dem Japanischen Garten hin- und her bewegt. Im Park befindet sich auch der Sitz der **Kalifornischen Akademie der Wissenschaften** *(www.calacademy.org, geöffnet 9.30–17 Uhr, So. 11–17 Uhr)*, deren Gebäude 2008 von Renzo Piano im Hinblick auf Ökologie und Nachhaltigkeit neu konzipiert wurde. Im Innern kann man noch das Planetarium besuchen, die Nachbildung eines Regenwaldes und das Steinhart-Aquarium.

306 OBEN - DIE GOLDEN GATE BRIDGE.

306 UNTEN - DAS SAN FRANCISCO MUSEUM OF MODERN ART.

307 OBEN - HAIGHT-ASHBURY IN SAN FRANCISCO.

307 UNTEN - DIE INSEL ALCATRAZ.

308 - Die Yosemite-Wasserfälle im gleichnamigen Park.

EXKURSION INS NAPA VALLEY

In weniger als zwei Stunden Autofahrt gelangt man über die I 80 von San Francisco ins **Napa Valley** und von da ins parallel verlaufende **Sonoma Valley**. Hier, rund 80 km von der Metropole entfernt, wurde der Mythos des kalifornischen Weines geboren und aufgebaut, dessen Qualität, die er dem Klima und der Beschaffenheit der Böden, vor allem aber einer Reihe von Einfällen verdankt, bereits in der ganzen Welt anerkannt ist. Mariano Guadalupe Vallejo, der Befehlshaber der Garnison von Sonoma, erkannte zu Beginn des 19. Jahrhunderts, dass es zur Verbesserung der Qualität des regionalen Weines notwendig war, neue Pflanzenarten aus Europa einzuführen, womit er insbesondere Cabernet Sauvignon, Merlot und Chardonnay aus der Region Bordeaux im Auge hatte (Barbera, Sangiovese und Zinfandel folgten in den kommenden Jahrzehnten). Sein Verdienst war es auch, dass mit der Ausrede, man müsse auf jeden Fall Wein für die Messe produzieren, zu Zeiten der Prohibition nicht alle Kellereien geschlossen wurden. Und dann waren da noch diejenigen, die es wagten, den französischen Weinsachverständigen die Stirn zu bieten: 1976 wurde in Paris ein Wettbewerb mit Blindverkostungen der besten Weine organisiert, bei denen die Vortrefflichkeit der Flaschen „Born in West Coast" festgestellt wurde. Im Wine Country gibt es heute mehr als 2000 Weingüter mit einer Jahresproduktion, die zwei Milliarden Liter übersteigt. Viele lokale Agenturen bieten organisierte Führungen an. Man sollte nicht selbst mit dem Auto herumfahren, denn sonst würden sich die Verkostungen verbieten, und statt dessen eine Rundfahrt mit dem Fahrrad machen: Bei den **Napa Valley Bike Tours** *(6795 Washington Street, Yountville, www.napavalleybiketours.com)*, die auch geführte Tagesausflüge organisieren, kann man Fahrräder leihen. Die Höhenunterschiede sind gering, die Entfernungen für jedermann gut zu bewältigen. Man kann auch mit dem **Napa Valley Wine Train** fahren *(www.winetrain.com)*, ein Luxusrestaurant auf Schienen, mit großen Panoramafenstern, durch die man einen fantastischen Ausblick über die Landschaft hat, in der die Köstlichkeiten heranreifen, die man hier von eleganten Kellnern in die Weinkelche ausgeschenkt bekommt. Der Napa Valley Wine Train fährt täglich mit unterschiedlichsten Programmen und Routen in Napa ab, um die renommiertesten Weingüter zu besuchen *(Info: Napa Valley Visitor Bureau, Napa Town Center, www.napavalley.org)*.

EXKURSION IN DEN YOSEMITE-NATIONALPARK

Für die wenig mehr als 200 km braucht es rund drei Stunden Autofahrt auf der CA 120 E, um von San Francisco zum **Yosemite Nationalpark** zu gelangen, der sich in einer Höhe von 500 bis 4000 m über ein Gebiet von 3091 qkm erstreckt *(Info: Yosemite National Park, www.nps.gov/yose)*. Um ein Gesamtbild von den Wundern des Parks zu bekommen, sollte man zum **Glacier Point** fahren, dem Aussichtspunkt mit der besten Sicht auf das Yosemite Valley, von dem man unter anderem die **Yosemite Falls** und den Half Dome bestaunen kann. Erstere sind die viel fotografierten Wasserfälle, die in drei aufeinanderfolgenden Etappen 436 m tief in das grüne Yosemite Valley hinabstürzen. Ihren gesamten Verlauf kann man verfolgen, wenn man den Weg einschlägt, der am **Columbia Point** vorbei bis zu den Quellen führt. Der **Half Dome** ist ein 2700 m hoher Monolith aus Granit, ein Symbol für die Berge des Parks. Trotz des Anscheins der Unbezwingbarkeit ist es gar nicht so schwierig, zum Gipfel zu gelangen: Der letzte Wegabschnitt geht über in den Fels eingerammte Metallstufen. Der Berg spiegelt sich im ruhigen und eindrucksvollen **Mirror Lake**,

309 - Die Weinberge im Napa Valley.

der jedoch im Hochsommer fast austrocknet. Im südlichen Teil des Parks, bei **Wawona**, liegt der **Mariposa Grove**, ein weitläufiger Wald mit riesenhaften Mammutbäumen, wie es sie in den USA in einer solchen Anzahl (200 Stück) und Größe kaum noch einmal gibt. Der älteste wurde Grizzly Giant getauft; er ist 63 Meter hoch und wird auf ein Alter von etwa 2000 Jahren geschätzt. Fährt man die Wawona Road entlang und nimmt danach die Big Oak Flat Road, gelangt man zum **Hetch Hetchy Valley** mit seinem riesigen, zwischen steilen Granitwänden künstlich angelegten See. Von dort führt ein ebener Weg (3 Stunden für Hin- und Rückweg) zum **Wapama Fall**, dem gewaltigsten Wasserfall der Talebene. Neben den Eingängen zum Park, die man am besten nimmt, wenn man aus San Francisco kommt – dem **Big Oak Flat Entrance** und dem **Arch Rock Entrance** – bekommt man Pläne mit Autorouten, einem Verzeichnis der Wege und auch der Lodges und Campingplätze. Eine günstige Anlaufstelle für alle, die sich nicht mit einem Tagesausflug begnügen wollen, ist das historische **Wawona Hotel** im viktorianischen Stil *(8308 Wawona Road, Yosemite National Park, www.nationalpark-reservations.com/yosemite_wawona.php)*.

Übernachten

€€€ Handlery Union Square Hotel (San Francisco). Ungeachtet des gehobenen Standards wird man familiär empfangen; hier zu wohnen lohnt sich auch wegen des schönen Schwimmbads und der zahlreichen Angebote, zu denen Führungen, Theatervorstellungen und andere Events gehören. *Info: 351 Geary Street, Tel. 415.7817800, www.handlery.com/sf*

€€€ Hollywood Celebrity Hotel (Los Angeles). Im Art-Déco-Stil und mit einem, gemessen am Standard von Los Angeles, hervorragenden Preis-Leistungs-Verhältnis. Die Atmosphäre, die strategisch günstige Lage und die Größe der Zimmer, von denen einige mit Küche ausgestattet sind, machen es zu einem bevorzugten Hotel. *Info: 1775 Orchid Avenue Hollywood, Tel. 800.2227017, www.hotelcelebrity.com*

€€ Carmel Mission Inn (Carmel). Stil und Entspannung zu einem fairen Preis. Hier kann man sich von den aufregenden Eindrücken entlang des Pacific Coast Highway No. 1 erholen. Das 2008 komplett renovierte Hotel verfügt über ein Freibad, ein Fitnesszentrum, Unterwassermassagebecken und weitläufige Privatgärten. Kamin aus Natursteinen.
Info: 3665 Rio Road, Tel. 800.3489090, www.carmelmissioninn.com

Essen

€€€ Crab House (San Francisco). Nicht das kostengünstigste Speiselokal der Stadt, doch seine kalifornischen Taschenkrebse sind unvergleichlich und Hauptzutat Dutzender Gerichte (darunter zum Beispiel die Krabben-Enchilada).
Info: 203C Pier, Fisherman's Warf, Tel. 415.4342722, www.crabhouse39.com

€€ Musso & Frank Grill (Los Angeles). Das älteste Restaurant Hollywoods und vermutlich das faszinierendste, trotz der unvermeidlichen Ströme von Touristen, die hier einkehren. Üppigen schmackhafte Grillgerichte – wenn man mag, im ganz klassischen Far West Style.
Info: 6667 Hollywood Blvd, Tel. 323.4677788, www.mussoandfrank.com

€€ Nephente (Big Sur). Eine märchenhafte Terrasse (fragen Sie nach einen Platz am Geländer) über den Klippen des Big Sur. In der Hochsaison ist es ziemlich voll und trotzdem aufgrund seiner unvergleichlichen Aussicht ein Muss am Highway No. 1. Große Auswahl an Fleischgerichten.
Info: 48510 Highway No. 1, Tel. 831.6672345, www.nepenthebigsur.com

Weitere Informationen: www.visitcalifornia.com

Las Vegas, Grand Canyon und Monument Valley – *USA*

Von der aus dem Nichts in der Wüste von Nevada auftauchenden Stadt, in der alles Spiel und Vergnügen ist, bis hin zu den erhabensten Naturdenkmälern: magische Orte, die ihren Geist noch nicht an den Tourismus verraten haben und die noch heute starke Gefühle hervorrufen – wie zur Zeit des Wilden Westens und der von den Navajo zur Verteidigung ihres Territoriums gefochtenen Kämpfe.

Millionen von bunten Neonlichtern und dazu die kräftigen Farben der Gesteinsformationen, die plötzlich wie aus dem Nichts aus dem Erdreich aufzutauchen scheinen – all das gibt es im Südwesten der USA, fernab vom Meer und den großen Metropolen. **Las Vegas** als touristische Hauptstadt von Nevada setzt sich täglich 24 Stunden lang in Szene, ein von Glitter und Spezialeffekten überbordendes Spektakel. Risiko und lärmendes Amüsement sind hier Gesetz, das Künstliche ist System. Und es funktioniert. Selbst jene, die das zunächst links liegen lassen, werden früher oder später vorbeikommen und bleiben. Fünf Stunden mit dem Auto reichen aus, um auch das Schauspiel des **Grand Canyon** bestaunen zu können, der 446 km langen Schlucht, die das Wasser des Colorado River mit seiner Kraft gegraben hat. Wir befinden uns im Bundesstaat **Arizona**, und der Wind, und manchmal auch die Wasser des Flusses, lassen eine Klangsäule entstehen, die Millionen von Besuchern in ihren Bann zieht, das meistbewunderte Naturschauspiel des Landes. Kaum 270 km weiter gen Westen wird man sich für das **Monument Valley** mit seiner außergewöhnlichen Natur begeistern, die auch bei Hollywoods Filmregisseuren sehr beliebt ist. Es ist das Land der Navajos, das sie nie verlassen haben und um dessen Besucher sie sich heute kümmern, ein Territorium, das zu den meistfotografierten der Erde zählt.

Fortbewegung: *Das geeignetste Fortbewegungsmittel ist ein Auto, das im Sommer über eine funktionierende Klimaanlage verfügen sollte. Das Straßennetz der Highways verbindet alle großen Sehenswürdigkeiten des amerikanischen Südwestens. Um von Las Vegas zum Grand Canyon zu gelangen, nimmt man die Bundesstraße US 93, wechselt auf die I-40 bis nach Williams, wo sie dann auf die AZ-64E mündet, die zum Ziel führt. Um vom Grand*

310-311 - DER STRIP VON LAS VEGAS MIT DEN GLEISSENDEN LICHTERN DER VIELEN CASINO-RESORTS.

Die Umgebung von Las Vegas

Weniger als 50 km von Las Vegas liegt das künstliche Becken des ***Lake Mead****, das perfekte Ziel für einen Tagesausflug weitab von den gleißenden Lichtern der Stadt des Glückspiels. In der absoluten Ruhe können Sie total abschalten. Der weitläufigste künstliche Stausee der Vereinigten Staaten (er hat eine Fläche von 640 qkm und ein Fassungsvermögen von 35 Milliarden ccm Wasser) ist das Herz des staatlichen Naturschutz- und Erholungsgebiets* ***Lake Mead National Recreational Area****, das im Jahre 1964 gegründet wurde, um dem nach dem Bau der Hoover-Talsperre in seinem Wesen stark veränderten Gebiet zu neuem Leben zu verhelfen. Hier kann man alle Arten von Wassersport ausüben oder auch eine faszinierende Kreuzfahrt an Bord der Desert Princess machen, eines Raddampfers im Old-Mississippi-Stil, der bis zu 300 Passagiere transportieren kann. Man sollte auch die Talsperre besuchen, eine der Meisterleistungen des Ingenieurwesens* (Alan Bible Visitor Center, Tel. 702.2938990, www.nps.gov/lame). *Noch näher an Las Vegas, nur 25 km entfernt, liegt der der* ***Red Rock Canyon****, den man am besten zu Fuß besucht, indem man sich in die enge Schlucht aus rötlichem Gestein zwängt oder sich einen Weg durch unendliche Mengen von Kakteen bahnt. Um buchstäblich einen frischen Windstoß zu genießen, kann man den Scenic Drive entlangfahren, bis er in den* ***Ice Box Canyon*** *mündet, wo ein besonderes, sehr beliebtes Mikroklima herrscht* (Visitor Center, Tel. 702.3631921, www.redrockcanyon.blm.gov).

Canyon über die südliche Zugangsstraße zum Monument Valley zu gelangen, nimmt man erst die AZ-64E und danach die US 180.

Währung: *Die offizielle Landeswährung in den USA ist der Dollar.*

LAS VEGAS ***(2 Tage)***
Spiel, Spiel und nochmals Spiel: Las Vegas, die einzige im 20. Jh. gegründete Stadt der Vereinigten Staaten, deren Einwohnerzahl heute eine Million übersteigt, hat ihr Glück auf grüne Spieltische und Glücksspielautomaten gegründet. Ist man einmal da, erweist es sich als nahezu unmöglich, nicht wenigstens einen einzigen Dollar einzusetzen, um einmal sein Glück herauszufordern. Das Herz der „Sin City" schlägt entlang des **Las Vegas Strip**, eines 5 km langen Abschnitts des Las Vegas Boulevard South. Jedes Casino-Resort hier ist ein Denkmal, kitschig und zugleich anziehend, manchmal die betonte Kopie eines anderen Ortes. Die Reise um die Welt beginnt im Süden, am Hotel **Mandalay Bay** *(3950 Las Vegas Boulevard South, www.mandalaybay.com)* mit seinem leuchtenden Turm und der burmesischen Atmosphäre, dem **Shark Reef-Aquarium** mit halb versunkenen Tempeln, zwischen denen Krokodile, Haie und Quallen kreisen. Nur ein paar Schritte weiter befindet man sich in Luxor *(3900 Las Vegas Boulevard South, www.luxor.com)*, erkennbar an den großen Pyramiden aus verdunkeltem Glas, den Sphinxen, die den Eingangsbereich flankieren, und dem Nachbau des Grabes von Tutanchamun. Dann folgt der von Hollywoodfilmen inspirierte Hotelkomplex **MGM Grand** *(3799 Las Vegas Boulevard South, www.mgmgrand.com)*. Weitere Hotels sind das **New York New York** *(3790 Las Vegas Boulevard South, www.newyork-newyork.com)*, das **Monte Carlo** *(3770 Las Vegas Boulevard South, www.montecarlo.com)*, das **Bellagio**, das mit seinen Brunnen mit prächtigen Wasserspielen und seiner großen Glasblumen-Ausstellung in Staunen versetzt *(3600 South Las Vegas Boulevard, www.bellagio.com)*, das **Treasure Island** *(3300 Las Vegas Boulevard South, www.treasure-island.com)*, das **Paris** *(3655 Las Vegas Boulevard South, www.parislasvegas.com)*, der „historische" **Caesars Palace** *(3570 Las Vegas Boulevard South, www.caesarspalace.com)*, das **Mirage** mit seinem künstlichen Vulkan, der regelmäßig für 15 Minuten ausbricht, und das auch Siegfried & Roy's Secret Garden and Dolphin Habitat beherbergt, in dem Löwen, Panther und Leoparden sowie Delfinschauen zu sehen sind *(3400 Las Vegas Boulevard South, www.mirage.com)*, dann das **Venetian** mit seinen Nachbauten venezianischer Paläste und sogar des Canal Grande, auf dem man Gondel fahren kann *(3355 Las Vegas Boulevard South, www.venetian.com)*; schließlich das elegante **Wynn Las Vegas** mit seiner Kunstsammlung, in der sich authentische Meisterwerke von Künstlern Van Gogh, Matisse, Gauguin, Picasso und Warhol finden *(3131 Las Vegas Boulevard South, www.wynnlasvegas.com)*.

Einen Besuch verdient auch das City Center Las Vegas *(3780 Las Vegas Boulevard South, www.citycenter.com)*. Der umweltverträgliche Megakomplex, der 8,5 Milliarden Dollar gekostet hat, wurde im Jahre 2009 eröffnet. Er hat eine Fläche von 271.000 qm und umfasst ein Resort-Casino und drei Luxushotels ohne Kasino sowie das Stadtzentrum The Crystals mit 45.000 qm für Shopping, Essen und Unterhaltung und einer Galerie für zeitgenössische Kunst. Für dieses multifunktionale Stadtzentrum hat man acht der weltweit renommiertesten Architekten hinzugezogen: Gensler, Pelli Clarke Pelli, die Rockwell Group, das Studio Daniel Libeskind, Kohn Pederson Fox, Helmut Jahn, RV Architecture LLC und Foster + Partners. Um etwas von der Atmosphäre aufsaugen zu können, die vom „alten" Las Vegas übriggeblieben ist, muss man sich nach Downtown begeben, 3 km nördlich des Strip. Um dort hinzukommen, durchquert man die „Naked City", eine anonyme Parade von Kramläden, Strip-Clubs, Kapellen für Hochzeiten, anspruchslosen Hotels und Tätowierstudios. Downtown erlebt gerade eine Renaissance, wovon unter anderem die Eröffnung des **Smith Center for the Performing Arts** *(361 Symphony Park Avenue Las Vegas, NV 89106, www.thesmithcenter.com)* sowie der neuen City Hall zeugen *(2200 Civic Center Dr., www.cityofnorthlasvegas.com)*.
Die kitschige Seele des Strip lebt in Downtown auch durch die Freemont Street Experience wieder auf, einem aufsehenerregenden Spektakel aus Lichtern und Spezialeffekten, die in einer Galerie aus Stahl an einen künstlichen Himmel geworfen werden, der sich über 427 m erstreckt und wo jeden Abend eine Viva Vision!-Vorführung geboten wird: 12,5 Millionen synchronisierte LEDs und Musik mit 550.000 Watt. Zwischen Downtown und Naked City befindet sich der **Gateway Arts District**, der die Studios und Galerien zahlreicher Künstler beherbergt. Am ersten Freitag jedes Monats feiert das Viertel die Kunst in all ihren Erscheinungsformen mit Events, Konzerten und Ausstellungen. First Friday ist das wichtigste künstlerische Manifest der Stadt und eine große Bühne für die lokalen Künstler *(www.firstfriday-lasvegas.org)*.

GRAND CANYON *(2/3 Tage)*
Ein tiefer Einschnitt, eine etwa 1500 m tiefe Kluft, die das Wasser ins Kalk- und Sandgestein Arizonas gegraben hat – der Grand Canyon ist ein Geologiebuch unter freiem Himmel, doch nur wenige der 5 Millionen Besucher, die jedes Jahr durch die Eingänge des **Grand Canyon-Nationalparks** *(www.nps.gov/grca/index.htm)* schreiten, scheinen sich dessen bewusst zu sein. Allein der sich bietende Anblick erfüllt Augen und Herz. Der berühmteste Abgrund der Welt ist 446 km lang und zwischen 6,5 und 29 km breit, Farben und Szenerien, bizarre Gesteinsformationen und Aussichtspunkte, die häufig von den weniger sportlichen Besuchern gestürmt werden, wechseln sich ab. Der meistgenutzte Zugang zum Park befindet sich gegenüber vom South Rim, dem südlichen Rand der Schlucht, bei Grand Canyon Village. Hier befinden sich das **Canyon View Information Plaza** *(Tel. 928-638 7888, www.nps.gov/grca, geöffnet 8–17 Uhr)*, Hotels (Reservierungen erwünscht) und Restaurants. Das Land verdankt sein Schicksal der Haltestelle der Stadtbahn, die im 19. Jh. für das Bergbaugeschäft gebaut wurde, mit dem man die kostbaren Steine des Gebietes abzubauen beabsichtigte. Die Ausschachtungen erwiesen sich jedoch als äußerst schwierig und anstrengend, und so wurden das Dorf und die Eisenbahn auf den Tourismus umgestellt. Von Grand Canyon Village zweigen zwei Panoramastraßen ab: Der 37 km lange **Desert View Drive** führt nach Osten und kann auch mit dem eigenen Fahrzeug ganzjährig befahren werden. Auf der Strecke kann man an zahlreichen Aussichtspunkten Rast machen: dem **Desert View Point**, **Navajo Point**, **Lipan Point**, **Moran Point**, **Grandview Point**, **Yaki Point**, **Mother Point** und dem **Yavapai Point**. In der Nähe des Yaki Point (der als bester Punkt für das Betrachten der Sonnenuntergänge gilt) beginnt der **South Kaibab Trail**, einer der frequentiertesten Wanderwege, über den man zur Inneren Schlucht des Grand Canyons vordringen kann und der ca. 10 km weiter zur **Phantom Ranch** führt, auf der man die Nacht verbringen kann *(allerdings sollte man vorab über Xanterra Parks & Resorts reservieren, Tel. 303.2972757, www.grandcanyonlodges.com)*. Ganz in der Nähe der Ranch befindet sich der einzige Punkt des ganzen Canyons, an dem es Ausflüglern möglich ist, den Colorado zu überqueren. Um „an die

Oberfläche" zurückzukehren, nimmt man am besten den **Bright Angel Trail**, der zwar der längste Weg ist, jedoch eine moderate Steigung hat. Es handelt sich um einen alten Pfad der Havasupai-Indianer, den auch all jene nutzen, die den Weg zur Phantom Ranch auf dem Rücken eines Maulesels erklimmen. Im Westen von Grand Canyon Village schlängelt sich dann über 13 km die **Hermit Road**, die man nur an Bord eines der Shuttlefahrzeuge des Parks befahren kann. Diese weniger überfüllte Straße wird über lange Strecken vom Rim Trail flankiert, dem Wanderweg, der sich am Abgrund entlangschlängelt. Einige Teile der Wegstrecke kann man zu Fuß zurücklegen und danach an einem der acht Rastplätze auf das Shuttlefahrzeug warten. Es empfiehlt sich, die kaum 1200 m vom **Hopi Point** zum **Mohave Point** zu gehen, die an einem **The Inferno** genannten Becken entlangführen. Etwas weiter, kurz hinter **The Abyss**, dem Steilhang auf dem

Gipfel der spektakulären **Granite Rapids**, befindet sich der **Pima Point**. Bevor man sich zum nördlichen Ufer des Grand Canyon aufmacht, kann man noch das **Havasupai-Reservat** besuchen, vom Park aus 55 km Luftlinie in westlicher Richtung *(Tel. 928-448 2121, www.havasupaitribe.com)*. Hier leben die letzten Nachkommen der Ureinwohner, die seit ungefähr 1000 Jahren diesen Winkel des Grand Canyon bevölkern. Es gibt hier sehr viele Quellen und, dank der grünen Gewässer des Havasu Creek, eine üppige Vegetation. Für den Ausflug benötigt man mindestens drei Tage, für Transfer, Besuch und kurze Wanderungen vor Ort, und aufgrund der begrenzten Unterkunftsmöglichkeiten und der kontingentierten Zahl der Besucher (35.000 im Jahr) ist eine Anmeldung mit Anzahlung nötig. Nur einer von zehn Besuchern des Grand Canyon begibt sich zum **North Rim**, der nördlichen Seite der Schlucht. Es ist ziemlich aufwendig, dort hinzugelangen, und der gesamte Bereich wird vom ersten Schneefall bis zur Schmelze gesperrt, das heißt, für 5–6 Monate im Jahr. Obligatorische Anlaufstelle für den Besucher ist die **Grand Canyon Lodge** *(Tel. 928-638 2611, www.grandcanyonnorthrim.com)*, das Hotel, das man vom **Bright Angel Point** aus sehen kann. Es grenzt direkt ans Besucherzentrum *(Tel. 928-638 7864, www.nps.gov/grca, geöffnet Mai–Okt. 8–18 Uhr)*. Am North

312-313 - Der Grand Canyon.

Rafting auf dem Colorado River

Von einem Schlauchboot aus, das die schäumenden Wasser des Colorado River durchpflügt, bietet der Grand Canyon einen noch wilderen und faszinierenderen Anblick. Man kann die scheue Tierwelt aus der Nähe beobachten und die ungeheuerlichsten geologischen Formationen betrachten, doch vor allem kann man hier Spaß am Abenteuer haben, ohne auf Sicherheit zu verzichten. Die Abfahrten sind kontingentiert, und es gibt jahrelange Wartelisten. Am besten wendet man sich an eine der zahlreichen Organisationen, die Wildwasserfahrten (Rafting) von unterschiedlicher Dauer (2 bis 15 Tage) durch den Canyon anbieten. Übernachtet wird in Zelten, die jeden Abend an den Ufern des Flusses aufgebaut werden müssen; Lebensmittel, Gepäck und Ausrüstung werden auf einem nachfolgenden Schlauchboot transportiert. Ein absolutes Eintauchen in die Natur, das sehr viel Spaß bringt, jedoch ein Minimum an Courage und eine gute Portion Anpassungsfähigkeit erfordert. Informationen: ***Hatch River Expeditions*** (Tel. 800-856 8966, www.hatchriverexpeditions.com) *oder* ***Colorado River & Trail Expeditions*** (Tel. 800-253 7328, www.crateinc.com).

Rim, der ungefähr 300 Meter über dem südlichen Abhang gelegen ist, sind mehrere Aussichtspunkte eingerichtet, die weite Ausblicke über den Grand Canyon bieten. Der 32 km lange Cape Royal Scenic Drive kurz vor der Grand Canyon Lodge führt zu den Aussichtspunkten **Point Imperial** (der höchste des North Rim auf 2683 m), **Vista Encantada**, **Roosevelt Point**, **Walhalla Overlook**, und **Cape Royal** mit dem Steinbogen des **Angels Window**. Über eine weitere asphaltierte Straße, die in westliche Richtung geht und nur für Fahrzeuge mit Allradantrieb geeignet ist, gelangt man nach 25 km zum **Point Sublime**, dem westlichsten Aussichtspunkt des North Rim. Der einzige Weg, der bis zum Inneren Canyon hinabführt, ist der **North Kaibab Trail**, der kurz hinter dem Bright Angel Point beginnt und auch mit den Shuttlebussen des Parks zu erreichen ist. Um zur **Phantom Ranch** zu gelangen, muss man ca. 22 km wandern, doch die weniger Trainierten können auch am Aussichtspunkt **Coconino Overlook** bleiben (2 km vom Ausgangspunkt entfernt) oder bei den tosenden **Roaring Springs**, deren Wasser noch heute zum Bewässern der Gärten genutzt wird, die von den Pueblos vor langer Zeit angelegt wurden. Auch an den überfülltesten Orten kann man die im Park vorhandenen Tierarten bewundern, darunter den **Weißkopfseeadler**, Symbol der USA, der, wenn er seine Kreise über dem Trail zieht oder lauernd im Geäst der Bäume verweilt, leicht an seinem weißen Kopf und Schwanz zu erkennen ist. Wendet man den Blick nach oben, wird man nicht selten sogar einen **Kalifornischen Condor** beobachten können, der seit 1996 wieder in dem Gebiet angesiedelt wird, den Steinadler, den Wanderfalken und den Truthahngeier, der sich auf der Suche nach Abfällen, von denen er sich ernähren kann, am nahesten an die Menschen heranwagt. Viel schwieriger ist es, einen der scheuen **Berglöwen** zu sichten, von dem ein paar Hundert Exemplare gezählt werden, und die sich vor allem der Jagd auf Elche, auf Rotwild und auf Dickhornschafe widmen. Weiter westlich gibt es Rudel von Koyoten. Die **Baumwollschwanzkaninchen**, **Waschbären** und Eichhörnchen sind hingegen sehr beruhigend. Zu letzteren gehören diverse einheimische Arten, darunter die **Kaibab-Eichhörnchen**.

MONUMENT VALLEY *(1/2 Tage)*

Der Name täuscht nicht: Die großartigen Felsmonumente, die in Dutzenden von Filmen und auf Millionen von Postern und Postkarten verewigt sind, erheben sich tatsächlich aus dem großflächigen

und ebenen **Colorado Plateau**, der sich zwischen den Bundesstaaten Utah und Arizona erstreckenden Hochebene. Es ist kein eigentliches Tal und es gibt auch keinen Wasserlauf, was den Ort, der als Symbol für den nordamerikanischen Südwesten gilt, gastlicher und bewohnbarer machen würde. Vom Besucherzentrum des **Monument Valley Tribal Parks** macht man sich auf, das bezaubernde Schauspiel nun endlich in natura zu erleben *(Tel. 435.7275870, www.navajonation-parks.org, geöffnet im Sommer 7–19, im Winter 8–17 Uhr)*. Die Profile der **Mittens** (der Handschuhe) heißen einen willkommen, die beiden Anhöhen der flachen Gipfel, die sich beide von einer separaten Felsnadel vom Rest der Bergwand abheben wie der Daumen von einer Hand. Die herrliche Aussicht wird vom Profil des gedrungenen **Merrick Butte** vervollständigt, dem „behandschuhten" Torwächter am Eingang zum Park. Das Monument Valley kann man mit dem eigenen Auto besuchen, indem man einer 25 km langen, vorgeschriebenen Fahrstrecke folgt, die aus Sicherheitsgründen, doch auch zum Schutz der Privatsphäre und des heiligen Gebiets der Navajo so entworfen wurde. Der Ausflug führt auf jeden Fall zu den großartigsten und spektakulärsten Orten und Gesteinsformationen – dem **Elephant Butte**, den **Three Sisters**, dem **John Ford's Point** (hier befinden sich die unvermeidlichen Verkaufsstände mit Navajokunsthandwerk, und Indianer jeden Alters lassen sich für ein paar Dollar fotografieren), dem **Camel Butte**, **The Hub**, **Totem Pole & Yei Bi Chei**, den **Sand Springs**, dem **Artist's Point**, **North Window**, **The Thumb** – und ist bequem in wenigen Stunden zu bewältigen. Man sollte sich dennoch nicht darauf beschränken, nur Fotos zu schießen, es gibt keinen Grund zur Eile. Parken Sie das Auto am Straßenrand und setzen Sie sich auf einen Felsen, um in Ruhe das Schauspiel zu bewundern, das Mutter Natur hier darbietet. Am Parkplatz des Besucherzentrums findet man einen Navajo-Guide, der Rundstrecken organisiert, die einen deutlich weiteren Umkreis abdecken, als jener, der einem zugestanden wird, wenn man sich individuell bewegen möchte. Er führt bis an die Orte, die ansonsten *off limit* sind, wie zum Beispiel zum **Mistery Valley**, das bedeutende Ruinen des alten Pueblos bewahrt, und die Bögen des **Ear of the Wind** und **Sun's Eye**. Letztere mit den bedeutenden, in die Felsen eingravierten Zeichnungen, die Dickhornschafe darstellen. Man kann auch zu Fuß einen Rundgang machen oder reiten, was sehr aufregend sein kann, immer in Begleitung eines Guides. Der auf Begleitung allergisch reagierende Wanderer kann sich auf den **Wildcat Trail** begeben, einen 5 km langen Rundweg, der um den **Left Mitten** herumführt, wobei man darauf achten sollte, den vorgegebenen Weg nicht zu verlassen und eine ausreichende Menge Wasser mitzunehmen.

Übernachten

€€€ Four Seasons Las Vegas (Las Vegas). Eine Oase der Ruhe, keinerlei Zugeständnis an den in der Stadt sonst üblichen Kitsch, geräumige Zimmer und ein äußerst gut ausgestattetes Wellness-Center. *Info: 960 Las Vegas Boulevard South, Tel. 702.6325000, www.fourseasons.com/lasvegas*

€€€ El Tovar Lodge (Grand Canyon Village). Das größtenteils aus Holz gebaute Hotel, das 1905 eröffnet wurde, befindet sich am Rande der Schlucht des Grand Canyon. Es bietet eine elegante Atmosphäre, weit von dem in diesem „Dorf" sonst herrschenden Rhythmus entfernt. *Info: 10 Albright Avenue, Tel. 303.2972757 (c/o Xanterra Parks & Resorts), http://www.grandcanyon-lodges.com/el-tovar-421.html*

€€ Goulding's Lodge (Monument Valley). Das dem Zugang zum Monument Valley am nächsten gelegene Hotel, zu Füßen einer Buntsandsteinwand. Hier werden Führungen mit dem Geländefahrzeug zu den sonst nicht zugänglichen Orten des Parks organisiert, und das Hotel hat eine Videothek mit in dem Gebiet gedrehten Filmen. *Info: PO Box 360.001, Tel. 435.7273231, www.gouldings.com*

Essen

€€€ Roy's (Las Vegas). Das beliebteste von einem Hotelbetrieb unabhängige Restaurant der Stadt. Es bietet eine ausgesuchte Fusion-Küche mit verschiedenen regional inspirierten Menüs: der Ort, an dem man alle Geschmacksrichtungen der USA kennenlernen kann, ohne sich auch nur einmal vom Tisch erheben zu müssen. *Info: 620 East Flamingo Road, Tel. 702.6912053, www.roysrestaurant.com*

€ Coronado Room (Grand Canyon). Diese bekannte Anlaufstelle befindet sich im Grand Canyon Squire Inn. Hier kann man in aller Ruhe die typische Küche der Region genießen, ohne längeres Schlangestehen in Kauf nehmen zu müssen. *Info: 100 Highway 64, Tusayan, Arizona, Tel. 928.6382681, www.grandcanyonsquire.com*

€ Amigo Cafe (Monument Valley). Ein einfaches, von Navajos geführtes Lokal, wenige Kilometer vom Eingang zum Monument Valley entfernt. Mexikanische Küche und ein paar traditionelle Rezepte der Ureinwohner. Eine pfiffige Antwort auf das ganze Fast Food in der Stadt. *Info: Highway 163, Kayenta, Arizona, Tel. 928.6978448*

Weitere Informationen: www.visitlasvegas.com, www.arizonaguide.com

314-315 - Das Monument Valley.

New York, Boston, Washington D.C.

USA

Vom unerschöpflichen Pulsieren des Big Apple über die mächtigen Regierungsgebäude in Washington D.C. bis zum aristokratischen Charme Bostons: das Beste der US-Ostküste!

Für **New York** wird die Zeit niemals ausreichen: Die überschäumende, kreative und hektische amerikanische Metropole an der Mündung des Hudson-Flusses ist in fünf Boroughs (Gemeinden) unterteilt, jede mit ihrer eigenen Identität. Manhattan ist die „Stadt" der Freiheitsstatue *(www.nps.gov/stli/index.htm, www.statuecruises.com)*, der Wall Street, der Broadway-Theater, der Kunstgalerien des SoHo, des Ground Zero. Die Bronx war einst verrufen, doch heute ist es sogar in Mode gekommen, dort zu leben. Brooklyn, benannt nach der 1883 eingeweihten 485 Meter langen Brücke, ist der bevölkerungsreichste Stadtteil New Yorks, Queens der weitläufigste (462 qkm), und Staten Island der mit dem größten Grünanteil. Ganz anders das Ambiente in Washington oder Boston. Ersterer wohnt die Faszination einer Hauptstadt inne, was sich noch spürbarer in der langen Liste von Denkmälern ausdrückt (von jenen des ersten Präsidenten **George Washington** bis zum **Lincoln Memorial**), alle um **The Mall** herum versammelt, dem grünen Teppich, aus dem die Kuppel des **Weißen Hauses** sowie einige der bedeutendsten amerikanischen Museen herausragen: vom **National Museum of American History** bis zur **National Gallery of Art**, mit der die Stadt eine der weltweit umfangreichsten Kunstsammlungen besitzt, die Kunstwerke aus dem 13.–20. Jh. beherbergt, und deren Besuch man nicht versäumen sollte, bis hin zum **National Museum of the American Indian**. Ganz anders ist die Atmosphäre von **Boston**: Die kleinste der amerikanischen Großstädte mit ihren von Gaslampen illuminierten Wohnvierteln aus dem 19. Jh. und der futuristischen Architektur berühmter Museen wie dem **Institute of Contemporary Art (ICA)** und dem **John F. Kennedy Presidential Library & Museum**. Andere angenehme Überraschungen sind die **Long Wharf**, die Mole, auf der sich das **New England Aquarium** befindet, in dem Meeresgetier aus der ganzen Welt zu sehen ist *(www.neaq.org,)*, und belebte Treffpunkte wie die Restaurants oder Clubs in **Cambridge**, der Ortsteil jenseits des Charles River, der das Stadtgebiet der Metropole Boston zweiteilt, wo zwei der renommiertesten Institute der Welt zuhause sind: die **Universität Harvard** und das **Massachusetts Institute of Technology**.

Fortbewegung: *Am JFK International Airport, dem wichtigsten Ankunftsflughafen New Yorks, findet man alle großen Autoverleihfirmen. Von New York nach Boston fährt man 219 Meilen (353 km) auf der I-95 N und der I-90 E (Fahrtdauer ca. 4 h 15 min); von New York nach Washington sind es 226 Meilen (364 km) auf der I-95 S, wofür man ungefähr 4 h 30 min braucht. Mit dem Flugzeug: Vom Flughafen JFK nach Boston gehen täglich Flüge diverser Fluggesellschaften zu ausgesprochen günstigen Tarifen ab, darunter die JetBlue Airways* (www.jetblue.com), *American Airlines/American Eagle* (www.aa.com) *und Delta Airlines* (http://de.delta.com)*; Flugdauer ca. eine Stunde. Der Flug nach Washington dauert ca. 1 h 15 min und wird ebenfalls von verschiedenen Fluglinien angeboten, darunter Delta, American Airlines und Continental* (www.continental.com).

Währung: *Die offizielle Landeswährung in den USA ist der Dollar.*

NEW YORK *(3/4 Tage)*

Für einen Touristen steht New York gleichbedeutend mit Manhattan: die Insel, auf der die Stadt geboren wurde, ist so sehr eine Kunst- und Kreativitätsfabrik, dass eine Woche nicht genügen würde, um sie in all ihren Aspekten zu erkunden. Wenn man sich auf die wichtigsten Attraktionen konzentriert, kann man seinen Besuch am **Ground Zero** beginnen, dem Erdloch, das durch den Einsturz der Zwillingstürme

nach dem Anschlag 2001 entstanden ist, und wo sich heute der Bauplatz künftiger Wolkenkratzer und die Gedenkstätte **Reflecting Absence** befinden *(www.wtcsite-memorial.org)*, die im September 2011 eingeweiht wurde. Wir sind jetzt in **Lower Manhattan**, der Südspitze der Insel. Hier befindet sich auch der **Financial District**, die **Wall Street** und der **New York Stock Exchange**, die wichtigste **Börse** der Welt (nach dem 11. 9. 2001 nicht mehr öffentlich zugänglich), hier liegen die Viertel **Chinatown**, **Little Italy** und **SoHo**, das bis Ende des 19. Jh. Industriegebiet war und in den 1960er-Jahren von jungen Künstlern in ein heute sehr kostspieliges Wohngebiet verwandelt wurde. Sehr schön sind auch die Häuser in **Greenwich Village**. Auf dem viereckigen **Washington Square** mit seinen Gartenanlagen befindet sich der **Washington Square Arch**. Dieser Triumphbogen aus Marmor wurde Ende des 19. Jh. zum 100. Jubiläum der ersten Präsidentschaftswahlen errichtet.

316-317 - Die Lichter des Times Square.

317 - Das Empire State Building in Manhattan.

In **Midtown**, im Norden Lower Manhattans, ragen die symbolischen Wolkenkratzer auf: das **United Nations Headquarter** *(United Nations Plaza, http://visit.un.org, geöffnet 9–16.45 Uhr)*, das 449 m hohe **Empire State Building** *(350 Fifth Avenue, www.esbnyc.com, geöffnet 8 Uhr morgens bis 2 Uhr nachts)*, 1931 im Art-Déco-Stil aus Kalkstein erbaut, und das **Rockefeller Center**, ein Mosaik aus Wolkenkratzern, dessen Realisierung ab 1930 von dem berühmten Industriemagnaten betrieben wurde, mit Geschäften, Cafés, Büros, einer Eislaufpiste und dem **Top of the Rock**, der Aussichtsterrasse im 70. Stock *(geöffnet 8–24 Uhr; www.rockefellercenter.com)*. Der Komplex geht auf die Fifth Avenue hinaus, die berühmteste Straße des Planeten, das Herz der Designerboutiquen, ganz nah beim **Times

Square**, dem von den großen berühmten Theatern des **Broadway** umschlossenen Platz. Berühmt sind auch die Museen, die entlang der Museum Mile angesiedelt sind, dem Abschnitt der Fifth Avenue, wo sich Einrichtungen wie das MET befinden, das **Metropolitan Museum of Art**, das seit 1880 als das größte des Abendlandes angesehen wird: Es besitzt eine Sammlung von mehr als zwei Millionen Exponaten, die im Wechsel ausgestellt werden, darunter altägyptische und griechisch-römische Meisterwerke, Gemälde großer italienischer Meister, flämischer Maler sowie Gemälde von Dégas, Cézanne, Renoir, Van Gogh *(1000 Fifth Avenue, www.metmuseum.org, Öffnungszeiten des Hauptgebäudes: Di–Do 9.30–17.30 Uhr, Fr u. Sa 9.30–21 Uhr, So 9.30–17.30 Uhr, Mo geschlossen)*. Dann

gibt es hier noch das **Guggenheim** in dem berühmten, Ende der 1950er-Jahre von Frank Lloyd Wright entworfenen Gebäude, dessen Schwerpunkt Kubismus, Abstrakte Kunst, Expressionismus, Dadaismus und Surrealismus sind *(1071 Fifth Avenue, www.guggenheim.org, geöffnet 10–17.45 Uhr, Sa 10–19.45 Uhr, Do geschlossen)*; die sehr kleine, aber wunderschöne **Frick Collection** mit Porzellan aus China und Sèvres, französischen Möbeln und Gemälden von Tizian, Rembrandt, El Greco und Picasso *(Fifth Avenue-1 East 70th Street, www.frick.org, geöffnet 10–18 Uhr, So 11–17 Uhr, Mo geschlossen)*; das **Whitney Museum of American Art** mit 12.000 Werken amerikanischer Künstler vor allem aus dem 20. Jh., von Calder bis zur weltweit größten Sammlung von Hoppers Werken; 2015 wird das Museum ins Meatpacking District in ein neues, von Renzo Piano entworfenes Gebäude umziehen *(945 Madison Avenue, http://whitney.org, geöffnet 11–18 Uhr, Fr. 13–21 Uhr, Mo. u. Di. geschlossen)*. Nicht zu vergessen das **MoMa, The Museum of Modern Art** mit seinen ca. 150.000 Exponaten von Kubisten wie Picasso bis zu den Surrealisten (Dalí), abstrakten Malern (Mondrian) und großen Genies der Pop Art wie Andy Warhol *(11 West 53th Street, www.moma.org)*. Und nun auf einen Sprung in den Central Park, der großen grünen Lunge im Herzen Manhattans (vom Eingang hinter der **Sixth Avenue** sind Statuen amerikanischer Nationalhelden zu sehen; *www.centralpark.com*), und vielleicht noch auf einen Ausflug in einem der Helikopter, die von den **East River Piers** starten *(www.libertyhelicopters.com)*, oder auf einen Spaziergang auf der **High Line**, der ehemaligen Hochbahntrasse für Güterzüge, die jetzt begrünt und voller Bäume als Parkanlage für Fußgänger zugänglich ist, *(http://www.thehighline.org)*. Der anziehendste Punkt in diesem Teil Manhattans ist das **Meat Packing District**, ein sehr in Mode gekommener Bezirk, in dessen alten Schlachthäusern sich heute preisgekrönte Restaurants wie das **STK House** befinden, *(www.stkhouse.com)*; ein Abendessen kann hier leicht 100 Dollar kosten.

Einkaufen in New York

Quer durch das Herz von Manhattan verläuft die berühmteste Einkaufsmeile der Welt, die ***Fifth Avenue****. Hier findet man sämtliche Modeschöpfer und Juweliere, einschließlich des sagenumwobenen* ***Tiffany & Co.*** *an der Ecke 57th Street* (www.tiffany.com). *Eine Institution sind auch die großen Lagerhallen von* ***Barneys*** (660 Madison Avenue, www.barneys.com) *und* ***Macy's*** (verschiedene Geschäfte, www.macys.com). *Um technische Produkte zu erwerben, geht man zum* ***Apple Store****, einem gläsernen Würfel auf der Fifth Avenue Nr. 767, der nie geschlossen hat* (www.apple.com/retail/fifthavenue). *Dann gibt es hier das ganz auf Spielwaren spezialisierte* ***FAO Schwarz*** (767 Fifth Avenue, www.fao.com) *und ständig neue Geschäfte in* ***Chelsea*** *und* ***SoHo****. Ganz der italienischen Kochkunst verschrieben hat sich der Gastronomietempel* ***Eataly*** *in der 200 Fifth Avenue* (http://eatalyny.com), *bereits jetzt ein Phänomen auf dem von Restaurants und Weinhandlungen umschlossenen Marktgelände. Neu sind auch die bei den Stars beliebte Boutique* ***Allan & Suzi*** (237 Centre St., www.allanandsuzi.net) *und der Laden* ***By Brooklyn****, in dem man vom Bonbon bis zum Kochbuch ausschließlich in diesem Viertel gefertigte Produkte findet* (261 Smith St., http://bybrooklyn.com).

318 OBEN - DAS ROCKEFELLER CENTER.

318 MITTE LINKS - EINGANGSBEREICH DES MET.

318 MITTE RECHTS - DER EINGANG ZUM MOMA.

318 UNTEN - DAS GUGGENHEIM MUSEUM.

319 OBEN - DER CENTRAL PARK IM HERBST.

319 UNTEN - TIFFANY AUF DER 5TH AV.

Events

New York City Marathon: *Die berühmteste Laufveranstaltung der Erde (am 1. Sonntag im November) lockt jedes Jahr endlose Menschenströme an. Er wird seit 1970 veranstaltet und verläuft quer durch die fünf großen Stadtgebiete.* Info: www.nycmarathon.org

St. Patrick's Day in New York: *Am Tag des Heiligen Patrick von Irland, dem 17. März, scheint sich New York in ein Märchen zu verwandeln. Die Parade geht auf das Jahr 1762 zurück und ist die größte der Welt, mit Motivwagen, Masken, Dudelsackspielern und in Strömen fließendem Bier.* Info: http://nycstpatricksparade.org

Patriots' Day in Boston: *Den Jahrestag des Beginns des Amerikanischen Unabhängigkeitskriegs feierte man ursprünglich am 19. April; im Jahr 1969 wurde das auf den 3. Montag des Monats verlegt. Am selben Tag findet seit mehr als 100 Jahren der* **Boston-Marathon** *statt, der wichtigste nach dem von New York.* Info: www.baa.org

Memorial Day in Washington: *Die Gedächtnisfeier für die gefallenen amerikanischen Kriegshelden. Die Parade mit Konzerten, Ansprachen und Festlichkeiten, die vor allem auch Kriegsveteranen einbezieht, findet am 30 Mai statt. Ausgangspunkt ist die Kreuzung Constitution Avenue / 7th Street.* Info: www.nationalmemorialdayparade.com

BOSTON ***(2 Tage)***

Mit dem Auto dauert es keine viereinhalb Stunden (auf der I 95 N und der I 90 E in nordöstlicher Richtung), um von New York nach **Boston** zu gelangen, der Hauptstadt von Massachusetts, der aristokratischsten, intellektuellsten und europäischsten Stadt der Vereinigten Staaten. Unter den großen Städten ist eher klein – alles ist sehr nahe beieinander und leicht zu besuchen. Häuser aus roten Ziegelsteinen, von Bäumen gesäumte Alleen, historische Gebäude, die von modernen Handelszentren und Spiegelglasarchitektur flankiert sind: Am besten kann man alles auf dem **Freedom Trail** erkunden, dem von einer fortlaufenden roten Linie markierten Weg der Freiheit, der zu den 16 Orten führt, welche die Geschichte der Stadt und der Nation

geschrieben haben. Startet man am **Boston Common**, dem ältesten öffentlichen Park Amerikas, ist der erste Anlaufpunkt das State House, der Regierungssitz, in dem von Montag bis Freitag in 45-minütigen Führungen die Geschichte erläutert wird *(24 Beacon St., www.sec.state.ma.us/trs, www.thefreedomtrail.org/visitor/state-house.html)*. Weiter geht es zur **Park Street Church**, der vom Architekten Peter Banner im 19. Jh. entworfenen Kirche *(1 Park Street, www.parkstreet.org)*, der **Faneuil Hall** aus dem 18. Jh., in der die Urväter der Nation ihr Recht auf Freiheit deklarierten *(www.faneuilhallmarketplace.com, geöffnet 9–17 Uhr, So 11–18 Uhr)*, und zu anderen Orten, deren Besuch die geschichtlich Interessierten nicht versäumen sollten *(www.thefreedomtrail.org)*. Auch die **Newbury Street** sollte man sich nicht entgehen lassen, die elegante Shoppingmeile, und **Beacon Hill**, das Stadtviertel mit dem Kopfsteinpflaster, den Gaslaternen und Backsteinhäusern, von denen viele noch aus dem 18. Jh. stammen und zu besichtigen sind, wie z.B. das **Otis House**, das anschaulich den hohen Lebensstandard im Boston jener Epoche illustriert *(141 Cambridge Street, www.historicnewengland.org/historic-properties/homes/otis-house, geöffnet Mi–So von 11–17 Uhr)*. Unter geschichtlichem Aspekt ist auch das Gebäude **John Fitzgerald Kennedy National Historic Site** in der Vorstadt Brookline interessant, wo der berühmteste Präsident in der Geschichte der USA im Jahre 1917 das Licht der Welt erblickte *(83 Beals Street, www.nps.gov/jofi/index.htm, Mi.–So. 9.30–17 Uhr)*. Dem 35. amerikanischen Präsidenten sind auch das **John F. Kennedy Presidential Library and Museum gewidmet** *(www.jfklibrary.org, geöffnet 9–17 Uhr)*, in dem Texte, Tonmitschnitte, Fotografien, Dokumente und diverse Memorabilien ausgestellt sind, in einem vom Architekturstudio I.M. Pei & Partners entworfenen Gebäude. Ein weiterer großer Architekt, Frank Gehry, hat das Stata Center des **MIT** entworfen, des namhaften **Massachusetts Institute of Technology** in Cambridge, das unmittelbar neben dem Charles River liegt, wo sich auch eine der berühmtesten amerikanischen Universitäten befindet, nämlich Harvard. Die Museen zeugen auch davon, welche Bedeutung Geschichte und Kultur hier haben. Das erste ist das **Isabella Stewart Gardner Museum**, das seit 1917 Meisterwerke aus dem antiken Rom bis hin zu solchen aus dem 19. Jh. beherbergt *(280 The Fenway, www.gardnermuseum.org, geöffnet Mi.–Mo. 11-17 Uhr, Do. bis 21 Uhr)*. Wir gehen weiter zum **Institute of Contemporary Art** (ICA), in einem von Diller Scofidio + Renfro konzipierten Gebäude mit einem spektakulären Ausblick aufs Wasser, das große Ausstellungsflächen den Werken zeitgenössischer Künstler widmet *(100 Northern Avenue, www.icaboston.org)*. Dann das **Museum of Fine Arts** *(Avenue of the Arts, 465 Huntington Avenue, www.mfa.org)*, eines der bedeutendsten Museen der USA, mit seiner Sammlung von Objekten aus dem alten Ägypten und Asien, aus Ozeanien bis zur Welt der Maya, und schließlich Werken der großen Künstler des 20. Jh.s wie Pollock und Hopper.

320-321 - Der Financial District von Boston.

321 oben - Der Quincy Market in Boston.

321 mitte oben - Eine Gasse in Beacon Hill.

321 mitte unten - Die JFK Library.

321 unten - Das Museum of Fine Arts in Boston.

WASHINGTON *(2/3 Tage)*

Die Hauptstadt der Vereinigten Staaten (von New York aus in viereinhalb Stunden mit dem Auto über die I-95 S in südwestlicher Richtung zu erreichen) wurde 1791 auf einem von den Staaten Maryland und Virginia abgetretenen Gebiet gegründet. Tatsächlich gehört Washington keinem Bundesstaat an, sondern ist ein Bundesdistrikt, der eigens dafür geschaffen wurde, den Regierungssitz zu beherbergen: der **District of Columbia** (daher der Name **Washington D.C.**). Diese Metropole ist Sitz des Kongresses, des Obersten Gerichtshofes und der offiziellen Residenz des Präsidenten, des **Weißen Hauses**, das seit 1902 so genannt wird und sich in einem eleganten neoklassizistischen, in der ganzen Welt bekannten Gebäude befindet. Man kann es nach vorheriger schriftlicher Anfrage bei der eigenen Botschaft besichtigen *(www.whitehouse.gov, geöffnet 7.30–11, 12 oder 13 Uhr, je nach Tag)*. Diese symbolträchtigen Gebäude sind alle in und um die **National Mall** herum angeordnet, einem drei Kilometer langen grünen Teppich, auf dem auch die wichtigsten Museen der Hauptstadt zu finden sind: das **National Museum of Natural History** *(10th Street und Constitution Avenue, www.mnh.si.edu, geöffnet 10–17.30 Uhr)*, Sitz einer der wichtigsten amerikanischen naturkundlichen Sammlungen mit mehr als 125 Millionen Exponaten, darunter der größte blaue Diamant der Welt (45 Karat), das **National Museum of American History** *(14th Street und Constitution Avenue, www.americanhistory.si.edu, geöffnet 10–17.30 Uhr)*, das sich der amerikanischen Kultur und ihrem Ausdruck in Kultur, Technologie und Wissenschaft widmet, das **National Museum of the American Indian** *(4th Street und Independence Avenue, www.nmai.si.edu, geöffnet 10–17.30 Uhr)*, einer der drei Standorte des Museums (die anderen befinden sich in Manhattan und Maryland), mit einer Sammlung von 800.000 Objekten von 900 Indianerstämmen. Man bräuchte viel Zeit, um sich alle anderen Museen auf der Mall, vom **National Air and Space Museum** *(www.nasm.si.edu)* bis zum **Hirshhorn** *(www.hirshhorn.si.edu)* anzusehen, doch auf keinen Fall sollte man die **National Gallery of Art** *(verschiedene Eingänge, www.nga.gov, geöffnet 10–17 Uhr, So 11–18 Uhr)* mit ihren Werken aus dem 13. bis 20. Jh. und den zeitgenössischen Werken in der neuen, von I.M. Pei entworfenen Abteilung versäumen. Es gibt hier eine schier endlose Reihe von Werken alter europäischer Meister bis zur Abteilung mit Werken genialer Künstler des 20. Jh., an erster Stelle Picasso. Man braucht auch etwas Zeit, um sich die Denkmäler im **Memorial Park** anzusehen, der an der Mall beginnenden ebenen Grünfläche. Zu den wichtigsten zählen das **Washington Monument** *(www.nps.gov/wamo, Öffnungszeiten im Sommer 9–22 Uhr, im Winter 9–17 Uhr)*, das **Lincoln Memorial** *(www.nps.gov/linc, geöffnet 9.30–23.30 Uhr)* und daran angrenzend das **Vietnam Veterans Memorial** *(www.nps.gov/vive, geöffnet 9.30–23.30 Uhr)*. Man sollte auch nicht versäumen, einen Spaziergang über den Capitol Hill zu machen, den Hügel im Osten der Mall, auf dem sich das **United States Capitol** mit seiner Architektur im Stil des Klassizismus des 18. Jh., dessen weiße Kuppel die Stadt dominiert, Sitz von Repräsentantenhaus und Senat *(www.visitthecapitol.gov, geöffnet Mo.–Sa. von 8.30–16.30 Uhr)*. Im Norden der Mall liegt Downtown, das alte, dank eines städtebaulichen Wiederbelebungsplans neu geborene Viertel ist faszinierend und voller Kultur. Hier lohnt ein Besuch des **Newseum**, des innovativen Journalismus-Museums *(555 Pennsylvania Avenue, www.newseum.org, geöffnet 9–17 Uhr)*, und der **National Portrait Gallery**, in der Porträts von den ersten Entdeckern bis zu den amerikanischen Präsidenten ausgestellt werden *(8th und F Street, www.npg.si.edu, geöffnet 11.30–17 Uhr)*. Schließlich kommt man ins Stadtviertel Dupont Circle in viktorianischem Stil. Hier befindet sich der Hauptsitz der **National Geographic Society** *(17th und M Street, www.nationalgeographic.com)*; im selben Gebäudekomplex gibt es ein **Museum** *(geöffnet 10–18 Uhr)* und einen Laden *(geöffnet von 9–17 Uhr)*. Die letzte Station ist der Stadtteil **Georgetown** im Westen des Dupont Circle, eine Art amerikanisches Montmartre, der auf das 18. Jh. zurückgeht, als Washington noch nicht gegründet war; ein Klassiker zum Shoppen und für angesagte Lokale. In einem dieser Häuser der N Street aus dem 19. Jh. lebte John F. Kennedy mit Jacqueline vor seiner Wahl zum Präsidenten.

Übernachten

€€€€€ Gramercy Park Hotel (New York). Ein Luxushotel im Herzen Manhattans im Neorenaissance-Stil. Pluspunkte sind die beliebte Bar Rooftop mit ihren von Kunstwerken geschmückten Wänden (darunter Botero und Warhol) und das Restaurant Maialino, dessen Stil von römischen Trattorien inspiriert wurde.
Info: 2 Lexington Avenue, Tel. 212.9203300, www.gramercyparkhotel.com

€€€€ W Washington D.C. (Washington). Wenige Schritte vom Weißen Haus entfernt befindet sich die extravaganteste Suite der Stadt, der Philosophie der „W-Starwood"-Kette entsprechend völlig durchgestylt. Hier haben schon Präsidenten, Künstler und Schauspieler residiert.
Info: 515 15th Street NW, Tel. 202.6612400, www.wwashingtondc.com

€€€-€€€€ Nine Zero (Boston). Dieses Boutique-Hotel mit 190 Zimmern befindet sich in Downtown Boston. Zu den bewährten Dienstleistungen gehören das In-Room Spa (Massage auf dem Zimmer), und zum Abendessen sollte man das **KO Prime** ausprobieren, eine moderne und edle Ausführung des alten amerikanischen Steakhauses. *Info: 90 Tremont Street, Tel. 617.7725800, www.ninezero.com*

Essen

€€ Old Homestead Steakhouse (New York). Im berühmtesten Steakhaus der Stadt, das 1868 gegründet wurde, ist das Fleisch ganz strikt Kobe-Beef: das teuerste, zarteste und wohlschmeckendste Rindfleisch der Welt (von ursprünglich aus Japan stammenden Tieren, die jetzt auch in den USA gezüchtet werden). Filet oder Hamburger, es lohnt sich auf jeden Fall.
Info: 56 9th Ave., Tel. 212.2429040, www.theoldhomesteadsteakhouse.com

€€ Toro (Boston). Das trendigste spanische Restaurant Bostons. Für Pizza und mediterrane Gerichte muss man allerdings ins Coppa gehen: beide werden vom gleichen Chef (und Inhaber) geleitet, Ken Oringer, dem aufgehenden Stern an Bostons Gastronomiehimmel. *Info: 1704 Washington Street, Tel. 617.5364300, http://toro-restaurant.com*

€€ The Oval Room (Washington). Um von der modernen amerikanischen Küche (mit mediterranen Einflüssen) zu kosten, ist dies eine schicke, nur zwei Minuten vom Weißen Haus entfernte Adresse. Von Clinton bis Bush haben schon viele Präsidenten hier gespeist. *Info: 800 Connecticut Avenue, Tel. 202.4638700, www.ovalroom.com*

Nachtleben

Blue Note (New York). Hier haben schon alle großen Jazzmusiker der Welt gespielt. Angesichts des Erfolgs des Clubs in Manhattan wurden in Tokio, Mailand und Nagoya drei weitere Niederlassungen eröffnet. *Info: 131 W. 3rd Street, www.bluenote.net*

Harpoon Brewery (Boston).
Eine der Spezialitäten von Massachusetts ist das Bier. Die Brauerei an der Northern Avenue zählt zu den guten Adressen: Seit 1986 werden verschiedene Biere, darunter UFO-Hefeweizen, in limitierter Produktion hergestellt. Man kann an Führungen und Verkostungen teilnehmen. *Info: 306 Northern Avenue, www.harpoonbrewery.com*

Busboys & Poets (Washington)
Der Name ist Programm: Restaurant, Bücherei, Bühne, Bar. Ein vielseitiger Club, erschaffen von einem amerikanisch-irakischen Künstler. Während man seinen Drink nimmt, kann man Poesie oder politischen Debatten lauschen. Es gibt einige Filialen, diese hier ist die historische Adresse: Busboys @ 14th & V. *Info: 2021 14th Street, www.busboysandpoets.com*

Weitere Informationen: NYC & Company, www.nycgo.com; Massachussetts Tourismus, www.massvacation.de; Visitors Information Center Washington, www.washington.org

322 OBEN - DAS WEISSE HAUS IN WASHINGTON.

322 UNTEN - SMITHSONIAN CASTLE AN DER MALL.

333 OBEN - DAS LINCOLN MEMORIAL.

333 UNTEN - DAS KAPITOL.

Miami und die Florida Keys – *USA*

Vom Lieblingsort amerikanischer Pensionäre, die vom ganzjährig günstigen Klima angelockt werden, zur urbanen Wiege avantgardistischer Kunstbewegungen, die weltweit ihresgleichen suchen. Miami hat sich in weniger als 30 Jahren gehäutet, doch die Umgebung des Staates Florida ist sich treu geblieben und hat auf den Florida Keys noch immer wundervolle Naturschauspiele zu bieten.

Nach Miami, in die Metropole Floridas zu reisen heißt, sich kopfüber ins Unbekannte zu stürzen. Am besten sieht man sich alles auf einmal an und beginnt mit **Downtown Miami**. Dazu fährt man auf der Straße, die vom Flughafen zum Meer führt. Sie geht weiter an den großen Wohnhäusern des Ocean Drive in **Miami Beach** vorbei, den prächtigen Wohnsitzen, die ihre Eigentümer und ihr Äußeres mit unglaublicher Geschwindigkeit wechseln. Nicht anders ist es in den südlicheren Vierteln der Stadt, wie z.B. **Coconut Grove** oder **Key Biscane**, die zwar ruhiger sind, doch auch stets die aktuellste Entwicklung mitmachen. Fährt man von Miami aus den gesamten Archipel der **Florida Keys** entlang, erreicht man die von Hemingway und Truman so geliebte, sagenumwobene Stadt **Key West**. Jede der Inseln rühmt sich eines guten Grundes für die Touristen, hier Station zu machen. Doch die wahre Hauptdarstellerin ist hier immer noch die Natur: die Delfine, mit denen man in Key Largo zusammen baden kann, die tropischen Wälder von Marathon und das Damwild von Big Pine Key. Die Stadt Key West legt da ungeachtet ihrer langen und häufig unruhigen Geschichte einen entspannteren Rhythmus an den Tag. Der Einfluss der Karibik ist in der südlichsten Stadt der Vereinigten Staaten tatsächlich noch wahrnehmbar; außerdem liegt Miami kaum 250 km entfernt.

Fortbewegung: *Der Miami International Airport* (www.miami-mia.com) *ist mit den wichtigen europäischen Flughäfen und allen Metropolen der USA durch Direktflüge verbunden. Am schnellsten gelangt man von hier mit dem Minibus von Super Shuttle* (www.supershuttle.com) *an jeden Ort in der Stadt. Alternativ kann man auch den Stadtbus von Miami nehmen, der am Flughafen verschiedene Haltestellen anfährt. Am Airport gibt es Niederlassungen der wichtigsten internationalen Autoverleihfirmen, u.a. Alamo* (www.alamo.com) *und Avis* (www.avis.com). *Einen Wagen zu mieten, ist vor allem für diejenigen praktisch, die eine richtige Tour durch Florida planen; es gibt hier ein funktionierendes, meist nicht besonders stark befahrenes Straßennetz.*

Währung: *Die offizielle Landeswährung der USA ist der Dollar.*

MIAMI ***(3 Tage)***

Vom Miami International Airport aus muss man dem Highway 953 nur 5 km weiter in südöstliche Richtung folgen, um nach **Downtown Miami** zu gelangen. Diese Gegend wird nicht stark von Touristen frequentiert, die hauptsächlich von der Leuchtreklame der großen Hotels und trendigen, aufs Meer hinausgehenden Lokalen angezogen werden, doch genau

hier schlägt das Herz der Stadt. Man muss nicht weit gehen, es genügt schon, die **Flagler Street** hinabzulaufen, die Hauptader des Viertels: Zwischen kitschig anmutenden Wohnhäusern aus den 1920er- und 1930er-Jahren und einer langen Reihe von Discountern, die von der Zeit erzählen, in der diese Straße einmal die Anlaufstelle für Menschen gewesen ist, die von Zentral- und Südamerika auf der Suche nach Waren, die in den jeweiligen Ländern nicht zu finden waren, bis in die USA kamen, befindet sich das **Historical Museum of Southern Florida** *(101 West Flagler Street, www.historymiami.org, geöffnet Di–So 10–17 Uhr)*. Besonders interessant sind die Abteilungen, die sich den ersten europäischen Ansiedlungen im 16. Jh. widmen, die im 18. Jh. gezeichnete präzise Landkarte des Staates Florida, und die Rekonstruktion der wechselhaften Geschichte heute im Vordergrund stehender Viertel wie Miami Beach und der Art Déco District. Unter der gleichen Adresse befindet sich in einem gesonderten Gebäudekomplex das **Miami Art Museum** *(101 West Flagler Street, www.miamiartmuseum.org, geöffnet Di–So 10–17 Uhr)*, das sich der modernen und zeitgenössischen Kunst widmet und sich als gemeinschaftliches Kunstzentrum für die unterschiedlichen Kulturen versteht, die in Miami zu finden sind: Die Museumsleitung veranlasst alle vier Monate einen Austausch der ausgestellten Stücke, nur die bunten Gemälde von Damien Hirst, einige Skizzen von Christo und die Werke des kubano-amerikanischen Konzeptkünstlers Felix Gonzalez Torres werden ständig ausgestellt. In derselben Straße befindet sich das **Gusman Center for the Performing Arts** *(174 East Flagler Street, www.gusmancenter.org, geöffnet Di–So 10–17)*, ein großes Theater in vage maurischem Stil, das in den 1920er-Jahren gebaut wurde und in einer Führung auch außerhalb der Vorstellungen besucht werden kann. In 15 km auf dem Dolphin Expressway gelangt man nach Miami Beach. Die Insel vor der Stadt hat sich vom bepflanzten Plantagengebiet zum Sinnbild gewandelt. Über die MacArthur Causeway, eine der fünf Brücken, die Miami Beach mit dem Festland verbinden, kommt man nach South Beach, dem beeindruckendsten Bereich der Insel. Hier beginnt der **Ocean Drive**, die Straße, die nur eine Reihe von Palmen und ein schmaler Streifen Sand vom Atlantischen Ozean trennt und auf der sich die großen Hotels, Lokale und die Villen der Promis zeigen. Zwischen dem Ocean Drive und der Klenox Avenue erstreckt sich der **Miami Beach Art Déco Historic District**: mehr als 1000 Gebäude im Art-Déco-Stil auf einem ca. 2 qkm großen Gebiet, die alle in den 1920er- und 1930er-Jahren gebaut wurden, nachdem ein Hurrikan die vorherigen Holzhäuser hinweggefegt hatte. Das **Art Déco Welcome Center** organisiert Führungen zu Fuß *(1001 Ocean Drive, www.mdpl.org, Öffnungszeiten Mo–Sa 10–16 Uhr)*, die komfortabelste Einführung in diese außergewöhnliche Welt aus pastellfarbenen Häusern.

324-325 - Die Skyline von Miami.

In unmittelbarer Nähe der benachbarten **Washington Avenue** liegt der **Española Way** in klassisch mediterranem Stil, auf dem sich Ende der 1930er-Jahre die Künstler versammelten, und noch immer glaubt man, zwischen diesen Gebäuden sei die Rumba zur Mode geworden. Etwas weiter weg kann man das **Wolfsonian-FIU** besuchen *(1001 Washington Avenue, www.wolfsonian.org, geöffnet 12–18 Uhr, Fr 12–21 Uhr, Mi. geschlossen)* mit 70.000 aus ganz Amerika und Europa stammenden Kunstobjekten und Handwerksprodukten von Ende des 19. bis Anfang des 20. Jh. Eine bedeutende Auswahl von zeitgenössischen Kunstwerken lokaler Maler, Bildhauer und Fotografen findet man im **Art Center of South Florida** *(924 Lincoln Road, www.artcentersf.org, Öffnungszeiten Mo–Mi 10–22 Uhr, Do–So 13–23 Uhr)* nur wenige Hundert Meter nördlich. Die weniger überfüllten Strände befinden sich im nördlichen Teil der Insel, darunter **Surfside** und **Bal Harbour,** Ziel von Touristen und schicken Gästen, die der extremen Weltlichkeit des Ocean Drive weniger zugetan sind. Alsdann kehrt man über den Sunny Isle Causeway auf das Festland zurück, um die **Ancient Spanish Monastery** zu besuchen *(16711 West Dixie Highway, www.spanish-monastery.com, geöffnet Mo–Sa 10–17 Uhr)*, ein mittelalterliches spanisches Kloster, das 1925 auf Wunsch von Willian Randolph Hearst von der Iberischen Halbinsel in die Vereinigten Staaten transferiert und in den 1950er-Jahren endgültig wieder aufgebaut wurde. Am südlichen Ende der Stadt liegt **Coconut Grove**, die älteste Ansiedlung der Metropole, einst berühmt für ihr künstlerisches Ambiente, heute jedoch durch die großer Einkaufszentren und modischen Cafés bekannt. Hier steht die **Villa Vizcaya**, ein grandioses Domizil im Stil der italienischen Renaissance, im Jahre 1916 von dem Industriellen James Deering erbaut und heute Sitz des **Vizcaya Museum & Gardens** *(3251 South Miami Avenue, www.vizcayamuseum.com, geöffnet Mi–Mo 9.30–16.30 Uhr)*. Die Villa ist mit Möbeln aus dem 15.–18. Jh. eingerichtet, mit Wandbehängen, Gemälden und kostbaren Dekorationsobjekten ausgestattet, und auf dem sich bis zum Meer erstreckenden Grundstück sind prachtvolle englische Gärten mit Brunnen, Skulpturen, zauberhaften Pavillons und Kanälen angelegt. Wenige Schritte trennen die Villa vom

Miami Museum of Science *(3280 South Miami Avenue, www.miamisci.org, geöffnet 10–18 Uhr)*, dessen interessante interaktiven Ausstellungen sich mit atmosphärischen Phänomenen des Universums und mit den Korallenriffs beschäftigen. Zu dem Komplex gehört auch das **Wildlife Center**, das Wildtiere und Raubvögel aus dem südlichen Florida aufnimmt, und das große **Planetarium**. Vor Coconut Grove sieht man die Insel **Key Biscane**, die man auch mit dem Auto über den 6,4 km langen Rickenbacker Causeway erreichen kann, der ein paar Hundert Meter nördlich von der Villa Vizcaya verläuft. Bevor man Key Biscane erreicht, kann man noch auf der kleinen Insel **Virginia Key** Halt machen, wo das **Miami Seaquarium** liegt *(4400 Rickenbacker Causeway, www.miami-seaquarium.com, geöffnet 9.30–18 Uhr)*, das einen riesenhaften Schwertwal beherbergt und ein Bassin für Schutz und Pflege von Seekühen aufweist. In dem beschaulichen Wohngebiet Key Biscane kann man an den ruhigsten Stränden der Region von Great Miami entspannen. Den Komfort eines gesicherten Sandstrandes kann man am 1 km langen **Crandon Park** Beach direkt vor dem Crandon Boulevard genießen; man kann jedoch auch 5 km weiter zum Golden Beach gehen, der sich jenseits der letzten Sonnenschirme über einem Küstenabschnitt erstreckt, an dem es nicht selten vorkommt, dass man in Gesellschaft von Delfinen und Seekühen ins Wasser taucht, die nahe an das Ufer herankommen. Am Ende des **Crandon Boulevards** befindet sich die **Bill Baggs Cape Florida State Recreation Area** *(www.floridastateparks.org/capeflorida, geöffnet 8 Uhr bis Sonnenuntergang)*, ein 16 qkm großes Erholungs- und Naturschutzgebiet, wo sich unter anderem der Leuchtturm **Cape Florida Lighthouse** zeigt. Der 1845 auf den Überresten eines gleichartigen Gebäudes neu aufgebaute Leuchtturm ist 25 m hoch, und in Begleitung eines Parkrangers kann man ihn sogar besichtigen *(8 Uhr bis Sonnenuntergang)*.

AUSFLUG IN DIE EVERGLADES

Ein „Grasmeer", so lautet der Beiname des **Everglades National Park**, der sich 6000 qkm über das südliche Florida erstreckt *(www. nps.gov/ever)*. Der charakteristischste Bereich des Parks ist 60 km von Miami entfernt, und man erreicht ihn, wenn man die US 1 bis **Homestead** fährt, von wo man über den Highway 9336 ans Ziel gelangt. Um an einem einzigen Tag ein erschöpfendes Bild von dem Gebiet zu bekommen, empfiehlt es sich, der Straße zu folgen, die vom **Ernst F. Coe Visitor Center** am Eingang zum Schutzgebiet ausgeht *(40001 State Road, Homestead, www.nps.gov/ever/planyourvisit/coedirections.htm, Öffnungszeiten 8–17 Uhr)* und sich bis zum Küstenort Flamingo zieht. In 61 km hat man das Kanalnetz und die unendlichen Weiten des Sumpfgebiets durchquert, das hie und da von Kiefernwäldern, Palmen und dem Bursera simaruba (Weißgummibaum oder Amerikanischer Balsam) mit der charakteristischen roten Baumrinde unterbrochen wird. Gleich hinter dem Visitor Center beginnt der **Anhinga Trail**, ein ca. 1 km langer Wanderweg, auf dem man nicht selten auf Alligatoren und Schildkröten stößt, und der **Gumbo Limbo Trail**, der wegen der Vielfalt der an seinen Rändern vorkommenden Pflanzen vor allem für Botaniker interessant ist. Am **Flamingo Visitor Center** *(Tel. 239.6952945, Öffnungszeiten 7.30–17 Uhr)* kann man Kanus und Kajaks leihen, um sich in absoluter Freiheit in den Park zu wagen. Vom angrenzenden kleinen Hafen legen hingegen die Boote zu Minikreuzfahrten ab, die einen zu den von Mangroven bedeckten Buchten **Coot Bay** und **Whitewater Bay** neben der faszinierenden Sandbank **Cape Sable** bringen.

326 OBEN - DER ESPAÑOLA WAY IN MIAMI.

326 UNTEN - VILLA VIZCAYA IN COCONUT GROVE.

327 OBEN - EIN TURM DER STRANDWACHT IN MIAMI BEACH.

327 UNTEN - DIE EVERGLADES.

Nächte in Miami

In Miami lautet die Parole, sich zu vergnügen. Zu den beliebtesten Zielen der Nachtschwärmer gehören die ***Sky Bar*** *auf der Rückseite des* ***Shore Club Hotels****, die in verschiedene Bereiche aufgeteilt ist, darunter ein marokkanischer Patio mit Betten, Sofas und Sitzkissen, die* ***Sand Bar*** *am Strand und die* ***Rum Bar*** *neben dem Schwimmbad* (1901 Collins Avenue, Tel. 305.6953288). *Ein weiteres Lieblingslokal der Promis ist die* ***Mynt Ultra Lounge*** (1921 Collins Avenue, www.myntlounge.com) *mit minzfarbenen Wänden und einer Anlage, die wohlriechende Essenzen verteilt. Weniger versnobbt geht es im* ***Snatch*** *zu* (1437 Washington Avenue, Tel. 305.6043644), *das den großen Rocklegenden huldigt: Spiegel mit Porträts von Jim Morrison und Axl Rose, Billardtische und Plüschsofas. Auch im* ***Automatic Slim's*** (1216 Washington Avenue, www.automaticslim.com) *hat man Spaß, ohne zu den Berühmtheiten zu gehören. Hier tanzt man zu Rock, Hip-Hop und Funk. Wer die karibischen Rhythmen bevorzugt, geht ins* ***Hoy Como Ayer*** (2212 SW 8th Street, Tel. 305.5412631), *den Tempel für Liebhaber der kubanischen Live-Musik. In Downtown geht man ins* ***Space*** *– eine Fabrik, die in einen Mega-Club mit drei Bereichen umgewandelt wurde* (34 NE 11th Street, www.clubspace.com) *– oder ins* ***Nocturnal*** (50 NE 11th Street, www.nocturnalmiami.com), *einen Club, in dem man auf drei Ebenen tanzen kann, sogar auf dem Dach des Gebäudes.*

328 - LUFTANSICHT DER FLORIDA KEYS.

DIE FLORIDA KEYS *(3 Tage)*

Die Reise von Miami nach Key West, der südlichsten Stadt der USA, ist mit 250 km auf der US 1 recht kurz, gemessen an den üblichen Entfernungen in den Vereinigten Staaten. Die Reiseroute führt auf ihrem höchsten Abschnitt über die langen Brücken über das Meer. Allerdings gibt es zahlreiche „obligatorische" Zwischenstationen auf dem Weg. Auf Key Largo besucht man den **John Pennekamp Coral Reef State Park** *(MM 102,6 Oceanside, www.pennekamp_park.com, geöffnet 8 Uhr bis Sonnenuntergang)*, zu dem eine 202 qkm große Fläche mit Korallenriffen gehört. Ein Schauspiel, das man vom Bord eines kleinen Bootes mit am Boden eingelassenen Fenstern aus genießen kann, oder indem man selbst mit Maske und Mundstück durch die Korallenwände schwimmt, die den Eindruck erwecken, als ob sie aus der Wasseroberfläche auftauchen wollten. Um im offenen Meer mit den Delfinen zu baden, muss man sich zur **Dolphin Cove** begeben *(MM102 Bayside, www.dolphinscove.com, geöffnet 8–17 Uhr)*, einem Meeresforschungszentrum, das dieses spezielle Schwimmen für eine begrenzte Personenzahl in Begleitung von qualifiziertem Personal genehmigt (Anmeldung mindestens einen Monat vorher). Die nächste Insel ist **Tavernier**. Hier sollte man auf jeden Fall die zwei Schritte ins historische Zentrum tun, um die schönen Holzhäuser und die methodistische Kirche vom beginnenden 20 Jh. zu bewundern. Hat man den Tavernier Creek überschritten, kommt man zur **Islamorada**. Eigentlich wird dieser Ortsname für eine Gruppe von kleinen, größtenteils unbewohnten Inseln verwendet, die vor allem von Freunden der Hochseefischerei besucht werden. Über die **Long Key Bridge** gelangt man zu den Middle Keys, deren Hauptinsel Marathon ist. Der Name rührt von den beschwerlichen Arbeitsschichten her, welche die Arbeiter bei der Erbauung der Brücken in den ersten Jahren des vergangenen Jahrhunderts in Kauf nehmen mussten. Interessant ist in Marathon auch die **Tropic Crane Point Hammock** *(MM 50 Bayside, Tel. 305.7439100, geöffnet Mo–Sa 9–17 Uhr, So 12–17 Uhr)*, ein dichter subtropischer Forst, durch den ein 2 km langer Naturlehrpfad verläuft. Da kann man auch noch das benachbarte Museum of **Natural History of the Florida Keys** besuchen *(5550 Overseas Highway, www.cranepoint.net, geöffnet 9–17 Uhr)*, mit einem umfangreichen interaktiven Bereich für Kinder, wo auch von der ersten Besiedlung durch die Indianer und der Ankunft der weißen Siedler auf den Middle Keys erzählt wird.

Um zur südlichsten Insel des Archipels zu gelangen, den **Lower Keys**, muss man eine mehr als 10 km lange Brücke überqueren. Dabei kann man die parallel verlaufende historische **Seven Mile Bridge** betrachten, die zwischen 1908 und 1912 erbaut wurde, um die Eisenbahn nach Key West zu bringen. Sie ist eines der bemerkenswertesten Monumente des Bauingenieurwesens aus jener Zeit, das ein Jahrhundert der Hurrikans und der Sturmfluten fast schadlos überstanden hat. Das Epos ihrer Erbauung wird im **Historic Pigeon Key** erzählt *(Pigeon Key, www.pigeonkey.net, geöffnet 10–16 Uhr)*, das in einigen historischen Holzgebäuden eingerichtet ist. Man gelangt nur mit den kleinen Schiffen dorthin, die stündlich vom Besucherzentrum **Knight's Key** (MM 47 Oceanside) ablegen. Kaum hat man die **Seven Mile Bridge** verlassen, befindet man sich in der **Bahia Honda State Recreation Area** (MM37 Oceanside, *www.floridastateparks.org/bahiahonda, geöffnet 8 Uhr bis Sonnenuntergang)*, einem Naturschutzgebiet, das einen der faszinierendsten Winkel der Inselgruppe birgt, zu dem man über den Naturlehrpfad gelangt, bevor man an einem Strand wie aus dem Prospekt, dem **Sandspur Beach**, ausspannen kann. Die grünste Insel der Florida Keys ist die größtenteils von Koniferen bedeckte Insel **Big Pine Key**. Im **National Key Deer Refuge** *(28950 Watson Blvd, www.fws.gov/nationalkeydeer)* sollte man sich auf die Suche nach dem Key Deer machen, dem kleinen Damhirsch der Keys (er hat die Größe eines Hundes); das plakativste Bild gibt jedoch die Zeremonie des Tränkens ab, die jeden Morgen bei Tagesanbruch am **Blue Hole** zelebriert wird. Um nach **Key West** zu gelangen, muss man 45 km auf der US 1 weiterfahren. Key West, stolz darauf, ein Symbol zu sein für den Nonkonformismus und für die Kunst sowie auch darauf, zu wissen, wie man in einer fast schon karibischen Umgebung ein entspanntes Leben lebt (Kuba liegt nur 145 km weiter südlich), bewahrt sorgsam die Zeugnisse einer reichen Vergangenheit. Mitte des 19. Jh. war sie tatsächlich die reichste Stadt der Vereinigten Staaten: Der Wohlstand gründete sich hauptsächlich auf das Geschäft mit der Bergung von Schiffswracks, die entlang des Korallenriffs in großer Zahl gesunken waren. Genau diesem florierenden Geschäft widmet sich eines der interessantesten Museen des Städtchens, das Mel Fisher Maritime Museum *(200 Greene Street, www.melfisher.org, geöffnet Mo–Fr 8.30–17 Uhr, Sa+So von 9.30–17 Uhr)*, wo Schätze und Gerätschaften ausgestellt werden, die aus den im Lauf der Jahrhunderte vor der Stadt auf Grund gelaufenen Galeonen und Handelsschiffe geborgen wurden. Das Gebäude grenzt an das auf dem alten Marinestützpunkt von Key West errichtete **Truman Annex**. In diesem Viertel befindet sich das **Harry S. Truman Little White House Museum** *(111 Front Street, www.trumanlittlewhitehouse.com, geöffnet 9–17 Uhr)* das früher dem einstigen Präsidenten der Vereinigten Staaten gehörte und in dem heute die Geschichte mittels einer beeindruckenden Anzahl von Erinnerungsstücken weitergegeben wird. Kernstück des gesellschaftlichen und touristischen Lebens der Stadt ist die **Duval Street**, die 1,6 km lange Straße, von der die Old Town in zwei Hälften geteilt wird. Hier kommt man vorbei, um sich einem sehr entspannten Bummel hinzugeben, denn es gibt nicht viel mehr zu sehen außer dem im ältesten Haus der Stadt eingerichteten **Wrecker Museum** (*Duval Street 322, www.oirf.org, geöffnet 10–16 Uhr*), das sich ebenfalls dem „goldenen Zeitalter" der Bergung von Strandgut widmet. Da wirft man lieber einen Blick in die parallel verlaufende, ruhige **Whitehead Street**, in der sich vornehme Wohnsitze und bescheidene traditionelle Stadtwohnungen abwechseln. Unter den beeindruckendsten Gebäuden sticht besonders die Silhouette des **Ernest Hemingway Home and Museum** im spanischen Kolonialstil heraus *(907 Whitehead Street, www.hemingwayhome.com, geöffnet 9–17 Uhr)*, in dem Erinnerungsstücke an den großen Romancier zu sehen sind, der hier 30 Jahre lang Eigentümer war. Genau in diesen Mauern ersann der Schriftsteller unter anderem den Roman *Haben und Nichthaben*, in dem er das Leben in Key West während der Depression beschreibt. Ein wenig weiter kann man sich das **Lighthouse Museum** ansehen *(938 Whitehead Street, www.kwahs.com, geöffnet 9.30–16.30 Uhr)*, wenn man die 88 Stufen bis zur Spitze des Leuchtturms hinaufsteigt. Am entgegengesetzten Ende der Straße liegt das **Shipwreck Historeum** *(1 Whitehead Street, www.shipwreckhistoreum.com, geöffnet 9.45–16.45 Uhr)*, wo einmal mehr vom Bergen der gesunkenen Schiffe aus den Tiefen erzählt wird, hier allerdings durch Filmmaterial illustriert. Prächtig ist auch der Blick, der sich von der Aussichtsterrasse des Gebäudes auf die Stadt bietet.

329 - Restaurant auf Islamorada.

Übernachten

€€€ The Raleigh (Miami). Das 2008 vollständig restaurierte Hotel hat immer noch den Charme des ursprünglichen Gebäudes im Art-Déco-Stil. Es ist auch wegen seines besonderen Schwimmbads berühmt und dafür, ein bevorzugtes Refugium von Prominenten zu sein. Wenn man die „Oase" durchquert, ein On-the-sea-Theater vor Ort, in dem die berühmtesten Partys von South Beach gefeiert werden, gelangt man zum nahen Sandstrand.
Info: 1775 Collins Avenue, South Beach, Tel. 305.5346300, www.raleighhotel.com

€€ Angelina Guesthouse (Key West). Das aus einem einst als Spielsaal genutzten Gebäude aus dem Jahre 1920 entstandene Hotel hat 14 Schlafzimmer und ein Schwimmbad mitten im Grünen. Es befindet sich im Bahama Village in günstiger Lage, um zu Fuß zu den Museen und Einkaufstraßen wie auch zu den äußerst ruhigen Stränden zu gelangen.
Info: 302 Angela Street, Tel. 305.2944480, www.angelinaguesthouse.com

€ Holidays Golden Glades Boutique Hotel (Miami). Ein gut ausgestattetes Hotel mit 163 Schlafzimmern, Fernsehen, Schwimmbad und Fitnesscenter. Für alle, die sparen wollen, ohne auf irgendetwas zu verzichten. *Info: 148 167th Street, North Miami Beach, Tel. 305.3779148*

Essen

€€€ Michy's (Miami). Der Tempel der mit Prämien überhäuften Küchenchefin Michelle Bernstein gehört aufgrund seiner Qualität und Vielfalt zu den besten der Stadt. Auf der Speisekarte findet man verschiedene Gerichte im Tapas-Stil und solche, die den Geschmack der französischen Küche mit der neuen amerikanischen verbinden. *Info: 6927 Biscayne Blvd. Tel. 305.7592021, http://michysmiami.com*

€€ Blue Haven Restaurant (Key West). Ob Hühnchen oder Languste, in diesem Speiselokal, in dem Hemingway einst Glücksspiele und spontane Boxkämpfe veranstaltete, steht die Qualität stets an erster Stelle. Die niemals gewöhnlichen Gerichte gehen oft auf die Traditionen des Archipels ein. Eine gute Adresse auch für einen Cocktail vor dem Abendessen.
Info: 729 Thomas Street, Tel. 305.2968666, www.blueheavenkw.com

€ Norman's Tavern (Miami). Ein klassisches, gut besuchtes Steakhaus. Reichhaltige Portionen und immer qualitativ hochwertiges Fleisch. Zwischen zwei Gängen kann man sogar Billard spielen.
Info: 6770 Collins Avenue, Miami Beach, Tel. 305.8689248, www.normans.biz

Weitere Informationen: www.visitflorida.com

Kuba und der Reiz Havannas

Die Erinnerung an Hemingway und die Bodeguita del Medio in Havanna, wo sich auch der Malecón und das größte historische Stadtzentrum des Lateinamerikas der Kolonialzeit befinden. Die Strände von Varadero und Cayo Levisa. Der Mythos von Che in Santa Clara. Die Palasthäuser im Kolonialstil in Trinidad, die von der UNESCO zum Weltkulturerbe erklärt wurden – wie jene von Havanna.

„Havanna ist wie eine Zwiebel: Je mehr man abpellt, umso mehr wird man sich bewusst, dass jede Schicht einer Eigenschaft entspricht und wie eine Lebenslinie ist", erklärt der in seine Stadt verliebte kubanische Schriftsteller Leonardo Padura Fuentes. Solche Lebenslinien sind Musik, Tanz, die Malerei: Die Isla Grande kann sich so mancher zeitgenössischer Künstler von Format rühmen, wie Yoan Capote, Alexandre Arrechea oder Duvier del Dago, die in den wichtigsten Städten der Welt ausgestellt haben. Ist die kubanische Hauptstadt die kultivierte Seite der Insel, dann ist **Varadero**, eingefasst von atemberaubenden Stränden, das meistbesuchte Ziel sonnenhungriger Touristen. In **Pinar del Río** gibt es Tabakpflanzungen, zuckerhutartige Hügel und ein außergewöhnliches Tal, in dem Künstler die Felswände mit von der Vorgeschichte inspirierten Fresken bemalt haben. Im Zentrum der Insel liegen **Trinidad** und **Santa Clara**, Symbole für zwei Mythen der Vergangenheit: die Zuckerraffinerien und die von Ernesto Che Guevara angeführte Revolution – während **Santiago de Cuba** zu Recht der Ruf vorauseilt, die „heißeste Stadt" der ganzen Karibik zu sein.

Fortbewegung: *Havanna durchquert man zu Fuß, mit den Touristentaxis (erkennbar an ihren gelben Schildern) oder den gelben Cocotaxis, eine Art karibische Version motorbetriebener Rikschas. Die Insel erkundet man mit einem Mietwagen (für Oldtimer und das Mieten eines Wagens mit Fahrer wendet man sich an die staatlich geführte Gesellschaft Gran Car, Tel. 7.8810992, Informationen an jeder Hotelrezeption). Von Santiago aus kann man auch einen ca. 2-stündigen Inlandsflug nehmen. Die Fluggesellschaften sind Cubana de Aviación* (www.cubana.cu/home) *und Aerogaviota* (www.aerogaviota.com). *Alternativ kann man auch mit den Touristenbussen des Unternehmens Viazul reisen, die besten der Insel* (www.viazul.com)*: Sie starten pünktlich, steuern alle wichtigen Orte an (Varadero, Pinar del Río, Santa Clara, Trinidad und Santiago) und sind mit Klimaanlage ausgestattet.*

Währung: *Die offizielle Landeswährung ist der kubanische Peso (Peso Convertible).*

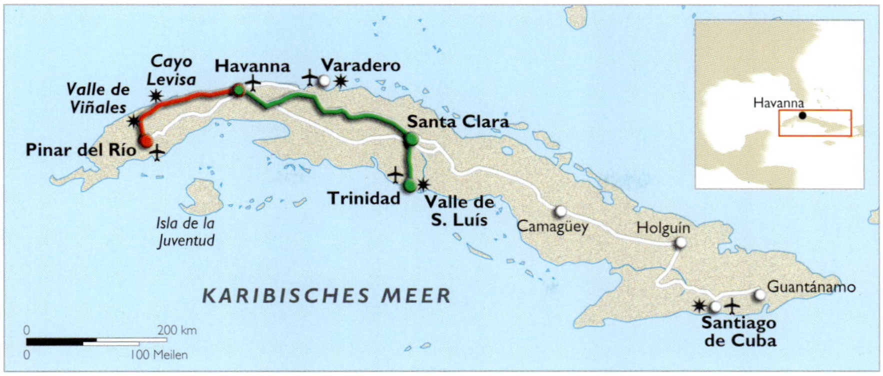

HAVANNA *(3 Tage)*
Mehr als zwei Millionen Einwohner, 15 Stadtviertel *(barrios)* und der historische Stadtkern **La Habana Vieja** (Alt-Havanna), Schmuckstück aus der Kolonialzeit der Karibik. Im Westen liegt **Vedado**, der neue Teil der Stadt, mit dem berühmten **Hotel Nacional** im Art-Déco-Stil *(www.hotelnacionaldecuba.com)*, einst Stammhotel von Jet-Set und Mafiabossen, die sich auf der Insel breitgemacht hatten; dann die Wohnpaläste im Art-Nouveau-Stil der reichen Bourgeoisie der 1930er-Jahre, und der Platz der Revolution mit dem Marmordenkmal von **José Martí,** das mit 142 m das höchste der Stadt ist, und dem berühmten Bildnis **Che Guevaras**. Ein weiteres großbürgerliches Viertel ist Miramar: gut erhaltene Häuser aus der Kolonialzeit, die Botschaftsgebäude, die Quinta Avenida, die der berühmteren New Yorker Fifth Avenue nacheifert. Havanna erkundet man zuerst an den Orten mit berühmten Denkmälern, die sich auf den 5 qkm von La Habana Vieja finden, das Viertel, das primär durch den Wiederaufbauplan der UNESCO, dessen Umsetzung auf Betreiben von Eusebio Leal (des bekanntesten Historikers der Stadt) vorangebracht wurde, wieder zum alten Glanz zurückgefunden hat. Wenn man die von pastellfarbenen Wohnpalästen aus dem 19. Jh. gesäumten Wege entlangläuft, entdeckt man einen Platz nach dem anderen, den **Plaza del Convento de San Francisco de Anis** mit seinem Kloster aus dem 16./17. Jh. *(geöffnet 9–18 Uhr)*, den **Plaza Vieja** aus dem 16. Jh., der ursprünglich den Sklavenmarkt beherbergte, bevor er im 17. Jh. mit eleganten Barockhäusern verschönert wurde, den **Plaza de Armas** mit dem quadratisch angelegten Garten, der von Wohnpalästen aus dem 18. Jh. im barocken Kolonialstil umgeben ist. Wunderschön auch der **Plaza de la Catedral** mit der barocken Kathedrale im Hintergrund, der durch die monumentalen Steinpaläste, die ihn umschließen, in Ockertöne getaucht ist. Die Erbauung der imposanten **Kathedrale** wurde 1748 von Jesuiten begonnen und 1777 von Franziskanern fertiggestellt; sie hat einen fast perfekt quadratischen Grundriss (35x34 m), zwei asymmetrische Glockentürme und eine betörende Steinfassade, die den ganzen Platz zu umarmen scheint *(geöffnet 10–16.30 Uhr, Sa bis 14 Uhr, So zur Messe)*. Von dort sind es nur wenige Meter auf der Calle Empedrado, und schon befindet man sich vor der **Bodeguita del Medio**, wo der Nobelpreisträger Ernest Hemingway einst seinen Mojito bestellte; für den doppelten Daiquirí begab er sich aber zum **El Floridita** in die Calle Obispo-Monserrate Nr. 557 *(www.floridita-cuba.com)*. Beide Lokale existieren noch und leben vom Ruhm vergangener Tage, von den Cocktails und der traditionellen kubanischen Küche. Ein Muss für jeden Touristen ist das Museum des berühmten Schriftstellers, das in seinem Haus in San Francisco de Paula eröffnet wurde *(**Museo Hemingway Finca Vigía**, 12,5 km auf der Carretera Central, Tel. 7.6910809, geöffnet 10–17 Uhr, So bis 13 Uhr)*. Ein weiterer kubanischer Mythos lebt im **Museo del Ron** wieder auf *(Calle San Pedro, www.havanaclubfoundation.com, geöffnet 9–17.30 Uhr, geschlossen an Feiertagen)*: ein Ausflug in die Geschichte des alkoholischen Nebenprodukts des Zuckerrohrs, mit Führungen und den unausweichlichen Verkostungen mit Verkauf in einem Wohnpalast aus dem 18. Jh. im Rücken der Kirche von San Francisco.

330-331- Der Malecón von Havanna.

331 oben - Die Kathedrale von Havanna.

331 unten - Die Bodeguita del Medio.

Das bedeutendste Museum der Stadt ist das der Schönen Künste, das **Museo Nacional de Bellas Artes – MNBA** *(Calle Trocadero y Calle San Rafael, www.museonacional.cult.cu, geöffnet Di.–Sa. 10–18 Uhr, So. 10–14 Uhr)*, dessen Sammlung kubanische Kunst aus dem 16. bis zum 20. Jh. umfasst, und dessen Dauerausstellung im dritten Stock sich religiösen Themen widmet. Es liegt nicht weit weg vom **Malecón**, der 7 km langen Uferpromenade, die im beginnenden 20. Jh. erbaut wurde: nach einer Seite hin das Meer, nach der anderen die Straße, auf der Chevrolets oder Buicks aus den Fünfzigern vorbeirasen, mittig dazwischen ein breiter Gehsteig, wo die Kubaner entlangflanieren, spielen, Musik machen, tanzen, flirten. Er beginnt dort, wo auch der Strand anfängt, an dessen gegenüberliegendem Ufer die Umrisse des **Castillo de los Tres Reyes del Morro** *(Carretera de La Cabaña, Tel. 7.862061719, geöffnet 10–22)* und der **Fortaleza de San Carlos de La Cabaña** zu sehen sind *(Tel. 7.862061719, geöffnet 10–22)*; wer jedoch etwas Neues bevorzugt, sollte sich zur **Callejón** begeben, einer ehemals verrufenen Gegend, die sich zu einer Touristenattraktion verwandelt hat, seitdem sie der Maler Salvador Gonzáles gesäubert und mit Wandmalereien übersät und die jeden Sonntag stattfindenden Straßenkonzerte mit Rumba und Tanz ins Leben gerufen hat.

DER NORDWESTEN – VON HAVANNA NACH PINAR DEL RÍO *(2 Tage)*

Von Havanna sind es ca. 160 km bis nach Pinar del Río (ca. dreieinhalb Stunden Autobahnfahrt auf der A4 (autopista este-oeste A4), die dann zur Straße wird, die nach Pinar del Río führt), aber es empfiehlt sich, erst einmal in **Cayo Levisa** Rast zu machen (von dem kleinen Hafen von **Palma Rubia** aus 35 Minuten mit dem Boot, von der Hauptstadt zweieinhalb Stunden Fahrt entfernt), ein Inselparadies für Taucher mit 3 km weißem Strand, Mangrovenhainen und einem grünen Schutzgebiet für vom Aussterben bedrohte Vogelarten und Seekühe (Manatis). Dann geht es weiter zur Erkundung von **Pinar del Río**, der von Tabakpflanzungen umgebenen kleinen Stadt (1760 wurde hier die erste Zigarrenfabrik eröffnet), Hauptstadt der gleichnamigen Provinz, mit den langen Säulengängen im historischen Kern, dem neoklassizistischen Theater **José Jacinto**

Milanés, benannt nach dem Dichter aus dem 19. Jh., und dem Wohnhaus-Museum des Malers Pedro Pablo Oliva *(geöffnet Mo–Fr 9–17 Uhr, Martí 160 e/Cuarteles y Volcán, www.pedropablooliva.com)*, der heute in seinen Sechzigern ist, mit der privaten Sammlung seiner Werke, darunter „Big Blackout", das berühmte Gemälde über die Krise Havannas in den 90er-Jahren, und das Portät von Fidel Castro mit der Katze auf dem Arm. Olivas Bilder wurden zum Nationalerbe erklärt.
In der **Fábrica de Tabacos Francisco Donatien** *(Maceo Oeste 157)* kann man die einzelnen Stufen der Zigarrenfertigung kennenlernen und schließlich auch im Fabrikverkauf Zigarren erwerben. Und auf jeden Fall sollte man sich das zum UNESCO-Welterbe erklärte Tal **Valle de Viñales** 25 km nördlich von Pinar del Río ansehen: ein Gebiet, dessen Erde so rot ist wie jene in Australien und die Vegetation smaragdgrün, dessen Hauptattraktion die zuckerhutartigen „Mogotes" sind (Hügel, Kegelfelsen), die aus einer Zeit vor Millionen von Jahren stammen, als das Grundwasser das karstige Berggestein auszuhöhlen begann. Die spektakuläre Sicht vom Aussichtspunkt **Los Jazmines**, neben dem gleichnamigen Hotel, kündigt ein weiteres Wunder dieses karibischen Paradieses an: das gigantische „Fresko" **Mural de la Prehistoria** auf einer 120 Meter hohen und 180 Meter breiten Felswand, geschaffen in den Sechzigern vom kubanischen Künstler Leovigildo Gonzáles, Schüler des mexikanischen Meisters Diego Rivera.

IM ZENTRUM DER INSEL – SANTA CLARA UND TRINIDAD *(2/3 Tage)*

Die staatliche Autobahn A1 verbindet die Hauptstadt mit der Stadt Santa Clara. Die ungefähr 280 km lange Fahrt vom Westen zum Zentrum der Insel führt über Straßen,

Varadero

Wer mit einem Charterflug auf dem ***Juan Gualberto Gómez International Airport*** *landet, ist direkt vor Ort, doch man erreicht den Badeort der Isla Grande von Havanna aus auch mit dem Auto (ca. 138 km auf der Küstenstraße in östlicher Richtung). In den 1960er-Jahren galt der Strand von Varadero als der schönste der Welt: ein tropisches Paradies auf der Halbinsel* ***Hicacos****, die sich zwischen der Bucht* ***Bahía de Cárdenas*** *und einem engen Kanal im Atlantik von der Nordküste Kubas löst. Heute hat alles ein wenig von seiner Ursprünglichkeit verloren, und die gesamte Halbinsel ist für den Tourismus in Parzellen, Hotels und Resorts am Meer aufgeteilt, zu denen Kubaner keinen Zutritt haben. Hier tummeln sich die Freunde des Wasser- und des Golfsports. Hier befindet sich auch die Parkanlage* ***Parque Retiro Josone*** *mit einer dichten tropischen Vegetation, das* ***Museo Histórico Municipal*** *mit alten Fotografien und Karten der Region sowie einem historischen Bauwerk, dem Landhaus der Familie Du Pont, das in den 1930er-Jahren aus Zedernholz, Mahagoni und wertvollem Marmor erbaut wurde. Heute ist es Teil des* ***Varadero Golf Clubs*** *und wird* ***Mansion Xanadú*** *genannt; ein Hotel sowie ein Restaurant mit dem Ambiente vergangener Tage gehören dazu.* Info: www.varaderogolfclub.com.

332 OBEN - DIE BURG CASTILLO DE LOS TRES REYES DEL MORRO.

332 MITTE - DIE GEGEND UM PINAR DEL RÍO.

332 UNTEN - DIE FELSMALEREI MURAL DE LA PREHISTORIA IM VALLE DE VIÑALES.

333 OBEN - DIE TABAKFABRIK FRANCISCO DONATIEN.

333 UNTEN - DER STRAND VON VARADERO.

die sich nicht in bestem Zustand befinden, und die man vor allem nachts tunlichst meiden sollte: Sie sind schlecht beleuchtet, und die Schlaglöcher sind nicht zu sehen (dieser Hinweis gilt für die gesamte Insel). Doch es ist die Reise wert, denn Santa Clara, die in der zweiten Hälfte des 17. Jh. gegründete Hauptstadt der **Provinz Villa Clara**, ist einer der faszinierendsten Orte von ganz Kuba. In ihrer Mitte liegt der Parque Leoncio Vidal, auf dem sich das **Teatro La Caridad** aus dem 19. Jh. mit seinen von dem Maler Camilo Zalaya gestalteten Deckenfresken, das **Municipio und das Casa de la Cultura** gegenüberstehen: Dieser Ort hat Geschichte geschrieben, als Che Guevara im Dezember 1958 einen für den Diktator Batista bestimmten, mit Waffen beladenen Zug entgleisen ließ. Ein ausschlaggebendes Ereignis für den „Triumph der Revolution", wie es die Kubaner noch heute nennen, dessen mit dem Denkmal **Monumento a la Toma del Tren Blindado** auf der Carretera Camajuaní *(geöffnet Mo–Sa 9–17.15 Uhr)* mit Originalteilen des Eisenbahnwaggons sowie dem **Mausoleo del Comandante Ernesto Che Guevara** gedacht wird: eine dem argentinischen Revolutionär gewidmete Statue auf einem gewaltigen Marmorsockel.

Von Santa Clara gelangt man 150 km weiter in Richtung Süden nach Trinidad, der faszinierendsten Kolonialstadt Kubas im Zentrum der Insel, die von der UNESCO zum Weltkulturerbe erklärt wurde. Am Tage besucht man den wichtigsten Platz, den von Palmen und Gartenanlagen gesäumten **Plaza Mayor** mit seinen Laternen und den schmiedeeisernen Geländern, auf dem sich die barocke Fassade der **Kirche der Santísima Trinidad** und diverse Wohnpaläste aus dem 18. u. 19. Jh. gegenüberstehen, die man heute besuchen kann: Sie beherbergen das **Museo Romántico** mit kunsthandwerklich gefertigten Möbeln, Kristallglas- und Porzellanobjekten *(Tel. 41.994363, geöffnet 9–17 Uhr, Mo geschlossen)*, das **Museo de Arqueología** *(Tel. 41.993420)* und das **Architekturmuseum** *(Tel. 41.993208, geöffnet 9–17 Uhr, Fr geschlossen)*. Am Abend trifft man sich in der Nähe des Plaza Mayor auf der Freitreppe vor dem **Casa de la Música**, wo Sänger und Orchester der sentimental-surrealen Gattungen Compay Segundos und Son mit melodischen Liedern auftreten.

Bevor man Trinidad wieder verlässt, sollte man unbedingt den Umweg von ungefähr 15 km machen, um sich das **Valle de San Luis** anzusehen, auch **Valle de los Ingenios** genannt: Im 19. Jh. zählte man hier über 50 Fabriken der Zuckerrohrverarbeitung, die heute ein einziges, großes Museum mit Überbleibseln von Mühlen, Gerätschaften und Maschinerien bilden, ebenfalls ein UNESCO-Weltkulturerbe.

Übernachten

€€€€ Paradisus Princesa del Mar Resort & Spa (Varadero). Fünf-Sterne-Luxus und jeden einzelnen Stern davon wert: einer der exklusivsten Resorts der Halbinsel mit Strand, Schwimmbad, Hängematten, Unterwassermassage, Sportaktivitäten (von Tennis bis Beach-Volleyball). Nicht zu vergessen den Yhi-Spa-Bereich mit Kaffee- und Schokoladenmassagen. *Info: Carretera las Morias, km 19 1/2, Tel. 45.667200, http://de.solmelia.com, www.solmeliacuba.com*

€€€ Palacio del Marqués de San Felipe y Santiago de Bejucal (Havanna). Barocke Fassade, minimalistisches Interieur und 27 durchgestaltete Schlafzimmer in einem Wohnpalast aus dem 18. Jh. (Eigentum von Don Sebastián de Peñalver und den Erben des Marquis von San Felipe und Santiago). Von der Terrasse aus bis zum sechsten Stockwerk kann man ganz La Habana Vieja überblicken. *Info: Calle de los Oficios 152, Tel. 7.947962, 20.7947962, www.habaguanexhotels.com/de/hotels/palaciomarquessanfelipe.asp*

€€€ Santa Isabel (Havanna). Fürstliche Eleganz vor dem historischen Plaza de Armas. Sofas und Einrichtungsgegenstände aus der Zeit des Grafen von Santovenia (im 19. Jh. war dies sein privater Wohnpalast). Man gönnt sich einen

Cocktail an einem der kleinen Tische rings um den Brunnen und ein Abendessen im Restaurant Condado. In den Suiten und Zimmern in Richtung Westen haben schon Persönlichkeiten wie der US-Expräsident Jimmy Carter, Jack Nicholson und Sting übernachtet. *Info: Baratillo 9, Avana Vecchia, Tel. 7.8608201, www.habaguanexhotels.com/de/hotels/hotelsantaisabel.asp*

€€€ Grand Hotel Trinidad (Trinidad). Eine beeindruckende Adresse: Architektur aus der Kolonialzeit im historischen Stadtkern. Die 40 Schlafzimmern blicken auf Wohnpaläste hinaus, die von der UNESCO zum Weltkulturerbe erklärt wurden. Die schönsten Zimmer sind die mit Balkon. *Info: Calle José Martí 262, Tel. 41.996070, www.iberostar.com*

Essen

€ Restaurante El Patio (Havanna). Eine romantische Adresse in einem Palast aus dem 18. Jh. direkt neben der Kathedrale: ein reizender Salon, doch im kolonialen Innenhof genießt man die neu interpretierten Gerichte der kubanischen und internationalen Küche noch lieber. *Info: Calle S. Ignazio 54, Plaza de la Catedral, Tel. 7.8671034/35*

€ Restaurante El Templete (Havanna). An der Strandpromenade der Altstadt befindet sich diese Taverne mit den bunten Wänden. Spezialität des Hauses sind die gegrillten Fischgerichte, würzig und vor allem sehr frisch, vom Thunfisch in Sesamkruste bis zum Aal, alles zubereitet von einem spanischen Küchenchef. *Info: Avenida del Puerto, Tel. 7.8668807.*

€ ZunZún (Santiago). Ein schickes Restaurant in einem Gebäude der 40er-Jahre: vier Säle und einige Tische auf der Veranda, Marmorfußböden, eine verlockende Speisekarte. Die Fischliebhaber bekommen gegrillten Fisch, Langustenmedaillons und Knoblauch-Scampi. Wer lieber Fleisch mag, kann Filet in Rotweinsauce und „ropa vieja" (Rinderhack) essen. *Info: Avenida Manduley 159, Tel. 22.641528*

€ Paladar Estela (Trinidad). Kreolische Küche in dem schönen Garten eines Kolonialhauses: Schweinebraten auf kubanische Art, Brathähnchen, gegrillter Fisch, alles stets mit den aus *moros y cristianos* (schwarzen Bohnen und Reis), frittierten Kochbananen und Obst bestehenden Beilagen. *Info: Simón Bolívar 557, Tel. 41.994329.*

Musik und Tanz

Tropicana (Havanna). Seit einem Jahrhundert treten in diesem Cabaret im Vorort Marianao mit Federn und Schmuck bekleidete Tänzer, Musiker und große Stars auf, von Benny Moré bis zu Nat King Cole. Die Vorführung sollte man sich nicht entgehen lassen, sie wird überdies von der unvermeidlichen Flasche Rum begleitet. *Info: Calle 72 zwischen Calle 41 und 45, Marianao, www.cabaret-tropicana.com*

Casa de la Música (Havanna). La Casa de la Música (oder der Palacio de la Salsa) ist einer der klassischen Salsatanzclubs: Hierher kommen viele Kubaner, es gibt auch Live-Musik, geöffnet von nachmittags bis zum Morgengrauen. *Info: Calle Galianao 225 zwischen Concordia und Neptuno, Marianao, Tel. 7.8608296 und 7.8624165.*

Internationales Ballett-Festival (Havanna). Der Oktober ist in Havanna ganz der Kunst gewidmet: zuerst gibt es das Festival zeitgenössischer Musik, danach das Internationale Ballett-Festival (gewöhnlich im zweijährigen Turnus), das von Alicia Alonso begründet wurde, der kubanischen Carla Fracci. Es wird an sechs historischen Orten veranstaltet, vom Gran Teatro de La Habana zum Teatro Mella, und neben den Hauptdarstellern des Ballet Nacional de Cuba treten auch die wichtigsten Vertreter der internationalen Balletszene auf.

Weitere Informationen: Kubanisches Tourismusbüro, www.cubainfo.de, www.cubatravel.cu

334 OBEN - DAS ZENTRUM VON TRINIDAD.

334 UNTEN - DAS EHRENMAL VON CHE GUEVARA.

335 - NUESTRA SEÑORA DE LA ASUNCIÓN IN SANTIAGO DE CUBA.

Santiago de Cuba

Für die Kubaner ist Santiago ein Wahrzeichen: In der wichtigsten Stadt nach Havanna brachen einst die Antisklavereirevolten aus, flammten die ersten Krawalle auf, die zum Unabhängigkeitskrieg gegen die Spanier führten, hier nahm die kubanische Revolution ihren Ausgang. Doch schon vorher war der Osten eine Insel auf der Insel, auf der die Musik Ende des 19. Jh. so heilig war wie die Religion selbst – die eng mit der Santería verbunden ist, der verbreitetsten religiösen Form afrikanischen Ursprungs, die noch heute auf der Insel praktiziert wird. Dann gilt Santiago als die Wiege des Son, jenes Musikstils, ohne den es die Salsa nie gegeben hätte. Santiago ist eine der ältesten Städte Kubas: Sie wurde 1515 von dem spanischen Eroberer und ersten Gouverneur der Insel, Diego Velázquez de Cuéllar gegründet, dessen Haus sich auf dem zentralen Platz (dem ***Parque Céspedes****) befand, und heute das* ***Museo de Ambiente Histórico Cubano*** *beherbergt. Auf dem Platz befinden sich auch die* ***Catedral de Nuestra Señora de la Asunción*** *aus dem 16. Jh., die Anfang des 20. Jh. wieder aufgebaut wurde, und das* ***Hotel Casa Granda*** *vom Beginn des 20. Jh., von Graham Greene in seinem Buch „Unser Mann in Havanna" erwähnt. Der wichtigste Weg hier ist die* ***Calle Heredia*** *mit ihren historischen Gebäuden, Bibliotheken, dem* ***Casa de la Trova****, Haus der Trova Cubana und des Son, in dem sich spanische Musik mit afrikanischen Rhythmen und französischen Einflüssen vermischt hat. Auch das von der UNESCO zum Weltkulturerbe erklärte* ***Castillo del Morro*** *aus dem 17. Jh. ist sehenswert sowie die Klassiker* ***Plaza de la Revolución*** *und* ***Monumento a Che Guevara*** *in der Avenida Las Américas. Besucht man Santiago im Juli, sollte man sich das* ***Festival del Caribe*** *und vor allem den Karneval (****carnaval****) nicht entgehen lassen, der im 18. Jh. als Fest der Sklaven aufkam, mit dem sie das Ende der Zuckerrohrernte feierten. Santiago liegt ca. 860 km von Havanna entfernt, und man gelangt mit Cubana de Aviación (www.cubana.cu/home) oder Aerogaviota (www.aerogaviota.com) dorthin.*

Jamaica

Die Heimat des Reggae und der Ort, wo die literarischen Erfolge der James-Bond-Romane erdacht wurden, ist eine der beliebtesten Inseln der Karibik (und die drittgrößte). Die Gründe für so viel Beliebtheit sind der feine weiße Sand, die Wasserfälle, die ins Meer hinabstürzen, die Bootstouren, auf denen man Krokodile sehen kann, die Rumfabriken und die Filme, die die Insel berühmt gemacht haben.

Der Ruf der Hauptstadt **Kingston** ist nicht der einladendste, sodass die Touristen lieber auf der entgegengesetzten Seite der Insel landen, auf dem **Sangster International Airport** in **Montego Bay**, wo Hotels und Restaurants für jeden Geldbeutel zu finden sind. **MoBay**, wie die Jamaikaner die Stadt nennen, ist der Ausgangspunkt, um die westliche Küste zu erkunden (in Richtung **Negril**, wo der Strand kilometerweit und das Schauspiel des Sonnenuntergangs garantiert ist) und die Südküste, wo das Ausflugsziel **Black River** und der gleichnamige Fluss, der längste der Insel, die Touristen anziehen. Wenn man von Montego Bay die Route in östliche Richtung einschlägt, sollte man sich nicht entgehen lassen, **Ocho Rios** mit dem Themenpark und den berühmten Wasserfällen zu besuchen, wo einst der James-Bond-Film „007 jagt Dr. No" mit Ursula Andress und Sean Connery gedreht wurde; **Oracabessa**, wo sich der Schriftsteller Ian Fleming die Saga um den berühmtesten Spion der Großleinwand ausgedacht hat; und **Port Antonio** mit der nahen (und berühmten) **Blauen Lagunge** (Blue Lagoon), einem Naturschwimmbad mit smaragdgrünem Wasser, für viele die schönste Bucht von Jamaika. Hat man noch etwas Zeit übrig, kann man den **Blue & John Crow Mountains National Park** besuchen – zwischen Port Antonio und Kingston; er ist von der UNESCO geschützt und hat eine spannende Vegetation zu bieten –, das grüne Dach der Insel (Blue Mountain Peak) und auch die berühmten Kaffeepflanzungen.

Fortbewegung: *Man kann ein Auto mieten, um die Insel von Montego Bay aus zu erkunden. Die Busse sind zwar wenig zuverlässig, doch man kann ihre Fahrpläne bei der JUTA* (Jamaica Union of Travelers Association, http://jutatoursltd.com) *und der JCAL erfragen* (www.jcaltours.com) *oder sich nach den von professionellen Chauffeuren bedienten Luxusautos erkundigen, die für das gesamte Gebiet leicht im Voraus zu buchen sind. Auf der Insel gibt es ein 17.000 km langes Straßennetz, das die touristischen Orte mit den Städten verbindet: Von Montego Bay nach Negril fährt man weniger als 80 km auf der A1, und ungefähr ebenso weit von Negril zum Black River (A2); von Montego Bay nach Port Antonio (vorbei an Ocho Rios und Oracabessa) fährt man über die A1, A3 und A4 ca. 200 km immer an der Küste entlang.*

Währung: *Die offizielle Landeswährung ist der jamaikanische Dollar.*

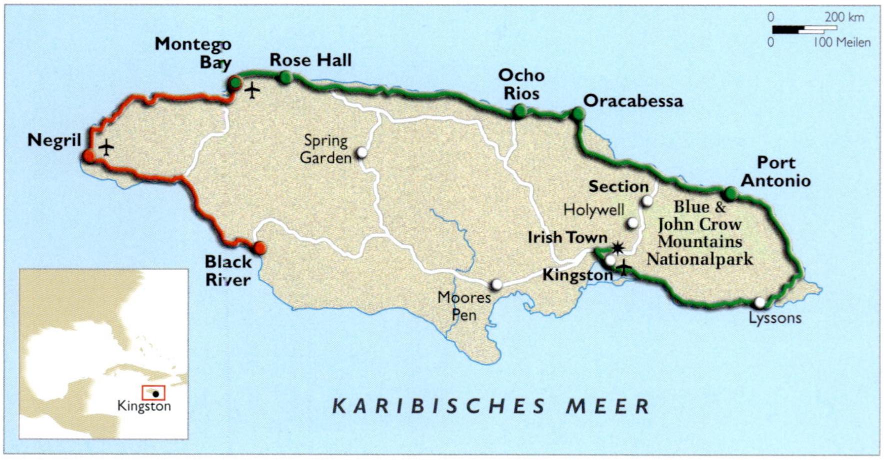

MONTEGO BAY *(2 Tage)*

Montego Bay ist das große Mekka des Badetourismus. Man sollte einen halben Tag für seine Besichtigung einplanen, um sich mit dem Leben der Insel vertraut zu machen, das man von den Stränden der Hotels aus (die den Jamaikanern nicht zugänglich sind) schwerlich erfassen kann. Herzstück der Stadt ist der **Sam Sharpe Square**, der stets von Menschen nur so wimmelnde Platz mit dem **National Heroes Monument**, dem Paul Bogle und Sam Sharpe gewidmeten Denkmal, den beiden Nationalhelden, die im 19. Jh. für ihren Kampf gegen die Sklaverei hingerichtet wurden. Hier kann man auch das Cage bewundern, ein Gebäude aus dem 19. Jh., das ursprünglich ein Gefängnis war und in dem sich heute ein Souvenirladen befindet; außerdem beherbergt das ansehnliche Kolonialgebäude noch das **Museum of St. James** *(Tel. 971.9417, Öffnungszeiten Di–Do 9–17 Uhr, Fr bis 16 Uhr, Führungen Sa u. So)*,

in dem Gegenstände aus der Zeit der Arawak ausgestellt werden, dem präkolumbischen Volk der Karibik, sowie ein Theater und eine Kunstgalerie. Biegt man von dem Platz aus in die St. James Street ein, kreuzt man die malerische **Church Street** mit ihren Gebäuden aus der Kolonialzeit und der **St. James Parish Church**, der schönsten Kirche der Insel aus der zweiten Hälfte des 18. Jh., die nach dem Erdbeben von 1957 neu aufgebaut wurde *(Tel. 952.2775, Führungen Mo–Mi und Fr 9–16 Uhr)*. Davor befindet sich das **Town House** aus dem 18. Jh., in dem sich heute ein Restaurant befindet, dann kommt man zum **Craft Market** in der Harbour Street *(geöffnet 7.30–20.30 Uhr, Fr geschlossen)*, wo man neben Rasta-Frisuren und handwerklichen Holzprodukten zumindest eine Kostprobe von Jerk bekommt, dem jamaikanischen Nationalgericht: gegrilltes Huhn und Schweinefleisch mit einer würzigen Sauce. Zum Shopping geht es weiter zum **Tropical Treasures**; zum Baden im Meer geht man zum **Doctor's Cave Beach**, an dem sich auch die meisten Hotels und Restaurants befinden. Auf der Strandpromenade **Gloucester Avenue**, dem Vergnügungsrummel gewidmet, erinnern Geschütze daran, dass sich hier im 18. Jh. eine Festung befand. Unter den vielen Lokalen des „Hip Strip" sollte man auf jeden Fall das berühmte **Margaritaville** aufsuchen *(www.margaritavillecaribbean.com)*, ein Holzgebäude, in dem man auf einer Terrasse mit Seeblick bei Rum, Reggaemusik und Cocktails bis zum Morgen durchmachen kann. Auf der **Fairfield Road** gelangt man zum **Barnett Estate**, einer Zuckerrohrplantage, die bis Mitte des 18. Jh. betrieben wurde, mit dem **Bellfield Great House**, das heute als Restaurant und Museum fungiert, mit Gartenanlagen und Führungen durch das Gut *(www.bellefield-greathouse.com)*. In entgegengesetzter Richtung, weniger als 8 km vom Zentrum entfernt, gelangt man über die A1 zum **Rose Hall Great House**, der Kolonialvilla aus dem 18. Jh. auf dem Hügel im Osten von Ironshore, heimgesucht vom Geist der Annie Palmer, einer irischen Schönheit, die in diesen Mauern mehrere Ehemänner getötet haben soll (www.rosehall.com). Nur 8 km östlich von **Rose Hall** kann man einen Landsitz mit Zuckerrohrpflanzungen besuchen, das **Greenwood Great House**, dessen Bibliothek und Musikinstrumente erhalten sind *(www.greenwoodgreathouse.com)*. Des Weiteren kann man den **Montego Bay Marine Park** mit dem **Bogue Lagoon Fish Sanctuary** besuchen, der zu Beginn der 1990er-Jahre eröffnet wurde, der erste jamaikanische Park zur Erhaltung des Meeresgrundes, der Fische und der Mangrovenbäume. Der **Montego Bay Marine Park Trust** gibt Informationen und organisiert Ausflüge ins Schutzgebiet *(Pier 1, www.mbmp.org)*.

336-337 - Ein Golfclub auf Rose Hall.

DIE WESTKÜSTE – VON MONTEGO BAY NACH BLACK RIVER *(2 Tage)*
Negril, das Hippie-Paradies aus den Siebzigern, ist heute die bekannteste Badeort der Insel, den man in 80 km über die A1 von Montego Bay erreicht. Wenngleich nicht mehr der exklusive Ort von einst, bietet der **Seven Mile Beach**, der weitläufigste Strand von ganz Jamaika (genau „7 Meilen" grellen, von Palmen gesäumten Sandes), immer einen wunderbaren Ausblick auf den blau-grünen Meeresgrund und gilt als Taucherparadies *(Marine Life Divers, www.mldiversnegril.com)*. **Rick's Café**, die Bar auf dem Felsenriff, mit Blick auf den Sonnenuntergang, ist immer gedrängt voll *(West End Road, www.rickscafejamaica.com)*, und das **Le Vendome** ist eines der schicksten Restaurants der jamaikanischen Westküste.

Der Mythos Bob Marley

Wenn er „One love, one heart" sang, versetzte Bob Marley sein Publikum in Verzückung, und als er 1981 verstarb, wurde er mit einem Staatsbegräbnis geehrt. Noch heute wollen viele die für das Leben des Künstlers symbolträchtigen Orte besuchen. In ***Kingston*** *steht das* ***Bob Marley Museum*** (56 Hope Road, www.bob-marley-foundation.com/museum.html, Führungen Mo–Sa 9.30 und 16 Uhr) *und* ***Tuff Gong****, das von dem Musiker gegründete Plattenstudio* (220 Marcus Garvey Drive, www.tuffgong.com). *Will man sein Geburtshaus sehen, muss man jedoch nach* ***Nine Miles*** *gehen, einem kleinen Dorf im Landesinneren, 60 km von Ocho Rios entfernt: Hier veranstaltet man jedes Jahr zu seinem Geburtstag (6. Februar) ein großes Konzert, und hier liegt Marley in einer äthiopischen Kapelle begraben. Den Ort zu erreichen, ist nicht einfach, die Straßen sind schmal und schlecht ausgeschildert; man wendet sich besser an Agenturen wie die* ***Chukka Caribbean Adventures*** *in Ocho Rios* (www.chukkacaribbean.com), *die geführte Touren organisieren, z.B. die Bob Marley Experience.*

Einkaufen

Um Gewürze, Kaffee, Handarbeiten und CDs mit jamaikanischer Musik zu kaufen, geht man in ***Montego Bay*** *ins* ***Tropical Treasures*** (55 Gloucester Avenue) *oder in die* ***Gallery of West Indian Art****, wo man Kunsthandwerk von kubanischer Malerei bis zu jamaikanischen Holzmasken erwerben kann (11 Fairfield Road,* www.galleryofwestindianart.com). *In* ***Ocho Rios*** *findet man die sogenannte* ***Wassi Art****, von lokalen Künstlern in einem Handwerkszentrum gefertigt* (Bougainvillea Drive, www.visitjamaica.com/activities/wassi-art-pottery-works.aspx)*, und in Harmony Hall, einer schönen Kolonialvilla, die Arbeiten von an die hundert Künstlern und Kunsthandwerkern der Insel* (Tower Isle, St. Mary, www.harmonyhall.com). *Im* ***Nassau Valley****, dem grünen Paradies an der südlichen Küste, sollte man der berühmtesten Rumfabrik der Insel, dem* ***Appleton Estate****, einen Besuch mit Verkostung abstatten* (St. Elizabeth-Siloah, www.appletonrumtour.com, geöffnet Mo–Sa 9–16 Uhr)*. Auch im Duty-Free-Shop des Flughafens von Montega Bay kann man Rum kaufen. Das ist zwar weniger romantisch, doch auch wenn es nicht alle Sorten gibt, fehlen die Flaschen von Appleton nicht im Sortiment.*

Für die Fans von Wasser-Erlebnisparks ist der **Kool Runnings Water Park** das Vergnügungsparadies schlechthin, mit Rutschen, Karussellen, Schwimmbädern und Bungee-Jumping, man kann Kajaktouren und Jamboo Rafting machen *(Norman Manley Blvd., www.koolrunnings.com)*. Eine völlig andere Stimmung findet man im **Abba Jahnehoy's Place** am Ende der Tankhill Road vor *(www.abbajahnehoyplace.org/About_AJP.html)*, einem Meditationscenter mit fantastischem Blick auf die Bucht, das der Rastafotograf Janhoi Jaja auf der Spitze eines Hügels ins Leben gerufen hat: Will man sein Wissen über die „Dreadlocks" und die Kultur der Rastafari vertiefen, sollte man es unbedingt einmal besuchen. Möchte man jedoch die Natur in einem Maße erkunden, das über Meer und Strand hinausgeht, muss man nach **Black River** gehen, dem Städtchen mit georgianischen Häusern 75 km südöstlich von Negril (auf der A2), wo nur wenige Halt machen würden, wenn von dort nicht die Bootsausflüge auf dem gleichnamigen längsten Fluss der Insel starten würden, die quer durch den **Great Morass** führen. 200 qkm Sumpf und Mangroven; da ist es sehr wahrscheinlich, dort Alligatoren anzutreffen. Agenturen wie **South Coast Safaris** *(Tel. 965.2513 u. 965.2086)* und **St. Elizabeth River Safaris** *(Tel. 965.2374 u. 965.2229)* führen ganztägig Ausflüge mit kleinen Booten durch, und zwar von der östlichen Seite des Bootsstegs hinter dem Hendricks Building aus *(www.jamaica-southcoast.com)*. Vor dem Verlassen der Südküste sollte man entlang der A2 für einen Besuch des **Appleton Estate**, der ältesten jamaikanischen Rumfabrik (St. Elizabeth-Siloah) noch ca. 30 km weiter ins Hinterland fahren. Dort erwarten uns eine Führung durch die Anlage mit Verkostung, ein Mittagessen und der unvermeidbare Einkaufsbummel im Laden des Gutshauses.

338 OBEN - DER STRAND VON NEGRIL.

338 MITTE - DAS MEER BEI NEGRIL.

338 UNTEN - REGGAE-FESTIVAL IN MONTEGO BAY.

339 - EIN AUSFLUG MIT DEM FLOSS.

DIE NORDKÜSTE – VON MONTEGO BAY NACH PORT ANTONIO ***(3 Tage)***
Hat man die Rose Hall und Millionärresorts wie das legendäre **Half Moon** hinter sich gelassen, wo die Kennedys eine Privatvilla am Strand hatten, ist die erste Station an der 200 m langen Küste **Ocho Rios**. Dieser Ort, 108 km östlich von Montego Bay, wo mit Bauxit beladene Frachter auslaufen und Kreuzfahrtschiffe anlegen, ist in der ganzen Karibik für die **Dunn's River Falls** bekannt. Diese 5 km vom Stadtzentrum entfernten Wasserfälle wurden in dem James Bond-Film *007 jagt Dr. No* verewigt: Aus 200 m Höhe stürzen sie über die gewaltigen Stufen aus Kalkgestein vom Hügel herab. Auf diesen Stufen vergnügen sich Touristen in Badeanzügen auf geführten Touren; es gibt hier auch ein Restaurant und Bereiche für Kinder *(www.dunnsriverfallsja.com, geöffnet 8.30–16 Uhr)*. Zum Baden geht man an den **Turtle Beach**, die schönste der Badebuchten; Kunsthandwerk der Region kann man im **Wassi Art** im Bougainvillea Drive bewundern; die Musikfreaks finden im Island Villane, einem Gebäudekomplex mit Strand und Gartenanlagen, die **Reggae XPlosion**, die sich der musikalischen Tradition der Insel von Ska bis zum Reggae Bob Marleys widmet *(Turtle River Road/Main Street, www.visitjamaica.com/attractions/island-village.aspx)*. Von der Milford Road biegt man auf die A3, die sich, gesäumt von Farn und tropischen Pflanzen, 5 km weit in den Canyon von **Fern Gully** hineingräbt *(http://ferngullyjamaica.synthasite.com)*. In der **Dolphin Cove** *(www.dolphincovejamaica.com)*, einer von Tropenforst umgebenen Lagune außerhalb des Zentrums von Ocho Rios, kann man mit Delfinen schwimmen. Wenn man in östlicher Richtung weiterfährt, gelangt man nach **Oracabessa** (21 km auf der A3), wo sich die Villa mit Meeresblick befindet, in der Ian Fleming einst die Inspiration für die Abenteuer von James Bond fand. Sie ist heute Teil eines Luxushotelkomplexes, dem **Golden Eye Resort**; das Gefühl, sich genau dort zu befinden, ist unvergleichlich. So unvergleichlich wie die Rast in **Port Antonio** (80 km von Oracabessa über die A3 und A4), die letzte Station dieser Reiseroute, mit den georgianischen Häusern, den Hotels, den Villen am Strand und einem weiteren Mythos: jenem von Errol Flynn. Der Schauspieler, der hier 1946 mit seiner Jacht Zacca anlegte, war von der Gegend verzaubert und erwarb **Navy Island**, eine 24 ha große Insel, auf der er legendäre Feste veranstaltete (aktuell ist die Insel nicht zugänglich, doch es ist vorgesehen, dies wieder zu ermöglichen). Wie Ocho Rios ist auch Port Antonio mehr als ein Ausflugsziel: ein Ort, an dem man leben kann wie zu den Zeiten Flynns, als es ein Kommen und Gehen von Vertretern des Jetset, Künstlern, Literaten und Weltenbummlern mit einer Vorliebe für das Exotische gab, die auf der Suche nach weltlichen Vergnügungen waren. Von Truman Capote bis zur Königinmutter des Vereinigten Königreichs: Alle verliebten sie sich in dieses Städtchen am Meer, mit seinem Strand und der atemberaubenden Lage direkt vor den Bergen. Ein Ort, den man keinesfalls auslassen sollte, ist **Blue Lagoon** (mit dem Auto von Port Antonio auf der A4 20 Minuten gen Osten), eine himmelblaue, aus Süßwasserquellen gespeiste Badebucht, an der die Aufnahmen für den gleichnamigen Film mit Brooke Shields gedreht wurden.

Übernachten

€€€€€ Golden Eye Resort (Oracabessa). Ferienhäuschen am Strand und Villen mit tropischen Gärten, gegenüber von Privatstränden. Die Fleming Villa ist das Haus, in dem der berühmte Schriftsteller die Geschichten um die Romanfigur James Bond ersonnen und aufgeschrieben hat.
Info: St. Mary, Tel. 622.9007, www.goldeneyehotel.com

€€€€ Half Moon (Montego Bay). Tradition seit über 50 Jahren: Einst haben hier die Kennedys, der Prinz von Monaco, die Königin von England und halb Hollywood übernachtet, nun kommen Pärchen aus der ganzen Welt, um sich den Traum von exklusiven Ferien zu erfüllen. Ein Highlight sind die Spa-Suiten mit Blick aufs Meer.
Info: Rose Hall, Tel. 953.2211, www.halfmoon.com

€€€ Idle Awhile (Negril). Wenige Zimmer (8 Luxuszimmer und 6 Suiten), mit Blick auf den Garten oder auf den Strand, alles sehr geschmackvoll. Im Sportcenter Swept Away werden Tennis und Squash gespielt und Yoga praktiziert. *Info: Norman Manley Blvd., Tel. 957.9566, www.idleawhile.com*

Essen

€€ Le Vendome (Negril). Das elegante, am Strand gelegene Restaurant mischt die gastronomische Tradition Jamaikas mit der Raffinesse der französischen Küche. Die Zutaten stammen aus regionaler Produktion, die Weine sind Burgunder und Bordeaux, das Menü enthält Fleisch- und Fischgerichte.
Info: Charela Inn, Tel. 957.4277, 957.4648, www.levendome.com

€-€€ Toscanini (Ocho Rios). Ein italienisches Restaurant, dessen Gerichte mit Produkten der Insel zubereitet werden. Das Menü reicht von Prosciutto mit Papaya bis zur Pasta mit Langusten. Schon allein für den Pudding zum Dessert lohnt es sich, hier zu Abend zu essen. *Info: Harmony Hall, Tel. 975.4785*

€ The HouseBoat Grill (Montego Bay). Fusion-Küche und Grillspezialitäten auf einem hölzernen Hausboot vor einer Lagune, zubereitet vom Chef Rich Nurse. Danach geht man für einen Drink unter Sternen auf die Brücke.
Info: Southern Cross Blvd., Tel. 979.8845, www.thehouseboatgrill.com

Weitere Informationen: Jamaica Tourist Board, www.visitjamaica.com

340 - Die Dunn's River Falls.

341 - Port Antonio.

Die Blue Mountains

Die Straße, auf der man die Küste in Richung Westen hinter sich lässt, ist von Farnen, Gummibäumen und Orchideen gesäumt (die B1). Sie führt von ***Port Antonio*** *am Ende des Städchens* ***Irish Town*** *direkt ins grüne Herz der Insel,* ***Strawberry Hill*** (www.island-outpost.com/strawberry_hill). *Eine Explosion von Grün in einem dichten, wilden Dschungel, der bei Sonnenuntergang in einem milchigen Dunst mit blauen Schattierungen versinkt, die den Bergen zu ihrem Namen verholfen haben: die* ***Blue Mountains****. Im Hinterland baut man die Kaffeebohnen an, deren Qualität zu der weltweit höchst geschätzten zählt. Auch ein Nationalpark gehört dazu: der* ***Blue & John Crow Mountains National Park*** (www.jpat-jm.com/virtour/bluemtns/bluemtns.html), *mit 78.000 ha tropischen Regenforstes und ausgezeichneten Wegen für Ausflüge zu Fuß oder mit dem Fahrrad, und dem 2.256 m hohen Blue Mountain Peak, dem höchsten Gipfel der Insel (organisierte Ausflüge über* ***Blue Mountains Bicycle Tours***, www.bmtoursja.com, *in Ocho Rios). Zu den sehenswerten Pflanzungen gehören* ***Craighton Estate*** *in Irish Town* (http://craightonestate.com), ***Sherwood Estate*** (www.rsw-estates.com) *im gleichnamigen Wald und* ***Old Tavern Estate*** (www.oldtaverncoffee.com), *nicht weit vom Städtchen* ***Section****, eine der Pflanzungen der Insel, deren Kaffee zu den erlesensten gehört. In jeder dieser Pflanzungen werden die Produktionsstufen gezeigt und auch wie man die roten Beeren behandelt, die die Kaffeebohnen enthalten.*

Yucatán und die Riviera Maya *– Mexiko*

Wer sich am Strand bräunen möchte, geht nach Cancún und Umgebung, doch um die Halbinsel Yucatán wirklich kennenzulernen, muss man auch Tulúm (mit den Maya-Bauwerken am Meer) und Mérida (mit seinen Kolonialbauten) erkunden. Und auch Chichén Itzá sollte man nicht versäumen, die wichtigste archäologische Stätte der Kulturen der Maya und der Tolteken.

Yucatán, eine 200.000 qkm große Halbinsel zwischen dem Golf von Mexiko und dem karibischen Meer, ist in drei Bundesstaaten unterteilt (**Campeche** im Westen, **Quintana Roo** im Osten und **Yucatán**). Sie ist ein Symbol für den Tropenurlaub schlechthin: Das außergewöhnliche Klima mit 240 Sonnentagen im Jahr und einer Durchschnittstemperatur von 22–30° C lockt das ganze Jahr über Urlauber an. Yucatán ist jedoch auch Symbol für die Kultur der Maya, die hier vor allem in der Klassischen Periode (300–900) einzigartige Städte und zeremonielle Zentren erbauten, von **Chichén Itzá** über Uxmal bis zu **Cobá**. In Cancún befindet sich das aus Touristensicht traumhafte Hotelareal **Zona Hotelera**: ein 22 km langer Sandstreifen, der von der Lagune bis zum karibischen Meer reicht und auf dem in den letzten 40 Jahren immer mehr Wolkenkratzer, Restaurants und Lokale entstanden sind, in denen man sich vor und nach Sonnenuntergang vergnügen kann. An der sandigen Küste der **Riviera Maya** entlang liegt eine kreidefarbene Bucht nach der nächsten: ein 100 km langer Korridor zwischen **Puerto Morelos** und **Tulúm**, der mit Cancún über die **Carretera Federal 307** verbunden ist. Zum Innern der Insel hin liegt **Mérida**, Hauptstadt von Yucatán und zugleich eines der schönsten kolonialen Überbleibsel Zentralamerikas.

Fortbewegung: *Am Flughafen von Cancún kann man ein Auto oder einen Jeep mieten (die Taxis sind nicht wirklich günstig). Alternativ dazu bietet das Busunternehmen* ADO (www.ado.com.mx) *Fahrten zu allen wichtigen touristischen Zielen an: nach Cancún, Chichén Itzá, Mérida, Playa del Carmen und Tulúm. Die Straßen dorthin, die Carretera Federal 307, die quer durch die Riviera Maya verläuft, und die Carretera Federal 180D in Richtung Chichén Itzá und Mérida sind in hervorragendem Zustand.*

Währung: *Die offizielle Landeswährung ist der mexikanische Peso.*

CANCÚN *(2 Tage)*

Mehr als 10 Millionen Touristen landen jedes Jahr auf dem Flughafen von Cancún, der Stadt am karibischen Meer mit den an die **Ciudad Cancún** (die „historische" Stadt) angrenzenden Hochhaus-Hotelburgen der **Zona Hotelera** vor der Lagune Nichupté, die vom offenen Meer nur noch durch einen schmalen Streifen Sand getrennt ist. In den 1960er-Jahren betraute die mexikanische Regierung einen Pool von Ingenieuren mit dem Aufbau eines Touristenzentrums. Sie wählten eben diese Lagune aus, und in nur einem Jahrzehnt verwandelten sich die 22 km Sandstrand, einst ein tropisches Paradies, in ein Areal mit sehr hoher Hoteldichte, und die Stadt wurde zu einer Vergnügungsfabrik mit unzähligen Bars, Clubs und Villen mit Schwimmbad. Hier wird mehr Englisch geredet als Spanisch, man geht Hamburger essen und zum Einkaufen in die Shoppingcenter, die nach dem Vorbild der Malls der *Gringos* eingerichtet wurden. Doch Cancún ist nicht überall so wie hier: Diejenigen, die sich nicht nur dem Strandleben hingeben wollen, können hier seit 2009 ein Meisterwerk bewundern: das **MUSA – Museo Subacuático de Arte** (ein Unterwasserkunstmuseum) mit Hunderten von Skulpturen am Meeresgrund *(www.musacancun.com, www.aquaworld.com.mx/underwatermuseum.html)*. Am

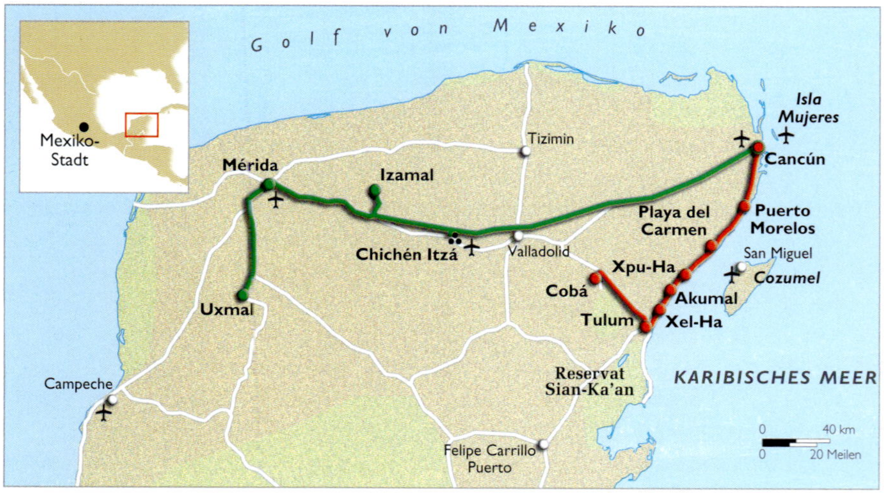

südlichen Ende der Bucht befinden sich die Maya-Ruinen von **El Rey** (Zona Arqueológica El Rey), entstanden in der postklassischen Periode zwischen 1250 und 1521, der Zeit der größten Prachtentfaltung *(http://cancun.gob.mx, www.cancun.caribemexicano.com)*. Das kleine **Museo Arqueológico** in Paseo Kukulkán ist wegen Bauarbeiten vorübergehend geschlossen. Danach besucht man die **Isla Mujeres** (Fraueninsel), einst Anlaufstelle für Piraten, später Ziel von Schlafsacktouristen, und heute exklusive Wahl für Barfuß-Hochzeiten am Strand oder Tagesausflüge von Cancún aus. Sie ist ein Tipp für Taucher *(Carey Dive Center, www.careydivecenter.com)*; empfehlenswert sind auch die Strände vom Playa Norte bis zum Playa Lancheros im südlichen Bereich sowie das Schutzgebiet **Tortugranja**, in dem Meeresschildkröten ihre Eier ablegen *(www.islamujeres.com.mx/english/introduction.htm, geöffnet 9–17 Uhr)*, und das Dolphin Discovery *(www.dolphindiscovery.com/cancun-islamujeres/cancun-islamujeres-location-overview.asp, geöffnet 9–17 Uhr)* für Schwimmvergnügen mit Delfinen; schließlich der **Parque Natural Garrafón** mit seinem von einem Riff geschützten Strand, wo man Outdoor-Sportaktivitäten nachgehen und in der Hängematte relaxen kann *(www.garrafon.com.mx)*. Die Insel ist 8 km lang und 1,5 km breit und liegt 14 km von der Küste Cancúns entfernt. Vom Landungssteg der Stadt aus, von dem die Schiffe verschiedener Unternehmen ablegen, darunter die Garrafón Cruise *(www.cancun-discounts.com/tours/cancun/garrafon-tour-isla-mujeres.htm)*, ist sie in ca. 25 Minuten zu erreichen. Weitere Informationen zu Fähren, die zwischen Cancún und der Insel pendeln, auf der Website: *www.travelyucatan.com/isla_mujeres_ferry.php*.

342-343 - Die langgestreckte Hotelmeile in Cancún.

343 - Kreuzfahrtschiffe bei der Insel Cozumel.

344 - Die Küste von Playa del Carmen.

DIE RIVIERA MAYA *(3 Tage)*
Der ca. 100 km lange Küstenstreifen zwischen Puerto Morelos und Tulúm ist das Urlaubsparadies am Meer schlechthin. Man kommt über die Carretera Federal 307 hierhin, die an der gesamten Küste entlangführt. Die Erkundung dieses einmaligen Winkels von Yucatán lohnt sich wirklich: himmelblaues Wasser, karibische Strände und archäologische Ruinen, hier folgt ein Reiz dem nächsten. 40 km südlich von Cancún liegt **Puerto Morelos**, das Eintrittstor zur **Riviera Maya**. Doch die meisten verweilen letztlich in **Playa del Carmen**, weitere 36 km südlich: ein ehemaliges Fischerdorf, das in den letzten 30 Jahren einen Touristenboom erlebt hat, der nur von Cancún übertroffen wird. Hier besichtigt man keine Gebäude, hierher kommt man, um an den Strand zu gehen. Abends flaniert man über die **Avenida Quinta**, die Einkaufsmeile der Stadt, mit vielen Restaurants, Bars und Geschäften. Mit den Tragflügelbooten der Unternehmen **Mexico Waterjets** *(www.mexicowaterjets.com)* und **Ultramar** *(www.granpuerto.com.mx)* erreicht man von hier in einer Stunde die Insel **Cozumel**, das 47x15 km große Tropenparadies, das zum Artenschutzgebiet für die Land- und Wasserfauna erklärt wurde. Im Zentrum liegt die Inselhauptstadt **San Miguel**, wo man sich in dem kleinen **Museum** über Historie und Natur der Region informiert *(Museo de la Isla de Cozumel, Calles 4 y 6 Norte, www.islacozumel.com, www.cozumelparks.org.mx/islandmuseum.html, geöffnet 9–17 Uhr)*. 8 km südlich von San Miguel befindet sich der **Parque Chankanaab**, in dem es eine Lagune gibt, in der man schnorcheln kann *(http://fpmc.gob.mx/english.html, www.cozumelparks.org.mx, geöffnet 8–16 Uhr)* und sich die Maya-Ruinen von **San Gervasio** anschaut *(http://fpmc.gob.mx/english.html, http://discovercozumel.com.mx/sangervasio.html, geöffnet 8–16 Uhr)*. Taucher werden die mächtigen Wassertiefen im **Parque Nacional Arrecifes de Cozumel** begeistern, der 1996 gegründet wurde, um die Fisch- und Korallenbestände der größten mexikanischen Insel zu schützen. Er gehört zum Mesoamerikanischen Korallenriff, dem zweitgrößten der Erde, und wird täglich von fast 1500 Tauchern besucht *(http://pyucatan.conanp.gob.mx/cozumel.htm)*. Doch auch das Festland in Mexiko hat dem Urlauber etwas zu bieten: 7 km südlich von Playa del Carmen befindet sich der **Themenpark Xcaret** mit Attraktionen aller Art, vom Schnorcheln und Unterwasserspaziergängen bis zu verschiedenen Massageangeboten *(km 282 der Carretera Federal 307, www.xcaret.com/attractions, geöffnet 8.30–21.30 Uhr)*. Davor liegt die Bucht von **Xpu-Ha**, einem der schönsten Strände der **Riviera Maya** (ca. 30 km von Playa del Carmen), kurz vor dem Touristenkomplex von **Akumal** mit seinen Luxusvillen, den Residenzen für die betuchteren Touristen *(www.akumal-travel.com)*. Die vielen kleinen Badebuchten von **Chemuyil** (1 km von Akumal) bis **Xcacel** sind alle einen Besuch wert, wobei die meisten Touristen **Xel-Ha** bevorzugen, ein Mosaik aus Lagunen zwischen Palmen. Der gleichnamige **Wasserpark** *(www.xelha.com, geöffnet 9–18 Uhr)* hat gut 20 unterschiedliche Attraktionen zu bieten, vom Schwimmen mit Delfinen bis zu Exkursionen in den Mangrovenwald oder zum **Cenote**, einem unterirdischen Fluss, der in eine natürliche Grotte mündet und bei den Maya als heilig galt. An den Grenzen des Parks befand sich einst der alte Hafen von **Cobá**. Man erreicht die antike Maya-Stadt über die fast 50 km lange Straße Nr. 109, (Seitenstraße der 307; 1 km vor Tulúm), von der man eine gute Sicht auf den Gran Cenote (Cenotes gibt es in Yucatán nicht sehr viele) und die archäologische Ausgrabungsstätte hat. Zwischen 800 und 1100 war sie eine der größten Maya-Städte, und ihre Hauptattraktion, die Pyramide von **Nohoch Mul**, ist mit ihren

345 OBEN - DIE MAYA-RUINEN VON TULÚM.

345 UNTEN - DAS CASTILLO VON CHICHÉN ITZÁ.

42 m die höchste im nördlichen Yucatán *(www.mexperience.com/guide/archaeology/coba.php, geöffnet 8–17 Uhr)*. Die letzte Etappe auf der Carretera Federal 307 ist **Tulúm**: Eine gut erhaltene Stätte der Maya, von drei Seiten durch eine Stadtmauer befestigt und von der vierten Seite durch die Felsenriffs zum Meer hin geschützt. Durch ihre begünstigte Lage war sie zwischen 1200 und der Eroberung durch die Spanier der wichtigste Handelshafen der Region. Zwischen dem im 15. Jh. errichteten **Templo de Las Pinturas** (oder de Los Frescos – dem Freskentempel), dem **Templo del Dios Descendente** (Tempel des herabsteigenden Gottes) und **El Castillo** wird man von dem hypnotisierenden Farbenspiel der Umgebung eingenommen: die grauen Steinmonumente vor dem Blau der Karibik und dem grellen Weiß des Strandes *(www.mexperience.com/guide/archaeology/tulum.php, geöffnet 8–17 Uhr)*.

MÉRIDA, IZAMAL UND CHICHÉN ITZÁ *(3 Tage)*

Von Cancún gelangt man in gut 300 km auf der Carretera Federal 180D nach Mérida, der schönsten Kolonialstadt Yucatáns. Etwa 100 km vor dem Ziel muss man jedoch einen obligatorischen Halt machen: bei **Chichén Itzá**, dem Prunkstück des Maya-Imperiums *(www.chichenitza.com, geöffnet 9–17 Uhr)*. Die Stadt wurde im 5. Jh. gegründet und bis zum 10. Jh. ausgebaut. Erhalten sind u.a. der **Templo de los Guerreros** (Kriegertempel), eine vierstöckige Pyramide mit Flachreliefs, auf denen Menschen und Tiere abgebildet sind, die menschliche Herzen verschlingen, außerdem der **Templo de los Jaguares** mit den in Stein eingravierten Jaguarmotiven und der Schlange, der Tzompantli, der Tempel der Totenschädel, und das Feld für Ballspiele (Juego de Pelota), die nicht einfach Zeitvertreib, sondern ritueller Akt waren. Am großen **Cenote Sagrado** (dem Heiligen Brunnen), der bekanntesten **Yucatáns Höhlen** (60 m Durchmesser), wurde der Gott Chaac mit Ritualen verehrt, und man brachte ihm hier geweihte Gaben und Menschenopfer dar. Auf den Stufen der Nordseite des **Castillo**, der Pyramide des Kukulkán, dem wichtigsten Bauwerk der Anlage, wiederholt sich bei jedem Äquinoktium (am 21. März u. 21. September) das gleiche Phänomen: Im Spiel aus Licht und Schatten entsteht der geschmeidige Körper eines Reptils – dem Symbol des Gottes **Kukulkán** – das sich die Stufen hinunter-

schlängelt und den Priestern des Tempels so die Zeit für die Saat anzeigte.
Zur Erkundung von **Mérida** sollte man sich ein paar Tage Zeit nehmen. Die über die ganze Stadt verteilten eleganten Bauwerke sind die Hinterlassenschaften eines nicht mehr vorhandenen Reichtums, der zwischen dem 19. und 20. Jh. erwirtschaftet wurde, als im ganzen Land Sisal angebaut wurde. Diese wertvolle Agavenart war so gefragt, dass in Mérida Plätze, Geschäfte, Restaurants und Paläste gebaut wurden und man sich sogar den Luxus gestattete, mit dem **Paseo de Montejo** die Pariser Champs-Élysées zu imitieren. Mérida ist eine typische Kolonialhauptstadt mit schachbrettartigem Grundriss und einem großen, zentralen Platz, dem **Plaza Grande**, auf dem sich die wichtigsten Gebäude gegenüberstehen: die **Catedral de San Idelfonso** aus dem 16. Jh. *(www.merida.gob.mx/historia/lugares_catedral.html)*, mit dem großen Kruzifix „Cristo de la Unidad", eine der ältesten Kathedralen des Landes, der *Palacio Municipal* mit seinem Glockenturm aus dem 16. Jh., das **MACAY, Museo de Arte Contemporáneo Ateneo de Yucatán** mit Ausstellungen von Werken der wichtigsten zeitgenössischen yukatanischen Künstler *(www.macay.org, geöffnet 10–18 Uhr)*, das **Casa de Montejo**, ebenfalls aus dem 16. Jh., in dem sich heute eine Bank befindet, und der **Regierungspalast** (Palacio de Gobierno) mit den Wandgemälden von Fernando Castro Pacheco, die von der spanischen Eroberung durch Francisco de Montejo erzählen. Gegenüber, Calle 62 Ecke Calle 61, befindet sich das **Centro Cultural Mérida Olimpo** *(www.merida.gob.mx/capitalcultural/contenido/centrosc/olimpo.htm)*, das 1999 aus Anlass des 457. Jahrestages der Stadtgründung eröffnet wurde: Hier finden Konzerte, Tanz- und andere Kulturveranstaltungen statt. Auf der Calle 60 kann man die Anfang des 20. Jh. vom italienischen Architekten Luis Roncoroni entworfene Fassade des Teatro José Peón Contreras bewundern und auch jene der zu Beginn des 17. Jh. gegründeten **Universidad Autónoma de Yucatán (UADY)**. Man sollte auch einen Besuch des **Museo Regional de Antropología** im Innern des **Palacio Cantón** nicht versäumen *(zwischen dem Paseo Montejo u. der Calle 43, Tel. 999.9230557 u. 999.9286719, geöffnet 8–20 Uhr, So 9–14 Uhr, Mo geschlossen)*, wo viel über die Landesgeschichte zu erfahren ist. In Richtung Cancún, 70 km östlich von Mérida, liegt **Izamal** (Carretera Federal 180 bis zur Abzweigung auf Höhe Hoctun), eine Kolonialstadt mit Bauwerken aus dem 16. und 17. Jh. Sie ist Ziel katholischer Pilger, die zum Anbeten der Virgen de la Concepción (der Schutzheiligen von Yucatán) kommen und war bereits früher das Ziel von Maya-Pilgern, die zu den 36 m hohen Pyramiden im Umland der Siedlung kamen. In **Uxmal**, 80 km südlich von Mérida (Carretera Federal No. 261) kann man die 30 m hohe **Pirámide del Adivino** (Pyramide des Wahrsagers) im Innern der Ruinenstadt bewundern, eines der beeindruckendsten Zeugnisse der Baukunst der Maya, mit einer äußerst steilen, mit Masken des Gottes Chaac verzierten

Einkaufen in Mérida

Sombreros und Panamahüte kann man in Ladengeschäften und in den Märkten **Mercado Lucas de Gálvez** (Calle 65 u. 69 bis 56 A) *und* **Mercado García Rejón** (Calle 65 u. 60) *erwerben. Dort findet man auch traditionell handgefertigte Hängematten, obwohl es dafür Fachgeschäfte wie das* **Hamacas El Aguacate** *gibt* (Calle 58 n. 604 S/n im Zentrum, Tel. 999.9286265). *Bücher zur mexikanischen Geschichte und über Archäologie findet man in der Buchhandlung* **Librería Dante** (Calle 59 zwischen 60 und 62, Tel. 999.9283674). *Kunsthandwerk bekommt man im* **Casa de las Artesanías** *im Innern eines Klosters* (Calle 63 n. 513, Tel. 999.9286676), *und im Laden* **Miniaturas** (Calle 59 n. 507 A-4, Tel. 999.9286503) *gibt es neben Masken, Puppenhäusern und Comics auch Miniaturausgaben von Kunstgegenständen oder mexikanischer Folklore.*

Freitreppe, die zum Tempel führt. Davor der **Palacio del Gobernad**or (Gouverneurspalast) mit Motiven im Puuc-Stil und das Cuadrángulo de las Monjas (das Nonnenviereck), ein um einen großen, quadratischen Innenhof angeordneter Gebäudekomplex *(www.mexperience.com/guide/archaeology/uxmal.php, geöffnet 8–17 Uhr)*.

Übernachten

€€€€ Casa Turquesa (Cancún). Ein Boutique-Hotel mit 29 Suiten, die auf den Strand hinausgehen. Nicht entgehen lassen sollte man sich die Kunstsammlung, den Infinity-Pool und das Frühstück „à la carte", die Cigar-Lounge und die Aussicht auf den Sonnenuntergang. *Info: Boulevard Kukulcan km 13.5, Zona Hotelera, Tel. 998.1932260, www.casaturquesa.com*

€€€€ Hacienda Xcanatun (Mérida). Zimmer im Kolonialstil und Restaurant mit Gerichten der yukatanischen Küche (wie Linsensuppe mit Krabben oder gefüllte Tortillas), zu denen gutes Bier der Region gereicht wird. Weitere Pluspunkte: Marmor, Zimmerdecken mit sichtbaren Balken, überall Bögen und ein Spabereich, der von der Weisheit der Maya beseelt zu sein scheint. *Info: km 12 Carrettera Mérida-Progreso, Tel. 999.9302140, www.xcanatun.com*

€€€ Maya Tulúm (Tulúm). Ein Paradies für Yogafans mit Kursen für alle Niveaus. Man schläft in Luxusbungalows am Strand, geht für eine ganzheitliche Massage oder ein Papaya-Peeling in den Spabereich und probiert im Restaurant von den Fischgerichten oder vegetarischen Menüs. *Info: Carretera Boca Paila Punta Allen km 7, Zona Hotelera, www.rrresorts.com/f.html#/maya_tulum*

Essen

€€ Posada Margherita (Tulúm). Das italienische Restaurant gehört zu den besten der Riviera Maya: frische hausgemachte Pasta, Focaccia, Fisch, Langusten und guter Wein. Am besten vorher reservieren. *Info: Carretera Tulum – Boca Paila km 4,5, Tel. 984.8018493, ww.posadamargherita.com*

€-€€ La Habichuela (Cancún). Dieses Restaurant wurde einst als eines der besten Mexikos ausgezeichnet. An den Tischen im Garten sitzt man in einem von Maya-Ruinen inspirierten Ambiente. Vorspeisen mit Fisch, Krabbencocktail und Langustencreme, Rindermedaillons, mexikanische Tapas. *Info: Margaritas 25, Tel. 998.8843158, www.lahabichuela.com*

€ Yaxche (Playa del Carmen). Die Kochkunst der Mayas. Man kann im Saal oder auf der Terrasse essen. Es gibt ein Mittagsmenü *(almuerzo)* und eine Speisekarte fürs Abendessen *(cena)*, außerdem Spezialmenüs und solche mit monatlich wechselnden Gerichten. *Info: Avenida 5ta y Calle 22, Tel. 984.8733011, www.mayacuisine.com*

Weitere Informationen: Mexikanisches Büro für Touristenangelegenheiten, www.visitmexico.com, www.rivieramaya.com

346-347 - Die Pyramide des Wahrsagers von Uxmal.

347 - Das historische Zentrum von Mérida.

Von Lima bis Machu Picchu – *Peru*

Wie der unwiderstehliche Gesang einer Sirene lockt Machu Picchu in Perú jedes Jahr begeisterte Besucher aus aller Welt an. Doch bereits entlang der Straße zu der verborgenen Stadt entdeckt man archäologische Stätten und Naturschauspiele, die die Reise schon zu einem Gewinn machen.

Lima, die Hauptstadt Perus, hat einen wichtigen Erneuerungsprozess eingeleitet, der sie Jahr um Jahr weiter verändert: Kirchen und Denkmäler werden restauriert, das Straßennetz wird hinsichtlich des Verkehrsflusses überprüft (so gut das in einer Stadt mit 7 Millionen Einwohnern überhaupt möglich ist), neue Museen werden eröffnet und die Parks instand gesetzt. Im historischen Zentrum, eingetragenes UNESCO-Weltkulturerbe, kann man die interessantesten Orte und Paläste in erstaunlich kurzen Entfernungen erkunden, wenn man zu Fuß unterwegs ist. In nur einer Flugstunde erreicht man **Cuzco**, die älteste Stadt des Kontinents, die seit jeher durchgehend bewohnt ist. Sie ist viel mehr als ein anonymer Durchgangsort auf dem Weg nach **Machu Picchu**. Um sich dessen bewusst zu werden, reicht es aus, sich an einen der Tische unter den Säulengängen des Plaza de Armas zu setzen, wo die Barock- und Renaissancekirchen seit Jahrhunderten mit ihrer Pracht wetteifern, oder einen kurzen Spaziergang ins Künstlerviertel Barrio de San Blas mit seinen vielen Werkstätten lokaler Künstler zu machen, deren Produkte man auch auf der Feria de los Sábados bewundern kann. Bevor man nach Machu Picchu hinaufsteigt, kommt man durch das **Valle Sacra**, wo es Städtchen gibt, in denen die Zeit stehen geblieben zu sein scheint, und bedeutende archäologische Stätten vor dem Auge des aufmerksamen Betrachters auftauchen.

Fortbewegung: *Der internationale Flughafen Jorge Chávez* (www.lap.com.pe) *befindet sich 14 km nordwestlich des Zentrums von Lima, das man in ungefähr einer halben Stunde mit dem im 15-Minuten-Takt angebotenen Service von Super Shuttle Airport* (www.supershuttleairport.com) *erreicht. Nach Cuzco fliegt man besser, wenn man die 22-stündige Busfahrt vermeiden möchte, die über einer Straße führt, die bei drei Gebirgspässen eine Höhe von 4000 m überschreitet. Die Flüge dauern 70 Minuten und werden von den Unternehmen Lan* (www.lan.com) *und Taca International Airlines* (www.taca.com) *angeboten. Von Cuzco nach Machu Picchu reist man im Zug* (www.perurail.com). *Wer lieber ein Auto mieten möchte, findet die Büros von Firmen wie Budget* (www.budgetperu.com) *oder Hertz* (www.hertz.com.pe) *am Flughafen.*

Währung: *Die offizielle Landeswährung Perus ist der Nuevo Sol.*

LIMA ***(2 Tage)***
Mit ihren 7 Millionen Einwohnern und endlos aufeinanderfolgenden historischen Palästen, Straßenmärkten und Wohnvierteln ist Lima eine bunt gefleckte Metropole, voller Charme und reich an Schätzen. Man beginnt mit dem Besuch am **Plaza de Armas** (auch **Plaza Mayor** genannt), dem Kern des historischen Stadtzentrums. Die große Ebene wird von der prunkvollen Fassade der **Kathedrale** beherrscht *(Tel. 01.4279647, geöffnet Mo–Sa 9–16.30 Uhr)*, deren barockes Aussehen auf den Wiederaufbau nach mehreren Erdbeben zurückzuführen ist (zuletzt 1746). Im dreischiffigen Innern ist die letzte Ruhestätte von Francisco Pizarro. Auch der hölzerne Chorstuhl aus dem 18. Jh., der

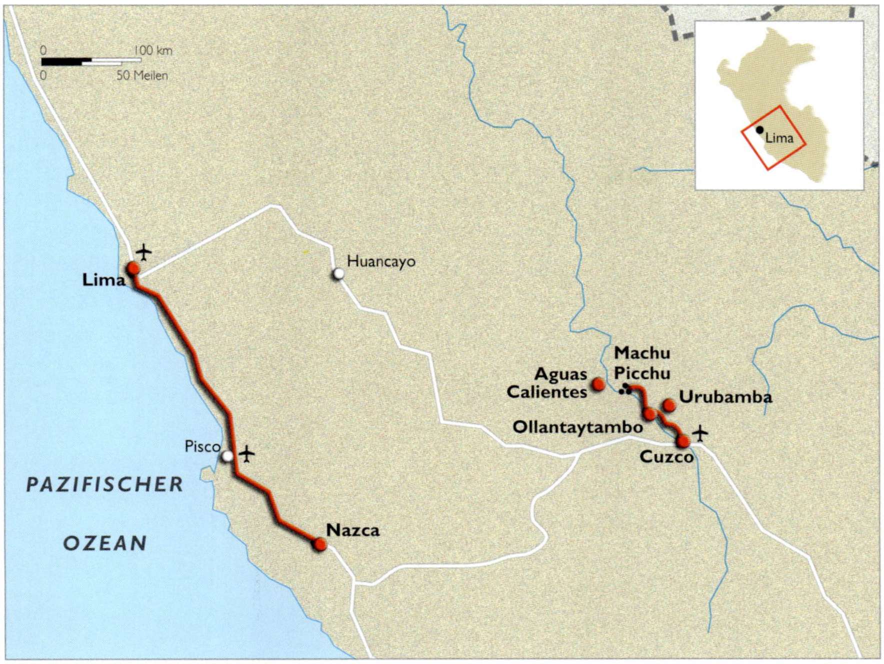

348-349 - Der Plaza de Armas in Lima.

349 - Der Palacio de Gobierno von Lima.

Altar der Kapelle **Nuestra Señora de la Evangelización** mit der bunten Holzstatue der Jungfrau Maria, einst gespendet von Kaiser Karl V., sowie die beachtliche Sammlung religiöser Kunstobjekte wie Gemälde, Plastiken, Messkelche und Globen verdienen Aufmerksamkeit. Auf dem Plaza Mayor kann man auch den von Pizarro 1536 erbauten Regierungspalast (**Palacio de Gobierno**) mit zahlreichen Atrien und Salons besichtigen (Tel. 01.43113930, geöffnet Mo–Fr 8.30–13 u. 14–17 Uhr), die Persönlichkeiten aus der peruanischen Historie gewidmet und mit Kunstgegenständen von beachtlichem Wert geschmückt sind. Nur einen Block hinter dem Palast, gleich hinter dem Bahnhof, befindet sich der das Kloster **Monasterio de San Francisco** *(Jirón Ancash 3. Block/ Calle San Francisco, Tel. 01.4271381, geöffnet Mo–So 9.30–17.30 Uhr)*. Die aus Stein gemeißelte Kirchenfassade wird von korinthischen Säulen charakterisiert; beeindruckend sind auch die mit Fayencen dekorierten Klostergebäude. Des Weiteren kann man die Katakomben besuchen (unterirdische Galerien), die während der Kolonialzeit als Friedhof dienten, sowie die Bibliothek mit ihren kostbaren Karten aus dem 16. Jh. In unmittelbarer Nähe des Komplexes beginnt das grüne Areal des **Parque de la Muralla** *(Jirón Amazonas, 1. Block, geöffnet 8–22 Uhr)*, der so genannt wird, weil sich hier ein restauriertes Fragment der antiken Mauer befindet, die Lima im 17. Jh. vor den Angriffen der Piraten und Feinde der spanischen Krone schützte. Folgt man vom östlichen Parkausgang aus der Avenida Abancay, gelangt man drei Blöcke weiter zum **Museo de la Inquisición** *(Jirón Junín 548, www.congreso.gob.pe/ museo.htm, geöffnet 9–17 Uhr)* in denselben Räumen, in denen einst die Inquisitionsprozesse stattgefunden haben. Sehenswert sind der alte Gerichtssaal, die **Puerta del Secreto**, die zum Privatbereich des Großinquisitors führte, die Folterkammer, der geheime Gefängnisbereich mit unterirdischen Zellen und die Inquisitionsbibliothek. Die Kirche **Iglesia de San Pedro** *(Jirón Ucayali 451, Tel. 01.4283017, geöffnet 9.30–11.45 u. 17–18 Uhr)* aus dem 17. Jh., die für ihre 14 vergoldeten Altäre berühmt ist, erreicht man in wenigen Hundert Metern auf der Abancay-Allee. Von hier aus folgt man der Jirón Ica, und auf Höhe der Kirche **Iglesia de la Merced** *(Jr. De la Unión 621, Tel. 01.4278199, geöffnet 8–12 u. 16–20 Uhr)* biegt man links in die Jirón de la Unión ein, der man bis zum **Parque de la Cultura** folgt *(Av. 28 de Julio–Av. Garcil. de la Vega, Tel. 01.4230133, geöffnet 9–20 Uhr)*, dem ehemaligen **Parque de la Exposición**. Er beherbergt zahlreiche Denkmäler, die noch von der Hundertjahrfeier der Unabhängigkeit stammen, darunter der Pavillon Moresco, der Seismograph, der Chinesische Brunnen, der Botanische Garten und der Japanische Garten. Hier gibt es neben den Erholungsarealen auch einen der Bühnenkunst gewidmeten Bereich mit der Marionetteninsel (Isla de Títeres), dem Teatro Abierto (Freilichttheater) und dem Teatro La Cabaña (Gartenhaustheater). In diesem großen, grünen Areal muss man unbedingt das **Museo de Arte de Lima** besuchen *(Paseo Colón 125, Tel. 01.2040000, www.mali.pe, geöffnet Di–So 10–20 Uhr, Sa 10–17 Uhr)*, das 2010 komplett renoviert wurde. Hier werden über 7000 Objekte ausgestellt, die von der Geschichte und den Zivilisationen des Landes aus drei Jahrtausenden erzählen: von Keramiken der Chavín und Webwaren der Paracas bis zu zeitgenössischer Kunst. 300 m entfernt befindet sich das **Museo de Arte Italiano** *(Avenida Paseo de la República 250, Tel. 01.4239932, geöffnet Mo–Fr 10–17 Uhr)*, das von der italienischen Kolonie zur Feier des hundertsten Jahrestages der Unabhängigkeit Perus errichtet und 1924 eingeweiht wurde. Die Fassade im Renaissancestil ist aus weißem, poliertem Marmor. Hier wer-

den Werke italienischer Künstler mit architektonischen Elementen von Bramante ausgestellt sowie von Donatello, Ghiberti, Michelangelo und Botticelli inspirierte Reliefs und Dekorteile.

Um vom historischen Zentrum aus in den Bezirk **Pueblo Libre** zu gelangen, nimmt man am besten ein Taxi. Hier befinden sich zwei besonders bedeutende Museen: das **Museo Larco Herrera** *(Av. Bolivar 1515, www.museolarco.org, geöffnet 9–18 Uhr)* mit über 45.000 Ausstellungsstücken präkolumbischer Kulturen, darunter eine berühmte Sammlung erotischer Kunst aus dem antiken Peru. Nur wenig weiter befindet sich das **Museo Nacional de Arqueología, Antropología e Historia del Peru** *(Plaza Bolivar, Tel. 01.4635070, geöffnet Di–So 10–17)*, das eine der vollständigsten Sammlungen von Keramiken, Textilien und Goldschmiedearbeiten der präkolumbischen Kultur beherbergt, ferner einige der bedeutendsten Stücke der peruanischen Archäologie, so zum Beispiel den legendären Katzengott der Raimondi-Stele und den Tello-Obelisken aus dem Jahr 1000, beides Meisterstücke der prä-inkaischen Chavín-Kultur. Dann kommt man zum Sala Inca und kann zum Abschluss die Modelle der wichtigsten archäologischen Stätten Perus betrachten. Auch ein Besuch des **Museo Oro del Peru** gegenüber dem historischen Zentrum lohnt sich *(Av. Alonso de Molina 1100, Monterrico Surco, Lima 33, www.museoroperu.com.pe, geöffnet 10.30–18 Uhr)*, das eine umfangreiche Sammlung von Objekten aus Gold und Edelsteinen der prä-inkaischen Epoche aus dem ganzen Land ausstellt. Der weltbekannten Sammlung von Handfeuerwaffen ist ein ganzes Stockwerk gewidmet.

CUZCO UND MACHU PICCHU ***(4 Tage)***

Heute ist Cuzco vor allem als Tor zum magischen Machu Picchu bekannt, doch dies wird der südamerikanischen Stadt nicht wirklich gerecht, die ohne Unterbrechung seit Beginn des 13. Jh. besiedelt war, als sie vom legendären „ersten Inka", dem Herrscher Manco Cápac, gegründet wurde und sich zur Hauptstadt des größten Imperiums des Kontinents entwickelte. Ihr heutiges Aussehen geht auf das 16. Jh. zurück, auf ihren Wiederaufbau nach der Ankunft der Eroberer, von denen die Stadt zerstört wurde. Sie nutzten die Steine der vorherigen Paläste zum Bau neuer Gebäude. Auf dem **Plaza de Armas** stehen sich die großen Kirchen aus der Kolonialzeit gegenüber; die gewaltigen Ausmaße der **Kathedrale** *(geöffnet Mo-Sa 10–18, So 14–18)* sollten die Überlegenheit der christlichen Religion über den Glauben der Inkas demonstrieren. Fassade und Innenraum zeigen prunkvolle Verzierungen im Renaissancestil, und kostbare, kunstvoll gearbeitete Zedernholzstatuen rahmen das Chorgestühl und die Kanzel ein. In der Kathedrale werden eine Reihe von Gemälden aus der Schule von Cuzco verwahrt sowie Gegenstände aus getriebenem Silber. Die Basilika wird von zwei weiteren Kirchen flankiert, der **Iglesia de Jesús y María** (aus dem Jahre 1733) und der Triumphkirche (**Iglesia del Triunfo**), der ältesten der Stadt. Beide haben eine prächtige Innengestaltung mit Plastiken, sakralen Gegenständen in typischem Barockstil sowie weiteren Malereien der Schule von Cuzco. Die drei Kirchen sind miteinander verbunden, und so kann man sie in einem einzigen Besuch auf einmal besichtigen. Auf der gegenüberliegenden Seite des Platzes ragt die ebenso prächtige, 1571 von den Jesuiten erbaute Kirche **Iglesia de la Compañia de Jesús** heraus, die von Anfang an heftig umstritten war, denn die Bischöfe ertrugen es nicht, dass eine andere Kirche mit ihrer Pracht und Größe die Basilika in den Schatten stellen könnte. Die Fassade im Barockstil der Anden wurde restauriert, nachdem ein Erdbeben 1650 einen Großteil

Nazca

Die ***Nazcalinien****, die riesenhaften in die Erde gescharrten Bilder (Geoglyphen), in denen Hunderte von verschiedenen Tierarten (Spinne, Kolibri, Pelikan, Condor, Hund und Affe) und antropomorphe Figuren dargestellt sind, gehören zu den größten archäologischen Rätseln der Welt. Sie sind nur aus großer Höhe zu erkennen und in manchen Fällen auch vom Meer aus (wie z.B. der Kandelaber). Einmal in Peru, kann man der Versuchung, sie sich anzusehen, nur schwer widerstehen. Um dies zu tun, fährt man von Lima aus 480 km auf der* ***Panamericana****. In Nazca erfolgt die Vormerkung für einen der ca. 30-minütigen Rundflüge an den Rezeptionen der größeren Hotels, darunter das* ***Casa Andina Classic*** (Jr. Bolognesi 367, www.casa-andina.com) *und das* ***Hotel Alegría*** (Calle Lima 166, www.hotelalegria.net). *Die Flüge starten am Morgen, wenn die Windbedingungen stabil sind. Sein Wissen vertiefen kann man im* ***Planetarium Maria Reiche*** (c/o Nazca Lines Hotel, Plaza Bolognesi s/n, http://peru-hotels.com/nazlines.htm), *das nach der deutschen Archäologin benannt wurde, die zwischen der Gestaltung der Linien und den Gestirnkonstellationen eine Verbindung herzustellen versuchte, und wo jeden Abend ab 19 Uhr Filme zu den Theorien über Entstehung und Zweck der Linien gezeigt wird. Versäumen Sie nicht, auch das* ***Museo Arqueológico Antonini*** *zu besuchen* (Avenida de la Cultura 600, Tel. 056.523444, geöffnet 9–19 Uhr) *mit seiner schönen Sammlung von Keramiken, Textilien und Anden-Flöten.*

des Gebäudes zerstört hatte. Nordöstlich vom Plaza de Armas führt eine Straße zum **Museo Inka** hinauf *(103 Cuesta del Almirante, Tel. 084.237380, geöffnet 8–17, Sa 9–16 Uhr)*, das in einer schönen Kolonialresidenz untergebracht ist, deren erster Besitzer Admiral Francisco Maldonado war. In dem Museum kann man eine umfangreiche Sammlung von Gerätschaften der Inka bewundern, darunter die größte existierende Sammlung von Objekten der Q'ero-Indianer. Vom Museum geht man weiter hinauf bis zum Plaza de las Nazarenas mit dem interessanten, 2003 eröffneten **Museo de Arte Precolombino** *(Tel. 084.233210, geöffnet 9–22 Uhr)*, das eine große Sammlung von Keramikrodukten der diversen peruanischen Kulturen seit dem 13. Jh. zeigt. Der Platz ist der Eingang zum Viertel San Blas, dem Stadtviertel der Kunsthandwerker mit seinen stets überfüllten Souvenirläden entlang der steilen Gassen mit den vielen schönen Häusern im Kolonialstil. Nur einen Block weiter, westlich vom Plaza de Armas, befindet sich die barocke **Kirche Iglesia la Merced** *(Calle Mantas, geöffnet Mo–Sa 8–12 u. 14–17 Uhr)*, die drittwichtigste Kirche der Stadt. In der Sakristei wird ein 1,3 m hohes und 22 kg schweres liturgisches Gefäß aus massivem Gold aufbewahrt, das üppig mit Edelsteinen besetzt und von einer großen Perle gekrönt ist, der zweitgrößten der Welt. Geht man in die gleiche Richtung weiter, gelangt man zur Avenida del Sol. Bereits am Anfang befindet sich das **Museo de Arte Popular** *(103 Avenida del Sol, geöffnet Mo–Sa 9–18 Uhr)*, in dem auch von den Handwerkern aus San Blas angefertigte Arbeiten gezeigt werden. Etwas weiter befindet sich das **Centro de Textiles Tradicionales del Cusco** *(603 Avenida del Sol, www.textilescusco.org, geöffnet Mo–Sa 7.30–20.30, So 8.30–20.30 Uhr)*. Hier werden traditionelle Textilprodukte der Region mit ausführlichen Erläuterungen zu den Trachten und ihrer Geschichte ausgestellt. An der Ecke zwischen der Avenida del Sol und der Calle Santo Domingo sticht das gewaltige Profil der Kirche **Santo Domingo** heraus *(Plazoleta Intipampa, geöffnet Mo–Sa 9–18.30 Uhr, So 8–13 Uhr)*, die auf den Mauern der Inka-Anlage **Koricancha** erbaut wurde.

350 - Das historische Zentrum von Cuzco.

351 oben - Die Inkafestung Sacsayhuamán.

351 unten - Nazcalinien.

Surfen im Norden

Die ersten Spuren von Menschen, die mit Hilfe von Gerätschaften auf Wellen reiten, fand man in Peru – und nicht etwa in Polynesien, wovon Bilder auf Textilien und Keramiken verschiedener prähispanischer Kulturen zeugen. Der bei Sportlern beliebteste Küstenstreifen befindet sich im Bezirk Piura (1030 km von Lima auf der Panamericana Nord), am nördlichen Ende des Landes, wo es vielfältige Bedingungen für die unterschiedlichsten Schwierigkeitsgrade gibt. Nach ***Cabo Blanco*** *wagen sich wegen der Wellen, die direkt auf den Klippen brechen, nur die Erfahrenen;* ***Los Órganos****, 15 km nördlich, wird von jenen bevorzugt, die einen ganz individuellen Sporturlaub in einem authentischen Fischerdorf, untergebracht in den Playa Blanca Bungalows, verbringen möchten* (Punta Veleros, surfcampsperu@yahoo.net). ***Máncora****, der bekannteste Badeort des Landes, ist wegen seiner langen, am sandigen Ufer auslaufenden Wellen bei den Anfängern sehr beliebt. Hier kann man mit den Surflehrern der* ***Octopus Surf Tours*** *sein eigenes Surfbrett einweihen* (www.octopussurftours.com). *Um den passenden Strand auszuwählen und die perfekte Welle zu finden, sieht man am besten im täglich von Surfern aktualisierten Bulletin* ***Peru Azul*** *nach, in dem man auch eine Liste der Strände (Lista de Playas) findet* (www.peruazul.com).

Von Cuzco reist man mit dem Zug nach Machu Picchu *(www.perurail.com)*; die Züge fahren je nach Station bis zu 20-mal am Tag. Vom Bahnhof San Pedro erreicht man nach ca. 3 Stunden Fahrt die Endstation Aguas Calientes, und von dort aus kann man im Minibus weiterfahren. Man sollte sich unbedingt bereits vor der Abfahrt eine Eintrittskarte für das archäologische Areal besorgen, denn der Zugang ist kontingentiert, und es besteht das Risiko, nicht hineingelassen zu werden. Alternativ kann man noch den Zug nach **Ollantaytambo** nehmen. Diese Wahl gestattet es, das Tal **Valle Sacra** zu besuchen. Das zwischen Pisac (33 km nordöstlich von Cuzco) und Ollantaytambo gelegene, vom **Río Urubamba** geformte Gebiet bietet eine Vielzahl interessanter Stätten, darunter den Inkatempel **Pisac**, die Grabungsstätte **Huchuy Qosqo** zwischen Pisac und Calca, und die **Salineras** (stufenförmige Salzbecken) in der Nähe von **Maras**. Ollantaytambo hat die einst von den Inkas entworfene städtische Struktur beibehalten, und man kann die von der **Plaza de Armas** abgehenden schmalen Gassen mit ihrem Kopfsteinpflaster gut zu Fuß erkunden. An der nördlichen Ecke des Platzes befindet sich das **Museo CATCCO** *(Patacalle s/n, geöffnet Di–So 10–13 u. 14–16 Uhr)* mit interessanten Sammlungen zu Geschichte, Landwirtschaft sowie Textil- und Keramikherstellung in der Region. Vom Bahnhof in Ollantaytambo braucht der Zug weniger als 2 Stunden nach **Aguas Calientes**. Nach 88 km hält der Zug, um die Ausflügler aussteigen zu lassen, die über den **Inka-Pfad** zu Fuß nach Machu Picchu gehen wollen. Es ist eine 39 km lange Wanderung, die man in vier Tagen bewältigen kann; allerdings muss man sie lange im Voraus bei einer der autorisierten Agenturen anmelden, darunter Aventours *(www.ecoinka.com)* oder Liz's Explorer *(www.lizexplorer.com)*.

Am Eingang zur Ruinenstätte **Machu Picchu** *(geöffnet 6–17 Uhr)* findet man Führer. Üblicherweise dauert der Besuch 2–3 Stunden, doch man kann auch längere Rundgänge planen, die bis zu den entlegensten Orten des Areals führen. Ausgangspunkt des kürzesten Besuchs ist der landwirtschaftliche Bereich, von dem man sich der eigentlichen Stadt nähert, indem man außen am **Templo del Sol** entlanggeht. Touristen ist der Zugang nicht gestattet, doch man kann die Königsgruft (**La Tumba Real**) besichtigen und die lange Reihe der 16 rituellen Brunnenbecken (Paqchas), von denen eines über dem anderen liegt. Wenn man die Grube durchquert, die den Erbauern zur Versorgung mit Baumaterial diente, gelangt man zum **Plaza Sagrada** mit dem **Tempel der drei Fenster**, dem **Templo Principal** und der Sakristei, wo die Priester die Zeremonien vorbereiteten. Von hier führt eine steile Treppe zum **Intihuatana** (Steinpflock zum „Fesseln der Sonne") und von dort steigt man zum **Plaza Central** hinab, um zur **Grupo del Cóndor** im **Barrio de las Prisiones** zu gelangen, so genannt wegen des in einen Stein gemeißelten Bildes im Innern. Schließlich durchquert man das „Industrieviertel" (**barrio industrial**), wo man auch das Intimachay und die Sonnengrotte (**Templo del Sol**) bewundern kann. Den schönsten Panoramablick hat man vom Gipfel des **Huayna Picchu**, eine Stunde Fußweg vom nordöstlichen Tor aus entfernt.

Übernachten

€€€€ Hotel Monastero (Cuzco). Ein Kloster aus dem 17. Jh., 200 m vom Plaza de Armas entfernt, das in eines der elegantesten Hotels des Landes mit stilvollem Ambiente verwandelt wurde. Die Zimmer gehen auf den Kreuzgang und den inneren Hof hinaus; einige Räume sind mit Mobiliar aus jener Epoche eingerichtet. Zum Gasthof gehören auch ein gut ausgestattetes Wellness-Center und zwei Restaurants. *Info: Calle Palacios 136, Plazoleta Nazarenas, Tel. 084.604000, www.monasteriohotel.com*

€€€ Basadre Suites Boutique Hotel (Lima). Eine Oase der Ruhe und der schlichten Eleganz im Stadtviertel San Isidro, nicht weit von den belebten Vierteln an der Strandpromenade und ca. 20 Autominuten vom historischen Zentrum entfernt. Besonders empfehlenswert ist das abwechslungsreiche Frühstück. Auch das Restaurant mit den peruanischen Spezialitäten ist sehr gut, und im komfortablen Schwimmbad im Garten des Hotels kann man gut entspannen. *Info: Av. Jorge Basadre 1310, San Isidro, Tel. 01.6153939, www.hotelbasadre.com*

€€ Urubamba Boutique Lodge (Huaran). Eine günstige Unterkunft am Valle Sacra mit einem schönen Garten. Geräumige Zimmer und ein ordentliches Restaurant, das Spezialitäten der regionalen Küche und internationale Gerichte anbietet. Hier werden kurze Trekkingtouren und Führungen zu nahe gelegenen Inkastätten organisiert. *Info: Carretera Pisaq-Ollantaytambo km 60.5, Tel. 084.237900, info@urubamba boutiquelodge.com*

Essen

€€€ Map Café (Cuzco). Das präkolumbische Restaurant im Innern des Museo de Arte gilt als das beste von Cuzco. Am Abend bekommt man die typischen Spezialitäten der Andenküche, mittags hat man auch leichte Zwischenmahlzeiten zur Auswahl. Durch die breiten Panoramafenster kann man dem bewegten Treiben auf dem kleinen Platz zusehen. *Info: Plaza Nazarenas 231, Tel. 084.242476, www.cuscorestaurants.com/eng/map.php*

€€ La Gloria Restaurant (Lima). Das bekannte Restaurant im Herzen des schicken Stadtviertels Miraflores hält ein preisliches Niveau, das unter dem von vergleichbaren Lokalen in der Stadt liegt. Man sollte unbedingt von der Hummersuppe oder den mit Bergkäse gefüllten Kartoffeln und Teigtaschen kosten. *Info: 5201 Calle Atahualpa, Miraflores, Tel. 01.4455705, www.lagloriarestaurant.com*

€ Hearts Café (Ollantaytambo). Trotz seines Namens ein richtiges Restaurant, vielleicht etwas weniger förmlich. Deftige Gerichte der traditionellen Andenküche und ein veganisches Menü. Man kann die Speisen auch zum Mitnehmen bestellen. *Info: Plaza de Armas, Tel. 084.204078, www.heartscafe.org*

Weitere Informationen: Peruanische Tourismuskommission, http://www.peru.travel/al

352 - Die Ruinenstadt Machu Picchu.

353 - Ausflügler auf dem Inka-Pfad.

Rio de Janeiro, Salvador und Manaus – *Brasilien*

Nicht nur Fußball und Musik, Strände und Wälder: Auf einer Reise nach Brasilien gibt es große Kolonialstädte und architektonische Schätze aus allen Epochen zu entdecken, und alles das umgeben von einer positiven Energie, die in einer tiefen Verwurzelung gründet und sich in einer stetigen Anpassungsfähigkeit an Zeiten und Moden äußert.

Eine Reise nach Brasilien kann man eigentlich nur in **Rio de Janeiro** beginnen, der Stadt der ewigen Verlockungen. Drei Tage braucht man schon, um die Metropole mit der reichen Geschichte, die Hauptstadt der Carioca, zu entdecken und zu würdigen, was sie an künstlerischen Anregungen zu bieten hat. Man beginnt am besten im Stadtviertel Centro, mit den vielen Museen mit Ausstellungen von traditioneller Kunst bis zu zeitgenössischer Avantgarde, und flaniert an Kirchen aus der Kolonialzeit, Parks und Theatern vorbei. Mit der Seilbahn gelangt man zu den Gipfeln des **Corcovado** und des **Zuckerhuts**, die man als großartige Postkartenmotive aus Rio kennt. Dann begibt man sich zu den Stränden der **Copacabana** und von **Ipanema**, echte Oasen der Erholung, voll der Lebensfreude des Volkes der Carioca. In vier Flugstunden gelangt man von Rio nach **Manaus**, der von den **Tropenwäldern des Amazonas** umgebenen Großstadt, mit ihren Ende des 19. Jh. nach dem Vorbild der elegantesten Gebäude des Alten Europas gebauten Palästen und Märkten. Von hier aus startet man zu Exkursionen ins Abenteuer des Dschungels. Schließlich Salvador, die Hauptstadt des Bundesstaates Bahia an der Atlantikküste, zwei Flugstunden von Rio entfernt, mit dem außergewöhnlichen Viertel **Pelourinho**, von der UNESCO zum Weltkulturerbe erklärt.

Fortbewwegung: *Der internationale Flughafen Galeão* (www.infraero.gov.br/index.php/br/aeroportos/rio-de-janeiro/aeroporto-internacional-do-rio-de-janeiro.html) *befindet sich 15 km nördlich von Rio de Janeiro. Von hier aus kann man mit den regelmäßig startenden Inlandsflügen weiterkommen, die Manaus, Salvador und andere wichtige Orte im Land ansteuern. Mit den Bussen von Real Auto Ônibus, die im 30-Minuten-Takt fahren, gelangt man ins Zentrum* (www.realautoonibus.com.br, Betriebszeiten 5.30–24 Uhr). *Alternativ kann man sich ein Funktaxi beim Unternehmen Centraltaxi (Tel. 25932598) rufen, was teurer ist, aber auch sicherer. Die U-Bahn Metrô do Rio de Janeiro* (Betriebszeiten Mo–Sa 5–24, So 7–23 Uhr) *ist funktional und sicher, doch sie fährt nur im Stadtbereich. Die Flughäfen von Salvador* (www.aeroportosalvador.net) *und Manaus* (www.infraero.gov.br/index.php/br/aeroportos/amazonas/aeroporto-internacional-eduardo-gomes.html) *sind durch im 30-Minuten-Takt abfahrende Stadtbusse mit den entsprechenden Städten verbunden. Auch in diesen Städten gehören die Funktaxis zu den sichersten Alternativen des Nahverkehrs.*

Währung: *Die offizielle Landeswährung ist der brasilianische Real (BRL).*

RIO DE JANEIRO *(3 Tage)*

Betörend, fesselnd, kurzweilig: **Rio de Janeiro** erobert die Herzen seiner Besucher. Mit Panoramen und Stimmungen, die ihresgleichen suchen, Musik, Stränden und historischen Stadtvierteln. Ein Besuch der Carioca-Metropole kann im Stadtteil Centro beginnen, der eine gelungene Mischung der verschiedenen Facetten Rios darstellt. Im Umkreis von nur wenigen Hundert Metern kann man viele bedeutende Paläste und Museen entdecken, darunter das **Museu Histórico Nacional** *(Av. General Justo, www.museuhistoriconacional.com.br, geöffnet Di–Fr 10–17.30 Uhr, Sa–So 14–18 Uhr)*. Das Innere des ehemaligen Zeughauses aus der Kolonialzeit beherbergt eine Sammlung von über 200.000 Exponaten, die die Geschichte Brasiliens von den Ureinwohnern bis zu den Eroberern erzählen, von den Herrschern, die das Land im 19. Jh. regierten, bis zum Beginn der Republik. Folgt man der **Avenida Presidente Kubitschek** in nördlicher Richtung, gelangt man zu dem 1641 fertiggestellten Mosteiro de São Bento *(Rua Dom Gerardo 68, geöffnet 8–11 und 14.30–18 Uhr)*, das als eines der besten Beispiele für die Sakralarchitektur der Kolonialzeit gilt. Die Fassade ist schlicht, doch das barocke Innere des Klosters mit seinen reichen Verzierungen aus Gold und den wundervollen Holzskulpturen ist bewundernswert. Von hier führt die Rua da Quintanda bis zur Kirche Igreja de Nossa Senhora da Candelária *(Praça Pio X, geöffnet Mo–Fr 8–16 Uhr, Sa–So 9–13 Uhr)*, deren Bau zwar im 18. Jh. begonnen wurde, die jedoch ihr barockes Aussehen den Eingriffen in der nachfolgenden Kaiserzeit verdankt. Besonders eindrucksvoll ist die Decke im Mittelschiff, die von der wundersamen Rettung eines

Schiffs erzählt, das in Seenot geraten war. Dessen Kapitän legte aus Dankbarkeit den Grundstein zum Bau der Kirche. Im Brasilianischen Nationalmuseum, dem **Museu Nacional de Belas Artes (MNBA)** *(Av. Rio Branco 199, geöffnet Di–Fr 10–18, Sa–So 14–18 Uhr)* bewahrt man eine Sammlung von 800 weiteren Kunstwerken brasilianischer Künstler von 1300 bis heute. Nicht versäumen sollte man auch das in einem abgeschiedenen Gässchen im westlichen Teil des Viertels gelegene **Centro Municipal de Arte Hélio Oiticica** *(Rua Luis de Camoes 68, geöffnet Di–Fr 11–19, Sa u. So 11–17 Uhr)*, das sich der zeitgenössischen Kunst widmet. Es zeigt seine interessanten Sammlungen und wechselnde Ausstellungen der innovativsten brasilianischen Künstler. Die kurze Tour durch das Stadtviertel beschließt man auf dem belebten **Praça Floriano** gegenüber dem 1902 nach Vorbild der Pariser Oper erbauten neoklassizistischen **Teatro Municipal** *(Praça Floriano, www.theatromunicipal.rj.gov.br, geöffnet Mo–Fr 13–16 Uhr)* mit seinem gut erhaltenen Innern. Kurz hinter dem Platz befindet sich die Station der **Bonde** *(Rua L. Gama 65, geöffnet 7–22 Uhr)*, von wo die letzte historische Straßenbahn Rios bis zum **Künstlerviertel Santa Teresa** fährt, wo sich die einstmals bedeutenden Wohnsitze der Adligen befinden; im 19. Jh. das schickste Viertel der Stadt. Die Strecke der Bonde führt über **Lapa**, ein weiteres im Niedergang begriffenes Wohngebiet, das sich wieder in einer Phase des Aufschwungs befindet und zum Herzen des städtischen Nachtlebens zu werden scheint.

354-355 - Monument des Cristo Redentor auf dem Corcovado.

Folgt man der Strandpromenade vom Zentrum in südliche Richtung, gelangt man zum schattigen **Parque do Flamengo**, einer von 180.000 Bäumen beschatteten Entspannungsoase. Im nördlichen Teil des Parks befindet sich in einem spektakulären postmodernen Gebäude das **Museum für Moderne Kunst** *(Av. Infante Dom Henrique 85, www.mamrio.org.br, geöffnet Di–Fr 12–18 Uhr, Sa u. So 12–19 Uhr)*: Hier ist eine Dauerausstellung von mehr als 10.000 Kunstwerken zu sehen, und es gibt häufig wechselnde Ausstellungen zu den Themen Design, Kino und Fotografie. Im Park befindet sich auch das **Museu Carmen Miranda** *(Avenida Rui Barbosa, Tel. 05521.25512597, geöffnet Di–Fr 11–17 Uhr, Sa u. So 14–17 Uhr)*, der beliebten brasilianischen Sängerin und Leinwanddiva gewidmet, mit einer umfangreichen Sammlung von Fotos und Erinnerungsstücken. Vom Parque do Flamengo aus führt die lange Rua das Laranjeira bis ins Viertel Cosme Velho, wo der Bahnhof der **Ferro do Corcovado** liegt *(Rua Cosme Velho 513, Tel. 05521.25581329, geöffnet 8.30–18.30 Uhr)*, die bis zum Gipfel des **Corcovado** hinauffährt, wo die 38 m hohe Statue des Cristo Redentor in einer Höhe von 710 m steht, der spektakulärste Aussichtspunkt der Stadt. Im selben Viertel lohnt sich auch ein Besuch des **Museu Internacional de Arte Naïf do Brasil** *(Rua Cosme Velho 561, www.museunaif.com.br, geöffnet Di–Fr 10–18, Sa u. So 12–18 Uhr)* mit ca. 9000 im Zeitraum vom 15. Jh. bis heute entstandenen Werken von Künstlern der Naiven Malerei aus 130 Ländern. Um zu den berühmten Stränden zu gelangen, muss man das Vorgebirge von **Urca** passieren. Aus dessen unverwechselbarer Silhouette ragt der **Zuckerhut** empor, den man mit einer **Seilbahn** erreichen kann *(Praça General Tiburcio, Tel. 05521.25468400, Betriebszeiten von 8–22 Uhr)*, die einen in zwei Etappen bis zum Gipfel bringt. Im Süden des Zuckerhuts beginnt der lange, berühmt-berüchtigte Strand der **Copacabana**, das Band mit den großen Hotels und Lokalen, das hinter der **Avenida Atlantica** entlangläuft und sich perfekt für eine Mittagspause eignet, für einen kurzen Sprung ins Wasser oder eine Runde Futevôlei (eine Art Volleyball, die mit Kopf und Füßen gespielt wird). Die Bucht endet am Vorgebirge von **Arpoador**, wo einer der ältesten Verteidigungsanlagen zu sehen ist. Die Festung wurde für friedlichere Zwecke umgebaut und beherbergt heute das **Museu Histórico do Exército e Forte de Copacabana** *(Rua Francisco Ottaviano, Ecke Avenida Atlantica, Tel. 05521.25211032, geöffnet Di–So 10–16 Uhr)*. Anhand gut gemachter Installationen kann man die Geschichte der Stadt von der Ankunft der portugiesischen Siedler bis zum 19. Jh. nachverfolgen. Der **Strand von Arpoador** auf der Südseite des Vorgebirges ist der beliebteste bei Rios Surfern. Und er ist der erste Abschnitt des Strands von **Ipanema**, des überfülltesten der Stadt. Hierher kommen alle, von wunderbaren Cariocamädchen bis zu den Kindern aus den *Favelas* (Elendsvierteln), von alternden Hippies bis zu den Büroangestellten. Die Küste ist in „postos" (Sektoren) unterteilt, die von unterschiedlichstem Publikum besucht werden; der begehrteste ist die **Garota de Ipanema** (posto 9). Wunderschönes gibt es auch ein paar Hundert Meter weiter im Stadtinneren zu sehen, im **Museu Amsterdam Sauer** *(Rua Garcia D'Ávila, 105, www.amsterdam-sauer.com, geöffnet Mo–Fr 9.30–14.30, Sa 10–14 Uhr)* mit seiner Sammlung von über 3000 Edelsteinen und der Rekonstruktion von zwei Bergwerken. Ebenfalls funkelnd ist das benachbarte **Museu H. Stern** *(Rua Garcia D'Ávila 113, www.hstern.com.br, geöffnet Mo–Fr 8.30–18, Sa 8.30–12 Uhr)* mit einer prächtigen Sammlung von Gold und anderen Kostbarkeiten. Hinter dem Ipanema befindet sich eine der ruhigsten und exklusivsten Gegenden Rios, die **Laguna Rodrigo de Freitas**, ein großes, mit salzhaltigem Wasser gefülltes Becken, über dem die prächtigen Wohnsitze des städtischen Bürgertums zu sehen sind. Die Lagune ist von einem weitläufigen Park umgeben, in dem zahlreiche Pavillons und Restaurants verstreut sind. Man durchquert ihn am besten mit dem Fahrrad. Die komplette Strecke der Wege (ohne Seitenwege) misst 7 km. In diesem Gebiet liegt der **Botanische Garten** *(Rua Jardim Botânico 920, www.jbri.gov.br, geöffnet 8–17 Uhr)*, der zu Beginn des 19. Jh. eröffnet wurde. Hier findet man mehr als 5000 Pflanzenarten. Auf der gleichen Straße, einige Hundert Meter weiter in Richtung Norden, befindet sich der **Parque Lage** *(Rua Jardim Botânico 414, www.eavparquelage.org.br, geöffnet 8–17 Uhr)*, in dem man sich an den kleinen Seen und in den hervorragend gepflegten englischen Gärten herrlich entspannen kann. Man muss sich jedoch in die nordwestlichen Stadtviertel begeben, um die Stätten des profanen und kurzweiligen Rio zu besuchen. Das **Sambódromo** *(Rua do Catumbi s/n)*, das Herz des berühmtesten Karnevals der Welt, liegt mitten in der **Citade Nova** (Neustadt). Der große, von Oscar Niemeyer entworfene Komplex erwacht nur in der Karnevalszeit zum Leben, doch man kann das ganze Jahr hindurch sein **Museu do Carnaval** besuchen *(geöffnet Di–So 11–17 Uhr)*. Noch etwas abgeschiedener, im Viertel São Cristóvão, liegt der Tempel der Fußballweltmeisterschaft, das **Maracanã-Stadion** *(Rua Prof. Eurico Rabelo, s/n–Maracanã, Tel. 05521.22992941)*. Außer an den Tagen, an denen Spiele stattfinden, kann man hinein, um das Sportmuseum zu besuchen *(geöffnet 9–17 Uhr)*, in dem Erinnerungsstücke, Fotos und Filmmaterial zu den größten brasilianischen Fußball- und Sportlegenden gezeigt werden.

356-357 - Der Strand von Ipanema in Rio.

Nachtleben in Rio

Die Stadt des Vergnügens, des Tanzes und der Musik steht niemals still. Doch um unvergessliche Nächte zu verleben, muss man nicht unbedingt alle unkonventionellen Lokale aufsuchen. Im aufstrebenden Stadtviertel Lapa geht man zuallererst ins sich über drei Stockwerke erstreckende **Rio Scenarium** (Rua do Lavradio 20, www.rioscenarium.com.br), *eingerichtet mit erlesenem, antiken Mobiliar. Das musikalische Angebot variiert: Im ersten Stock zum Beispiel kann man entfesselte Sambatänzer bewundern. In derselben Gegend befindet sich auch das* **Lapa 40 Graus** (Rua do Riachuelo 97)*: Man kann dort Billard spielen, und auf der großen Tanzfläche bewegt man sich zu live gespielter Samba. Auch den* **Circo Voador** (Rua dos Arcos s/n, www.circovoador.com.br), *unterhalb der Bögen des alten Aquädukts angesiedelt, sollte man sich nicht entgehen lassen. Hier kann man auch unter freiem Himmel tanzen. An der Copacabana geht man in den* **Bunker** (Rua Raul Pompéia 94), *in dem in einer kosmopolitischen Atmosphäre in drei Sälen unterschiedliche Musikrichtungen angeboten werden; hierher kommen junge Cariocas und Nachtschwärmer aus aller Welt. Das* **Baronneti** (Rua Barão da Torre 354, www.baronneti.com.br) *ist die angesagteste Adresse von Ipanema, ein glamouröses Lokal mit zwei Loungen und einer Chillout-Area. Man bekommt hier hervorragende Cocktails serviert. In der Diskothek* **Casa da Matriz** *in einem Gutshaus aus der Kolonialzeit im Stadtviertel Botafogo* (Rua Henrique de Novaes 107, www.casadamatriz.com.br) *findet man ein kultiviertes Ambiente, überall ein paar Kunstobjekte und Gemälde von aktuellen Künstlern an den Wänden. Sie ist vor allem bei jenen sehr beliebt, die die musikalische Qualität der Lautstärke vorziehen.*

MANAUS – AMAZONIEN *(3 Tage)*

Manaus, vier Flugstunden von Rio de Janeiro entfernt, ist der Ausgangspunkt für Erkundungstouren ins Amazonasgebiet. Es gibt gut zehn Agenturen, die Ausflüge in den Dschungel organisieren. Die Programme reichen von Tagesausflügen bis zu echten Expeditionen. Bevor man in den Regenwald eintaucht und die Flüsse und Kanäle entlangfährt, die ihn durchziehen, lohnt es sich, der Stadt einen Besuch abzustatten, die fast von Anfang bis Ende des 19. Jh. als Basis der *Seringueiros* diente, der Arbeiter, die zur Kautschukernte dort angestellt waren, und die heute von 2 Millionen Menschen bewohnt ist. Das prächtige **Teatro Amazonas** *(Rua Jose Clemente, Tel. 092.36221880, geöffnet 9–17 Uhr)*, wurde 1896 eröffnet. Mit seinem neoklassizistischen Stil stellt es das aufsehenerregendste Baudenkmal von Manaus dar, in dem der Reichtum jener Tage in der Verwendung von Baumaterialien wie italienischem Marmor und Glas ersichtlich ist; selbst die Arbeiter kamen größtenteils aus Europa. Es gibt es jeden Tag Führungen, die es ermöglichen, seine Geschichte durch Anekdoten zurückzuverfolgen. Der prachtvolle **Palácio Rio Negro** *(Avenida 7 de Setembro 1546, Tel. 05592.32324450, geöffnet Mo–Fr 9–17 Uhr)* wurde Ende des 19. Jh. als Wohnsitz des Gummifabrikanten Waldemar Scholtz erbaut, war zwischen 1918 und 1995 Sitz der Regierung in Amazonien und beherbergt heute kleine und größere Ausstellungen sowie Kulturveranstaltungen verschiedenster Art. Auch der **Mercado Municipal Adolpho Lisboa** *(Rua dos Barés, geöffnet Mo–Sa 8–17, So. 6–12 Uhr)* erinnert an europäische Architektur. Er wurde 1882 nach dem Vorbild der Pariser Großmarkthallen erbaut und mit Gusseisenelementen ausgestattet, die eigens vom alten Kontinent herbeigeschafft wurden. Bei Restaurierungsmaßnahmen wurden die Gegebenheiten der natürlichen Umgebung berücksichtigt. Bevor man das Amazonasgebiet wieder verlässt, kann man hier Kunsthandwerk (vor allem aus Holz oder Leder) zu einem guten Preis erwerben. Charakteristische Gerätschaften der heimischen Bevölkerung sind im **Museu Amazônico** *(Rua Ramos Ferreira, www.museu-amazonico.ufam.edu.br, geöffnet Mo–Fr 8–12 u. 14–17 Uhr)* zu bewundern, das eine bedeutende Sammlung von Kopfbedeckungen zeigt, zeremonielle Bekleidung, kostbare Masken und Waffen von traditioneller Machart der verschiedenen Amazonasstämme. Das kleine **Museu Do Indio** widmet sich hauptsächlich dem Alltagsleben im Regenwald *(Rua Duque de Caxias 296, Tel. 05592.36351922, geöffnet Mo–Fr 8.30–11.30 u. 14–16.30 Uhr, Sa 8–11.30 Uhr)*, und am Ende des östlichen Stadtrands von Manaus befindet sich das **Naturkundemuseum, das Museu de Ciências Naturais da Amazônia** *(Estrada Belém s/n, geöffnet Mo–Sa 9–12 u. 14–17 Uhr)*, das einen sinnvollen Einstieg zu den Exkursionen in den Tropenwald bietet.
Ein erster Ausflug außerhalb der Stadt führt zum **Kautschukmuseum (Museu da Borracha de Vila Paraiso)** *(geöffnet Mi–So 8–16 Uhr)*, das man nach ca. einer halben Stunde Fahrt auf dem Rio Negro an Bord eines der Motorboote erreicht, die an der Ponta Negra ablegen. Während des Besuchs wird man den luxuriösen Wohnsitz eines Gummiplantagenbesitzers betreten und die Hütte eines Kautschukzapfers ansehen können, außerdem ist ein kurzer Rundgang in den Wald vorgesehen, bei dem die Arbeitsvorgänge und die Verarbeitung des Milchsaftes (Latex) gezeigt werden. Das Museum ist wenige Minuten Fahrt vom Strand **Praia de Luna** enfernt, der als der schönste der Region gilt.
Um in den Amazonaswald vorzudringen, wendet man sich am besten an eine der Agenturen in Manaus; auf die improvisierten Angebote von Geschäftemachern sollte man sich keinesfalls einlassen. Man kann auch durch den Wald trekken, die Indiodörfer besuchen, auf dem **Rio Negro** oder dem kleinen **Rio Urubó** Kanu oder Motorboot fahren, die kleinen **Anavilhanes-Inseln** (auf dem Rio Negro) besuchen, sich am Fischfang beteiligen (auch von Piranhas) oder Kaimane beobachten. Es bieten sich unterschiedliche Arten der Unterbringung an: komfortable Lodges mitten in der Vegetation, doch auch Zelte auf den Feldern oder sogar an Bäumen aufgehängte Hängematten. Man sollte sich den **Encontro das Águas** nicht entgehen lassen, das Zusammentreffen der beiden Flüsse Rio Negro und Rio Solimões, kaum 10 km von Manaus entfernt: Die Wasser der beiden Flüsse, das dunkle des Rio Negro und das hellbraune des Rio Solimões, setzen ihren Weg über mehrere Kilometer parallel zueinander fort, ohne sich zu vermischen, was einen kuriosen chromatischen Effekt erzeugt. Unter den geprüften und zuverlässigsten Agenturen in Manaus sind zu empfehlen: die **Amazon Explorers** *(Estação Hidroviária, www.amazonexplorers.tur.br)*, **Amazon Gero Tours** *(Rua 10 de Julho 679, www.amazongerotours.com)* sowie **Swallows and Amazons** *(Rua Quintino Bocaiuva 189, www.swallowsandamazons-tours.com)*.

358 - Ein Nebenfluss des Amazonasflusses.

359 oben - Zwei Arakangas (hellrote Aras).

359 unten - Ein rotäugiger Laubfrosch.

SALVADOR DA BAHIA *(2 Tage)*
Für mindestens 300 Jahre, von 1550 bis zur Mitte des 19. Jh., war Salvador die wichtigste Stadt Brasiliens. Die Zeugnisse einer großartigen Vergangenheit konnten durch den enormen, von einer unvergleichlichen Streitmacht geschützten Reichtum entstehen und sind vor allem in der von den Portugiesen gegründeten Oberstadt (**Citade Alta**), die in einer gut zu verteidigenden Lage auf einer Landzunge am Eingang der **Baía de Todos Os Santos** liegt, noch deutlich zu sehen. Hier, in dem im Vergleich zum restlichen Salvador höher gelegenen Gebiet, erhebt sich **Pelourinho**, das koloniale Stadtviertel, das zum Weltkulturerbe der UNESCO gehört. Ein unvergesslicher Spaziergang in süd-nördlicher Richtung beginnt am **Elevador Lacerda** *(Avenida da Franca s/n, Tel. 05571.33227049)*, dem 72 Meter hohen Aufzug im Art-Déco-Stil, der seit 1873 die beiden wichtigsten Stadtteile miteinander verbindet, und von hier gelangt man zur mit prachtvollen Kacheln geschmückten Kirche der Barmherzigkeit (**Igreja de Nossa Senhora da Misericórdia**). Unmittelbar daneben befindet sich das **Museu da Misericórdia** mit einer umfangreichen Ausstellung von Möbeln jener Epoche *(Rua da Misericórdia 6, geöffnet Mo–Sa 10–17 Uhr, So 13–17 Uhr)*, das in dem Palast aus dem 17. Jh. eingerichtet wurde, der einst das älteste Krankenhaus Brasiliens beherbergte. Kurz darauf öffnet sich der große **Praça da Sé**, das Zugangstor nach Pelourinho und zugleich zum benachbarten **Terreiro de Jesus**, einer weiten von Sakralbauten umgebenen Fläche, auf der die wichtigsten religiösen Feierlichkeiten abgehalten werden. Hier sollte man die 1672 erbaute **Catedral Basílica** besuchen *(geöffnet Mo–Sa 9–11 u. 14–17, So 10–12 Uhr)*, in deren Innerem sehr viel Marmor verwendet wurde. Auf dem gleichen Platz befindet sich das **Museu Afro-Brasileiro-Logunedé** *(Tel. 05571.33212013, geöffnet Mo–Fr 9–18 Uhr, Sa u. So 10–17 Uhr)* mit seiner bedeutenden Sammlung von Handwerksgeräten und Kunstgegenständen, vor allem aus Holz und Keramik, die unter einem einzigen Dach die Traditionen Brasiliens und die afrikanischen Wurzeln vereint. In unmittelbarer Nähe des Platzes liegt die berühmte, aus **Kirche** und **Kloster** bestehende Anlage **São Francisco** im Barockstil *(Cruzeiro de São Francisco, Tel. 05571.33226430, geöffnet Mo–Sa 8.30–17.30 Uhr, So 13–17 Uhr)*. Vor allem die vergoldeten Holzstatuen, der mehr als 80 kg schwere silberne Kronleuchter und die Kacheln, die nahezu den gesamten Hof des Klosters zieren, beeindrucken. Die belebte **Rua João de Deus** führt bis zum **Largo de Pelourinho**. Auf diesem Platz stand in der Kolonialzeit der Pranger (*Pelourinho*). Zwischen den Gebäuden, die den Platz umschließen, sticht die von Sklaven erbaute Rosenkranzkirche **(Igreja Nossa Senhora do Rosário)** heraus (Largo do Pelhourino, geöffnet Mo–Fr 9–18 Uhr, Sa u. So 9–14 Uhr. Interessant ist auch das Haus der **Jorge-Amado-Stiftung** (Fundação Casa de Jorge Amado) *(Largo do Pelhourino, Tel. 05571.33210070, geöffnet Mo–Sa 9–18 Uhr)*, wo die Werke und Memorabilien des berühmtesten brasilianischen Romanschriftstellers ausgestellt sind. Am nördlichen Ende der Altstadt steht die Ordenskirche **Igreja da Ordem Terceira do Carmo** (Largo do Carmo, Tel. 05571.32427954, geöffnet Mo–Fr 8–12 u. 14–17 Uhr) im Rokokostil, die eine Zedernholzstatue des gekreuzigten

Christus mit 2000 aus Rubinen gefertigten Blutstropfen hütet.
Wenn man die Altstadt verlässt, kommt man in ein völlig anderes Salvador. Sehenswert ist zum Beispiel das Museum für Sakrale Kunst (**Museu de Arte Sacra**) *(Rua do Sodré 276, Tel. 05571.32436310, geöffnet Mo–Fr 9–17.30, Sa 10–17 Uhr)* mit einer prachtvollen Sammlung von Werken aus dem 16. bis 18. Jh., von denen viele aus privaten Kirchen und Kapellen geborgen und restauriert wurden. In einem Kolonialgebäude im Stadtviertel Vitória befindet sich das **Museu de Arte da Bahia** *(Av. 7 de Setembro 2340, www.fundacaocultural.ba.gov.br, geöffnet Di–So 14–19 Uhr)*, wo man Gemälde und Plastiken der wichtigsten Künstler des Bundesstaates Bahia und eine schöne Auswahl an alten Möbeln und Einrichtungsgegenständen bewundern kann. Am gleichen Weg liegt das **Museu Carlos Costa Pinto** *(Av. 7 de Setembro 2490, Tel. 05571.33366081, geöffnet 14.30–19 Uhr)*, das ein wahrhaftes Eintauchen in das Umfeld, in dem die Zuckermagnaten im 17. bis zum 19. Jh. lebten, ermöglicht: Hier kann man Palisanderholzmöbel aus Bahia betrachten, Silbergeschirr, Kristallwaren aus Baccarat, chinesisches und japanisches Porzellan, Dekorationsgegenstände aus Kristallglas und eine Auswahl silberner *Balangandãs* (Anhänger, Amulette), die von Sklaven nach Salvador gebracht wurden.

Übernachten

€€€€ Casa Amarelo (Rio de Janeiro). Ein romantischer Ort im historischen Viertel Santa Teresa. Das aus einem Gebäude von 1904 entstandene Hotel paart zeitlose Eleganz mit modernem Design von französischem Gepräge. Unvergessliche Cocktails am Rande des mitten im Grünen liegenden Schwimmbeckens. *Info: Rua Joaquim Murtinho 569, Santa Teresa, Tel. 05521.20241320, www.casa-amarelo.com*

€€€ Hotel Convento do Carmo (Salvador). Luxus und Charme in einem 1586 erbauten Karmeliterkloster, das in ein Fünf-Sterne-Hotel verwandelt wurde. Der perfekte Ort, um den Zauber Pelourinhos zu genießen. *Info: Rua do Carmo 1, Tel. 05571.33278400, www.pestana.com/hotels/en/ hotels/southamerica/BahiaHotels/ConventodoCarmo/Home*

€€ Hotel Ana Cássia (Manaus). Komfortabel und in guter Lage, mit Panorama-Schwimmbad auf dem Dach, das einen der besten Ausblicke auf Manaus bietet. *Info: Rua dos Andradas 14, Tel. 05592.36221320, www.hotelanacassia.com.br*

Essen

€€ Casa da Feijoada (Rio de Janeiro). Hier gibt es nicht nur die *Feijoada* (Bohnengericht), aber ausschließlich landestypische Gerichte. Das Buffet enthält mehr als zehn Fleischsorten. Sonntagabends speist man zu den Live-Klängen von Samba und Bossa Nova. *Info: Rua Prudente de Moraes, 10, Ipanema, Tel. 05521.22472778, www.cozinhatipica.com.br*

€€ Churrascaria Bufalo (Manaus). Ein bekanntes, von Touristen gerne besuchtes, ansprechendes Lokal. Gegrilltes Fleisch nach Wunsch und ein exquisites Salatbuffet. *Info: Av. Joaquim Nabuco 628, Tel. 05592.32329011, www.churrascariabufalo.com.br*

€ Churrascaria Picanha Baiana (Salvador). Im historischen Stadtviertel Pelourinho; große Auswahl an gegrilltem Fisch und Fleisch, im Hintergrund Livemusik. Hervorragendes Preis-Leistungs-Verhältnis. Küche bis spätnachts. *Info: Rua Joao de Deus 7, Tel. 05571.33210036, www.picanhabaiana.com*

Weitere Informationen: Brasilianisches Fremdenverkehrsamt, Frankfurt a.M., www.braziltour.com

360 - Ein Weg in Salvador de Bahia.

361 - Traditionelle Tänzer in Salvador.

Praia do Forte

Mit dem Bus sind es weniger als 2 Stunden von Salvador nach ***Praia do Forte****, dem beliebtesten Wochenendausflugsziel der Einwohner von Salvador, die das rege Nachtleben zu schätzen wissen. Doch an erster Stelle wird der Besucher vom Strand angelockt, besonders bei Ebbe, wenn man die Lagune zwischen den Korallenriffen bewundern kann. Abends entspannt man im Fußgängerzonenbereich , wo ein Restaurant neben dem anderen liegt und sich lückenlos Souvenirläden an Nachtlokale reihen. Am Strand in der Nähe des Leuchtturms besucht man die* ***Estação del Projeto Tamar*** (www.tamar.org.br, geöffnet 9–18 Uhr), *ein großes Zentrum zum Schutz der Meeresschildkröten, in dem Hunderte Exemplare der verschiedensten Größen hausen. An der Straße, die zu den Ruinen des* ***Castelo de Garcia D'Ávila*** *führt* (Tel. 05571.36761073, geöffnet 8.30–18 Uhr), *liegt das* ***Reserva da Sapiranga*** (Tel. 05571.36761144, geöffnet 8–17 Uhr), *mit 600 ha Regenwald, den man durch das dichte Netz an ausgeschilderten Wegen gut zu Fuß oder mit dem Fahrrad durchqueren kann. Gegenüber vom Strand kann man sich im* ***Praia do Forte Eco-Resort*** (Avenida do Farol, www.ecoresort.com.br) *einquartieren, das über schön eingerichtete Zimmer und einen gut ausgestatteten Spa-Bereich verfügt. Ein Teil der Einnahmen aus dem Resort wird zur Förderung von Ausbildungsprojekten verwendet.*

Buenos Aires und die Iguazú-Wasserfälle – *Argentinien*

Die argentinische Hauptstadt ist eine Stadt mit tausend Gesichtern und vielen Widersprüchen: traditionsreich und modern, nostalgisch und zukunftsorientiert, mit Tango-Tanzböden neben angesagten Clubs und Restaurants, in denen man das beste Fleisch der Welt bekommt. Ein südamerikanischer Mythos mit starken europäischen Wurzeln. Dazu kann man von dort aus die schönsten Wasserfälle Lateinamerikas entdecken, die von der UNESCO zum Weltkulturerbe erklärt wurden.

Die Milongas (Tango-Tanzsäle), der **Plaza de Mayo**, wo sich die „**Madres de Plaza de Mayo**" (die Mütter der während des Militärregimes (1976–1983) „Verschwundenen") mit ihren weißen Kopftüchern treffen, um zu protestierten, dann das **La Bombonera** (Pralinenschachtel) genannte **Estadio Alberto J. Armando**, wo vor vielen Jahren Diego Maradona debütierte, das sind die typischen Bilder, die vielen gleich zur argentinischen Hauptstadt einfallen. Weit entfernt von allen Klischees ist sie jedoch eine Stadt, die überrascht. Da gibt es **Palermo**, das Viertel der Filmstudios und des lebhaften Treibens einer Hafenstadt, da ist der **Puerto Madero**, der alte Hafen, der in den 1990er-Jahren von namhaften internationalen Architekten zu neuem Glanz gebracht wurde, die den Palästen oder Brücken bei der Neugestaltung ihren eigenen Stempel aufgedrückt haben, wie die milchigweiße **Frauenbrücke (Puente de la Mujer)** nach einem Entwurf von Santiago Calatrava. Dann Museen wie das **MALBA**, eine der faszinierendsten Ausstellungsflächen des Landes, mit lateinamerikanischen Bildern und Plastiken von 1920 bis heute. Kurz hinter dem **Parque 3 de Febrero** mit dem Beinamen **Bosques de Palermo**, mit Wiesen, kleinen Seen und Rosengärtchen, liegt das trendige Viertel **Las Cañitas**, wo die Hauptattraktion die Parilla-Restaurants sind (Grillfleisch), die Sushi-Bar und das Polofeld, eine weitere große Leidenschaft der Argentinier nach dem Tango. Um ein wenig Meeresluft zu atmen (besser gesagt, „Flussluft"), geht man nach **Tigre**, dem Eingangstor zum Delta des **Río Paraná**. Um eines der schönsten Schauspiele des Planeten bestaunen zu können, muss man sich jedoch zur brasilianischen Grenze begeben, zu den Fällen des Iguazú, eines der sieben Weltwunder der Natur. Man gelangt ohne Passkontrolle problemlos von einem Staat in den anderen.

362-362 - Die Avenida 9 de Julio.

363 oben - Das Casa Rosada.

363 unten - Das Museo Histórico Nacional.

Fortbewegung: *In Buenos Aires bewegt man sich mit der Metro, dem Bus oder dem Taxi (die Fahrten sind sehr günstig). Um zu den Iguazú-Wasserfällen zu gelangen (die Ortschaft Puerto Iguazú liegt ca. 1300 km von der Hauptstadt entfernt), kann man ein Auto mieten oder einen der vielen Touristenbusse nehmen, die von der Hauptstadt zu den Wasserfällen fahren. Die Fahrt in den komfortablen Bussen dauert 17 bis 19 Stunden. Die meisten fahren am Terminal de Ómnibus de Retiro in der Avenida Antártida Argentina ab (www.tebasa.com.ar/paginas/buscador.html), darunter die Busse der Unternehmen Expreso Singer* (www.expresosinger.com.ar), *Tigre Iguazú* (www.tigreiguazu.com.ar) *und Crucero del Norte* (www.crucerodelnorte.com.ar). *Eine vollständige Übersicht über die Fahrten bekommt man hier:* www.omnilineas.com/argentina/bus/retiro/puerto-iguazu. *Eine Alternative ist ein Inlandsflug bei der Fluggesellschaft Lan* (www.lan.com), *der ca. 1 h 45 min dauert.*

Währung: *Die offizielle Landeswährung ist der argentinische Peso.*

BUENOS AIRES *(3/4 Tage)*

Buenos Aires hat viele Seiten, ist sehr groß, hat weite Wege (mit 140 m ist die **Avenida 9 de Julio** die breiteste Straße der Welt), und ist in mehr als 40 Stadtviertel *(Barrios)* unterteilt. Jedes davon ist eine Stadt für sich. Hauptanziehungspunkt im **Microcentro**, Finanzdistrikt und Einkaufsviertel, ist der von Palmen umrahmte **Plaza de Mayo**, von dem man einen guten Blick auf Gebäude wie die gegen Mitte des 19. Jh. fertiggestellte **Catedral Metropolitana** hat *(www.catedral buenosaires.org.ar, geöffnet Mo–Fr 7–19 Uhr, Sa u. So 9–19.30 Uhr)* und den **Casa Rosada**, den roten Palast aus dem 19. Jh., der einst Regierungssitz war und nun das **Museo del Bicentenario** beherbergt *(www.presidencia.gov.ar/la-casa-rosada/visitas-guiadas, Öffnungszeiten Museum: Mi–So u. Feiertage 10–18, Palast: Sa–So u. Feiertage 10–18 Uhr)*. Wenn man donnerstags über den Plaza de Mayo geht, wird man auf die „Abuelas de Plaza de Mayo" treffen, die „Großmütter" der gleichnamigen Bürgervereinigung, die entstand, um die Familien von während der Militärdiktatur verschwundenen Personen ausfindig zu machen und ihnen ihre Kinder zurückzubringen *(www.abuelas.org.ar)*. Biegt man von dem Platz auf die Avenida

de Mayo oder die Avenida Rivadavia ein, gelangt man zur Avenida 9 de Julio; folgt man dieser Straße nach rechts, bis sie die **Avenida Corrientes** kreuzt (den lokalen Broadway) geht sie direkt in den **Plaza de la República** mit dem **Obelisken** über, der seit 1936 an den Jahrestag der Stadtgründung erinnert. Auf der Avenida de Mayo befindet sich auch das **Teatro Colón**, das noch immer so berühmt ist wie zu Zeiten seiner Eröffnung (1908), als die argentinische Hauptstadt das Paris Südamerikas war *(Cerrito 628, www.teatrocolon.org.ar)*, während der dahinter liegende **Plaza Lavalle** zu den elegantesten der Stadt zählt, schon wegen der Gerichtspaläste und des Brunnens mit dem den Tänzern des Teatro Colón, Norma Fontenla und José Neglia gewidmeten Standbild. Wendet man sich vom Plaza de Mayo in Richtung Süden und geht die Calle Defensa hinunter, gelangt man nach **San Telmo**, dem Barrio mit dem größten Bohème-Flair der Hauptstadt. Francis Ford Coppola, der sich in die Atmosphäre verliebt hat, hat hier einen Film gedreht (*Tetro*, 2009) und im Viertel Palermo ein Haus erworben, das zu einem Hotel umgebaut wurde *(**Coppola Jardín Escondido**, Gorriti 4746, www.coppolajardinescondido.com)*. Heute sind die Straßen in San Telmo sonntags für den Verkehr gesperrt, damit auf dem **Plaza Dorrego** und den angrenzenden Wegen ein ganztägiger **Markt** stattfinden kann. Hier werden an

Hunderten von Marktständen Kleider, Fotos, Bücher, Schmuck und Andenken verkauft, dazwischen improvisieren Musiker und Tanzpaare üben Tango unter freiem Himmel *(www.feriadesantelmo.com)*.
An den anderen Tagen beherrschen die Antiquitätenhändler das Viertel, man kann einen Einkaufsbummel in der **Galería del Viejo Hotel** machen, ein rings um blumengeschmückte Innenhöfe angeordnetes Kunstzentrum *(Balcarce 1053, www.galeriadelviejohotel.blogspot.com)*, und das **Museo Histórico Nacional** in der ehemaligen Residenz von José Gregorio Lezama mit seinen prachtvollen Gärten und vielen Informationen zur Geschichte des Landes besuchen *(Defensa 1600, www.cultura.gov.ar/direcciones/?info=organismo&id=14&idd=5, geöffnet Mi–So 11–18 Uhr)*. Auch einen Besuch des **Mercado de San Telmo** sollte man nicht versäumen: ein faszinierender Gebäudekomplex um eine große, zentrale Kuppel, in dem sich Obst- und Gemüsestände neben hervorragenden, obgleich ein wenig spartanischen Restaurants und Imbiss-Ständen finden *(Defensa 970, www.mercadodesantelmo.com)*. Im Süden von San Telmo liegt **La Boca**, das Barrio im Hafengebiet mit den Häusern aus bemaltem Blech, die Anfang des 19. Jh. von den genuesischen Seefahrern gebaut wurden, die auf der Suche nach Glück bis hierher gekommen waren. Die touristische Hauptattraktion ist hier der **Caminito**: ein Viertel im Viertel, wo der in La Boca geborene Maler Benito Quinquela Martín mit dem Pinsel die Atmosphäre an den Hafenbecken auf Leinwand übertragen und einen der Wege (eben jenen Caminito) mit ausdrucksvollen Wandmalereien versehen hat. Sein Atelier ist heute Teil des Kunstmuseums **Museo de Bellas Artes de La Boca** *(Avenida Don Pedro de Mendoza 1835, www.buenosaires.gov.ar/areas/educacion/programas/quinquela)*. In La Boca gibt es auch das **Boca Tango**, eines von vielen Theatern, in denen die Touristen sich die Shows professioneller Tänzer ansehen können *(Brandsen 923, www.bocatango.com.ar)*, und die **Bombonera**, das Stadion, wo einst der Fußballer Diego Armando Maradona sein Debüt feierte *(Brandsen 805, www.bocajuniors.com.ar/labombonera)*. Weitere berühmte Docks sind die vom **Puerto Madero**, östlich vom Plaza de Mayo: eine der beliebtesten Gegenden von Buenos Aires, mit alten Lagerhäusern, die zu Feinschmeckerrestaurants wie das **Cabañas las Lilas** umfunktioniert wurden oder zu schicken Hotels wie das **Faena**; der Spaziergang zu Fuß führt über die alten Molen, den Jachtclub, an der **Fregata Sarmiento** *(www.ara.mil.ar/pag.asp?idItem=112, geöffnet 10–19 Uhr)* aus dem 19. Jh. vorbei, die heute ein Museumsschiff ist, und die von dem spanischen Architekten Calatrava entworfene **Puente de la Mujer.** Von Puerto Madero nach Recoleta kommt man wiederum in eine andere Welt: Die Wege in dem höchst gelegenen Barrio der Stadt sind von eleganten Geschäften gesäumt. Hier sollte man zwei Orte aufsuchen: den Friedhof, auf dem Evita Perón begraben liegt (**Cementerio de la Recoleta**) *(Junín 1760, www.cementeriorecoleta.com.ar, geöffnet 7–17.45 Uhr)* und eines der interessantesten Museen der Hauptstadt, das **Museo Nacional de Bellas Artes** *(Av. Del Libertador 1473, www.mnba.org.ar/index.php, geöffnet Di–Fr 12.30–20.30, Sa u. So 9.30–20.30 Uhr)*, mit Werken argentinischer Künstler aus dem 19.–20. Jh. und Arbeiten europäischer Meister von Tizian bis Renoir und von Rembrandt bis Van Gogh. La Recoleta grenzt an **Palermo**, das Barrio, das Symbol für das Pulsieren der Stadt ist; hier gibt es die angesagtesten Lokale, Designerboutiquen, Hotels und Attraktionen wie den Ende des 19. Jh. eröffneten Botanischen Garten **Jardín Botánico Carlos Thays**, vom gleichnamigen Architekten entworfen *(Av. Santa Fe 3951, http://jardinbotanico.buenosaires.gob.ar, Öffnungszeiten Winter: Mo–Fr 8–18, Sa u. So 9.30–18 Uhr, Sommer: Mo–Fr 8 -19, Sa u. So 9.30–19.30 Uhr)* und das **MALBA (Museo de Arte Latinoamericano)**, das seit 2001 die Colección Costantini beher-

bergt (Werke aus Malerei und Filmkunst) *(Av. Pres. Figueroa Alcorta 3415, www.malba.org.ar, geöffnet 12–20 Uhr, Mi bis 21 Uhr, Di geschlossen)*.
Wer mag, kann sich noch das Stadtviertel Barracas anschauen, etwas heruntergekommen und weniger touristisch, mit seinen bei jungen Berufstätigen begehrten Lofts und dem Centro Cultural Moca im Innern eines ehemaligen Fabrikgebäudes *(Montes De Oca 169, www.ccmoca.com.ar/2011/ccmoca)*; viele schätzen, das dies das Barrio der Zukunft ist.

EIN AUSFLUG IN DIE UMGEBUNG VON BUENOS AIRES: DAS DELTA *(1 Tag)*

Von der Hauptstadt aus lässt sich **Tigre** in einem Tagesausflug erkunden. Die 32 km nordwestlich von Buenos Aires gelegene Stadt ist das Eingangtor zum Delta des Río Paraná, des zweitwichtigsten Flusses Südamerikas nach dem Amazonas. Die Fahrt dorthin kann man mit einem der Züge zurücklegen, die vom Bahnhof Retiro abfahren, *(45 min Fahrt, www.tbanet.com.ar)* oder dem **Tren de la Costa** *(www.trendelacosta.com.ar)*. Beide führen zu dem Ort mit den Palästen aus dem beginnenden 20. Jh., mit den Anglern am **Paseo Victoria**, wo auch die Flusskreuzer ablegen. Für die, die es mögen: In Tigre gibt es auch einen Vergnügungspark mit Karussells, den **Parque de la Costa** *(www.parquedelacosta.com.ar)*.

364 - DAS VIERTEL LA BOCA.

365 OBEN - TANGOTÄNZER AUF DEM CAMINITO.

365 UNTEN - EIN HISTORISCHES LOKAL AUF DEM CAMINITO.

Tango, die große Leidenschaft

Gardel, der größte Tangosänger aller Zeiten, pflegte stets ins ***Café Tortoni*** *zu gehen, das faszinierende Lokal mit seinen Jugendstilschnörkeln und Mahagonitischen* (Avenida de Mayo 825, www.cafetortoni.com.ar). *Es gibt eine Menge Tangoschulen, in denen die Stunden auf Spanisch und Englisch erteilt werden. Darunter sind preisgekrönte Adressen wie die* ***Escuela Argentina de Tango*** *im* ***Centro Cultural Borges*** (Galerías Pacífico, Viamonte Esquina San Martín, www.eatango.org) *oder das Tanzstudio* ***DNI*** (Bulnes 1011, www.dni-tango.com). *Nachts kann man in einer Myriade verschiedener Milongas tanzen, vom* ***Salón Canning*** (Scalabrini Ortiz 1331) *über das* ***Beso*** (Riobamba 416) *und das* ***Práctica X*** (Av. Díaz Vélez 4820) *bis zum* ***Niño Bien*** (Humberto Primo 1462) *und dem* ***Viruta*** (Armenia 1366, www.buenosairesmilongas.com). *Will man bei einer Vorführung zu Abend essen, kann man das im* ***Tango Porteño*** (Cerrito 570, www.tangoporteno.com.ar), *im* ***Esquina Carlos Gardel*** (Carlos Gardel 3200, www.esquinacarlosgardel.com.ar), *dem* ***El Querand*** (Peru 302, www.querandi.com.ar) *oder dem* ***Sabor a Tango*** (Tte. Gral. Juan Domingo Perón 2535, www.saboratango.com.ar). *Wenn man eine solche Show noch nicht gesehen hat, lohnt es sich auf alle Fälle.*

DIE IGUAZÚ-WASSERFÄLLE *(2/3 Tage)*
Man kann die berühmtesten Wasserfälle Südamerikas von zwei Seiten bewundern: von **Puerto Iguazú** aus (Argentinien, Provinz Misiones) am Zusammenfluss des Río Paraná mit dem Río Iguazú, und von **Foz do Iguaçu** in Brasilien (Staat Paraná). Die beiden einander gegenüber liegenden Orte sind ca. 1300 km von Buenos Aires entfernt. Mit Auto oder Bus fährt man mindestens 15 Stunden auf der RN 14 (allerdings nur, wenn man keinen Zwischenhalt einlegt), mit dem Flugzeug braucht man weniger als zwei Stunden. Um den richtigen Eindruck von der Wirkung der „großen Wasser", wie Iguazú auf Guaraní (der Sprache der gleichnamigen Urbevölkerung dieser Region) heißt, zu bekommen und um sich das Schauspiel von beiden Staaten aus ansehen zu können, bleibt man am besten über Nacht. Auf argentinischer Seite ist es weitläufiger und auf der brasilianischen spektakulärer. 150 bis 300 einzelne Wasserfälle stürzen aus einer Höhe zwischen 40 und 82 m und mit einer durchschnittlichen Wassermenge von 1500 Kubikmetern pro Sekunde in die Tiefe. **Zum Nationalpark (Parque Nacional Iguazú)**, der 1934 auf argentinischem Boden gegründet wurde, fährt man 17 km auf der asphaltierten Straße von Puerto Iguazú bis zum Eingang des Schutzgebiets, wo die Wanderwege ihren Ausgangspunkt haben und der **Tren Ecológico** abfährt, die Kleinbahn, die die Besucher zum **Rundweg** bei der **Teufelsschlucht (Garganta del Diablo)** und den Booten bringt, die zur **Isla Grande San Martín** fahren, dem schönsten Aussichtspunkt des Parks *(www.iguazuargentina.com, geöffnet 8–18 Uhr)*. In den **Parque Nacional do Iguaçu** *(www.cataratasdoiguacu.com.br, geöffnet 9–17 Uhr)* auf brasilianischer Seite, 1939 gegründet, gelangt man sowohl von Puerto Iguazú als auch von Foz do Iguaçu aus, man muss nicht einmal den Pass zeigen. Im Park kann man Vögel beobachten, Kanufahren, Wildwasserfahrten (Rafting) unternehmen und auf Bäume klettern; hier leben 257 Schmetterlingsarten, 18 Fischsorten, 12 Amphibien- und 41 Schlangenarten, 8 verschiedene Eidechsen- und 348 Vogelarten sowie 45 Arten von Säugetieren.

Übernachten

€€€€€ Faena Hotel & Universe (Buenos Aires). Eines der schicksten Hotels der Stadt in Puerto Madero, das von Philippe Starck gestaltet wurde. Mit einem großartigen Spa-Bereich, einer Pool-Bar und einer Lounge mit Bibliothek und Klavier. *Info: Martha Salotti 445, Tel. 11.40109000, www.faenahotelanduniverse.com*

€€€–€€€€ Casa Calma (Buenos Aires). Die Quintessenz eines gut gestalteten Öko-Hotels; Böden aus Kiefernholz, ein Garten, der der Klimatisierung dient, und organische Produkte im Beauty-Kit der Badezimmer. *Info: Suipacha 1015, Tel. 11.51992800, www.casacalma.com.ar*

€€ La Aldea de la Selva Spa & Lodge (Puerto Iguazú). Hölzerne Schlafhäuschen im Wald mit Terrasse und Hängematte (und Klimaanlage), einem Schwimmbad und einem Restaurant mitten im Grünen. Auf Wunsch werden Wanderungen, Vogelsafaris, Abseilen und andere „wilde" Aktivitäten arrangiert. *Info: Selva Iriapú, Tel. 3757.425777, www.laaldeadelaselva.com*

Essen

€€-€€€ Cabañas las Lilas (Buenos Aires). Das Restaurant liegt im angesagten Stadtviertel Puerto Madero. Berühmt sind die Parillagerichte (Fleisch vom Holzkohlegrill). Erfahrene Köche bereiten das Fleisch zertifizierter argentinischer Rinder zu. *Info: Alicia Moreau de Justo 516, Tel. 11.43131336, www.laslilas.com.ar*

€€ Cabernet (Buenos Aires). Man speist bei Kerzenschein in kleinen Sälen oder im Garten. Sehr zu empfehlen sind die in Soße schwimmenden argentinischen Ravioli. *Info: Jorge Luis Borges 1757, Tel. 11.48313071, www.cabernet-restaurant.com.ar*

€€ La Rueda (Puerto Iguazú). Ein faszinierendes Lokal mit und regionalen Spezialitäten. Es gibt Gerichte mit Süßwasserfisch aus den Flüssen Paraná und Iguazú und Gerichte mit gegrilltem Fleisch. Die Weinkarte umfasst über 200 Sorten, darunter die besten Weine des Landes. *Info: Av. Córdoba 28, Tel. 3757.422531, www.larueda1975.com*

Nachtleben

Dudui (Buenos Aires). Im Erdgeschoss präsentiert dieser Club im Herzen von Palermo Kunstausstellungen und Modenschauen; auf der Terrasse nimmt man seinen Drink. *Info: Costa Rica 5790, www.dudui.eu*

Niceto (Buenos Aires). In dieser Diskothek in Palermo tanzt man außer auf Tango auch auf Funk, House, Disco und Hip-Hop. Der beste Abend ist der Freitag. *Info: Av. Niceto Vega 5510, www.nicetoclub.com*

Teatro Colón (Buenos Aires). Die wichtigste Konzertbühne der Stadt; hier sind große Dirigenten wie Toscanini, Bernstein oder Muti und Tenöre wie Caruso, Pavarotti oder Domingo aufgetreten. Auf dem Programm stehen Konzerte, Ballett, Oper und Tango von Piazzolla. *Info: Cerrito 628, www.teatrocolon.org.ar*

Weitere Informationen: Argentinische Botschaft, www.ealem.mrecic.gov.ar/de; Ministerio del Turismo, www.turismo.gov.ar

366 - DIE WASSERFÄLLE VON IGUAZÚ.
367 - DAS TEATRO COLÓN IN BUENOS AIRES.

Einkaufen

In Buenos Aires fährt man nach Palermo, um trendy shoppen zu gehen. Im ***Arte Étnico Argentino*** (El Salvador 4656, www.arteetnicoargentino.com) *vertreiben Belen Carballo und Ricardo Paz qualitativ hochwertige Handwerksprodukte: Möbel, Bettdecken und handgefertigte Teppiche aus dem ganzen Land, vor allem aus dem nördlichen Zentral-Argentinien.* ***La Pasionaria*** (Godoy Cruz 1541, www.lapasionaria20to50s.com.ar) *ist das Reich für Vintage: Lampen, Möbel, Puppen, Objekte, alles aus den 1920er- bis zu den 1960er-Jahren. Lederwaren, in Argentinien ein Muss, bekommt man im* ***Casa López*** (www.casalopez.com.ar), *die Taschen, Jacken oder sehr eleganten Handschuhe kann man jedoch auch in verschiedenen Läden in der Stadt bekommen, unter anderem im* ***Galerías Pacífico****, in einem schönen Jugendstilgebäude* (www.galeriaspacifico.com.ar). *Nicht versäumen sollte man den Besuch einer der schönsten Buchhandlungen der Welt,* ***El Ateneo Grand Splendid*** *im Innern eines Theaters* (Avenida Santa Fe 1860).

Register

Bildnachweis

Peter Adams/Getty Images: S. 138 oben, 291, 361
Akash Banerjee Photography/Getty Images: S. 226-227
AllCanadaPhotos.com/Getty Images: S. 294
Denny Allen/Getty Images: S. 203
Steve Allen/Getty Images: S. 295 oben, 354-355
Glen Allison/Getty Images: S. 215 oben
Altrendo travel/Getty Images: S. 12 oben, 186-187
Atlantide Phototravel/Corbis S. 115 Mitte
Antonio Attini/Archiv White Star: S. 1 Mitte u. rechts, 12 Mitte, 23 Mitte, 24 oben, 55 unten, 56 oben, 59 oben, 59 Mitte, 59 unten, 60-61, 61, 62 oben, 62 unten, 63 oben, 63 Mitte, 64 oben, 64 Mitte, 88 Mitte, 89 Mitte, 90 unten, 91 oben, 93, 104, 122-123, 123, 136 unten, 149 unten, 160 oben, 161 oben, 162 oben, 163 links, 163 rechts, 166 oben, 166 Mitte, 166 unten, 167 oben, 170 unten, 172 unten, 173 unten, 183 unten, 200-201, 240-241, 242 oben, 242 unten, 243 oben, 243 unten, 254 oben, 282-283, 284, 286, 287, 288-289, 296-297, 298 oben, 306 oben, 312-313, 314-315, 318 oben, 318 Mitte links, 322 oben, 323 oben, 326 unten, 327 unten, 330-331, 332 oben, 332 Mitte, 332 unten, 333 oben, 333 unten, 334 oben, 334 unten, 335, 343, 344, 345 oben, 347, 352
Francis Bacon/Getty Images: S. 233
Alejandro Balaguer/Getty Images: S. 351 unten
Franco Barbagallo/Archiv White Star: S. 38-39, 41 oben, 42 oben, 48 unten, 49 oben, 51, 54 oben, 54 unten, 55 oben, 56-57
Martin Barraud/Getty Images: S. 208 oben
Dave Bartruff/Corbis: S. 156 unten
Allan Baxter/Getty Images: S. 46 oben
Wilber Bergado/Getty Images: S. 283
Marcello Bertinetti/Archiv White Star: S. 1 links u. Mitte rechts, 94-95, 100-101, 101 Mitte, 112-113, 158-159, 159 Mitte, 159 unten, 160 unten, 161 unten, 164-165, 168 oben, 171 oben, 173 oben, 177, 196 oben, 196 Mitte links, 196 Mitte rechts, 196 unten, 218-219, 222 oben, 222 Mitte, 222 unten, 223 oben, 223 Mitte, 223 unten, 225, 230 oben, 230 Mitte, 230 unten, 231, 234-235, 236 oben, 236 Mitte, 237 unten, 239 oben, 266 oben, 266 unten, 276 oben, 276-277, 278 oben, 280 oben, 351 oben
Walter Bibikow/Getty Images: S. 87
Blend Images/PBNJ Productions/ Getty Images: S. 98 oben
Christophe Boisvieux/hemis.fr/Getty Images: S. 251 rechts
Warren Bolster/Getty Images: S. 284-285
Tom Bonaventure/Getty Images: S. 237 oben
Massimo Borchi/Archiv White Star: S. 26 oben, 26 Mitte, 26 unten, 27 oben, 27 Mitte, 27 unten, 28, 140, 144-145, 153, 154, 155 unten, 156 oben, 156 Mitte, 322 unten, 323 unten, 342-343, 345 unten, 346-347
Sandro Botticelli/Getty Images: S. 107 unten
Livio Bourbon/Archiv White Star: S. 16-17, 17 unten, 18 oben, 18 unten, 19 oben, 19 unten, 21 oben, 36, 36-37, 39 oben, 39 unten, 46 Mitte, 136 oben, 142 oben, 143 oben, 252-253, 253, 254 Mitte, 254 unten, 255, 257, 258 oben, 260 oben, 260 Mitte, 262 unten, 263, 331 oben, 331 unten
The Bridgeman Art Library/Getty Images: S. 278 unten
Paula Bronstein/Getty Images: S. 259 oben
Buena Vista Images/Getty Images: S. 56 unten
W. Buss/DEA/Getty Images: S. 99 Mitte
Sergio Canobbio/Getty Images: S. 206-207
Robert Caplin/Bloomberg News/Getty Images: S. 319 unten
Robert Caputo/Getty Images: S. 188 oben
Andy Caulfield/Getty Images: S. 358
Angelo Cavalli/Getty Images: S. 362-363
Kelly Cheng/Getty Images: S. 214 oben
Junko Chiba/Getty Images: S. 78
Steven Choo/Getty Images: S. 102 oben
Willard Clay/Getty Images: S. 299
Matthieu Colin/Hemis/Corbis S. 47 unten
Cosmo Condina/Getty Images: S. 293 Mitte
Steve Corner/Getty Images: S. 201
Joe Cornish/Getty Images: S. 110
Richard Cummins/Corbis S. 310-311
Damian Davies/Getty Images: S. 43 oben, 98 unten, 98 Mitte, 191 unten, 208 Mitte, 279 oben, 363 Mitte
De Agostini Picture Library/Getty Images: S. 138 unten, 143 unten, 216 unten, 217 oben
Araldo De Luca/Archiv White Star: S. 162 unten, 164 oben, 164 unten, 168 unten rechts, 169 oben, 169 Mitte,171 Mitte, 171 unten, 244-245
Ricardo De Mattos/Getty Images: S. 247
Cornelia Doerr/Getty Images: S. 295 unten
Marc Dozier/Hemis/Corbis S. 48 oben
Michael Dunning/Getty Images: S. 142 unten
Chad Ehlers/Getty Images: S. 44-45
Patrick Escudero/hemis.fr/Getty Images: S. 73
Suzi Eszterhas/Getty Images: S. 190 oben
Eurasia/Getty Images: S. 356-357
Robert Everts/Getty Images: S. 246 unten links
Grant Faint/Getty Images: S. 274, 275 oben
Ingrid Firmhofer/Getty Images: S. 86-87
Robert Francis/Getty Images: S. 267 oben
Ed Freeman/Getty Images: S. 238, 239 unten
Franz Marc Frei/Look-foto/Getty Images: S. 88 oben, 88 unten
Patrick Frilet/hemis.fr/Getty Images: S. 280 unten
Alfio Garozzo/Archiv White Star: S. 128-129, 130 oben, 130 unten, 131 oben, 131 unten, 134-135, 135, 137 oben, 139 unten, 174-175, 175 Mitte, 175 unten, 176 oben, 176 unten, 178 oben,179 unten, 182 oben,182 unten, 183 oben,184 oben, 184 unten, 185, 366
Mitchell Funk/Getty Images: S. 307 oben, 319 oben
Rob Gage/Getty Images: S. 267 unten
Cesare Gerolimetto/Archiv White Star: S. 149 Mitte
Daisy Gilardini/Getty Images: S. 364
Ken Gillespie Photography/Getty Images: S. 292 unten, 293 oben
GlowImages/Getty Images: S. 269 oben, 328, 349
Godong/Getty Images: S. 40 oben
Louis Grandadam/Gety Images: S. 140-141
Itamar Grinberg/Archiv White Star: S. 146-147, 150 oben, 150 unten, 151 oben, 151 unten
Franck Guiziou/hemis.fr/Getty Images: S. 76 oben
Darrell Gulin/Getty Images: S. 309
Bobby Haas/Getty Images: S. 191 oben
Amanda Hall/Getty Images: S. 202, 320-321
Robert Harding/Getty Images: S. 40 Mitte, 220-221
Gavin Hellier/Getty Images: S. 72 oben, 228 oben, 256-257
David Henley/Getty Images: S. 258 Mitte
Chris Hepburn/Getty Images: S. 25 Mitte
Christopher Herwig/Getty Images: S. 217 unten
Chris Hill/Getty Images: S. 20
Andrew Holt/Getty Images: S. 22-23
Herve Hughes/Getty Images: S. 41 unten, 350
Image Source/Getty Images: S. 216 oben
Ingo Jezierski/Getty Images: S. 265
Adam Jones/Getty Images: S. 246 unten rechts
Jumper/Getty Images: S. 317
Mitchell Kanashkevich/Getty Images: S. 79
Catherine Karnow/Corbis: S. 272 oben
Koradi/Getty Images: S. 245
Heath Korvola/Getty Images: S. 301
Mark Kostich/Getty Images: S. 359 unten
Philip Kramer/Getty Images: S. 302-303
Sarun Laowong/Getty Images: S. 260 unten
Siegfried Layda/Getty Images: S. 211
Leemage/Getty Images: S. 107 Mitte
Claire Leimbach/Getty Images: S. 236 unten
Frans Lemmens/Getty Images: S. 34 oben
Marcello Libra/Archiv White Star: S. 82 oben, 82 Mitte, 82 unten, 82-83, 84, 85, 89 oben, 89 unten, 90 oben, 90 Mitte, 91 unten, 124 oben, 124 unten, 125 oben, 125 unten, 148 oben, 148 unten, 149 oben, 155 oben
Vincenzo Lombardo/Getty Images: S. 94, 96
LWA/Getty Images: S. 272-273
Samuel Magal/Getty Images: S. 143 Mitte
John E. Marriott/Getty Images: S. 293 unten
Jamie Marshall - Tribaleye Images/Getty Images: S. 212-213
Hiroyuki Matsumoto/Getty Images: S. 340
Will & Deni McIntyre/Getty Images: S. 137 unten
Michael Melford/Getty Images: S. 56 Mitte
Hans Peter Merten/Robert Harding/ Getty Images: S. 42 Mitte
Arthur Meyerson/Getty Images: S. 267 unten
Philippe Michel/Agefotostock/Marka S. 180-181
Ugo Monetti: S. 1 Mitte links
Laurence Monneret/Getty Images: S. 278 unten
Martin Moos/Getty Images: S. 215 unten
Bruno Morandi/Getty Images: S. 50-51
Marc Moritsch/Getty Images: S. 305 oben
Carlo Morucchio/Getty Images: S. 103
Peter Mukherjee/Getty Images: S. 246 oben
Hiroyuki Nagaoka/Getty Images: S. 232
Na Gen Imaging/Getty Images: S. 251 links
Elliott Neep/Getty Images: S. 190 unten
Neleman Initiative/Getty Images: S. 69 Mitte, 72 unten
Laurie Noble/Getty Images: S. 365
Richard Nowitz/Getty Images: S. 46 unten
Stan Osolinski/Getty Images: S. 188 Mitte
Panoramic Images:/Getty Images: S. 10-11, 207, 270-271
Douglas Pearson/Getty Images: S. 2-3
Per-Anders Pettersson/Getty Images: S. 194 unten
Photolibrary/Getty Images: S. 13, 21 unten, 25 oben, 25 unten, 29, 47 Mitte, 49 unten, 52-53, 58-59, 63 unten, 64 unten, 69 unten, 70, 71 oben, 74-75, 75 oben, 75 unten, 71 unten, 76 unten, 92, 101 oben, 114 Mitte, 114 unten, 115 unten, 116, 117 oben, 117 unten, 118 oben, 118 Mitte, 118 unten, 119, 120 unten, 121 unten, 126 oben, 126 unten, 127 oben, 127 unten, 152-153, 156-157, 167 Mitte, 167 unten, 169 unten, 179 oben, 192-193, 193 Mitte, 194 oben, 195 oben,195 unten, 197 oben,197 Mitte,197 unten, 198 unten, 219, 220, 221, 224, 228 Mitte oben, 228 Mitte unten, 228 unten, 258 unten, 262 oben, 262-263, 264-265, 271, 272 unten, 275 unten, 292 oben, 298 unten, 302 oben, 302 Mitte, 302 unten, 304 oben, 304 unten, 305 unten, 306 unten, 307 unten, 318 Mitte rechts, 318 unten, 321 oben, 321 Mitte oben, 321 Mitte unten, 321 unten, 324-325, 326 oben, 327 oben, 329, 336-337, 338 oben, 338 Mitte, 338 unten, 339, 341, 363 unten, 365 unten links, 367
Photoservice Electa/Getty Images: S. 101 unten, 108 unten, 109
Picturegarden/Getty Images: S. 353
Christopher Pillitz/Getty Images: S. 227
Andrea Pistolesi/Getty Images: S. 250-251
Sergio Pitamitz/Getty Images: S. 189 unten
Alberto Pizzoli/AFP/Getty Images: S. 117 Mitte
Adrian Pope/Getty Images: S. 228-229
Richard Price/Getty Images: S. 308
Justin Pumfrey/Getty Images: S. 261 Mitte
Bertrand Rieger/Getty Images: S. 180
Gilles Rigoulet/hemis.fr/Getty Images: S. 42 unten
Alex Robinson/Getty Images: S. 259 unten
L. Romano/De Agostini Picture Library: S. 40 unten
L. Romano/De Agostini/Getty Images: S. 145
Ellen Rooney/Getty Images: S. 133
Guido Alberto Rossi/Tips Images: S. 99 oben
SambaPhoto/Edu Lyra/Getty Images: S. 360
C. Sappa/DEA/Getty Images: S. 214 unten
Jochen Schlenker/Getty Images: S. 281
Paule Seux/Getty Images: S. 267 Mitte
Marco Simoni/Getty Images: S. 139 oben
Slow Images:/Getty Images: S. 43 unten, 102 unten, 208 unten
Philip and Karen Smith/Getty Images: S. 290-291
Wolfgang Steiner/Getty Images: S. 210
Keren Su/Getty Images: S. 179 Mitte
SuperStock/Getty Images: S. 77, 300
Jane Sweeney/Getty Images: S. 193 unten, 213
Carlina Teteris/Getty Images: S. 268 oben
Tetra Images:/Getty Images: S. 205
David Tipling/Getty Images: S. 359 oben
David C. Tomlinson/Getty Images: S. 99 unten, 209
Travelpix Ltd/Getty Images: S. 316-317
UMI NO KAZE/a.collectionRF/Getty Images: S. 269 unten
Wim van den Heever/Getty Images: S. 204
Ellen van Bodegom/Getty Images: S. 35
Giulio Veggi/Archiv White Star: S. 12 unten, 14, 15, 23 unten, 24 unten, 30-31, 32, 33 oben, 33 unten, 34 unten, 47 oben, 66-67, 67, 68, 69 oben, 71 Mitte, 80-81, 95, 106 oben, unten, 107 oben, 108 oben, 113, 114 oben, 115 oben, 118-119, 132, 168 unten links, 170 oben, 172 oben, 178 Mitte, 178 unten
James Warwick/Getty Images: S. 189 oben, 188 unten
Stuart Westmorland/Getty Images: S. 261 unten links u. rechts
Scott Winer/Getty Images: S. 276 unten
Jeremy Woodhouse/Getty Images: S. 104-105, 348-349
Konrad Wothe/Getty Images: S. 198 oben
Walter Zerla/Tips Images: S. 97
Mit freundlicher Genehmigung des "Grand Hotel Quisisana": S. 120 oben, 121 oben
Mit freundlicher Genehmigung des "Sanctuary Retreats": S. 198 Mitte, 198-199

Elena Luraghi schrieb:

Andalusien
Athen und Kykladen
Budapest, Wien und Prag
Buenos Aires und die Iguazú-Wasserfälle
Istanbul, Westtürkei und Kappadokien
Jamaica
Kapstadt und der Krüger-Park
Kuba und der Reiz Havannas
London und die Schlösser Nordschottlands
Mailand – Venedig
Moskau – St. Petersburg
München und Bayern
Paris und die Loire-Schlösser
Petra und die Reise durch Jordanien
Provence und Côte d'Azur
Rom, Amalfiküste und Capri
Sinai, Katharinenkloster und Rotes Meer
Yucatán und die Riviera Maya

Cinzia Rando schrieb:

Amsterdam, Leiden und das Land der Blumen
Bretagne – Normandie
Die Amalfiküste und Capri
Die großen Inseln der Seychellen
Die Königsstädte Marokkos
Dublin und der Osten Irlands
Florenz, Siena und Provinz Siena
Jerusalem und das Tote Meer
Kairo und das Niltal
Krakau und die Hohe Tatra
Kreta
London und die Schlösser Nordschottlands
Moskau – St. Petersburg
Nationalparks in Kenia
Oslo, Bergen und die Fjordregion
Paris und die Loire-Schlösse
Sahara, Tozeur, Djerid
Sansibar – Inseln und Naturpark-Safari
Trogir, Split und Dubrovnik

Ettore Pettinaroli schrieb:

Bangkok und die Inseln
Die historischen Städte im Norden
Die Rocky Mountains
Die Seidenstraße
Die Westküste
Französisch-Polynesien
Hawaii
Kathmandu und Lhasa
Las Vegas, Grand Canyon und Monument Valley
Peking, Xi'an und Guilin
Rajasthan
Rio de Janeiro, Salvador und Manaus
Sydney und Queensland
Tempel und Natur
Von Java nach Bali
Von Lima bis Machu Picchu
Wyoming und Montana, die Nationalpark-Gigante

WHITE STAR VERLAG

WS White Star Verlag®
ist eine eingetragene Marke von Edizioni White Star s.r.l.

Via M. Germano, 10
13100 Vercelli – Italien
www.whitestar.it

Übersetzung: Simone Blass, Marion Ahl, Antje Foresta
Redaktion Deutschland: Rainer Schöttle

ISBN 978-88-6312-113-1
1 2 3 4 5 6   16 15 14 13 12

Gedruckt in China